U0906624

2017

四川调查年鉴

SICHUAN SURVEY YEARBOOK

国家统计局四川调查总队　编

Compiled by Survey Office of the National Bureau of Statistics in Sichuan

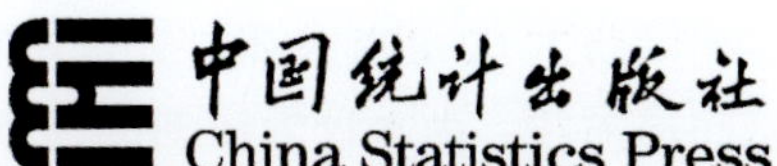

图书在版编目（CIP）数据

四川调查年鉴. 2017 / 国家统计局四川调查总队编
. -- 北京 : 中国统计出版社, 2017.12
ISBN 978-7-5037-8236-7

Ⅰ. ①四… Ⅱ. ①国… Ⅲ. ①统计资料—四川—2017—年鉴 Ⅳ. ①C832.71-54

中国版本图书馆 CIP 数据核字（2017）第 180760 号

四川调查年鉴-2017

作　　者 / 国家统计局四川调查队
责任编辑 / 李　冲
装帧设计 / 李雪燕
出版发行 / 中国统计出版社
通信地址 / 北京市丰台区西三环南路甲 6 号　邮政编码 /100073
电　　话 / 邮购（010）63376909　书店（010）68783171
网　　址 / http://www.zgtjcbs.com/
印　　刷 / 河北鑫兆源印刷有限公司
经　　销 / 新华书店
开　　本 / 880mm×1230mm　1/16
字　　数 / 520 千字
印　　张 / 22.75　2.25 彩页
版　　别 / 2017 年 12 月第 1 版
版　　次 / 2017 年 12 月第 1 次印刷
定　　价 / 318.00 元

本书附同版本 CD-ROM 一张，光盘内容以书面文字为准。
如有印装差错，由本社发行部调换。

国家统计局党组书记、局长宁吉喆视察四川调查总队党建工作

四川省委常委、常务副省长王宁与四川局队领导亲切交流

四川调查总队召开两委换届选举大会

四川调查总队召开全省统计调查工作会议

四川调查总队成功创建省级最佳文明单位

四川调查总队召开队务会。

四川调查总队召开上半年经济形势分析会议

四川调查总队开展统计法治宣传教育活动

四川国家调查管理体制改革十周年座谈会

2017 年 1 月 20 日，四川调查总队离退休干部迎春座谈会

四川调查总队召开农业普查农作物面积遥感测量工作现场培训会

四川调查总队举办无人机授机仪式

支部"重温入党志愿、重温入党誓词"活动

四川调查系统新任副处级以上领导干部宪法宣誓仪式

国家统计局广汉调查队成立大会隆重举行

国家统计局洪雅调查队成立大会隆重举行

四川调查总队、省统计局联合举办青年拓展活动

四川调查总队举办三八妇女节活动

成都调查队在企业现场开展执法检查

资阳调查队深入农户进行现场调查

高位求进　稳定发展

2016年，四川调查工作坚持以党的建设为引领，以“五个更加注重”为抓手，扎扎实实推进“五个转变”，圆满完成全年各项工作，取得了可喜的成绩，又有3项工作在全国会上交流经验，成功创建省级最佳文明单位。

一、总结回顾2016年十个方面的成就

（一）落实管党治党责任，党的建设继续加强。总队党组坚决履行管党治党政治责任，以系统“两学一做”学习教育为抓手，认真落实党建工作责任制，建立党组领导分工负责和党建工作联系点制度，明确党组、党委、支部党建工作“责任清单”，落实党员管理和党内生活制度，开展党组书记、党委书记、支部书记党建工作述职评议，加强党的思想、组织、作风和制度建设，强化系统干部党的意识，强化党员干部党员意识，增强党组织的凝聚力。一年来，总队党建工作不断加强，荣获了党组中心组理论学习先进单位、学习型党组织建设先进单位、落实党建责任制先进单位、四好活动先进班子、先进职工之家等众多荣誉，为四川调查事业改革发展提供了坚强保证。各市县队积极融入地方党建序列，狠抓政治理论学习和基层组织建设，也取得了明显成效。

（二）积极配合政治巡视，整改落实初见成效。根据国家局党组统一安排，国家局第二巡视组从8月19日至9月7日对总队开展专项巡视。总队党组深刻认识新形势下政治巡视的重大意义，切实把思想和行动统一到国家局党组的部署上，坚决服从巡视安排，全力做好配合工作，确保巡视工作顺利进行。意见反馈后，总队党组坚决落实巡视整改要求，主动认领问题，周密部署安排，精准对标整改，严格执纪问责，构建长效机制，确保巡视整改工作有序推进。截至去年底，我们认领的中央巡视整改问题，已完成27项，需要长期坚持的35项均在稳步实施；根据国家巡视反馈意见梳理的5个方面19个问题，以及4条问题线索，先后召开5次党组会议、6次专题会议研究部署，组建专门班子，制定工作方案，从严从速整改，完成21项，其他24项中长期整改任务正在有序推进。

（三）深入贯彻批示指示，调查质量稳步提高。严格执行国家统一报表制度和质量保证框架，坚持直接调查，完善工作日志，强化痕迹管理，数据质量稳步提高。重

点加强住户收支调查，制定《基层基础工作和数据质量检查实施方案》，每季度电话抽查5%的记账户，每季度开展一轮现场检查，每季度通报检查结果，业务管理更加严格。继续加强农业调查、畜禽监测、价格监测、企业调查、专项调查检查走访和部门会商，把握关键指标走势。扎实推进小微企业、住宿餐饮服务价格和快递协议客户价格调查试点，认真抓好19个市县党风廉政建设和国有企业反腐倡廉民意调查。加强普法执法，开展“双随机”执法检查，全年查处各类统计违法行为为60起，罚款9件、罚金32500元。

（四）强化领导重点推进，农普遥测进展顺利。总队党组把第三次全国农业普查农作物遥感测量作为重中之重，加强组织领导，建立了省农普办统一协调、总队牵头组织、市级统筹安排、县级具体实施的工作机制，落实了经费、人员和工作条件，省级遥感专用设备配备到位，完成PDA野外调查设备采购，部分市县配备训练无人机。加强业务技术培训，在深圳举办无人机驾驶技能培训，46人获得驾驶资格；先后召开4次实地调查业务培训会，培训基层调查员300多人次，为农业实地调查奠定了人才基础。制定《农作物面积遥测工作实施方案》，编印《实地调查工作指导手册》，组织开展秋冬播、春播、夏播野外实地调查，完成了30个县、60个普查区、120个样方事后质量调查，内业工作全面启动，普查工作取得了阶段性成果。

（五）大力开展调研分析，服务职能充分发挥。积极开展调查研究和监测预警，全年编发经济信息分析536篇，省“两办”采用152 篇次，国家局采用86篇次，副省级以上领导批示23篇次。其中，《四川精准扶贫助农增收影响调查报告》等10 篇次得到中央领导批示，《四川国企办社会情况调查报告》等3篇得到王东明书记批示，《四川去产能进展缓慢、优化结构尚需攻坚》等2篇得到尹力省长批示。改进新闻发布，解读重点指标，加强推送宣传，总队信息工作在省“两办”和国家局《每日调查》考核中继续名列前茅。积极发挥职能优势，参与省政府三级目标管理、县域经济评价考核、农民增收书记县长考核和脱贫攻坚督查工作，参与全省“十三五”规划编制、居民最低生活保障标准制定、社会救助标准与物价上涨挂钩联动机制实施，扎实开展金阳县扎兰姑村对口扶贫工作，倾力服务地方经济社会发展。

（六）同步开展“三级联创”，文明建设成绩斐然。总队自我加压， 2016年开展省级最佳文明单位创建。创建办细分工作任务，明确进度安排，逐一分解落实，形成了总队党组、各处室、各支部、群团组织和全体职工“五位一体”的推进机制；同时，加大投入力度，列支专项经费改造机关环境，组织职工观赏音乐会、歌舞剧陶冶情操，支持机关工青妇团开展丰富多彩的文化活动，开展国家调查形象宣传，塑造文明形象。通过不懈努力，总队机关在10个省级争创单位中脱颖而出，以最高分通过考核验收，成功创建省级最佳文明单位，充分展示了总队机关的文化底蕴、发展活力和精神风貌。目前，全省已有86%的市级队、55%的县级队成功创建文明单位，系统文明建设再上台阶。

（七）扎实开展“两学一做”，党员教育不断加强。及时下发“两学一做”实施方案和学习计划安排，召开系统动员会，统一思想、统一步调。总队党组以上率下，组织开展6次中心组集体学习，建立总队领导“两学一做”联系点，领导班子成员带头讲党课，积极发挥示范引导作用。组织专题学习30余次，开展“共产党员示范行动”、争当“岗位学雷锋敬业标兵”活动，深入查摆问题，开展党性剖析，党员干部先锋作用不断凸显。积极营造学习氛围，在总队内网开设学习专栏，在机关大厅设置宣传展板，编印学习资料6期、工作简报10期，组织撰写心得体会40多篇，上报信息32篇，《四川党的建设》、《时代先锋》采用6条，3篇经验交流材料得到国家局和省直机关工委的肯定。

（八）继续壮大干部队伍，培养培训形成常态。招录公务员57人，除总队机关安排5人外，其他全部补充到调查一线岗位，进一步缓解了人员力量紧张的矛盾。加强领导班子建设，调整充实成都、广元、双流等11个市县队领导班子，完成26名市县队党组成员任命。积极拓展干部出口，将德阳、眉山、汶川、江安等市县队4名干部交流到地方任职。继续开展职级职务并行，晋升9名县级队人员职级待遇。加快总队机关干部提拔交流，提拔副处级以上干部13名，选拔5名干部到市县队领导班子任职，安排轮岗11人。继续推进高端培训，组织200多人次参加领导干部能力提升培训，将系统党员干部纳入地方党校培训，将总队机关干部纳入“公务员大讲堂”培训。建立总队统计执法、综合调查、价格调查专家人才库，充分发挥系统现有人才的作用。

（九）统筹资源强化保障，工作条件显著改善。用好用活公务用车改革政策，保留市县队调查业务用车，调拨10辆车支持艰苦边远县级队改善交通出行条件。加强少数民族地区、革命老区、特殊困难地区扶持力度，将中央预算和省财政经费的70%下拨基层，统筹200万元弥补雅安、广元、北川等10余个市县队业务经费缺口，追加100万工作经费支持凉山、甘孜、阿坝等三个少数民族地区，统筹500余万元支持达州、自贡、攀枝花等12个市县队改善办公环境、建设职工食堂。改善总队机关工作生活条件，优化机关环境，办好职工餐厅，参加省政府绩效管理，参加文明创建考核，干部待遇明显改善。

（十）坚决落实“两个责任”，清风正气不断发扬。将党风廉洁工作与业务工作同部署、同落实、同检查、同考核，召开党风廉洁建设专题会，组织签订承诺书，将“两个责任”分解到岗到人。狠抓廉洁教育，开展《廉洁自律准则》、《纪律处分条例》等党规党纪集中学习，开展“传家风、立家规、树新风”主题活动，对10余个市县队进行党风廉洁专项检查，严肃纪律，匡正党风。强化重点部位监管，加强“三重一大”事项监督；加强财务内控内审，对22个市县队开展例行审计；强化干部管理，严格纪律监督和个人事项报告抽查核实。加大执纪监督问责力度，对2个市级队领导班子进行批评约谈，对1名市级队领导干部立案查处并作出“双开”处理。

过去一年里，总队政务管理、财务管理、网络安全、群团工作、后勤服务和离退休干部工作都取得了新成绩，各市县队锐意进取、竞相发展，各项工作也取得了新进展，为四川调查事业持续发展贡献了力量。

这些成绩的取得，离不开国家局的正确领导，离不开各级党委政府的关心支持，离不开全系统干部的辛勤付出，更离不开广大一线调查人员的艰苦努力。在此，我代表总队党组班子，对全系统干部职工和调查人员表示最衷心的感谢！

二、深刻认识转型发展的新形势新思路

谋局必先度势。经过10年改革发展，四川调查系统基础条件根本改善，发展环境日益宽松，调查能力显著提高，专业工作稳居全国调查系统前列，成功创建省级最佳文明单位，成功塑造国家调查四川品牌，为进一步推动发展奠定了坚实的基础。进入新的发展阶段，站在一个相对高点，推动四川调查工作高位求进，既有时代赋予的重大机遇，也有必须面对的严峻挑战，需要我们审时度势、顺势而为、理清思路、沉着应对。

当前，我们面临的形势可以用三个前所未有来概括：一是党中央国务院的重视程度前所未有。党的十八大以来，习近平总书记、李克强总理、张高丽副总理对防范统计造假、“三新统计”、提高统计数据真实性多次作出重要批示，对推动统计调查改革发展提出了明确要求。去年10月11日，中央深改组第28次会议审议通过了《关于深化统计管理体制改革提高统计数据真实性的意见》，习近平总书记作了重要讲话，明确提出将统计调查工作纳入党和国家工作大局，纳入全面深化改革总体战略，极大地提升了统计调查工作地位。党中央、国务院前所未有的重视，既是鼓舞，更是鞭策。作为国家局直属单位，我们必须牢记职责使命，进一步强化统计报国意识，加快改革进程，确保党和国家统计调查改革部署落到实处。二是统计系统自我改革的紧迫性前所未有。随着我国经济发展进入新常态，全面建成小康社会进入攻坚阶段，对发挥统计调查职能，提高数据真实性，全面反映党中央治国理政新理念新思想新战略的要求前所未有。这就需要我们与时俱进，主动改革，积极适应经济社会发展要求，积极推进统计观念、体制机制、制度方法、调查手段和服务方式变革，进一步提高统计调查能力，努力为党和国家宏观经济决策提供更可靠的质量、更及时的监测、更准确的预判、更精准的建议。三是四川调查工作继续创新突破的压力前所未有。四川调查工作站上新高点，令人欣慰；下一步怎么办，更需要清醒。从改革方向看，调查系统职能定位没有突破，业务分工还不够清晰，体制机制还没有完全理顺；从横向竞争看，各兄弟单位你追我赶、百舸争流，我们的优势已不明显，一些工作已面临被超越的危险；从成本效益看，如果继续高歌猛进，我们将面临人员力量、行政资源、条件保障的全面紧张，创新突破的成本越来越高。这些困难摆在眼前，给我们带来诸多掣肘。但无论如何，调查事业也不能因困难而止步，我们需要做的，那就是坚定信心、调整思路、继续前进。

“道虽迩，不行不至。”在今年乃至今后一段时期，我们要牢牢把握发展机遇，转变发展理念，变高点为起点，变问题为课题，变压力为动力，看准就干，干就干好，

继续推动四川调查工作稳中求进、稳定发展。

（一）坚持高点定位，树立想干事的鲜明导向。干事创业好比逆水行舟，不进则退；在激烈的竞争中，慢进也要退。面对一样的难题一样的挑战，想不想干事，不同的态度，不同的抉择，必然带来不同的发展格局。俗话说："只要精神不滑坡，办法总比困难多。"在我们处于新高点上再出发的关键时期，保持只争朝夕、奋发有为的良好精神状态尤为重要。系统干部特别是领导干部一定要把心思集中在"想干事"上，少一些浮躁多一些思考，少一些观望多一些实干，始终保持一股"站在排头不退让"的精神，保持一股迎难而上、攻坚克难的干劲，在深化改革中抢抓机遇，在转型发展中勇闯新路。

（二）坚持稳中求进，把握会干事的科学方法。稳中求进是治国理政的重要原则，当然也是指导统计调查工作的方法论。坚持稳中求进才能行稳致远，坚持稳定发展才能不断发展，这个思路对指导当前和今后一段时期四川调查工作持续发展有着十分重要的现实意义。推动稳中求进，必须遵循统计调查事业发展规律，更好地把握改革精神、法律规范以及业务管理要求，不断提高工作预见性、有效性。要分清轻重缓急和主次先后，在稳的方面苦练内功，做到改革预期稳、发展理念稳、基层队伍稳、业务建设稳；要在进的方面补齐短板，力争干部作风进、数据质量进、服务水平进、团结和谐进，以更加科学的态度推动科学发展。

（三）坚持以人为本，夯实能干事的人才基础。科学发展观的核心是以人为本。对四川调查系统来讲，强调以人为本，还有壮大干部队伍、优化干部结构的含义，首先解决有人干事的问题。通过近两年的努力，我们净增了120人，今年还将继续加大招录力度，力求从根本上解决人员力量紧张的问题。同时，我们要更加关心干部成长，加强干部培训培养，拓宽视野眼界，提高能力水平；更加注重柔性管理，大力促进机关团结和谐，切实减轻基层负担；更加重视人文关怀，千方百计改善工作生活条件。要调动一切积极因素，最大限度地激发干部队伍的澎湃激情和工作热情，努力凝聚起上下一心共谋发展的强大正能量。

（四）坚持质量至上，坚守干成事的核心理念。数据质量是统计调查工作的生命。对调查系统来说，首要职责是服务党和国家宏观决策，确保调查数据真实准确责任更加重大、要求更加严格。系统干部要将数据质量作为安身立命之本，作为依法履职的核心理念，从管理思路、方法制度、执法检查、业务考核、干部奖惩等各个方面进行强化，构建起全流程全要素质量管控体系。严格独立调查、独立上报、独立监督，确保每一笔数据都来自调查对象的直接填报，确保每一笔数据都经得起历史检验。坚持依法调查，加强数据质量检查，开展"双随机"执法，做到执法必严、违法必究，要用法律手段为数据公信力背书。

（五）坚持管理从严，强化不出事的底线思维。四川调查事业的发展，四川调查系统的形象，需要每一个干部去担当、去维护，更需要每一个领导干部去引导、去监督。"物必自腐，而后虫生"，四川调查系统不是清水衙门，除个别基层单位外，经费都比较宽裕，而且还参与目标管理、数据评审、脱贫摘帽，廉洁风险点比较多；加之实行垂直管理，地方不常监管，如果总队管不到位，恐怕迟早会出问题。对此，总队党组是清醒的。我们始终坚持党要管党、从严治党，坚持严格要求、严格教育、严格管理、严格监督，就是要打造一支勇于任事、勤于干事、不会出事的国家调查队伍。

三、扎实抓好 2017 年各项重点工作

2017 年，党的十九大将要召开，“十三五”规划稳步实施，供给侧结构性改革逐步深化，统计管理体制改革全面启动，令人期盼，令人振奋。总体思路是：深入贯彻党的十八大及历次全会、中央经济工作会议、十八届中纪委七次全会和全国统计调查工作会议精神，紧紧围绕中央重大决策部署，认真落实国家局工作要求，以深化统计管理体制改革为契机，在抓好重点改革、提高工作绩效、推动固本强基、锤炼干部作风、加强文化建设等“五个重点”上下功夫，奋力推动四川调查工作高位求进、稳定发展。

（一）以深化改革为契机，进一步抓好重点改革。深入贯彻深化统计管理体制改革精神，积极推进关键领域改革。全面启动农作物对地调查。抓紧推进第一批农普遥测数据审核上报工作，做好新增重点县遥测技术服务，完成 1450 个村一类测量任务，开展数据成果分析研究和建库归档工作。全面启动产粮大县和粮食主产市非产粮大县农作物对地调查改革，强化组织领导，落实条件保障，形成长效机制，建立面向未来的现代农业抽样调查体系。扎实做好分市县住户调查工作。认真贯彻落实《关于进一步规范分市县住户调查有关事项的通知》精神，与各级统计局紧密合作、共同推进，抓紧实施总队牵头负责、市级队牵头组织实施、县级队和县统计局负责基础数据采集的新机制。同时，建立住户调查对口协作机制，安排成都、眉山、内江对口协助甘孜、凉山、阿坝，帮助三州推动住户调查工作。整合三大业务板块。加强规下工业、资质外建筑业、限额以下服务业、小微企业调查统筹，加强农民工、城镇劳动力调查统筹，加强农产品生产者价格、生产投资价格、制造业和非制造业采购经理调查统筹，统一框架指标，统一季度调研，打捆分析研究，集中力量打造“四下”企业板块、劳动就业板块、先行指标板块，打造新的业务增长点。稳妥推进同城整合工作。整合乐山市中区、东坡、雁江队，合并到所在市队，新建犍为、洪雅、广汉队，在原三队办公地址设立市队驻区办事处，继续与党委政府及相关部门保持工作联系，继续争取地方行政资源支持，继续开展区域内国家调查工作和地方委托调查，确保调查工作延续性。主动融入“五证合一、一照一码”登记制度改革。积极争取国家局的支持，加入部门信息管理系统，为建立更加完备可靠的抽样框奠定基础。

（二）以数据质量为核心，进一步提高工作绩效。数据质量是我们立队之本，向质量要绩效是我们永恒的主题。抓紧建立全面质量管理体系。加强样本设计、工作部署、现场调查、数据质量、绩效评估整个流程的管控，积极推行痕迹管理，建立完善调查日志，现场调查手机定位，检查抽查影像留存，实现调查工作全程可追溯。坚持精细

管理。认真贯彻中央领导批示指示精神，严格执行国家质量保证规范和总队创新工作模式，强化直接调查，加强工作指导，坚持常态抽查，确保监管到位；加强数据评审，完善“省市县三级 + 部门联动”模式，准确把握经济运行新情况新趋势，点面结合提高分析质量。强化依法行政。抓紧落实国家局、省政府依法加强统计调查工作文件精神，坚持依法调查，坚决反对和遏制统计造假、弄虚作假；继续推行统计法律关系告知制度，定期开展数据质量检查抽查，开展“双随机”执法检查，严肃查处统计违法行为。积极发挥职能优势。围绕中央经济工作会议部署和省委“三大发展战略”，加强调查研究，搞好跟踪分析，真实反映稳中求进、创新驱动、动能转换、提质增效的最新成果，继续提升信息分析采用率、批示率、上刊率、点击率。主动对接地方需求。积极服务省委省政府目标管理、四大连片贫困地区脱贫攻坚、城乡居民最低生活保障标准修定、社会救助和保障标准与物价上涨挂钩联动机制实施，继续抓好金阳县“挂点、包村、帮户”工作。加强新闻宣传工作。坚持以数据发布解读为重点，扩大调查专报、重点分析发送范围，加强与省级主要报刊、电视新闻频道合作，加强民生调查进度分析投放力度，实现社会影响最大化；加强与国家统计媒体的联系，积极反映四川改革发展新元素新经验。

（三）以能力建设为重点，进一步推动固本强基。“九层之台，起于垒土”，推动四川调查事业稳定发展，更要注重打基础利长远。继续实施人才工程。抓紧推进61名新招录公务员的面试、考察，争取再为艰苦边远地区选调一批年轻干部，进一步充实一线调查岗位；坚持不懈培养干部，开展领导干部提高培训，开展年轻干部业务培训，安排系统干部上挂下派，选派优秀干部到主干线锻炼，提高干部综合素质；加强系统青联工作，每季度组织一次片区活动，每年组织一次全系统活动，为年轻干部成长搭建舞台。提高班子执政能力。加强习近平总书记系列讲话的学习，加强国家局决策部署的学习，提高各级领导班子的政治意识、大局意识、核心意识、看齐意识；加强领导班子建设，进一步完善民主决策机制，提高谋全局、抓大事、解难事、促发展的整体能力。强化业务工作导向。修订考核办法，将县级队信息分析工作单独考核，调整业务工作和信息分析工作综合权重，建立更加注重业务、更加注重公平、人人都有希望的考核机制，确保县级队将主要力量、资源、精力投入到基本调查业务。巩固基层阵地建设。继续推行“市带县”管理模式，在非国家调查县设立派出机构，巩固基层“国家调查点办公室”，对调查村和记账户实行挂牌管理，推进辅助调查员“兼专结合”，建立可持续的调查补贴增长机制，进一步巩固基层基础。继续加强信息化建设。按照国家顶层设计，建立核心应用系统和联网直报系统，建设综合数据库，积极开展工作布置、数据采集和处理上报电子化、网络化，提高快速反应能力。致力推动协调发展。坚持资源下沉，每年保持中央预算、地方补助经费的四分之三下拨基层，支持艰苦边远地区改善工作生活条件。

（四）以规范管理为抓手，进一步锤炼干部作风。作风建设事关事业成败。总队党组坚持以严格管理推动作风转变，推动事业发展。弘扬党的优良作风。坚持理论联系实际，深入基层，忘我工作，切实发挥轻骑兵优势；坚持密切联系群众，情为民系，利为民谋，不断强化公仆情怀；坚持批评与自我批评，襟怀坦白，从善如流，不断加强党性修养。构建作风养成长效机制。结合“两学一做”自查自纠和国家巡视整改，进一步加强党建工作、党风廉洁以及“人财物数”风险管控制度建设，堵住制度漏洞，扎紧制度笼子；坚决整治坐不对位置、顶不住压力、沉不到一线、搞不准数据、守不住规矩、跟不上需要等“六不”问题，树立心存敬畏、严守纪律的良好风气，形成有利于作风养成的制度环境。加强关键少数监督。各级领导班子要自觉坚持集体领导，带头发扬民主，严格按程序办事、按规矩办事；党组纪检组要加强对各单位“一把手”的监督，对大额资金使用、选人用人、数据质量、考核评比等“三重一大”事项重点监管，严防廉洁风险。坚决整治“四风”。严格执行中央“八项规定”，进一步改进基层调研、检查指导、文风会风、会务接待，加强效能建设，加强公车管理，严控“三公”支出，厉行勤俭节约。强化执行意识。“空谈误国，实干兴邦”，系统干部特别是领导干部要自觉贯彻国家局决策部署，自觉执行国家调查制度，自觉落实总队党组工作要求，真正把心思凝聚在抓落实上，把精力集中在抓落实上，把能力运用在抓落实上，要以“踏石留印、抓铁有痕”的精神把各项部署落到实处。

（五）以促进和谐为目标，进一步加强文化建设。文化是核心竞争力，统计调查事业的发展需要这种力量。深入开展文明创建。创新机制，完善载体，加强考核，扎实推进文明建设“三级联创”，全面推进系统精神文化、行为文化、制度文化和环境文化建设，集中力量开展文明系统建设攻坚；力争三年内总队机关成功创建全国文明单位，市县队全部建成文明单位。加强系统文化建设。加强统计核心价值观教育，将干部个人价值取向与统计文化深度融合，引导干部把心思和力量凝聚到推动事业发展上；开展优秀干部评选，宣传先进典型，加强正向激励，使系统干部学有方向、赶有目标，进一步凝聚人心、弘扬正气；积极营造关心人成就人的文化氛围，让干部充分感受到组织的尊重和信任，进一步增强干事创业激情。加强统计行风建设。弘扬“求实、创新、严谨、奉献”的统计行风，积极倡导热爱统计、忠诚统计、依法统计、科学统计的良好风尚；进一步强化理想信念教育，加强职业道德教育，大力发扬不计得失、淡泊名利、甘于奉献的优良传统，始终恪守以求真务实为天职、视数据质量为生命的职业操守。切实维护和谐稳定。更加注重全面协调可持续发展，积极解决系统民生问题，从源头上预防矛盾产生，巩固和谐稳定的物质基础；教育干部正确处理个人利益和集体利益、局部利益和全局利益的关系，自觉维护和谐稳定；坚持依法依规信访，对不顾大局、无理取闹、诬告缠访的，要严肃批评教育。

四、全面加强党建和党风廉洁工作

深刻学习领会党的十八届六中全会、十八届中央纪委七次全会精神，充分认识管党治党重大政治责任，充分认识深化全面从严治党努力方向，继续在常和长、严和实、深和细上下功夫，不断开创四川调查系统全面从严治党新局面。

（一）全面加强系统党的建设。坚持党对调查工作的领导，不断加强系统党的组织建设，配齐配强党组班子成员，探索党建工作和业务建设契合点，统筹融合党务业务工作，在政治高度上突出党的领导，在政治要求上抓住党的建设，在政治定位上聚焦全面从严治党。加强思想政治教育，深入开展“两学一做”学习教育，扎实做好“规定动作”，突出正面教育，突出进取精神，进一步发挥党员干部先锋模范作用。加强党风廉洁建设，严格落实党组9项主体责任、纪检组5项监督责任、党组书记第一责任人的责任、领导班子成员的“一岗双责”，严格执行党风廉洁落实机制、报告机制、考核制度和责任追究制度，真正把“两个责任”落到实处。严格党内政治生活，坚持“三会一课”、主题党日活动、双重组织生活、党员民主评议等好制度、好做法，以严格组织生活为载体纯洁党员队伍。认真做好党员发展工作，加强年轻干部理想信念教育，对积极要求进步、主动提出入党要求的青年骨干，要加强培养，进一步扩大基层党组织的力量。

（二）切实强化正风肃纪。严肃业务工作纪律，坚决贯彻中央领导同志重要批示精神，大力强化国家调查意识，进一步完善数据质量管控、责任事故追究机制，对基础数据质量隐患，对目标考核、脱贫摘帽、数据评审方面廉洁风险，实行分级负责、分级管理、分级处理，促进公开透明，着力塑造阳光形象。继续改进工作作风，坚决贯彻中央“八项规定”精神和整治“四风”要求，进一步改进调查研究，改进会务接待，厉行勤俭节约，严格干部管理，严格财务管理，整治“庸懒散拖”。坚决整治节假日不正之风，每个节假日前下发通知，强调纪律，公开监督举报方式，做到早部署、早提醒，持续释放纠正“四风”的强烈信号。

（三）继续推动整改落实。国家局党组对总队进行专项巡视，总队党组作了坚决整改的郑重承诺，一些整改项目已经完成，一些还在推进之中。总队党组决定，将国家巡视整改作为今年上半年一项重要任务进行推动，确保目标不变、标准不降、劲头不松、力度不减，务必圆满完成后续整改工作。总队巡视整改工作组要组织开展专项检查，对已经完成的事项，及时组织“回头看”，巩固整改成果；对尚未完成的事项，紧盯不放，善始善终；对涉及长远的任务，脚踏实地，扎实推进；对行动迟缓、整改不力、反弹回潮等问题，开展督察督办，确保反馈问题条条要整改、件件有着落。

（四）开始启动系统巡察。政治巡察是推进全面从严治党、实现监督全覆盖的创新之举，是加强基层党风廉洁建设、破解基层监督难题的重大举措。从今年开始，正式启动系统巡察工作试点，根据系统管理特点，采取巡察到市、延伸到县的方式，分期分批对各市县队党组党的领导弱化、党的建设缺失、全面从严治党不力问题进行巡察，各市县队要积极做好配合、整改工作。系统巡察要紧贴基层实际，聚焦全面从严治党，紧扣“八项规定”和“六项纪律”，有效破解调查系统管党治党“最后一公里”问题。

要加强成果运用，将巡察情况作为单位年度考核的重要依据，作为干部个人晋升的重要依据，充分发挥巡察震慑治本作用。

（五）强化监督执纪问责。聚焦中心任务，聚焦重点对象，聚焦关键环节，进一步加强对遵守党的政治纪律政治规矩、履行全面从严治党政治责任、贯彻落实国家局重大决策部署、落实总队党组工作要求的监督检查，不断提高执纪监督实效。坚持抓早抓小，牢牢抓住“人财物数”关键环节和廉政风险重点岗位，加强经常性检查、谈话、函询，确保权力运行到哪里、监督就延伸到哪里。强化执纪问责，对作风不实、管理不严、个人不廉等不正之风滋长蔓延的，对歪风邪气不制止、不查处、不报告的，坚决实行“一案双查”，对单位主要领导、分管领导、监督责任领导实行年度考核“一票否决”，使干部职工心有所畏、言有所戒、行有所止，确保系统清正、干部清廉。

城镇居民人均可支配收入（元）

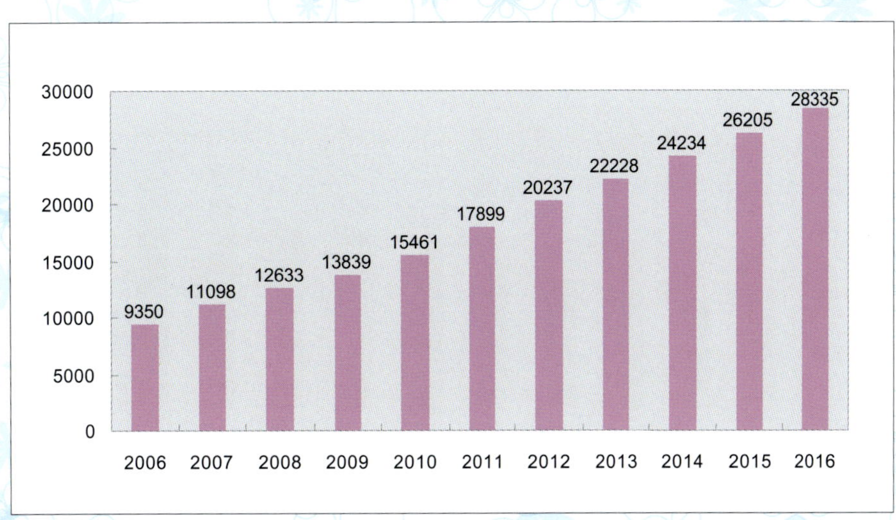

农村居民人均可支配收入（元）

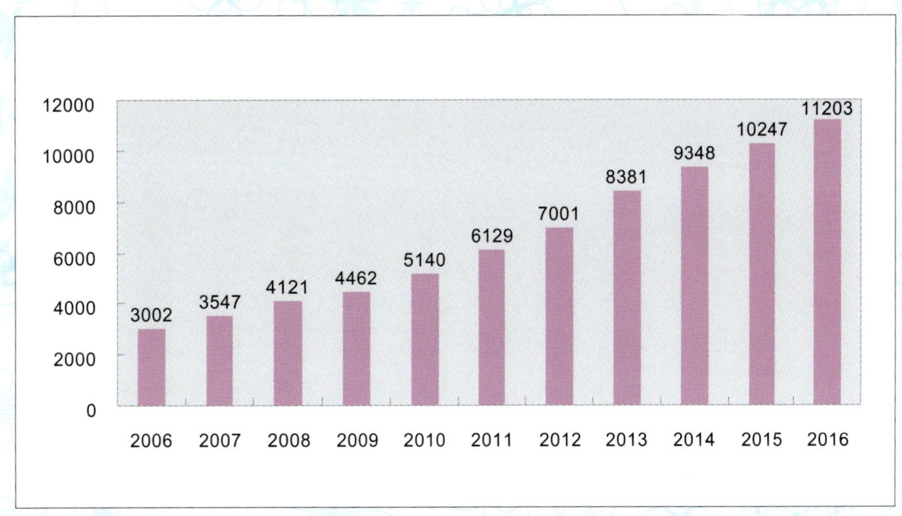

城镇居民人均生活消费支出（元）

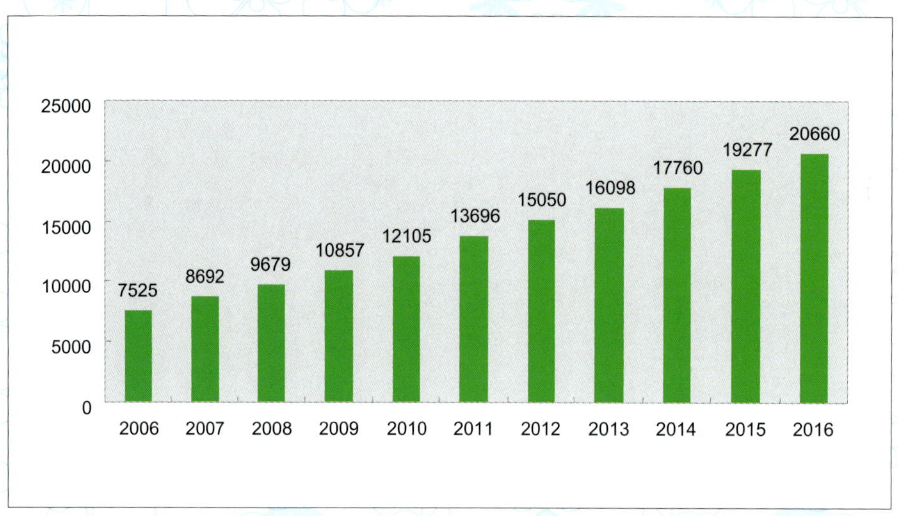

农村居民人均生活消费支出（元）

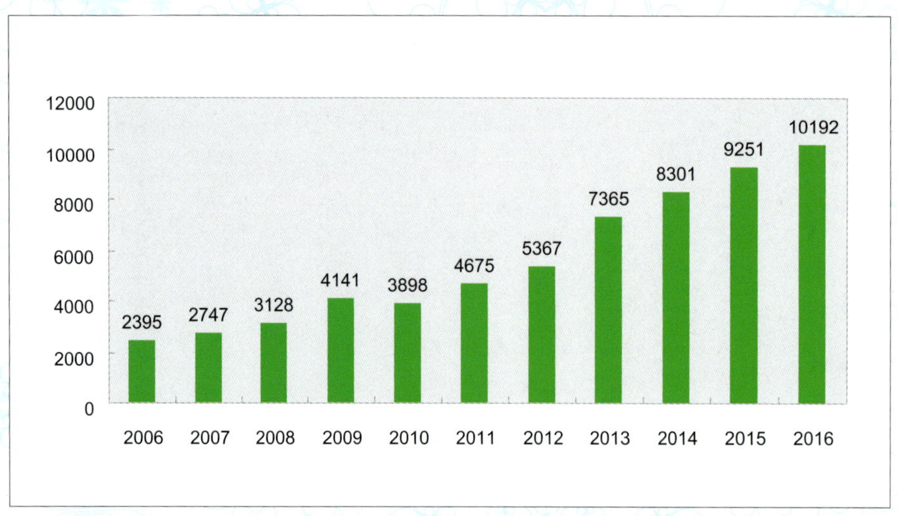

注：从2013年起，国家统计局开展了城乡一体化住户收支和生活状况调查，与2012年前的分城镇和农村住户调查的调查范围、调查方法、指标口径有所不同，2013年以前为农民收入为人均纯收入。

2016 年分月工业生产者出厂价格环比指数

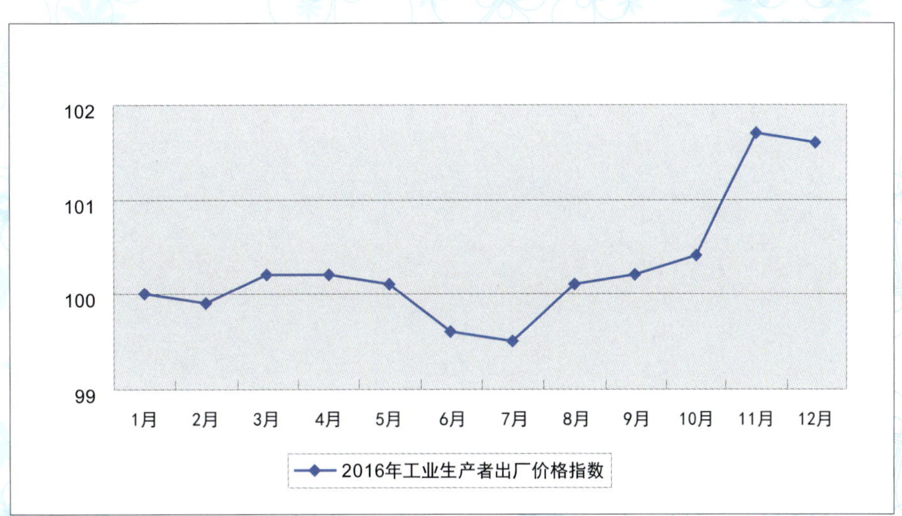

2016 年分月工业生产者购进价格环比指数

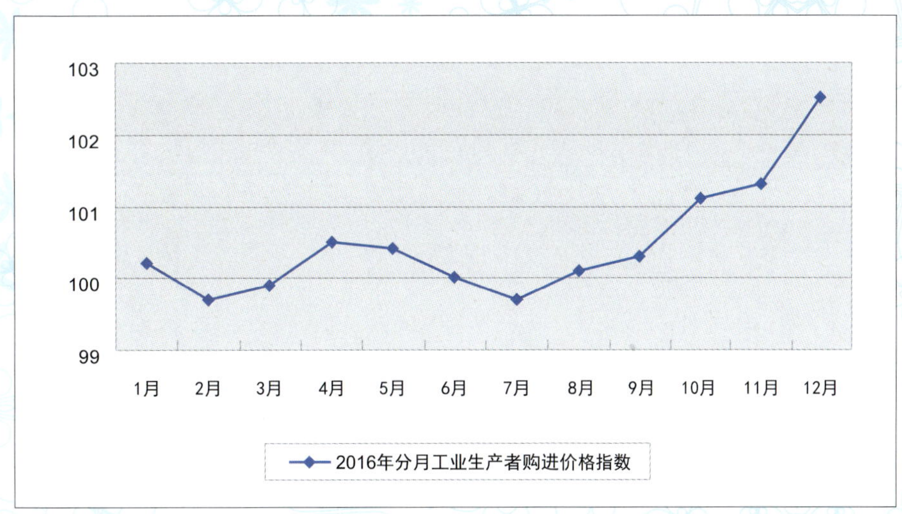

全省工业生产者出厂价格指数（上年 =100）

全省工业生产者购进价格指数（上年 =100）

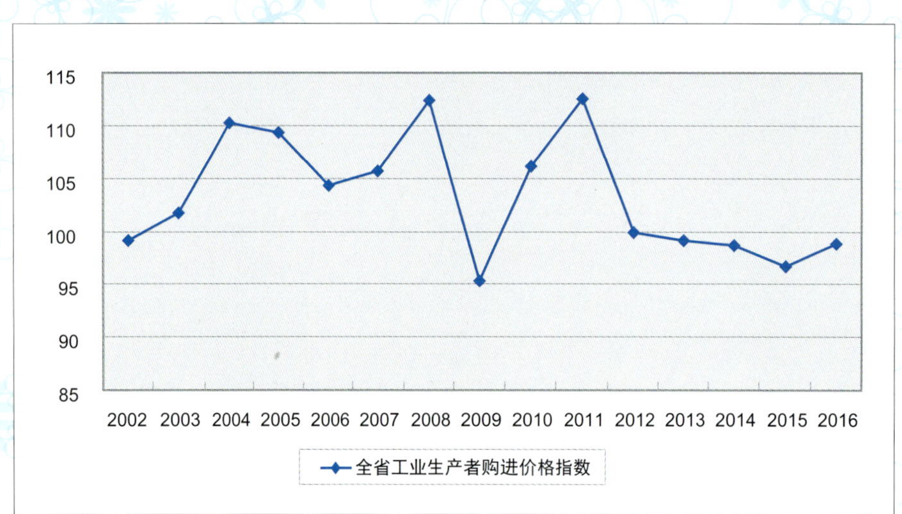

全省居民消费价格指数（上年 =100）

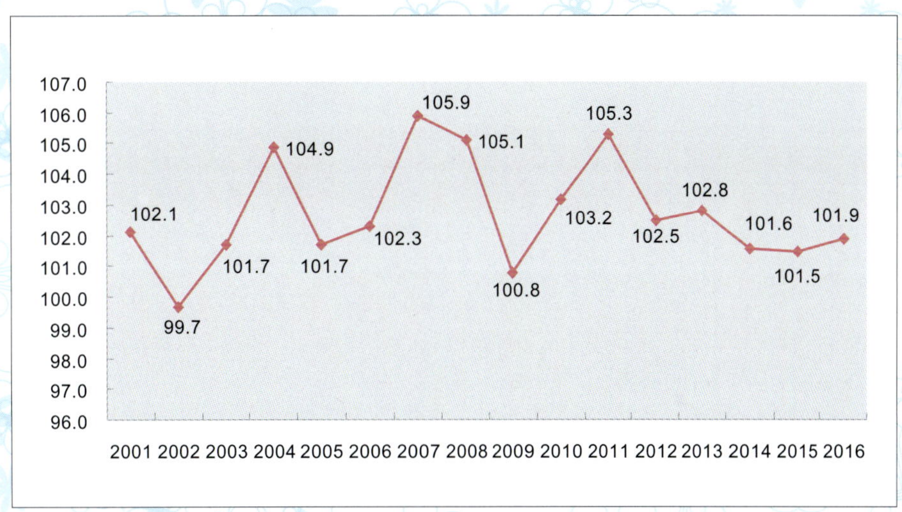

城市居民消费价格指数（上年 =100）

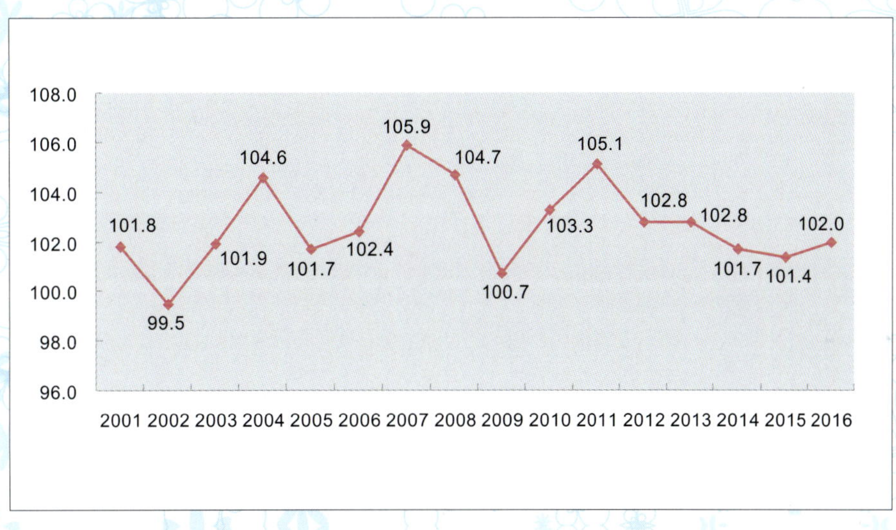

农村居民消费价格指数（上年 =100）

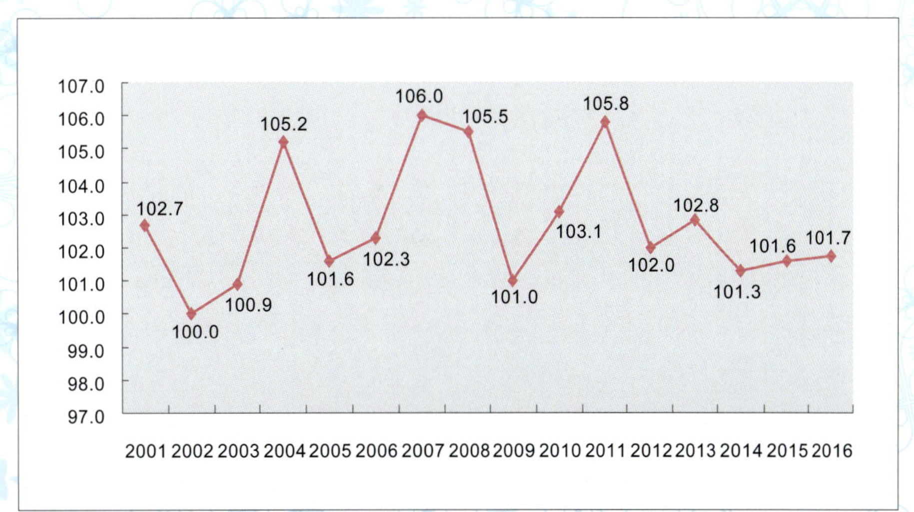

全省商品零售价格指数（上年 =100）

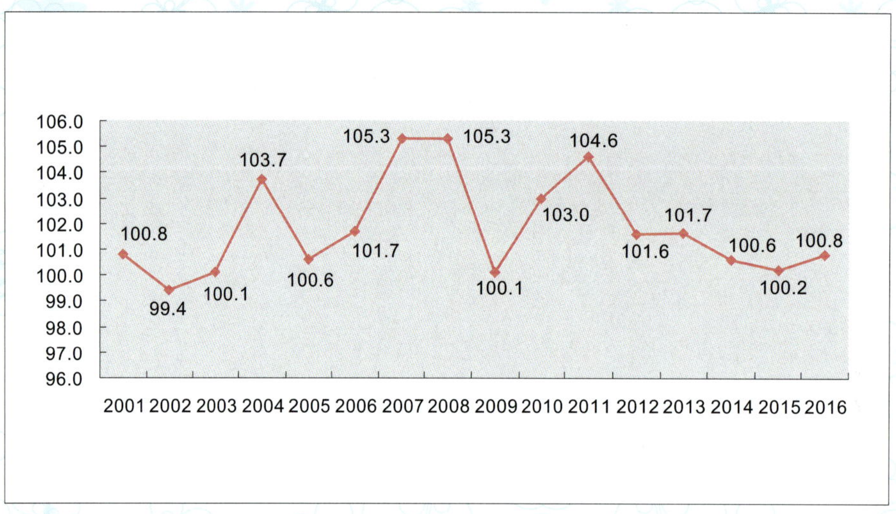

城市商品零售价格指数（上年 =100）

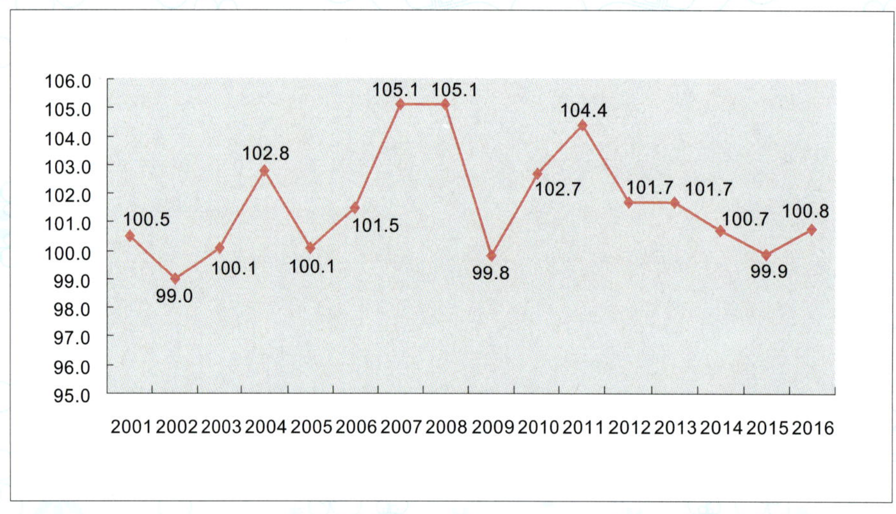

农村商品零售价格指数（上年 =100）

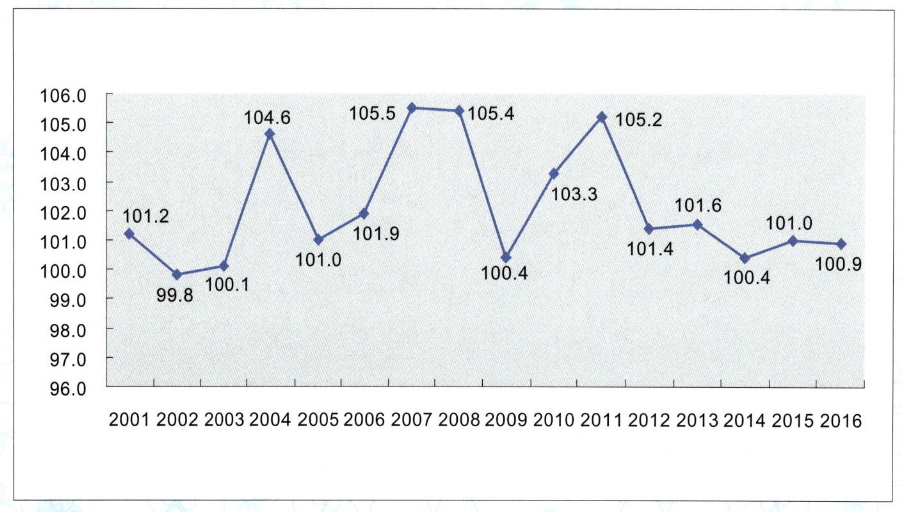

农业生产资料价格指数（上年 =100）

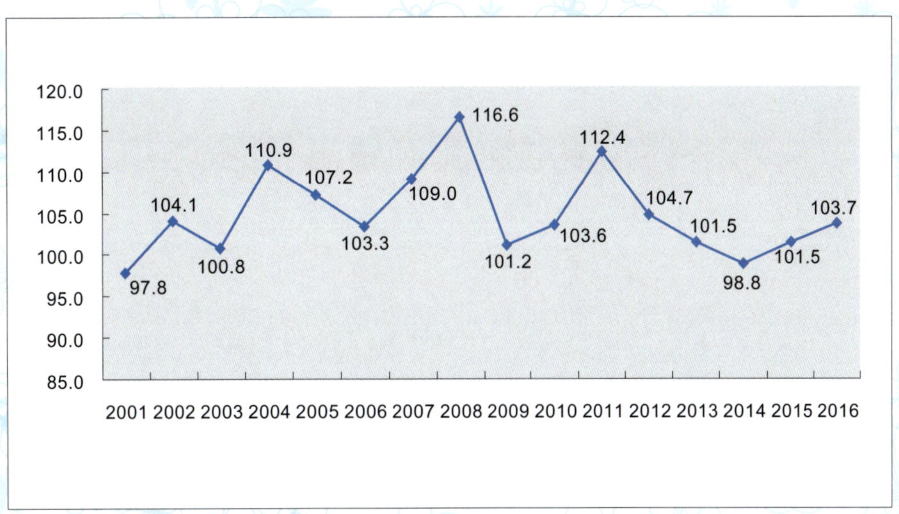

四川粮食产量走势图

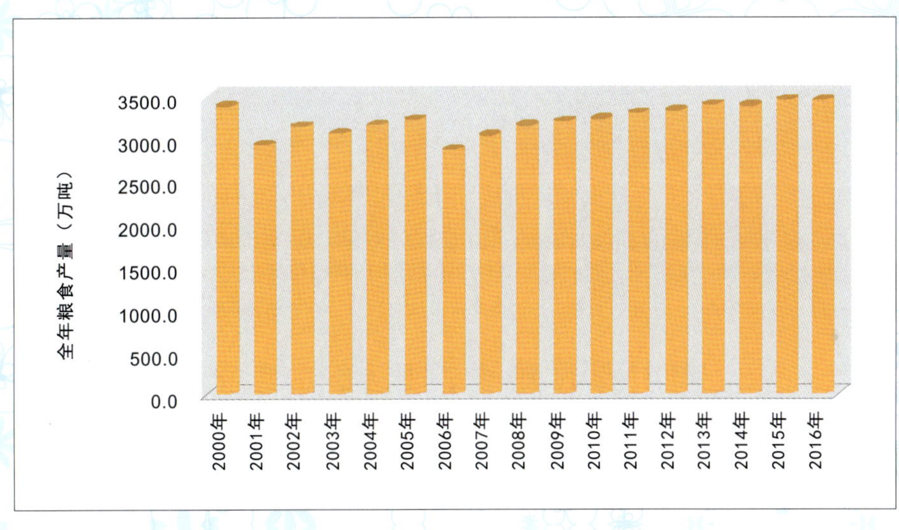

四川粮食产量增长情况图

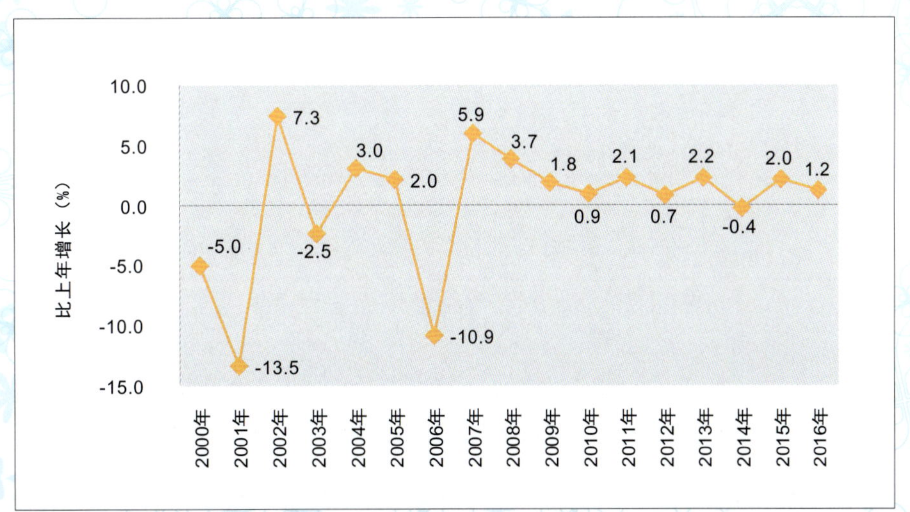

四川夏收粮食产量走势图

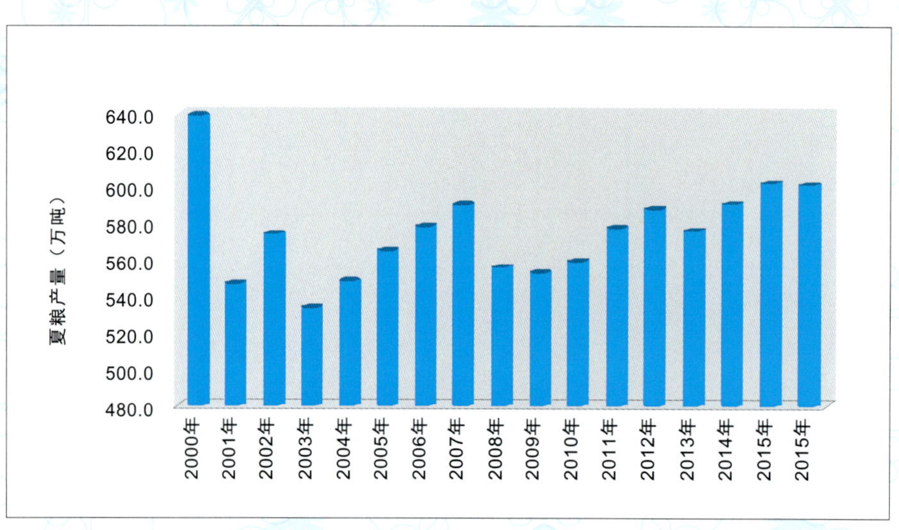

四川夏收粮食产量增长情况图

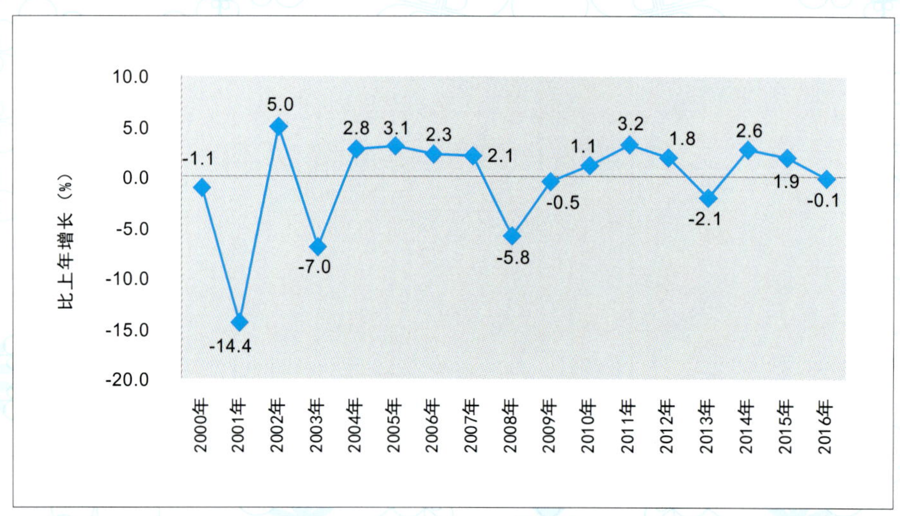

四川秋收粮食产量走势图

四川秋收粮食产量增长情况图

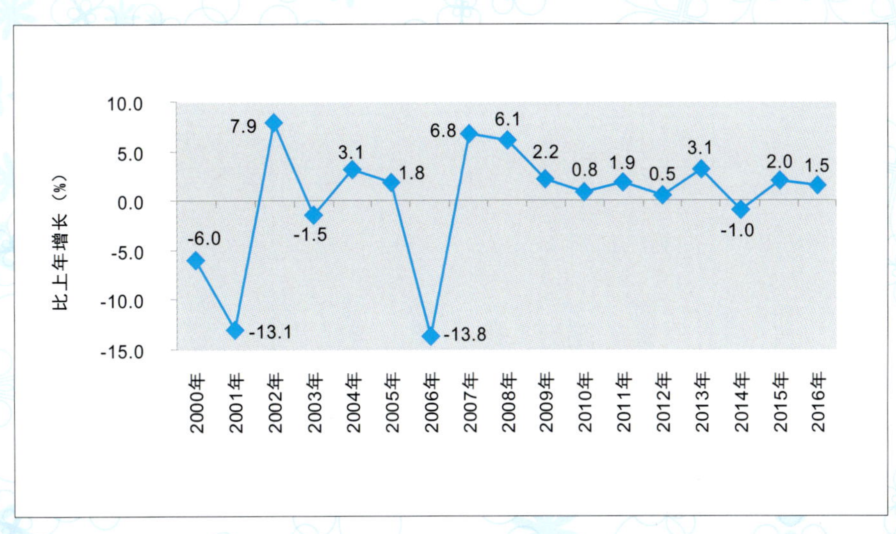

2009-2016 年四川生猪生产情况

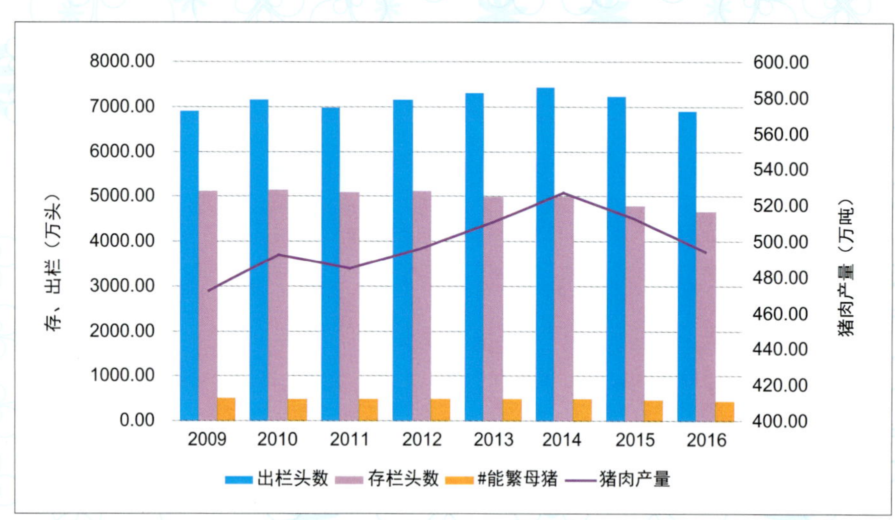

说明：本图表所列数据系衔接 2009-2016 年全省与市、县级的历史数据，与国家核定数据存在 0.5% 以内的小数收舍差异。

本图对应 4-13 2009-2016 年四川生猪生产情况表

2009—2016 年四川牛生产情况

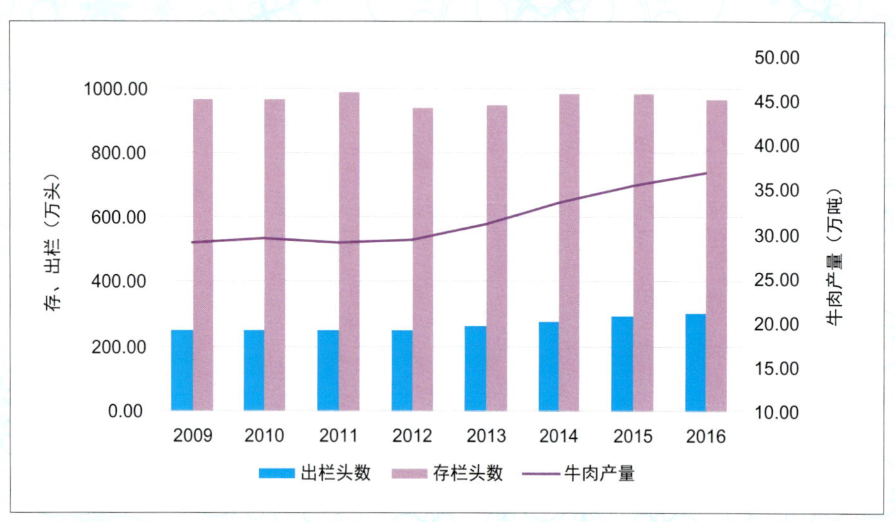

说明：本图表所列数据系衔接 2009-2016 年全省与市、县级的历史数据，与国家核定数据存在 0.5% 以内的小数收舍差异。

本图对应 4-14 2009-2016 年四川牛生产情况表

2009—2016 年四川羊生产情况

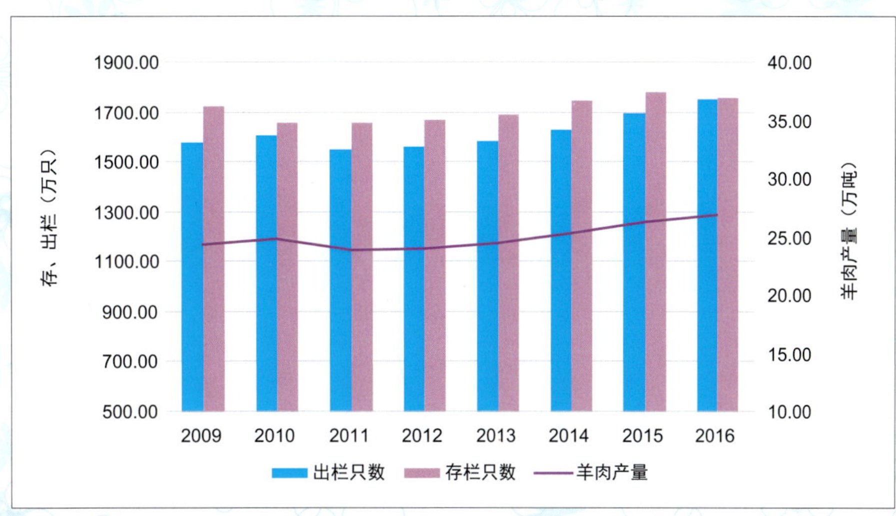

说明：本图表所列数据系衔接 2009-2016 年全省与市、县级的历史数据，与国家核定数据存在 0.5% 以内的小数收舍差异。

本图对应 4-15 2009-2016 年四川羊生产情况表

2009—2016 年四川家禽生产情况

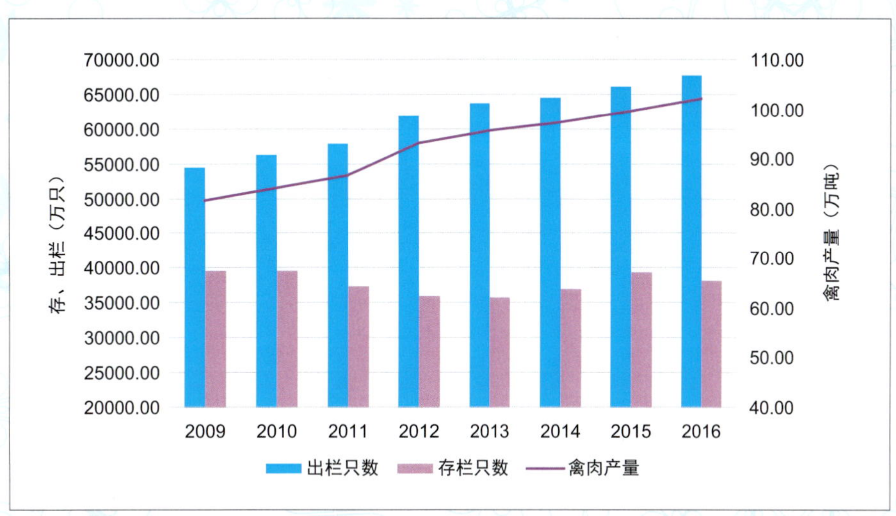

说明：本图表所列数据系衔接 2009-2016 年全省与市、县级的历史数据，与国家核定数据存在 0.5% 以内的小数收舍差异。

本图对应 4-16 2009-2016 年四川家禽生产情况表

四川制造业采购经理指数

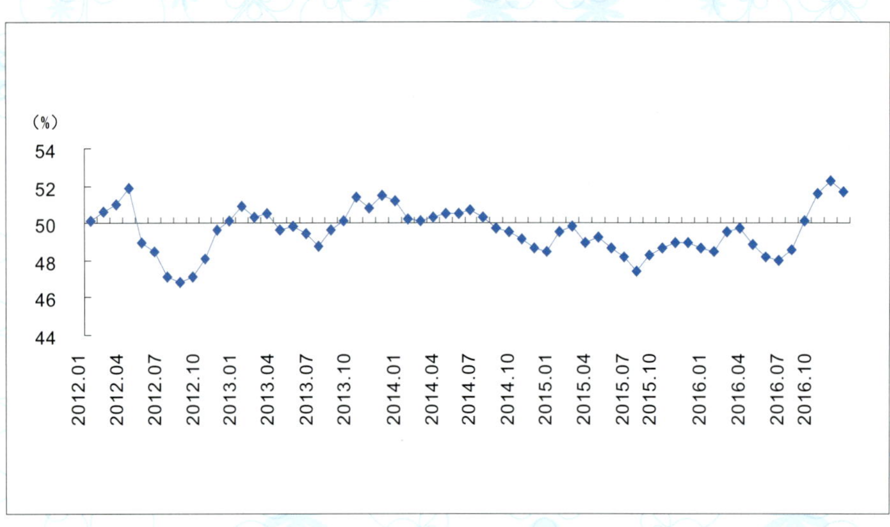

四川非制造业商务活动指数

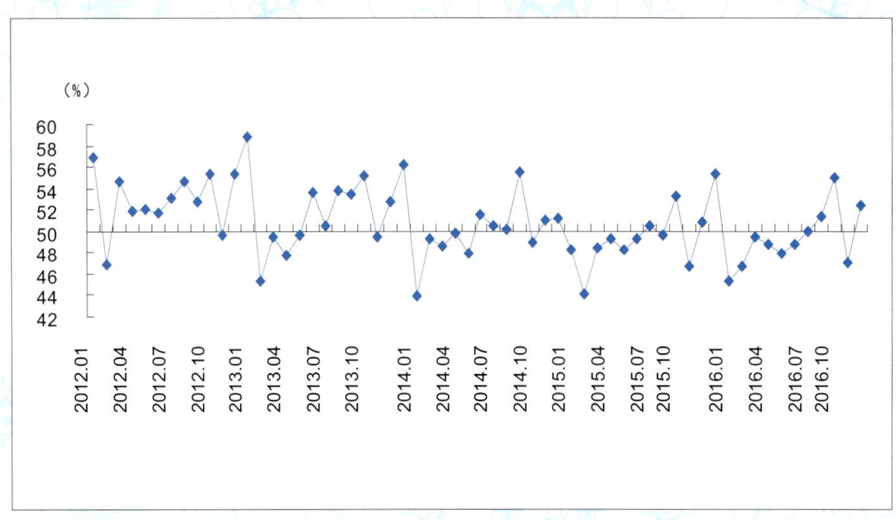

2016年四川制造业采购经理指数

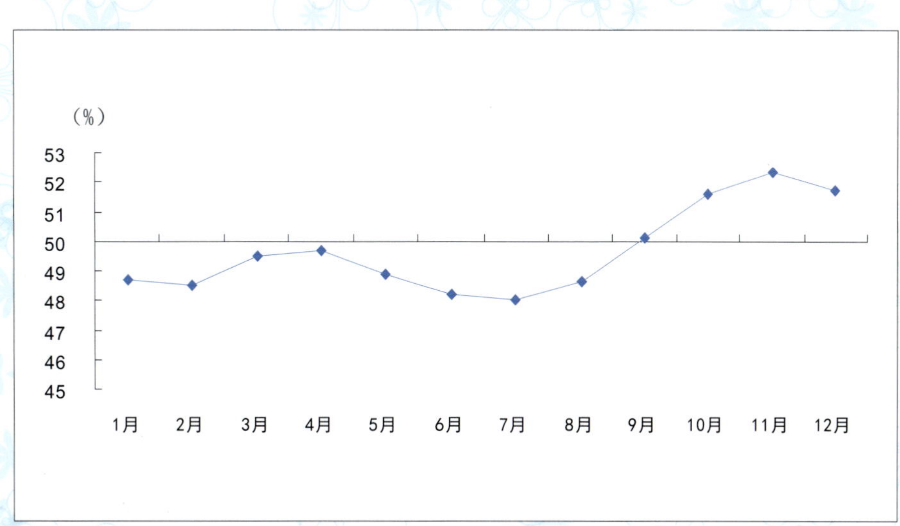

2016年四川非制造业商务活动指数

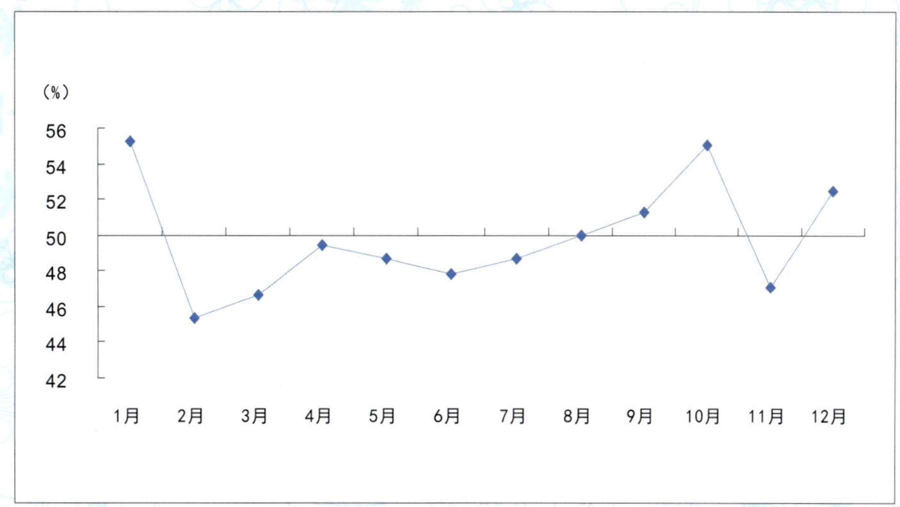

编者说明

一、《四川调查年鉴-2017》是国家统计局四川调查总队编辑出版的大型资料性年刊，本《年鉴》收录了近年全省农村、城市和企业等方面的各项统计调查数据，以及全国和各省市区重要年份的主要经济、社会指标。

二、全书内容分为 6 个篇章，即 1.综合；2.住户调查；3.价格调查；4.农业调查；5.企业调查；6.专项调查；附录.全国及各省市区主要统计调查指标。为方便读者使用，主要篇章末附有《主要统计指标解释》。

三、资料中所使用的度量衡单位均采用国际统一标准计量单位。

四、本《年鉴》总量指标计算所采用的价格均为现行价格。

五、本《年鉴》部分数据合计数或相对数对于单位取舍不同产生的计算误差均未作机械调整。

六、符号使用说明：

"…"表示数据不足本表最小计量单位数；

"#"表示其中的主要项；

"-"表示没有、不详或未掌握该项数据；

"①"表示本表下有注解。

七、在本年鉴的编辑过程中，得到了许多单位和同志的大力支持，在此我们深表谢意。限于我们的水平，年鉴中的错误和不足之处在所难免，恳请广大读者给予批评指正。

目　录

第一篇　综　　合

第二篇　住户调查

第三篇 价格调查

第四篇　农业调查

第五篇 企业调查

第六篇 专项调查

附 录

综　　合

2016 年四川省国民经济和社会发展统计公报

2016 年，面对错综复杂的国内外宏观经济形势，省委省政府认真落实以习近平同志为核心的党中央治国理政新理念新思想新战略，紧紧围绕“五位一体”总体布局和“四个全面”战略布局，坚持稳中求进工作总基调，牢固树立和贯彻落实新发展理念，坚持以供给侧结构性改革为主线，深入实施“三大发展战略”，突出全面创新改革“一号工程”，突出脱贫攻坚“头等大事”，突出绿色发展，全面做好稳增长、促改革、调结构、惠民生、防风险各项工作，全省产业结构、动力结构、区域结构、创新动力等进一步呈现积极变化，经济平稳健康发展，社会事业全面进步，实现了“十三五”良好开局。

一、综合

经国家统计局审定，全年实现地区生产总值（GDP）32680.5 亿元，按可比价格计算，比上年增长 7.7%。其中，第一产业增加值 3924.1 亿元，增长 3.8%；第二产业增加值 13924.7 亿元，增长 7.5%；第三产业增加值 14831.7 亿元，增长 9.1%。三次产业对经济增长的贡献率分别为 6.0%、42.5%和 51.5%。人均地区生产总值 39695 元，增长 7.0%。三次产业结构由上年的 12.2：44.1：43.7 调整为 12.0：42.6：45.4。

图 1　2011-2016 年地区生产总值和增长速度

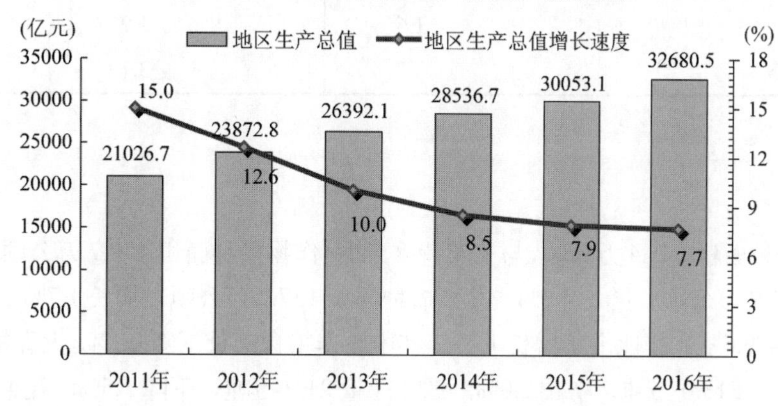

全年民营经济增加值 19863.3 亿元，比上年增长 8.1%，占 GDP 的比重为 60.8%，对 GDP 增长的贡献率为 63.9%。其中，第一产业增加值 1562.7 亿元，增长 2.4%；第二产业增加值 11399.2 亿元，增长 8.2%；第三产业增加值 6901.4 亿元，增长 9.3%。

图 2　2011-2016 年三次产业增加值占 GDP 比重

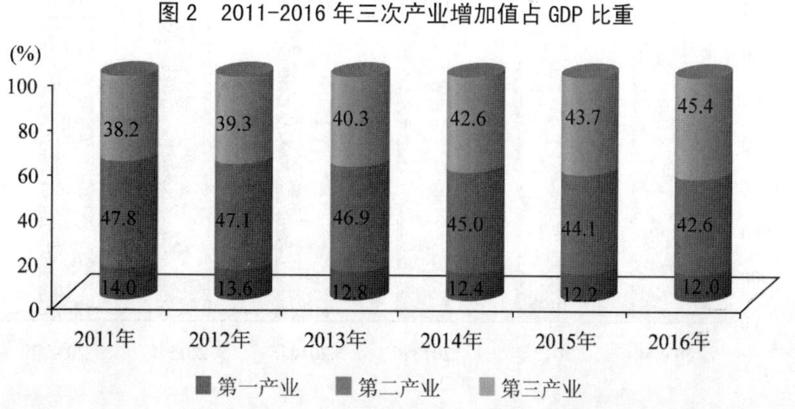

全年居民消费价格（CPI）比上年上涨 1.9%，其中食品烟酒价格上涨 4.1%，居住价格上涨 1.2%，教育文化和娱乐上涨 2.5%。商品零售价格比上年上涨 0.8%，农业生产资料价格上涨 3.7%。工业生产者出厂价格（PPI）比上年下降 1.1%，其中生产资料价格下降 1.3%，生活资料价格下降 0.5%；工业生产者购进价格（IPI）比上年下降 1.2%。

表 1　2016 年居民消费价格比上年涨跌幅度（%）

指　　标	全 省	城 市	农 村
居民消费价格	1.9	2.0	1.7
食品烟酒	4.1	3.9	4.4
#粮 食	1.1	1.0	1.2
鲜 菜	7.9	8.5	6.8
畜 肉	13.4	12.7	14.5
水产品	2.8	2.4	3.7
蛋	-3.3	-3.4	-3.2
鲜 果	-2.3	-3.6	0.0
衣着	0.6	0.3	1.5
居住	1.2	1.6	0.4
生活用品及服务	0.3	0.3	0.1
交通和通信	-1.4	-1.3	-1.8
教育文化和娱乐	2.5	3.0	1.6
医疗保健	1.6	1.9	1.2
其他用品和服务	2.9	3.1	2.2

二、农　业

全年粮食作物播种面积 645.4 万公顷，与上年持平；油料作物播种面积 130.7 万公顷，比上年增长 0.6%；中草药材播种面积 11.7 万公顷，增长 4.0%；蔬菜播种面积 137.2 万公顷，增长 1.7%。

全年粮食产量 3483.5 万吨，比上年增长 1.2%，其中小春粮食产量下降 0.1%；大春粮食产量增长 1.5%。经济作物中，油料产量 313.6 万吨，增长 2.0%；烟叶产量 21.9 万吨，下降 1.5%；蔬菜产量 4365.7 万吨，增长 2.9%；茶叶产量 26.4 万吨，增长 6.4%；园林水果产量 845.4 万吨，增长 4.8%；中草药材产量 45.9 万吨，增长 4.7%。

图 3　2011-2016 年粮食产量

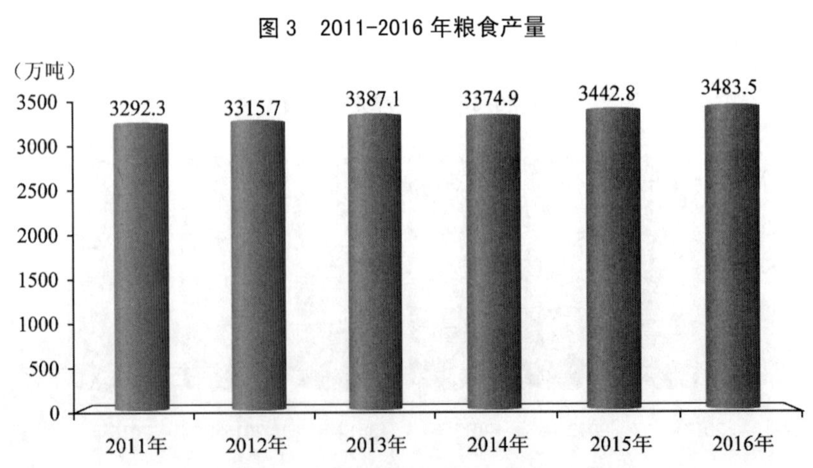

全年肉猪出栏 6925.4 万头，比上年下降 4.3%；牛出栏 305.2 万头，增长 3.3%；羊出栏 1755.8 万只，增长 3.4%；家禽出栏 67776.9 万只，增长 2.5%。猪肉产量下降 3.5%，牛肉产量增长 4.2%，羊肉产量增长 2.0%。禽蛋产量增长 1.0%，牛奶产量下降 7.0%。

全年完成荒山荒（沙）地造林 63.6 万公顷。年末实有森林管护面积 1771.0 万公顷。年末全省共有湿地公园 55 个，其中省级湿地公园 26 个（2016 年新批建 9 个），国家湿地公园 29 个（2016 年新批建 5 个，有 2 个省级湿地公园转为国家级）。年末森林覆盖率 36.88%，比上年提高 0.86 个百分点。

全年水产养殖面积 21.5 万公顷，比上年增长 1.6%；水产品产量 145.4 万吨，增长 4.9%。

全年新增农田有效灌溉面积 8.0 万公顷，年末有效灌溉面积 281.5 万公顷。全年新增综合治理水土流失面积 31.4 万公顷，累计 882.4 万公顷。新解决饮水困难人口 134 万人。年末农业机械总动力 4450 万千瓦，新增 50 万千瓦。全年农村用电量 183.0 亿千瓦小时，增长 4.7%。

三、工业和建筑业

全年全部工业增加值 11569.8 亿元，比上年增长 7.6%，对经济增长的贡献率为 36.2%。年末规模以上工业企业 13625 户。全年规模以上工业增加值增长 7.9%。

图 4　2011-2016 年全部工业增加值

在规模以上工业中，分轻重工业看，轻工业增加值比上年增长 8.2%，重工业增加值增长 7.7%，轻重工业增加值之比为 1: 1.78。分经济类型看，国有及国有控股企业增长 3.6%，集体企业增长 5.6%，股份制企业增长 8.7%，外商及港澳台商投资企业增长 4.4%。

分行业看，规模以上工业 41 个行业大类中有 36 个行业增加值增长。其中，酒、饮料和精制茶制造业比上年增长 11.9%，电力、热力生产和供应业增加值下降 3.5%，计算机、通信和其他电子设备制造业增长 9.4%，非金属矿物制品业增长 10.3%，汽车制造业增长 14.2%，化学原料和化学制品制造业增长 9.0%，农副食品加工业增长 8.5%，石油和天然气开采业增长 21.1%，医药制造业增长 8.1%。

从主要产品产量看，原煤产量比上年下降 3.9%，汽油增长 18.0%，天然气增长 11.1%，发电量增长 5.3%，铁矿石原矿增长 3.1%，成品钢材增长 5.0%，水泥增长 3.9%，白酒增长 8.7%，化学药品原药下降 14.7%，汽车增长 24.7%，电力电缆增长 32.8%，电子计算机整机下降 6.4%。全年规模以上工业企业产销率为 96.9%。

全年规模以上工业企业实现主营业务收入 40639.3 亿元，比上年增长 8.4%。盈亏相抵后实现利润总额 2176.1 亿元，增长 5.4%。其中，国有控股工业企业实现利润 433.2 亿元，下降 22.8%；股份制企业 1783.0 亿元，增长 2.9%；外商及港澳台投资企业 314.7 亿元，增长 30.4%。

全年建筑业增加值 2473.0 亿元，比上年增长 6.6%。年末施工总承包和专业承包建筑企业 3991 个，实现利税总额 519.4 亿元，增长 7.5%。房屋建筑施工面积 54048.3 万平方米，增长 2.4%；房屋建筑竣工面积 21089.3 万平方米，增长 2.0%，其中住宅竣工面积 15850.1 万平方米，增长 0.8%。

表 2　2016 年规模以上工业企业主要产品产量及其增长速度

产品名称	单 位	绝对数	比上年增长（%）
原煤	万吨	6076.2	-3.9
汽油	万吨	256.6	18.0
天然气	亿立方米	296.9	11.1
发电量	亿千瓦小时	3141.6	5.3
铁矿石原矿	万吨	20437.3	3.1
生铁	万吨	1733.2	-0.7
十种有色金属	万吨	54.9	-7.9
粗钢	万吨	2007.7	-4.9
成品钢材	万吨	2837.2	5.0
农用氮磷钾化学肥料	万吨	508.6	2.7
饲料	万吨	1568.5	7.3
食用植物油	万吨	184.4	-7.3
卷烟	亿支	668.2	-29.4
啤酒	万千升	232.1	5.0
白酒	万千升	402.7	8.7
布	亿米	18.9	3.8
纱	万吨	121.6	0.8
化学纤维	万吨	118.1	7.3
彩色电视机	万台	1111.0	4.8
家用电冰箱	万台	85.6	16.3
房间空气调节器	万台	203.4	42.4
水泥	万吨	14584.2	3.9
平板玻璃	万重量箱	5363.3	31.9
中成药	万吨	59.5	11.0
汽车	万辆	131.1	24.7
电力电缆	万千米	273.1	32.8
电子计算机整机	万台	5936.5	-6.4
移动通信手持机（手机）	万台	4486.7	27.8

四、固定资产投资

全年全社会固定资产投资 29126.0 亿元，比上年增长 12.1%，其中固定资产投资（不含农户）28229.8 亿元，增长 13.1%。

图 5　2011-2016 年全社会固定资产投资

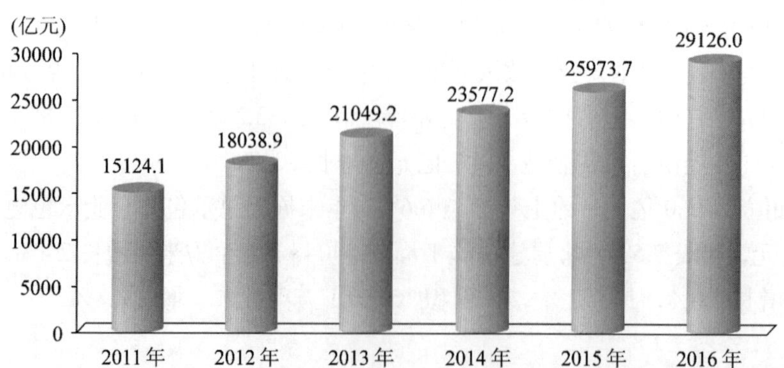

分产业看，第一产业投资 1115.1 亿元，增长 32.7%；第二产业投资 8222.4 亿元，增长 10.2%，其中工业投资 8161.7 亿元，增长 10.9%；第三产业投资 19788.5 亿元，增长 12.0%。

全年房地产开发投资 5282.6 亿元，比上年增长 9.8%。商品房施工面积 41532.1 万平方米，增长 6.5%。商品房销售面积 9300.5 万平方米，增长 21.2%。

五、国内贸易及旅游

全年社会消费品零售总额 15501.9 亿元，比上年增长 11.7%。

图 6　2011-2016 年社会消费品零售总额

按经营地分，城镇消费品零售额 12435.4 亿元，增长 11.5%；乡村消费品零售额 3066.5 亿元，增长 12.5%。按消费形态分，商品零售额 13287.8 亿元，增长 11.5%；餐饮收入 2214.0 亿元，增长 13.2%。在限额以上企业（单位）中，通过互联网实现的商品零售额 442.5 亿元，比上年增长 29.8%。

从限额以上企业（单位）主要商品零售额看，粮油、食品、饮料、烟酒类增长 18.8%，服装、鞋帽、针纺织品类增长 4.5%，日用品类增长 24.0%，化妆品类增长 14.3%，金银珠宝类增长 8.2%，家用电器和音像器材类增长 12.8%，中西药品类增长 14.9%，家具类增长 22.2%，建筑及装潢材料类增长 16.0%，汽车类增长 6.4%，石油及制品类增长 3.6%。

全年接待国内游客 6.3 亿人次，比上年增长 7.7%；国内旅游收入 7600.5 亿元，增长 23.8%。接待入境游客 308.8 万人次，增长 13%；实现旅游外汇收入 15.8 亿美元，增长 33.9%。全省旅行社组织出境游客总人数为 183.6 万人，下降 6.2%。全年实现旅游总收入 7705.5 亿元，增长 24.1%。

六、对外经济

全年实际利用外资 85.5 亿美元，比上年下降 18.1%。新批外商直接投资企业 331 家，累计批准 11122 家。外商投资实际到位资金 80.3 亿美元。落户四川的境外世界 500 强企业 232 家。年末驻川外国领事机构 16 家。

全年对外承包工程新签合同金额 70 亿美元，完成营业额 44.7 亿美元，比上年下降 18.1%。新增境外投资企业 196 家，境外投资企业累计 845 家。

全年在履约的国内省外投资项目 9025 个（含往年结转项目），实际到位国内省外资金 9613.6 亿元，增长 5.5%。

全年进出口总额 493.3 亿美元，比上年下降 3.6%。其中，出口额 279.5 亿美元，下降 15.6%；进口额 213.9 亿美元，增长 18.2%。

全年以加工贸易方式进出口 273.2 亿美元，比上年增长 17.1%，占全省进出口总额的 55.4%；以一般贸易方式进出口 163.7 亿美元，下降 21.3%，占全省进出口总额的 33.2%。

图 7 2011-2016 年进口额和出口额

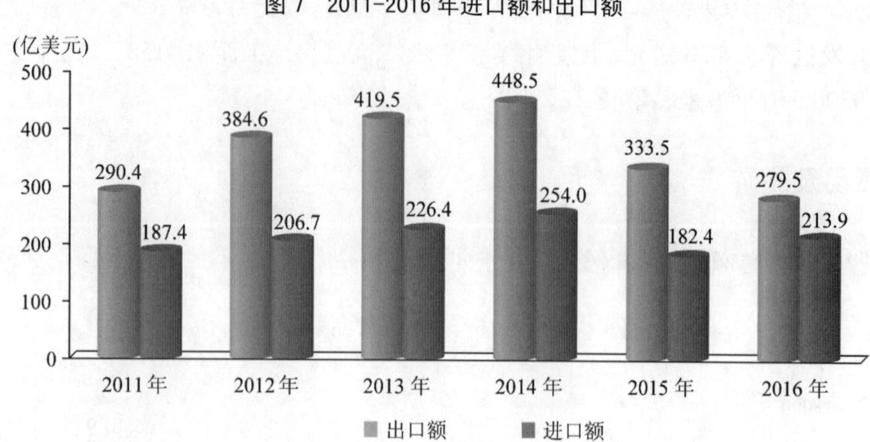

七、交通、通信和邮电

全年公路、铁路、航空和水路等运输方式完成货物周转量 2403.8 亿吨公里，比上年增长 5.1%；完成旅客周转量 1686.7 亿人公里，增长 1.4%。年末铁路营运里程 4623 公里；高速公路通车里程 6519 公里；内河港口年集装箱吞吐能力 233 万标箱。

全年邮电业务总量 1870.5 亿元，比上年增长 44.4%。其中，邮政业务总量 199 亿元，增长 43.6%；电信业务总量 1671.5 亿元，增长 44.5%。年末拥有局用交换机容量（含接入网）751.7 万门；移动电话交换机容量 16408.3 万户。年末固定电话用户 1490.1 万户，移动电话用户 7294.5 万户。固定电话普及率 18.2%，移动电话普及率 88.9%。固定互联网用户 1851.2 万户，移动互联网用户 6358.4 万户，长途光缆线路长度 6.0 万公里，本地网中继光缆线路长度 64.2 万公里。

表 3 2016 年公路、铁路、航空和水路运输方式完成运输量

指　　标	单位	绝对数	比上年增长（%）
货物周转量	亿吨公里	2403.8	5.1
公路	亿吨公里	1565.3	5.7
铁路	亿吨公里	605.3	-1.4
民航	亿吨公里	10.5	8.3
水路	亿吨公里	222.7	21.4
旅客周转量	亿人公里	1686.7	1.4
公路	亿人公里	597.8	-11.0
铁路	亿人公里	302.8	11.4
民航	亿人公里	783.7	9.3
水路	亿人公里	2.4	-6.6

八、财政和金融

全年地方一般公共预算收入 3389.4 亿元，比上年增长 8.3%，其中税收收入 2329.2 亿元，增长 5.0%。一般公共预算支出 8011.9 亿元，增长 9.8%。

图 8　2011-2016 年地方一般公共预算收入

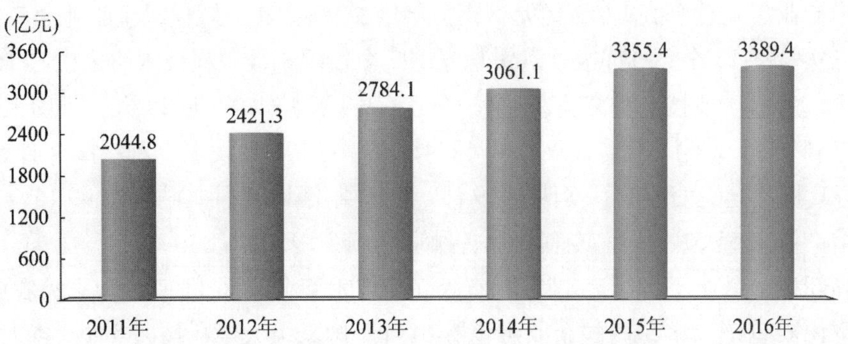

年末金融机构人民币各项存款余额 65638.4 亿元，比上年末增长 10.9%。其中，住户存款余额 31950.4 亿元，增长 11.8%。人民币各项贷款余额 42828.1 亿元，增长 12.7%。其中，住户贷款余额 13100.8 亿元，增长 12.2%。

年末共有保险公司 87 家，按业务性质分，有产险公司 38 家、寿险公司 43 家、养老险公司 4 家和健康险公司 2 家；按资本国别属性分，有中资公司 65 家，外资公司 22 家。全年原保险保费收入 1712.1 亿元，比上年增长 35.1%。其中，财产险原保险保费收入 487.6 亿元，增长 9.0%；人身险原保险保费收入 1224.4 亿元，增长 49.3%。全年支付各项赔款和给付 554.4 亿元，增长 22.1%。其中，财产险赔款支出 235.0 亿元，增长 0.2%；人身险赔付支出 319.4 亿元，增长 45.5%。

年末有证券公司 4 家、期货公司 3 家、证券投资咨询公司 3 家、证券公司分公司 36 家、基金公司分公司 14 家、证券期货营业部 400 家。年末有证券投资者账户 1509.8 万户，全年累计实现证券交易额 11.2 万亿元，比上年下降 38.1%。

九、教育和科学技术

年末共有各级各类学校 2.4 万所，在校生 1531.1 万人，教职工 104.3 万人，其中专任教师 86.3 万人。

图 9　2011-2016 年各类学校在校学生数

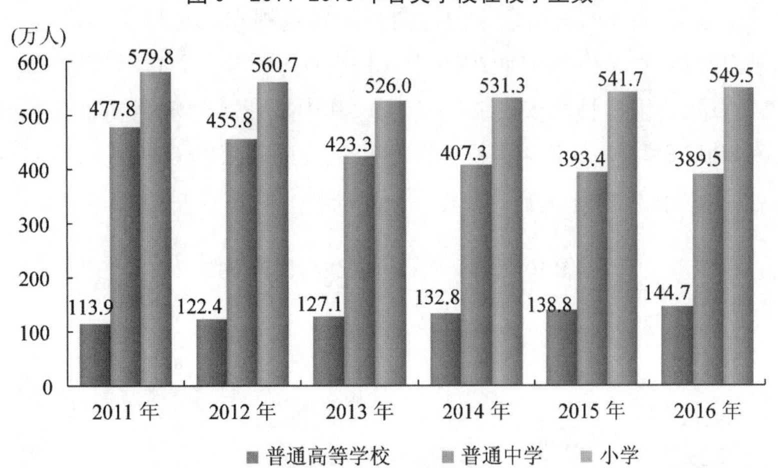

年末共有小学 5981 所，招生 93.0 万人，在校生 549.5 万人，小学学龄儿童入学率 99.78%；初中 3816 所，招生 84.6 万人，在校生 244.8 万人；特殊教育 125 所，招生 2525 人，在校生 1.3 万人；普通高中 739 所，招生 47.6 万人，在校生 144.7 万人；中等职业教育 526 所，招生 41.4 万人，在校生 101.9 万人。职业技术培训机构 4386 个，职业技术培训注册学员 250.8 万人次。

年末共有普通高校 109 所。普通本（专）科招生 43.9 万人，增长 0.6%；在校生 144.7 万人，增长 4.3%；毕业生 36.2 万人，增长 0.1%。研究生培养单位 37 个，招生 3.0 万人，在校生 9.2 万人，毕业生 2.5 万人。

成人高等学校 15 所，成人本（专）科在校生 36.0 万人；参加学历教育自学考试 69.6 万人次。

全年高新技术产业实现总产值 1.6 万亿元，比上年增长 9%，其中规模以上工业总产值 1.2 万亿元。年末在川国家级重点实验室 13 个、省部级重点实验室 193 个，国家级工程技术研究中心 16 个、省级工程技术研究中心 162 个，省级产业技术研究院 25 个。全省有中国科学院院士 24 人、中国工程院院士 34 人。全省全年共申请专利 142522 件，获得授权专利 62445 件，其中申请发明专利 54277 件，获得授权的发明专利 10350 件；行政机关立案处理专利案件 1419 件，审理结案 1407 件，结案率 99.15%；新增实施专利项目 11418 项，新增产值 1555.51 亿元；专利权质押融资金额 31.95 亿元。

年末有认定高新技术企业 3134 家，国家和省级高新技术产业园区 11 家；国家级农业科技园区 9 个；国家级科技企业孵化器 26 个、省级科技企业孵化器 67 个；国家级大学科技园 5 个，省级大学科技园 9 个；国家级众创空间 55 个，其中专业化示范众创空间 1 个，省级众创空间 32 个；国家级星创天地 51 个；国家级国际科技合作基地 19 个，省级国际科技合作基地 40 个。全年共登记技术合同 11609 项，成交金额 304.9 亿元。完成省级科技成果登记 3008 项。

十、文化、卫生和体育

年末全省文化系统内艺术表演团体 50 个，艺术表演场馆 45 个，公共图书馆 203 个，文化馆 207 个，文化站 4575 个。国家级文化产业示范园区 1 个，国家级文化产业示范基地 15 个，省级文化产业示范园区 5 个，省级文化产业试验园区 5 个，省级文化产业示范基地 55 个。

年末共有博物馆 238 个，文物保护管理机构 177 个，全国重点文物保护单位 230 处，省级文物保护单位 969 处，市、县级文物保护单位 6565 处。全省博物馆纪念馆免费开放工作进入常态，全年接待观众 3842 万人次。国家级非物质文化遗产名录 139 项，省级非物质文化遗产名录 522 项。

年末广播电台 1 座，电视台 1 座，广播电视台 165 座，中短波发射台和转播台 36 座。广播综合覆盖率 97.2%，电视综合覆盖率 98.3%，有线电视用户 1094 万户。

全年出版地方报纸 132 种，出版量 15.28 亿份；出版期刊 352 种，出版量 5393 万册；出版图书 11817 种，出版量 25311 万册；出版音像制品 80 种，电子出版物 140 种。年末纳入统计的档案馆 244 个，其中国家综合档案馆 204 个。国家综合档案馆全年向社会开放各类档案 619.37 万卷。

年末医疗卫生机构 79517 个，其中医院 2066 个（民营医院 1362 个），基层医疗卫生机构 76620 个；医疗卫生机构床位 51.9 万张，卫生技术人员 49.6 万人，其中执业医师 15.4 万人，执业助理医师 3.2 万人，注册护士 20.8 万人。妇幼保健机构 202 个，执业医师和执业助理医师 0.6 万人，注册护士 0.9 万人；乡镇卫生院 4489 个，执业医师和执业助理医师 3.3 万人，注册护士 2.6 万人。

图 10　2011-2016 年卫生机构床位数

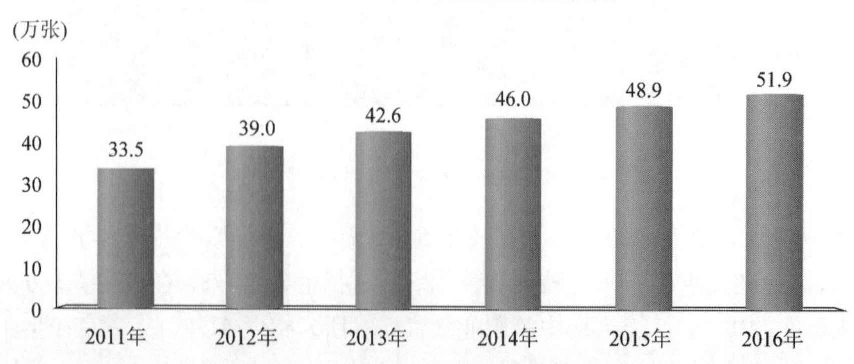

全年医疗机构总诊疗人次 46459.6 万人次，其中医院 17219.3 万人次（民营医院 2882.8 万人次），基层医疗机构 27518.9 万人次；出院 1647.4 万人，其中医院 1121.5 万人（民营医院 264.4 万人），基层医疗机构 469.1 万人；县域内住院率 87.8%。

全年新增省级卫生城市（县城）7 个；农村自来水普及率、卫生厕所普及率分别比上年提高 2 和 3 个百分点。

新型农村合作医疗制度覆盖全部涉农县（市、区）。住院费用实际补偿比例提高到 65.2%。基层医疗卫生机构基本药物网上采购率 100%。孕产妇死亡率、婴儿死亡率和 5 岁以下儿童死亡率持续下降，分别降至 20.28/10 万、6.0‰、8.26‰。

全年获全国比赛金牌 10 枚、银牌 16 枚、铜牌 17 枚。全年体育彩票销售额 47.6 亿元，增长 4.9%，共筹集公益金 13.7 亿元。年末国家级高水平后备人才基地 15 所、省级 21 所，市（县）级业余训练重点单位 28 所；国家级青少年体育俱乐部 265 个。共建设全民健身路径 17931 条，当年新建 3146 条。实施体育"十项惠民行动"，新建农民体育健身工程 1923 个。

十一、环境保护和安全生产

全年全省技术改造与淘汰落后产能资金支持工业节能节水工程建设、绿色低碳发展示范项目合计 50 个，其中节能项目 20 个、节水项目 8 个、资源综合利用项目 6 个、循环经济发展项目 5 个、节能环保技术产品产业化项目 4 个、清洁生产示范项目 3 个、其他绿色低碳发展示范项目 4 个。

全年安排环保专项资金 9.3 亿元，完成工业挥发有机物治理项目 15 个，重金属污染综合整治项目 9 个，清洁生产审核项目 109 个。继续投入 6000 万省级专项资金，用于全省劣Ⅴ类、Ⅴ类和部分急需整治的Ⅳ类乡镇集中式饮用水源地整治，项目资金涵盖 40 个水质较差的乡镇集中式饮用水源地，将保障 22.5 万人的饮水安全。

年末全省自然保护区 169 个，面积 8.345 万平方公里，占全省土地面积的 17.2%。年末有国家级生态县（区）15 个，省级生态县（市、区）48 个。

全年发生各类生产安全事故 2885 起、死亡 2347 人，分别比上年下降 14.7%和 14.2%。自 2001 年以来生产安全事故起数和死亡人数持续保持下降态势，全省已连续 33 个月没有发生重特大生产安全事故。全年亿元生产总值生产安全事故死亡人数为 0.073 人，下降 19.5%；工矿商贸十万就业人员生产安全事故死亡人数为 2.641 人，下降 11.8%；道路交通万车死亡人数为 1.000 人，下降 19.2%；煤炭生产百万吨死亡人数为 0.765 人，下降 4.7%。

十二、人口

据 2016 年全国 1%人口抽样调查资料测算，全年出生人口 86.1 万人，人口出生率 10.48‰；死亡人口 57.4 万人，人口死亡率 6.99‰；人口自然增长率 3.49‰。年末常住人口 8262 万人，比上年末增加 58 万人，其中城镇人口 4065.7 万人，乡村人口 4196.3 万人。常住人口城镇化率 49.21%，比上年末提高 1.52 个百分点。

图 11　2011-2016 年年末常住人口

十三、人民生活和社会保障

全年全体居民人均可支配收入 18808 元，比上年增长 9.2%。

按常住地分，全年城镇居民人均可支配收入 28335 元，比上年增长 8.1%。其中，工资性收入 16219 元，增长 6.4%；经营净收入 3327 元，增长 8.9%；财产净收入 2363 元，增长 14.7%；转移净收入 6426 元，增长 12.0%。人均消费性支出 20660 元，增长 7.2%。其中，居住支出增长 12.6%，生活用品及服务支出增长 4.8%，交通通信支出增长 11.7%。城镇居民恩格尔系数 34.5%。

图 12 2011-2016 年城镇居民人均可支配收入

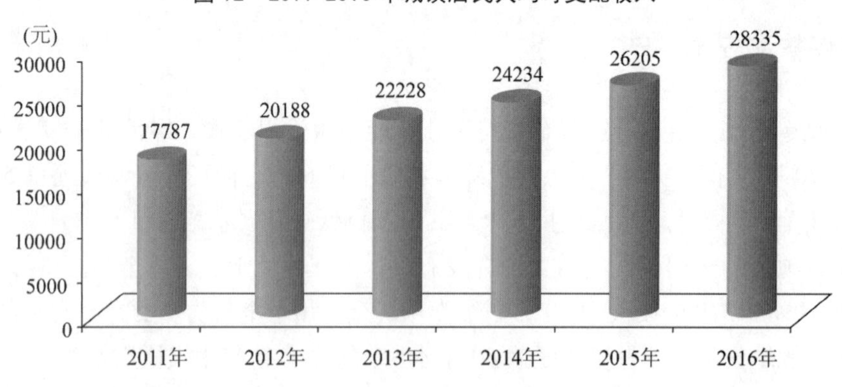

全年农村居民人均可支配收入 11203 元，比上年增加 956 元，比上年增长 9.3%。其中，工资性收入 3738 元，增长 7.9%；经营净收入 4525 元，增长 7.8%；财产净收入 269 元，增长 20.1%；转移净收入 2672 元，增长 13.1%。农村居民人均生活消费支出 10192 元，增长 10.2%。其中，居住消费支出增长 14.5%，生活用品及服务消费支出增长 5.0%，交通通信支出增长 15.1%，医疗保健消费支出增长 15.8%。农村居民恩格尔系数 38.1%。

图 13 2011-2016 年农村居民人均可支配收入

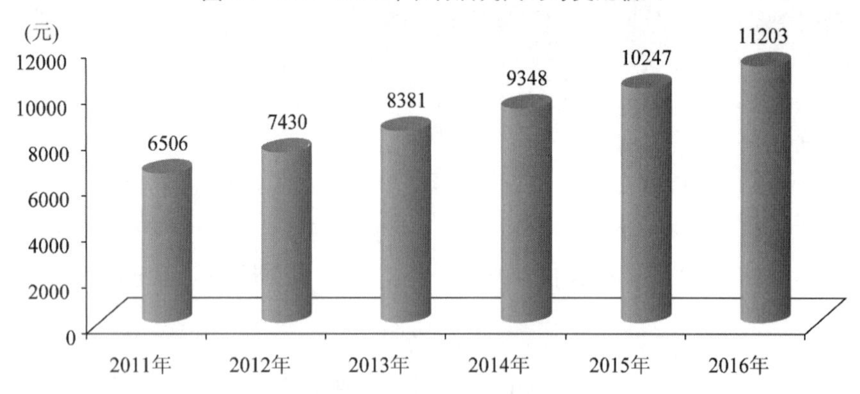

年末参加城镇职工基本养老保险人数 2158.5 万人，参加城乡居民基本养老保险人数 3052.4 万人，参加城镇基本医疗保险人数 5263.6 万人，参加失业保险人数（不含失地农民）694.5 万人，参加工伤保险人数 799.1 万人，参加生育保险人数 713.1 万人。

全年纳入城市低保人员 135.0 万人，农村低保人数 360.1 万人，城镇和农村最低生活保障人均补助水平分别比上年提高 43 元和 42 元。符合条件的五保供养对象全部纳入供养范围，共计 48.6 万人，其中集中供养五保人数 25.6 万人，集中供养率 52.7%。建立社区服务机构 20103 个，其中建立城镇社区服务机构 10835 个。销售福利彩票 85.0 亿元，直接接受社会捐赠 1.4 亿元。

十四、民族自治地方经济

民族自治地方（包括阿坝藏族羌族自治州、甘孜藏族自治州、凉山彝族自治州和北川羌族自治县、峨边彝族自治县、马边彝族自治县）全年实现地区生产总值（GDP）2031.7 亿元，比上年增长 6.2%。其中，第一产业增加值 406.6 亿元，增长 4.2%；第二产业增加值 953.1 亿元，增长 6.9%；第三产业增加值 671.9 亿元，增长 6.4%。三次产业结构由上年的 20.0：47.6：32.4 调整为 20.0：46.9：33.1，第三产业增加值占比提高 0.7 个百分点。

全年实现全部工业增加值 677.5 亿元，比上年增长 4.0%；全社会固定资产投资 2052.7 亿元，增长 3.1%；社会消费品零售总额 766.8 亿元，增长 10.9%。全年农村居民人均可支配收入 10201 元，增长 10.3%；城镇居民人均可支配收入 26387 元，增长 8.0%。

十五、扩权试点县（市）经济

全年扩权试点县（市）从上年的 78 个减少到 77 个（简阳市退出）。全年实现地区生产总值（GDP）11969.9 亿元，比上年增长 8.3%，增速比全省平均水平高 0.6 个百分点。其中，第一产业增加值 2254.6 亿元，增长 3.8%；第二产业增加值 6213.0 亿元，增长 9.4%；第三产业增加值 3502.3 亿元，增长 9.1%。三次产业结构由上年的 19.6：51.4：29.0 调整为 18.8：51.9：29.3。民营经济增加值 7282.2 亿元，增长 8.6%，占 GDP 的比重从上年的 60.7%上升到 60.8%，提高 0.1 个百分点。

全年实现全部工业增加值 5340.8 亿元，比上年增长 9.4%，增速比全省高 1.8 个百分点。全社会固定资产投资 10955.3 亿元，增长 12.7%；社会消费品零售总额 5071.4 亿元，增长 12.8%。全年城镇居民人均可支配收入 26763 元，增长 8.4%；农村居民人均可支配收入 12154 元，增长 9.5%。年末住户存款余额 11112.9 亿元，增长 13.0%。

注：

1. 公报中各项数据为初步统计数，正式数据以《四川统计年鉴-2017》为准。部分数据因四舍五入的原因，存在着总计与分项合计不等的情况。

2. 公报中地区生产总值、各产业增加值绝对数按当年价格计算，增长速度按可比价格计算。地区生产总值核算执行国家统计局新的《国民经济行业分类》和《三次产业划分规定》，即第一产业是指农、林、牧、渔业（不含农、林、牧、渔服务业）；第二产业是指工业（不含开采辅助活动，金属制品、机械和设备修理业）和建筑业；第三产业即服务业，是指除第一产业、第二产业以外的其他行业。

3. 公报中物价、林业、渔业、农业机械化、交通运输、邮政、电信、金融、旅游、对外贸易、财政、保险、证券、教育、科技、文化、卫生、体育、环境保护、安全生产、人民生活和社会保障等数据来源于相关部门。

2016年四川城乡居民收入特点分析

2016年，四川省委省政府着力民生建设，积极推动经济社会发展，实施一系列稳增长措施促进城乡居民增收，确保城乡居民收入稳步增长，圆满完成2016年增收目标。据四川调查总队调查数据显示，全省城镇居民人均可支配收入为28335元，同比增加2130元，名义增长8.1%，农村居民人均可支配收入为11203元，同比增加956元，名义增长9.3%。

一、城乡居民收入特点

（一）城乡居民收入增速高于全国水平。2016年，四川省城镇居民人均可支配收入同比名义增长8.1%，高于全国平均水平0.3个百分点；农村居民人均可支配收入同比名义增长9.3%，高于全国平均水平1.1个百分点。

（二）占全国平均水平的比重进一步提高。2016年，四川省城镇居民人均可支配收入占全国平均水平的比重为84.3%，比2015年提高0.3个百分点；农村居民人均可支配收入占全国的比重为90.6%，比2015年提高0.9个百分点。

（三）城乡居民收入比进一步缩小。2016年，四川省农村居民人均可支配收入增速比城镇高出1.2个百分点，城乡收入比为2.53：1，比上年缩小0.03。

（四）工资性收入在城镇居民收入中占绝对主导地位，转移净收入增速最快。从收入来源看，城镇居民工资性收入占可支配收入的比重超过了五成，对收入的贡献率超过四成，均为四大项收入之最，在可支配收入中占绝对主导地位。人均转移净收入6426元，同比增长了12.0%，在四大收入中增长最快，其占可支配收入的比重较去年提高0.8个百分点。

表1　2016年全省城镇居民人均可支配收入情况

指标名称	绝对额（元）	增幅（%）	比重（%）	贡献率（%）
人均可支配收入	28335	8.1		
一、工资性收入	16219	6.4	57.2	45.9
二、经营净收入	3327	8.9	11.7	12.8
三、财产净收入	2363	9.0	8.3	9.1
四、转移净收入	6426	12.0	22.7	32.2

（五）经营净收入对农村居民增收贡献最大，牧业收入增长强劲。2016年，农村居民经营净收入对可

表2　2016年全省农村居民人均可支配收入情况

指标名称	绝对额（元）	增幅(%)	比重（%）	贡献率（%）
人均可支配收入		9.3		
一、工资性收入	3738	7.9	33.4	28.7
二、经营净收入	4525	7.8	40.4	34.3
三、财产净收入	269	20.1	2.4	4.7
四、转移净收入	2672	13.1	23.8	32.3

支配收入的贡献率排在四大项收入首位，转移净收入与工资性收入的贡献率紧随其后。人均牧业收入 1041 元，同比增长 20.7%，对人均可支配收入的贡献率达到 18.7%，占据经营净收入对可支配收入贡献率的半壁江山。

二、增收主要影响因素

（一）就业形势总体稳定，工业平稳增长，带动居民工资性收入上涨。2016 年，全省城镇新增就业人口 104.08 万人，比上年增加 2.13 万人；失业人员再就业 26.94 万人，比上年增加 1.07 万人；就业困难人员就业 8.4 万人，比上年减少 1385 人。

全年全省规上工业增加值比上年增长 7.9%，高出全国平均水平 1.9 个百分点。1-11 月，规上工业企业实现主营业务收入 36314.5 亿元，同比增长 8.2%；利润总额 1916.7 亿元，增长 6.1%。

（二）农业生产稳定，猪价保持高位，带动居民经营净收入增长。全年粮食和油料产量稳定，其中粮食产量 3483.5 万吨，同比增长 1.2%；油料产量 313.6 万吨，同比增长 2%。生猪出栏 6925.4 万头，同比减少 4.3%；牛羊禽出栏继续保持较快增长，牛出栏 305.2 万头，同比增长 3.3%；羊出栏 1755.8 万只，同比增长 3.4%；家禽出栏 67776.9 万只，同比增长 2.5%。

肥猪价格全年延续开年以来的高位运行态势，据四川调查总队调查数据显示，前三季度，全省肥猪平均价格达到 19.3 元/公斤，比去年同期 15.5 元/公斤的均价上涨 24.0%；前三季度，全省仔猪平均价格达到 33.0 元/公斤，比去年同期平均价格 21.3 元/公斤，上涨 55.1%。

（三）房价回暖带动租金上扬，土地流转持续深入推进，促进居民财产净收入增长。2016 年以来，全省房地产市场回暖，商品房价格同比上涨，带动房屋租金上扬，城镇居民人均出租房屋收入同比增长 11.9%，拉动人均财产净收入 47.3 个百分点。得益于农村土地适度规模经营和农民组织化程度进一步提高，土地流转面积继续扩大，农村居民人均转让承包土地经营权租金净收入同比增长 12.5%，人均红利收入同比增长 68.5%，二者共同拉动人均财产净收入 55.2 个百分点。

（四）诸多政策因素叠加助推居民转移净收入增加。从 2016 年 7 月 1 日起，四川省提高最低生活保障标准，城镇居民最低生活保障标准低限为 420 元/月，农村居民最低生活保障标准低限为 240 元/月，均较去年标准提高 50 元/月。

2016 年 1 月 1 日起，为全省 2015 年 12 月 31 日及以前已办理退休手续的企业和机关事业单位退休人员增加基本养老金。调整水平按照 2015 年全省退休人员月人均基本养老金水平的 6.5%确定。此次调整共涉及 742 万退休人员。

脱贫攻坚取得实效，助力农村居民增收。全年新建、改造和保护农房 40.6 万户，完成 25 万户贫困人口异地扶贫搬迁任务。编制实施贫困县、贫困村产业脱贫规划，逐户落实脱贫措施，6.8 万个农业专合组织、5180 加农业产业化龙头企业参与脱贫攻坚，疲困家庭劳动力实现转移就业 84.2 万人。全面推行民族地区 15 年免费教育。为防止因病致贫返贫，贫困人口一般诊疗、白内障复明手术等 10 种项目收费全部免除，县域内住院费用个人支付比例控制在 10%以内。全年实现 5 个贫困县摘帽、2437 个贫困村退出、107.8 万贫困人口脱贫。

三、促进居民增收的对策建议

（一）夯实实体经济增长的基础。继续坚持工业强省战略不动摇，加快传统产业转型升级，着力提升电子信息、智能制造、新能源等产业创新发展，大力推进高技术产业加快发展。以五大新兴先导型服务业为抓手，加快培育服务业发展的新动力；进一步发挥软件和信息技术、互联网和相关服务等优势产业的带动引领作用，推动现代服务业加快发展。

（二）强化政策扶持，促进农民第一产业收入稳步增长。加快推进农业供给侧结构性改革，加强粮食、生猪等主要农产品价格监测和稳产增收；可考虑适当提高农产品补贴目标价格，确保种粮农民的收益水平维持在合理区间。

（三）**加大投入力度，拓宽农民增收渠道**。加大农业科技投入力度，强化农业科技成果转化，促进农业生产效率提升和单位面积产量增加；加大对精准扶贫的投入力度，重点在提高农村贫困群体自我发展能力，稳步增加收入；加大对农民就业技能方面的培训，增加农民务工收入或通过从事二三产业增加家庭收入。

2016年四川农产品生产价格高开低走总体上扬

据国家统计局四川调查总队调查，2016年四川农产品生产价格总指数继续小幅上涨，全年累计同比上涨5.6%，涨幅较上年同期扩大2.3个百分点。总体来看各类别农产品的生产价格普遍比较平稳，波动较小，活猪价格上涨仍是拉动总指数上扬的主要因素。分季度看，总指数高开低走，一至四季度分别比上年同期上涨12.2%、8.6%、3.5%和2.6%。分类看，除林业外其他三大类农产品生产价格都比上年有所上涨。其中种植业产品生产价格全年上涨1.3%，涨幅比上年同期有所收窄；林业产品全年持续下跌，但跌幅不大，全年累计同比下跌1.0%；畜牧业产品价格全年累计同比上涨9.8%，是2011年以来的最好水平；渔业产品价格略有波动，全年累计同比上涨1.4%。

一、全年四川农产品生产价格的走势特点

（一）总指数高开低走，一季度同比涨幅为近年来高点。四川农产品生产价格指数经历了2011年大涨后，这几年一直处于反复筑底的阶段，主要受全社会整体经济走势影响，农产品生产价格指数始终保持总体温和上涨、略有回落的态势。2016年一季度受活猪价格拉升波动较大，单季指数达到近几年的峰值。

图：四川农产品生产价格分季度总指数（2010-2016年）

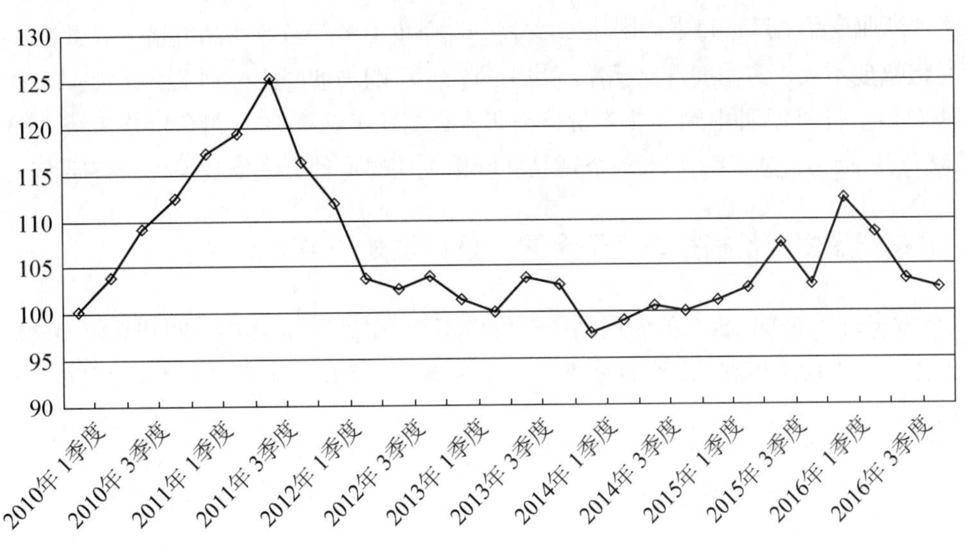

（二）种植业产品价格略有上涨，薯类和蔬菜领涨。全年累计同比上涨1.3%，涨幅较上年同期收窄0.4个百分点。单季指数两头高、中间低，1、4季度种植业产品生产价格同比分别上涨2.9%和1.9%，2、3季度同比分别下跌3.1%和1.1%。

2016年粮食价格较为疲软。谷物生产价格上半年同比一直下跌，三季度各主要品种开始出现反弹，四季度反弹力度加大，全年同比下跌1.3%。其中一至三季度同比分别下跌1.6%、6.6%、0.2%，四季度指数由负转正，同比上涨0.4%。三大谷物主产品中仅稻谷生产价格保持稳中略增的态势，小麦、玉米生产价格全年持续下跌，单季同比指数一度创近五年的新低。下半年小麦、玉米虽出现不同程度的反弹，同比跌幅明显收窄，但指数仍未能转正。此外，薯类价格全年累计上涨10.1%,连续两年同比涨幅列各类种植业农产品之首。

全年油料生产价格总体较为平稳，略有波动，新菜籽和新花生上市时都经历了一波下跌行情，然后再

慢慢回升，全年油料价格累计同比上涨 1.4%。主要代表品种油菜籽累计同比上涨 1.9%，花生涨 0.4%。

豆类生产价格全年累计同比下跌 2.9%。上半年豆类价格还略有上涨,下半年主要代表品种黄大豆价格快速下跌，拖累豆类价格指数下行，其他豆类品种保持平稳或略有上涨态势。

蔬菜生产价格总体涨幅较大，全年累计同比上涨 6.3%。除三季度回落 1.5%外，一、二、四季度均上涨，分别上涨 7.6%、4.2%、5.1% 。十三类蔬菜种类有两类价格下跌，包括养植菜类和食用菌类，其他蔬菜种类价格全部上涨。分类来看，同比涨幅最大的是豆类蔬菜，其主要代表品四季豆生产价格水平较上年同期上涨四成以上，豇豆上涨接近三成。其他如叶菜类同比上涨 5.0%、白菜类涨 2.7%、芥菜类涨 8.7%、甘蓝类涨 3.6%、根茎类涨 3.2%、瓜菜类涨 3.0%、茄果类涨 2.7%、莴苣及菊苣类涨 3.8%、葱蒜类涨 1.7%、水生蔬菜类涨 3.4%。

水果生产价格全年走势疲软，指数与上年持平。茶及其他饮料原料生产价格上涨 4.4%。

（三）畜产品价格冲高回落，同比上涨 9.8%。2016 年畜牧业产品生产价格在活猪价格大涨的推动下同比涨幅大，创五年来的新高，其中一、二季度分别上涨 19.0%和 17.4%，三季度明显回落，同比涨幅较二季度回落 10.0 个百分点，四季度继续回落，同比涨幅较三季度又腰斩。主要品种中，活猪价格大涨是全年总指数稳定上扬的主要推动者。二季度活猪生产价格同比涨幅高达 37.1%，三季度又出现快速回落，同比涨幅较二季度回落 21.3 个百分点，四季度持续回落。全年牛羊价格处于高位波动，活牛生产价格同比上涨 2.9%；供应充足又遭遇最暖冬天的活羊没能在四季度火一把，生产价格全年持续下跌，全年累计同比跌 5.9%。其他主要品种如活家禽同比下跌 4.0%，禽蛋下跌 2.8%，生牛奶下跌 0.3%。

（四）林业产品生产价格全年累计同比下跌 1.0%。今年一季度林业产品生产价格还与上年同期持平，之后就连续三个季度出现负增长，且跌幅不断扩大。其中二至四季度同比分别下跌 0.2%、0.8%和 3.0%。全年木材采筏产品同比累计下跌 4.2%，竹材采筏产品累计上涨 1.7%，其他林业产品价格累计上涨 6.2%。

（五）淡水渔业产品生产价格累计同比上涨 1.4%。今年上半年渔业产品价格一直微涨，三季度同比指数出现下滑，但幅度不大，四季度再次反弹。其中一、二、四季度同比分别上涨 1.0%、1.9%和 1.9%，三季度同比下跌 0.1%。主要品种中,鲤鱼生产价格全年累计同比上涨 2.8%，鲫鱼价格上涨 13.3%，草鱼价格下跌 1.7%，鲢鱼跌 2.5%，鳙鱼跌 0.1%。个别品种价格上涨幅度稍大主要是因为病害原因。

二、四川农产品生产价格指数高于全国，且排位处于中上游水平

全国 30 个省区市（不含西藏）的农产品生产价格指数由高到低排序中，四川居第 10 位，位次比上年有所下降，但比全国平均水平高 2.2 个百分点。一至四季度单季排序中，分别列第 6 位、第 13 位、第 10 位、第 14 位。

2016 年四川 CPI 运行报告

2016 年在一系列稳增长措施作用下，四川经济运行在合理区间内，全省居民消费价格（CPI）温和上涨，全年上涨 1.9%，涨幅较上年回升 0.4 个百分点，但仍处于底部区域。今年虽然累积了一些上涨因素，社会通胀预期有所升温，全年 CPI 涨幅或高于 2016 年，但整体涨幅预计仍将温和，可控。

一、CPI 运行主要特点和影响因素

（一）从纵向看，全年走势前高、中低、后扬，仍处于近年底部区域

分月看，全年走势前高中低后扬，仍处于近年底部区域。年初受春节影响四川 CPI 走高，3 月份 CPI 同比涨幅达到 2.3%，创下 2014 年 2 月以来新高。但从 5 月份开始四川 CPI 同比涨幅逐月回落，8 月份仅上涨 0.9%，创下 2015 年 2 月以来涨幅新低。9 月份开始在食品烟酒、服务项目、工业消费品价格轮流上涨推动下，四川 CPI 涨幅明显回升，并在 11 月份创下 2.5%的年内新高。总体来看，2016 年四川 CPI 多数月份在“上不超过 3%，下不低于 1%”的区间内运行，全年呈现前高中低后扬走势（见图 1）。

图 1　2016 年四川 CPI 环比和同比指数

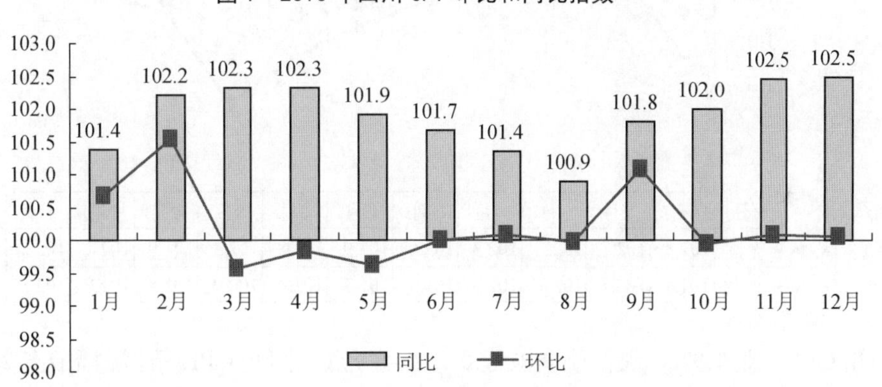

虽然四川 CPI 月度同比涨幅创下 2014 年 2 月以来新高，年度涨幅分别比 2015 年和 2014 年同期高 0.4 和 0.3 个百分点（见图 2），有触底回升迹象，但从 2010 年以来的历史数据看，四川 CPI 仍处于底部区域（见图 3）。

图 2　近年四川 CPI 年度涨幅

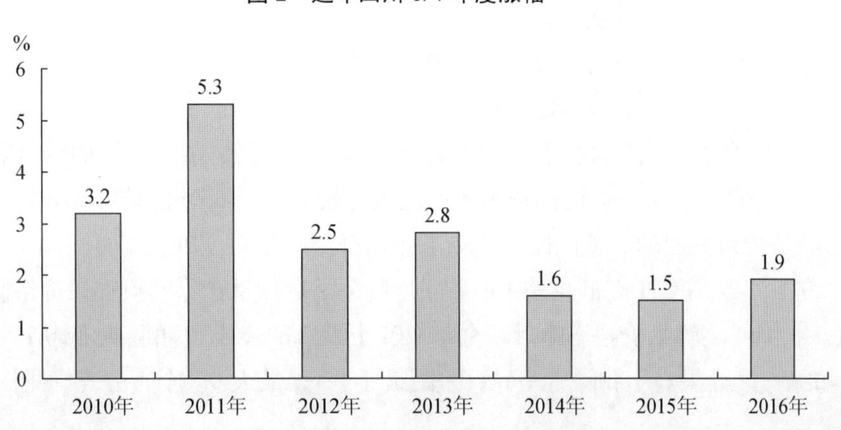

图 3　2010 年以来四川 CPI 月度同比指数

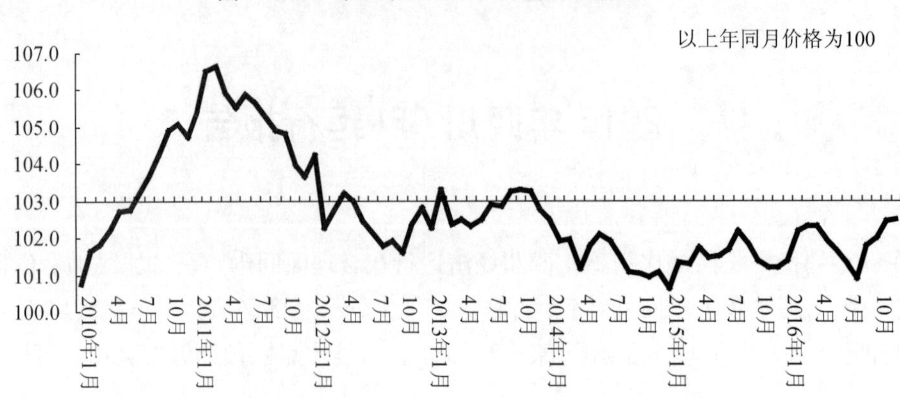

（二）从横向看，四川与全国 CPI 走势一致，涨幅略低，波动稍大

2016 年四川 CPI 同比指数与全国走势基本一致。都是年初低开，2-4 月达到年内高点，5 月份开始逐步回落，8 月份达到年内低点，9 月份涨幅有所反弹，10 月份涨幅继续扩大，11 月重回高点，12 月涨幅维持年内相对高位，两者走势基本一致（见图 4）。

图 4　2016 年四川与全国 CPI 同比指数

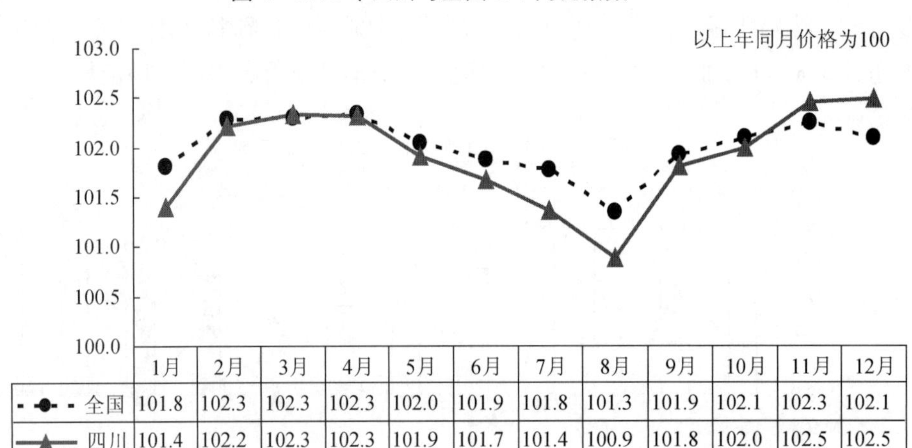

	1月	2月	3月	4月	5月	6月	7月	8月	9月	10月	11月	12月
全国	101.8	102.3	102.3	102.3	102.0	101.9	101.8	101.3	101.9	102.1	102.3	102.1
四川	101.4	102.2	102.3	102.3	101.9	101.7	101.4	100.9	101.8	102.0	102.5	102.5

2016 年四川 CPI 上涨 1.9%，涨幅比全国低 0.1 个百分点，四川 CPI 同比涨幅最高 2.5%，最低 0.9%，高低相差 1.6 个百分点，波动幅度比全国高 0.6 个百分点。

（三）从结构看，食品烟酒价格领涨 CPI

2016 年四川食品烟酒类价格上涨 4.1%，拉动 CPI 总指数上涨约 1.27 个百分点，其中食品类价格上涨 5.0%，拉动总指数上涨约 1 个百分点，是推动 2016 年 CPI 上涨的主要力量；服务项目价格上涨 1.9%，拉动总指数上涨约 0.68 个百分点，是推升 CPI 的一支重要力量；工业消费品价格下跌 0.1%，拉低总指数约 0.05 个百分点，抵消了部分 CPI 的涨幅。

（四）从影响因素看，短期因素、政策因素影响较大

1. 鲜菜鲜果价格变动对 CPI 的影响较为突出

一方面鲜菜、鲜果的生产、销售特点决定了容易受季节、天气、节日等短期因素影响，另一方面随着居民消费结构变化，鲜菜、鲜果在居民消费中所占比重也较大，因而受短期因素影响明显的鲜菜鲜果价格变动对 CPI 的影响是较为突出的。从同比看，如果扣除鲜菜鲜果对 CPI 的影响，2016 年 CPI 运行更为平稳，涨幅更低。2016 年四川 CPI 高低相差 1.6 个百分点，同期如果扣除鲜菜鲜果价格影响，CPI 高低只相差 1.3 个百分点。扣除鲜菜鲜果价格影响后，全年 CPI 上涨 1.8%，比不扣除时低 0.1 个百分点。分月看，有 10 个月 CPI 扣除鲜菜鲜果与不扣除有差异，差距最小 0.1，最大 0.7 个百分点（见图 5）。

图 5　2016 年扣除鲜菜鲜果价格指数与 CPI

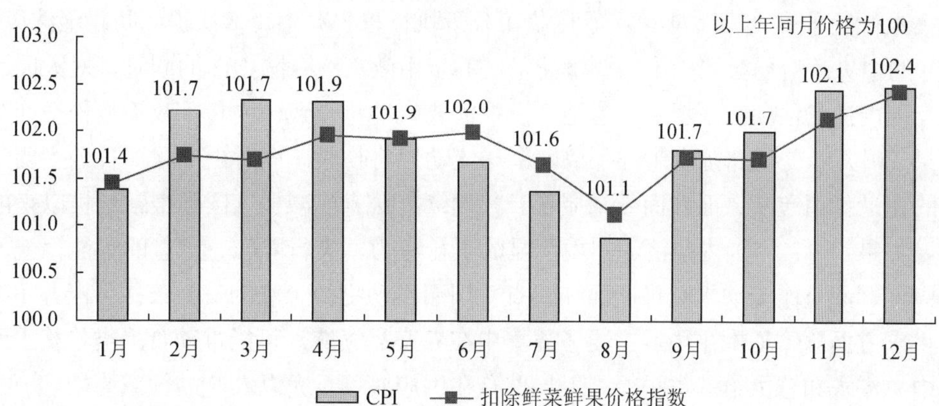

2. 价格改革是影响 CPI 的一个重要因素

价格改革是全面深化改革重要组成部分。改革措施的全面推进，或多或少、或直接或间接的对市场物价产生影响。从 2016 年居民消费价格相关基本分类变化看，主要集中在水、气、药品、医疗服务上。受相关政策影响，2016 年四川居民用水、用气价格分别上涨 4.3%和 3.9%，医疗服务价格上涨 0.6%、西药价格上涨 3.1%、中药价格上涨 2.9%，合计拉动 CPI 上涨 0.16 个百分点。

（五）从重点商品和服务看，“菜篮子”对 CPI 的影响明显

2016 年四川猪肉价格同比上涨 18.6%、鲜菜价格上涨 7.9%、淡水鱼价格上涨 3.3%、鸡蛋价格下跌 4.1%、鲜果价格下跌 2.3%，涨跌相抵后“菜篮子”商品价格影响 CPI 上涨约 0.79 个百分点，影响明显，其中尤以猪肉价格为最。全年猪肉价格上涨 18.6%，在居民消费价格调查的 262 个基本分类中居第三位，拉动 CPI 上涨 0.6 个百分点，是对 CPI 影响最大的一个基本分类。

二、影响 2017 年 CPI 的涨跌因素分析

（一）国内经济呈现底部企稳迹象，不支持出现通缩，也不支持明显通胀

CPI 波动周期往往与经济周期的变动趋势相一致。2016 年一方面受世界经济复苏缓慢、国内经济增长周期调整、供给侧结构改革等多重因素影响，我国经济增长面临下行压力；另一方面我国实施灵活稳健的货币政策搭配积极的财政政策，随着改革攻坚力度加大，经济增长呈现底部企稳迹象。但值得注意的是 2017 年国内经济企稳势头还需进一步巩固，经济面临的内外风险因素依然较多。对内房地产投资增速面临下滑风险，民间投资和制造业投资需要提振，消费难有爆发式增长，对外“反全球化”抬头，贸易保护主义恶化出口形势，使外需进一步走弱，拖累经济增长。总的来看，国内经济处于新经济周期的底部区域，相当长一段时间内将维持 L 型走势。意味着一方面需求不会明显萎缩出现通缩；另一方面需求也难以较快扩张出现明显通胀。据 2016 年底各大投行对 2017 年国内 GDP 增长预期看，集中在 6.5%左右。

（二）全球通胀水平预期有所反弹，输入性通胀压力可能有所增加

虽然世界经济仍面临一些不利因素，但全球经济有望逐步走出低通胀的阴霾。其中美国在新当选总统特朗普，大规模财政和基建支出预期下，大大提升了市场对美国经济和通胀前景的乐观预期。美国联邦储备委员会 2016 年 12 月时隔一年后再度加息，并且预期 2017 年加息次数由两次变为三次，也显示了对美国经济复苏前景和通胀水平回升的良好预期。虽然欧元区和日本经济复苏步伐仍然蹒跚，2017 年 CPI 可能依然低于 2%，但考虑到过去低通胀甚至通缩的情况，其 CPI 预期改善幅度仍可能比较显著。全球通胀水平的提升既可以通过预期和期货价格影响未来，更通过大宗商品价格影响现在。2016 年大宗商品价格大幅反弹后，虽然 2017 年持续大涨的可能性不大，震荡上行或许是主旋律，不过价格重心预计仍将上移，我国作为大宗商品主要进口国之一，输入性通胀压力可能有所抬头。

（三）国内货币政策预期转向中性，全球流动性可能面临拐点

中国人民银行发布的《2016 年第三季度货币政策执行报告》中，多次提到防止泡沫风险，2016 年 10 月 28 日召开的中央政治局会议指出，要坚持稳健的货币政策。在防泡沫的同时，对人民币贬值压力增大的担忧，以及国内通胀预期有所增强、房地产调控需要，都将导致国内货币政策放松空间被压缩。从外部环境看，如果 2017 年美联储加息步伐加快，全球流动性将收紧。同时由于欧、日等主要经济体货币宽松政策对经济的拉动作用递减，而负面效果显现，其继续宽松意愿减弱，国际金融危机以来的流动性盛宴可能接近尾声。如果 2017 年国内经济不出现明显的下行压力，央行降准、降息的可能性就不大，预期货币政策将转向中性，而全球流动性则可能面临拐点，因而推动物价上涨的货币条件可能并不充分。

（四）供求方面总体基本平衡，主要矛盾集中在农产品领域，可能推动食品类价格上涨

当前国内总需求和总供给基本平衡，但局部存在供应瓶颈，尤以农产品领域为最。一方面工业化、城镇化挤占耕地，农村青壮年劳动力转移，农业生产率提高缓慢，加之自然灾害、动物疫病导致结构性供求缺口。另一方面，人口增长、人民生活质量提高，工业加工需求膨胀,对农产品的需求增加。由于农产品价格的波动对食品价格的影响具有较强的关联性，一旦受到较大自然灾害、动物疫病、突发事件的冲击，容易形成供应缺口，造成价格上行，推动食品类价格上涨，引发物价结构性上涨。

（五）通胀预期小幅升温

2016 年，虽然消费领域少数商品或服务价格的大幅上涨并没有持续推动整体物价水平的上行，但对社会预期产生了一定影响，导致通胀预期升温。据中国人民银行 2016 年 12 月 29 日公布的《2016 年第四季度城镇储户问卷调查报告》显示，居民未来物价预期指数为 67.6%，较上季提高 5 个百分点，这也是 2014 年 1 季度以来的高点。其中，37.3%的居民预期下季物价将“上升”，46.2%的居民预期“基本不变”，5.9%的居民预期“下降”，10.5%的居民“看不准”。与三季度相比，看涨的居民比例扩大了 7.9 个百分点，显示居民通胀预期有所升温。

三、对 2017 年四川 CPI 的初步判断

基于以上分析，2017 年四川 CPI 运行可以简单概括为两个不会、一个可控。两个不会，即 2017 年累积了一些上涨因素，在与季节性、节假日因素叠加后，少数月份 CPI 涨幅可能较大，但不会持续。CPI 波动难免，但有利于 CPI 保持温和上涨的环境仍然存在，少数商品、服务价格的大幅上涨不会持续推动整体物价水平的明显上行。一个可控，即 2017 年 CPI 涨幅或高于上年，但整体涨幅温和，风险可控。

四、稳物价的几点建议

（一）稳定农业生产和农产品供应是稳物价的关键

虽然未来 CPI 可能由食品拉动“一枝独秀”变为食品、服务“双轮驱动”。但未来较长时期，食品价格仍将是左右 CPI 的主要因素。因而农业是否稳定发展，主要农产品的供应是否安全，对稳定市场物价具有重要意义。

一是要处理好城市化、工业化占地和保护基本农田的矛盾，合理引导种植结构，从源头保证农产品的生产和供应；二是要加大农业投入，完善农业基础设施，增强抵御自然灾害能力。三是通过开展农业价格保险、期货套期保值、实施目标价格制，增强农业抵御市场风险的能力。四是建立、完善储备制度，为调节和应对市场供应临时断档的冲击，起到蓄水池的作用。

（二）抓住猪肉、鲜菜、房租等与民生密切相关的少数派实现稳价“四两拨千斤”

结构性上涨是新世纪以来物价运行的一大特征，当前居民消费结构决定了上涨的主要动力来自食品和居住，其中又以猪肉、鲜菜、房租影响最为突出。因而做好上述品种的保供稳价对 CPI 平稳运行将起到事半功倍的效果。

（三）积极稳妥的推进价格改革

从当前来看，CPI 保持温和上涨的可能性较大，应把握好这一理顺价格矛盾难得的机遇期，稳步推进价格改革。一方面推进价格改革，应抓住时机，把握节奏,避免出现叠加效应，放大效应。另一方面应抑制不合理价格上涨，强化成本约束，完善定价方式，完善价格听证会制度，做好宣传引导，强化民众监督，打消公众顾虑和疑问。

（四）加强监管，合理引导社会预期

加强市场物价监管，加大查处扰乱市场秩序、哄抬物价等不法行为，着力解决群众反映强烈的价格热点、难点问题。同时，做好舆论导向，加大正面宣传力度，合理引导社会预期。

生产投资价格上涨 企业经营趋向积极

——2016 年四川生产投资价格运行情况分析

2016 年四川生产投资建设发展，面对诸多错综复杂的国际国内影响因素和艰巨繁重的改革发展稳定任务，按照中央关于协调推进“四个全面”战略布局的要求，坚持稳中求进工作总基调，主动适应经济发展新常态，加快供给侧改革和结构性调整，经济运行稳中有进、稳中有好。表现在生产投资市场价格方面：一是工业生产者价格结束长期下跌态势由降转升，企业经营趋向积极；二是固定资产投资价格逐季回升四季度转为上涨，投资积极性释放意愿增强；三是房地产成交量有所放大、房价呈上涨态势但涨幅不大总体平稳。纵观全年生产投资价格运行态势，以工业生产者价格为主导的价格运行扭转连续四年多时间下降的局面掉头向上，生产建设发展出现积极迹象。目前生产经营面临的主要困难和影响生价指数走势的主要因素是：工业企业开工不足，去库存压力犹存；供给侧改革矛盾较多，结构调整尚未到位。

一、生产投资价格运行基本态势

（一）工业生产者价格运行情况

1. PPI 同比由降转升，四季度加速上行。2016 年 1-12 月四川工业生产者出厂价格（PPI，下同）累计同比下降 1.1%，降幅比 2015 年收窄 2.5 个百分点；工业生产者购进价格（IPI，下同）同比下降 1.2%，降幅比 2015 年收窄 2.1 个百分点。PPI、IPI 1-9 月降幅持续收窄，于 10 月结束了自 2012 年 5 月进入下降通道以来连续 53 个月的下跌转降为升，四季度双双加速上行（见图 1）。

图 1　2015 年 1 月以来四川省工业生产者出厂价格指数情况

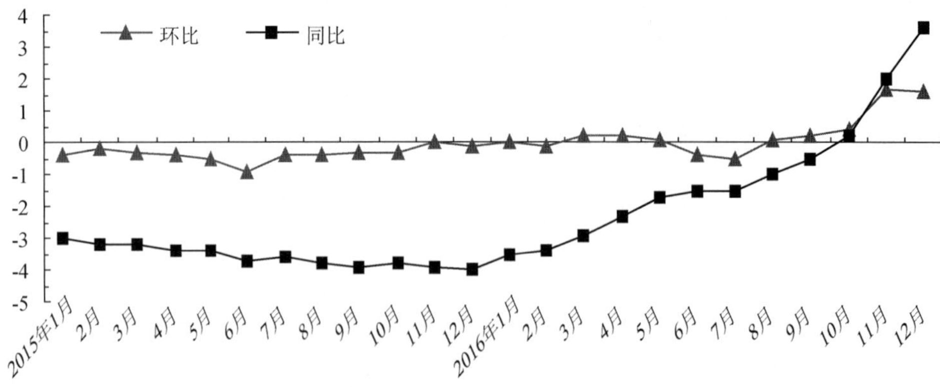

2. PPI 环比涨跌互现，年末涨幅加大。四川 1-12 月环比涨跌整体呈现震荡加剧的态势。其中，1-5 月出现小幅的持续上涨，进入 6、7 月后出现全年环比最大降幅，分别下降 0.4%、0.5%，主要是受四川水电季节性阶梯调价影响较大。8-12 月 PPI 环比逐月走高，加速上扬（见图 2）。

3. 全年轻工业小幅下降，重工业降幅大幅收窄 。1-12 月四川轻工业产品出厂价格累计同比下降 0.8%，与 1-9 月累计同比相比降幅收窄 0.3 个百分点，其中 12 月同比涨幅较大上涨 0.9%。重工业产品出厂价格同比下降 1.2%，与 1-9 月累计同比相比降幅收窄 1.3 个百分点，其中 12 月同比涨幅较大上涨 4.8%。

图 2　四川工业生产者出厂价格近 3 年环比指数涨跌情况

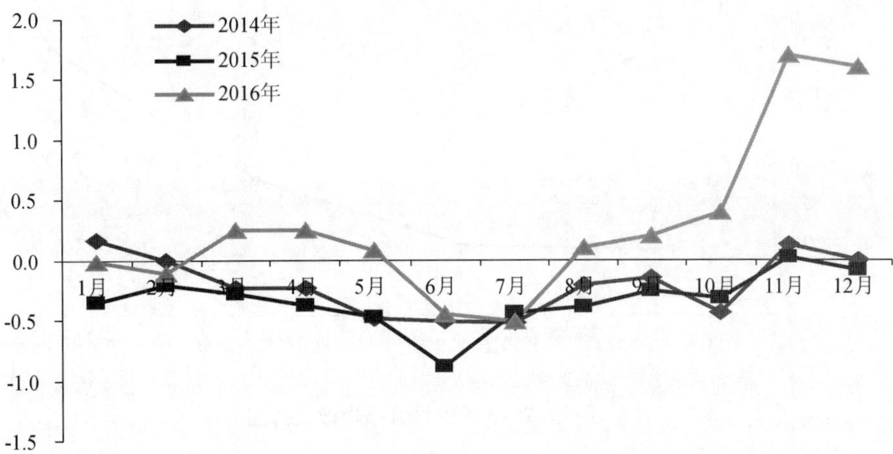

4. 全年 IPI 同比由降转升，环比走势与 PPI 一致 。1-12 月四川 IPI 同比走势呈现由降转升的形态，从运行情况来看 IPI 同比走势与 PPI 走势基本相同。IPI 1-12 月环比经过上半年调整后，逐月走强（见图 3）。

图 3　四川工业生产者购进价格分月指数涨跌情况

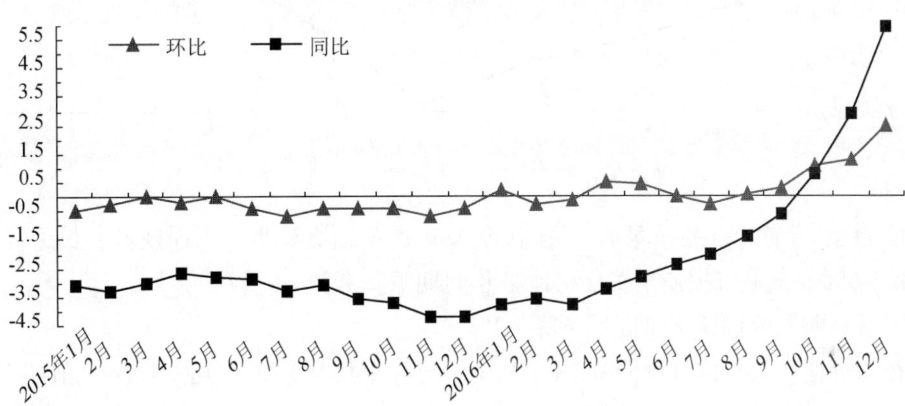

5.四川 PPI IPI 在全国排位

与全国比较来看，1-12 月全国 PPI 同比下降 1.4 %，四川下降 1.1%，全国比四川降幅深 0.3 个百分点，四川在 31 个省（市、区）指数由高到低排列第 10 位；与西部地区比较，1-12 月四川 PPI 下降幅度除西藏外均小于西部其他省（市、区）。

1-12 月全国 IPI 同比下降 2.0%，四川下降 1.2%，全国比四川降幅深 0.8 个百分点，四川在 30 个省（市、区）指数由高到低排列第 2 位；与西部地区比较，四川 IPI 同比降幅均小于西部其他省（市、区）。

（二）固定投资价格运行情况

2016 年四川固定资产投资价格总水平比去年同期下跌 0.2%。三大类价格指数一升两降。其中建筑安装、装饰工程投资价格上涨 0.1%，设备、工器具购置价格下降 1.1%，其他费用价格下跌 0.2%。分季度看，前三季度四川固定资产投资价格分别下降 1.1%、1.1%、0.2%，四季度上涨 1.6%，价格指数逐季回升（见图 4）。

1. 建筑安装工程投资价格比去年同期上涨 0.1%

一是材料费价格比去年同期下跌 0.7%。七大类主要建筑材料价格呈五跌二涨态势。2016 年四川钢材价格下跌 2.4%，下降幅度低于去年同期 11.7 个百分点，由于钢材用量达到整个材料费的 40%，钢材价格降幅收窄也带动整个材料价格下降幅度收窄;化工材料价格下跌 5.7%;其它材料价格下跌 1.4%; 电料价格下跌 1.1%;水泥价格下跌 0.6%; 地方建筑材料价格上涨 1.1%; 木材价格上涨 1.8%（见图 5）。

图 4　2016 年固定资产投资价格指数走势图

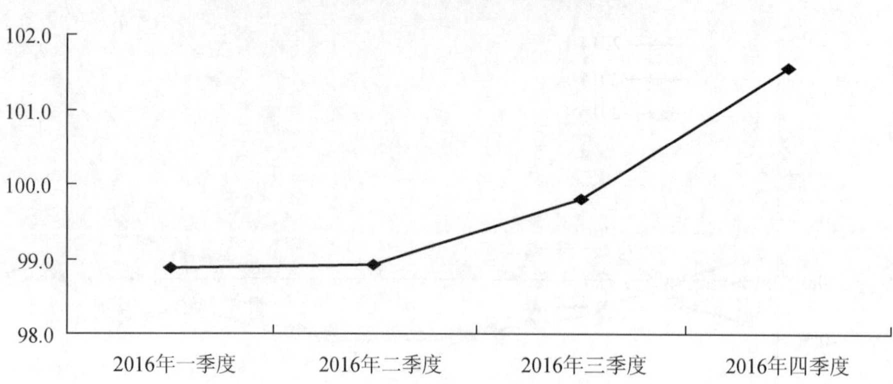

图 5　2016 年钢材价格指数走势图

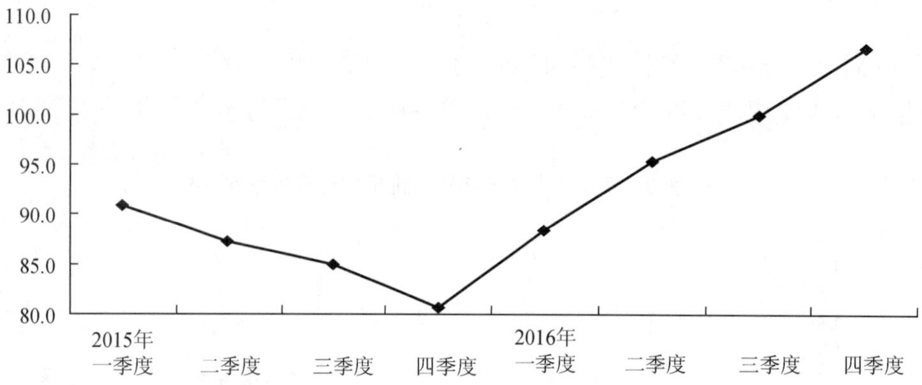

二是人工费比去年同期上涨 3.5%。工程管理人员工资上涨 3.1%、工程技术人员工资上涨 3.6%、普通工人工资上涨 3.6%。三是机械使用费价格比去年同期下降 0.3%。

2. 设备工器具购置价格比去年同期下降 1.1%。

3. 其他费用价格比去年同期下降 0.2%。其中：建设单位其它费用下跌 1.9%，前期工程费下降 0.8%，土地取得费上涨 0.2%，施工工作费上涨 0.7%。

（三）房地产价格运行情况

1. 成交量放大。2016 年 1-12 月，成都主城区新建商品住宅成交 90884 套，同比增加 12.0%；泸州成交 20109 套，同比增加 6.2%；南充成交 25813 套，同比增加 30.8%。

2. 房价指数上涨。截止 12 底，新建商品房价格预计成都上涨 6.0%、泸州上涨 3.5%、南充上涨 1.3%，各月房价指数环比均成上涨态势。

3. 影响因素不一。成都作为全国二线城市房地产市场，由于多因素叠加影响 2016 年房价上涨较为明显，主要集中在城南片区，商品住宅价格上涨较大。而泸州、南充 2016 年房地产市场主要目标仍是“去库存”，通过金融、财政手段，采取降低公积金贷款限制条件、发放购房补贴、降低农民工购房门槛等手段增加民众购房意愿。

二、生产投资价格运行的主要特点

（一）工业生产者价格运行的主要特点

1. PPI 走出连续 53 个月的下降通道

2012 年以来，四川与全国一样，PPI 长时间持续下降。2012 年 5 月至 2016 年 9 月连续下降 53 个月，超过 1990 年开始工业生产者价格统计后的任何下降时期，这种局面在 2016 年 10 月开始发生改变出现上涨，走出了连续四年多的下降通道由降转升。

2. 主打工业者制品价格上涨

一是钢铁等黑色金属冶炼和压延加工业价格反弹较强。1-12 月黑色金属冶炼和压延加工业价格累计同比上涨 1.7%。从同比分时间段看，1-9 月累计同比相比由降转升高 5 个百分点。其中：一季度同比降幅持续收窄，二季度进行一定调整，三、四季度单边走高，并且涨幅加速，其中 12 月单月同比上涨 26.5%，为全年最高。从环比时间段看，上半年环比波动较大，其中 4 月上涨 7.2%，涨幅为上半年最高；6 月下降 4.1%，降幅为上半年最大。进入下半年后环比单边走高，12 月上涨 7.4%为全年最高（见图 6）。

图 6　2015 年至今黑色金属冶炼和压延加工业价格走势（%）

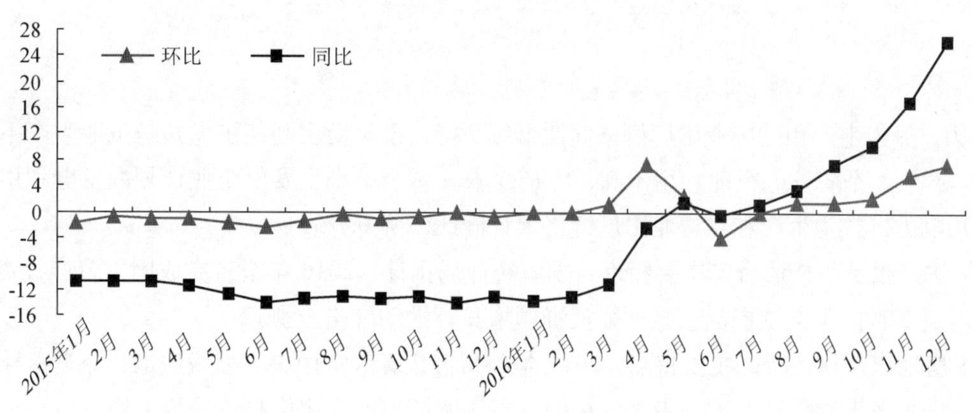

二是煤炭开采和洗选业价格走势转好。1-12 月煤炭开采和洗选业价格累计同比下降 1.9%。从同比分时间段看，1-9 月累计同比相比降幅收窄 5.5 个百分点，9 月同比由降转升，上涨 0.4%，四季度单边上涨，其中 12 月涨幅为全年最高，达 27.1%。从环比看，全年各月环比中仅有 3 个月环比为下降，其余月份均为持平或上涨，其中 12 月环比涨幅最大，涨幅达 9.2%（见图 7）。

图 7　2015 年至今煤炭开采和洗选业价格走势（%）

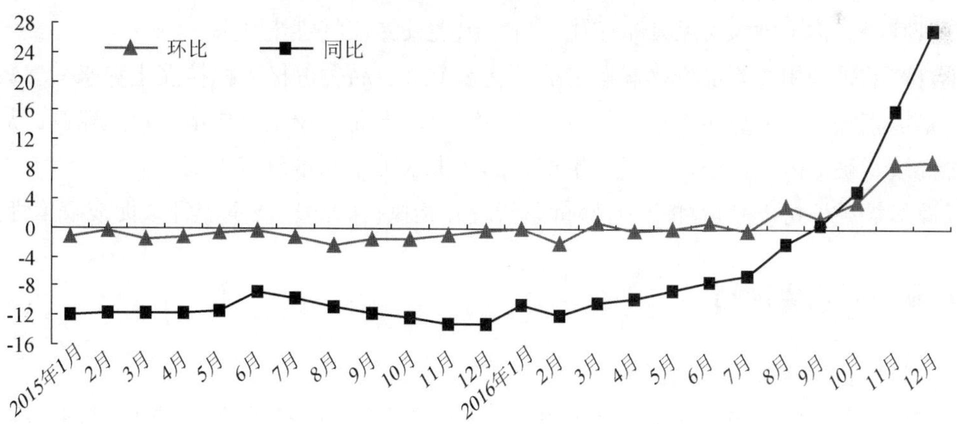

三是水泥等非金属矿物制品业价格持续走高。1-12 月，非金属矿物制品业价格累计同比下降 1.3%。从同比分时间段看，1-9 月整体延续去年的走势，同比降幅不断收窄，10-12 月同比由降转升，加速上行。从环比看，非金属矿物制品业价格前三季度窄幅震荡，进入四季度出现单边急速上涨的情况，其中 12 月因逐步进入行业淡季，涨幅有所减缓（见图 8）。

3. 全年工业生产者购进价格同比“七跌一涨一持平”。九大类原燃材料中：木材及纸浆类上涨 1.1%，其他七大类均下跌，其中燃料、动力类下降 0.9%，黑色金属材料类下跌 1.0%，有色金属材料及电线类下跌 1.0%，化工原料类下跌 3.5%，建筑材料及非金属类下降 2.8%，其它工业原材料及半成品类下跌 1.2%，农副产品类下跌 0.7%；持平的是纺织原料类。

图 8　2015 年至今非金属矿物制品业价格走势（%）

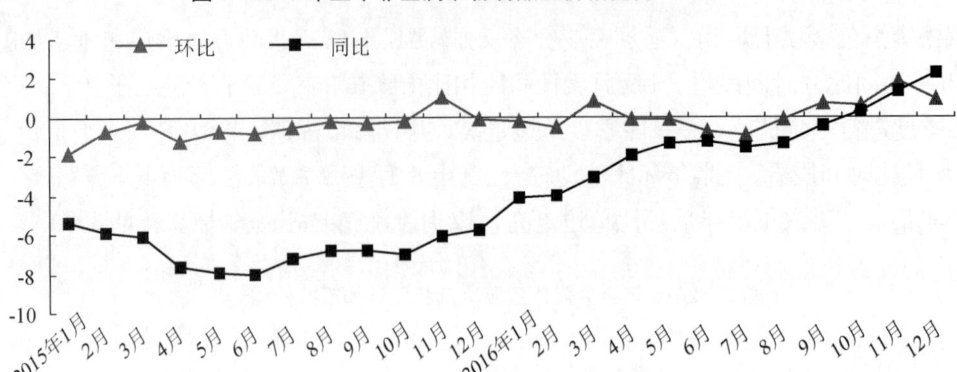

4. 电力、热力生产和供应业出厂价格同比继续下降。今年受宏观经济尤其是工业生产下行、产业结构调整等因素影响，全省发电行业利用不高、生产受限，多个中小型发电企业计划内发电利用小时数下降。1-12 月四川电力、热力生产和供应业出厂价格累计同比下降 0.7%。

（二）生产投资价格运行的主要特点。据省统计局预计，2016 年全省完成固定资产投资额 2.9 万亿以上，增幅达到 12%以上。投资额意愿增强投资额增长，推动价格上涨。

（三）房地产价格运行的主要特点。2016 年四川省认真落实中央“因城施策、分类指导、强化地方责任”的房地产市场调控精神，进一步加大房地产市场调控力度，房价总体保持平稳。

（四）价格上涨的主要原因

从 2016 年全年走势看，虽然四川多个主要工业生产行业及产品价格降幅均有不同程度收窄，四季度多个重要品种价格持续上涨，但理性分析 PPI 走出下降通道由降转升的根本原因：主要是由于价格持续下跌后恢复性反弹、去产能政策加速价格回升、房地产投资加快、国际市场价格回暖等因素影响国内价格上涨。

一是产能下降刺激价格上涨。国家“去产能、调结构”政策的逐步落实，煤炭、钢铁、水泥等去过剩产能，库存量减少，市场供求关系发生变化，价格出现反弹恢复性上涨。

二是主打产品带动相关产品价格联动上涨。从多个重要品种价格大幅拉涨走势来看，较多品种受能源价格上涨带动因素较大。如煤炭价格上行后，拉高钢铁、水泥行业生产成本，水涨船高。局部地区、行业企业因资源短缺，被迫停产、限产、错峰生产，影响供求关系助推价格上涨。

三是受政策调控价格上涨。如 10 月份货运新政开始执行，运输成本上升，促成政策性涨价。

三、后期价格走势预判

（一）可能助推后期价格上涨因素

一是政策引领经济向上可能带动价格上涨。中央经济工作会议强调，2017 年要贯彻好稳中求进总基调，继续深化改革，以“三去一降一补”五大任务为抓手，推动供给侧结构性改革取得成效，可望相应带动价格上涨。

二是“一带一路”战略提振经济刺激价格上涨。随着“一带一路”、中非经济合作等外向型经济战略的拓展扩容，因出口需求扩大可能带动国内工业生产者价格上涨。

三是主要工业品价格惯性上涨。去年 10 月以来，煤炭、有色金属、黑色金属、水泥等建材产品价格涨幅较大，但仍然属于价格长期且大幅度下跌之后的恢复性上涨。价格变动具有较强的趋势性，随着运输费用、人工费用上涨，仍然存在惯性上涨的基础和动力。

四是一般工业品价格补涨联涨。价格上涨具有联动性，多个工业生产品种经历了近 5 年的单边下跌后，目前虽然上涨势头较强，但结合近今年的绝对价格来看，仍处在相对较低的位置，主要工业品价格上涨很可能带动其他工业品和下游工业品形成一定程度的比价效应而上涨。

（二）可能制约后期价格上涨因素

一是国内经济增长动力不足。目前国内经济运行仍存在不少突出矛盾和问题，产能过剩和需求结构升级矛盾突出，经济增长内生动力不足，部分地区生产困难增多等成为制约价格上涨的主要因素。

二是国内需求增长不旺。目前四川工业生产投资增速缓慢、资金紧张、消费平稳增长等诸多问题在今后相当长的时间内，将影响需求保持在较低水平，拉动工业生产者出厂价格大幅上涨的空间有限。

三是国际经济疲软制约。世界金融危机以来，整个国际经济增长疲软，国际市场大宗商品价格虽有回升，但总体上仍在低位徘徊，将影响我国出口增长和国内大宗商品价格上涨空间，进而抑制国内工业品价格上涨。

（三）综合研判

综合上述分析，预计 2017 年以工业生产者价格为主导的四川生产投资价格可能出现一定波动，但整体走势可能小幅上涨，总体保持相对平稳态势。

2016年四川粮食实现增产升位

2016年，全省各地认真贯彻落实中央和省委省政府关于农业农村工作的决策部署，高度重视粮食安全，切实抓好粮食生产各项工作，保证了粮食生产的稳定发展，全年粮食实现了增产升位。

据国家统计局四川调查总队抽样调查，经国家统计局核定，2016年四川全年粮食产量达到3483.5万吨，比2015年增加40.7万吨，增长1.2%，全国粮食产量61623.9万吨，比2015年减少520.1万吨，减少0.8%，四川粮食产量在全国各省（市、区）中由2015年的第7位跃升至第5位。

一、2016年四川粮食生产的主要特点

（一）夏收粮食产量略减

2016年全省夏收粮食播种面积2620.5万亩，比上年减少10.65万亩，减0.4%。夏收粮食单产229.4公斤/亩，比上年提高0.7公斤/亩，提高0.3%。全省夏收粮食产量601.1万吨，比上年减0.6万吨，减0.1%。

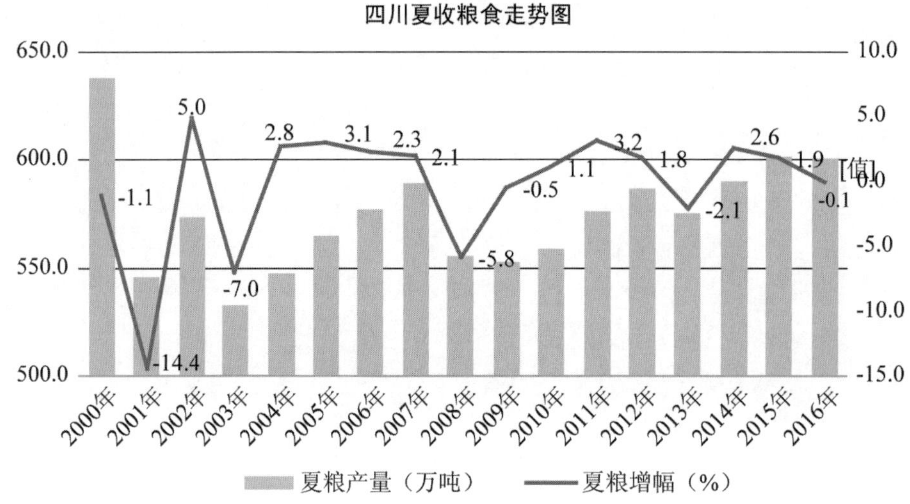

（二）秋收粮食增产1.5%

2016年，全省秋收粮食播种面积7060.4万亩，比上年增加10.6万亩，增长0.15%。秋收粮食单产408.3公斤/亩，比上年提高5.3公斤/亩，提高1.3%。秋收粮食产量2882.4万吨，比上年增加41.3万吨，增长1.5%。

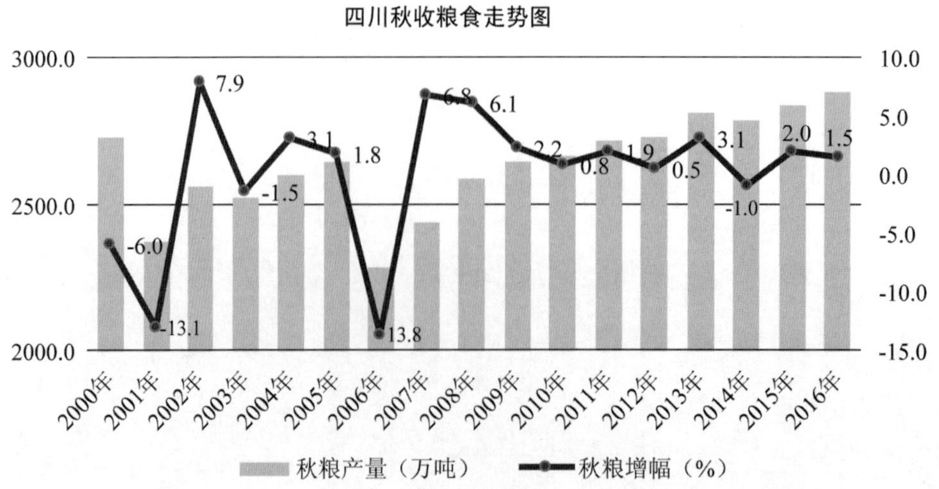

（三）全年粮食增产 1.2%

2016 年，虽然夏收粮食略有减产，但秋收粮食实现增产，增减相抵后，全年粮食保持增长态势。2016 年全年粮食播种面积 9680.9 万亩，保持稳定。粮食单产 360 公斤/亩，比上年提高 1.2%。全年粮食总产量 3483.5 万吨，增长 1.2%。

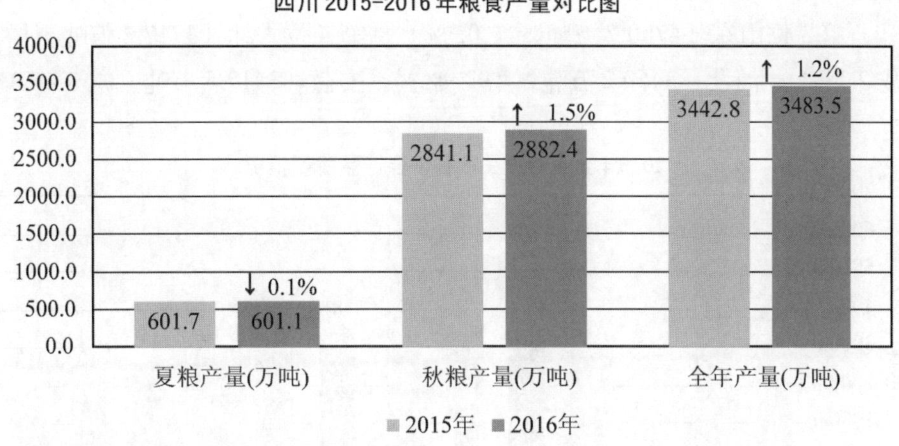

（四）四大主粮产量实现“三增一减”

四川小麦、水稻、玉米、马铃薯等四大粮食品种，其产量占全省粮食产量 80%以上。2016 年，四大主粮实现“三增一减”，即水稻、玉米、马铃薯增，小麦减。2016 年四川水稻产量 1558.2 万吨，比 2015 年增加 5.6 万吨，增长 0.4%；玉米产量 793.2 万吨，增加 27.5 万吨，增长 3.6%；马铃薯产量 322.3 万吨，增加 14.7 万吨，增长 4.8%；小麦产量 413.4 万吨，减少 12.9 万吨，减 3.0%。

二、2016 年全国粮食产量减 0.8%

2016 年全国粮食受播种面积减少、结构调整和农业自然灾害等的影响，粮食产量在连续十二年增后首次出现减产。

2016 年全国粮食播种面积 169542.3 万亩，比 2015 年减少 472.1 万亩，减少 0.3%。

2016 年全国粮食单产 363.5 公斤/亩，比 2015 年减少 2.0 公斤/亩，减少 0.6%。

2016 年全国粮食总产量 61623.9 万吨，比 2015 年减少 520.1 万吨，减少 0.8%。

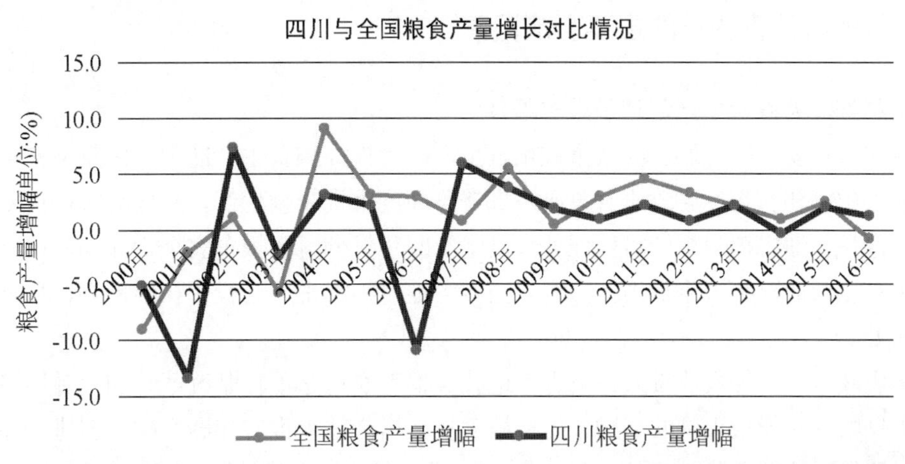

三、2016 年四川粮食总产量在全国各省（市、区）中跃升至第 5 位

2016 年全国粮食产量减产，减产的省（市、区）也较多。在全国 31 个省（市、区）中，增产的 12 个，保产的 2 个，减产的 17 个，分别占 38.7%、6.5%和 54.8%。在 13 个粮食主产省中，呈现 9 减 4 增态势。

近年来，四川粮食产量在全国粮食主产省和全国 31 个省（市、区）中位居第 7 位，排在四川前的有黑龙江、河南、山东、吉林、江苏、安徽，排在四川后两位的是河北、湖南。

2016 年，由于江苏、安徽粮食受灾减产，全国粮食产量排位也发生了较大的变化，四川粮食产量由第 7 位跃升至第 5 位，江苏下滑 1 位，降至第 6 位，河北上升 1 位至第 7 位，安徽下滑 2 位，降至第 8 位。排在四川前的有: 第 1 位黑龙江（2016 年粮食产量 6058.6 万吨，减 4.2%，下同）、第 2 位河南（5946.6 万吨，减 2.0%）、第 3 位山东（4700.7 万吨，减 0.3%）、第 4 位吉林（3717.2 万吨，增 1.9%）。江苏（3466 万吨，减 2.7%）、河北（3460.2 万吨，增 2.9%）、安徽（3417.5 万吨，减 3.4%）粮食产量排在四川之后。

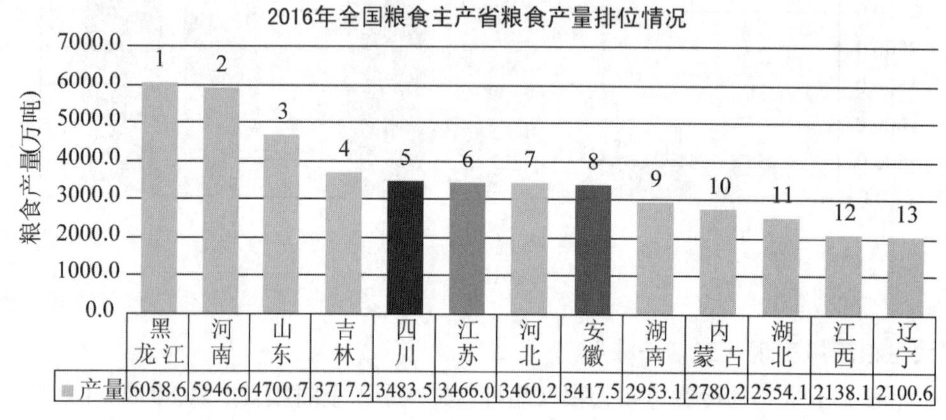

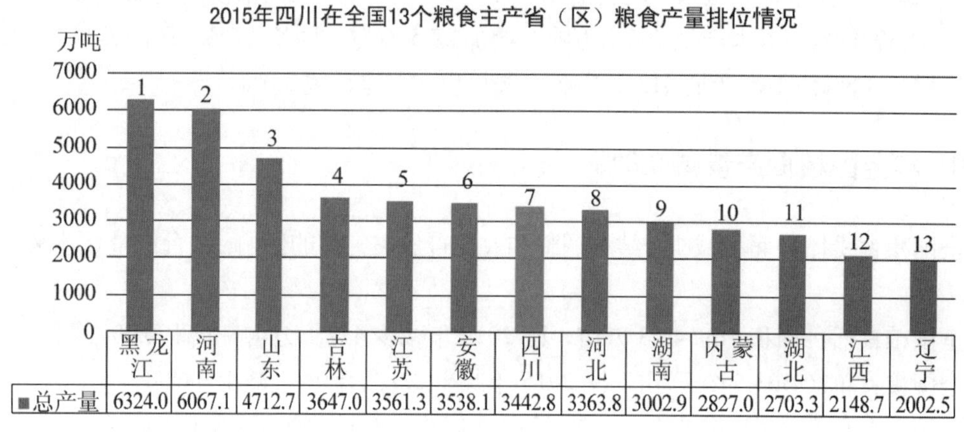

四、2016 年四川粮食生产的主要影响因素

（一）政策利好，为粮食生产创造了基本条件

一是严格落实粮食安全责任制，高度重视粮食生产。为提高粮食生产能力，保障国家粮食安全，全省各地认真贯彻落实中央和省委、省政府有关决策部署，高度重视粮食生产，严格落实粮食安全负责制，增强粮食安全责任意识，细化粮食生产目标任务，制定了四川贯彻落实粮食安全责任制考核办法，在县域经济考核中，将粮食生产情况纳入重点考核内容，全省各地对粮食生产进行了科学谋划、及早部署，保证了粮食生产落到实处。

二是落实惠农政策、增加农业投入。全省各地扎实推进农业三项补贴改革，加大对种粮大户的扶持力度，继续加强中央财政对产粮大县的奖励，支持粮食重大增产技术推广和高产高效创建，加强涉农项目资金调度和整合，确保财政投入稳定增长。2016 年下达了农业支持保护补贴 66.56 亿元，粮食生产能力提升工程专项资金 3.3 亿元，小型农田水利设施建设中央和省级补助资金 15.36 亿元，下达了涉农资金整合以奖代补资金 8000 万元，金融部门也不断加大支持粮食生产的力度，积极支持现代粮食产业基地建设，这些政策和资金有力的支持了四川粮食生产。

（二）粮食价格总体稳定，保证了农民种粮积极性

2016 年国家进一步推进玉米收储制度改革，继续在稻谷主产区实行最低收购价政策，中晚籼稻、粳稻最低收购价格保持 2015 年水平。国家的粮食价格政策导向，稳定了四川的主要粮食市场价格。据四川调查总队粮食生产者价格调查，2016 年上半年，除玉米由于受临时收储政策的影响价格明显下降外，其他主要粮食品种价格稳中有升，其中稻谷的生产者价格比上年同期上涨 1.3%，马铃薯上涨 1.6%，大豆持平，玉米下降 13.2%。

（三）新型经营主体大量涌现，推动粮食生产新的增长

近年来，各级党委、政府深化农村改革，扎实推进土地承包经营权确权颁证，开展土地经营权抵押贷款、担保试点，创新农业经营体系，加快土地流转，大力发展种粮大户、农民合作社、家庭农场等各类新型农业经营主体，推进粮食适度规模经营，建立健全农业社会化服务体系，加快农村金融制度创新等，为稳定发展粮食生产创造条件。2016 年上半年底，全省耕地流转率达 28.3%，耕地适度规模流转占到流转总面积的 63.3%，工商注册登记家庭农场达 2.9 万家、专合社 6.4 万户、规模以上龙头企业 8807 家，30 亩以上种粮大户 1.5 万户。

（四）农业科技的不断推广和应用，提高了粮食生产水平

全省各地围绕提质增效，积极推进农业科技创新，扎实开展高产创建，选派万名科技人员驻村入户，强化技术培训和技术指导，促进农业主导品种和主推技术加速落地推广，着力提高技术覆盖率，有力地提高了粮食生产水平。全省水稻旱育秧栽插、规范化栽培、机插秧面积分别占到水稻面积的 59%、49.7%、17.8%；玉米种子包衣、玉米育苗移栽、地膜玉米面积分别占到玉米面积的 63.7%、53.2%、38.5%；小麦小窝疏株密植占 69.5%、小麦精量半精量播种占 49.2%、小麦药剂拌种占 71.8%。全省落实小麦高产创建面积 236.1 万亩、水稻 520 万亩、玉米 289 万亩、马铃薯 91 万亩、高粱 37 万亩，示范区粮食作物单产水平普遍比一般地区高 20%以上，示范带动作用明显，这将带动全省大面积的平衡增产。

（五）农业气候总体适宜，为粮食生产奠定良好的基础

据省气象资料显示，夏收粮食生产期间，全省大部分地区光、温、水匹配良好，较好地满足了夏收作物的播栽、生长和发育的需求。秋收粮食生产期间，雨水充足，农业干旱较常年偏轻，作物生长的光温水条件匹配良好，整个农业气候有利于作物的生长发育和产量的形成及提高。

夏收粮食生产期间，局部地区冬干和局部地区遭受低温冷冻影响夏收粮食生产，造成夏收粮食略有减产。秋收粮食生产期间，虽然局部地区遭受了洪涝灾害、后期局部地区又遭受了高温天气影响，但就全省而言，其影响是局部的，极其有限的，农业气候条件总体是利大于弊。主要病虫害整体中等发生，各地及时加强病虫预警监测，抓住关键时期和防治重点，大力开展专业化统防统治，病虫害损失较轻。

制造业基本稳定　非制造业恢复扩张

——2016 年 12 月四川采购经理调查报告

四川采购经理调查结果显示，12 月份四川制造业 PMI 在扩张区间微幅回调，全省制造业经济发展略显趋缓，但扩张态势未改；非制造业商务活动指数明显回升，缘于服务业业务活动的迅速恢复，全省非制造业经济重现扩张态势。未来三个月，出于对春节长假停工歇业的顾虑，企业发展信心有所减弱，但全省经济会继续保持扩张态势。

一、制造业 PMI 略显回落

2016 年，四川制造业 PMI 月均值为 49.7%，12 个月中有 8 个月处在收缩区间，4 个月处于扩张区间。全年大体呈“V”型走势，1-4 月在钢材等大宗商品价格大幅上涨的带动下，企业生产和订单总体出现短暂回暖，四川制造业 PMI 有所回升；5-8 月随着供给侧结构性改革的深入推进，“三去一补一降”、“五大任务”等政策产生了暂时性负面效应，全省制造业收缩态势反转加剧；9 月以后，市场环境逐渐改善，企业生产经营形势开始好转，四川制造业 PMI 一举站上荣枯临界线以上，全省制造业经济在经历 24 个月的收缩后重新恢复扩张。从各月情况看，11 月份四川制造业 PMI 为 52.3%，创年内最高水平；最低值出现在 7 月，为 48.0%。12 月份，四川制造业 PMI 为 51.7%，较 11 月份回调 0.6 个百分点，但仍处于扩张区间，全省制造业经济扩张态势未变，只是扩张速度略显放缓。

图 1　四川、中国制造业 PMI 走势比较

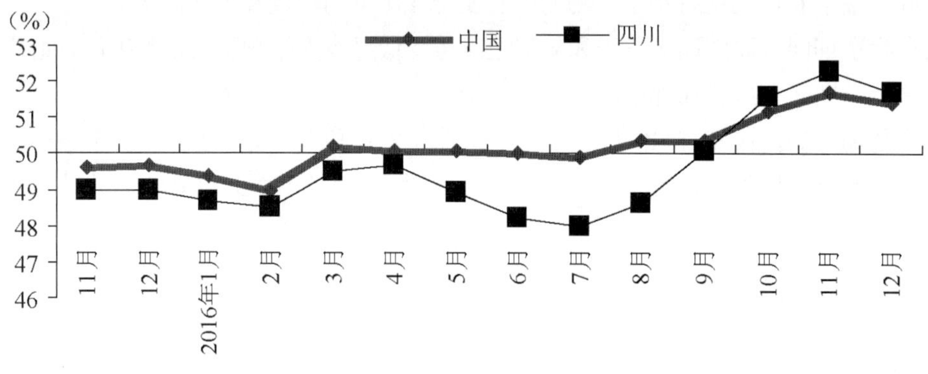

（一）12 项分类指数“三升九降”

12 月份，四川制造业 PMI 的 12 项分类指数中仅 3 项指数上升，而有 9 项指数不同程度下降。其中，生产指数为 55.4%，环比下降 0.9 个百分点，企业生产强劲的增长势头基本未改；新订单指数为 53.6%，环比下降 0.6 个百分点，企业订单上涨幅度仅略微收窄；采购量指数为 55.9%，环比上升 1.7 个百分点，出于对春节节日市场的良好预期，企业采购活动更加活跃；主要原材料购进价格指数为 66.3%，环比回落 0.3 个百分点，由于部分重要生产资料价格继续上涨，企业主要原材料购进价格快速上升的情况没有明显改变；从业人员指数为 48.2%，环比下降 1.0 个百分点，由于人工成本居高不下，企业用工减少的情况有所加剧，其中小微型企业从业人员指数仅为 46.9%，企业用工减少的情况尤为严重。

表 1　12 月份四川制造业 PMI 及其分项指数

单位：%

指　标	12 月	环比	区间	趋　势
四川制造业 PMI	51.7	-0.6	扩张	连续 4 个月
生产指数	55.4	-0.9	扩张	连续 5 个月
新订单指数	53.6	-0.6	扩张	连续 4 个月
新出口订单指数	50.3	1.1	收缩	连续 7 个月
积压订单指数	44.4	-0.8	收缩	连续 89 个月
产成品库存指数	43.1	-0.3	收缩	连续 53 个月
采购量指数	55.8	1.7	扩张	连续 3 个月
进口指数	51.9	-3.7	扩张	连续 2 个月
购进价格指数	66.3	-0.3	扩张	连续 11 个月
出厂价格指数	57.1	0.9	扩张	连续 3 个月
原材料库存指数	46.4	-0.4	收缩	连续 45 个月
从业人员指数	48.2	-1.0	收缩	连续 36 个月
供应商配送时间指数	49.9	-0.5	收缩	首月

（二）四大产业 PMI 暂时性回调

12 月份，监测的四大重要产业 PMI 均出现了暂时性回调。其中，消费品制造业 PMI 为 54.3%，环比下降 1.0 个百分点，产业扩张势头依然强劲，只是扩张速度有所减缓；高新技术制造业 PMI 为 53.0%，环比下降 1.2 个百分点，产业扩张步伐亦有所放慢，但较快的扩张态势未改；装备制造业 PMI 为 51.4%，环比回落 0.7 个百分点，产业发展情况仅略显趋差；高耗能产业 PMI 为 50.5%，环比微降 0.2 个百分点，产业发展波动不大，依旧保持扩张态势。

图 2　制造业不同产业 PMI 走势比较

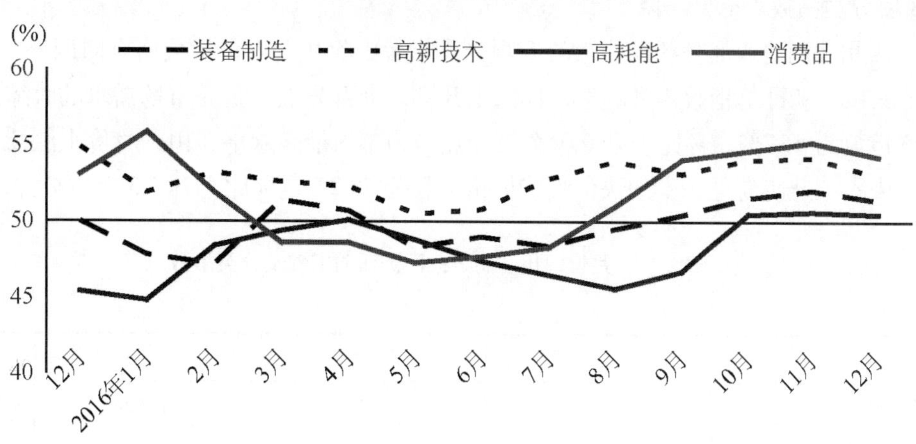

（三）指数与全国趋势一致

12 月份，中国制造业 PMI 为 51.4%，环比回调 0.3 个百分点，但仍为年内次高点。与全国相比，12 月份四川制造业 PMI 为 51.7%，环比回调 0.6 个百分点，仍高于中国制造业 PMI0.3 个百分点，四川制造业经济的发展情况尚略好于全国。

从国际情况看，四川制造业 PMI 稍低于全球整体水平。受美国与欧元区加速扩张影响，12 月份全球制造业 PMI 由 11 月的 52.1%续升至 52.7%，为 2014 年 2 月以来的最高值，全球制造业经济继续向好。其中，美国制造业 PMI 连续四个月回升，由 11 月的 53.2%升至 54.7%，为近两年以来最高水平；受所有覆盖七个国家 PMI 均有改善的带动，欧元区制造业 PMI 终值由 11 月的 53.7%升至 54.9%，创 68 个月以来最高值；日本制造业 PMI 终值由 11 月的 51.3%回升至 52.4%，为一年来最高值；英国制造业 PMI 回升至 56.1%，创 30 个月以来最高水平，且已连续 5 个月呈扩张态势，远高于长期均值 51.5%。

二、非制造业商务活动指数明显回升

2016 年，四川非制造业商务活动指数月均值为 49.8%，全年具有明显的季节效应，呈“两头高、中间低”走势，12 个月中 7 个月处于荣枯临界线下，5 个月位于荣枯临界线上。具体而言，受春节停工歇业影响，2 月份商务活动指数为 45.3%，较 1 月份大幅下降 10.0 个百分点，为全年最低值；进入 5 月份后，由于营改增政策的全面推行，部分建筑业企业、消费性行业企业难以迅速适应，加之传统消费淡季的到来，全省非制造业经济收缩加剧；10 月份，受国庆长假的积极带动，全省非制造业出现快速扩张之势，其商务活动指数达到 55.0%，创全年最高值；但 11 月份随之大幅下降 7.9 个百分点至 47.1%，全省非制造业经济再次出现明显的季节效应，重陷收缩。12 月份，四川非制造业商务活动指数为 52.4%,环比回升 5.3 个百分点，重返扩张区间，受益于服务业业务活动的迅速恢复，全省非制造业经济重新呈现扩张之势。

图 3　四川、中国非制造业商务活动指数（未经季节调整）走势比较

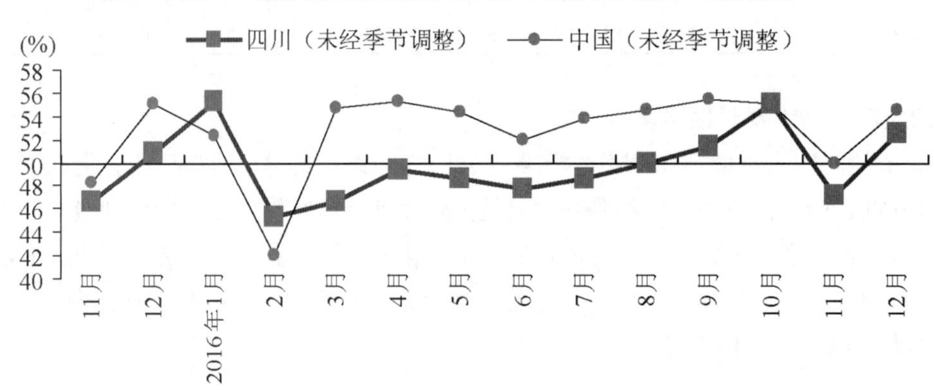

（一）8 项分类指数“七升一降”

12 月份，四川非制造业商务活动指数的 8 项分类指数中除从业人员指数略有回调外，其余 7 项均有不同幅度回升。其中，新订单指数为 47.1%，环比上升 3.2 个百分点，企业市场需求的收缩态势有所收敛；中间投入价格指数为 55.3%，环比上升 2.3 个百分点，为年内最高水平，由于物价上涨及人工费用居高不下，企业经营成本上升速度进一步加快；收费价格指数为 50.2%，环比上升 1.3 个百分点，为应对经营成

表 2　12 月份四川非制造业商务活动指数及分类指数

单位：%

指　标	12 月	环比	区间	趋势
商务活动指数	52.4	5.2	扩张	首月
新订单指数	47.1	3.2	收缩	连续 35 个月
国外新订单指数	44.4	0.3	收缩	连续 2 个月
积压订单指数	39.5	0.5	收缩	连续 89 个月
存货指数	44.7	2.2	收缩	连续 47 个月
中间投入价格指数	55.3	2.3	扩张	连续 21 个月
收费价格指数	50.2	1.3	扩张	首月
从业人员指数	46.6	-0.8	收缩	连续 38 个月
供应商配送时间指数	51.7	0.3	扩张	连续 10 个月

本过快上升，企业收费价格相应有所提高；从业人员指数为 46.6%，环比下降 0.8 个百分点，由于经营业绩欠好及人工费用偏高，企业用工减少情况趋于恶化。

（二）四大产业商务活动指数全线上升

12 月份，非制造业四大主要产业的商务活动指数全线上升。其中，受批发业商务活动指数大幅上升影响，生产性服务业商务活动指数达到 62.0%，环比上升 5.2 个百分点，产业扩张势头更加强劲；物流业商务活动指数为 70.8%，环比上升 7.5 个百分点，在高位景气区间继续攀升，产业业务活动极为活跃；金融业商务活动指数为 65.4%，环比大幅上升 14.2 个百分点，产业扩张步伐大大加快；消费性服务业商务活动指数为 46.8%，环比上升 5.5 个百分点，产业总体虽还处于收缩状态，但收缩幅度明显收窄。

图 4　非制造业不同产业商务活动指数走势比较

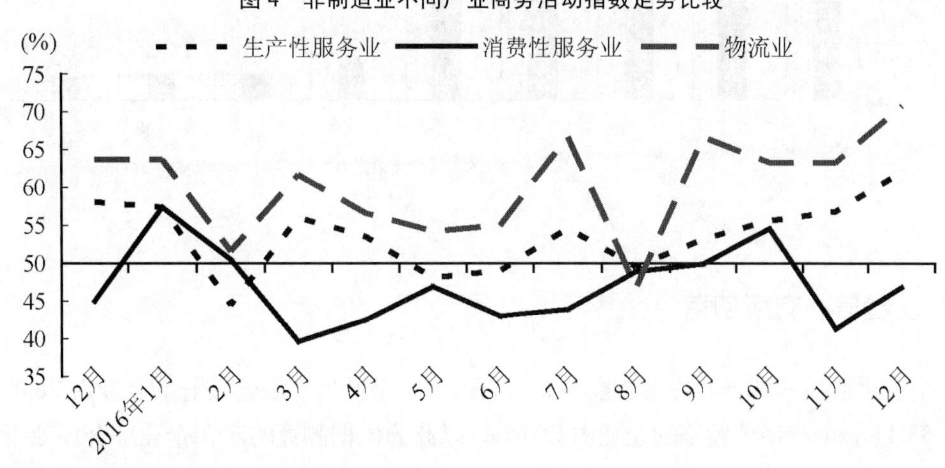

（三）指数低于全国 2.2 个百分点

12 月份，未经季节调整的中国非制造业商务活动指数为 54.6%，环比上升 4.7 个百分点，全国非制造业经济继续保持较快的扩张势头。与全国相比，12 月份四川非制造业商务活动指数为 52.4%，环比回升 5.3 个百分点，四川非制造业经济虽仍稍差于全国，但差距有所缩小。

三、资金紧张仍是企业面临的首要难题

调查显示， 12 月份四川企业生产经营过程中面临的首要问题仍旧是资金紧张。采购经理调查的样本企业中，反映资金紧张的企业比重为 50.4%，较上月上升 0.5 个百分点，由于生产持续扩张使得企业资金愈显紧张。其中，小微型企业资金问题尤其严峻，反映资金紧张的样本企业占比高达 54.7%，较上月上升 0.8 个百分点。另外，反映市场需求不足的企业比重为 44.8%，较上月下降 1.7 个百分点，企业选择占比连续四个月下降，市场需求不足的问题继续缓解；反映劳动力成本上升的企业比重为 35.8%，仅较上月微降 0.2 个百分点，企业用工成本上升的情况基本未有改善；反映运输成本上升的企业比重为 32.5%，环比上升 2.1 个百分点，企业选择比重连续四个月上升，由于货物进出频繁，企业运输成本不断攀升；反映原材料价格上涨的企业比重为 30.0%，环比上升 2.5 个百分点，随着生产需求增加，原材料价格继续有所上升。

制造业样本企业中，反映资金紧张的企业比重仍高达 55.8%，环比仅微降 0.2 个百分点。其中，金属制品业、黑色金属冶炼及压延加工业资金紧张最为严重，企业选择比重均在 74%以上；专用设备制造业、造纸及纸制品业、通用设备制造业、纺织业资金形势亦不容乐观，企业选择比重均在 60%以上。反映需求减少的企业比重为 41.5%，环比下降 2.3 个百分点。但是，专用设备制造业需求减少的情况仍显突出，企业选择比重为 68.1%；金属制品业、电器机械及器材制造业也还面临较为严重的需求减少情况，企业选择比重均在 60%以上。反映运输成本上涨的企业比重为 41.6%，环比上升 1.3 个百分点。其中，木材加工及木竹藤棕草制品业、金属制品业运输成本上涨最为明显，企业选择比重均高于 60%。

非制造业样本企业中，反映资金紧张的企业比重为 44.0%，环比上升 1.8 个百分点。其中，建筑业资

金形势十分严峻，企业选择比重为 74.0%，所细分的房屋建筑业、土木工程建筑业、建筑安装业的企业占比分别为 81.5%、52.8%、77.3%。反映需求减少的企业比重为 48.8%，环比下降 1.2 个百分点。然而，租赁业及商务服务业、住宿业、运输业（旅客）需求减少的情况依旧极为严重，企业选择比重均在 66%以上。

图 5　12 月、11 月样本企业反映的问题比重

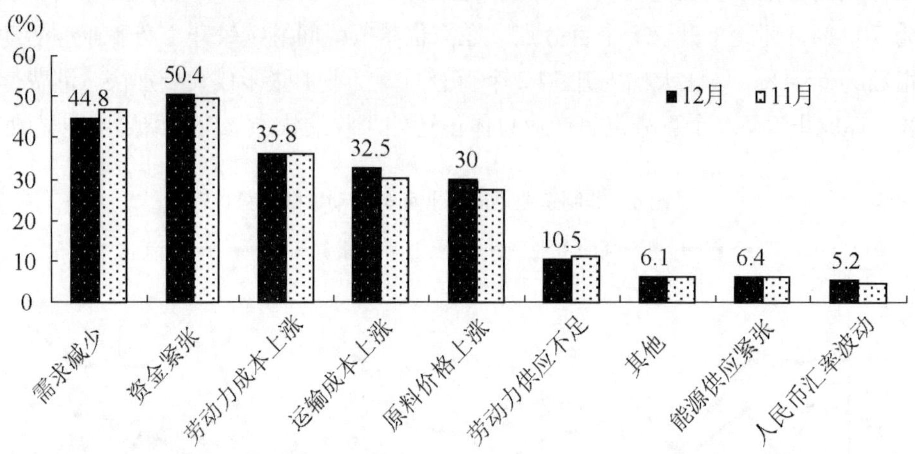

四、企业发展信心有所回落

12 月份，全省采购经理调查的样本企业中，认为未来 3 个月生产经营较好的企业占 28.0%，生产经营一般的企业占 53.4%，生产经营较差的企业占 20.6%，以此为依据测算的四川企业综合预期指数为 54.7%，环比下降 3.0 个百分点。随着春节的到来，受长假企业停工歇业的影响，预计未来 3 个月全省经济会呈稳中趋缓态势。具体来看，制造业企业生产经营预期指数为 50.8%，环比下降 7.1 个百分点，在扩张区间明显回调，出于对春节长假期间订单减少、生产放缓的考量，企业发展信心减弱，全省制造业经济的扩张步伐将有所放慢；非制造业企业业务活动预期指数为 56.9%，环比下降 0.6 个百分点，由于春节大假会对消费、运输、旅游等行业带来积极影响，企业发展信心依旧较强，全省非制造业经济将保持较快的扩张态势。

图 6　制造业、非制造业生产经营预期指数走势

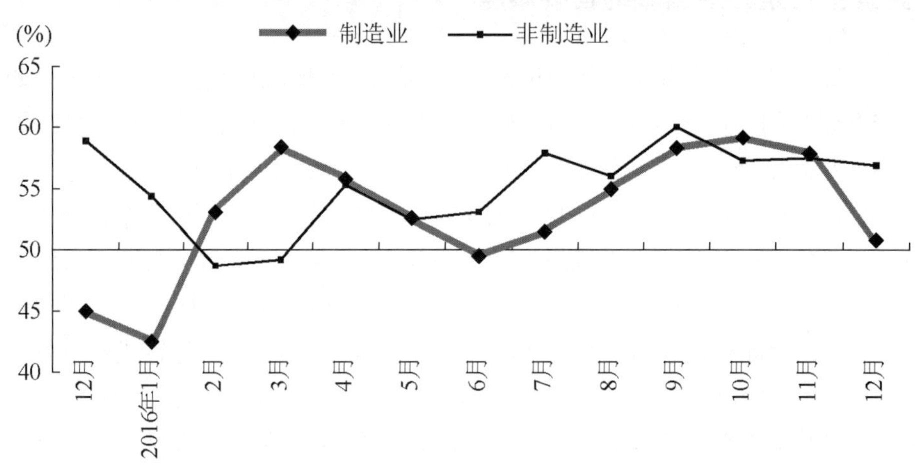

四川脱贫攻坚成效显著　贫困地区农民收入增长明显

2016年，四川各级、各部门进一步加大扶贫开发工作力度，积极推进精准扶贫工作的全面开展，狠抓扶贫政策落实，充分发挥专项扶贫、行业扶贫、社会扶贫的大扶贫作用，加快农业农村经济结构调整和劳务经济发展步伐，有效促进了贫困地区农村居民收入的增长和生活质量的提高。

一、四川省贫困地区农村居民收入增长明显

根据国家统计局四川调查总队贫困监测调查数据结果：2016年，四川省贫困地区农民人均可支配收入为8799元，比上年增加833元，同比增长10.5%，增速高于全省平均1.2个百分点，增速位居全国第九；贫困地区农民人均消费支出7757元，增加854元，增长12.4%，增速高于全省平均2.2个百分点，增速位居全国第三。

四川省贫困地区农民人均可支配收入增幅连续三年高于全省农民人均可支配收入增幅，圆满完成脱贫攻坚任务。2016年与2014年贫困地区农村居民人均可支配收入7091元相比增加1708元，每年平均增加854元，年平均增长11.4%。贫困地区农村居民收入增长快速，实现良好开局。

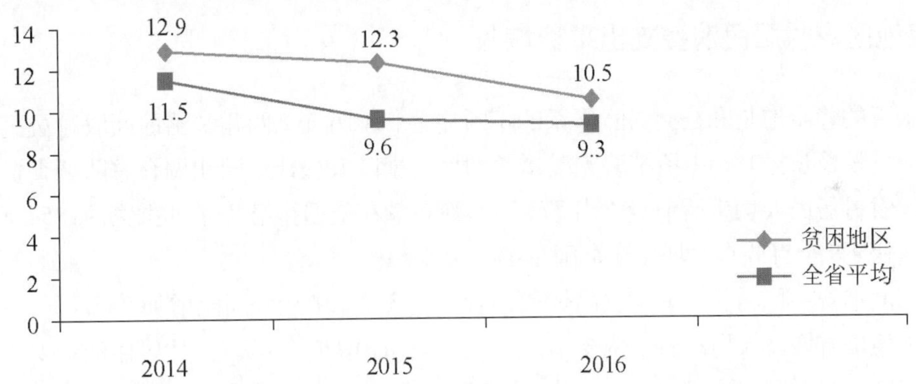

2016年四川省贫困地区农民人均可支配收入

指　　标	2016年（元）	同比增长（%）	占可支配收入比重（%）
可支配收入	8798.9	10.5	100
工资性收入	3079.2	6.3	35.0
经营净收入	3556.2	8.4	40.4
财产净收入	187.2	98.3	2.1
转移净收入	1976.3	16.7	22.5

（一）工资性收入增长放缓

2016年，四川贫困地区人均工资性收入3079.2元，同比增加183.5元，增长6.3%。工资性收入占贫困地区农村居民可支配收入的比重为35.0%，比上年下降1.3个百分点，对收入增长的贡献率为22.0%，拉动贫困地区农村居民人均可支配收入增长2.3个百分点。一是各地持续加大招商引资力度，大力推进集聚区建设和承接产业转移项目，着力优化企业发展环境，使农村居民在本地务工机会明显增多。二是随着

贫困地区产业扶贫力度的不断加大以及各项促进就业政策的实施，贫困地区农村剩余劳动力务工人数持续增加，加之工资水平的逐步提高，由此带动了贫困地区农村居民务工收入的大幅增加。同时政府不断制定政策确保农村居民工群体的权益，这也保证了外出农村居民工工资的及时发放，调查显示，农民工人均月收入3447元，比上年增加265元，增长8.3%。其中，制造业，建筑业，住宿和餐饮业，居民服务、修理和其他服务业农民工月均收入比上年均有不同程度增加。

（二）家庭经营净收入平稳增长

2016年贫困地区农村居民人均家庭经营净收入3556.2元，同比增加274.1元，增长8.4%；第一产业3030.06元，增长5.2%，第二产业108.4元，增长73.6%；第三产业417.8元，增长23.3%。四川 贫困地区农村居民家庭经营仍以一产为主，但由于农产品价格低位运行，一产收入增幅有限。贫困地区二三产业稳步发展，在家庭经营净收入中所占比重较上年提高2.6个百分点。

（三）转移净收入成为农民增收的一大亮点

随着四川扶贫开发工作的不断深入，对贫困地区政策扶持力度也在不断加大，产业扶贫、整村推进、精准扶贫等扶贫政策成效的逐步显现，以及农村各项政策性补贴、社会保障等惠农政策的不断实施，贫困地区农村居民从中得到更多实惠。2016年，四川贫困地区农村居民转移性净收入1976.34元，同比增加282.8元，增长16.7%。对可支配收入增长的贡献率为33.9%，拉动可支配收入增长3.5个百分点。

（四）财产收入增长迅速

人均财产性净收入187.15元，同比增加92.75元，增幅近一倍。今年以来，四川省作为全国首批3个农村土地承包经营权确权登记整体推进试点省之一，登记办证工作全面推进，农村“两权”抵押贷款获得积极进展，推动贫困地区农户财产性收入实现平稳增长。

二、贫困地区农村居民消费支出平稳增长

随着收入水平的稳步增长和社会保障体系的不断完善，2016年，四川贫困地区农村居民生活消费能力逐步增强，生活质量稳步提升，生活消费支出增长明显。据国家统计局四川调查总队调查资料显示：2016年四川贫困地区农村居民人均生活消费支出7757元，绝对额在全国排第7位，同比增加854元，增长12.4%，比农民收入增速快1.9个百分点，增速在全国排第3位。

一是食品烟酒消费平稳增长。人均食品烟酒消费支出3428.01元，同比增加265.7元，增长8.4%。二是衣着消费水平稳中有增。人均衣着消费支出452.3元，同比增长4.6%。三是居住消费支出明显增长。人均居住支出1402.5元，同比增加201.6元，增长16.8%。四是生活用品消费需求旺盛。人均生活用品及服务消费支出527.3元，同比增加82.2元，增长18.5%。五是教育文化娱乐及医疗保健支出持续增长。人均教育文化娱乐消费支出581元，同比增加109.2元，增长23.2%；人均医疗保健消费支出563.5元，同比增加86.8元，增长18.2%。另外，人均交通通讯消费支出659.1元，同比增长13.1%；人均其他用品和服务支出143.1元，同比增长8.9%。

三、贫困地区脱贫致富存在的主要问题

（一）贫困地区农村居民收支水平仍然不高

一是收入差距较大。调查显示，2016年四川贫困地区农村居民人均可支配收入较全省农村人均水平低2404元，仅相当于全省平均水平的78.5%；二是生产结构单一，仍以种植业为主，其它产业相对较弱，第一产业净收入占家庭经营净收入的85.2%；三是生活水平仍然较低。2016年贫困地区农村居民人均生活消费支出较全省平均水平低2435元，相当于全省平均水平的76.1%。

（二）贫困地区增收后劲不足

一是第一产业增收后劲乏力。四川贫困地区大多生产条件艰苦，人均耕地少，传统农业占据主导地位，

农业产业化程度低，优质、高效、生态、绿色农产品的比重偏小，粮食增产潜力不大，受自然条件影响较大，产业相对脆弱，土地经营增收乏力。二是非农产业发展缓慢，主要是小作坊式的工业、小规模建筑业、家庭式的商业与餐饮业为主，无竞争力可言，增收能力有限。三是贫困地区劳动力普遍存在技能素质差、文化层次低的特点，外出务工基本从事的都是劳动密集型的工作，工资水平相对不高。调查显示，2016 年从事制造业的农民工比重为 25.6%，从事建筑业的农民工比重为 32.2%。

（三）产业短板依然明显

贫困地区农民人均经营性收入高于全省平均水平 0.6 个百分点，这反映了贫困地区农民产业经营已经成为农民增收的亮点。同时，也应关注到，近年来我省产业扶贫领域面临产业同质化严重的倾向，个别地方政府对于产业规划缺乏长远意识，对于市场规律把握不充分，不同地区对于同一产业大量重复投，如近年来来的脆红李、玛卡、花椒、等农产品，就是由于前期价格较好，各地跟风种植，导致市场饱和，最终跌价伤农。

四、促进贫困地区农村居民脱贫致富的几点建议

（一）紧紧抓住成果巩固这个保障。在已取得成果的基础上，坚持力量再集中、产业再壮大、方式再创新、落实再加力、痕迹再修复、经验再总结，进一步厚植 2016 年脱贫攻坚基础优势，进一步立足问题抓好整改，对照标准补齐短板，实现年内坚决打赢脱贫攻坚第一仗，切实巩固提升 2016 年脱贫攻坚成果，确保其战果不反弹。全面总结 2016 年脱贫攻坚的先进经验及做法，让这些好的经验和做法在今后的脱贫攻坚中起到金点子带动效应。

（二）紧紧抓住高寒牧区这个难点。瞄准高寒牧区脱贫攻坚这个“硬骨头”。加强生产组织，通过以国家补贴、生产资料入股等模式，发展专合组织等新型生产经营主体，组织贫困群众抱团发展、增收脱贫。加强计生服务，恢复牧业乡的计生专干，坚决遏制超生致贫现象。加强疫病防治，开展包虫病、大骨节病、妇女病、结核病等疾病普查防治，实现“医卫通”全民化，阻断因病致贫返贫链。

（三）紧紧抓住产业扶贫这个支撑。实施全域旅游扶贫，探索基础保障型、景区带动型、产品开发型、专合组织型、乡村旅游型、人才支撑型、对口支援型、智慧推动型、政策扶持型九大旅游扶贫模式。推进能源开发扶贫，实施光伏扶贫工程，用好国家政策，建立利益共享机制，让资源地群众在水能、太阳能开发中实现脱贫。开发农特产品扶贫，按照“换种子、抓改良、扶专合、扩规模”总体思路，着力打造酒、肉、果、蔬、茶、菌、药、水、粮、油农特产品，带动群众增收致富。

（四）紧紧抓住就业增收这个核心。实施订单定向培养计划，促进贫困家庭脱贫。并精确掌握贫困劳动者培训需求和就业愿望，围绕贫困劳动者的实际情况量身定制培训计划，分类开展培训；组建劳务公司，出台贫困群众就业创业支持政策。开发公益岗位，设置生态保护员、防灾预警员、动物防疫员等公益岗位，实现贫困群众就地就业。

畜牧业产销整体平稳　生猪养殖效益较好

——2016年四川畜牧业产销形势分析

2016年，以生猪生产为主导的四川畜牧业发展整体平稳、局部调整，产销运行正常。生产方面，生猪存出栏双降，但产能下行趋势有所缓解，牛羊禽出栏保持稳定增长；市场方面，生猪价格全年高位运行，牛羊禽蛋价格出现回调；效益方面，生猪养殖全年高盈利，牛羊禽养殖效益趋减；意愿方面，生猪养殖户信心进一步恢复，但受产能调整、成本增加等影响，补栏决策更趋谨慎，牛羊养殖因价格走低意愿有所减弱。在新常态背景下，四川畜牧业发展面临新情况和新问题：散养户退出加快，规模集中程度提高；利润分配不均，养殖户承担主要风险；进口日益增长，国外市场冲击增强；环评更加严格，禁养限养力度增加。这些新情况和新问题将进一步促进四川畜牧业向集约化、生态化、现代化转型。

一、畜牧业生产基本态势

总体看，2016年四川畜牧业生产相对平稳，供给基本充足。

（一）生猪存出栏双降，但产能下行趋势缓解

2016年，生猪产能结构进一步调整，存出栏量均有一定减少。这是继2015年之后生猪再次出现存出栏双降，是对2013年及2014年生猪产能增长过快的持续调整。年末生猪存栏4675.9万头，同比减少2.9%，其中能繁母猪存栏458.9万头，同比减少5%。能繁母猪存栏占比约为9.8%，种群结构处于较合理区间。全年生猪出栏6925.4万头，同比减少4.3%，与全国走势基本一致。

虽然生猪产能仍延续下行态势，但从全年来看，下行态势有了明显缓解。2016年一至四季度，能繁母猪存栏变化分别为减9.8%、减5.5%、减5.4%，减5%。生猪出栏量的变化分别为减6.7%，减4.7%，减4.6%，减4.3%。因此，虽然存出栏仍表现为双降，但下降幅度已有所减少，产能在逐步恢复当中。

图1　近三年季度末生猪存栏量

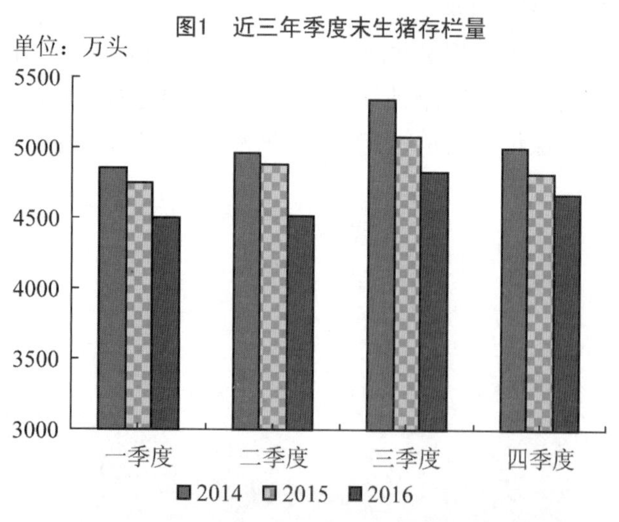

图2　近三年分季度生猪出栏量

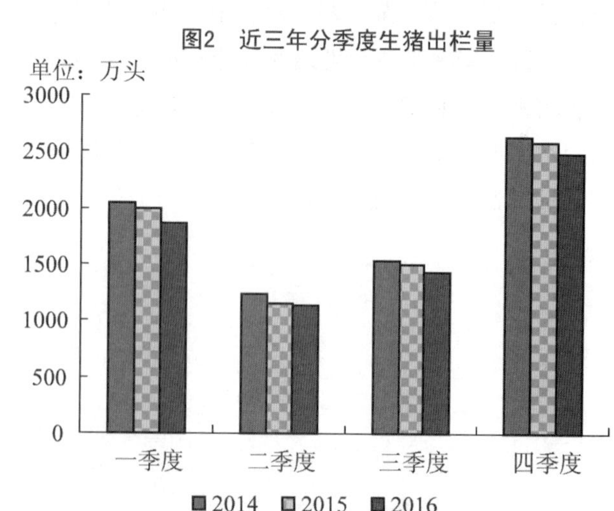

（二）牛羊禽存栏小幅减少，出栏稳定增长

受前期投入较大及出栏加快等因素影响，四川牛羊禽生产在2016年均出现一定程度的调整，表现为存栏量小幅减少，出栏量稳定增加。年末牛存栏969.5万头，同比减少1.6%；羊存栏1761.3万只，同比减

少 1.2%；活家禽 38350.7 万只，同比减少 2.9%。牛羊禽存栏也是近五年来的首次下滑。

全年牛出栏 305.2 万头，同比增长 3.3%，羊出栏 1755.8 万只，同比增长 3.4%，活家禽出栏 67776.9 万只，同比增长 2.5%。增长速度较 2015 年有小幅下滑。

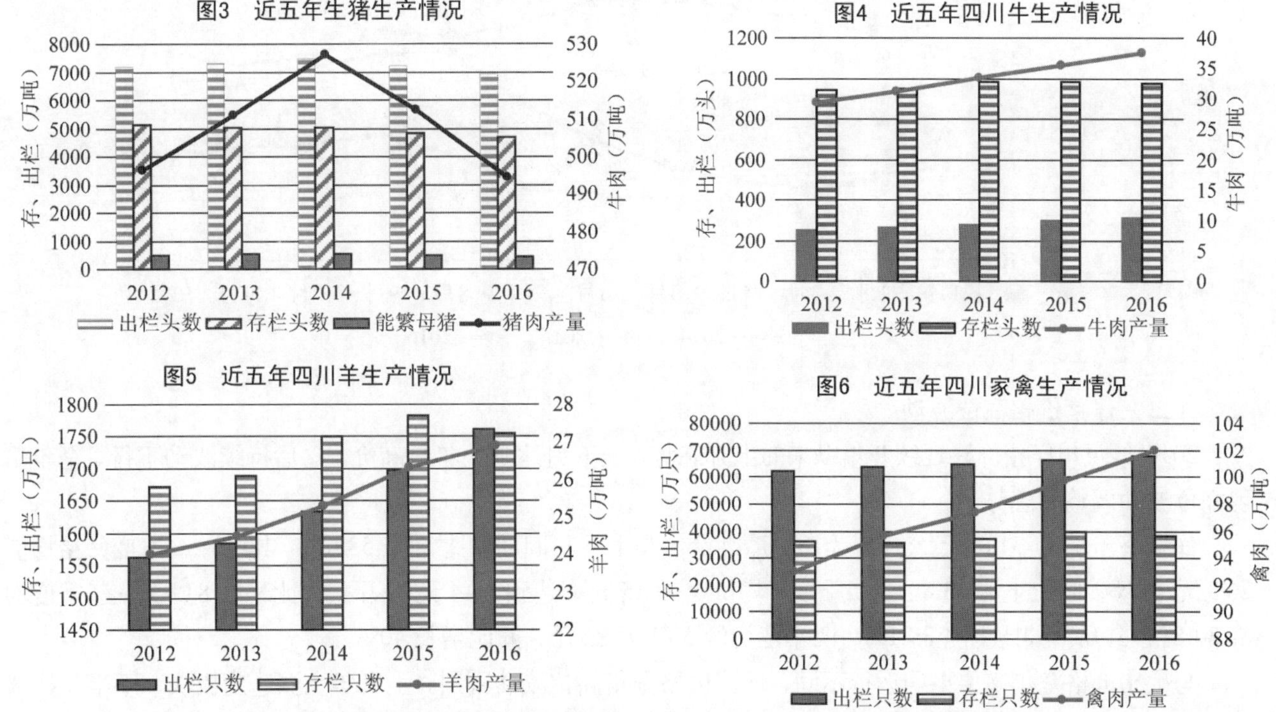

图3　近五年生猪生产情况

图4　近五年四川牛生产情况

图5　近五年四川羊生产情况

图6　近五年四川家禽生产情况

（三）肉类产量三增一减，禽蛋稳增牛奶减产

受生猪产能调整出栏减少影响，猪牛羊禽肉类总产量略有减少，全年猪牛羊禽肉类总产量 660.3 万吨，同比减少 2%。其中，猪肉总产量 494.5 万吨，同比减少 3.5%，减幅小于出栏的主要原因是压栏养大猪现象普遍，单头肉产量提高较多；牛肉总产量 36.9 万吨，同比增长 4.2%；羊肉总产量 26.9 万吨，同比增长 2.2%；禽肉总产量 102 万吨，同比增长 2.4%。禽蛋产量持续稳中有增，全年总产量 148.1 万吨，同比增长 1%；牛奶生产受进口奶制品增长冲击和养殖户淘汰奶牛影响继续减产，全年产量 62.8 万吨，同比减少 7%。

二、市场价格变动及主要运行特点

2016 年生猪价格全年高位运行，在玉米等主要农产品价格低迷的情况下，显得尤为突出，生猪养殖实现全面盈利。受前期产能增长较快影响，其他主要畜禽价格也出现一定回调，其中肉羊价格回调最为明显。

（一）生猪价格高位运行

2016 年开年以来，四川生猪价格持续上涨，至 6 月达到全年最高价，之后出现波动调整，整体看生猪价格全年高位运行，整体呈现“上半年攀升，下半年调整”的走势。

全年四川生猪均价 19.1 元/公斤，与 2015 年相比同比上涨 22.4%。其中，一季度均价 18.9 元/公斤，同比上涨 42.2%；二季度，猪价持续上涨并突破 20 元，达到 20.2 元/公斤，同比上涨 45.7%；三季度均价 19.0 元/公斤，同比上涨 8.5%。四季度均价 18 元/公斤，同比上涨 2.9%。下半年同比上涨速度明显放缓主要是由于 2015 年同期生猪价格快速拉升，抬高了基期价格。

与往年不同，2016 年四川生猪价格全年呈现高位运行态势，没有明显的大幅波动。全年最高月度均价出现在 6 月，为 20.4 元/公斤，最低月度均价出现在 11 月为 17.7 元/公斤，全年最高价与最低价的价差仅为 2.7 元/公斤，远低于 2015 年 5.9 元/公斤的价差。整体呈现平稳态势。生猪价格持续高位运行的原因既与当前生猪产能结构进一步调整有关，也与当前四川生猪散养户退出加速，规模户持续增长，生产更加稳定有关。

图 7 近三年四川生猪价格月度走势

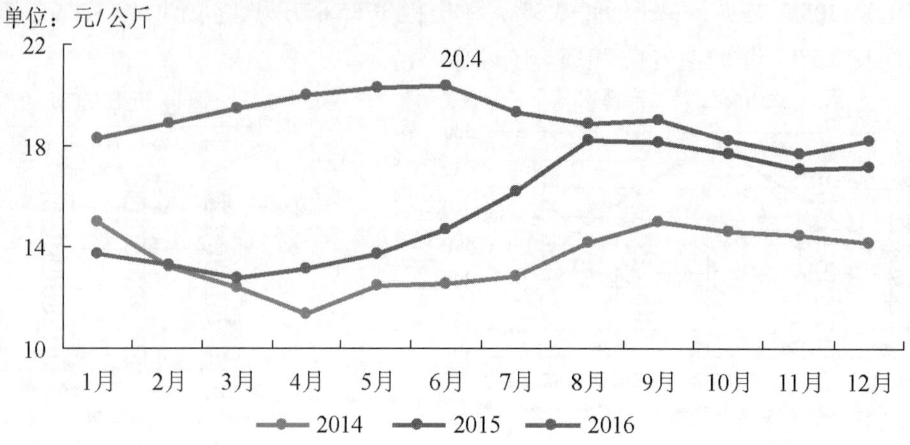

单位：元/公斤
22
18
14
10
20.4
1月
2月
3月
4月
5月
6月
7月
8月
9月
10月
11月
12月
2014
2015
2016

（二）仔猪价格高位波动

2016 年四川仔猪价格延续开年以来的上升态势，至 6 月达到全年最高价，之后持续波动下行，全年呈现高位波动调整的态势。

仔猪全年均价 31.8 元/公斤，为历史最高价。与上一年同期相比大涨 53.6%。其中：一季度仔猪均价 26.9 元/公斤，同比上涨 73.8%；二季度，均价突破 35 元，达到 35.4 元/公斤，同比暴涨 81.4%；三季度均价 34.8 元/公斤，同比上涨 39.1%，四季度均价 30.1 元/公斤，同比增长 40%。

与生猪价格全年高位平稳运行不同，仔猪价格全年高位波动剧烈。上半年上涨速度极快，下半年持续波动回调，全年月度最高价出现在 6 月，达到 37.0 元/公斤，全年月度最低价出现在 1 月，为 24.1 元/公斤。全年最高价与最低价的价差为 12.9 元/公斤，高于上一年同期 11 元/公斤的价差，为近几年价格波动最大的年份。

仔猪价格虽然全年波动较大，但整体来看都是高位波动，即使是在全年价格最低的 1 月份，也远高于往年同期价格。随着补栏需求量的增加和前两年大量淘汰能繁母猪造成大部分地区仔猪猪源紧缺，2016 年上半年 “一猪难求”的现象十分普遍，直到下半年随着产能缓慢恢复，情况才出现一定缓解，但目前猪源仍相对紧缺。同时仔猪价格上涨也提高了养殖成本，加大了养殖风险，促使一些养殖户保持观望，补栏积极性受到影响。

图 8 近三年四川仔猪价格月度走势

单位：元/公斤
42
38
34
30
26
22
18
14
10
37
1月
2月
3月
4月
5月
6月
7月
8月
9月
10月
11月
12月
2014
2015
2016

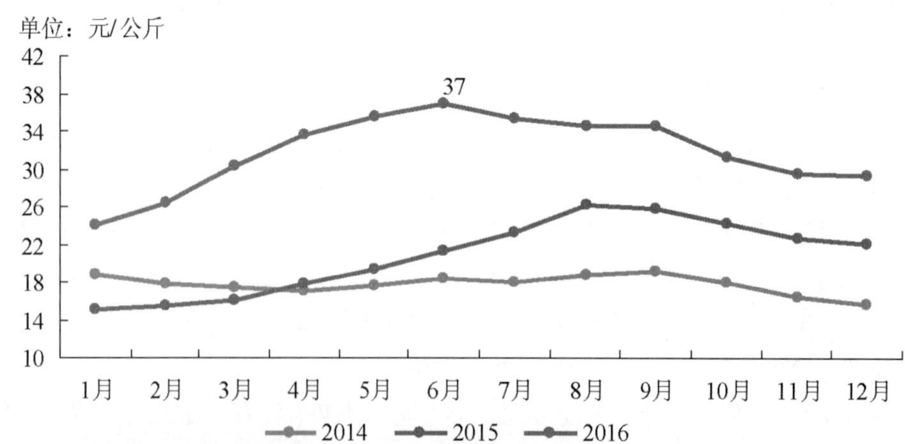

（三）猪粮比 8∶1 以上运行，效益持续向好

受生猪价格上涨和玉米、饲料价格下跌等多重因素叠加影响，2016 年生猪养殖效益持续看好。全年猪粮比达到 8.6∶1，同比高出 2.2 个点。其中，一季度达到 8.3∶1，同比高出 3.0 个点；二季度随着猪价上

升，猪粮比达到 9.3：1，同比高出 3.9 个点；进入下半年受猪价下调的影响，猪粮比走低，但整体仍处于高位，三季度为 8.5：1，同比高出 1.6 个点，四季度为 8.3：1，同比高出 0.9 个点。猪粮比月度最高价出现在 5 月，为 9.4：1，猪粮比月度最低价出现在 1 月，为 8：1。与生猪最高价格及最低价出现时间不同，主要是由于玉米等粮食价格在年中和年末出现较明显波动。值得一提的是，全年四川猪粮比均在 8：1 以上区间运行，远高于 6：1 的盈亏平衡点，处于较高水平盈利区间，尤其是二季度，猪粮比达到 9：1 以上，处于超高盈利区间。

2016 年生猪养殖利润水平再创历史新高，超过 2011 年的盈利峰值水平，是近年来养殖效益最好的年份，全年平均每头生猪盈利可达到 600 元。其中，一季度每头平均盈利 560 元，二季度每头平均盈利 800 元，三季度每头平均盈利 600 元，四季度每头平均盈利 550 元，养殖效益均保持较高水平。部分自繁自养猪场的三元猪、PIC 系列育肥猪 2016 年每头盈利已经超过 750 元，自 2015 年下半年生猪养殖开始盈利算起，四川生猪养殖已连续盈利 18 个月，且目前仍处于较好盈利区间，对于提升养殖户信心，以及促进养猪户补亏和农民增收都起到了积极的作用。

图 9　近三年四川猪粮比月度走势

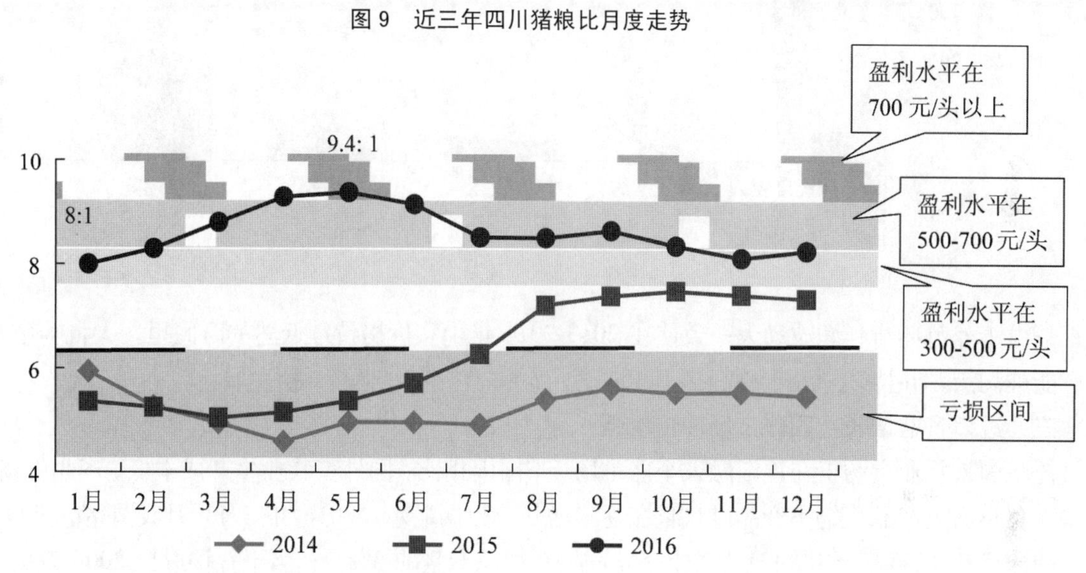

（四）牛羊禽蛋价格盘整，效益总体趋减

近年来四川牛羊禽产业发展较快，连续多年出栏量均有 5%左右的增长，极大丰富了畜禽产品市场，加之进口和走私增加等多重因素叠加，2016 年四川牛羊禽及禽蛋价格均出现了一定程度的调整。至 2016 年 12 月，四川肉牛出栏均价 26.2 元/公斤，同比下降 2.2%，而肉羊价格受产能扩大影响降幅最为明显，12 月四川肉羊出栏均价 24.6 元/公斤，同比下降 17.8%。家禽市场，12 月肉鸡均价 19 元/公斤，土鸡均价 35.9 元/公斤，同比下降约 5%；肉鸭 19.4 元/公斤，肉鹅 21.7 元/公斤，与 2015 年同期相比基本持平；禽蛋综合价格 17.8 元/公斤，同比下降约 4%。受此影响，牛羊禽养殖效益也有所趋减。

三、四川畜牧业发展面临的新情况和新问题

（一）散养户退出加快，规模集中程度提高

近年来，四川畜牧业散养户退出情况日益加快，各地散养比重正在逐渐降低，有的地方甚至出现全村无人养殖的局面。监测数据显示，2015 年我省农村主要畜禽散户养殖率约为 61.1%，而 2016 年这一比率下降至 54.5%，同样，2015 年农村生猪散养率约为 36.7%，而 2016 年下降至 32.1%，且农村居民选择畜禽散养更多是为了满足自产自销。与之相对，我省规模养殖户正在日益增加，走专业化、集约化、生态化、效益化发展道路已成为我省畜禽养殖发展的必然方向。以生猪养殖为例，四川生猪养殖户年均饲养量从 2010 年的 191 头增长至 2016 年的 328 头，年均增长近 10%，且近两年增长速度明显加快；年饲养量在 5000 头以上的大型规模户从 2010 年的 345 户增加到 2016 年的 447 户，增长 29.5%，仅 2016 年就增加 29 户，

同比增长 6.9%；年饲养量在 100-5000 头的中小型规模户数也保持近 10%的年增长速度。这些规模户的增加弥补了散户退出过快带来的产量减少，同时更有利于促进生产和市场的稳定。

（二）行业利润分配不均，养殖户承担主要风险

养殖行业处于产业链的中游，上、下游还包括饲料生产商、贩运商、屠宰企业、零售商等，养殖户由于缺少议价能力，且生产时间长等因素承担了整个行业的主要风险，利润波动极大。而其他行业则在不同年份都可以保持相对稳定的利润。以生猪产业为例，从下图中可以看出，在不同年份（养殖效益较低、养殖效益持平、养殖效益较好年份），养殖户利润变化极大，但贩运、屠宰、零售环节都有相对稳定的利润，且零售商的利润最为丰厚。

图 10 生猪产业各环节利润分配

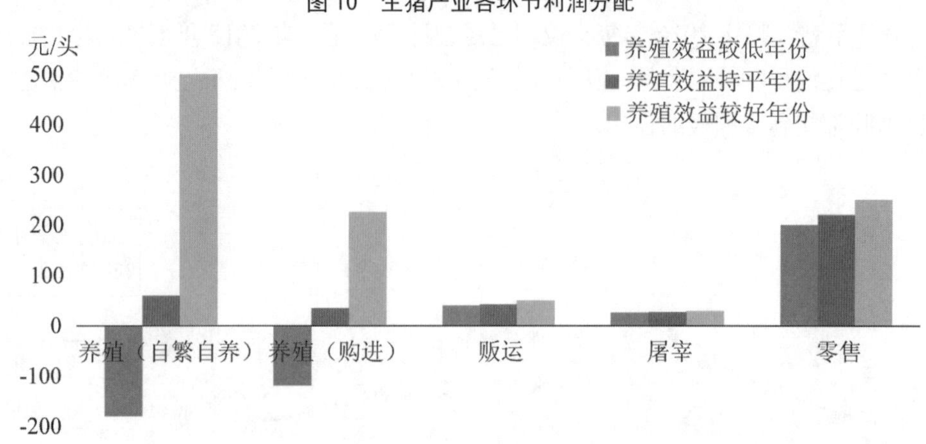

正是由于养殖环节利润波动大，致使在 2013-2014 年生猪价格持续低迷的时间里，大批养殖户退出，大量产能被淘汰，并持续导致市场价格不断波动，不利于整个行业的平稳发展。

（三）进口日益增长，国外市场冲击增强

目前我国畜牧业市场正在逐渐融入全球市场。与国内相比，国外畜牧业生产成本低，产品价格更便宜。近年来，各类肉类产品、奶类产品进口量在逐年增长。数据显示，2016 年 1-11 月我国猪肉进口量 150.7 万吨，同比增长 120%，该进口量约占上一年同期全国总产量的 3%，相当于直接进口 2000 万头生猪；牛肉进口 52.2 万吨，同比增长 27.2%，约占上一年同期全国总产量的 8.1%；羊肉进口 20.4 万吨，同比增长 0.4%，约占上一年同期全国总产量的 5.1%；奶粉进口 77.2 万吨，同比增长 14.5%。

2016 年 12 月，首批通过铁路运输的冻猪肉从欧洲直达成都，这也标志着西南地区将迎来越来越多的进口肉，与海运相比，铁路运输时间短且成本低，这也意味着我省畜禽养殖会越来越多的受到国际市场的冲击。

（四）环评要求更加严格，禁养限养力度增加

在新环保政策的要求下，近年来养殖难度进一步提高，全省禁养限养力度逐渐增加，一些城市边缘地带，规划新区等都被设定为禁养限养区，迫使一些养殖户被迫关门清场，同时也客观上减缓了生猪产能恢复的步伐。例如，作为天府新区重要组成部分的眉山市仁寿县，2016 年扩大了畜牧业养殖的禁养范围，共涉及 30 个乡镇，占全县总乡镇的 50%，大批养殖户受到影响。还有广安市广安区、达州市达川区等区县也有大量乡镇被划定为禁养限养区。另外，有一些因环保要求和地方政府硬性规定需要强制搬迁的养殖户，没有得到足够的搬迁赔付补贴，且自身又没有能力再选址重新建场，同时又缺少其他谋生手段，这对生猪生产的稳定发展及农民增收都提出了挑战和考验。

四、后期生产形势研判

（一）有利因素

一是目前生猪产能已在逐渐恢复当中，生产稳定，供应基本充足。二是本轮生猪养殖盈利周期已达 18

个月，前期亏损的养殖户已完成补亏，养殖户信心进一步提升。三是随着生猪价格的高位运行，不少工商资本进入养殖行业，新增规模养殖户逐渐增多，规模集中程度在提高，有利于生产和市场的稳定。四是春节前仍是消费旺季，需求有望继续回升，生猪价格短期内仍将高位运行。

（二）不利因素

一是目前仔猪价格仍较高，加大了补栏成本，加之此轮价格上涨周期时间较长，导致不少养殖户在猜测价格何时要走低，因此观望情绪较重，补栏较谨慎。二是影响畜牧业发展因素仍然存在，融资难、用地难、环评严的情况仍然比较突出，尤其是严厉的环保要求客观上减缓了生猪产能恢复的步伐。三是外部竞争压力较大，这既包括来自外省畜禽产品的竞争，也包括来自国外畜禽产品的竞争，还有不法分子受到国内外价差较大的诱惑，肉类走私情况也频繁发生，对食品安全提出了很大挑战。

（三）综合分析

目前，四川畜牧业发展面临新的转型和调整，市场波动更加频繁，结合以上分析，我们认为：目前四川生猪生产基本供应充足，生猪产能仍在进一步恢复当中，在相关政策无重大调整、各地无重大疫情出现的情况下，后期生产稳定可期，且随着春节到来，需求的回升有望支撑猪价短期内持续高位运行，养殖收益有望持续增长，预计节后受需求减少的影响价格或出现波动回调，一季度生猪价格或整体呈现小幅回落；目前四川牛羊禽价格已基本稳定，经过近一年的调整，预计一季度价格走势以平稳为主。

二 住户调查

2-1 全体居民人均可支配收入(2013-2016年)

单位：人/元

指　　标	2013年	2014年	2015年	2016年
全体居民人均可支配收入	**14230.99**	**15749.01**	**17220.96**	**18808.26**
工资性收入	**7149.57**	**7932.05**	**8610.79**	**9278.25**
工资	6461.70	7277.42	7946.93	8600.95
按月发放的工资	5722.88	6325.56	7013.46	7561.43
补发工资	131.74	143.37	199.71	202.98
不按月发放的奖金、津贴、过节费等	607.09	808.49	733.75	836.54
实物福利	45.89	47.25	48.58	49.11
从单位或雇主得到的实物产品折价	9.97	7.13	8.32	9.60
食品	5.52	4.66	5.90	6.94
谷物、薯类及豆类	0.94	1.47	2.27	1.46
食用油(植物油)	1.60	1.21	1.39	1.72
蔬菜及制品	0.14	0.27	0.09	0.08
肉、禽、蛋、奶及制品	0.91	0.76	0.66	1.18
水产品及制品	0.02	0.01		0.03
糖、烟、酒、饮料类	0.55	0.35	0.72	1.20
干鲜瓜果类	0.27	0.08	0.17	0.23
其他类食品	1.09	0.51	0.61	1.03
衣着	0.24	0.33	0.22	0.22
居住	0.17	0.01	0.08	0.01
家庭设备和日用品	0.61	0.73	0.86	0.90
交通、通信工具及用品	0.53	0.61	0.28	0.21
教育文化娱乐用品	0.14	0.21	0.08	0.01
医疗保健用品	2.01	0.18	0.67	0.32
其他用品	0.76	0.41	0.22	0.98
从单位或雇主得到的服务折价	34.18	40.12	40.26	39.51
免费或低价提供的工作餐	28.71	36.40	38.01	38.28
免费或低价提供的住宿	0.79	1.03	0.24	0.26
单位缴纳的水电费、取暖费、物业费等	0.17	0.04	0.03	0.12
免费或低价提供的交通和通信服务	2.12	1.90	1.29	0.11
单位缴纳的教育入学赞助费	0.07	0.08	0.07	0.04
免费或低价提供的旅游服务	0.90	0.05	0.14	0.20
其他服务	1.43	0.61	0.49	0.49
单位或雇主实物福利报销所得	1.75			
其他	641.98	607.38	615.28	628.19
住房公积金	141.29	210.06	277.50	270.87
辞退金	4.34	2.12	0.84	6.92
自由职业劳动所得(如稿费、翻译费)	22.69	21.01	10.67	6.60
安家费	1.70	0.51	0.62	0.69
股票期权	1.67	0.23		0.08
其他劳动所得	470.30	373.45	325.64	343.03
经营净收入	**3173.44**	**3459.05**	**3697.84**	**3993.17**
第一产业经营净收入	1732.04	1804.87	1913.16	2015.87
农业	1084.06	1181.59	1214.28	1183.68

2-1 续表 1

单位：人/元

指　　标	2013年	2014年	2015年	2016年
林业	112.04	107.25	117.13	123.30
牧业	512.02	490.95	555.37	668.40
渔业	23.92	25.08	26.38	40.49
第二产业经营净收入	135.47	148.02	163.01	125.41
采矿业	2.09	11.25	3.54	8.32
制造业	34.43	44.44	32.14	51.72
电力、热力、燃气及水生产和供应业	2.30	-0.33	-0.86	4.44
建筑业	96.63	92.65	128.19	60.93
第三产业经营净收入	1305.94	1506.16	1621.66	1851.88
批发和零售业	569.82	716.80	817.62	964.37
交通运输、仓储和邮政业	235.16	263.30	253.74	235.21
住宿和餐饮业	119.54	179.39	158.82	258.69
房地产业	11.14	9.09	11.87	5.65
租赁和商务服务业	62.49	20.18	18.84	15.35
居民服务、修理和其他服务业	220.92	270.49	315.26	312.52
其他	38.09	24.39	40.41	47.36
农林牧渔服务业	48.76	22.53	5.10	12.74
财产净收入	**863.97**	**918.54**	**1073.73**	**1198.49**
利息净收入	63.44	63.75	45.73	40.85
红利收入	67.98	55.20	55.05	101.53
集体分配的红利	16.97	5.71	14.52	15.95
其他红利收入	51.01	49.67	40.51	85.73
储蓄性保险净收益	2.66	1.85	3.48	2.24
转让承包土地经营权租金净收入	40.23	64.79	60.15	70.96
出租房屋财产性收入	186.04	226.76	355.63	413.60
出租机械、专利、版权等资产的收入	6.47	2.87	10.92	18.42
其他财产净收入	20.38	11.03	16.03	15.99
房屋虚拟租金	476.78	492.27	526.75	534.90
转移净收入	**3044.01**	**3439.37**	**3838.60**	**4338.35**
转移性收入	3730.36	4263.29	4845.72	5538.12
养老金或离退休金	2237.94	2564.72	2940.58	3418.08
离退休金	1779.59	1913.87	2302.13	2625.64
(城镇)居民社会养老保险	309.56	462.90	416.60	512.52
新型农村养老保险	109.30	111.32	125.01	144.35
其他养老金	39.49	76.63	96.85	135.56
社会救济和补助	89.08	113.38	112.82	133.39
最低生活保障费	40.95	42.43	39.96	47.81
五保户救助金	2.06	2.11	1.86	1.31
扶贫款	2.30	4.26	10.12	19.00
救灾款	17.21	26.40	10.19	2.24
抚恤金	14.32	17.82	26.05	34.74
其他社会救济收入	12.24	20.37	24.64	28.28
政策性生活补贴	30.28	34.98	47.20	44.42
家电补贴	1.22	0.11	2.34	1.33

2-1 续表 2

单位：人/元

指　　标	2013年	2014年	2015年	2016年
能源补贴	0.81	0.70	0.13	0.75
免费或低价提供的住宿(廉租房)	0.81			
其他生活补贴	27.44	34.42	44.69	42.33
报销医疗费	135.95	187.01	212.37	247.84
家庭外出从业人员寄回带回收入	615.29	635.24	861.10	976.13
赡养收入	365.92	417.19	370.66	466.13
其他经常转移收入	139.22	146.60	105.37	102.23
失业保险金	6.00	8.81	9.65	10.04
经常性捐赠收入	17.90	8.99	6.38	4.59
经常性赔偿收入	1.03	1.44	2.89	2.26
其他转移性收入	114.29	128.50	85.24	85.35
从政府和组织得到的实物产品和服务折价	14.83	25.44	32.41	40.39
食品	7.04	7.81	8.19	12.91
谷物、薯类及豆类	2.29	2.46	1.49	2.35
食用油(植物油)	1.03	1.25	2.67	2.73
蔬菜及制品	0.06	0.01	0.03	0.00
肉、禽、蛋、奶及制品	1.19	2.92	3.21	5.82
水产品及制品	0.02			0.07
糖、烟、酒、饮料类	0.35	0.10	0.06	0.41
干鲜瓜果类	0.05	0.05	0.03	0.04
其他类食品	2.05	1.01	0.70	1.49
衣着	0.48	0.10	0.29	0.17
居住	0.15	0.27	1.80	0.29
家庭设备和日用品	0.92	2.94	5.58	4.91
交通、通信工具及用品	0.05	0.05	0.15	0.12
教育文化娱乐用品	0.44	0.25	0.25	0.14
医疗保健用品	1.57	0.66	0.24	0.26
其他用品	0.79	1.70	0.60	1.63
其他服务折价(不含廉租房)	3.39	11.65	15.31	19.96
现金政策性惠农补贴	101.84	138.74	163.21	109.52
转移性支出	686.35	823.92	1007.12	1199.77
个人所得税	11.39	17.22	23.06	33.57
社会保障支出	517.41	632.21	771.84	955.14
个人缴纳的养老保险	370.20	410.61	496.76	636.97
个人缴纳的医疗保险	121.15	183.03	236.78	275.82
个人缴纳的失业保险	11.92	17.01	19.66	23.62
其他社会保障支出	14.14	21.56	18.64	18.74
外来从业人员寄给家人的支出	3.36	2.86	3.40	7.40
赡养支出	72.71	100.72	109.82	129.47
其他转移性支出	81.48	70.90	99.00	74.19
经常性捐赠支出	48.19	40.40	30.30	26.18
经常性赔偿支出	0.23	0.02	0.16	0.45
其他经常转移支出	33.06	30.49	68.54	47.56

2-2 全体居民人均总收入(2013-2016年)

单位：人/元

指　　标	2013年	2014年	2015年	2016年
全体居民人均总收入	**16815.09**	**18882.21**	**21055.49**	**23501.80**
工资性收入	**7148.80**	**7932.05**	**8610.79**	**9278.25**
工资	6461.70	7277.42	7946.93	8600.95
实物福利	45.12	47.25	48.58	49.11
其他	641.98	607.38	615.28	628.19
经营性收入	5070.14	5709.43	6432.68	7396.37
第一产业经营收入	3011.14	3257.98	3673.85	3895.64
第一产业经营收入(不含惠农补贴)	3011.14	3257.98	3673.85	3895.64
农业	1514.30	1659.23	1756.02	1666.75
林业	121.77	118.40	130.95	136.02
牧业	1338.43	1441.36	1734.69	2011.17
渔业	34.05	38.99	52.20	81.70
第二产业经营收入	223.35	281.86	299.78	398.87
采矿业	5.61	13.47	4.94	9.63
制造业	84.15	83.51	79.34	130.62
电力、热力、燃气及水生产和供应业	2.72	0.00	0.31	26.52
建筑业	130.87	184.88	215.19	232.10
第三产业经营收入	1835.64	2169.60	2459.05	3101.85
批发和零售业	809.93	1036.11	1255.30	1551.61
交通运输、仓储和邮政业	375.54	425.28	438.08	501.15
住宿和餐饮业	180.25	237.67	252.67	424.85
房地产业	11.90	13.12	13.95	5.73
租赁和商务服务业	68.39	31.33	22.54	21.83
居民服务、修理和其他服务业	280.90	352.10	404.35	480.08
其他	51.34	41.12	54.71	91.63
农林牧渔服务业	57.39	32.87	17.44	24.98
财产性收入	**866.91**	**977.45**	**1166.18**	**1289.08**
利息收入	63.44	111.65	134.17	127.44
红利收入	67.98	55.20	55.05	101.53
储蓄性保险净收益	2.66	1.85	3.48	2.24
转让承包土地经营权租金净收入	40.23	64.79	60.15	70.96
出租房屋财产性净收入	186.04	226.76	355.63	413.60
出租机械、专利、版权等资产的净收入	9.41	8.74	10.92	18.42
其他财产净收入	20.38	16.19	20.03	19.99
房屋虚拟租金	476.78	492.27	526.75	534.90
转移性收入	**3729.24**	**4263.27**	**4845.84**	**5538.11**
养老金或离退休金	2237.94	2564.72	2940.58	3418.08

2-2 续表

单位：人/元

指　　标	2013年	2014年	2015年	2016年
社会救济和补助	89.08	113.38	112.82	133.39
政策性生活补贴	29.59	34.98	47.20	44.42
家庭外出从业人员寄回带回收入	615.29	635.24	861.10	976.13
赡养收入	365.90	417.19	370.66	466.13
报销医疗费	136.04	187.01	212.37	247.84
从政府和组织得到的实物产品和服务折价	14.78	25.42	32.53	40.38
现金政策性惠农补贴	101.84	138.74	163.21	109.52
其他转移性收入	138.76	146.60	105.37	102.23
非收入所得	722.47	1232.68	1375.81	1564.27
出售资产所得	137.20	380.26	306.29	347.64
出售住房本金所得	0.90	16.23	60.46	19.04
出售住房溢价所得(含亏损)	2.34	11.85	22.03	0.07
出售股票、基金、收藏品本金所得	0.51	0.26	27.04	19.70
出售股票、基金、收藏品所得(含亏损)	0.28		14.95	4.21
出售生产性固定资产所得	9.67	13.87	13.72	35.29
拆迁征地补偿所得	101.83	296.44	109.97	227.92
出售其他财物和收回其他投资本金所得	21.68	41.61	58.12	41.42
非经常性转移所得	570.80	830.57	1054.87	1210.15
博彩所得	9.22	13.06	20.28	30.36
婚丧嫁娶礼金所得	254.67	342.30	426.07	545.79
遗产及一次性馈赠所得	40.44	95.12	159.47	207.13
一次性赔偿所得	68.94	50.43	58.41	53.97
提取住房公积金	2.42	9.66	23.70	27.03
调查补贴	135.86	246.21	286.82	310.38
其他非经常性转移所得	59.26	73.78	80.12	35.50
其他非收入所得	14.47	21.86	14.65	6.48
借贷性所得	1902.45	1774.95	1896.51	2425.31
提取储蓄存款	1396.84	1251.84	1357.96	1832.48
借入款	317.41	344.52	351.25	365.11
收回借出款	127.04	105.18	115.01	137.96
收回储蓄性保险本金	0.48	4.22	1.86	3.21
住房贷款	22.76	18.60	17.44	7.30
汽车贷款	0.33	10.67	1.45	0.81
教育贷款	0.10	2.26	1.76	3.01
其他贷款	32.04	32.64	41.43	61.61
其他借贷所得	5.45	5.02	8.36	13.83

2-3 全体居民人均总支出(2013-2016年)

单位：元/人

指　　标	2013年	2014年	2015年	2016年
全体居民人均总支出	**18317.25**	**19109.82**	**21660.62**	**24381.12**
消费支出	**11054.66**	**12368.40**	**13632.10**	**14838.52**
食品烟酒	4074.48	4548.25	5001.40	5321.22
食品	3016.82	3344.87	3613.68	3865.07
谷物	447.64	458.60	499.24	537.41
薯类	81.05	70.81	78.68	106.32
豆类	33.26	42.66	49.35	57.05
食用油	196.69	194.13	200.03	205.68
蔬菜和食用菌	409.11	485.42	507.98	545.00
肉类	889.89	940.32	997.14	1093.34
禽类	204.42	253.49	270.46	293.91
水产品	88.93	115.21	124.38	134.00
蛋类	86.15	99.95	122.72	123.01
奶类	137.01	167.78	176.46	194.88
干鲜瓜果类	194.05	264.81	286.49	295.29
糖果糕点类	69.90	93.95	94.35	107.19
其他食品	126.78	157.76	206.43	171.97
烟酒	386.18	430.87	499.74	500.76
烟草	248.70	282.73	337.72	342.02
酒类	137.48	148.15	162.02	158.74
饮料		69.82	82.26	85.86
饮食服务	671.49	702.68	805.72	869.54
食堂用餐	98.09	122.98	148.38	176.11
其他在外饮食	566.89	571.29	647.10	682.66
食品加工服务费	6.51	8.41	10.24	10.77
衣着	906.07	974.32	1071.34	1140.83
衣类	700.22	725.79	800.48	868.89
鞋类	205.86	248.53	270.86	271.93
居住	2064.18	2217.32	2400.86	2734.40
租赁房房租	82.35	109.91	94.45	95.31
住房维修及管理	285.94	256.89	293.26	434.00
水电燃料及其他	433.52	493.85	518.22	559.84
自有住房折算租金	1262.37	1356.67	1494.93	1645.24
生活用品及服务	774.76	879.55	918.39	967.24
家具及室内装饰品	150.30	142.38	151.34	142.78
家用器具	226.63	226.50	222.37	240.71
家用纺织品	79.15	85.97	81.04	90.33
家庭日用杂品	208.30	281.86	302.75	305.47
个人用品	80.92	113.76	131.83	160.18
家庭服务	29.46	29.08	29.07	27.77
交通通信	1222.05	1436.97	1629.21	1850.32
交通	784.74	918.72	1057.58	1236.97
交通工具	328.36	310.67	347.29	475.99

2-3 续表 1

单位：元/人

指　　标	2013年	2014年	2015年	2016年
交通费	151.81	181.02	195.64	186.45
交通工具用燃料	179.24	267.14	317.11	359.22
交通工具使用及维修	125.32	159.88	197.54	215.31
其中：车辆保险支出	41.83	47.69	64.54	78.87
通信	437.31	518.25	571.63	613.35
通信工具	144.35	122.00	136.10	156.44
通信服务	292.97	396.25	435.53	456.91
教育文化娱乐	986.35	1061.00	1207.86	1284.78
教育	567.35	543.75	623.13	658.88
学前教育	62.44	63.82	71.67	72.26
小学教育	89.08	71.07	74.84	87.33
初中教育	87.27	78.36	78.01	88.03
高中教育	115.42	113.11	123.17	115.25
中专职高教育	18.49	12.60	26.69	19.16
大专及以上教育	165.09	172.53	199.62	213.85
成人教育	29.55	32.27	49.13	62.99
文化娱乐	419.00	517.25	584.72	625.89
文娱耐用消费品	130.91	108.87	104.28	101.01
其他文娱用品	60.68	79.64	90.68	95.92
文化娱乐服务	227.40	328.74	389.76	428.96
医疗保健	808.85	964.48	1071.20	1172.64
医疗器具及药品	264.99	320.05	364.95	432.04
医疗服务	543.85	644.43	706.25	740.60
门诊总费用	182.16	219.92	263.52	278.67
住院总费用	361.69	424.52	442.73	461.93
其他用品和服务	217.91	286.51	331.84	367.10
其他用品	104.52	122.21	148.05	144.59
其他服务	113.40	164.30	183.80	222.51
生产经营费用支出	**1634.57**	**1969.08**	**2468.72**	**3096.72**
第一产业经营费用支出	1179.25	1330.25	1645.87	1762.42
农业	371.40	406.74	477.49	418.57
林业	9.44	10.16	13.69	12.59
牧业	780.55	900.31	1131.44	1291.61
渔业	9.55	13.04	23.25	39.65
第二产业经营费用支出	65.44	116.59	118.07	252.54
采矿业	3.21	2.08	1.20	1.18
制造业	38.37	31.17	38.47	74.93
电力、热力、燃气及水生产和供应业	0.41	0.23	1.10	20.42
建筑业	23.45	83.11	77.30	156.01
第三产业经营费用支出	389.89	522.24	704.77	1081.76
批发和零售业	190.13	269.21	388.29	512.64
交通运输、仓储和邮政业	93.42	118.88	147.57	225.89
住宿和餐饮业	49.60	43.89	69.81	147.11
房地产业	0.76	4.03	2.08	0.08

2-3 续表 2

单位：元/人

指 标	2013年	2014年	2015年	2016年
租赁和商务服务业	5.90	11.15	2.05	4.52
居民服务、修理和其他服务业	43.07	60.49	75.64	142.15
其他	7.01	6.23	12.57	41.88
农林牧渔服务业		8.36	6.76	7.49
财产性支出	**23.11**	**53.05**	**92.45**	**90.58**
生活贷款利息支出	21.55	47.90	88.44	86.59
住房贷款利息支出	16.99	43.08	80.81	79.49
其他生活贷款利息支出	4.57	4.81	7.63	7.09
其他财产性支出	1.56	5.16	4.00	4.00
非储蓄性财产保险支出	0.46	0.33	0.91	0.92
其他财产性支出	1.10	4.82	3.09	3.08
转移性支出	**687.89**	**823.95**	**1007.06**	**1199.75**
个人所得税	11.42	17.22	23.06	33.57
社会保障支出	518.83	632.21	771.84	955.14
个人缴纳的养老保险	370.03	410.61	496.76	636.97
个人缴纳的医疗保险	122.62	183.03	236.78	275.82
个人缴纳的失业保险	12.04	17.01	19.66	23.62
其他社会保障支出	14.14	21.56	18.64	18.74
外来从业人员寄给家人的支出				
城镇外来从业人员寄给家人的支出				
农村外来从业人员寄给家人的支出	3.36	2.86	3.40	7.40
赡养支出	72.74	100.72	109.82	129.47
其他转移性支出	81.54	70.93	98.94	74.16
部分商业保险支出	**38.29**	**46.43**	**46.87**	**44.65**
意外伤害保险	7.25	6.17	6.99	8.63
商业医疗保险(含大病保险)	9.30	11.89	19.61	14.94
其他非储蓄性商业保险	6.43	7.70	6.36	5.84
其他储蓄性商业保险	15.31	20.66	13.90	15.24
购置资产及非经常性转移支出	**1962.53**	**2274.07**	**2709.40**	**3072.23**
购置资产支出	620.47	670.88	785.99	914.43
建造住房支出	270.93	297.67	273.18	312.37
建造住房材料	206.92	226.97	197.39	227.62
建造住房雇工	64.01	70.70	75.78	84.75
购买住房支出	223.69	260.63	394.38	441.73
购建第一产业生产性固定资产	54.08	72.37	69.25	75.26
购买或建造农业生产性用房	16.39	32.01	25.26	25.95
购买用房建筑材料	13.41	18.28	17.30	16.68
建筑农业生产用房雇工	2.24	9.64	6.69	7.79
购买农业生产用房	0.10		0.60	0.66
其他	0.63	4.10	0.67	0.81
购买役畜	9.92	10.44	9.41	5.27
购买产品畜	3.13	6.81	3.69	7.56
购买或建造农业设施	4.12	6.37	3.50	13.25
大棚、温室	0.88	2.37	2.04	10.88

2-3 续表 3

单位：元/人

指　　标	2013年	2014年	2015年	2016年
自备井	0.42	0.17	0.37	
喷灌设施	0.94	0.27	0.16	0.13
其他农业设施	1.88	3.56	0.94	2.24
购买农业机械	20.53	16.75	27.40	23.24
大中型农用拖拉机	2.13		10.49	0.26
小型(手扶)农用拖拉机	1.39	3.32	0.95	1.21
农用排灌动力机械	1.05	0.80	0.68	0.57
插秧机		0.12		1.36
收割机	0.64	1.63	2.20	3.42
脱粒机	1.86	1.84	1.20	1.33
其他农业机械	13.46	9.05	11.88	15.08
购建第二产业生产性固定资产支出	16.30	3.74	3.97	7.07
采矿业	0.01	0.99	0.04	
制造业	12.75	1.45	0.89	4.34
电力、热力、燃气及水生产和供应业	2.76	1.16	1.33	2.37
建筑业	0.78	0.14	1.70	0.36
购建第三产业生产性固定资产支出	48.62	22.88	42.08	62.17
批发和零售业	12.20	4.89	6.00	10.91
交通运输、仓储和邮政业	24.03	14.13	9.18	36.55
住宿和餐饮业	2.35	1.17	2.58	11.14
房地产业	0.15		16.31	
租赁和商务服务业	3.22	0.86	0.75	0.56
居民服务、修理和其他服务业	5.85	1.33	5.74	1.33
其他	0.82	0.49	1.52	1.70
购建其他资产支出	6.85	13.59	3.12	15.83
非经常性转移支出	1342.06	1603.19	1923.42	2157.80
博彩支出	15.92	21.11	25.05	30.42
婚丧嫁娶礼金支出	961.59	1221.05	1484.16	1558.89
一次性赔偿支出	7.34	7.09	8.85	7.98
一次性馈赠支出	236.12	252.16	340.04	331.83
其他非经常性转移支出	121.08	101.77	65.32	61.34
借贷性支出	**2916.20**	**1574.84**	**1704.02**	**2038.66**
存入储蓄款	2528.26	987.64	901.83	1093.10
借出款	42.41	70.69	72.89	100.43
归还借款	166.59	211.41	238.78	221.27
购买有价证券	7.56	0.30	58.83	60.60
其他投资支出	16.43	23.09	39.80	16.80
归还住房贷款	95.99	187.50	286.96	377.46
归还汽车贷款	22.06	56.10	58.16	85.26
归还教育贷款			0.38	0.80
归还其他贷款	18.76	17.00	33.30	41.01
其他借贷支出	18.14	21.10	13.10	41.94

2-4 全体居民人均现金收入(2013-2016年)

单位：元/人

指　　标	2013年	2014年	2015年	2016年
全体居民现金收入	**15080.35**	**16986.02**	**19048.00**	**21573.89**
现金工资性收入	**7103.68**	**7884.80**	**8562.21**	**9229.14**
工资	6461.70	7277.42	7946.93	8600.95
其他工资性收入	641.98	607.38	615.28	628.19
现金经营性收入	**3985.47**	**4565.20**	**5245.42**	**6340.68**
第一产业现金经营收入	1924.73	2113.74	2486.59	2839.96
农业	718.30	789.85	925.04	962.92
林业	85.54	83.69	84.05	94.18
牧业	1078.79	1203.54	1429.66	1706.59
渔业	31.48	36.67	47.84	76.28
第二产业现金经营收入	223.35	281.86	299.78	398.87
采矿业	5.61	13.47	4.94	9.63
制造业	84.15	83.51	79.34	130.62
电力、热力、燃气及水生产和供应业	2.72	0.00	0.31	26.52
建筑业	130.87	184.88	215.19	232.10
第三产业现金经营收入	1837.40	2169.60	2459.05	3101.85
批发和零售业	809.93	1036.11	1255.30	1551.61
交通运输、仓储和邮政业	375.54	425.28	438.08	501.15
住宿和餐饮业	180.25	237.67	252.67	424.85
房地产业	11.90	13.12	13.95	5.73
租赁和商务服务业	68.39	31.33	22.54	21.83
居民服务、修理和其他服务业	280.90	352.10	404.35	480.08
其他行业	51.34	41.12	54.71	91.63
农林牧渔服务业	57.39	32.87	17.44	24.98
现金财产性收入	**412.79**	**485.18**	**639.43**	**754.17**
利息收入	85.00	111.65	134.17	127.44
红利收入	67.98	55.20	55.05	101.53
储蓄性保险收益	2.66	1.85	3.48	2.24
转让承包土地经营权租金收入	40.23	64.79	60.15	70.96
出租房屋财产性净收入	186.04	226.76	355.63	413.60
出租机械、专利、版权等资产的净收入	9.41	8.74	10.92	18.42
其他财产性收入	21.48	16.19	20.03	19.99
现金转移性收入	**3578.41**	**4050.84**	**4600.94**	**5249.89**
养老金或离退休金	2237.94	2564.72	2940.58	3418.08

2-4 续表

单位：元/人

指　　标	2013年	2014年	2015年	2016年
社会救济和补助	89.08	113.38	112.82	133.39
政策性生活补贴	29.59	34.98	47.20	44.42
家庭外出从业人员寄回带回收入	615.29	635.24	861.10	976.13
赡养收入	365.90	417.19	370.66	466.13
其他转移性收入	138.76	146.60	105.37	102.23
现金政策性惠农补贴	101.84	138.74	163.21	109.52
非收入所得	**722.47**	**1232.68**	**1375.81**	**1564.27**
出售资产所得	137.20	380.26	306.29	347.64
出售住房本金所得	0.90	16.23	60.46	19.04
出售住房溢价所得(含亏损)	2.34	11.85	22.03	0.07
出售股票、基金、收藏品本金所得	0.51	0.26	27.04	19.70
出售股票、基金、收藏品所得(含亏损)	0.28		14.95	4.21
出售生产性固定资产所得	9.67	13.87	13.72	35.29
拆迁征地补偿所得	101.83	296.44	109.97	227.92
出售其他财物和收回其他投资本金所得	21.68	41.61	58.12	41.42
非经常性转移所得	570.80	830.57	1054.87	1210.15
博彩所得	9.22	13.06	20.28	30.36
婚丧嫁娶礼金所得	254.67	342.30	426.07	545.79
遗产及一次性馈赠所得	40.44	95.12	159.47	207.13
一次性赔偿所得	68.94	50.43	58.41	53.97
提取住房公积金	2.42	9.66	23.70	27.03
调查补贴	135.86	246.21	286.82	310.38
其他非经常性转移所得	59.26	73.78	80.12	35.50
其他非收入所得	14.47	21.86	14.65	6.48
借贷性所得	**1902.45**	**1774.95**	**1896.51**	**2425.31**
提取储蓄存款	1396.84	1251.84	1357.96	1832.48
借入款	317.41	344.52	351.25	365.11
收回借出款	127.04	105.18	115.01	137.96
收回储蓄性保险本金	0.48	4.22	1.86	3.21
住房贷款	22.76	18.60	17.44	7.30
汽车贷款	0.33	10.67	1.45	0.81
教育贷款	0.10	2.26	1.76	3.01
其他贷款	32.04	32.64	41.43	61.61
其他借贷所得	5.45	5.02	8.36	13.83

2-5 全体居民人均现金支出(2013-2016年)

单位：元/人

指　　标	2013年	2014年	2015年	2016年
全体居民人均现金支出	**15901.24**	**16568.73**	**18772.68**	**21355.19**
现金消费支出	**8916.01**	**10111.90**	**11123.28**	**12136.20**
食品烟酒	3389.70	3891.37	4276.89	4572.93
食品	2360.37	2724.83	2927.17	3155.13
谷物	250.39	298.16	338.00	384.38
薯类	22.22	30.58	36.64	46.42
豆类	27.43	37.18	44.87	52.33
食用油	134.85	137.48	143.49	152.77
蔬菜和食用菌	307.26	370.61	396.74	425.44
肉类	739.06	803.14	804.70	906.44
禽类	157.05	189.40	204.92	222.66
水产品	86.32	112.88	120.05	128.56
蛋类	52.94	68.31	80.59	75.34
奶类	137.00	167.75	176.33	194.53
干鲜瓜果类	188.78	260.86	283.09	292.36
糖果糕点类	69.90	93.50	93.57	105.59
其他食品	51.92	154.99	204.18	168.30
烟酒	386.16	430.78	499.64	500.69
烟草	246.24	282.64	337.62	341.95
酒类	137.48	148.15	162.02	158.74
饮料		69.63	82.25	85.86
饮食服务	643.17	666.12	767.82	831.26
食堂用餐	69.78	86.49	110.48	138.53
其他在外饮食	566.89	571.22	647.10	681.96
食品加工服务费	6.51	8.41	10.24	10.77
衣着	905.33	973.81	1070.74	1140.40
衣类	695.61	725.28	799.88	868.46
鞋类	205.86	248.53	270.86	271.93
居住	766.07	823.81	856.87	1046.27
租赁房房租	82.35	109.91	94.45	95.31
住房维修及管理	285.94	256.89	293.26	434.00
水电燃料及其他	395.00	457.01	469.16	516.96
生活用品及服务	767.36	868.57	898.13	958.06
家具及室内装饰品	140.43	135.07	137.52	139.41
家用器具	226.63	226.50	222.37	240.71
家用纺织品	79.15	85.97	81.04	90.33
家庭日用杂品	208.30	278.18	296.31	299.66
个人用品	80.92	113.76	131.83	160.18
家庭服务	29.46	29.08	29.07	27.77
交通通信	1219.36	1434.42	1627.48	1849.87
交通	784.16	916.16	1055.85	1236.52
交通工具	327.79	310.67	347.29	475.99
交通费	151.81	178.47	193.92	186.01
交通工具用燃料	179.24	267.14	317.11	359.22

2-5 续表 1

单位：元/人

指　　标	2013年	2014年	2015年	2016年
交通工具使用及维修	125.32	159.88	197.54	215.31
其中：车辆保险支出	41.83	47.69	64.54	78.87
通信	435.20	518.25	571.63	613.35
通信工具	144.35	122.00	136.10	156.44
通信服务	290.85	396.25	435.53	456.91
教育文化娱乐	984.79	1060.41	1207.31	1284.39
教育	567.28	543.67	623.06	658.84
学前教育	62.44	63.82	71.67	72.26
小学教育	89.08	71.07	74.84	87.33
初中教育	87.27	78.36	78.01	88.03
高中教育	115.42	113.11	123.17	115.25
中专职高教育	18.49	12.60	26.69	19.16
大专及以上教育	165.09	172.53	199.62	213.85
成人教育	27.83	32.18	49.07	62.95
文化娱乐	417.51	516.74	584.25	625.55
文娱耐用消费品	130.91	108.87	104.28	101.01
其他文娱用品	59.18	79.18	90.35	95.78
文化娱乐服务	225.92	328.69	389.61	428.76
医疗保健	669.28	776.81	856.99	923.71
医疗器具及药品	261.46	319.20	364.04	431.46
医疗服务(不含报销医疗费)	543.85	457.61	492.96	492.26
门诊费用(不含报销医疗费)	182.16	188.69	218.33	223.27
住院费用(不含报销医疗费)	361.69	293.65	274.63	268.98
其他用品和服务	214.13	282.71	328.86	360.56
其他用品	102.62	119.57	147.22	141.98
其他服务	111.51	163.13	181.64	218.59
生产经营现金费用支出	**1357.22**	**1684.49**	**2089.60**	**2773.12**
第一产业经营现金费用支出	901.89	1045.66	1266.75	1438.82
农业	334.65	372.78	424.66	364.25
林业	8.73	10.16	13.69	12.57
牧业	542.90	649.82	805.27	1022.48
渔业	9.43	12.90	23.12	39.52
第二产业经营现金费用支出	65.44	116.59	118.07	252.54
采矿业	3.21	2.08	1.20	1.18
制造业	38.37	31.17	38.47	74.93
电力、热力、燃气及水生产和供应业	0.41	0.23	1.10	20.42
建筑业	23.45	83.11	77.30	156.01
第三产业经营现金费用支出	389.89	522.24	704.77	1081.76
批发和零售业	190.13	269.21	388.29	512.64
交通运输、仓储和邮政业	93.42	118.88	147.57	225.89
住宿和餐饮业	49.60	43.89	69.81	147.11
房地产业	0.76	4.03	2.08	0.08
租赁和商务服务业	5.90	11.15	2.05	4.52
居民服务、修理和其他服务业	43.07	60.49	75.64	142.15
其他	7.01	6.23	12.57	41.88
农林牧渔服务业		8.36	6.76	7.49

2-5 续表 2

单位：元/人

指 标	2013年	2014年	2015年	2016年
现金财产性支出	**23.11**	**53.05**	**92.45**	**90.58**
生活贷款利息支出	21.55	47.90	88.44	86.59
住房贷款利息支出	16.99	43.08	80.81	79.49
其他生活贷款利息支出	4.57	4.81	7.63	7.09
其他财产性支出	1.56	5.16	4.00	4.00
非储蓄性财产保险支出	0.46	0.33	0.91	0.92
其他财产性支出	1.10	4.82	3.09	3.08
现金转移性支出	**687.89**	**823.95**	**1007.06**	**1199.75**
个人所得税	11.42	17.22	23.06	33.57
社会保障支出	518.83	632.21	771.84	955.14
个人缴纳的养老保险	370.03	410.61	496.76	636.97
个人缴纳的医疗保险	122.62	183.03	236.78	275.82
个人缴纳的失业保险	12.04	17.01	19.66	23.62
其他社会保障支出	14.14	21.56	18.64	18.74
外来从业人员寄给家人的支出		2.86	3.40	7.40
农村外来从业人员寄给家人的支出		2.86	3.17	6.64
城镇外来从业人员寄给家人的支出	3.36		0.23	0.77
赡养支出	72.74	100.72	109.82	129.47
其他转移性支出	81.54	70.93	98.94	74.16
经常性捐赠支出	48.24	40.40	30.25	26.17
经常性赔偿支出	0.23	0.02	0.16	0.45
其他经常转移支出	33.07	30.51	68.53	47.54
部分商业保险支出	**38.29**	**46.43**	**46.87**	**44.65**
意外伤害保险	7.25	6.17	6.99	8.63
商业医疗保险(含大病保险)	9.30	11.89	19.61	14.94
其他非储蓄性商业保险	6.43	7.70	6.36	5.84
其他储蓄性商业保险	15.31	20.66	13.90	15.24
购置资产及非经常性转移支出	**1962.53**	**2274.07**	**2709.40**	**3072.23**
购置资产支出	620.47	670.88	785.99	914.43
建造住房支出	270.93	297.67	273.18	312.37
建造住房材料	206.92	226.97	197.39	227.62
建造住房雇工	64.01	70.70	75.78	84.75
购买住房支出	223.69	260.63	394.38	441.73
购建第一产业生产性固定资产	54.08	72.37	69.25	75.26
购买或建造农业生产性用房	16.39	32.01	25.26	25.95
购买用房建筑材料	13.41	18.28	17.30	16.68
建筑农业生产用房雇工	2.24	9.64	6.69	7.79
购买农业生产用房	0.10		0.60	0.66
其他	0.63	4.10	0.67	0.81
购买役畜	9.92	10.44	9.41	5.27
购买产品畜	3.13	6.81	3.69	7.56
购买或建造农业设施	4.12	6.37	3.50	13.25

2-5 续表 3

单位：元/人

指　标	2013年	2014年	2015年	2016年
大棚、温室	0.88	2.37	2.04	10.88
自备井	0.42	0.17	0.37	
喷灌设施	0.94	0.27	0.16	0.13
其他农业设施	1.88	3.56	0.94	2.24
购买农业机械	20.53	16.75	27.40	23.24
大中型农用拖拉机	2.13		10.49	0.26
小型(手扶)农用拖拉机	1.39	3.32	0.95	1.21
农用排灌动力机械	1.05	0.80	0.68	0.57
插秧机		0.12		1.36
收割机	0.64	1.63	2.20	3.42
脱粒机	1.86	1.84	1.20	1.33
其他农业机械	13.46	9.05	11.88	15.08
购建第二产业生产性固定资产支出	16.30	3.74	3.97	7.07
采矿业	0.01	0.99	0.04	
制造业	12.75	1.45	0.89	4.34
电力、热力、燃气及水生产和供应业	2.76	1.16	1.33	2.37
建筑业	0.78	0.14	1.70	0.36
购建第三产业生产性固定资产支出	48.62	22.88	42.08	62.17
批发和零售业	12.20	4.89	6.00	10.91
交通运输、仓储和邮政业	24.03	14.13	9.18	36.55
住宿和餐饮业	2.35	1.17	2.58	11.14
房地产业	0.15		16.31	
租赁和商务服务业	3.22	0.86	0.75	0.56
居民服务、修理和其他服务业	5.85	1.33	5.74	1.33
其他行业	0.82	0.49	1.52	1.70
购建其他资产支出	6.85	13.59	3.12	15.83
非经常性转移支出	1342.06	1603.19	1923.42	2157.80
博彩支出	15.92	21.11	25.05	30.42
婚丧嫁娶礼金支出	961.59	1221.05	1484.16	1558.89
一次性赔偿支出	7.34	7.09	8.85	7.98
一次性馈赠支出	236.12	252.16	340.04	331.83
其他非经常性转移支出	121.08	101.77	65.32	61.34
借贷性支出	**2916.20**	**1574.84**	**1704.02**	**2038.66**
存入储蓄款	2528.26	987.64	901.83	1093.10
借出款	42.41	70.69	72.89	100.43
归还借款	166.59	211.41	238.78	221.27
购买有价证券	7.56	0.30	58.83	60.60
其他投资支出	16.43	23.09	39.80	16.80
归还住房贷款	95.99	187.50	286.96	377.46
归还汽车贷款	22.06	56.10	58.16	85.26
归还教育贷款			0.38	0.80
归还其他贷款	18.76	17.00	33.30	41.01
其他借贷支出	18.14	21.10	13.10	41.94

2-6 按五等份分组的全体居民人均可支配收入(2016年)

单位：元/人

指　标	总平均	低收入户	中低收入户	中等收入户	中高收入户	高收入户
全体居民人均可支配收入	**18808.26**	**4271.83**	**10189.97**	**16058.66**	**25008.89**	**45531.30**
工资性收入	**9278.25**	**1919.20**	**3802.85**	**7292.55**	**13322.99**	**23856.17**
工资	8600.95	1630.64	3436.41	6771.42	12543.10	22190.03
按月发放的工资	7561.43	1264.90	2803.83	5922.27	11386.91	19626.99
补发工资	202.98	28.35	85.54	113.01	241.84	651.91
不按月发放的奖金、津贴、过节费等	836.54	337.39	547.04	736.14	914.36	1911.14
实物福利	49.11	27.53	24.05	31.60	59.65	118.78
从单位或雇主得到的实物产品折价	9.60	5.95	5.86	6.05	11.32	21.56
食品	6.94	4.04	3.73	4.81	8.30	15.87
谷物、薯类及豆类	1.46	0.61	0.74	1.19	1.41	3.92
食用油(植物油)	1.72	0.76	0.73	1.29	1.52	5.03
蔬菜及制品	0.08	0.01	0.16	0.04	0.21	0.00
肉、禽、蛋、奶及制品	1.18	1.20	0.84	0.67	2.01	1.25
水产品及制品	0.03	0.00	0.04	0.00		0.11
糖、烟、酒、饮料类	1.20	0.69	0.89	1.28	1.76	1.52
干鲜瓜果类	0.23	0.08	0.21	0.12	0.17	0.69
其他类食品	1.03	0.69	0.11	0.23	1.23	3.34
衣着	0.22	0.02	0.21	0.01	0.37	0.59
居住	0.01		0.00	0.00	0.06	
家庭设备和日用品	0.90	0.42	0.28	0.34	1.26	2.63
交通、通信工具及用品	0.21	0.59	0.27		0.07	0.03
教育文化娱乐用品	0.01	0.01			0.04	
医疗保健用品	0.32	0.04	0.00	0.09	0.42	1.28
其他用品	0.98	0.83	1.36	0.79	0.81	1.17
从单位或雇主得到的服务折价	39.51	21.58	18.19	25.56	48.32	97.22
免费或低价提供的工作餐	38.28	20.67	17.43	24.79	46.68	94.89
免费或低价提供的住宿	0.26	0.58		0.13	0.08	0.52
单位缴纳的水电费、取暖费、物业费等	0.12		0.60			
免费或低价提供的交通和通信服务	0.11	0.25	0.10		0.02	0.18
单位缴纳的教育入学赞助费	0.04				0.23	
免费或低价提供的旅游服务	0.20			0.35	0.12	0.63
其他服务	0.49	0.09	0.07	0.29	1.20	1.01
单位或雇主实物福利报销所得						
其他	628.19	261.04	342.39	489.53	720.24	1547.36
住房公积金	270.87	10.09	15.74	77.59	280.54	1168.57
辞退金	6.92	0.54	3.21	2.53	19.41	10.99
自由职业劳动所得(如稿费、翻译费)	6.60	6.06	1.82	7.06	9.92	8.89
安家费	0.69	0.41				3.59
股票期权	0.08					0.51
其他劳动所得	343.03	243.94	321.62	402.35	410.38	354.81
经营净收入	**3993.17**	**938.95**	**3563.94**	**4770.87**	**4682.33**	**6959.73**
第一产业经营净收入	2015.87	1134.94	2469.37	2513.59	1869.18	2223.44
农业	1183.68	997.19	1503.15	1603.24	968.13	783.99

2-6 续表 1

单位：元/人

指　　标	总平均	低收入户	中低收入户	中等收入户	中高收入户	高收入户
林业	123.30	172.65	177.37	130.33	75.52	35.60
牧业	668.40	-33.96	748.85	749.76	796.13	1280.77
渔业	40.49	-0.94	40.01	30.27	29.40	123.08
第二产业经营净收入	125.41	-105.16	90.55	259.04	84.35	370.53
采矿业	8.32	0.58	-1.06	41.55	0.15	-0.02
制造业	51.72	-30.85	29.26	148.24	52.59	74.85
电力、热力、燃气及水生产和供应业	4.44		26.41	-5.77		0.63
建筑业	60.93	-74.89	35.93	75.02	31.61	295.06
第三产业经营净收入	1851.88	-90.83	1004.02	1998.23	2728.80	4365.77
批发和零售业	964.37	10.48	458.91	1006.90	1511.54	2209.31
交通运输、仓储和邮政业	235.21	-41.61	192.36	381.74	340.62	366.84
住宿和餐饮业	258.69	-55.20	69.34	222.47	236.62	993.94
房地产业	5.65		4.34	1.37	1.33	25.24
租赁和商务服务业	15.35	7.37	0.92	4.80	34.91	34.18
居民服务、修理和其他服务业	312.52	19.60	209.94	309.14	546.54	571.91
其他	47.36	-45.47	33.59	65.76	54.89	160.41
农林牧渔服务业	12.74	13.99	34.61	6.07	2.34	3.94
财产净收入	**1198.49**	**171.65**	**272.93**	**728.47**	**1410.93**	**4078.89**
利息净收入	40.85	31.65	47.39	72.42	-7.66	63.76
红利收入	101.53	28.06	18.99	38.05	49.59	442.56
集体分配的红利	15.95	2.12	5.15	11.56	22.88	45.55
其他红利收入	85.73	25.94	13.83	26.48	26.70	397.88
储蓄性保险净收益	2.24	2.56	0.41	2.03	5.73	0.27
转让承包土地经营权租金净收入	70.96	42.73	63.90	90.08	97.39	64.35
出租房屋财产性收入	413.60	28.71	43.61	141.35	447.61	1691.57
出租机械、专利、版权等资产的收入	18.42	0.97	3.48	2.10	10.05	90.45
其他财产净收入	15.99	2.48	4.04	8.88	16.70	57.17
房屋虚拟租金	534.90	34.49	91.12	373.58	791.52	1668.75
转移净收入	**4338.35**	**1242.03**	**2550.25**	**3266.77**	**5592.64**	**10636.50**
转移性收入	5538.12	1912.18	3120.53	4143.96	7053.69	13431.61
养老金或离退休金	3418.08	449.84	853.18	1842.77	4891.12	10864.98
离退休金	2625.64	102.02	247.14	973.02	3670.23	9825.81
(城镇)居民社会养老保险	512.52	85.37	262.35	488.98	961.34	913.25
新型农村养老保险	144.35	177.67	202.40	163.33	108.17	45.60
其他养老金	135.56	84.77	141.30	217.44	151.38	80.32
社会救济和补助	133.39	117.91	152.57	154.10	122.05	118.81
最低生活保障费	47.81	53.71	69.71	55.77	41.51	10.12
五保户救助金	1.31	1.39	2.93	0.73	0.69	0.62
扶贫款	19.00	12.82	9.84	25.12	43.86	2.45
救灾款	2.24	3.78	2.83	3.63	0.18	0.16
抚恤金	34.74	22.72	40.89	38.23	14.10	63.39
其他社会救济收入	28.28	23.49	26.37	30.62	21.71	42.08
政策性生活补贴	44.42	49.40	44.19	52.19	40.02	33.60
家电补贴	1.33	1.03	1.74	0.93	1.95	1.00

2-6 续表 2

单位：元/人

指　　标	总平均	低收入户	中低收入户	中等收入户	中高收入户	高收入户
能源补贴	0.75	0.26	0.15	1.60	0.04	1.97
免费或低价提供的住宿(廉租房)						
其他生活补贴	42.33	48.11	42.21	49.72	38.04	30.63
报销医疗费	247.84	85.15	186.47	151.57	299.99	602.50
家庭外出从业人员寄回带回收入	976.13	738.85	1217.32	1253.37	879.63	776.72
赡养收入	466.13	242.16	391.81	438.97	598.56	743.39
其他经常转移收入	102.23	56.09	65.79	101.73	104.79	208.41
失业保险金	10.04	4.90	7.76	7.58	27.13	2.96
经常性捐赠收入	4.59	5.87	3.73	5.17	4.65	3.15
经常性赔偿收入	2.26	0.97	0.35	5.60	3.29	1.16
其他转移性收入	85.35	44.35	54.07	83.37	69.72	201.15
从政府和组织得到的实物产品和服务折价	40.39	52.37	54.58	36.31	29.70	23.70
食品	12.91	14.23	17.10	11.84	9.82	10.79
谷物、薯类及豆类	2.35	1.58	1.56	1.56	3.48	4.02
食用油(植物油)	2.73	1.94	2.06	2.37	3.74	3.88
蔬菜及制品	0.00		0.00		0.00	0.02
肉、禽、蛋、奶及制品	5.82	7.79	11.50	5.68	1.72	0.97
水产品及制品	0.07	0.16	0.08	0.08		0.03
糖、烟、酒、饮料类	0.41	0.08	0.11	0.69	0.19	1.15
干鲜瓜果类	0.04			0.04	0.07	0.09
其他类食品	1.49	2.68	1.78	1.41	0.61	0.63
衣着	0.17	0.11	0.21	0.17	0.12	0.25
居住	0.29	1.14	0.02	0.13		0.02
家庭设备和日用品	4.91	5.58	5.82	4.17	4.28	4.46
交通、通信工具及用品	0.12	0.36	0.03		0.07	0.12
教育文化娱乐用品	0.14	0.05	0.27	0.13	0.01	0.24
医疗保健用品	0.26	0.07	0.22	0.18	0.49	0.43
其他用品	1.63	1.62	1.83	1.32	1.60	1.79
其他服务折价(不含廉租房)	19.96	29.20	29.09	18.37	13.31	5.61
现金政策性惠农补贴	109.52	120.42	154.61	112.94	87.84	59.49
转移性支出	1199.77	670.15	570.28	877.19	1461.05	2795.11
个人所得税	33.57	1.52	1.36	3.89	13.41	177.08
社会保障支出	955.14	543.47	430.03	721.96	1215.14	2152.19
个人缴纳的养老保险	636.97	367.84	259.43	473.90	810.55	1470.92
个人缴纳的医疗保险	275.82	170.31	151.81	229.22	351.73	542.63
个人缴纳的失业保险	23.62	2.71	12.33	9.59	29.52	76.40
其他社会保障支出	18.74	2.61	6.46	9.25	23.33	62.23
外来从业人员寄给家人的支出	7.40	24.54	4.35			5.38
赡养支出	129.47	55.80	57.17	84.20	173.26	324.12
其他转移性支出	74.19	44.82	77.37	67.14	59.26	136.33
经常性捐赠支出	26.18	15.33	18.46	33.32	19.86	49.37
经常性赔偿支出	0.45	0.04	0.05		2.06	0.15
其他经常转移支出	47.56	29.45	58.85	33.82	37.33	86.81

2-7 按五等份分组的全体居民人均总收入(2016年)

单位：元/人

指标	总平均	低收入户	中低收入户	中等收入户	中高收入户	高收入户
常住居民人均总收入	**23501.80**	**10020.11**	**13556.48**	**19852.45**	**29010.06**	**52336.90**
工资性收入	**9278.25**	**1919.20**	**3802.85**	**7292.55**	**13322.99**	**23856.17**
工资	8600.95	1630.64	3436.41	6771.42	12543.10	22190.03
实物福利	49.11	27.53	24.05	31.60	59.65	118.78
其他	628.19	261.04	342.39	489.53	720.24	1547.36
经营性收入	**7396.37**	**5991.26**	**6325.56**	**7642.56**	**7100.63**	**10702.45**
第一产业经营收入	3895.64	3729.96	4322.99	4171.07	3226.67	4036.75
第一产业经营收入(不含惠农补贴)	3895.64	3729.96	4322.99	4171.07	3226.67	4036.75
农业	1666.75	1599.42	2108.77	2150.38	1348.27	993.79
林业	136.02	179.13	201.52	153.31	81.25	38.34
牧业	2011.17	1894.59	1923.92	1817.75	1757.56	2809.78
渔业	81.70	56.82	88.77	49.63	39.59	194.84
第二产业经营收入	398.87	450.18	303.69	389.80	120.64	783.54
采矿业	9.63	0.58	1.26	45.61	0.16	
制造业	130.62	90.30	51.18	240.79	63.26	230.32
电力、热力、燃气及水生产和供应业	26.52		126.82			0.63
建筑业	232.10	359.30	124.43	103.41	57.23	552.59
第三产业经营收入	3101.85	1811.12	1698.88	3081.69	3753.32	5882.15
批发和零售业	1551.61	922.41	762.26	1557.79	2009.76	2855.01
交通运输、仓储和邮政业	501.15	467.64	385.89	543.26	554.90	577.15
住宿和餐饮业	424.85	194.50	120.55	303.21	303.26	1408.98
房地产业	5.73		4.34	1.41	1.38	25.62
租赁和商务服务业	21.83	7.88	1.83	17.59	46.06	42.68
居民服务、修理和其他服务业	480.08	172.64	319.11	518.59	739.54	751.80
其他	91.63	21.74	49.52	121.53	83.63	212.97
农林牧渔服务业	24.98	24.31	55.37	18.30	14.78	7.93
财产性收入	**1289.08**	**197.47**	**307.54**	**773.39**	**1532.76**	**4346.69**
利息收入	127.44	55.60	77.73	115.50	108.79	323.98
红利收入	101.53	28.06	18.99	38.05	49.59	442.56
储蓄性保险净收益	2.24	2.56	0.41	2.03	5.73	0.27
转让承包土地经营权租金净收入	70.96	42.73	63.90	90.08	97.39	64.35
出租房屋财产性净收入	413.60	28.71	43.61	141.35	447.61	1691.57
出租机械、专利、版权等资产的净收入	18.42	0.97	3.48	2.10	10.05	90.45
其他财产净收入	19.99	4.35	8.29	10.71	22.09	64.74
房屋虚拟租金	534.90	34.49	91.12	373.58	791.52	1668.75
转移性收入	**5538.11**	**1912.18**	**3120.53**	**4143.95**	**7053.67**	**13431.59**
养老金或离退休金	3418.08	449.84	853.18	1842.77	4891.12	10864.98

2-7 续表

单位：元/人

指　　标	总平均	低收入户	中低收入户	中等收入户	中高收入户	高收入户
社会救济和补助	133.39	117.91	152.57	154.10	122.05	118.81
政策性生活补贴	44.42	49.40	44.19	52.19	40.02	33.60
家庭外出从业人员寄回带回收入	976.13	738.85	1217.32	1253.37	879.63	776.72
赡养收入	466.13	242.16	391.81	438.97	598.56	743.39
报销医疗费	247.84	85.15	186.47	151.57	299.99	602.50
从政府和组织得到的实物产品和服务折价	40.38	52.36	54.58	36.30	29.67	23.68
现金政策性惠农补贴	109.52	120.42	154.61	112.94	87.84	59.49
其他转移性收入	102.23	56.09	65.79	101.73	104.79	208.41
非收入所得	**1564.27**	**1640.09**	**1320.89**	**1235.30**	**1815.82**	**1868.67**
出售资产所得	347.64	559.57	253.61	184.05	475.34	223.98
出售住房本金所得	19.04				97.68	
出售住房溢价所得(含亏损)	0.07		0.33			
出售股票、基金、收藏品本金所得	19.70				10.98	105.25
出售股票、基金、收藏品所得(含亏损)	4.21		-5.02		3.68	27.22
出售生产性固定资产所得	35.29	103.77	18.91	24.94	10.38	3.69
拆迁征地补偿所得	227.92	419.57	199.48	145.11	287.90	31.48
出售其他财物和收回其他投资本金所得	41.42	36.23	39.90	13.99	64.73	56.34
非经常性转移所得	1210.15	1076.43	1059.21	1045.84	1334.93	1634.55
博彩所得	30.36	23.76	15.27	21.73	48.52	47.43
婚丧嫁娶礼金所得	545.79	536.76	592.31	465.11	654.72	470.41
遗产及一次性馈赠所得	207.13	205.29	146.47	212.33	214.51	270.46
一次性赔偿所得	53.97	33.46	20.95	15.71	28.59	199.17
提取住房公积金	27.03	0.05	0.05	3.90	27.76	124.76
调查补贴	310.38	243.30	255.16	275.85	331.56	488.11
其他非经常性转移所得	35.50	33.80	29.00	51.21	29.27	34.22
其他非收入所得	6.48	4.09	8.08	5.42	5.55	10.14
借贷性所得	**2425.31**	**2037.29**	**2102.50**	**1689.87**	**2752.58**	**3866.48**
提取储蓄存款	1832.48	1255.39	1463.99	1252.99	2080.64	3493.00
借入款	365.11	507.40	431.90	276.30	332.85	232.27
收回借出款	137.96	151.09	73.97	93.44	240.80	133.63
收回储蓄性保险本金	3.21		11.63	1.46	2.50	
住房贷款	7.30	11.98	5.46	1.03	16.53	
汽车贷款	0.81			0.48	2.67	1.18
教育贷款	3.01	3.12	6.04	3.73	1.46	
其他贷款	61.61	103.70	102.83	49.59	33.45	
其他借贷所得	13.83	4.61	6.68	10.86	41.69	6.41

2-8 按五等份分组的全体居民人均总支出(2016年)

单位：元/人

指　标	总平均	低收入户	中低收入户	中等收入户	中高收入户	高收入户
常住居民人均总支出	**24381.12**	**17019.98**	**16623.02**	**19852.69**	**27386.95**	**46102.15**
消费支出	**14838.52**	**8615.88**	**10023.83**	**12479.04**	**17406.23**	**29214.99**
食品烟酒	5321.22	3355.39	3897.51	4862.78	6441.59	9033.12
食品	3865.07	2583.05	2974.97	3662.18	4669.38	6035.56
谷物	537.41	434.84	475.94	498.56	549.20	787.67
薯类	106.32	103.22	121.71	111.38	96.72	96.45
豆类	57.05	37.94	45.20	57.87	71.27	80.34
食用油	205.68	153.29	170.78	204.65	242.25	279.44
蔬菜和食用菌	545.00	324.63	378.39	523.38	697.05	902.94
肉类	1093.34	715.93	884.49	1090.69	1337.43	1588.32
禽类	293.91	174.36	209.79	274.77	383.55	480.89
水产品	134.00	65.76	83.19	116.67	178.01	260.32
蛋类	123.01	99.86	113.58	118.33	133.94	159.36
奶类	194.88	124.97	104.90	164.35	263.44	359.72
干鲜瓜果类	295.29	157.96	178.96	249.27	379.99	585.07
糖果糕点类	107.19	69.54	74.10	91.06	128.72	194.39
其他食品	171.97	120.75	133.94	161.21	207.80	260.66
烟酒	500.76	346.49	413.88	457.46	581.40	778.39
烟草	342.02	248.32	287.19	309.06	384.55	528.85
酒类	158.74	98.18	126.69	148.40	196.85	249.54
饮料	85.86	51.48	58.78	72.14	98.10	168.97
饮食服务	869.54	374.37	449.88	671.00	1092.71	2050.20
食堂用餐	176.11	140.61	155.76	162.26	194.97	244.81
其他在外饮食	682.66	223.05	281.05	495.80	888.59	1798.15
食品加工服务费	10.77	10.71	13.07	12.94	9.15	7.24
衣着	1140.83	567.99	645.65	864.08	1419.47	2551.82
衣类	868.89	415.71	467.36	643.64	1077.59	2018.73
鞋类	271.93	152.28	178.29	220.43	341.88	533.09
居住	2734.40	1703.81	1959.95	2272.73	3015.84	5340.50
租赁房房租	95.31	45.70	44.57	67.72	127.34	222.48
住房维修及管理	434.00	280.68	348.66	252.47	342.56	1076.68
水电燃料及其他	559.84	341.30	413.63	540.39	689.09	913.83
自有住房折算租金	1645.24	1036.13	1153.09	1412.16	1856.85	3127.51
生活用品及服务	967.24	562.10	639.06	820.93	1120.79	1928.66
家具及室内装饰品	142.78	70.32	98.17	113.52	163.16	309.15
家用器具	240.71	139.33	153.36	216.10	281.23	470.83
家用纺织品	90.33	45.45	57.15	65.64	96.14	216.22
家庭日用杂品	305.47	208.21	225.72	290.32	359.09	493.76
个人用品	160.18	86.19	87.06	115.71	198.14	362.12
家庭服务	27.77	12.60	17.60	19.62	23.03	76.58
交通通信	1850.32	817.87	1001.76	1438.70	2225.71	4381.23
交通	1236.97	498.75	625.21	926.18	1423.87	3168.02
交通工具	475.99	135.56	174.55	368.78	549.09	1362.22

2-8 续表 1

单位：元/人

指　　标	总平均	低收入户	中低收入户	中等收入户	中高收入户	高收入户
交通费	186.45	126.65	151.27	174.99	200.39	309.74
交通工具用燃料	359.22	136.34	174.07	234.66	419.92	974.97
交通工具使用及维修	215.31	100.20	125.32	147.75	254.47	521.10
其中：车辆保险支出	78.87	37.66	32.43	44.75	110.99	196.99
通信	613.35	319.12	376.55	512.52	801.84	1213.21
通信工具	156.44	82.41	99.18	111.09	203.93	328.57
通信服务	456.91	236.70	277.37	401.42	597.91	884.64
教育文化娱乐	1284.78	660.80	762.32	1023.97	1555.81	2789.35
教育	658.88	486.94	543.05	686.57	816.31	821.25
学前教育	72.26	59.84	62.34	73.54	89.36	80.14
小学教育	87.33	75.45	59.74	77.12	84.63	153.54
初中教育	88.03	69.10	83.93	65.01	93.10	141.00
高中教育	115.25	93.68	97.60	131.72	155.29	100.12
中专职高教育	19.16	22.84	25.82	16.90	11.92	16.96
大专及以上教育	213.85	131.39	180.41	266.45	290.88	214.73
成人教育	62.99	34.63	33.22	55.84	91.12	114.76
文化娱乐	625.89	173.85	219.27	337.40	739.51	1968.10
文娱耐用消费品	101.01	50.65	67.05	75.31	118.49	222.96
其他文娱用品	95.92	65.53	66.54	80.06	110.37	176.47
文化娱乐服务	428.96	57.67	85.68	182.03	510.64	1568.67
医疗保健	1172.64	773.24	928.71	948.62	1226.61	2231.40
医疗器具及药品	432.04	241.13	297.29	345.07	449.25	946.52
医疗服务	740.60	532.11	631.42	603.55	777.37	1284.89
门诊总费用	278.67	219.86	234.74	278.26	250.62	447.24
住院总费用	461.93	312.25	396.69	325.29	526.75	837.64
其他用品和服务	367.10	174.67	188.87	247.24	400.40	958.90
其他用品	144.59	87.76	84.81	98.23	146.37	350.95
其他服务	222.51	86.91	104.06	149.01	254.03	607.96
生产经营费用支出	**3096.72**	**4684.22**	**2447.56**	**2641.57**	**2142.58**	**3401.68**
第一产业经营费用支出	1762.42	2416.11	1715.12	1552.31	1272.31	1754.30
农业	418.57	503.27	527.79	485.33	330.21	188.79
林业	12.59	6.15	24.13	22.71	5.73	2.74
牧业	1291.61	1849.37	1118.39	1026.78	926.91	1491.62
渔业	39.65	57.33	44.81	17.49	9.46	71.14
第二产业经营费用支出	252.54	536.89	202.63	123.88	18.88	354.61
采矿业	1.18	0.00	2.32	3.42	0.01	0.02
制造业	74.93	115.07	21.25	87.58	8.04	149.90
电力、热力、燃气及水生产和供应业	20.42		92.42	5.77		
建筑业	156.01	421.82	86.63	27.11	10.83	204.68
第三产业经营费用支出	1081.76	1731.22	529.81	965.37	851.39	1292.78
批发和零售业	512.64	858.86	213.57	492.78	419.09	545.92
交通运输、仓储和邮政业	225.89	445.88	164.28	135.06	166.17	181.66
住宿和餐饮业	147.11	222.89	49.57	73.26	60.69	355.59
房地产业	0.08			0.04	0.05	0.38

2-8 续表 2

单位：元/人

指　　标	总平均	低收入户	中低收入户	中等收入户	中高收入户	高收入户
租赁和商务服务业	4.52	0.51	0.91	12.47	5.01	4.33
居民服务、修理和其他服务业	142.15	135.32	74.06	189.04	165.35	152.68
其他	41.88	63.18	12.62	54.36	28.07	50.33
农林牧渔服务业	7.49	4.58	14.80	8.37	6.97	1.90
财产性支出	**90.58**	**25.82**	**34.60**	**44.92**	**121.83**	**267.80**
生活贷款利息支出	86.59	23.95	30.35	43.08	116.44	260.22
住房贷款利息支出	79.49	19.68	26.28	39.62	113.10	236.70
其他生活贷款利息支出	7.09	4.27	4.07	3.46	3.35	23.52
其他财产性支出	4.00	1.87	4.26	1.83	5.39	7.57
非储蓄性财产保险支出	0.92	0.16	2.57	0.59	0.42	0.89
其他财产性支出	3.08	1.71	1.69	1.25	4.97	6.68
转移性支出	**1199.75**	**670.15**	**570.28**	**877.19**	**1461.05**	**2794.99**
个人所得税	33.57	1.52	1.36	3.89	13.41	177.08
社会保障支出	955.14	543.47	430.03	721.96	1215.14	2152.19
个人缴纳的养老保险	636.97	367.84	259.43	473.90	810.55	1470.92
个人缴纳的医疗保险	275.82	170.31	151.81	229.22	351.73	542.63
个人缴纳的失业保险	23.62	2.71	12.33	9.59	29.52	76.40
其他社会保障支出	18.74	2.61	6.46	9.25	23.33	62.23
外来从业人员寄给家人的支出						
城镇外来从业人员寄给家人的支出						
农村外来从业人员寄给家人的支出	7.40	24.54	4.35			5.38
赡养支出	129.47	55.80	57.17	84.20	173.26	324.12
其他转移性支出	74.16	44.82	77.36	67.14	59.26	136.21
部分商业保险支出	**44.65**	**41.08**	**34.51**	**36.86**	**37.84**	**79.60**
意外伤害保险	8.63	10.18	7.48	8.12	8.21	9.08
商业医疗保险(含大病保险)	14.94	11.42	7.63	13.66	8.14	38.34
其他非储蓄性商业保险	5.84	8.17	3.72	4.38	5.47	7.52
其他储蓄性商业保险	15.24	11.32	15.68	10.69	16.01	24.65
购置资产及非经常性转移支出	**3072.23**	**2281.01**	**2610.59**	**2625.87**	**3601.54**	**4652.37**
购置资产支出	914.43	716.92	841.21	690.39	894.10	1570.73
购买住房支出	312.37	356.04	359.92	289.79	404.50	112.96
建造住房支出	227.62	248.31	247.79	208.24	319.23	90.55
建造住房材料	84.75	107.72	112.13	81.56	85.26	22.41
建造住房雇工	441.73	252.70	357.07	269.88	347.19	1124.25
购建第一产业生产性固定资产	75.26	58.85	88.77	102.26	79.95	42.67
购买或建造农业生产性用房	25.95	11.30	28.46	49.95	25.93	13.82
购买用房建筑材料	16.68	8.15	17.27	31.46	14.06	12.80
建筑农业生产用房雇工	7.79	0.25	9.98	17.17	10.37	1.02
购买农业生产用房	0.66	2.89				
其他	0.81	0.01	1.21	1.32	1.50	
购买役畜	5.27	5.90	12.88	4.57	1.62	
购买产品畜	7.56	15.85	12.29	4.15	2.75	0.08
购买或建造农业设施	13.25	0.65	13.80	19.83	21.70	11.94
大棚、温室	10.88		8.88	16.79	20.34	10.06

2-8 续表 3

单位：元/人

指　　标	总平均	低收入户	中低收入户	中等收入户	中高收入户	高收入户
自备井						
喷灌设施	0.13	0.00	0.28	0.35		
其他农业设施	2.24	0.64	4.64	2.69	1.36	1.88
购买农业机械	23.24	25.16	21.35	23.75	27.96	16.83
大中型农用拖拉机	0.26		1.26			
小型(手扶)农用拖拉机	1.21			4.31	1.75	
农用排灌动力机械	0.57	0.02	0.22	0.50	1.09	1.23
插秧机	1.36			6.75		
收割机	3.42	0.35	5.41	0.53	10.84	
脱粒机	1.33	2.80	1.66	1.38	0.35	
其他农业机械	15.08	21.99	12.81	10.28	13.93	15.60
购建第二产业生产性固定资产支出	7.07	21.39	4.28	4.17	0.72	1.89
采矿业						
制造业	4.34	17.94		1.21		
电力、热力、燃气及水生产和供应业	2.37	3.45	4.28	2.96	0.50	
建筑业	0.36				0.22	1.89
购建第三产业生产性固定资产支出	62.17	16.03	22.64	22.19	39.93	249.01
批发和零售业	10.91	0.06	1.39	15.68	9.89	33.04
交通运输、仓储和邮政业	36.55	10.80	19.03	2.81	29.23	142.99
住宿和餐饮业	11.14		1.14	0.79	0.17	64.19
房地产业						
租赁和商务服务业	0.56	1.42	0.81	0.09		0.27
居民服务、修理和其他服务业	1.33	0.34	0.17	2.82	0.30	3.51
其他	1.70	3.41	0.10		0.35	5.00
购建其他资产支出	15.83	11.91	8.54	2.10	21.80	39.95
非经常性转移支出	2157.80	1564.09	1769.38	1935.47	2707.45	3081.64
博彩支出	30.42	15.93	19.48	16.30	37.19	73.05
婚丧嫁娶礼金支出	1558.89	1166.93	1322.69	1520.46	1924.68	2009.05
一次性赔偿支出	7.98	23.37	3.28	1.16	5.83	3.57
一次性馈赠支出	331.83	140.08	197.52	237.68	450.24	737.31
其他非经常性转移支出	61.34	45.76	57.37	58.53	75.36	74.62
借贷性支出	**2038.66**	**701.82**	**901.65**	**1147.25**	**2615.88**	**5690.73**
存入储蓄款	1093.10	361.35	436.87	510.55	1283.40	3395.66
借出款	100.43	19.67	41.26	85.09	154.58	240.05
归还借款	221.27	199.26	218.99	192.13	239.92	267.70
购买有价证券	60.60		8.00	0.08	2.74	349.93
其他投资支出	16.80	2.27		5.27	22.34	65.15
归还住房贷款	377.46	54.76	67.37	224.09	740.88	966.99
归还汽车贷款	85.26	17.40	89.53	30.07	105.98	215.28
归还教育贷款	0.80			2.91		1.25
归还其他贷款	41.01	17.43	32.78	3.10	27.65	145.00
其他借贷支出	41.94	29.68	6.85	93.95	38.39	43.72

2-9 居民家庭基本情况(2016年)

指标	单位	全体居民	城镇常住居民	农村常住居民
住户常住地				
居委会住户	%	40.81	85.57	3.78
村委会住户	%	59.19	14.43	96.22
城镇居委会住户	%	38.74	85.57	
城镇村委会住户或农村住户	%	61.26	14.43	100.00
住户类型				
家庭居住户	%	99.99	99.98	100.00
集体居住户	%	0.01	0.02	
户主文化程度				
未上过学	%	2.92	1.14	4.40
小学	%	28.70	15.95	39.25
初中	%	44.85	40.07	48.81
高中	%	14.09	23.47	6.32
大学专科	%	6.20	12.33	1.13
大学本科	%	3.06	6.67	0.07
研究生	%	0.18	0.37	0.02
住户经营情况				
生产经营户	%	43.83	27.21	52.52
#农业生产经营户	%	70.58	29.84	81.60
#非农生产经营户	%	23.99	66.67	12.43
#兼营户	%	5.43	3.49	5.96
非生产经营户	%	56.17	72.79	47.48
按家庭规模分的住户类型				
一人户	%	6.25	6.33	6.18
二人户	%	32.80	31.65	33.75
三人户	%	30.20	35.01	26.23
四人户	%	16.52	14.42	18.25
五人户	%	9.98	9.57	10.31
六人及以上户	%	4.26	3.03	5.28
按世代分的住户类型				
一代户	%	25.85	30.52	21.98
二代户	%	43.12	47.29	39.67
三代户	%	29.63	21.47	36.38
四代及以上户	%	1.40	0.71	1.97
住户特征				
纯老人户	%	25.48	26.15	25.00
家中有未成年子女户	%	69.43	65.25	72.45
年轻夫妻无子女户	%	0.65	1.44	0.07
无劳动力户	%	4.44	7.16	2.48

2-10 居民家庭人口和就业情况(2016年)

指　　标	单位	全体居民	城镇常住居民	农村常住居民
期内住户家庭常住成员数	**人/户**	**3.05**	**2.99**	**3.10**
常住成员情况				
性别				
男性	%	49.19	49.06	49.30
女性	%	50.81	50.94	50.70
年龄				
5岁及以下	%	4.54	4.04	4.94
6-15岁	%	12.47	10.00	14.44
16-19岁	%	4.70	4.53	4.84
20-24岁	%	4.23	4.43	4.08
25-29岁	%	4.45	5.17	3.87
30-34岁	%	4.21	5.76	2.97
35-40岁	%	6.34	8.36	4.73
41-50岁	%	20.42	21.50	19.57
51-60岁	%	16.31	16.41	16.23
61-65岁	%	9.21	8.09	10.09
66岁及以上	%	13.12	11.71	14.25
民族				
汉族	%	95.16	97.13	93.59
壮族	%	0.06	0.07	0.05
回族	%	0.11	0.21	0.04
苗族	%	0.07	0.02	0.11
维吾尔族	%			
蒙古族	%	0.02	0.02	0.02
藏族	%	1.95	0.82	2.85
其他民族	%	3.04	2.02	3.85
户口性质				
农业	%	66.10	30.01	94.90
非农业	%	33.60	69.44	4.99
其他	%	0.30	0.55	0.11
参加医疗保险情况	-			
新型农村合作医疗	%	62.28	24.52	92.43
城镇职工基本医疗保险	%	14.02	29.34	1.80
城镇居民基本医疗保险	%	17.61	34.46	4.16
公费医疗	%	0.25	0.54	0.02
商业医疗保险	%	0.49	0.91	0.16
其他医疗保险	%	1.53	2.88	0.46
没有参加任何医疗保险	%	3.81	7.36	0.97
住户成员受教育程度(6周岁以上)				
未上过学	%	5.60	2.74	7.91
小学	%	32.38	20.71	41.76
初中	%	35.97	33.95	37.60
高中	%	14.62	22.26	8.48
大学专科	%	6.96	12.18	2.76
大学本科	%	4.18	7.67	1.38
研究生	%	0.28	0.50	0.11
住户成员婚姻状况(15周岁以上)				
未婚	%	6.54	7.55	5.69
有配偶	%	88.38	87.11	89.45
离婚	%	1.87	2.52	1.32
丧偶	%	3.22	2.82	3.54

2-10 续表 1

指 标	单位	全体居民	城镇常住居民	农村常住居民
常住劳动力情况				
劳动力人数	人/户	2.15	2.17	2.14
整劳动力人数	%	45.78	51.94	40.60
半劳动力人数	%	54.22	48.06	59.40
性别				
男性	%	49.04	48.77	49.26
女性	%	50.96	51.23	50.74
年龄				
16-19岁	%	0.92	0.71	1.10
20-24岁	%	3.21	2.98	3.40
25-29岁	%	6.10	6.99	5.35
30-34岁	%	5.93	7.88	4.30
35-40岁	%	8.93	11.45	6.82
41-50岁	%	28.64	29.25	28.12
51-60岁	%	22.33	21.40	23.12
61-65岁	%	11.77	9.58	13.61
66岁及以上	%	12.17	9.77	14.19
住户成员受教育程度				
未上过学	%	4.39	1.53	6.80
小学	%	27.83	14.86	38.75
初中	%	41.50	37.51	44.86
高中	%	14.70	23.82	7.03
大学专科	%	7.53	13.97	2.11
大学本科	%	3.80	7.79	0.44
研究生	%	0.24	0.51	0.01
是否离退休人员				
行政事业单位离退休	%	1.79	3.71	0.17
其他单位离退休	%	7.49	14.86	1.29
未退休	%	90.72	81.42	98.54
参加养老保险情况				
新型农村社会养老保险	%	44.48	13.56	70.50
城镇职工基本养老保险	%	19.75	39.28	3.33
(城镇)居民社会养老保险	%	13.01	21.59	5.80
商业养老保险	%	0.44	0.55	0.36
其他养老保险	%	3.01	2.66	3.30
没有参加任何养老保险	%	19.30	22.36	16.72
本季度就业类型				
雇主	%	0.86	1.56	0.41
公职人员	%	1.53	3.69	0.13
事业单位人员	%	3.18	6.92	0.77
国有企业雇员	%	2.00	4.71	0.24
其他雇员	%	38.23	59.20	24.66
农业自营	%	42.39	8.19	64.52
非农自营	%	11.80	15.72	9.27
从事主要行业				
第一产业	%	42.89	9.16	64.72
第二产业	%	16.57	20.63	13.95
采矿业	%	4.25	6.12	2.47
制造业	%	35.65	38.05	33.35
电力、热力、燃气及水生产供应业	%	9.52	15.93	3.40
建筑业	%	50.57	39.91	60.78
第三产业	%	40.54	70.21	21.34
批发和零售业	%	25.10	24.14	27.14
交通运输、仓储和邮政业	%	10.10	8.75	12.97

2-10 续表 2

指　　标	单位	全体居民	城镇常住居民	农村常住居民
住宿和餐饮业	%	9.91	8.51	12.90
信息传输、软件业和信息技术服务业	%	2.64	2.96	1.97
金融业	%	2.17	3.09	0.21
房地产业	%	0.71	0.85	0.40
租赁和商务服务业	%	2.00	2.46	1.04
科学研究和技术服务业	%	0.39	0.54	0.06
水利、环境和公共设施管理业	%	0.92	0.83	1.12
居民服务、修理和其他服务业	%	23.31	22.49	25.06
教育	%	5.07	5.75	3.63
卫生和社会工作	%	4.99	5.19	4.55
文化、体育和娱乐业	%	2.42	2.97	1.26
公共管理、社会保障和社会组织	%	10.24	11.44	7.68
国际组织	%	0.02	0.03	
从事主要职业				
国家机关、党群组织、企业、事业单位负责人	%	1.54	3.05	0.57
专业技术人员	%	8.76	13.72	5.54
办事人员和有关人员	%	9.49	19.26	3.16
商业、服务业人员	%	16.51	27.48	9.41
农、林、牧、渔、水利业生产人员	%	42.64	8.91	64.47
生产、运输设备操作人员及有关人员	%	7.57	9.74	6.17
军人	%	0.16	0.31	0.06
不便分类的其他从业人员	%	13.34	17.52	10.63
常住从业人员情况				
常住成员从业人数	人/户	1.80	1.56	1.99
性别				
男性	%	51.65	53.10	50.72
女性	%	48.35	46.90	49.28
年龄				
16-19岁	%	0.75	0.53	0.88
20-24岁	%	3.39	3.62	3.24
25-29岁	%	6.58	8.77	5.17
30-34岁	%	6.64	10.20	4.34
35-40岁	%	10.16	15.08	6.98
41-50岁	%	32.40	37.20	29.28
51-60岁	%	21.50	18.51	23.44
61-65岁	%	9.70	3.95	13.43
66岁及以上	%	8.87	2.13	13.23
参加医疗保险情况	%			
新型农村合作医疗	%	67.28	27.76	92.86
城镇职工基本医疗保险	%	14.25	33.07	2.07
(城镇)居民基本医疗保险	%	14.98	31.54	4.27
公费医疗	%	0.20	0.48	0.02
商业医疗保险	%	0.27	0.45	0.15
其他医疗保险	%	0.55	1.04	0.24
没有参加任何医疗保险	%	2.73	6.13	0.53
受教育程度	%			
未上过学	%	4.26	0.78	6.51
小学	%	28.30	12.34	38.62
初中	%	42.00	36.59	45.50
高中	%	13.47	23.70	6.86
大学专科	%	7.54	16.05	2.03
大学本科	%	4.15	9.86	0.46
研究生	%	0.28	0.68	0.01

2-10 续表 3

指 标	单位	全体居民	城镇常住居民	农村常住居民
离退休人员				
行政事业单位离退休	%	0.18	0.32	0.09
其他单位离退休	%	1.38	2.26	0.82
未退休	%	98.43	97.42	99.09
参加养老保险情况				
新型农村社会养老保险	%	49.70	15.89	71.59
城镇职工基本养老保险	%	15.78	35.39	3.09
(城镇)居民社会养老保险	%	11.54	21.14	5.32
商业养老保险	%	0.45	0.57	0.37
其他养老保险	%	2.85	2.28	3.22
没有参加任何养老保险	%	19.87	24.96	16.57
就业类型				
雇主	%	0.86	1.56	0.41
公职人员	%	1.53	3.69	0.13
事业单位人员	%	3.18	6.92	0.77
国有企业雇员	%	2.00	4.71	0.24
其他雇员	%	38.23	59.20	24.66
农业自营	%	42.39	8.19	64.52
非农自营	%	11.80	15.72	9.27
从事主要行业				
第一产业	%	42.89	9.16	64.72
第二产业	%	16.57	20.63	13.95
采矿业	%	4.25	6.12	2.47
制造业	%	35.65	38.05	33.35
电力、热力、燃气及水生产供应业	%	9.52	15.93	3.40
建筑业	%	50.57	39.91	60.78
第三产业	%	40.54	70.21	21.34
批发和零售业	%	25.10	24.14	27.14
交通运输、仓储和邮政业	%	10.10	8.75	12.97
住宿和餐饮业	%	9.91	8.51	12.90
信息传输、软件业和信息技术服务业	%	2.64	2.96	1.97
金融业	%	2.17	3.09	0.21
房地产业	%	0.71	0.85	0.40
租赁和商务服务业	%	2.00	2.46	1.04
科学研究和技术服务业	%	0.39	0.54	0.06
水利、环境和公共设施管理业	%	0.92	0.83	1.12
居民服务、修理和其他服务业	%	23.31	22.49	25.06
教育	%	5.07	5.75	3.63
卫生和社会工作	%	4.99	5.19	4.55
文化、体育和娱乐业	%	2.42	2.97	1.26
公共管理、社会保障和社会组织	%	10.24	11.44	7.68
国际组织	%	0.02	0.03	
从事主要职业				
国家机关、党群组织、企业、事业单位负责人	%	1.54	3.05	0.57
专业技术人员	%	8.76	13.72	5.54
办事人员和有关人员	%	9.49	19.26	3.16
商业、服务业人员	%	16.51	27.48	9.41
农、林、牧、渔、水利业生产人员	%	42.64	8.91	64.47
生产、运输设备操作人员及有关人员	%	7.57	9.74	6.17
军人	%	0.16	0.31	0.06
不便分类的其他从业人员	%	13.34	17.52	10.63

2-11 居民家庭住房基本情况(2016年)

指 标	单位	全体居民	城镇常住居民	农村常住居民
现住房建筑面积	平方米/人	43.58	37.32	48.57
现住房情况	–			
居住空间样式	–			
单栋楼房	%	39.78	20.56	55.67
单栋平房	%	21.14	6.53	33.23
四居室及以上单元房	%	2.21	3.89	0.82
三居室单元房	%	17.80	37.30	1.67
二居室单元房	%	12.08	26.28	0.34
一居室单元房	%	1.17	2.49	0.09
筒子楼或连片平房	%	1.65	2.14	1.24
其他	%	4.16	0.81	6.94
主要建筑材料	–			
钢筋混凝土	%	27.84	40.66	17.24
砖混材料	%	49.03	53.34	45.46
砖瓦砖木	%	16.43	5.25	25.69
竹草土坯	%	1.87	0.17	3.28
其他	%	4.83	0.59	8.33
现住房房屋来源	–			
租赁公房	%	1.16	2.26	0.26
租赁私房	%	3.30	6.07	1.00
自建住房	%	63.67	25.30	95.40
购买商品房	%	18.83	39.93	1.38
购买房改住房	%	6.44	13.70	0.44
购买保障性住房	%	0.87	1.89	0.02
拆迁安置房	%	3.99	8.50	0.26
继承或获赠住房	%	0.73	0.85	0.63
免费借用房	%	0.49	0.72	0.31
雇主提供免费住房	%	0.17	0.35	0.02
其他来源	%	0.35	0.43	0.28
现住房建筑面积	–			
10平方米以内	%	0.08	0.10	0.07
10-20平方米	%	0.37	0.78	0.02
20-30平方米	%	0.51	1.02	0.08
30-60平方米	%	6.52	11.18	2.67
60-90平方米	%	18.45	27.79	10.72
90-120平方米	%	31.40	29.89	32.64
120-200平方米	%	31.16	23.53	37.47
200平方米以上	%	11.52	5.71	16.33
现住房建筑年份				
当年新建	%	2.22	0.93	3.31
1-5年	%	20.24	12.55	26.79
6-10年	%	17.99	22.23	14.38
11-20年	%	31.90	37.48	27.15
21-50年	%	23.13	19.29	26.41
51-99年	%	0.60	0.30	0.85
100年以上	%	3.93	7.22	1.12

2-12 居民家庭固定资产投资及拥有情况(2016年)

指　标	单位	全体居民	城镇常住居民	农村常住居民
农业生产投资情况	--			
主要农业生产性固定资产数量	--			
生产性用房及建筑物	平方米/户	20.78	2.65	35.77
大中型农用拖拉机	台/百户	0.24	0.25	0.24
小型农用拖拉机	台/百户	2.35	0.59	3.80
农用排灌动力机械	台/百户	2.36	0.18	4.17
插秧机	台/百户	0.05		0.08
收割机	台/百户	0.53	0.10	0.89
脱粒机	台/百户	7.73	1.14	13.18
役畜	头/百户	5.70	0.43	10.06
产品畜	头/百户	41.11	3.89	71.90
期末农业生产性固定资产原价	--			
农业固定资产原价	元/人	967.54	213.07	1569.81
生产性用房及建筑物	元/人	563.33	131.54	908.02
役畜	元/人	91.26	6.90	158.60
农业设施	元/人	56.19	40.08	69.05
农业机械	元/人	189.54	27.99	318.50
林业固定资产原价	元/人	2.04		3.67
生产性用房及建筑物	元/人	0.57		1.02
机械设备	元/人	1.47		2.65
牧业固定资产原价	元/人	767.30	110.62	1291.51
生产性用房及建筑物	元/人	506.73	61.15	862.42
产品畜	元/人	229.33	29.48	388.86
渔业固定资产原价	元/人	23.24	0.29	41.57
农林牧渔服务业固定资产原价	元/人	71.21	6.67	122.74
期内农业生产性固定资产投资及资金来源	--			
期内自建农业生产性用房	--			
期内自建农业生产性用房建筑面积	平方米/人	0.94	0.19	1.55
期内自建农业生产性用房价值	元/人	122.40	27.68	198.01
期内固定资产投资总额	元/人	218.52	50.87	352.34
来自银行、信用社贷款	元/人	12.03	0.12	21.54
来自亲友借款	元/人	7.81	3.24	11.45
来自自筹资金	元/人	192.70	47.51	308.60
来自其他资金	元/人	5.98		10.75
非农业生产投资情况	--			
非农产业固定资产数量	--			

2-12 续表

指 标	单位	全体居民	城镇常住居民	农村常住居民
出租住房	平方米/人	2.21	4.18	0.64
出租商用建筑物	平方米/人	0.47	0.75	0.25
期末非农产业固定资产原价	--			
采矿业	元/人	1.92		3.46
制造业	元/人	59.54	57.71	61.00
电力、热力、燃气及水生产和供应业	元/人	24.95	56.20	
建筑业	元/人	227.44	277.15	187.76
批发和零售业	元/人	1119.13	1932.38	469.93
交通运输、仓储和邮政业	元/人	600.69	665.62	548.87
住宿和餐饮业	元/人	285.71	412.16	184.77
房地产业	元/人	15.21	34.26	
租赁和商务服务业	元/人	29.38	66.19	
居民服务、修理和其他服务业	元/人	381.05	688.11	135.93
其他行业	元/人	35.95	23.28	46.06
期内非农产业固定资产投资及资金来源	--			
期内非农产业固定资产投资总额	元/人	1406.37	2344.17	657.77
期内非农产业固定资产投资构成	--			
生产性用房及建筑物	元/人	433.77	639.61	269.45
机械设备	元/人	300.38	403.11	218.36
其他	元/人	654.25	1259.11	171.41
期内非农产业固定资产投资资金来源	--			
银行、信用社贷款	元/人	22.94	44.19	5.98
亲友借款	元/人	37.57	76.79	6.27
自筹资金	元/人	1211.49	1973.31	603.36
其他资金	元/人	112.57	209.57	35.13
生活投资情况	--			
期内新建住房情况	--			
期内新建住房竣工建筑面积	平方米/人	0.29	0.06	0.48
期内新建住房总费用	万元/人	0.03	0.01	0.05
期内新建住房资金来源	--			
银行、信用社贷款	万元/人	0.00		0.00
亲友借款	万元/人	0.01	0.00	0.01
自筹资金	万元/人	0.02	0.01	0.03
其他资金	万元/人	0.00	0.00	0.00
期内住房大修或装修费用	万元/人	0.01	0.01	0.00

2-13 居民家庭主要食品消费量(2016年)

单位：公斤/人

指　标	全体居民	城镇常住居民	农村常住居民
粮食消费量	**155.84**	**120.00**	**184.45**
谷物消费量	142.98	106.76	171.89
小麦	27.49	29.08	26.22
稻谷	107.02	69.31	137.13
玉米	4.18	3.37	4.82
其他谷物	4.29	5.00	3.72
薯类消费量	4.57	3.55	5.38
红薯	2.31	1.01	3.36
马铃薯	1.79	1.83	1.76
其他薯类	0.46	0.70	0.26
豆类消费量	8.29	9.69	7.18
大豆	1.74	0.94	2.37
其他豆类	6.55	8.75	4.80
油脂类消费量	**12.89**	**13.72**	**12.23**
植物油	11.61	12.69	10.74
动物油	1.29	1.02	1.50
蔬菜及菜制品消费量	**130.01**	**139.24**	**122.65**
鲜菜	127.25	134.64	121.36
干菜及菜制品	0.98	1.60	0.48
鲜菌	1.57	2.63	0.72
干菌及菌制品	0.22	0.37	0.10
肉类	**37.56**	**42.99**	**33.23**
猪肉	32.99	35.16	31.25
牛肉	1.27	2.28	0.46
羊肉	0.60	0.86	0.39
其他肉类及制品	2.71	4.69	1.12
禽类	**11.30**	**12.93**	**9.99**
鸡	6.97	7.08	6.88
鸭	2.99	3.86	2.29
鹅	0.12	0.15	0.09
其他禽类及制品	1.22	1.84	0.73
水产品	**7.27**	**9.40**	**5.58**
鱼类	6.39	7.96	5.13
虾、贝、蟹类	0.16	0.31	0.04
藻类	0.34	0.51	0.22
其他	0.38	0.62	0.19
蛋类及蛋制品	**8.61**	**8.65**	**8.58**
鲜蛋	8.28	8.11	8.42
蛋制品	0.33	0.54	0.16
奶和奶制品	11.06	16.27	6.91
鲜奶	6.69	10.51	3.63
酸奶	2.05	3.07	1.23
奶粉	0.38	0.55	0.23
其他奶制品	1.95	2.14	1.81
干鲜瓜果类	**37.60**	**49.03**	**28.48**
鲜瓜果	33.43	43.02	25.78
瓜果制品	0.37	0.56	0.22
坚果类	3.79	5.44	2.48
糖果糕点类	**5.42**	**6.22**	**4.78**
食糖	1.90	1.86	1.93
糖果	0.81	0.87	0.76
糕点	2.16	2.73	1.70
其他糖果糕点	0.55	0.75	0.39
饮料	**0.29**	**0.34**	**0.25**
茶叶	0.29	0.34	0.25
烟叶消费量	**30.65**	**23.87**	**36.05**
酒	**9.02**	**7.24**	**10.44**
白酒	4.03	3.48	4.46
啤酒	4.93	3.65	5.95
果酒	0.06	0.10	0.03

2-14 居民家庭农产品自产自用情况(2016年)

单位：元/人

指　标	全体居民	城镇常住居民	农村常住居民
农产品自产自用	**1055.68**	**147.53**	**1780.63**
农业产品	703.84	89.45	1194.28
谷物	361.74	37.61	620.49
薯类	124.57	11.90	214.51
豆类	11.28	2.17	18.55
棉花	1.13	0.00	2.04
麻类			
油料	55.17	9.68	91.49
糖料	0.03	0.02	0.03
烟草	0.07	0.12	0.03
蔬菜及食用菌	119.47	23.52	196.07
水果	1.95	0.17	3.37
果用瓜	0.08	0.01	0.14
干制水果及水果籽	0.01		0.03
坚果	0.61	0.03	1.07
饮料原料	0.00		0.00
香料原料	0.07	0.08	0.07
中草药	0.01	0.00	0.02
初加工农产品	0.11	0.00	0.20
其他农产品	27.51	4.14	46.17
林业产品	41.84	5.01	71.25
人工林产品	0.01	0.01	0.02
采集林产品	0.17		0.30
其他林产品	41.66	5.00	70.93
牧业产品	304.58	52.61	505.73
家畜	179.90	29.01	300.35
家禽	71.25	14.53	116.53
蛋类	47.67	8.43	78.99
奶类	0.36	0.03	0.62
其他牧业产品	5.13	0.53	8.80
其他动物	0.26	0.08	0.41
狩猎和捕捉野生动物	0.02		0.03
渔业产品	5.42	0.47	9.37
养殖产品	5.14	0.45	8.89
捕捞产品	0.20	0.01	0.35
其他渔业产品	0.07	0.00	0.13

2-15 全省居民平均每百户年末主要耐用消费品拥有量(2013-2016年)

指　标	单位	2013年	2014年	2015年	2016年
家用汽车	辆	11.2	13.2	15.3	20.4
摩托车	辆	31.7	39.9	38.0	35.9
助力车	台	17.2	18.8	21.0	25.8
洗衣机	台	82.9	85.5	88.6	91.5
电冰箱(柜)	台	79.7	84.5	88.9	94.6
微波炉	台	21.9	24.0	25.2	27.8
彩色电视机	台	113.0	115.5	117.6	117.9
其中：接入有线电视	台	58.6	66.8	65.7	65.9
空调	台	47.6	53.3	60.4	73.1
热水器	台	59.7	64.8	68.2	75.1
其中：太阳能热水器	台	14.5	16.8	18.4	20.3
消毒碗柜	台	4.6	4.5	4.2	4.7
洗碗机	台	0.4	0.6	0.4	0.5
排油烟机	台	26.0	26.8	28.5	32.9
固定电话	线	31.5	39.0	29.5	26.5
移动电话	部	195.2	210.0	221.6	238.0
其中：接入互联网	部	41.9	55.8	57.3	80.8
计算机	台	27.8	31.7	35.4	38.8
其中：接入互联网	台	20.6	24.9	27.2	30.3
摄像机	台	2.9	2.7	2.3	2.3
照相机	台	12.7	12.4	11.9	10.3
中高档乐器	架	1.0	1.1	1.0	1.6
健身器材	台	1.2	1.6	1.6	1.7
组合音响	套	7.2	7.4	6.2	5.0

2-16 土地经营和主要农产品产量情况(2016年)

指　标	单位	全体居民	城镇常住居民	农村常住居民
家庭实际经营土地情况				
期初实际经营土地面积	亩/人	1.31	0.17	2.21
耕地面积	亩/人	0.81	0.13	1.35
有效灌溉面积	亩/人	0.40	0.06	0.67
林地面积	亩/人	0.32	0.03	0.55
园地面积	亩/人	0.05	0.00	0.08
牧草地面积	亩/人	0.11	0.00	0.20
养殖水面面积	亩/人	0.02	0.01	0.04
期末实际经营土地面积	亩/人	1.30	0.17	2.19
耕地面积	亩/人	0.80	0.12	1.35
其中：有效灌溉面积	亩/人	0.40	0.07	0.66
林地面积	亩/人	0.31	0.04	0.53
园地面积	亩/人	0.05	0.00	0.08
牧草地面积	亩/人	0.11	0.00	0.20
养殖水面面积	亩/人	0.02	0.01	0.04
期内土地种植情况				
期内主要粮食播种面积	亩/人	0.92	0.12	1.56
小麦播种面积	亩/人	0.08	0.01	0.14
水稻播种面积	亩/人	0.31	0.05	0.52
玉米播种面积	亩/人	0.32	0.04	0.54
大豆播种面积	亩/人	0.06	0.01	0.10
薯类播种面积	亩/人	0.15	0.01	0.25
期内主要经济作物播种面积	亩/人	0.34	0.06	0.57
棉花播种面积	亩/人	0.00	0.00	0.00
油料作物播种面积	亩/人	0.18	0.02	0.31
糖料作物播种面积	亩/人	0.00	0.00	0.00
蔬菜播种面积	亩/人	0.11	0.02	0.18
其中:设施蔬菜播种面积	亩/人	0.01	0.00	0.01
水果播种面积	亩/人	0.04	0.01	0.07
其中:设施水果播种面积	亩/人	0.00	0.00	0.00
农业生产技术应用情况	亩/人	0.33	0.07	0.54
1.机耕面积	亩/人	0.18	0.03	0.29
2.机播面积	亩/人	0.01	0.00	0.02
3.机收面积	亩/人	0.11	0.02	0.18
4.机电灌溉面积	亩/人	0.03	0.01	0.05
主要农产品产量				
谷物产量	公斤/人	295.08	41.75	497.31
面积	亩/人	0.70	0.09	1.18

2-16 续表

指 标	单位	全体居民	城镇常住居民	农村常住居民
小麦产量	公斤/人	22.50	3.06	38.02
面积	亩/人	0.08	0.01	0.13
稻谷产量	公斤/人	147.50	23.80	246.26
面积	亩/人	0.31	0.05	0.51
玉米产量	公斤/人	123.03	14.12	209.97
面积	亩/人	0.31	0.04	0.52
高粱产量	公斤/人	0.24	0.09	0.36
面积	亩/人	0.00	0.00	0.00
谷子产量	公斤/人			
面积	亩/人			
青稞产量	公斤/人	0.01		0.02
面积	亩/人	0.00		0.00
其他谷物产量	公斤/人	1.80	0.69	2.68
面积	亩/人	0.01	0.00	0.01
薯类产量	公斤/人	30.89	2.92	53.21
面积	亩/人	0.16	0.02	0.27
红薯产量	公斤/人	28.48	2.79	49.00
面积	亩/人	0.14	0.01	0.24
马铃薯产量	公斤/人	2.40	0.13	4.21
面积	亩/人	0.02	0.00	0.03
其他薯类产量	公斤/人	0.01	0.00	0.01
面积	亩/人	0.00	0.00	0.00
豆类产量	公斤/人	8.12	1.05	13.76
面积	亩/人	0.06	0.01	0.11
大豆产量	公斤/人	7.40	0.98	12.52
面积	亩/人	0.06	0.01	0.10
其他豆类产量	公斤/人	0.72	0.07	1.24
面积	亩/人	0.01	0.00	0.01
棉花产量	公斤/人	0.22	0.00	0.39
面积	亩/人	0.00	0.00	0.00
油料产量	公斤/人	26.38	3.28	44.82
面积	亩/人	0.18	0.02	0.31
花生产量	公斤/人	2.66	0.48	4.39
面积	亩/人	0.02	0.00	0.03
芝麻产量	公斤/人	0.06	0.01	0.10
面积	亩/人	0.00	0.00	0.00
油菜籽产量	公斤/人	23.66	2.79	40.31
面积	亩/人	0.17	0.02	0.28

2-17 城镇居民家庭人均收支及恩格尔系数(1980-2016年)

年 份	城镇居民家庭人均可支配收入		城镇居民家庭人均消费性支出		恩格尔系数(%)
	绝对数(元)	比上年±%	绝对数(元)	比上年±%	
1980	391		364		58.51
1981	412	5.4	396	9.0	59.51
1982	445	8.0	407	2.6	59.77
1983	493	10.8	457	12.3	59.03
1984	581	17.8	517	13.1	57.27
1985	695	19.6	680	31.5	51.45
1986	849	22.2	787	15.8	52.69
1987	948	11.7	889	13.0	52.85
1988	1130	19.2	1086	22.1	51.82
1989	1349	19.4	1184	9.0	55.66
1990	1490	10.5	1281	8.3	53.82
1991	1691	13.5	1488	16.1	51.91
1992	1989	17.6	1651	11.0	54.12
1993	2408	21.1	2034	23.2	52.08
1994	3297	37.0	2806	38.0	51.71
1995	4003	21.4	3429	22.2	51.33
1996	4406	10.1	3733	8.9	51.57
1997	4723	7.2	4093	9.6	49.10
1998	5127	8.5	4383	7.1	44.92
1999	5478	6.8	4499	2.7	43.88
2000	5894	7.6	4856	7.9	41.47
2001	6360	7.9	5176	6.6	40.22
2002	6611	3.9	5413	4.6	39.83
2003	7042	6.5	5759	6.4	38.91
2004	7710	9.5	6371	10.6	40.18
2005	8386	8.8	6891	8.2	39.33
2006	9350	11.5	7525	9.2	37.71
2007	11098	18.7	8692	15.5	41.19
2008	12633	13.8	9679	11.4	43.96
2009	13839	9.5	10857	12.2	40.40
2010	15461	11.7	12105	11.5	39.49
2011	17899	15.8	13696	13.1	40.68
2012	20307	13.5	15050	9.9	40.36
2013	22228	10.1	16098	8.6	34.88
2014	24234	9.0	17760	10.3	34.94
2015	26205	8.1	19277	8.5	35.19
2016	28335	8.1	20660	7.2	34.50

注：从2013年起，国家统计局开展了城乡一体化住户收支和生活状况调查，与2012年前的分城镇和农村住户调查的调查范围、调查方法、指标口径有所不同。

2-18 城镇居民人均可支配收入(2013-2016年)

单位：元/人

项　目	2013年	2014年	2015年	2016年
城镇常住居民人均可支配收入	**22227.51**	**24234.41**	**26205.25**	**28335.30**
工资性收入	**13115.74**	**14262.37**	**15242.25**	**16219.06**
工资	12368.99	13365.21	14253.89	15179.29
按月发放的工资	11100.56	11805.49	12808.64	13654.27
补发工资	256.82	240.22	364.44	351.35
不按月发放的奖金、津贴、过节费等	1011.60	1319.50	1080.81	1173.66
实物福利	93.20	93.09	90.86	75.16
从单位或雇主得到的实物产品折价	18.49	13.06	14.47	13.10
食品	10.36	8.20	9.61	9.79
谷物、薯类及豆类	1.91	2.43	3.57	2.19
食用油(植物油)	3.33	2.61	2.84	3.02
蔬菜及制品	0.05	0.39	0.15	0.11
肉、禽、蛋、奶及制品	1.53	1.41	1.07	1.27
水产品及制品	0.04	0.02		0.05
糖、烟、酒、饮料类	0.93	0.34	0.71	1.10
干鲜瓜果类	0.57	0.13	0.31	0.27
其他类食品	1.99	0.88	0.96	1.77
衣着	0.38	0.48	0.44	0.32
居住	0.29	0.02	0.19	0.00
家庭设备和日用品	0.93	1.18	1.58	1.46
交通、通信工具及用品	1.10	1.41	0.60	0.04
教育文化娱乐用品	0.33	0.43	0.19	0.02
医疗保健用品	3.39	0.42	1.53	0.70
其他用品	1.72	0.92	0.33	0.78
从单位或雇主得到的服务折价	70.84	80.03	76.40	62.06
免费或低价提供的工作餐	58.66	71.72	71.71	60.62
免费或低价提供的住宿	1.72	2.40	0.51	0.01
单位缴纳的水电费、取暖费、物业费等	0.26	0.09	0.03	
免费或低价提供的交通和通信服务	4.95	4.37	2.83	0.07
单位缴纳的教育入学赞助费	0.15		0.15	0.10
免费或低价提供的旅游服务	2.12	0.11	0.18	0.30
其他服务	2.97	1.35	0.99	0.95
单位或雇主实物福利报销所得	3.87			
其他	653.55	804.07	897.50	964.61
住房公积金	323.67	472.62	611.12	573.05
辞退金	9.64	0.64	1.11	12.04
自由职业劳动所得(如稿费、翻译费)	52.61	41.22	4.59	7.74
安家费	4.02		0.31	1.35
股票期权	3.95	0.53		0.19
其他劳动所得	259.67	289.06	280.36	370.24
经营净收入	**2567.40**	**2903.80**	**3054.36**	**3326.73**
第一产业经营净收入	386.04	378.27	424.76	498.56
农业	237.48	218.69	255.11	267.19

2-18 续表 1

单位：元/人

项　目	2013年	2014年	2015年	2016年
林业	5.26	10.30	7.87	7.51
牧业	141.22	146.49	159.65	201.07
渔业	2.08	2.80	2.13	22.79
第二产业经营净收入	156.75	176.38	186.32	78.04
采矿业	-1.42	20.05	3.16	-0.54
制造业	47.19	64.68	23.72	19.29
电力、热力、燃气及水生产和供应业	2.46	-0.43	-0.19	12.49
建筑业	108.52	92.09	159.64	46.79
第三产业经营净收入	2024.60	2349.14	2443.28	2750.13
批发和零售业	990.66	1143.28	1285.75	1475.22
交通运输、仓储和邮政业	303.44	335.68	265.35	169.76
住宿和餐饮业	198.73	336.38	286.52	478.53
房地产业	17.60	13.95	18.44	11.69
租赁和商务服务业	131.34	56.19	37.77	29.02
居民服务、修理和其他服务业	310.85	435.92	489.88	492.02
其他	67.05	23.00	54.35	78.90
农林牧渔服务业	4.92	4.74	5.21	14.99
财产净收入	**1842.35**	**1891.24**	**2168.96**	**2363.48**
利息净收入	83.89	72.98	21.90	-0.78
红利收入	150.57	106.76	99.12	184.71
集体分配的红利	35.54	10.52	25.09	26.29
其他红利收入	115.03	96.66	74.03	158.75
储蓄性保险净收益	5.71	4.14	7.58	2.08
转让承包土地经营权租金净收入	26.25	51.38	29.60	41.60
出租房屋财产性收入	401.39	497.78	774.04	865.94
出租机械、专利、版权等资产的收入	7.37	2.81	17.59	36.55
其他财产净收入	38.71	10.58	13.77	28.40
房屋虚拟租金	1128.47	1144.82	1205.37	1204.98
转移净收入	**4702.02**	**5177.00**	**5739.68**	**6426.03**
转移性收入	5891.93	6659.14	7417.36	8435.29
养老金或离退休金	4736.64	5342.90	5973.81	6727.52
离退休金	4000.45	4228.12	5003.80	5614.49
(城镇)居民社会养老保险	622.66	961.64	810.59	918.87
新型农村养老保险	84.90	53.46	36.71	46.88
其他养老金	28.63	99.68	122.71	147.28
社会救济和补助	77.12	80.12	83.22	107.76
最低生活保障费	49.25	43.86	39.84	52.09
五保户救助金	0.86	0.40	0.80	0.27
扶贫款	0.74	0.75	2.04	1.30
救灾款	6.98	2.17	3.75	0.04
抚恤金	11.02	13.26	20.24	31.24
其他社会救济收入	8.28	19.67	16.56	22.82
政策性生活补贴	38.67	31.59	38.10	23.68
家电补贴	2.59	0.00	2.73	0.59

2-18 续表 2

单位：元/人

项　　目	2013年	2014年	2015年	2016年
能源补贴	1.05	0.05		1.42
免费或低价提供的住宿(廉租房)	1.30			
其他生活补贴	33.74	32.12	35.40	21.67
报销医疗费	157.73	234.33	245.75	279.94
家庭外出从业人员寄回带回收入	178.68	130.27	477.79	616.38
赡养收入	431.70	574.78	439.14	500.88
其他经常转移收入	225.62	224.46	115.85	137.56
失业保险金	5.25	8.78	12.53	17.15
经常性捐赠收入	26.27	13.65	7.65	0.86
经常性赔偿收入	0.16	0.29	2.50	4.22
其他转移性收入	193.93	204.30	90.29	115.33
从政府和组织得到的实物产品和服务折价	15.76	16.95	16.35	18.31
食品	6.76	3.13	7.11	9.41
谷物、薯类及豆类	2.07	0.91	1.77	2.83
食用油(植物油)	1.82	0.80	2.60	3.47
蔬菜及制品	0.10	0.01	0.06	0.01
肉、禽、蛋、奶及制品	0.52	0.63	1.61	2.06
水产品及制品	0.05			0.00
糖、烟、酒、饮料类	0.57	0.22	0.08	0.28
干鲜瓜果类	0.09	0.10	0.01	0.07
其他类食品	1.54	0.45	0.98	0.69
衣着	0.63	0.16	0.52	0.07
居住	0.13	0.14	0.61	0.01
家庭设备和日用品	0.76	3.44	5.10	3.77
交通、通信工具及用品	0.01	0.05	0.06	0.03
教育文化娱乐用品	0.69	0.42	0.03	0.11
医疗保健用品	3.68	1.50	0.51	0.27
其他用品	0.79	0.43	0.36	1.26
其他服务折价(不含廉租房)	2.30	7.67	2.06	3.38
现金政策性惠农补贴	30.02	23.75	27.34	23.25
转移性支出	1189.91	1482.14	1677.67	2009.25
个人所得税	25.13	38.44	50.82	72.66
社会保障支出	897.46	1134.09	1316.63	1594.44
个人缴纳的养老保险	659.22	763.93	853.26	1096.72
个人缴纳的医疗保险	193.24	302.31	386.76	414.39
个人缴纳的失业保险	26.62	37.47	41.81	48.61
其他社会保障支出	18.38	30.39	34.80	34.73
外来从业人员寄给家人的支出	4.19	4.23	2.82	1.73
赡养支出	145.25	196.50	204.74	236.73
其他转移性支出	117.88	108.89	102.68	103.70
经常性捐赠支出	74.16	68.78	46.20	38.89
经常性赔偿支出	0.18	0.03	0.27	0.96
其他经常转移支出	43.55	40.08	56.20	63.84

2-19 城镇居民人均总支出(2013-2016年)

单位：元/人

指　　标	2013年	2014年	2015年	2016年
城镇常住居民人均总支出	**24247.06**	**24913.93**	**27762.78**	**31489.82**
消费支出	**16098.17**	**17759.93**	**19276.85**	**20659.81**
食品烟酒	5614.48	6203.83	6783.10	7118.40
食品	3905.87	4358.81	4746.35	5002.02
谷物	437.18	468.25	518.10	601.61
薯类	49.10	56.62	64.53	81.39
豆类	43.46	59.10	68.14	76.52
食用油	221.81	225.90	241.19	248.90
蔬菜和食用菌	592.24	696.70	735.01	777.23
肉类	1113.13	1180.07	1238.25	1393.17
禽类	290.62	341.48	367.49	389.58
水产品	146.33	182.99	193.88	203.85
蛋类	96.99	120.99	136.30	129.37
奶类	233.69	261.73	277.72	294.53
干鲜瓜果类	317.73	416.88	445.97	438.67
糖果糕点类	107.83	135.54	137.34	147.08
其他食品	177.13	212.55	322.43	220.12
烟酒	485.24	528.09	609.01	571.44
烟草	310.78	342.92	407.35	376.02
酒类	174.45	185.17	201.66	195.41
饮料		97.01	118.31	116.70
饮食服务	1223.37	1219.92	1309.43	1428.24
食堂用餐	159.16	187.39	197.06	219.00
其他在外饮食	1058.63	1026.11	1106.51	1202.18
食品加工服务费	5.58	6.41	5.87	7.07
衣着	1462.60	1539.35	1703.84	1767.47
衣类	1150.84	1168.20	1307.38	1369.93
鞋类	311.76	371.15	396.46	397.54
居住	3055.88	3186.13	3335.46	3756.46
租赁房房租	158.31	228.53	185.88	183.34
住房维修及管理	378.24	342.13	349.72	619.25
水电燃料及其他	599.60	678.50	696.83	759.91
自有住房折算租金	1919.73	1936.97	2103.04	2193.96
生活用品及服务	1103.77	1210.64	1251.42	1311.10
家具及室内装饰品	186.90	172.84	185.08	198.41
家用器具	303.10	316.34	295.08	305.02
家用纺织品	114.19	116.08	113.85	131.02
家庭日用杂品	291.61	364.84	388.73	389.37
个人用品	154.38	196.10	222.05	247.74
家庭服务	53.58	44.44	46.62	39.53
交通通信	1848.51	2168.78	2414.36	2697.60
交通	1198.36	1357.23	1541.84	1778.75
交通工具	532.02	474.87	519.21	689.06

2-19 续表 1

单位：元/人

指　　标	2013年	2014年	2015年	2016年
交通费	215.60	216.52	237.22	218.54
交通工具用燃料	257.60	415.47	501.55	577.31
交通工具使用及维修	193.14	250.37	283.85	293.85
其中：车辆保险支出	65.13	75.60	99.97	114.33
通信	650.15	811.56	872.52	918.84
通信工具	215.58	188.71	201.81	229.80
通信服务	434.57	622.85	670.71	689.04
教育文化娱乐	1607.41	1672.40	1862.96	2008.36
教育	808.85	704.27	775.82	848.98
学前教育	97.46	77.93	94.51	95.58
小学教育	138.60	95.32	92.78	121.14
初中教育	122.76	101.13	103.19	123.07
高中教育	146.20	143.65	141.45	146.46
中专职高教育	17.74	11.33	34.13	11.94
大专及以上教育	239.62	231.25	250.73	257.72
成人教育	46.47	43.67	59.03	93.06
文化娱乐	798.56	968.13	1087.15	1159.38
文娱耐用消费品	212.82	169.77	148.74	148.46
其他文娱用品	102.10	124.68	133.55	127.91
文化娱乐服务	483.64	673.68	804.86	883.02
医疗保健	1037.95	1283.60	1369.30	1423.36
医疗器具及药品	389.77	450.50	501.06	611.06
医疗服务	648.18	833.11	868.24	812.30
门诊总费用	238.44	268.11	304.96	304.82
住院总费用	409.74	564.99	563.28	507.48
其他用品和服务	367.58	495.19	556.40	577.08
其他用品	177.65	199.90	241.02	202.77
其他服务	189.92	295.28	315.38	374.30
生产经营费用支出	**862.78**	**1064.79**	**1111.14**	**2192.01**
第一产业经营费用支出	256.29	283.81	320.49	408.12
农业	68.78	83.79	91.22	110.98
林业	1.41	2.41	1.52	8.80
牧业	183.92	196.62	225.70	267.20
渔业	1.20	0.99	2.05	21.15
第二产业经营费用支出	88.60	155.00	104.40	390.91
采矿业	2.72	1.08	0.51	0.97
制造业	71.25	41.09	7.37	65.12
电力、热力、燃气及水生产和供应业		0.34	0.41	43.27
建筑业	14.64	112.49	96.11	281.54
第三产业经营费用支出	517.89	625.99	686.25	1392.98
批发和零售业	245.29	327.33	261.81	555.40
交通运输、仓储和邮政业	103.05	129.25	167.77	243.61
住宿和餐饮业	92.69	66.61	110.99	242.94
房地产业	1.80	1.68	1.70	0.18

2-19　续表 2

单位：元/人

指　　标	2013年	2014年	2015年	2016年
租赁和商务服务业	11.07	8.94	3.21	9.02
居民服务、修理和其他服务业	54.60	85.11	116.76	259.97
其他	9.38	5.39	22.58	77.45
农林牧渔服务业		1.68	1.43	4.40
财产性支出	**40.09**	**107.75**	**186.28**	**178.92**
生活贷款利息支出	37.65	98.35	179.87	173.47
住房贷款利息支出	32.77	93.09	167.73	164.66
其他生活贷款利息支出	4.89	5.27	12.14	8.81
其他财产性支出	2.44	9.39	6.41	5.45
非储蓄性财产保险支出	0.69	0.57	1.05	1.34
其他财产性支出	1.75	8.83	5.36	4.10
转移性支出	**1193.64**	**1482.25**	**1677.61**	**2009.21**
个人所得税	25.20	38.44	50.82	72.66
社会保障支出	900.80	1134.09	1316.63	1594.44
个人缴纳的养老保险	658.81	763.93	853.26	1096.72
个人缴纳的医疗保险	196.72	302.31	386.76	414.39
个人缴纳的失业保险	26.90	37.47	41.81	48.61
其他社会保障支出	18.38	30.39	34.80	34.73
外来从业人员寄给家人的支出				
城镇外来从业人员寄给家人的支出				
农村外来从业人员寄给家人的支出	4.19	4.23	2.82	1.73
赡养支出	145.44	196.50	204.74	236.73
其他转移性支出	118.01	108.99	102.61	103.65
部分商业保险支出	**65.05**	**78.62**	**68.01**	**45.64**
意外伤害保险	11.06	4.97	6.62	7.39
商业医疗保险(含大病保险)	16.65	20.96	35.95	20.56
其他非储蓄性商业保险	10.39	12.53	6.55	4.99
其他储蓄性商业保险	26.95	40.16	18.88	12.70
购置资产及非经常性转移支出	**2218.38**	**2180.11**	**2679.55**	**2972.46**
购置资产支出	554.87	372.02	658.50	750.21
建造住房支出	98.69	54.65	78.15	43.12
建造住房材料	72.55	48.43	55.11	38.06
建造住房雇工	26.14	6.22	23.04	5.06
购买住房支出	375.41	273.08	509.24	580.00
购建第一产业生产性固定资产	3.59	15.83	10.71	30.91
购买或建造农业生产性用房	0.72	5.78	1.93	15.10
购买用房建筑材料	0.43	4.83	1.32	9.77
建筑农业生产用房雇工	0.29	0.62	0.43	4.65
购买农业生产用房				
其他		0.34	0.17	0.68
购买役畜	0.75	2.56	0.43	0.71
购买产品畜	0.44	3.86	2.09	0.44
购买或建造农业设施	0.14	0.65	0.75	10.29
大棚、温室				7.42

2-19 续表 3

单位：元/人

指　　标	2013年	2014年	2015年	2016年
自备井			0.75	
喷灌设施	0.11			0.23
其他农业设施	0.03	0.65		2.64
购买农业机械	1.54	2.98	5.51	4.38
大中型农用拖拉机				
小型(手扶)农用拖拉机		0.61	1.21	0.26
农用排灌动力机械			0.30	0.53
插秧机		0.05		
收割机			0.08	
脱粒机	0.04	0.10	0.73	0.18
其他农业机械	1.50	2.22	3.19	3.41
购建第二产业生产性固定资产支出	9.29	0.10	1.77	1.04
采矿业				
制造业	7.89	0.10		
电力、热力、燃气及水生产和供应业	0.16		1.77	0.33
建筑业	1.25			0.71
购建第三产业生产性固定资产支出	55.62	15.79	54.81	73.20
批发和零售业	24.12	3.47	5.09	15.95
交通运输、仓储和邮政业	15.37	8.69	0.22	29.79
住宿和餐饮业	0.26	2.43	2.90	24.34
房地产业	0.34		37.33	
租赁和商务服务业	7.63	0.03	0.04	0.00
居民服务、修理和其他服务业	7.07	1.17	9.09	1.53
其他	0.82		0.13	1.59
购建其他资产支出	12.27	12.58	3.82	21.94
非经常性转移支出	1663.51	1808.09	2021.05	2222.26
博彩支出	23.13	28.80	30.06	39.32
婚丧嫁娶礼金支出	1121.88	1289.82	1437.32	1537.20
一次性赔偿支出	9.42	2.04	5.52	2.65
一次性馈赠支出	366.36	383.16	473.59	473.60
其他非经常性转移支出	142.71	104.26	74.56	50.75
借贷性支出	**3768.95**	**2240.49**	**2763.35**	**3431.78**
存入储蓄款	3278.31	1365.67	1530.05	1921.83
借出款	55.48	100.22	111.14	139.99
归还借款	123.40	172.80	183.62	178.03
购买有价证券	17.09	0.64	123.78	136.03
其他投资支出	28.03	51.64	67.31	36.61
归还住房贷款	178.23	389.07	584.29	770.71
归还汽车贷款	35.31	123.82	123.00	166.11
归还教育贷款			0.87	0.47
归还其他贷款	28.80	18.00	24.13	17.13
其他借贷支出	24.30	18.63	15.15	64.86

2-20 城镇居民人均总收入(2013-2016年)

单位：元/人

指 标	2013年	2014年	2015年	2016年
城镇常住居民总收入	**24543.10**	**27148.04**	**29422.32**	**33016.09**
工资性收入	**13113.91**	**14262.37**	**15242.25**	**16219.06**
工资	12368.99	13365.21	14253.89	15179.29
实物福利	91.37	93.09	90.86	75.16
其他	653.55	804.07	897.50	964.61
经营性收入	**3690.72**	**4221.12**	**4407.48**	**5819.36**
第一产业经营收入	657.66	687.20	769.81	928.28
第一产业经营收入(不含惠农补贴)	657.66	687.20	769.81	928.28
农业	316.69	318.42	361.73	392.37
林业	6.77	12.77	9.40	16.31
牧业	330.59	351.95	391.94	475.64
渔业	3.30	4.06	6.74	43.96
第二产业经营收入	280.88	348.32	311.19	495.02
采矿业	1.30	21.13	3.66	0.43
制造业	133.95	109.12	34.08	88.26
电力、热力、燃气及水生产和供应业	2.46		0.22	59.51
建筑业	143.16	218.08	273.23	346.81
第三产业经营收入	2752.18	3185.60	3326.48	4396.07
批发和零售业	1326.85	1545.74	1623.57	2159.45
交通运输、仓储和邮政业	462.30	514.32	480.98	457.75
住宿和餐饮业	312.24	431.75	443.53	748.95
房地产业	19.41	15.62	20.14	11.87
租赁和商务服务业	142.41	65.13	43.81	42.45
居民服务、修理和其他服务业	394.35	559.21	627.60	797.86
其他	88.74	47.19	79.99	157.90
农林牧渔服务业	5.89	6.63	6.86	19.84
财产性收入	**1848.87**	**2005.43**	**2355.24**	**2542.40**
利息收入	83.89	171.33	201.76	172.69
红利收入	150.57	106.76	99.12	184.71
储蓄性保险净收益	5.71	4.14	7.58	2.08
转让承包土地经营权租金净收入	26.25	51.38	29.60	41.60
出租房屋财产性净收入	401.39	497.78	774.04	865.94
出租机械、专利、版权等资产的净收入	13.89	9.24	17.59	36.55
其他财产净收入	38.71	19.97	20.18	33.85
房屋虚拟租金	1128.47	1144.82	1205.37	1204.98
转移性收入	**5889.60**	**6659.12**	**7417.35**	**8435.26**
养老金或离退休金	4736.64	5342.90	5973.81	6727.52

2-20 续表

单位：元/人

指 标	2013年	2014年	2015年	2016年
社会救济和补助	77.12	80.12	83.22	107.76
政策性生活补贴	37.65	31.59	38.10	23.68
家庭外出从业人员寄回带回收入	178.68	130.27	477.79	616.38
赡养收入	431.32	574.78	439.14	500.88
报销医疗费	157.97	234.33	245.75	279.94
从政府和组织得到的实物产品和服务折价	15.65	16.92	16.35	18.29
现金政策性惠农补贴	30.02	23.75	27.34	23.25
其他转移性收入	224.55	224.46	115.85	137.56
非收入所得	**458.79**	**939.47**	**1375.67**	**1424.19**
出售资产所得	42.14	246.21	438.59	388.55
出售住房本金所得	0.78	31.57	127.58	42.88
出售住房溢价所得(含亏损)	4.74	27.57	50.41	
出售股票、基金、收藏品本金所得	0.26		61.85	39.76
出售股票、基金、收藏品所得(含亏损)	0.67		34.21	9.49
出售生产性固定资产所得	1.66	1.57	0.50	10.90
拆迁征地补偿所得	23.72	159.25	80.15	245.52
出售其他财物和收回其他投资本金所得	10.31	26.26	83.89	40.00
非经常性转移所得	408.42	682.59	925.13	1029.58
博彩所得	8.80	13.32	13.54	29.37
婚丧嫁娶礼金所得	105.38	209.14	240.36	333.70
遗产及一次性馈赠所得	49.77	87.55	166.31	178.17
一次性赔偿所得	7.85	23.11	71.44	32.73
提取住房公积金	3.74	22.47	46.52	60.85
调查补贴	174.95	279.98	325.59	365.42
其他非经常性转移所得	57.93	47.02	61.37	29.35
其他非收入所得	8.23	10.67	11.95	6.06
借贷性所得	**2331.35**	**1816.93**	**1950.16**	**2441.46**
提取储蓄存款	1921.97	1567.31	1722.88	2206.94
借入款	248.94	133.03	163.52	130.48
收回借出款	99.29	53.09	41.32	79.64
收回储蓄性保险本金	0.95	6.81	0.80	5.75
住房贷款	38.13	21.86	8.40	0.15
汽车贷款	0.79	0.29	3.31	1.13
教育贷款	0.23	1.51	1.72	
其他贷款	18.70	32.12	4.59	6.58
其他借贷所得	2.35	0.90	3.63	10.81

2-21 城镇居民人均现金收入(2013-2016年)

单位: 元/人

指 标	2013年	2014年	2015年	2016年
城镇常住居民人均现金收入	**23034.77**	**25465.16**	**27685.57**	**31290.19**
现金工资性收入	**13022.53**	**14169.29**	**15151.39**	**16143.90**
工资	12368.99	13365.21	14253.89	15179.29
其他工资性收入	653.55	804.07	897.50	964.61
现金经营性收入	**3536.46**	**4027.40**	**4229.06**	**5671.84**
第一产业现金经营收入	499.24	493.48	591.39	780.75
农业	207.58	179.64	243.79	302.92
林业	4.15	6.06	4.37	11.30
牧业	284.36	304.05	337.01	423.04
渔业	3.16	3.74	6.21	43.49
第二产业现金经营收入	280.88	348.32	311.19	495.02
采矿业	1.30	21.13	3.66	0.43
制造业	133.95	109.12	34.08	88.26
电力、热力、燃气及水生产和供应业	2.46		0.22	59.51
建筑业	143.16	218.08	273.23	346.81
第三产业现金经营收入	2756.33	3185.60	3326.48	4396.07
批发和零售业	1326.85	1545.74	1623.57	2159.45
交通运输、仓储和邮政业	462.30	514.32	480.98	457.75
住宿和餐饮业	312.24	431.75	443.53	748.95
房地产业	19.41	15.62	20.14	11.87
租赁和商务服务业	142.41	65.13	43.81	42.45
居民服务、修理和其他服务业	394.35	559.21	627.60	797.86
其他行业	88.74	47.19	79.99	157.90
农林牧渔服务业	5.89	6.63	6.86	19.84
现金财产性收入	**759.80**	**860.61**	**1149.87**	**1337.42**
利息收入	121.54	171.33	201.76	172.69
红利收入	150.57	106.76	99.12	184.71
储蓄性保险收益	5.71	4.14	7.58	2.08
转让承包土地经营权租金收入	26.25	51.38	29.60	41.60
出租房屋财产性净收入	401.39	497.78	774.04	865.94
出租机械、专利、版权等资产的净收入	13.89	9.24	17.59	36.55
其他财产性收入	40.46	19.97	20.18	33.85
现金转移性收入	**5715.98**	**6407.86**	**7155.25**	**8137.04**
养老金或离退休金	4736.64	5342.90	5973.81	6727.52

2-21 续表

单位：元/人

指　　标	2013年	2014年	2015年	2016年
社会救济和补助	77.12	80.12	83.22	107.76
政策性生活补贴	37.65	31.59	38.10	23.68
家庭外出从业人员寄回带回收入	178.68	130.27	477.79	616.38
赡养收入	431.32	574.78	439.14	500.88
其他转移性收入	224.55	224.46	115.85	137.56
现金政策性惠农补贴	30.02	23.75	27.34	23.25
非收入所得	**458.79**	**939.47**	**1375.67**	**1424.19**
出售资产所得	42.14	246.21	438.59	388.55
出售住房本金所得	0.78	31.57	127.58	42.88
出售住房溢价所得(含亏损)	4.74	27.57	50.41	
出售股票、基金、收藏品本金所得	0.26		61.85	39.76
出售股票、基金、收藏品所得(含亏损)	0.67		34.21	9.49
出售生产性固定资产所得	1.66	1.57	0.50	10.90
拆迁征地补偿所得	23.72	159.25	80.15	245.52
出售其他财物和收回其他投资本金所得	10.31	26.26	83.89	40.00
非经常性转移所得	408.42	682.59	925.13	1029.58
博彩所得	8.80	13.32	13.54	29.37
婚丧嫁娶礼金所得	105.38	209.14	240.36	333.70
遗产及一次性馈赠所得	49.77	87.55	166.31	178.17
一次性赔偿所得	7.85	23.11	71.44	32.73
提取住房公积金	3.74	22.47	46.52	60.85
调查补贴	174.95	279.98	325.59	365.42
其他非经常性转移所得	57.93	47.02	61.37	29.35
其他非收入所得	8.23	10.67	11.95	6.06
借贷性所得	**2331.35**	**1816.93**	**1950.16**	**2441.46**
提取储蓄存款	1921.97	1567.31	1722.88	2206.94
借入款	248.94	133.03	163.52	130.48
收回借出款	99.29	53.09	41.32	79.64
收回储蓄性保险本金	0.95	6.81	0.80	5.75
住房贷款	38.13	21.86	8.40	0.15
汽车贷款	0.79	0.29	3.31	1.13
教育贷款	0.23	1.51	1.72	
其他贷款	18.70	32.12	4.59	6.58
其他借贷所得	2.35	0.90	3.63	10.81

2-22 城镇常住居民人均现金支出(2013-2016年)

单位：元/人

指　　标	2013年	2014年	2015年	2016年
城镇常住居民人均现金支出	**21905.85**	**22472.09**	**25143.40**	**28763.53**
现金消费支出	**13799.44**	**15361.98**	**16699.31**	**17975.53**
食品烟酒	5423.81	6008.14	6580.97	6927.24
食品	3773.75	4235.33	4615.81	4871.61
谷物	364.20	439.64	489.42	575.63
薯类	40.45	52.57	60.39	75.26
豆类	42.58	58.38	67.53	75.75
食用油	206.67	211.81	228.03	235.46
蔬菜和食用菌	569.45	672.21	712.11	753.59
肉类	1086.47	1151.06	1204.34	1360.82
禽类	280.63	328.67	352.91	375.06
水产品	146.09	182.65	193.36	203.33
蛋类	91.23	114.97	128.12	120.94
奶类	233.69	261.73	277.71	294.50
干鲜瓜果类	316.22	415.74	444.95	438.11
糖果糕点类	107.83	134.98	136.55	145.70
其他食品	78.63	210.90	320.39	217.47
烟酒	485.23	527.99	608.86	571.32
烟草	305.37	342.82	407.20	375.90
酒类	174.45	185.17	201.66	195.41
饮料		96.96	118.31	116.70
饮食服务	1164.83	1147.85	1237.99	1367.62
食堂用餐	100.61	115.49	125.61	159.93
其他在外饮食	1058.63	1025.95	1106.51	1200.62
食品加工服务费	5.58	6.41	5.87	7.07
衣着	1461.65	1538.71	1702.88	1767.08
衣类	1141.14	1167.56	1306.42	1369.55
鞋类	311.76	371.15	396.46	397.54
居住	1130.83	1237.36	1225.94	1557.44
租赁房房租	158.31	228.53	185.88	183.34
住房维修及管理	378.24	342.13	349.72	619.25
水电燃料及其他	588.29	666.70	690.35	754.85
生活用品及服务	1102.22	1204.30	1243.25	1304.40
家具及室内装饰品	179.68	171.12	183.58	196.93
家用器具	303.10	316.34	295.08	305.02
家用纺织品	114.19	116.08	113.85	131.02
家庭日用杂品	291.61	360.23	382.06	384.15
个人用品	154.38	196.10	222.05	247.74
家庭服务	53.58	44.44	46.62	39.53
交通通信	1842.46	2162.96	2410.87	2697.45
交通	1197.26	1351.40	1538.35	1778.61
交通工具	530.92	474.87	519.21	689.06
交通费	215.60	210.69	233.73	218.39
交通工具用燃料	257.60	415.47	501.55	577.31

2-22 续表 1

单位：元/人

指　　标	2013年	2014年	2015年	2016年
交通工具使用及维修	193.14	250.37	283.85	293.85
其中：车辆保险支出	65.13	75.60	99.97	114.33
通信	645.20	811.56	872.52	918.84
通信工具	215.58	188.71	201.81	229.80
通信服务	429.61	622.85	670.71	689.04
教育文化娱乐	1604.09	1671.45	1862.42	2007.82
教育	808.70	704.27	775.66	848.88
学前教育	97.46	77.93	94.51	95.58
小学教育	138.60	95.32	92.78	121.14
初中教育	122.76	101.13	103.19	123.07
高中教育	146.20	143.65	141.45	146.46
中专职高教育	17.74	11.33	34.13	11.94
大专及以上教育	239.62	231.25	250.73	257.72
成人教育	42.53	43.67	58.87	92.96
文化娱乐	795.39	967.17	1086.75	1158.95
文娱耐用消费品	212.82	169.77	148.74	148.46
其他文娱用品	98.54	123.83	133.33	127.78
文化娱乐服务	480.49	673.57	804.69	882.71
医疗保健	873.01	1047.15	1119.39	1142.10
医疗器具及药品	382.81	448.57	499.02	610.09
医疗服务(不含报销医疗费)	648.18	598.58	620.36	532.01
门诊费用(不含报销医疗费)	238.44	230.23	253.37	244.20
住院费用(不含报销医疗费)	409.74	408.41	366.99	287.81
其他用品和服务	361.37	491.90	553.60	572.00
其他用品	175.15	198.56	240.33	200.73
其他服务	186.22	293.35	313.27	371.26
生产经营现金费用支出	**820.30**	**1020.91**	**1069.29**	**2150.00**
第一产业经营现金费用支出	213.81	239.93	278.65	366.11
农业	62.34	76.82	87.01	104.31
林业	1.17	2.41	1.52	8.80
牧业	148.49	159.71	188.09	231.86
渔业	1.14	0.99	2.02	21.15
第二产业经营现金费用支出	88.60	155.00	104.40	390.91
采矿业	2.72	1.08	0.51	0.97
制造业	71.25	41.09	7.37	65.12
电力、热力、燃气及水生产和供应业		0.34	0.41	43.27
建筑业	14.64	112.49	96.11	281.54
第三产业经营现金费用支出	517.89	625.99	686.25	1392.98
批发和零售业	245.29	327.33	261.81	555.40
交通运输、仓储和邮政业	103.05	129.25	167.77	243.61
住宿和餐饮业	92.69	66.61	110.99	242.94
房地产业	1.80	1.68	1.70	0.18
租赁和商务服务业	11.07	8.94	3.21	9.02
居民服务、修理和其他服务业	54.60	85.11	116.76	259.97
其他	9.38	5.39	22.58	77.45
农林牧渔服务业		1.68	1.43	4.40

2-22 续表 2

单位：元/人

指　　标	2013年	2014年	2015年	2016年
现金财产性支出	**40.09**	**107.75**	**186.28**	**178.92**
生活贷款利息支出	37.65	98.35	179.87	173.47
住房贷款利息支出	32.77	93.09	167.73	164.66
其他生活贷款利息支出	4.89	5.27	12.14	8.81
其他财产性支出	2.44	9.39	6.41	5.45
非储蓄性财产保险支出	0.69	0.57	1.05	1.34
其他财产性支出	1.75	8.83	5.36	4.10
现金转移性支出	**1193.64**	**1482.25**	**1677.61**	**2009.21**
个人所得税	25.20	38.44	50.82	72.66
社会保障支出	900.80	1134.09	1316.63	1594.44
个人缴纳的养老保险	658.81	763.93	853.26	1096.72
个人缴纳的医疗保险	196.72	302.31	386.76	414.39
个人缴纳的失业保险	26.90	37.47	41.81	48.61
其他社会保障支出	18.38	30.39	34.80	34.73
外来从业人员寄给家人的支出		4.23	2.82	1.73
农村外来从业人员寄给家人的支出		4.23	2.35	
城镇外来从业人员寄给家人的支出	4.19		0.47	1.73
赡养支出	145.44	196.50	204.74	236.73
其他转移性支出	118.01	108.99	102.61	103.65
经常性捐赠支出	74.27	68.78	46.15	38.89
经常性赔偿支出	0.17	0.03	0.27	0.96
其他经常转移支出	43.57	40.18	56.19	63.80
部分商业保险支出	**65.05**	**78.62**	**68.01**	**45.64**
意外伤害保险	11.06	4.97	6.62	7.39
商业医疗保险(含大病保险)	16.65	20.96	35.95	20.56
其他非储蓄性商业保险	10.39	12.53	6.55	4.99
其他储蓄性商业保险	26.95	40.16	18.88	12.70
购置资产及非经常性转移支出	**2218.38**	**2180.11**	**2679.55**	**2972.46**
购置资产支出	554.87	372.02	658.50	750.21
建造住房支出	98.69	54.65	78.15	43.12
建造住房材料	72.55	48.43	55.11	38.06
建造住房雇工	26.14	6.22	23.04	5.06
购买住房支出	375.41	273.08	509.24	580.00
购建第一产业生产性固定资产	3.59	15.83	10.71	30.91
购买或建造农业生产性用房	0.72	5.78	1.93	15.10
购买用房建筑材料	0.43	4.83	1.32	9.77
建筑农业生产用房雇工	0.29	0.62	0.43	4.65
购买农业生产用房				
其他		0.34	0.17	0.68
购买役畜	0.75	2.56	0.43	0.71
购买产品畜	0.44	3.86	2.09	0.44
购买或建造农业设施	0.14	0.65	0.75	10.29

2-22 续表 3

单位：元/人

指　　标	2013年	2014年	2015年	2016年
大棚、温室				7.42
自备井			0.75	
喷灌设施	0.11			0.23
其他农业设施	0.03	0.65		2.64
购买农业机械	1.54	2.98	5.51	4.38
大中型农用拖拉机				
小型(手扶)农用拖拉机		0.61	1.21	0.26
农用排灌动力机械			0.30	0.53
插秧机		0.05		
收割机			0.08	
脱粒机	0.04	0.10	0.73	0.18
其他农业机械	1.50	2.22	3.19	3.41
购建第二产业生产性固定资产支出	9.29	0.10	1.77	1.04
采矿业				
制造业	7.89	0.10		
电力、热力、燃气及水生产和供应业	0.16		1.77	0.33
建筑业	1.25			0.71
购建第三产业生产性固定资产支出	55.62	15.79	54.81	73.20
批发和零售业	24.12	3.47	5.09	15.95
交通运输、仓储和邮政业	15.37	8.69	0.22	29.79
住宿和餐饮业	0.26	2.43	2.90	24.34
房地产业	0.34		37.33	
租赁和商务服务业	7.63	0.03	0.04	0.00
居民服务、修理和其他服务业	7.07	1.17	9.09	1.53
其他行业	0.82		0.13	1.59
购建其他资产支出	12.27	12.58	3.82	21.94
非经常性转移支出	1663.51	1808.09	2021.05	2222.26
博彩支出	23.13	28.80	30.06	39.32
婚丧嫁娶礼金支出	1121.88	1289.82	1437.32	1537.20
一次性赔偿支出	9.42	2.04	5.52	2.65
一次性馈赠支出	366.36	383.16	473.59	473.60
其他非经常性转移支出	142.71	104.26	74.56	50.75
借贷性支出	**3768.95**	**2240.49**	**2763.35**	**3431.78**
存入储蓄款	3278.31	1365.67	1530.05	1921.83
借出款	55.48	100.22	111.14	139.99
归还借款	123.40	172.80	183.62	178.03
购买有价证券	17.09	0.64	123.78	136.03
其他投资支出	28.03	51.64	67.31	36.61
归还住房贷款	178.23	389.07	584.29	770.71
归还汽车贷款	35.31	123.82	123.00	166.11
归还教育贷款			0.87	0.47
归还其他贷款	28.80	18.00	24.13	17.13
其他借贷支出	24.30	18.63	15.15	64.86

2-23 按五等份分组的城镇居民人均可支配收入(2016年)

单位：元/人

指　　标	总平均	低收入户	中低收入户	中等收入户	中高收入户	高收入户
城镇常住居民人均可支配收入	**28335.30**	**11218.19**	**20506.83**	**27431.29**	**36204.90**	**56179.18**
工资性收入	**16219.06**	**6684.85**	**12006.75**	**16536.38**	**20761.13**	**30324.33**
工资	15179.29	6285.72	11311.72	15604.91	19625.53	27858.24
按月发放的工资	13654.27	5675.12	10335.55	14386.17	17960.07	24035.08
补发工资	351.35	96.04	151.53	303.70	450.69	941.40
不按月发放的奖金、津贴、过节费等	1173.66	514.56	824.64	915.03	1214.77	2881.76
实物福利	75.16	28.15	44.70	81.46	95.95	153.64
从单位或雇主得到的实物产品折价	13.10	4.12	7.15	14.90	21.99	22.06
食品	9.79	3.02	4.81	11.63	16.65	16.41
谷物、薯类及豆类	2.19	0.82	0.56	2.07	3.55	5.01
食用油(植物油)	3.02	1.55	1.49	2.35	5.67	5.14
蔬菜及制品	0.11	0.06	0.16	0.30	0.00	
肉、禽、蛋、奶及制品	1.27	0.24	0.74	3.00	2.10	0.41
水产品及制品	0.05	0.01				0.26
糖、烟、酒、饮料类	1.10	0.19	1.39	1.58	1.81	0.67
干鲜瓜果类	0.27		0.08	0.19	0.80	0.46
其他类食品	1.77	0.15	0.38	2.15	2.71	4.46
衣着	0.32	0.26	0.03	0.63	0.39	0.30
居住	0.00	0.01				
家庭设备和日用品	1.46	0.15	0.89	1.60	2.59	2.71
交通、通信工具及用品	0.04	0.02	0.08	0.06	0.01	0.04
教育文化娱乐用品	0.02		0.07			
医疗保健用品	0.70	0.05	0.31	0.71	1.14	1.70
其他用品	0.78	0.61	0.98	0.27	1.21	0.89
从单位或雇主得到的服务折价	62.06	24.02	37.55	66.57	73.96	131.58
免费或低价提供的工作餐	60.62	23.07	36.09	65.52	71.08	130.59
免费或低价提供的住宿	0.01		0.03			
单位缴纳的水电费、取暖费、物业费等						
免费或低价提供的交通和通信服务	0.07		0.04		0.26	0.12
单位缴纳的教育入学赞助费	0.10			0.50		
免费或低价提供的旅游服务	0.30	0.29			0.97	0.38
其他服务	0.95	0.67	1.39	0.55	1.66	0.49
单位或雇主实物福利报销所得						
其他	964.61	370.99	650.33	850.01	1039.65	2312.45
住房公积金	573.05	50.44	213.30	398.49	764.31	1824.35
辞退金	12.04	2.60	3.07	37.98	16.88	
自由职业劳动所得(如稿费、翻译费)	7.74	1.69	12.98	9.56	6.95	8.09
安家费	1.35					8.33
股票期权	0.19					1.17
其他劳动所得	370.24	316.26	420.98	403.98	251.51	470.51
经营净收入	**3326.73**	**1650.51**	**3316.91**	**2664.14**	**3598.06**	**6308.60**
第一产业经营净收入	498.56	544.02	493.91	313.49	342.92	843.57
农业	267.19	417.34	366.60	207.01	120.17	153.64

2-23 续表 1

单位：元/人

指　　标	总平均	低收入户	中低收入户	中等收入户	中高收入户	高收入户
林业	7.51	-14.56	5.38	4.80	44.42	4.81
牧业	201.07	137.78	120.31	94.15	61.10	691.79
渔业	22.79	3.46	1.63	7.53	117.24	-6.67
第二产业经营净收入	78.04	-125.49	29.69	80.69	180.64	322.03
采矿业	-0.54	-2.23		-0.02		-0.05
制造业	19.29	-9.06	4.54	60.02	24.42	23.76
电力、热力、燃气及水生产和供应业	12.49	52.92				
建筑业	46.79	-167.12	25.15	20.69	156.23	298.32
第三产业经营净收入	2750.13	1231.98	2793.30	2269.96	3074.49	5143.00
批发和零售业	1475.22	706.70	1711.05	1274.78	1067.89	2981.52
交通运输、仓储和邮政业	169.76	118.27	272.64	81.12	183.48	201.85
住宿和餐饮业	478.53	21.20	216.91	298.46	788.13	1377.60
房地产业	11.69	8.04	1.45	-0.06	37.76	16.47
租赁和商务服务业	29.02	2.67	26.85	48.95	67.68	2.31
居民服务、修理和其他服务业	492.02	362.66	465.74	521.94	715.72	429.24
其他	78.90	-51.61	98.56	45.64	213.63	134.08
农林牧渔服务业	14.99	64.05	0.10	-0.87	0.19	-0.07
财产净收入	**2363.48**	**848.63**	**1398.02**	**1809.85**	**2568.73**	**6334.79**
利息净收入	-0.78	-14.17	11.27	-84.32	-83.62	199.32
红利收入	184.71	24.10	55.05	52.55	58.16	899.65
集体分配的红利	26.29	17.41	23.41	28.81	9.98	58.10
其他红利收入	158.75	6.69	31.64	23.74	48.18	843.56
储蓄性保险净收益	2.08		3.89	5.57		0.62
转让承包土地经营权租金净收入	41.60	20.37	46.31	44.59	61.18	40.66
出租房屋财产性收入	865.94	168.19	390.23	604.20	940.95	2767.13
出租机械、专利、版权等资产的收入	36.55	0.02	5.37	10.81	0.80	203.80
其他财产净收入	28.40	5.65	16.40	12.55	42.64	81.68
房屋虚拟租金	1204.98	644.47	869.51	1163.91	1548.62	2141.93
转移净收入	**6426.03**	**2034.20**	**3785.14**	**6420.91**	**9276.98**	**13211.46**
转移性收入	8435.29	3269.81	5250.47	8299.55	11798.04	16673.70
养老金或离退休金	6727.52	1926.92	3843.59	6929.47	10083.05	13614.59
离退休金	5614.49	1116.49	2608.60	5496.68	8930.03	12669.83
(城镇)居民社会养老保险	918.87	546.51	975.87	1231.41	1051.32	845.74
新型农村养老保险	46.88	81.48	37.86	43.60	47.77	11.76
其他养老金	147.28	182.44	221.26	157.78	53.93	87.26
社会救济和补助	107.76	155.58	96.92	47.92	78.41	160.29
最低生活保障费	52.09	118.03	66.64	30.54	17.79	1.63
五保户救助金	0.27	1.14				
扶贫款	1.30	4.28	0.07	1.35		
救灾款	0.04		0.20			
抚恤金	31.24	17.78	10.28	4.82	37.57	105.12
其他社会救济收入	22.82	14.36	19.73	11.21	23.06	53.54
政策性生活补贴	23.68	16.22	28.58	19.08	12.18	46.55
家电补贴	0.59	0.08	0.92		2.08	

2-23 续表 2

单位：元/人

指　　标	总平均	低收入户	中低收入户	中等收入户	中高收入户	高收入户
能源补贴	1.42		3.10			4.57
免费或低价提供的住宿(廉租房)						
其他生活补贴	21.67	16.14	24.56	19.08	10.10	41.97
报销医疗费	279.94	91.14	97.71	205.48	251.86	924.89
家庭外出从业人员寄回带回收入	616.38	624.73	613.48	467.48	632.38	776.68
赡养收入	500.88	332.34	417.29	482.35	584.89	788.58
其他经常转移收入	137.56	67.62	117.46	108.63	117.00	325.62
失业保险金	17.15	11.75	33.15	29.68	3.36	3.11
经常性捐赠收入	0.86	1.13	0.99			2.31
经常性赔偿收入	4.22	2.73	14.40		0.09	2.59
其他转移性收入	115.33	52.01	68.92	78.95	113.55	317.60
从政府和组织得到的实物产品和服务折价	18.31	23.55	15.84	17.18	16.04	17.94
食品	9.41	10.44	8.48	8.42	10.36	9.35
谷物、薯类及豆类	2.83	1.00	2.65	3.03	4.63	3.49
食用油(植物油)	3.47	2.30	3.68	3.77	4.34	3.54
蔬菜及制品	0.01					0.05
肉、禽、蛋、奶及制品	2.06	5.88	1.43	0.71	0.66	0.59
水产品及制品	0.00				0.02	
糖、烟、酒、饮料类	0.28	0.12	0.28	0.23	0.25	0.59
干鲜瓜果类	0.07		0.10	0.09		0.21
其他类食品	0.69	1.14	0.34	0.60	0.45	0.88
衣着	0.07		0.04	0.21	0.05	0.02
居住	0.01					0.06
家庭设备和日用品	3.77	4.30	3.55	3.46	3.43	4.06
交通、通信工具及用品	0.03		0.12	0.02		
教育文化娱乐用品	0.11	0.03	0.10	0.00	0.46	0.00
医疗保健用品	0.27	0.45		0.02	0.04	0.94
其他用品	1.26	1.53	0.44	1.64	0.45	2.40
其他服务折价(不含廉租房)	3.38	6.79	3.11	3.40	1.24	1.11
现金政策性惠农补贴	23.25	31.71	19.60	21.96	22.24	18.58
转移性支出	2009.25	1235.61	1465.33	1878.64	2521.06	3462.24
个人所得税	72.66	4.63	4.81	21.29	95.25	302.27
社会保障支出	1594.44	982.96	1245.34	1520.58	2025.19	2568.04
个人缴纳的养老保险	1096.72	701.78	863.22	1017.83	1401.79	1745.46
个人缴纳的医疗保险	414.39	243.15	341.89	431.10	517.48	625.73
个人缴纳的失业保险	48.61	28.91	19.86	45.01	63.66	103.75
其他社会保障支出	34.73	9.13	20.37	26.64	42.27	93.10
外来从业人员寄给家人的支出	1.73				9.42	0.18
赡养支出	236.73	135.57	157.66	264.36	282.94	404.54
其他转移性支出	103.70	112.45	57.51	72.41	108.27	187.22
经常性捐赠支出	38.89	43.50	23.61	24.34	45.31	63.81
经常性赔偿支出	0.96			4.46		0.35
其他经常转移支出	63.84	68.95	33.90	43.61	62.95	123.06

2-24 按五等份分组的城镇居民人均总收入(2016年)

单位：元/人

指　　标	总平均	低收入户	中低收入户	中等收入户	中高收入户	高收入户
城镇常住居民人均总收入	**33016.09**	**17918.36**	**23452.69**	**30524.69**	**40332.69**	**62858.31**
工资性收入	**16219.06**	**6684.85**	**12006.75**	**16536.38**	**20761.13**	**30324.33**
工资	15179.29	6285.72	11311.72	15604.91	19625.53	27858.24
实物福利	75.16	28.15	44.70	81.46	95.95	153.64
其他	964.61	370.99	650.33	850.01	1039.65	2312.45
经营性收入	**5819.36**	**7010.31**	**4726.63**	**3673.78**	**4945.34**	**9215.55**
第一产业经营收入	928.28	1053.98	1059.02	525.12	529.50	1517.83
第一产业经营收入(不含惠农补贴)	928.28	1053.98	1059.02	525.12	529.50	1517.83
农业	392.37	633.64	529.02	306.67	152.75	231.02
林业	16.31	14.12	12.12	6.06	45.52	5.43
牧业	475.64	398.33	515.35	204.59	119.84	1270.32
渔业	43.96	7.89	2.52	7.80	211.40	11.06
第二产业经营收入	495.02	1142.43	41.96	101.11	303.65	868.46
采矿业	0.43	1.82				
制造业	88.26	148.60	5.29	70.67	129.48	88.25
电力、热力、燃气及水生产和供应业	59.51	252.06				
建筑业	346.81	739.95	36.67	30.44	174.18	780.21
第三产业经营收入	4396.07	4813.90	3625.66	3047.56	4112.19	6829.26
批发和零售业	2159.45	2154.33	2145.23	1594.81	1408.45	3729.23
交通运输、仓储和邮政业	457.75	954.69	399.14	192.63	281.02	341.55
住宿和餐饮业	748.95	426.72	265.55	377.92	1031.02	2019.65
房地产业	11.87	8.04	1.57		38.55	16.47
租赁和商务服务业	42.45	2.88	52.83	71.22	85.05	2.67
居民服务、修理和其他服务业	797.86	1038.44	611.77	757.73	974.18	551.97
其他	157.90	146.59	148.62	53.24	292.74	167.70
农林牧渔服务业	19.84	82.22	0.95		1.18	0.02
财产性收入	**2542.40**	**953.38**	**1468.90**	**2014.97**	**2828.18**	**6644.78**
利息收入	172.69	85.86	81.04	111.14	175.65	496.37
红利收入	184.71	24.10	55.05	52.55	58.16	899.65
储蓄性保险净收益	2.08		3.89	5.57		0.62
转让承包土地经营权租金净收入	41.60	20.37	46.31	44.59	61.18	40.66
出租房屋财产性净收入	865.94	168.19	390.23	604.20	940.95	2767.13
出租机械、专利、版权等资产的净收入	36.55	0.02	5.37	10.81	0.80	203.80
其他财产净收入	33.85	10.38	17.50	22.20	42.83	94.62
房屋虚拟租金	1204.98	644.47	869.51	1163.91	1548.62	2141.93
转移性收入	**8435.26**	**3269.81**	**5250.41**	**8299.55**	**11798.04**	**16673.66**
养老金或离退休金	6727.52	1926.92	3843.59	6929.47	10083.05	13614.59

2-24 续表

单位：元/人

指　　标	总平均	低收入户	中低收入户	中等收入户	中高收入户	高收入户
社会救济和补助	107.76	155.58	96.92	47.92	78.41	160.29
政策性生活补贴	23.68	16.22	28.58	19.08	12.18	46.55
家庭外出从业人员寄回带回收入	616.38	624.73	613.48	467.48	632.38	776.68
赡养收入	500.88	332.34	417.29	482.35	584.89	788.58
报销医疗费	279.94	91.14	97.71	205.48	251.86	924.89
从政府和组织得到的实物产品和服务折价	18.29	23.55	15.78	17.18	16.04	17.90
现金政策性惠农补贴	23.25	31.71	19.60	21.96	22.24	18.58
其他转移性收入	137.56	67.62	117.46	108.63	117.00	325.62
非收入所得	**1424.19**	**1290.73**	**1057.10**	**1622.20**	**1177.33**	**2140.15**
出售资产所得	388.55	605.68	285.64	535.50	167.87	272.80
出售住房本金所得	42.88		196.39			
出售住房溢价所得(含亏损)						
出售股票、基金、收藏品本金所得	39.76		0.95		126.09	103.59
出售股票、基金、收藏品所得(含亏损)	9.49	-9.98		7.95	32.03	27.44
出售生产性固定资产所得	10.90	3.13	40.18			8.55
拆迁征地补偿所得	245.52	535.44	41.90	525.89	3.09	16.57
出售其他财物和收回其他投资本金所得	40.00	77.08	6.22	1.65	6.66	116.64
非经常性转移所得	1029.58	683.26	768.98	1079.99	998.54	1856.51
博彩所得	29.37	4.71	18.27	54.61	51.38	24.10
婚丧嫁娶礼金所得	333.70	237.69	237.90	395.45	239.81	629.84
遗产及一次性馈赠所得	178.17	122.23	187.85	169.13	174.89	261.58
一次性赔偿所得	32.73	37.84	0.75	22.08	8.10	109.12
提取住房公积金	60.85	7.50		60.07	9.52	278.65
调查补贴	365.42	249.35	295.21	352.78	475.30	522.48
其他非经常性转移所得	29.35	23.93	29.00	25.87	39.53	30.74
其他非收入所得	6.06	1.79	2.47	6.72	10.93	10.84
借贷性所得	**2441.46**	**1629.11**	**1571.02**	**2249.59**	**3125.73**	**4275.24**
提取储蓄存款	2206.94	1392.95	1368.95	1904.24	2949.99	4072.65
借入款	130.48	116.81	139.16	119.45	160.12	119.49
收回借出款	79.64	80.54	39.97	179.19	15.62	78.44
收回储蓄性保险本金	5.75	24.16	0.19			
住房贷款	0.15	0.66				
汽车贷款	1.13		3.14			2.73
教育贷款						
其他贷款	6.58	9.78	19.54			
其他借贷所得	10.81	4.22	0.08	46.72		1.94

2-25 按五等份分组的城镇居民人均总支出(2016年)

单位：元/人

指　　标	总平均	低收入户	中低收入户	中等收入户	中高收入户	高收入户
城镇常住居民人均总支出	**31489.82**	**21688.87**	**23336.41**	**28308.03**	**36623.46**	**55013.08**
消费支出	**20659.81**	**12249.04**	**15807.88**	**19555.21**	**25286.16**	**35676.17**
食品烟酒	7118.40	4766.34	6082.74	7233.59	8466.46	10293.75
食品	5002.02	3581.02	4479.26	5191.47	5871.62	6570.31
谷物	601.61	422.04	524.43	541.40	754.27	872.48
薯类	81.39	69.85	74.49	81.06	90.09	98.23
豆类	76.52	66.54	74.78	79.32	82.81	82.92
食用油	248.90	196.52	246.11	253.10	267.57	302.94
蔬菜和食用菌	777.23	588.88	682.55	823.65	923.76	957.80
肉类	1393.17	1088.08	1312.60	1469.33	1566.50	1657.67
禽类	389.58	251.58	351.91	418.69	463.13	522.99
水产品	203.85	124.59	176.61	209.89	247.74	299.52
蛋类	129.37	96.63	115.48	134.90	156.03	159.14
奶类	294.53	180.45	255.42	322.74	333.56	434.57
干鲜瓜果类	438.67	253.70	344.59	465.55	554.15	672.55
糖果糕点类	147.08	86.16	118.31	157.47	181.10	223.66
其他食品	220.12	156.02	201.97	234.37	250.89	285.84
烟酒	571.44	334.08	487.59	592.23	720.54	838.03
烟草	376.02	208.03	319.65	382.40	506.88	542.93
酒类	195.41	126.05	167.94	209.83	213.65	295.10
饮料	116.70	61.58	87.11	118.62	165.99	179.51
饮食服务	1428.24	789.66	1028.79	1331.27	1708.30	2705.90
食堂用餐	219.00	211.31	178.13	217.60	236.66	267.32
其他在外饮食	1202.18	571.29	843.08	1106.19	1465.03	2432.21
食品加工服务费	7.07	7.06	7.59	7.49	6.61	6.37
衣着	1767.47	925.04	1302.28	1715.69	2295.62	3097.71
衣类	1369.93	691.76	979.66	1317.45	1819.09	2448.88
鞋类	397.54	233.27	322.62	398.24	476.54	648.83
居住	3756.46	2452.32	2766.29	3329.45	4373.03	6837.55
租赁房房租	183.34	150.13	159.85	153.70	218.88	260.86
住房维修及管理	619.25	436.88	301.64	330.07	525.58	1778.99
水电燃料及其他	759.91	567.43	690.32	767.92	863.63	1008.45
自有住房折算租金	2193.96	1297.87	1614.48	2077.77	2764.94	3789.25
生活用品及服务	1311.10	710.38	971.03	1252.28	1627.29	2365.64
家具及室内装饰品	198.41	101.12	158.74	162.63	227.97	405.44
家用器具	305.02	142.83	215.69	307.45	390.93	562.88
家用纺织品	131.02	60.49	70.41	113.00	179.22	284.24
家庭日用杂品	389.37	272.23	330.49	397.78	461.01	549.01
个人用品	247.74	117.90	175.25	244.75	317.70	460.36
家庭服务	39.53	15.81	20.45	26.68	50.47	103.71
交通通信	2697.60	1185.44	1869.79	2330.17	3459.62	5626.40
交通	1778.75	637.73	1134.22	1369.06	2328.82	4209.08
交通工具	689.06	187.60	433.57	435.03	841.48	1911.78

2-25 续表 1

单位：元/人

指 标	总平均	低收入户	中低收入户	中等收入户	中高收入户	高收入户
交通费	218.54	126.17	178.26	210.85	252.56	379.09
交通工具用燃料	577.31	225.73	355.69	461.75	844.78	1234.66
交通工具使用及维修	293.85	98.22	166.70	261.42	390.00	683.55
其中：车辆保险支出	114.33	23.86	57.63	135.12	140.15	267.72
通信	918.84	547.71	735.57	961.10	1130.80	1417.32
通信工具	229.80	113.27	159.13	257.89	293.38	388.74
通信服务	689.04	434.44	576.45	703.22	837.42	1028.57
教育文化娱乐	2008.36	1161.17	1493.30	1957.61	2556.85	3388.74
教育	848.98	792.96	883.12	889.80	848.64	833.86
学前教育	95.58	87.55	137.00	75.09	82.17	92.05
小学教育	121.14	100.99	100.37	97.66	198.77	121.40
初中教育	123.07	130.14	91.73	102.28	132.33	170.73
高中教育	146.46	168.12	161.53	189.41	104.80	87.22
中专职高教育	11.94	11.43	8.84	14.24	6.04	20.56
大专及以上教育	257.72	224.89	325.36	284.43	239.02	201.84
成人教育	93.06	69.84	58.28	126.69	85.50	140.06
文化娱乐	1159.38	368.21	610.19	1067.81	1708.21	2554.88
文娱耐用消费品	148.46	71.20	102.49	149.13	150.80	319.44
其他文娱用品	127.91	65.46	99.11	131.90	155.49	221.92
文化娱乐服务	883.02	231.55	408.59	786.77	1401.91	2013.52
医疗保健	1423.36	806.61	953.06	1264.59	1794.73	2740.30
医疗器具及药品	611.06	322.44	371.25	543.83	925.07	1088.90
医疗服务	812.30	484.17	581.81	720.76	869.66	1651.39
门诊总费用	304.82	206.02	257.16	271.98	414.84	431.49
住院总费用	507.48	278.16	324.65	448.77	454.82	1219.91
其他用品和服务	577.08	241.75	369.39	471.83	712.57	1326.08
其他用品	202.77	86.17	137.44	141.63	280.49	450.59
其他服务	374.30	155.58	231.95	330.20	432.07	875.49
生产经营费用支出	**2192.01**	**4813.58**	**1212.09**	**841.94**	**1136.92**	**2558.38**
第一产业经营费用支出	408.12	480.81	530.30	196.12	178.41	658.87
农业	110.98	194.59	142.31	86.33	26.94	71.44
林业	8.80	28.68	6.75	1.26	1.09	0.62
牧业	267.20	253.15	380.35	108.28	56.24	569.09
渔业	21.15	4.39	0.89	0.25	94.13	17.73
第二产业经营费用支出	390.91	1227.53	11.05	18.01	109.56	464.06
采矿业	0.97	4.06		0.02		0.05
制造业	65.12	148.75	0.12	8.69	104.07	58.11
电力、热力、燃气及水生产和供应业	43.27	183.27				
建筑业	281.54	891.45	10.93	9.29	5.49	405.89
第三产业经营费用支出	1392.98	3105.24	670.74	627.82	848.95	1435.44
批发和零售业	555.40	1201.63	334.28	245.56	236.09	655.44
交通运输、仓储和邮政业	243.61	724.50	85.49	102.18	90.95	103.21
住宿和餐饮业	242.94	391.75	43.13	72.26	208.86	546.95
房地产业	0.18		0.12	0.06	0.79	

2-25 续表 2

单位：元/人

指　　标	总平均	低收入户	中低收入户	中等收入户	中高收入户	高收入户
租赁和商务服务业	9.02	0.21	25.29	8.98	8.69	0.35
居民服务、修理和其他服务业	259.97	571.53	134.98	191.29	227.36	96.79
其他	77.45	198.20	47.21	7.16	75.38	32.60
农林牧渔服务业	4.40	17.43	0.24	0.35	0.84	0.10
财产性支出	**178.92**	**104.75**	**70.88**	**205.12**	**259.45**	**309.99**
生活贷款利息支出	173.47	100.03	69.77	195.46	259.26	297.05
住房贷款利息支出	164.66	98.30	67.11	193.40	256.99	253.91
其他生活贷款利息支出	8.81	1.73	2.66	2.06	2.28	43.15
其他财产性支出	5.45	4.73	1.10	9.65	0.18	12.94
非储蓄性财产保险支出	1.34	4.06	0.24			2.03
其他财产性支出	4.10	0.66	0.86	9.65	0.18	10.90
转移性支出	**2009.21**	**1235.61**	**1465.33**	**1878.64**	**2521.06**	**3461.97**
个人所得税	72.66	4.63	4.81	21.29	95.25	302.27
社会保障支出	1594.44	982.96	1245.34	1520.58	2025.19	2568.04
个人缴纳的养老保险	1096.72	701.78	863.22	1017.83	1401.79	1745.46
个人缴纳的医疗保险	414.39	243.15	341.89	431.10	517.48	625.73
个人缴纳的失业保险	48.61	28.91	19.86	45.01	63.66	103.75
其他社会保障支出	34.73	9.13	20.37	26.64	42.27	93.10
外来从业人员寄给家人的支出						
城镇外来从业人员寄给家人的支出						
农村外来从业人员寄给家人的支出	1.73				9.42	0.18
赡养支出	236.73	135.57	157.66	264.36	282.94	404.54
其他转移性支出	103.65	112.45	57.51	72.41	108.27	186.95
部分商业保险支出	**45.64**	**25.78**	**26.05**	**26.94**	**37.15**	**133.79**
意外伤害保险	7.39	8.67	6.37	5.77	4.04	12.67
商业医疗保险(含大病保险)	20.56	13.23	6.52	8.24	11.71	75.41
其他非储蓄性商业保险	4.99	1.53	7.57	0.87	5.29	11.37
其他储蓄性商业保险	12.70	2.35	5.59	12.06	16.11	34.33
购置资产及非经常性转移支出	**2972.46**	**1622.27**	**2874.19**	**2418.76**	**3031.56**	**5698.70**
购置资产支出	750.21	247.05	762.63	203.95	483.18	2447.49
购买住房支出	43.12	41.61	38.02	81.37	1.33	50.86
建造住房支出	38.06	34.57	25.98	81.37	1.05	46.42
建造住房材料	5.06	7.04	12.03		0.28	4.45
建造住房雇工	580.00	159.39	647.43	69.02	384.47	1959.13
购建第一产业生产性固定资产	30.91	38.07	47.55	22.18	3.85	39.17
购买或建造农业生产性用房	15.10	7.42	32.64	6.77		29.87
购买用房建筑材料	9.77	1.07	17.32	6.29		27.50
建筑农业生产用房雇工	4.65	6.36	12.67			2.37
购买农业生产用房						
其他	0.68		2.66	0.49		
购买役畜	0.71			3.50		
购买产品畜	0.44	0.54	1.43			
购买或建造农业设施	10.29	24.21	6.09	9.37	2.08	5.96
大棚、温室	7.42	15.16	2.88	9.37	2.08	5.78

2-25 续表 3

单位：元/人

指　　标	总平均	低收入户	中低收入户	中等收入户	中高收入户	高收入户
自备井						
喷灌设施	0.23	0.55	0.47			
其他农业设施	2.64	8.51	2.74			0.18
购买农业机械	4.38	5.89	7.38	2.54	1.77	3.34
大中型农用拖拉机						
小型(手扶)农用拖拉机	0.26			1.28		
农用排灌动力机械	0.53	0.05	0.48	0.45	1.77	0.05
插秧机						
收割机						
脱粒机	0.18	0.75				
其他农业机械	3.41	5.10	6.90	0.81		3.29
购建第二产业生产性固定资产支出	1.04	0.47	1.00			4.38
采矿业						
制造业						
电力、热力、燃气及水生产和供应业	0.33	0.47	1.00			
建筑业	0.71					4.38
购建第三产业生产性固定资产支出	73.20	7.51	18.09	4.40	67.97	335.04
批发和零售业	15.95	1.27	15.67	3.41		71.15
交通运输、仓储和邮政业	29.79	4.90	2.39		45.45	122.80
住宿和餐饮业	24.34	0.62		0.35	22.34	123.94
房地产业						
租赁和商务服务业	0.00	0.00				
居民服务、修理和其他服务业	1.53	0.72	0.03	0.64	0.18	7.32
其他	1.59					9.82
购建其他资产支出	21.94		10.55	26.98	25.55	58.91
非经常性转移支出	2222.26	1375.22	2111.56	2214.81	2548.38	3251.21
博彩支出	39.32	7.18	25.77	39.49	66.19	74.24
婚丧嫁娶礼金支出	1537.20	969.89	1519.13	1589.56	1667.44	2177.29
一次性赔偿支出	2.65	0.39	2.94	6.64	3.12	0.02
一次性馈赠支出	473.60	246.83	446.74	400.30	537.30	860.90
其他非经常性转移支出	50.75	29.92	39.82	65.70	59.37	67.48
借贷性支出	**3431.78**	**1637.83**	**1879.99**	**3381.42**	**4351.17**	**7174.10**
存入储蓄款	1921.83	797.05	893.41	1558.79	2233.90	5052.29
借出款	139.99	5.27	248.86	124.62	209.07	131.84
归还借款	178.03	212.57	152.13	141.17	79.88	318.07
购买有价证券	136.03	14.88		4.96	610.54	131.31
其他投资支出	36.61	5.16	45.35	5.35	3.36	146.81
归还住房贷款	770.71	296.97	409.43	1300.87	966.52	1065.74
归还汽车贷款	166.11	187.16	58.95	156.35	224.50	227.01
归还教育贷款	0.47				2.50	0.11
归还其他贷款	17.13	4.33	0.56	40.47	7.38	39.74
其他借贷支出	64.86	114.45	71.30	48.83	13.51	61.20

2-26 城镇居民家庭平均每百户耐用消费品拥有量(2013-2016年)

主要耐用消费品拥有情况	单位	2013年	2014年	2015年	2016年
家用汽车	辆	16.49	20.46	23.84	29.92
摩托车	辆	18.76	24.14	21.02	19.62
助力车	台	20.85	21.86	22.80	24.81
洗衣机	台	93.68	95.30	96.72	96.63
电冰箱(柜)	台	91.15	93.47	96.76	97.54
微波炉	台	39.65	42.41	45.08	47.75
彩色电视机	台	121.21	123.75	124.24	122.32
其中：接入有线电视	台	85.16	98.46	95.80	96.35
空调	台	89.76	97.50	108.22	121.24
热水器	台	84.86	88.46	91.19	92.38
其中：太阳能热水器	台	8.99	10.91	11.03	11.62
消毒碗柜	台	8.45	8.33	7.93	7.37
洗碗机	台	0.82	1.31	0.75	0.77
排油烟机	台	53.83	54.69	56.40	61.20
固定电话	线	43.50	54.76	48.23	44.64
移动电话	部	209.55	220.15	228.12	238.58
其中：接入互联网	部	62.49	77.79	86.03	113.97
计算机	台	53.88	59.96	63.22	66.09
其中：接入互联网	台	41.03	48.60	50.96	54.38
摄像机	台	6.17	5.88	5.03	4.39
照相机	台	25.35	25.40	23.45	19.76
中高档乐器	架	1.93	2.31	1.89	2.88
健身器材	台	2.50	3.30	2.82	2.91
组合音响	套	9.19	9.01	7.25	5.50

2-27 四川各市(州)城镇居民人均可支配收入(2012-2016年)

单位：元/人

地　区	2012年	2013年	2014年	2015年	2016年
全　省	**20307**	**22228**	**24234**	**26205**	**28335**
成都市	26590	29968	32665	33476	35902
自贡市	19447	21489	23552	26267	28455
攀枝花市	22808	24906	27322	30362	32860
泸州市	20746	22821	25240	26656	28959
德阳市	22374	24701	26998	27049	29159
绵阳市	20755	23100	25341	27170	29407
广元市	17012	18713	20547	23628	25762
遂宁市	18716	20737	22790	25012	26962
内江市	19142	21114	23162	25787	27986
乐山市	20397	22661	24791	26361	28583
南充市	17225	19206	21223	23950	25993
眉山市	19766	21901	24135	26395	28691
宜宾市	20522	22718	24990	26207	28390
广安市	19973	22210	24475	26072	28218
达州市	16949	18915	20939	23884	26016
雅安市	20049	22254	24435	25318	27352
巴中市	16999	18937	20887	23845	25950
资阳市	20751	22867	25154	26424	28501
阿坝州	21168	23115	25150	25939	28048
甘孜州	19560	21418	23303	24978	27101
凉山州	19835	21699	23609	24084	25963

注：从2013年起，国家统计局开展了城乡一体化住户收支和生活状况调查，与2012年前的分城镇和农村住户调查的调查范围、调查方法、指标口径有所不同

2-28 农村常住居民人均主要指标(1962-2016年)

单位：元/人

年份	总收入	可支配收入	现金收入	总支出	#生活消费支出	#生产费用支出	现金支出
1962	139	121	57	130	109	17	58
1965	122	106	54	116	96	15	56
1978	154	127	65	149	120	27	65
1980	224	188	103	202	160	36	101
1985	460	315	275	422	276	125	258
1986	500	338	310	475	311	141	300
1987	553	369	360	536	348	160	351
1988	681	449	455	662	426	204	441
1989	761	494	516	748	474	233	517
1990	847	558	521	802	509	248	502
1991	916	590	584	884	552	282	575
1992	975	634	626	921	569	299	613
1993	1094	698	693	1050	647	329	666
1994	1519	946	932	1496	904	482	870
1995	1865	1158	1129	1796	1061	600	1112
1996	2322	1453	1371	2244	1350	734	1383
1997	2636	1681	1655	2381	1440	795	1569
1998	2738	1789	1732	2382	1441	784	1610
1999	2697	1843	1734	2258	1426	689	1565
2000	2830	1904	1832	2437	1490	709	1709
2001	2946	1987	1983	2494	1498	760	1763
2002	3107	2108	2111	2653	1591	812	1910
2003	3256	2230	2328	2828	1747	860	1986
2004	3805	2580	2734	3299	2011	1074	2324
2005	4158	2803	3087	3743	2274	1256	2747
2006	4343	3002	3367	3883	2395	1245	2942
2007	5097	3547	3940	4499	2747	1456	3463
2008	5903	4121	4534	5155	3128	1686	4099
2009	6238	4462	4979	6330	4141	1741	5218
2010	7031	5087	5684	6163	3898	1774	5003
2011	8657	6129	7249	7642	4675	2244	6575
2012	9498	7001	8091	8366	5367	2217	7174
2013	11161	8381	9261	13979	7365	2199	11508
2014	12647	9348	10589	14731	8301	2651	12115
2015	14561	10247	12344	16924	9251	3522	13828
2016	15907	11203	13818	18706	10192	3819	15441

注：从2013年起，国家统计局开展了城乡一体化住户收支和生活状况调查，与2012年前的分城镇和农村住户调查的调查范围、调查方法、指标口径有所不同，2013年以前为农民人均纯收入。

2-29 农村居民人均可支配收入(2013-2016年)

单位：元/人

指　　标	2013年	2014年	2015年	2016年
农村常住居民人均可支配收入	**8380.69**	**9347.74**	**10247.35**	**11203.13**
工资性收入	**2784.69**	**3156.55**	**3463.46**	**3737.63**
工资	2139.89	2684.87	3051.47	3349.68
按月发放的工资	1788.52	2191.58	2515.25	2697.72
补发工资	40.22	70.31	71.85	84.55
不按月发放的奖金、津贴、过节费等	311.14	422.99	464.36	567.42
实物福利	11.29	12.68	15.76	28.31
从单位或雇主得到的实物产品折价	3.73	2.67	3.56	6.81
食品	1.98	1.98	3.02	4.66
谷物、薯类及豆类	0.22	0.76	1.26	0.88
食用油(植物油)	0.33	0.16	0.26	0.68
蔬菜及制品	0.20	0.19	0.04	0.06
肉、禽、蛋、奶及制品	0.45	0.26	0.34	1.11
水产品及制品	0.01			0.02
糖、烟、酒、饮料类	0.27	0.36	0.72	1.27
干鲜瓜果类	0.06	0.04	0.06	0.20
其他类食品	0.43	0.22	0.34	0.43
衣着	0.13	0.22	0.06	0.14
居住	0.09		0.00	0.02
家庭设备和日用品	0.37	0.40	0.30	0.46
交通、通信工具及用品	0.11		0.04	0.34
教育文化娱乐用品	0.00	0.04	0.00	0.00
医疗保健用品	1.00	0.00		0.02
其他用品	0.05	0.02	0.14	1.15
从单位或雇主得到的服务折价	7.36	10.01	12.20	21.50
免费或低价提供的工作餐	6.80	9.76	11.85	20.44
免费或低价提供的住宿	0.10	0.00	0.02	0.46
单位缴纳的水电费、取暖费、物业费等	0.11		0.02	0.22
免费或低价提供的交通和通信服务	0.04	0.04	0.10	0.14
单位缴纳的教育入学赞助费		0.15		
免费或低价提供的旅游服务	0.00	0.01	0.12	0.12
其他服务	0.30	0.05	0.09	0.13
单位或雇主实物福利报销所得	0.20			
其他	633.52	458.99	396.23	359.64
住房公积金	7.86	11.99	18.55	29.64
辞退金	0.46	3.24	0.63	2.83
自由职业劳动所得(如稿费、翻译费)	0.81	5.76	15.39	5.69
安家费		0.89	0.87	0.17
股票期权		0.00		
其他劳动所得	624.39	437.11	360.79	321.31
经营净收入	**3616.83**	**3877.93**	**4197.30**	**4525.17**
第一产业经营净收入	2716.78	2881.08	3068.45	3227.10
农业	1703.42	1907.99	1958.78	1915.29

2-29 续表 1

单位：元/人

指　　标	2013年	2014年	2015年	2016年
林业	190.16	180.39	201.94	215.73
牧业	783.30	750.81	862.53	1041.46
渔业	39.91	41.90	45.20	54.63
第二产业经营净收入	119.89	126.63	144.92	163.23
采矿业	4.67	4.61	3.84	15.40
制造业	25.10	29.18	38.67	77.60
电力、热力、燃气及水生产和供应业	2.19	-0.24	-1.38	-1.98
建筑业	87.94	93.08	103.78	72.21
第三产业经营净收入	780.15	870.22	983.93	1134.84
批发和零售业	261.93	395.06	454.26	556.57
交通运输、仓储和邮政业	185.21	208.70	244.72	287.45
住宿和餐饮业	61.61	60.96	59.70	83.20
房地产业	6.42	5.43	6.77	0.83
租赁和商务服务业	12.12	-6.99	4.16	4.43
居民服务、修理和其他服务业	155.13	145.68	179.73	169.24
其他	16.91	25.43	29.58	22.18
农林牧渔服务业	80.83	35.95	5.02	10.94
财产净收入	**148.18**	**184.74**	**223.61**	**268.52**
利息净收入	48.48	56.80	64.22	74.09
红利收入	7.56	16.30	20.85	35.13
集体分配的红利	3.38	2.08	6.31	7.70
其他红利收入	4.18	14.22	14.50	27.44
储蓄性保险净收益	0.42	0.12	0.29	2.36
转让承包土地经营权租金净收入	50.45	74.91	83.87	94.39
出租房屋财产性收入	28.48	22.31	30.85	52.51
出租机械、专利、版权等资产的收入	5.81	2.93	5.74	3.95
其他财产净收入	6.97	11.38	17.78	6.08
房屋虚拟租金				
转移净收入	**1830.99**	**2128.52**	**2362.98**	**2671.82**
转移性收入	2148.94	2455.89	2849.62	3225.41
养老金或离退休金	409.88	468.90	586.20	776.25
离退休金	154.80	168.03	205.09	239.74
(城镇)居民社会养老保险	80.49	86.65	110.78	188.15
新型农村养老保险	127.15	154.97	193.55	222.16
其他养老金	47.44	59.25	76.78	126.20
社会救济和补助	97.84	138.47	135.80	153.85
最低生活保障费	34.88	41.34	40.06	44.39
五保户救助金	2.94	3.40	2.69	2.15
扶贫款	3.45	6.90	16.40	33.13
救灾款	24.70	44.68	15.19	4.00
抚恤金	16.74	21.25	30.55	37.54
其他社会救济收入	15.14	20.90	30.91	32.65
政策性生活补贴	24.15	37.53	54.26	60.96
家电补贴	0.21	0.18	2.04	1.92

2-29 续表 2

单位：元/人

指　　标	2013年	2014年	2015年	2016年
能源补贴	0.64	1.20	0.24	0.22
免费或低价提供的住宿(廉租房)	0.46			
其他生活补贴	22.84	36.15	51.89	58.82
报销医疗费	120.01	151.31	186.47	222.22
家庭外出从业人员寄回带回收入	934.72	1016.19	1158.62	1263.30
赡养收入	317.79	298.30	317.51	438.40
其他经常转移收入	76.02	87.86	97.23	74.02
失业保险金	6.54	8.84	7.41	4.37
经常性捐赠收入	11.78	5.48	5.39	7.57
经常性赔偿收入	1.67	2.31	3.19	0.69
其他转移性收入	56.03	71.32	81.32	61.43
从政府和组织得到的实物产品和服务折价	14.15	31.84	44.87	58.01
食品	7.24	11.34	9.02	15.70
谷物、薯类及豆类	2.45	3.63	1.28	1.97
食用油(植物油)	0.45	1.59	2.73	2.13
蔬菜及制品	0.02	0.01		0.00
肉、禽、蛋、奶及制品	1.67	4.65	4.45	8.82
水产品及制品	0.00			0.13
糖、烟、酒、饮料类	0.19	0.01	0.05	0.51
干鲜瓜果类	0.02	0.02	0.04	0.01
其他类食品	2.42	1.43	0.48	2.13
衣着	0.36	0.06	0.11	0.25
居住	0.17	0.36	2.72	0.52
家庭设备和日用品	1.04	2.57	5.94	5.81
交通、通信工具及用品	0.08	0.04	0.23	0.20
教育文化娱乐用品	0.26	0.12	0.42	0.16
医疗保健用品	0.02	0.03	0.03	0.26
其他用品	0.80	2.66	0.79	1.92
其他服务折价(不含廉租房)	4.19	14.65	25.59	33.20
现金政策性惠农补贴	154.39	225.49	268.67	178.39
转移性支出	317.95	327.36	486.64	553.59
个人所得税	1.33	1.21	1.52	2.37
社会保障支出	239.37	253.60	348.98	444.81
个人缴纳的养老保险	158.76	144.07	220.04	269.96
个人缴纳的医疗保险	68.40	93.05	120.37	165.20
个人缴纳的失业保险	1.17	1.57	2.46	3.68
其他社会保障支出	11.04	14.90	6.10	5.97
外来从业人员寄给家人的支出	2.76	1.83	3.86	11.93
赡养支出	19.63	28.47	36.15	43.85
其他转移性支出	54.85	42.25	96.14	50.63
经常性捐赠支出	29.20	18.98	17.96	16.03
经常性赔偿支出	0.27	0.02	0.07	0.04
其他经常转移支出	25.39	23.25	78.11	34.57

2-30 农村居民人均总收入(2013-2016年)

单位：元/人

指　标	2013年	2014年	2015年	2016年
农村常住居民总收入	**11161.22**	**12646.58**	**14561.16**	**15906.86**
工资性收入	**2784.69**	**3156.55**	**3463.46**	**3737.63**
工资	2139.89	2684.87	3051.47	3349.68
实物福利	11.29	12.68	15.76	28.31
其他	633.52	458.99	396.23	359.64
经营性收入	**6079.32**	**6832.19**	**8004.64**	**8655.23**
第一产业经营收入	4732.97	5197.33	5927.97	6264.39
第一产业经营收入(不含惠农补贴)	4732.97	5197.33	5927.97	6264.39
农业	2390.48	2670.71	2838.26	2684.05
林业	205.90	198.09	225.29	231.58
牧业	2075.77	2263.19	2776.93	3236.93
渔业	56.55	65.34	87.49	111.82
第二产业经营收入	181.26	231.72	290.92	322.13
采矿业	8.76	7.69	5.92	16.98
制造业	47.72	64.19	114.48	164.43
电力、热力、燃气及水生产和供应业	2.90	0.00	0.38	0.19
建筑业	121.88	159.84	170.14	140.53
第三产业经营收入	1165.10	1403.14	1785.75	2068.72
批发和零售业	431.74	651.65	969.45	1066.39
交通运输、仓储和邮政业	312.08	358.11	404.78	535.79
住宿和餐饮业	83.69	91.26	104.52	166.13
房地产业	6.42	11.23	9.14	0.83
租赁和商务服务业	14.23	5.83	6.04	5.36
居民服务、修理和其他服务业	197.90	195.86	231.07	226.40
其他	23.98	36.54	35.09	38.74
农林牧渔服务业	95.07	52.66	25.66	29.08
财产性收入	**148.51**	**201.96**	**243.23**	**288.59**
利息收入	48.48	66.63	81.71	91.32
红利收入	7.56	16.30	20.85	35.13
储蓄性保险净收益	0.42	0.12	0.29	2.36
转让承包土地经营权租金净收入	50.45	74.91	83.87	94.39
出租房屋财产性净收入	28.48	22.31	30.85	52.51
出租机械、专利、版权等资产的净收入	6.14	8.35	5.74	3.95
其他财产净收入	6.97	13.34	19.92	8.93
房屋虚拟租金				
转移性收入	**2148.70**	**2455.88**	**2849.84**	**3225.40**
养老金或离退休金	409.88	468.90	586.20	776.25

2-30 续表

单位：元/人

指　　标	2013年	2014年	2015年	2016年
社会救济和补助	97.84	138.47	135.80	153.85
政策性生活补贴	23.69	37.53	54.26	60.96
家庭外出从业人员寄回带回收入	934.72	1016.19	1158.62	1263.30
赡养收入	318.04	298.30	317.51	438.40
报销医疗费	120.00	151.31	186.47	222.22
从政府和组织得到的实物产品和服务折价	14.15	31.83	45.08	58.01
现金政策性惠农补贴	154.39	225.49	268.67	178.39
其他转移性收入	76.00	87.86	97.23	74.02
非收入所得	**915.38**	**1453.88**	**1375.92**	**1676.09**
出售资产所得	206.76	481.38	203.60	314.97
出售住房本金所得	0.99	4.66	8.37	
出售住房溢价所得(含亏损)	0.57			0.12
出售股票、基金、收藏品本金所得	0.69	0.46	0.02	3.68
出售股票、基金、收藏品所得(含亏损)				
出售生产性固定资产所得	15.52	23.14	23.99	54.75
拆迁征地补偿所得	158.99	399.93	133.12	213.87
出售其他财物和收回其他投资本金所得	30.00	53.19	38.11	42.54
非经常性转移所得	689.59	942.19	1155.58	1354.30
博彩所得	9.52	12.86	25.51	31.15
婚丧嫁娶礼金所得	363.89	442.75	570.22	715.09
遗产及一次性馈赠所得	33.61	100.83	154.17	230.24
一次性赔偿所得	113.63	71.05	48.30	70.92
提取住房公积金	1.45		5.99	0.04
调查补贴	107.25	220.73	256.73	266.45
其他非经常性转移所得	60.24	93.97	94.67	40.41
其他非收入所得	19.03	30.30	16.74	6.82
借贷性所得	**1588.65**	**1743.27**	**1854.87**	**2412.41**
提取储蓄存款	1012.65	1013.86	1074.70	1533.56
借入款	367.50	504.06	496.97	552.41
收回借出款	147.34	144.48	172.20	184.51
收回储蓄性保险本金	0.13	2.27	2.68	1.18
住房贷款	11.51	16.13	24.45	13.00
汽车贷款		18.51		0.56
教育贷款		2.82	1.80	5.41
其他贷款	41.81	33.02	70.03	105.54
其他借贷所得	7.71	8.12	12.03	16.24

2-31 农村居民人均总支出(2013-2016年)

单位：元/人

指 标	2013年	2014年	2015年	2016年
农村常住居民人均总支出	**13978.95**	**14731.28**	**16924.13**	**18706.48**
消费支出	**7364.79**	**8301.10**	**9250.65**	**10191.58**
食品烟酒	2947.81	3299.30	3618.44	3886.60
食品	2366.38	2579.97	2734.51	2957.48
谷物	455.29	451.31	484.60	486.16
薯类	104.42	81.51	89.66	126.22
豆类	25.80	30.27	34.75	41.50
食用油	178.31	170.16	168.07	171.17
蔬菜和食用菌	275.13	326.03	331.75	359.63
肉类	726.56	759.45	809.99	854.00
禽类	141.36	187.11	195.14	217.54
水产品	46.94	64.07	70.43	78.25
蛋类	78.22	84.07	112.18	117.94
奶类	66.27	96.90	97.87	115.34
干鲜瓜果类	103.57	150.10	162.71	180.83
糖果糕点类	42.16	62.57	60.98	75.36
其他食品	89.95	116.43	116.38	133.53
烟酒	313.70	357.53	414.92	444.34
烟草	203.28	237.32	283.67	314.88
酒类	110.42	120.22	131.26	129.46
饮料		49.31	54.27	61.24
饮食服务	267.73	312.49	414.74	423.54
食堂用餐	53.42	74.39	110.59	141.88
其他在外饮食	207.12	228.18	290.51	267.94
食品加工服务费	7.19	9.91	13.63	13.73
衣着	498.92	548.06	580.39	640.60
衣类	370.54	392.04	407.02	468.93
鞋类	128.37	156.02	173.37	171.67
居住	1338.65	1486.45	1675.43	1918.52
租赁房房租	26.77	20.43	23.48	25.04
住房维修及管理	218.41	192.58	249.44	286.13
水电燃料及其他	312.02	354.55	379.59	400.14
自有住房折算租金	781.44	918.90	1022.91	1207.21
生活用品及服务	534.06	629.79	659.89	692.74
家具及室内装饰品	123.53	119.41	125.15	98.37
家用器具	170.69	158.73	165.92	189.37
家用纺织品	53.51	63.25	55.56	57.85
家庭日用杂品	147.35	219.26	236.00	238.49
个人用品	27.17	51.64	61.80	90.28
家庭服务	11.82	17.50	15.45	18.37
交通通信	763.72	884.90	1019.79	1173.96
交通	482.12	587.91	681.70	804.48
交通工具	179.37	186.81	213.84	305.90

2-31 续表 1

单位：元/人

指　　标	2013年	2014年	2015年	2016年
交通费	105.13	154.24	163.37	160.83
交通工具用燃料	121.91	155.24	173.94	185.12
交通工具使用及维修	75.71	91.62	130.55	152.62
其中：车辆保险支出	24.79	26.63	37.03	50.57
通信	281.60	296.99	338.08	369.49
通信工具	92.23	71.68	85.10	97.88
通信服务	189.37	225.31	252.99	271.60
教育文化娱乐	531.97	599.77	699.36	707.17
教育	390.66	422.66	504.62	507.14
学前教育	36.82	53.17	53.94	53.65
小学教育	52.84	52.78	60.91	60.34
初中教育	61.30	61.18	58.46	60.06
高中教育	92.90	90.07	108.99	90.35
中专职高教育	19.04	13.56	20.92	24.91
大专及以上教育	110.57	128.23	159.96	178.82
成人教育	17.18	23.66	41.45	38.99
文化娱乐	141.31	177.11	194.74	200.03
文娱耐用消费品	70.99	62.92	69.78	63.13
其他文娱用品	30.38	45.66	57.41	70.39
文化娱乐服务	39.94	68.53	67.55	66.51
医疗保健	641.24	723.74	839.81	972.51
医疗器具及药品	173.71	221.64	259.29	289.14
医疗服务	467.53	502.10	580.52	683.37
门诊总费用	140.99	183.56	231.36	257.81
住院总费用	326.54	318.54	349.16	425.56
其他用品和服务	108.42	129.09	157.54	199.48
其他用品	51.01	63.59	75.88	98.14
其他服务	57.41	65.50	81.66	101.34
生产经营费用支出	**2199.22**	**2651.27**	**3522.47**	**3818.93**
第一产业经营费用支出	1854.49	2119.67	2674.63	2843.52
农业	592.79	650.37	777.31	664.10
林业	15.31	16.00	23.15	15.61
牧业	1217.04	1431.17	1834.48	2109.37
渔业	15.66	22.12	39.71	54.42
第二产业经营费用支出	48.49	87.62	128.69	142.08
采矿业	3.56	2.83	1.74	1.35
制造业	14.32	23.69	62.61	82.76
电力、热力、燃气及水生产和供应业	0.71	0.15	1.64	2.17
建筑业	29.90	60.95	62.70	55.80
第三产业经营费用支出	296.25	443.98	719.14	833.33
批发和零售业	149.77	225.37	486.46	478.50
交通运输、仓储和邮政业	86.38	111.06	131.89	211.74
住宿和餐饮业	18.07	26.75	37.85	70.62
房地产业		5.81	2.38	

2-31 续表 2

单位：元/人

指　　标	2013年	2014年	2015年	2016年
租赁和商务服务业	2.11	12.82	1.15	0.93
居民服务、修理和其他服务业	34.64	41.91	43.72	48.10
其他	5.28	6.87	4.80	13.49
农林牧渔服务业		13.39	10.89	9.96
财产性支出	**10.69**	**11.79**	**19.62**	**20.07**
生活贷款利息支出	9.78	9.83	17.48	17.23
住房贷款利息支出	5.44	5.36	13.35	11.50
其他生活贷款利息支出	4.34	4.47	4.13	5.72
其他财产性支出	0.92	1.96	2.14	2.84
非储蓄性财产保险支出	0.29	0.16	0.80	0.59
其他财产性支出	0.63	1.80	1.33	2.26
转移性支出	**317.87**	**327.34**	**486.59**	**553.59**
个人所得税	1.33	1.21	1.52	2.37
社会保障支出	239.38	253.60	348.98	444.81
个人缴纳的养老保险	158.75	144.07	220.04	269.96
个人缴纳的医疗保险	68.41	93.05	120.37	165.20
个人缴纳的失业保险	1.17	1.57	2.46	3.68
其他社会保障支出	11.04	14.90	6.10	5.97
外来从业人员寄给家人的支出	2.76	1.83	3.86	
城镇外来从业人员寄给家人的支出				
农村外来从业人员寄给家人的支出				11.93
赡养支出	19.55	28.47	36.15	43.85
其他转移性支出	54.85	42.22	96.08	50.63
部分商业保险支出	**18.71**	**22.14**	**30.46**	**43.87**
意外伤害保险	4.46	7.07	7.27	9.62
商业医疗保险(含大病保险)	3.93	5.05	6.93	10.45
其他非储蓄性商业保险	3.53	4.07	6.22	6.53
其他储蓄性商业保险	6.78	5.95	10.04	17.27
购置资产及非经常性转移支出	**1775.35**	**2344.95**	**2732.58**	**3151.87**
购置资产支出	668.47	896.34	884.94	1045.52
建造住房支出	396.95	481.00	424.55	527.30
建造住房材料	305.23	361.66	307.83	378.93
建造住房雇工	91.72	119.34	116.72	148.36
购买住房支出	112.69	251.24	305.23	331.35
购建第一产业生产性固定资产	91.03	115.03	114.70	110.66
购买或建造农业生产性用房	27.84	51.80	43.37	34.61
购买用房建筑材料	22.91	28.43	29.70	22.20
建筑农业生产用房雇工	3.67	16.44	11.54	10.30
购买农业生产用房	0.18		1.07	1.18
其他	1.09	6.94	1.06	0.92
购买役畜	16.64	16.38	16.38	8.90
购买产品畜	5.09	9.03	4.94	13.25
购买或建造农业设施	7.03	10.68	5.63	15.60
大棚、温室	1.53	4.15	3.62	13.64

2-31 续表 3

单位：元/人

指　　标	2013年	2014年	2015年	2016年
自备井	0.72	0.29	0.07	
喷灌设施	1.54	0.47	0.28	0.04
其他农业设施	3.24	5.76	1.67	1.92
购买农业机械	34.43	27.14	44.39	38.29
大中型农用拖拉机	3.69		18.63	0.47
小型(手扶)农用拖拉机	2.40	5.36	0.75	1.97
农用排灌动力机械	1.82	1.40	0.98	0.60
插秧机		0.17		2.45
收割机	1.11	2.85	3.84	6.16
脱粒机	3.19	3.15	1.56	2.25
其他农业机械	22.21	14.20	18.62	24.39
购建第二产业生产性固定资产支出	21.43	6.48	5.68	11.88
采矿业	0.02	1.74	0.08	
制造业	16.30	2.46	1.58	7.80
电力、热力、燃气及水生产和供应业	4.67	2.03	0.99	4.00
建筑业	0.44	0.24	3.02	0.08
购建第三产业生产性固定资产支出	43.50	28.23	32.21	53.38
批发和零售业	3.48	5.97	6.70	6.88
交通运输、仓储和邮政业	30.37	18.24	16.14	41.94
住宿和餐饮业	3.88	0.22	2.33	0.60
房地产业				
租赁和商务服务业	0.00	1.49	1.29	1.00
居民服务、修理和其他服务业	4.96	1.45	3.15	1.17
其他	0.81	0.86	2.61	1.79
购建其他资产支出	2.88	14.36	2.58	10.96
非经常性转移支出	1106.88	1448.62	1847.64	2106.35
博彩支出	10.64	15.31	21.16	23.31
婚丧嫁娶礼金支出	844.33	1169.17	1520.51	1576.21
一次性赔偿支出	5.82	10.90	11.44	12.24
一次性馈赠支出	140.84	153.33	236.38	218.65
其他非经常性转移支出	105.25	99.90	58.15	69.80
借贷性支出	**2292.32**	**1072.69**	**881.77**	**926.58**
存入储蓄款	1979.52	702.46	414.20	431.54
借出款	32.85	48.42	43.20	68.85
归还借款	198.18	240.54	281.59	255.79
购买有价证券	0.59	0.05	8.41	0.38
其他投资支出	7.95	1.56	18.45	0.99
归还住房贷款	35.82	35.44	56.18	63.54
归还汽车贷款	12.37	5.01	7.82	20.71
归还教育贷款				1.06
归还其他贷款	11.42	16.24	40.42	60.07
其他借贷支出	13.63	22.96	11.50	23.64

2-32 农村居民人均现金支出(2013-2016年)

单位：元/人

指　　标	2013年	2014年	2015年	2016年
农村常住居民人均现金支出	**11508.22**	**12115.31**	**13827.73**	**15441.35**
现金消费支出	**5343.25**	**6151.31**	**6795.17**	**7474.85**
食品烟酒	1901.53	2294.50	2488.47	2693.57
食品	1326.32	1585.33	1616.46	1784.92
谷物	167.13	191.43	220.47	231.72
薯类	8.88	13.98	18.20	23.39
豆类	16.35	21.18	27.28	33.64
食用油	82.31	81.40	77.87	86.77
蔬菜和食用菌	115.44	143.09	151.95	163.49
肉类	484.90	540.66	494.50	543.72
禽类	66.63	84.33	90.05	101.01
水产品	42.59	60.25	63.15	68.87
蛋类	24.93	33.11	43.70	38.95
奶类	66.26	96.86	97.65	114.72
干鲜瓜果类	95.55	144.03	157.46	176.01
糖果糕点类	42.16	62.20	60.21	73.57
其他食品	32.37	112.81	113.97	129.05
烟酒	313.68	357.45	414.86	444.30
烟草	202.99	237.23	283.61	314.85
酒类	110.42	120.22	131.26	129.46
饮料		49.02	54.26	61.24
饮食服务	261.53	302.70	402.88	403.11
食堂用餐	47.22	64.61	98.74	121.44
其他在外饮食	207.12	228.18	290.51	267.94
食品加工服务费	7.19	9.91	13.63	13.73
衣着	498.31	547.66	580.08	640.14
衣类	369.65	391.64	406.70	468.47
鞋类	128.37	156.02	173.37	171.67
居住	499.21	511.83	570.39	638.23
租赁房房租	26.77	20.43	23.48	25.04
住房维修及管理	218.41	192.58	249.44	286.13
水电燃料及其他	253.58	298.82	297.47	327.06
生活用品及服务	522.38	615.30	630.25	681.58
家具及室内装饰品	111.71	107.88	101.76	93.48
家用器具	170.69	158.73	165.92	189.37
家用纺织品	53.51	63.25	55.56	57.85
家庭日用杂品	147.35	216.29	229.76	232.22
个人用品	27.17	51.64	61.80	90.28
家庭服务	11.82	17.50	15.45	18.37
交通通信	763.49	884.81	1019.42	1173.29
交通	481.94	587.83	681.34	803.80
交通工具	179.18	186.81	213.84	305.90
交通费	105.13	154.16	163.01	160.15
交通工具用燃料	121.91	155.24	173.94	185.12

2-32 续表 1

单位：元/人

指　标	2013年	2014年	2015年	2016年
交通工具使用及维修	75.71	91.62	130.55	152.62
其中：车辆保险支出	24.79	26.63	37.03	50.57
通信	281.56	296.99	338.08	369.49
通信工具	92.23	71.68	85.10	97.88
通信服务	189.33	225.31	252.99	271.60
教育文化娱乐	531.71	599.45	698.82	706.89
教育	390.66	422.51	504.62	507.14
学前教育	36.82	53.17	53.94	53.65
小学教育	52.84	52.78	60.91	60.34
初中教育	61.30	61.18	58.46	60.06
高中教育	92.90	90.07	108.99	90.35
中专职高教育	19.04	13.56	20.92	24.91
大专及以上教育	110.57	128.23	159.96	178.82
成人教育	17.07	23.51	41.45	38.99
文化娱乐	141.05	176.94	194.20	199.75
文娱耐用消费品	70.99	62.92	69.78	63.13
其他文娱用品	30.38	45.50	56.98	70.23
文化娱乐服务	39.67	68.52	67.44	66.39
医疗保健	520.22	572.87	653.33	749.38
医疗器具及药品	172.69	221.61	259.26	288.86
医疗服务(不含报销医疗费)	467.53	351.26	394.07	460.52
门诊费用(不含报销医疗费)	140.99	157.36	191.13	206.56
住院费用(不含报销医疗费)	326.54	207.08	202.94	253.96
其他用品和服务	106.41	124.89	154.41	191.78
其他用品	49.55	59.99	74.94	95.07
其他服务	56.85	64.90	79.47	96.71
生产经营现金费用支出	**1750.03**	**2185.09**	**2881.55**	**3270.53**
第一产业经营现金费用支出	1405.29	1653.49	2033.72	2295.12
农业	533.87	596.05	686.74	571.74
林业	14.26	16.00	23.15	15.59
牧业	831.45	1019.55	1284.33	1653.60
渔业	15.50	21.89	39.50	54.18
第二产业经营现金费用支出	48.49	87.62	128.69	142.08
采矿业	3.56	2.83	1.74	1.35
制造业	14.32	23.69	62.61	82.76
电力、热力、燃气及水生产和供应业	0.71	0.15	1.64	2.17
建筑业	29.90	60.95	62.70	55.80
第三产业经营现金费用支出	296.25	443.98	719.14	833.33
批发和零售业	149.77	225.37	486.46	478.50
交通运输、仓储和邮政业	86.38	111.06	131.89	211.74
住宿和餐饮业	18.07	26.75	37.85	70.62
房地产业		5.81	2.38	
租赁和商务服务业	2.11	12.82	1.15	0.93
居民服务、修理和其他服务业	34.64	41.91	43.72	48.10

2-32 续表 2

单位：元/人

指 标	2013年	2014年	2015年	2016年
其他	5.28	6.87	4.80	13.49
农林牧渔服务业		13.39	10.89	9.96
现金财产性支出	**10.69**	**11.79**	**19.62**	**20.07**
生活贷款利息支出	9.78	9.83	17.48	17.23
住房贷款利息支出	5.44	5.36	13.35	11.50
其他生活贷款利息支出	4.34	4.47	4.13	5.72
其他财产性支出	0.92	1.96	2.14	2.84
非储蓄性财产保险支出	0.29	0.16	0.80	0.59
其他财产性支出	0.63	1.80	1.33	2.26
现金转移性支出	**317.87**	**327.34**	**486.59**	**553.59**
个人所得税	1.33	1.21	1.52	2.37
社会保障支出	239.38	253.60	348.98	444.81
个人缴纳的养老保险	158.75	144.07	220.04	269.96
个人缴纳的医疗保险	68.41	93.05	120.37	165.20
个人缴纳的失业保险	1.17	1.57	2.46	3.68
其他社会保障支出	11.04	14.90	6.10	5.97
外来从业人员寄给家人的支出		1.83	3.86	11.93
农村外来从业人员寄给家人的支出		1.83	3.81	11.93
城镇外来从业人员寄给家人的支出	2.76		0.05	
赡养支出	19.55	28.47	36.15	43.85
其他转移性支出	54.85	42.22	96.08	50.63
经常性捐赠支出	29.19	18.98	17.90	16.02
经常性赔偿支出	0.27	0.02	0.07	0.04
其他经常转移支出	25.39	23.22	78.11	34.57
部分商业保险支出	**18.71**	**22.14**	**30.46**	**43.87**
意外伤害保险	4.46	7.07	7.27	9.62
商业医疗保险(含大病保险)	3.93	5.05	6.93	10.45
其他非储蓄性商业保险	3.53	4.07	6.22	6.53
其他储蓄性商业保险	6.78	5.95	10.04	17.27
购置资产及非经常性转移支出	**1775.35**	**2344.95**	**2732.58**	**3151.87**
购置资产支出	668.47	896.34	884.94	1045.52
建造住房支出	396.95	481.00	424.55	527.30
建造住房材料	305.23	361.66	307.83	378.93
建造住房雇工	91.72	119.34	116.72	148.36
购买住房支出	112.69	251.24	305.23	331.35
购建第一产业生产性固定资产	91.03	115.03	114.70	110.66
购买或建造农业生产性用房	27.84	51.80	43.37	34.61
购买用房建筑材料	22.91	28.43	29.70	22.20
建筑农业生产用房雇工	3.67	16.44	11.54	10.30
购买农业生产用房	0.18		1.07	1.18
其他	1.09	6.94	1.06	0.92
购买役畜	16.64	16.38	16.38	8.90
购买产品畜	5.09	9.03	4.94	13.25
购买或建造农业设施	7.03	10.68	5.63	15.60

2-32 续表 3

单位：元/人

指　　标	2013年	2014年	2015年	2016年
大棚、温室	1.53	4.15	3.62	13.64
自备井	0.72	0.29	0.07	
喷灌设施	1.54	0.47	0.28	0.04
其他农业设施	3.24	5.76	1.67	1.92
购买农业机械	34.43	27.14	44.39	38.29
大中型农用拖拉机	3.69		18.63	0.47
小型(手扶)农用拖拉机	2.40	5.36	0.75	1.97
农用排灌动力机械	1.82	1.40	0.98	0.60
插秧机		0.17		2.45
收割机	1.11	2.85	3.84	6.16
脱粒机	3.19	3.15	1.56	2.25
其他农业机械	22.21	14.20	18.62	24.39
购建第二产业生产性固定资产支出	21.43	6.48	5.68	11.88
采矿业	0.02	1.74	0.08	
制造业	16.30	2.46	1.58	7.80
电力、热力、燃气及水生产和供应业	4.67	2.03	0.99	4.00
建筑业	0.44	0.24	3.02	0.08
购建第三产业生产性固定资产支出	43.50	28.23	32.21	53.38
批发和零售业	3.48	5.97	6.70	6.88
交通运输、仓储和邮政业	30.37	18.24	16.14	41.94
住宿和餐饮业	3.88	0.22	2.33	0.60
房地产业				
租赁和商务服务业	0.00	1.49	1.29	1.00
居民服务、修理和其他服务业	4.96	1.45	3.15	1.17
其他行业	0.81	0.86	2.61	1.79
购建其他资产支出	2.88	14.36	2.58	10.96
非经常性转移支出	1106.88	1448.62	1847.64	2106.35
博彩支出	10.64	15.31	21.16	23.31
婚丧嫁娶礼金支出	844.33	1169.17	1520.51	1576.21
一次性赔偿支出	5.82	10.90	11.44	12.24
一次性馈赠支出	140.84	153.33	236.38	218.65
其他非经常性转移支出	105.25	99.90	58.15	69.80
借贷性支出	**2292.32**	**1072.69**	**881.77**	**926.58**
存入储蓄款	1979.52	702.46	414.20	431.54
借出款	32.85	48.42	43.20	68.85
归还借款	198.18	240.54	281.59	255.79
购买有价证券	0.59	0.05	8.41	0.38
其他投资支出	7.95	1.56	18.45	0.99
归还住房贷款	35.82	35.44	56.18	63.54
归还汽车贷款	12.37	5.01	7.82	20.71
归还教育贷款				1.06
归还其他贷款	11.42	16.24	40.42	60.07
其他借贷支出	13.63	22.96	11.50	23.64

2-33 农村居民人均现金收入(2013-2016年)

单位：元/人

指　标	2013年	2014年	2015年	2016年
农村常住居民现金收入	**9260.84**	**10589.47**	**12343.53**	**13817.69**
现金工资性收入	**2773.40**	**3143.87**	**3447.70**	**3709.32**
工资	2139.89	2684.87	3051.47	3349.68
其他工资性收入	633.52	458.99	396.23	359.64
现金经营性收入	**4313.98**	**4970.91**	**6034.31**	**6874.60**
第一产业现金经营收入	2967.62	3336.04	3957.64	4483.75
农业	1091.94	1250.18	1453.82	1489.77
林业	145.09	142.25	145.90	160.33
牧业	1660.00	1882.10	2277.77	2731.20
渔业	52.21	61.52	80.15	102.45
第二产业现金经营收入	181.26	231.72	290.92	322.13
采矿业	8.76	7.69	5.92	16.98
制造业	47.72	64.19	114.48	164.43
电力、热力、燃气及水生产和供应业	2.90	0.00	0.38	0.19
建筑业	121.88	159.84	170.14	140.53
第三产业现金经营收入	1165.10	1403.14	1785.75	2068.72
批发和零售业	431.74	651.65	969.45	1066.39
交通运输、仓储和邮政业	312.08	358.11	404.78	535.79
住宿和餐饮业	83.69	91.26	104.52	166.13
房地产业	6.42	11.23	9.14	0.83
租赁和商务服务业	14.23	5.83	6.04	5.36
居民服务、修理和其他服务业	197.90	195.86	231.07	226.40
其他行业	23.98	36.54	35.09	38.74
农林牧渔服务业	95.07	52.66	25.66	29.08
现金财产性收入	**158.91**	**201.96**	**243.23**	**288.59**
利息收入	58.26	66.63	81.71	91.32
红利收入	7.56	16.30	20.85	35.13
储蓄性保险收益	0.42	0.12	0.29	2.36
转让承包土地经营权租金收入	50.45	74.91	83.87	94.39
出租房屋财产性净收入	28.48	22.31	30.85	52.51
出租机械、专利、版权等资产的净收入	6.14	8.35	5.74	3.95
其他财产性收入	7.60	13.34	19.92	8.93
现金转移性收入	2014.55	2272.74	2618.29	2945.17
养老金或离退休金	409.88	468.90	586.20	776.25

2-33 续表

单位：元/人

指　　标	2013年	2014年	2015年	2016年
社会救济和补助	97.84	138.47	135.80	153.85
政策性生活补贴	23.69	37.53	54.26	60.96
家庭外出从业人员寄回带回收入	934.72	1016.19	1158.62	1263.30
赡养收入	318.04	298.30	317.51	438.40
其他转移性收入	76.00	87.86	97.23	74.02
现金政策性惠农补贴	154.39	225.49	268.67	178.39
非收入所得	**915.38**	**1453.88**	**1375.92**	**1676.09**
出售资产所得	206.76	481.38	203.60	314.97
出售住房本金所得	0.99	4.66	8.37	
出售住房溢价所得(含亏损)	0.57			0.12
出售股票、基金、收藏品本金所得	0.69	0.46	0.02	3.68
出售股票、基金、收藏品所得(含亏损)				
出售生产性固定资产所得	15.52	23.14	23.99	54.75
拆迁征地补偿所得	158.99	399.93	133.12	213.87
出售其他财物和收回其他投资本金所得	30.00	53.19	38.11	42.54
非经常性转移所得	689.59	942.19	1155.58	1354.30
博彩所得	9.52	12.86	25.51	31.15
婚丧嫁娶礼金所得	363.89	442.75	570.22	715.09
遗产及一次性馈赠所得	33.61	100.83	154.17	230.24
一次性赔偿所得	113.63	71.05	48.30	70.92
提取住房公积金	1.45		5.99	0.04
调查补贴	107.25	220.73	256.73	266.45
其他非经常性转移所得	60.24	93.97	94.67	40.41
其他非收入所得	19.03	30.30	16.74	6.82
借贷性所得	**1588.65**	**1743.27**	**1854.87**	**2412.41**
提取储蓄存款	1012.65	1013.86	1074.70	1533.56
借入款	367.50	504.06	496.97	552.41
收回借出款	147.34	144.48	172.20	184.51
收回储蓄性保险本金	0.13	2.27	2.68	1.18
住房贷款	11.51	16.13	24.45	13.00
汽车贷款		18.51		0.56
教育贷款		2.82	1.80	5.41
其他贷款	41.81	33.02	70.03	105.54
其他借贷所得	7.71	8.12	12.03	16.24

2-34 按五等份分组的农村居民人均可支配收入(2016年)

单位：元/人

指　　标	总平均	低收入户	中低收入户	中等收入户	中高收入户	高收入户
农村常住居民人均可支配收入	**11203.13**	**2992.46**	**7329.79**	**10106.06**	**14065.34**	**25212.31**
工资性收入	**3737.63**	**1484.24**	**2501.48**	**3459.23**	**4826.55**	**7436.65**
工资	3349.68	1223.36	2173.66	3120.74	4353.57	6838.01
按月发放的工资	2697.72	944.01	1686.87	2467.40	3504.55	5697.30
补发工资	84.55	21.60	50.05	74.07	99.66	207.78
不按月发放的奖金、津贴、过节费等	567.42	257.76	436.75	579.26	749.36	932.93
实物福利	28.31	32.92	22.28	17.52	35.18	34.70
从单位或雇主得到的实物产品折价	6.81	8.08	5.06	3.63	8.12	9.55
食品	4.66	5.52	4.05	1.62	5.88	6.50
谷物、薯类及豆类	0.88	0.75	0.40	0.12	1.79	1.54
食用油(植物油)	0.68	1.13	0.51	0.31	0.72	0.66
蔬菜及制品	0.06		0.18	0.02	0.08	0.01
肉、禽、蛋、奶及制品	1.11	1.55	1.65	0.19	0.80	1.29
水产品及制品	0.02	0.00	0.04	0.02	0.02	0.00
糖、烟、酒、饮料类	1.27	0.99	0.67	0.77	2.15	2.03
干鲜瓜果类	0.20	0.10	0.32	0.10	0.08	0.46
其他类食品	0.43	0.98	0.28	0.09	0.23	0.51
衣着	0.14		0.03	0.15		0.64
居住	0.02				0.00	0.13
家庭设备和日用品	0.46	0.55	0.21	0.16	0.63	0.81
交通、通信工具及用品	0.34	1.04	0.02	0.49		
教育文化娱乐用品	0.00	0.02				0.00
医疗保健用品	0.02	0.07			0.01	0.02
其他用品	1.15	0.88	0.75	1.21	1.60	1.46
从单位或雇主得到的服务折价	21.50	24.84	17.22	13.90	27.06	25.15
免费或低价提供的工作餐	20.44	24.43	15.89	12.61	26.82	22.89
免费或低价提供的住宿	0.46		1.12		0.22	1.07
单位缴纳的水电费、取暖费、物业费等	0.22			1.11		
免费或低价提供的交通和通信服务	0.14	0.41	0.03	0.18		
单位缴纳的教育入学赞助费						
免费或低价提供的旅游服务	0.12					0.68
其他服务	0.13		0.17		0.02	0.52
单位或雇主实物福利报销所得						
其他	359.64	227.95	305.55	320.97	437.79	563.94
住房公积金	29.64	9.81	11.15	14.35	17.56	110.47
辞退金	2.83	0.21	1.73	4.10	1.22	7.99
自由职业劳动所得(如稿费、翻译费)	5.69	8.54	2.47	3.39	1.41	13.25
安家费	0.17	0.74				
股票期权						
其他劳动所得	321.31	208.67	290.21	299.13	417.61	432.22
经营净收入	**4525.17**	**561.30**	**2696.86**	**3655.19**	**5282.78**	**12322.24**
第一产业经营净收入	3227.10	601.31	2154.61	2910.49	3756.70	7884.64
农业	1915.29	859.01	1380.94	1748.88	2282.10	3793.32

2-34 续表 1

单位：元/人

指　　标	总平均	低收入户	中低收入户	中等收入户	中高收入户	高收入户
林业	215.73	173.35	222.10	180.00	285.40	230.79
牧业	1041.46	-412.91	500.85	952.30	1143.56	3663.24
渔业	54.63	-18.13	50.72	29.31	45.63	197.29
第二产业经营净收入	163.23	16.53	37.33	61.23	201.38	594.79
采矿业	15.40	1.04			24.08	62.39
制造业	77.60	2.13	31.34	24.54	121.28	251.13
电力、热力、燃气及水生产和供应业	-1.98			-0.39		-11.16
建筑业	72.21	13.36	5.99	37.08	56.02	292.42
第三产业经营净收入	1134.84	-56.54	504.92	683.46	1324.70	3842.81
批发和零售业	556.57	2.56	162.92	337.18	605.75	1994.05
交通运输、仓储和邮政业	287.45	-111.68	121.12	163.47	354.06	1104.16
住宿和餐饮业	83.20	-2.94	69.40	27.37	113.79	248.70
房地产业	0.83		1.38		0.06	3.09
租赁和商务服务业	4.43	-0.23	14.33	-0.78	-0.50	10.09
居民服务、修理和其他服务业	169.24	51.55	131.29	92.00	194.09	438.62
其他	22.18	1.18	3.81	26.28	51.51	36.17
农林牧渔服务业	10.94	3.01	0.68	37.95	5.94	7.94
财产净收入	**268.52**	**155.80**	**127.77**	**190.40**	**292.28**	**660.20**
利息净收入	74.09	27.72	55.17	67.32	97.44	142.35
红利收入	35.13	47.46	3.57	27.28	5.46	99.21
集体分配的红利	7.70	2.59	0.08	5.55	2.14	32.61
其他红利收入	27.44	44.87	3.49	21.73	3.33	66.60
储蓄性保险净收益	2.36	1.17	3.70	0.64	2.27	4.46
转让承包土地经营权租金净收入	94.39	46.70	52.46	66.28	124.00	211.09
出租房屋财产性收入	52.51	28.44	8.21	17.45	50.51	183.13
出租机械、专利、版权等资产的收入	3.95	1.22	0.56	6.49	2.91	9.94
其他财产净收入	6.08	3.08	4.09	4.93	9.69	10.00
房屋虚拟租金						
转移净收入	**2671.82**	**791.13**	**2003.67**	**2801.24**	**3663.73**	**4793.22**
转移性收入	3225.41	1548.54	2433.15	3210.22	4129.57	5491.52
养老金或离退休金	776.25	339.08	500.94	746.94	966.69	1531.37
离退休金	239.74	35.99	81.00	182.47	268.46	746.39
(城镇)居民社会养老保险	188.15	62.84	119.95	196.54	269.50	342.28
新型农村养老保险	222.16	162.93	219.78	224.13	252.74	269.14
其他养老金	126.20	77.33	80.21	143.80	175.98	173.57
社会救济和补助	153.85	100.52	148.96	143.25	169.13	227.60
最低生活保障费	44.39	46.45	55.92	46.12	40.32	29.82
五保户救助金	2.15	1.61	2.19	3.16	1.35	2.50
扶贫款	33.13	7.22	23.26	8.85	43.36	97.69
救灾款	4.00	2.50	5.26	2.10	5.12	5.49
抚恤金	37.54	15.15	40.16	54.22	44.76	36.92
其他社会救济收入	32.65	27.59	22.18	28.81	34.21	55.19
政策性生活补贴	60.96	48.02	55.19	56.96	61.23	89.96
家电补贴	1.92	1.64	0.72	1.38	2.86	3.37

2-34 续表 2

单位：元/人

指　标	总平均	低收入户	中低收入户	中等收入户	中高收入户	高收入户
能源补贴	0.22		0.51	0.29	0.27	0.02
免费或低价提供的住宿(廉租房)						
其他生活补贴	58.82	46.39	53.97	55.13	58.21	86.57
报销医疗费	222.22	70.56	122.90	163.11	273.77	562.47
家庭外出从业人员寄回带回收入	1263.30	575.59	1029.37	1396.24	1828.02	1703.94
赡养收入	438.40	198.12	324.50	397.64	500.42	883.03
其他经常转移收入	74.02	48.11	54.54	72.80	75.99	132.26
失业保险金	4.37	1.26	5.17	11.11	0.86	3.48
经常性捐赠收入	7.57	8.47	3.06	4.38	5.83	17.57
经常性赔偿收入	0.69	0.12	0.03	0.37	0.04	3.39
其他转移性收入	61.43	38.25	46.28	57.17	69.25	107.82
从政府和组织得到的实物产品和服务折价	58.01	48.15	60.24	59.11	58.55	66.71
食品	15.70	11.51	17.77	17.82	18.54	13.19
谷物、薯类及豆类	1.97	1.71	1.71	1.47	1.92	3.25
食用油(植物油)	2.13	1.71	2.07	2.05	2.56	2.41
蔬菜及制品	0.00			0.00		0.00
肉、禽、蛋、奶及制品	8.82	5.35	10.71	12.67	10.50	4.77
水产品及制品	0.13	0.16	0.27		0.15	0.03
糖、烟、酒、饮料类	0.51	0.03	0.10	0.10	1.07	1.54
干鲜瓜果类	0.01				0.05	
其他类食品	2.13	2.55	2.90	1.53	2.28	1.18
衣着	0.25	0.13	0.08	0.21	0.52	0.37
居住	0.52	0.03	2.19	0.03	0.04	0.23
家庭设备和日用品	5.81	5.72	4.55	6.81	4.73	7.49
交通、通信工具及用品	0.20	0.65		0.06		0.21
教育文化娱乐用品	0.16	0.07	0.30	0.19	0.14	0.06
医疗保健用品	0.26	0.02	0.01	0.08	0.36	0.98
其他用品	1.92	1.48	2.08	1.14	1.86	3.29
其他服务折价(不含廉租房)	33.20	28.53	33.25	32.76	32.36	40.87
现金政策性惠农补贴	178.39	120.38	136.51	174.17	195.78	294.18
转移性支出	**553.59**	**757.41**	**429.48**	**408.98**	**465.84**	**698.30**
个人所得税	2.37	1.52	1.24	0.32	2.14	7.60
社会保障支出	444.81	590.24	347.77	309.72	401.75	574.70
个人缴纳的养老保险	269.96	412.97	187.45	160.92	226.38	355.08
个人缴纳的医疗保险	165.20	171.76	155.51	141.67	163.00	198.44
个人缴纳的失业保险	3.68	3.22	2.02	1.70	3.54	8.81
其他社会保障支出	5.97	2.29	2.79	5.43	8.83	12.37
外来从业人员寄给家人的支出	11.93	43.71	5.08	2.79		1.37
赡养支出	43.85	66.88	30.02	27.82	29.27	64.71
其他转移性支出	50.63	55.07	45.37	68.34	32.69	49.91
经常性捐赠支出	16.03	17.35	24.97	14.58	12.55	8.73
经常性赔偿支出	0.04	0.07		0.10		
其他经常转移支出	34.57	37.65	20.40	53.66	20.13	41.18

2-35 按五等份分组的农村居民人均总收入(2016年)

单位：元/人

指　　标	总平均	低收入户	中低收入户	中等收入户	中高收入户	高收入户
农村常住居民人均总收入	**15906.86**	**8245.18**	**10205.99**	**13208.91**	**18147.38**	**33997.34**
工资性收入	**3737.63**	**1484.24**	**2501.48**	**3459.23**	**4826.55**	**7436.65**
工资	3349.68	1223.36	2173.66	3120.74	4353.57	6838.01
实物福利	28.31	32.92	22.28	17.52	35.18	34.70
其他	359.64	227.95	305.55	320.97	437.79	563.94
经营性收入	**8655.23**	**5034.28**	**5134.06**	**6336.08**	**8880.71**	**20368.63**
第一产业经营收入	6264.39	3750.86	4199.19	5073.14	6228.68	13645.12
第一产业经营收入(不含惠农补贴)	6264.39	3750.86	4199.19	5073.14	6228.68	13645.12
农业	2684.05	1492.78	2016.42	2426.33	3068.18	4997.19
林业	231.58	179.25	234.56	193.34	306.64	261.35
牧业	3236.93	2003.80	1857.45	2369.91	2781.11	8123.03
渔业	111.82	75.03	90.76	83.56	72.76	263.55
第二产业经营收入	322.13	164.07	64.20	221.15	316.33	978.78
采矿业	16.98	1.04			32.47	62.44
制造业	164.43	109.26	41.37	52.61	197.06	486.65
电力、热力、燃气及水生产和供应业	0.19					1.11
建筑业	140.53	53.77	22.83	168.54	86.80	428.58
第三产业经营收入	2068.72	1119.36	870.68	1041.78	2335.70	5744.72
批发和零售业	1066.39	651.38	332.51	501.64	1256.66	2988.41
交通运输、仓储和邮政业	535.79	245.76	179.45	262.38	553.43	1669.41
住宿和餐饮业	166.13	115.73	144.31	34.67	152.72	430.69
房地产业	0.83		1.38		0.06	3.09
租赁和商务服务业	5.36		15.36	0.41	0.49	11.44
居民服务、修理和其他服务业	226.40	81.84	163.65	141.32	271.69	549.45
其他	38.74	13.61	17.73	45.36	76.70	49.13
农林牧渔服务业	29.08	11.04	16.29	56.00	23.94	43.09
财产性收入	**288.59**	**178.13**	**137.29**	**203.38**	**310.56**	**700.54**
利息收入	91.32	49.46	61.59	79.30	110.03	178.09
红利收入	35.13	47.46	3.57	27.28	5.46	99.21
储蓄性保险净收益	2.36	1.17	3.70	0.64	2.27	4.46
转让承包土地经营权租金净收入	94.39	46.70	52.46	66.28	124.00	211.09
出租房屋财产性净收入	52.51	28.44	8.21	17.45	50.51	183.13
出租机械、专利、版权等资产的净收入	3.95	1.22	0.56	6.49	2.91	9.94
其他财产净收入	8.93	3.67	7.20	5.93	15.38	14.61
房屋虚拟租金						
转移性收入	**3225.40**	**1548.53**	**2433.15**	**3210.22**	**4129.57**	**5491.52**
养老金或离退休金	776.25	339.08	500.94	746.94	966.69	1531.37

2-35 续表

单位：元/人

指 标	总平均	低收入户	中低收入户	中等收入户	中高收入户	高收入户
社会救济和补助	153.85	100.52	148.96	143.25	169.13	227.60
政策性生活补贴	60.96	48.02	55.19	56.96	61.23	89.96
家庭外出从业人员寄回带回收入	1263.30	575.59	1029.37	1396.24	1828.02	1703.94
赡养收入	438.40	198.12	324.50	397.64	500.42	883.03
报销医疗费	222.22	70.56	122.90	163.11	273.77	562.47
从政府和组织得到的实物产品和服务折价	58.01	48.14	60.24	59.11	58.54	66.71
现金政策性惠农补贴	178.39	120.38	136.51	174.17	195.78	294.18
其他转移性收入	74.02	48.11	54.54	72.80	75.99	132.26
非收入所得	**1676.09**	**1669.46**	**1466.05**	**1163.39**	**1503.47**	**2737.58**
出售资产所得	314.97	680.68	256.01	102.58	125.66	352.16
出售住房本金所得						
出售住房溢价所得(含亏损)	0.12			0.61		
出售股票、基金、收藏品本金所得	3.68					21.56
出售股票、基金、收藏品所得(含亏损)						
出售生产性固定资产所得	54.75	156.11	33.10	29.12	3.81	30.76
拆迁征地补偿所得	213.87	515.66	202.04	43.11	84.65	164.26
出售其他财物和收回其他投资本金所得	42.54	8.91	20.87	29.74	37.20	135.59
非经常性转移所得	1354.30	986.56	1204.20	1047.73	1368.49	2381.32
博彩所得	31.15	22.86	25.09	10.00	29.95	76.05
婚丧嫁娶礼金所得	715.09	455.21	700.33	567.32	758.67	1210.31
遗产及一次性馈赠所得	230.24	203.07	180.01	167.24	225.40	408.39
一次性赔偿所得	70.92	36.53	10.40	26.25	17.74	302.88
提取住房公积金	0.04	0.08	0.10			
调查补贴	266.45	237.19	247.99	256.74	285.47	319.31
其他非经常性转移所得	40.41	31.61	40.29	20.18	51.26	64.38
其他非收入所得	6.82	2.22	5.85	13.07	9.33	4.10
借贷性所得	**2412.41**	**2053.48**	**1980.00**	**2061.36**	**2169.96**	**4109.34**
提取储蓄存款	1533.56	1149.01	1197.88	1494.25	1569.49	2473.25
借入款	552.41	535.34	582.60	414.81	400.26	867.14
收回借出款	184.51	179.15	101.97	77.50	90.81	522.37
收回储蓄性保险本金	1.18			0.70		6.07
住房贷款	13.00	21.34	9.13		1.41	34.56
汽车贷款	0.56					3.28
教育贷款	5.41	5.55	1.82	9.33	3.59	7.00
其他贷款	105.54	159.19	81.70	56.98	99.38	126.54
其他借贷所得	16.24	3.91	4.89	7.80	5.00	69.14

2-36 按五等份分组的农村居民人均总支出(2016年)

单位: 元/人

指　　标	总平均	低收入户	中低收入户	中等收入户	中高收入户	高收入户
农村常住居民人均总支出	**18706.48**	**15989.19**	**14538.36**	**15587.79**	**18691.18**	**31204.91**
消费支出	**10191.58**	**8140.29**	**8629.08**	**9525.22**	**11172.49**	**14596.06**
食品烟酒	3886.60	3176.10	3454.41	3753.04	4222.49	5167.37
食品	2957.48	2435.93	2698.34	2899.36	3192.11	3791.97
谷物	486.16	420.63	466.22	488.59	519.48	559.76
薯类	126.22	96.35	121.98	132.99	145.64	142.47
豆类	41.50	34.14	39.13	43.05	47.20	46.27
食用油	171.17	146.04	160.09	170.76	172.30	218.02
蔬菜和食用菌	359.63	293.71	329.48	346.41	391.98	465.85
肉类	854.00	663.42	756.13	862.33	933.79	1134.54
禽类	217.54	169.28	182.53	203.83	234.53	323.38
水产品	78.25	63.42	65.50	74.97	84.74	110.72
蛋类	117.94	93.49	111.41	119.63	122.95	151.51
奶类	115.34	116.27	114.94	90.21	123.88	134.87
干鲜瓜果类	180.83	153.66	153.54	166.55	194.15	253.38
糖果糕点类	75.36	68.61	70.65	72.18	79.96	88.96
其他食品	133.53	116.93	126.73	127.88	141.51	162.24
烟酒	444.34	348.49	366.46	408.19	510.35	639.95
烟草	314.88	255.07	261.90	282.93	358.01	451.31
酒类	129.46	93.42	104.56	125.26	152.33	188.64
饮料	61.24	48.95	56.50	55.86	67.86	82.76
饮食服务	423.54	342.73	333.11	389.63	452.18	652.68
食堂用餐	141.88	141.22	145.80	121.33	144.26	159.56
其他在外饮食	267.94	191.49	174.39	253.21	291.50	477.97
食品加工服务费	13.73	10.02	12.93	15.09	16.42	15.15
衣着	640.60	540.03	547.12	561.84	708.87	909.57
衣类	468.93	397.11	396.02	402.26	514.61	684.26
鞋类	171.67	142.92	151.11	159.58	194.26	225.30
居住	1918.52	1567.57	1602.22	1962.69	2029.58	2608.21
租赁房房租	25.04	15.07	28.11	30.68	22.25	31.11
住房维修及管理	286.13	202.12	203.27	411.45	277.90	362.91
水电燃料及其他	400.14	322.56	337.58	380.84	451.37	548.53
自有住房折算租金	1207.21	1027.81	1033.26	1139.71	1278.06	1665.66
生活用品及服务	692.74	542.70	586.41	607.35	778.56	1032.85
家具及室内装饰品	98.37	67.30	84.99	84.44	104.22	166.79
家用器具	189.37	131.44	151.02	149.63	225.35	322.22
家用纺织品	57.85	40.39	51.03	55.57	69.09	80.20
家庭日用杂品	238.49	200.82	211.83	220.40	263.39	316.24
个人用品	90.28	88.59	76.18	80.95	94.47	116.35
家庭服务	18.37	14.16	11.35	16.36	22.05	31.05
交通通信	1173.96	783.30	794.14	933.54	1349.79	2260.06
交通	804.48	482.40	488.07	585.20	944.00	1734.72
交通工具	305.90	142.83	98.66	181.11	395.21	830.66

2-36 续表 1

单位：元/人

指　　标	总平均	低收入户	中低收入户	中等收入户	中高收入户	高收入户
交通费	160.83	115.49	143.58	163.50	183.77	215.01
交通工具用燃料	185.12	127.14	135.50	140.77	200.96	359.45
交通工具使用及维修	152.62	96.94	110.34	99.82	164.05	329.61
其中：车辆保险支出	50.57	39.60	42.52	16.65	49.56	116.36
通信	369.49	300.90	306.07	348.34	405.80	525.34
通信工具	97.88	78.38	79.71	91.16	108.67	142.71
通信服务	271.60	222.52	226.36	257.18	297.13	382.63
教育文化娱乐	707.17	633.52	605.09	649.67	816.95	879.85
教育	507.14	467.69	452.10	453.50	592.54	597.86
学前教育	53.65	61.91	57.99	53.05	59.34	31.65
小学教育	60.34	69.46	60.52	46.82	77.96	44.47
初中教育	60.06	71.66	55.85	59.25	66.92	43.06
高中教育	90.35	93.85	81.27	75.09	86.21	119.34
中专职高教育	24.91	24.25	33.24	21.85	19.76	24.79
大专及以上教育	178.82	114.44	132.66	173.05	244.03	257.96
成人教育	38.99	32.12	30.58	24.39	38.31	76.59
文化娱乐	200.03	165.84	152.99	196.18	224.41	281.99
文娱耐用消费品	63.13	52.05	39.92	72.67	82.82	73.90
其他文娱用品	70.39	67.19	61.28	66.76	78.48	81.36
文化娱乐服务	66.51	46.60	51.79	56.75	63.11	126.74
医疗保健	972.51	735.80	853.73	886.51	1067.73	1435.32
医疗器具及药品	289.14	218.59	274.14	296.65	319.16	361.07
医疗服务	683.37	517.22	579.59	589.85	748.56	1074.25
门诊总费用	257.81	211.40	249.35	206.10	297.02	348.82
住院总费用	425.56	305.82	330.24	383.75	451.55	725.44
其他用品和服务	199.48	161.27	185.96	170.58	198.51	302.85
其他用品	98.14	80.05	96.05	80.21	91.10	153.98
其他服务	101.34	81.22	89.91	90.36	107.41	148.87
生产经营费用支出	**3818.93**	**4178.67**	**2183.46**	**2456.10**	**3337.08**	**7484.88**
第一产业经营费用支出	2843.52	2962.20	1856.82	2010.39	2299.59	5478.25
农业	664.10	527.60	533.38	593.00	688.88	1066.11
林业	15.61	5.62	12.12	13.28	20.71	30.56
牧业	2109.37	2336.34	1272.39	1356.29	1563.42	4321.30
渔业	54.42	92.64	38.93	47.82	26.58	60.28
第二产业经营费用支出	142.08	145.88	14.03	155.60	109.63	314.50
采矿业	1.35	0.01			7.20	
制造业	82.76	105.60	7.18	27.14	72.07	222.44
电力、热力、燃气及水生产和供应业	2.17			0.39		12.27
建筑业	55.80	40.28	6.85	128.07	30.37	79.79
第三产业经营费用支出	833.33	1070.58	312.62	290.10	927.86	1692.13
批发和零售业	478.50	628.30	157.10	138.63	617.11	921.45
交通运输、仓储和邮政业	211.74	315.70	49.30	84.76	165.46	472.23
住宿和餐饮业	70.62	83.29	69.32	6.47	37.98	166.50
房地产业						

2-36 续表 2

单位：元/人

指　　标	总平均	低收入户	中低收入户	中等收入户	中高收入户	高收入户
租赁和商务服务业	0.93	0.23	1.03	1.20	0.99	1.36
居民服务、修理和其他服务业	48.10	25.53	26.64	32.85	68.88	100.20
其他	13.49	12.00	6.47	13.55	24.54	11.97
农林牧渔服务业	9.96	5.53	2.75	12.64	12.90	18.43
财产性支出	**20.07**	**22.33**	**9.53**	**12.98**	**18.28**	**40.34**
生活贷款利息支出	17.23	21.74	6.42	11.98	12.59	35.74
住房贷款利息支出	11.50	14.71	5.26	8.45	6.80	23.64
其他生活贷款利息支出	5.72	7.03	1.16	3.54	5.78	12.10
其他财产性支出	2.84	0.59	3.11	1.00	5.69	4.60
非储蓄性财产保险支出	0.59	0.15	0.21	0.44	1.48	0.82
其他财产性支出	2.26	0.44	2.89	0.56	4.21	3.79
转移性支出	**553.59**	**757.41**	**429.48**	**408.97**	**465.84**	**698.30**
个人所得税	2.37	1.52	1.24	0.32	2.14	7.60
社会保障支出	444.81	590.24	347.77	309.72	401.75	574.70
个人缴纳的养老保险	269.96	412.97	187.45	160.92	226.38	355.08
个人缴纳的医疗保险	165.20	171.76	155.51	141.67	163.00	198.44
个人缴纳的失业保险	3.68	3.22	2.02	1.70	3.54	8.81
其他社会保障支出	5.97	2.29	2.79	5.43	8.83	12.37
外来从业人员寄给家人的支出						
城镇外来从业人员寄给家人的支出						
农村外来从业人员寄给家人的支出	11.93	43.71	5.08	2.79		1.37
赡养支出	43.85	66.88	30.02	27.82	29.27	64.71
其他转移性支出	50.63	55.07	45.37	68.32	32.69	49.91
部分商业保险支出	**43.87**	**48.35**	**25.30**	**42.96**	**47.97**	**57.29**
意外伤害保险	9.62	9.74	8.97	8.20	7.00	14.82
商业医疗保险(含大病保险)	10.45	14.39	5.17	10.16	9.88	12.61
其他非储蓄性商业保险	6.53	9.30	5.88	4.94	8.61	3.17
其他储蓄性商业保险	17.27	14.92	5.28	19.66	22.47	26.69
购置资产及非经常性转移支出	**3151.87**	**2021.49**	**2717.05**	**2656.96**	**2961.49**	**6004.95**
购置资产支出	1045.52	550.88	976.42	956.55	800.07	2171.83
建造住房支出	527.30	335.01	442.44	509.48	350.47	1106.10
建造住房材料	378.93	242.97	312.42	341.15	251.88	828.13
建造住房雇工	148.36	92.04	130.02	168.33	98.60	277.97
购买住房支出	331.35	136.78	400.71	327.86	234.27	618.78
购建第一产业生产性固定资产	110.66	55.42	66.79	93.23	159.06	206.79
购买或建造农业生产性用房	34.61	19.99	10.92	21.35	79.73	49.72
购买用房建筑材料	22.20	14.47	2.84	16.20	52.51	30.37
建筑农业生产用房雇工	10.30	0.45	8.00	3.07	24.79	19.09
购买农业生产用房	1.18	5.06	0.08			
其他	0.92	0.01	0.00	2.09	2.42	0.25
购买役畜	8.90	0.85	10.56	23.97	8.53	0.37
购买产品畜	13.25	12.68	17.01	16.83	10.70	7.94
购买或建造农业设施	15.60	1.15	2.57	0.61	27.36	55.97
大棚、温室	13.64		2.42		26.19	48.21

2-36 续表 3

单位：元/人

指　　标	总平均	低收入户	中低收入户	中等收入户	中高收入户	高收入户
自备井						
喷灌设施	0.04	0.01				0.25
其他农业设施	1.92	1.14	0.15	0.61	1.17	7.51
购买农业机械	38.29	20.75	25.73	30.46	32.73	92.79
大中型农用拖拉机	0.47		0.95	1.35		
小型(手扶)农用拖拉机	1.97				1.84	9.53
农用排灌动力机械	0.60		0.18		0.77	2.43
插秧机	2.45				12.42	0.74
收割机	6.16		1.12	7.26	3.56	22.24
脱粒机	2.25	3.07	3.30	1.13	1.97	1.50
其他农业机械	24.39	17.68	20.19	20.73	12.17	56.35
购建第二产业生产性固定资产支出	11.88	1.39	40.16	7.52	5.75	3.03
采矿业						
制造业	7.80		34.95			2.58
电力、热力、燃气及水生产和供应业	4.00	1.39	5.21	7.52	5.75	
建筑业	0.08					0.45
购建第三产业生产性固定资产支出	53.38	10.77	15.72	2.58	46.45	224.76
批发和零售业	6.88	0.01	0.04	0.30	2.46	37.19
交通运输、仓储和邮政业	41.94	5.51	11.36	0.28	37.89	182.36
住宿和餐饮业	0.60				2.28	1.01
房地产业						
租赁和商务服务业	1.00	0.48	2.24	1.50	0.17	0.47
居民服务、修理和其他服务业	1.17	0.54	0.07	0.32	3.65	1.65
其他	1.79	4.24	2.01	0.18		2.06
购建其他资产支出	10.96	11.52	10.61	15.89	4.07	12.38
非经常性转移支出	2106.35	1470.61	1740.63	1700.41	2161.42	3833.12
博彩支出	23.31	15.53	15.57	24.81	16.15	49.45
婚丧嫁娶礼金支出	1576.21	1126.03	1287.67	1324.48	1684.03	2717.87
一次性赔偿支出	12.24	3.30	42.09	3.24	4.13	6.99
一次性馈赠支出	218.65	128.95	150.22	173.00	231.42	463.86
其他非经常性转移支出	69.80	51.06	55.02	33.38	80.99	143.96
借贷性支出	**926.58**	**820.64**	**544.46**	**484.60**	**688.03**	**2323.09**
存入储蓄款	431.54	484.63	253.40	188.70	302.20	1007.60
借出款	68.85	12.20	27.07	66.37	99.11	166.56
归还借款	255.79	237.14	194.81	169.11	146.23	578.39
购买有价证券	0.38			0.26	0.90	0.92
其他投资支出	0.99	3.64	0.44			0.36
归还住房贷款	63.54	43.15	36.29	43.68	44.50	168.91
归还汽车贷款	20.71	14.55	1.72	1.27	35.25	59.44
归还教育贷款	1.06				5.64	
归还其他贷款	60.07	22.36	17.32	9.52	47.72	236.80
其他借贷支出	23.64	2.97	13.42	5.68	6.49	104.09

2-37 农村居民平均每百户耐用消费品拥有量(2013-2016年)

主要耐用消费品拥有情况	单位	2013年	2014年	2015年	2016年
家用汽车	辆	6.99	7.54	8.56	12.44
摩托车	辆	41.76	52.06	51.50	49.41
助力车	台	14.42	16.41	19.65	26.59
洗衣机	台	74.48	77.98	82.11	87.29
电冰箱(柜)	台	70.65	77.64	82.70	92.13
微波炉	台	7.96	9.73	9.47	11.23
彩色电视机	台	106.54	109.18	112.39	114.24
其中：接入有线电视	台	37.78	42.30	41.79	40.69
空调	台	14.57	19.10	22.44	33.24
热水器	台	40.03	46.46	50.00	60.72
其中：太阳能热水器	台	18.77	21.29	24.19	27.46
消毒碗柜	台	1.52	1.57	1.18	2.43
洗碗机	台	0.09		0.08	0.19
排油烟机	台	4.23	5.21	6.24	9.56
固定电话	线	22.17	26.86	14.59	11.47
移动电话	部	183.96	202.23	216.50	237.51
其中：接入互联网	部	25.79	38.88	34.44	53.31
计算机	台	7.44	9.85	13.23	16.20
其中：接入互联网	台	4.64	6.57	8.25	10.37
摄像机	台	0.26	0.31	0.14	0.53
照相机	台	2.73	2.42	2.65	2.48
中高档乐器	架	0.19	0.13	0.34	0.49
健身器材	台	0.21	0.24	0.58	0.65
组合音响	套	5.58	6.20	5.34	4.54

2-38 四川各市(州)农民人均可支配收入(2012-2016年)

单位：元/人

地　区	2012年	2013年	2014年	2015年	2016年
全　省	**7001**	**7895**	**8803**	**10247**	**11203**
成都市	11501	12985	14478	17690	18605
自贡市	7955	8961	9974	12088	13192
攀枝花市	8728	9838	10960	12861	14057
泸州市	7462	8455	9470	11359	12450
德阳市	8953	10094	11260	12787	13951
绵阳市	8213	9257	10326	12349	13504
广元市	5649	6442	7202	8939	9819
遂宁市	7488	8496	9482	11379	12423
内江市	7602	8584	9565	11428	12491
乐山市	7746	8737	9724	11649	12749
南充市	6726	7650	8555	10292	11273
眉山市	8236	9332	10433	12756	13935
宜宾市	7771	8806	9831	11745	12843
广安市	7474	8492	9514	11371	12479
达州市	7047	8001	8945	10688	11718
雅安市	7187	8093	9056	10195	11138
巴中市	5387	6137	6895	9084	9969
资阳市	7708	8756	9798	12284	13422
阿坝州	5770	6793	7866	9711	10702
甘孜州	4610	5435	6307	8408	9367
凉山州	6419	7359	8264	9422	10368

注：从2013年起，国家统计局开展了城乡一体化住户收支和生活状况调查，与2012年前的分城镇和农村住户调查的调查范围、调查方法、指标口径有所不同，2013年以前为农民人均纯收入。

2-39 四川各县市(区)农民人均可支配收入(2012-2016年)

单位：元/人

县市(区)	2012年	2013年	2014年	2015年	2016年
锦江区	17614	19463			
青羊区	17710	19640			
金牛区	17263	19050			
武侯区	17584	19465			
成华区	16342	18058			
龙泉驿区	12554	14098	15649	21640	23501
青白江区	10612	12045	13551	17812	19380
新都区	12256	13800	15345	19349	21071
温江区	13628	15345	17125	21508	23401
金堂县	9409	10670	12078	14765	22609
双流县	12262	13758	15299	20869	16212
郫县	12595	14132	15701	20400	22134
大邑县	10406	11759	13229	16511	18096
蒲江县	10135	11453	12839	16547	18119
新津县	11064	12524	14102	16856	18492
都江堰市	10417	11792	13266	16506	18140
彭州市	9793	11066	12438	16319	17935
邛崃市	9833	11101	12444	15536	17027
崇州市	10406	11780	13241	16269	17896
自流井区	8338	9547	10787	13080	14367
贡井区	8190	9296	10352	12485	13621
大安区	7696	8646	9611	11991	13074
沿滩区	7589	8534	9494	11977	13070
荣县	7993	8988	10000	11984	13077
富顺县	8067	9080	10102	12055	13156
攀枝花东区			13530	15540	
攀枝花西区			12947	14685	
仁和区	9325	10388	11559	13395	14668
米易县	8959	10178	11355	13182	14448
盐边县	7997	9028	10055	11903	13022
江阳区	9175	10398	11637	13929	15266
纳溪区	8254	9363	10510	12607	13823
龙马潭区	9788	11093	12397	14838	16212
泸县	8242	9331	10455	12573	13805
合江县	7480	8494	9517	12027	13157
叙永县	5413	6123	6867	9023	9907
古蔺县	5735	6487	7245	9604	10516
旌阳区	10139	11428	12740	14264	15570
中江县	7813	8811	9828	10955	11948
罗江县	8150	9202	10229	11406	12438
广汉市	9646	10870	12147	14212	15513
什邡市	10108	11388	12700	14191	15480
绵竹市	9937	11205	12501	14159	15456
涪城区	10528	11812	13253	15192	16568
游仙区	8931	10046	11081	13213	14435

注：根据国家调查方案，2015年为农民人均可支配收入，以前为农民人均纯收入。

2-39 续表 1

单位：元/人

县市(区)	2012年	2013年	2014年	2015年	2016年
三台县	8189	9196	10171	12016	13107
盐亭县	7784	8734	9673	11809	12913
安县	8472	9625	10901	12945	14152
梓潼县	8105	9118	10080	11914	13029
北川县	5682	6472	7333	9644	10677
平武县	5416	6120	6916	9216	10202
江油市	8392	9533	10799	13078	14304
利州区	6601	7519	8354	9240	10132
元坝区	5611	6391	7145	8769	9659
朝天区	5293	6045	6776	8685	9576
旺苍县	5653	6445	7218	9016	9886
青川县	5407	6170	6898	8729	9589
剑阁县	5601	6391	7158	8847	9716
苍溪县	5572	6352	7096	9048	9939
船山区	8004	9084	10147	11758	12837
安居区	7329	8304	9242	11095	12105
蓬溪县	6427	7353	8243	11008	12032
射洪县	8162	9232	10294	11906	12999
大英县	7672	8684	9691	11259	12306
内江市市中区	7961	8866	9864	11727	12810
东兴区	7594	8458	9427	11297	12347
威远县	7850	8959	9967	11850	12932
资中县	7400	8391	9358	11237	12291
隆昌县	7556	8567	9549	11413	12478
乐山市市中区	9023	10331	11630	13447	14733
沙湾区	8361	9239	10209	11364	12405
五通桥	8283	9326	10305	11420	12478
金口河	5894	6603	7310	10902	11933
犍为县	7854	8851	9830	11318	12377
井研县	7771	8743	9687	11270	12314
夹江县	8817	10104	11384	13087	14333
沐川县	6039	6757	7460	10959	11974
峨边县	3607	4137	4592	8405	9225
马边县	3985	4567	5069	8595	9433
峨眉山	9485	10481	11613	13394	14665
顺庆区	8633	9842	10934	13234	14463
高坪区	6472	7378	8249	9993	10911
嘉陵区	5604	6405	7219	8807	9661
南部县	7350	8362	9296	11257	12358
营山县	6668	7569	8459	10228	11188
蓬安县	7577	8561	9521	11512	12605
仪陇县	5783	6610	7442	9051	9910
西充县	5840	6681	7523	9147	10034
阆中市	7271	8272	9206	11148	12217
东坡区	8864	10079	11366	14088	15391
仁寿县	7874	8879	9870	11520	12580
彭山县	8711	9962	11253	14062	15405

2-39 续表 2

单位：元/人

县市(区)	2012年	2013年	2014年	2015年	2016年
洪雅县	8156	9196	10207	13321	14501
丹棱县	8332	9519	10773	13742	15068
青神县	8059	9215	10242	13542	14811
翠屏区	8605	9793	10926	13385	14623
宜宾县	7978	9023	10066	11957	13063
南溪区	7927	8966	9993	11918	13021
江安县	7727	8778	9810	11727	12859
长宁县	8135	9193	10245	12093	13200
高县	7904	8939	9966	11757	12857
珙县	7814	8884	9970	11832	12939
筠连县	7835	8854	9903	11737	12846
兴文县	6965	7913	8842	10795	11826
屏山县	5756	6528	7288	9801	10708
广安区	6915	7790	8729	11008	12106
前锋区			8913	11450	12581
岳池县	7601	8698	9747	11470	12579
武胜县	7791	8905	10032	11491	12596
邻水县	7404	8401	9365	11117	12195
华蓥市	8523	9591	10738	12182	13376
通川区	9313	9806	10924	13149	14421
达县	8016	9098	10135	11891	13029
宣汉县	4474	5185	5875	7480	8221
开江县	7379	8359	9335	11052	12109
大竹县	8290	9419	10518	12853	14072
渠县	7411	8419	9409	11161	12240
万源市	4532	5253	5873	7484	8217
雨城区	8113	9160	10222	11298	12311
名山县	7708	8741	9772	11002	12009
荥经县	7725	8698	9707	10709	11701
汉源县	6457	7348	8235	9357	10251
石棉县	6797	7674	8587	9689	10576
天全县	6672	7372	8272	9335	10181
芦山县	6719	7397	8311	9398	10287
宝兴县	7437	8188	9179	10383	11355
巴州区	5575	6360	7022	9147	10020
恩阳区			7176	9276	10177
通江县	5085	5780	6505	8973	9863
南江县	5430	6160	6918	9084	9957
平昌县	5351	6115	6871	9039	9928
雁江区	7980	9057	10130	12452	13609
安岳县	7571	8610	9639	12198	13352
乐至县	7238	8227	9214	12179	13331
简阳市	7979	9054	10126	12323	13531
汶川县	6430	7610	8835	10078	11118
理县	5506	6550	7624	9645	10633
茂县	5740	6810	7894	9830	10848
松潘县	5890	6890	7972	9718	10713

2-39 续表 3

单位：元/人

县市(区)	2012年	2013年	2014年	2015年	2016年
九寨沟县	5800	6820	7952	9756	10787
金川县	5560	6575	7640	9633	10624
小金县	5250	6185	7168	9618	10596
黑水县	4840	5680	6577	9546	10515
马尔康县	6630	7730	8897	10156	11169
壤塘县	4560	5365	6244	8653	9529
阿坝县	6150	7150	8265	9637	10611
若尔盖县	6000	7030	8063	9687	10660
红原县	6780	8006	9175	10132	11136
康定县	5550	6554	7564	9843	10877
泸定县	4949	5773	6656	8997	9987
丹巴县	5373	6357	7317	9624	10650
九龙县	6000	7005	8055	10308	11381
雅江县	4524	5374	6240	8251	9215
道孚县	4261	5047	5885	7987	8920
炉霍县	4226	4990	5808	7750	8649
甘孜县	4354	5162	6014	8209	9170
新龙县	4219	5023	5867	7807	8768
德格县	4139	4884	5695	7766	8678
白玉县	4289	5098	5929	8219	9173
石渠县	4174	4868	5681	7634	8527
色达县	4017	4666	5478	7605	8552
理塘县	4171	4929	5737	7760	8676
巴塘县	4336	5158	5999	8205	9154
乡城县	4434	5236	6084	8229	9168
稻城县	4702	5560	6438	8615	9605
得荣县	4309	5091	5900	8092	9023
西昌市	9018	10340	11561	13620	14937
木里县	4090	4967	5963	7182	8006
盐源县	5752	6582	7458	8848	9784
德昌县	8861	10155	11253	13244	14527
会理县	8838	10107	11178	13154	14425
会东县	8536	9765	10840	12768	14017
宁南县	7952	9107	10123	11914	13065
普格县	4868	5562	6287	7453	8241
布拖县	4112	4704	5368	6386	7068
金阳县	4075	4659	5318	6340	7022
昭觉县	4297	4919	5611	6675	7387
喜德县	4063	4650	5329	6347	7031
冕宁县	7427	8498	9470	11156	12235
越西县	4551	5213	5930	7023	7757
甘洛县	3965	4597	5265	6280	6958
美姑县	3981	4556	5244	6246	6889
雷波县	4593	5258	5980	7094	7865

城乡一体化住户调查简介

住户收支与生活状况调查是在原城镇住户调查和农村住户调查的基础上，按照统一规范、科学实用、高效可行、积极稳妥的原则，从调查指标、抽样方法、调查过程、数据处理、数据发布等五个方面对城乡住户调查进行整合，建立起城乡一体的住户收支与生活状况调查体系。规范统一了收入名称与口径，完善了居民实物收支和政策性收支调查内容，改进了农民工调查方式和城乡统一归类，增加了调查样本量，优化了不同地区、不同收入层次的样本分布。

一、调查目的

为全面、准确、及时了解全国和各地区城乡居民收入、消费及其他生活状况，客观监测居民收入分配格局和不同收入层次居民的生活质量，更好地满足研究制定城乡统筹政策和民生政策的需要，为国民经济核算和居民消费价格指数权重制定提供基础数据，依照《中华人民共和国统计法》规定，开展住户收支与生活状况调查（以下简称住户调查）。

二、调查对象

住户调查对象为中华人民共和国境内的住户，既包括城镇住户，也包括农村住户；既包括以家庭形式居住的户，也包括以集体形式居住的户。无论户口性质和户口登记地，中国公民均以住户为单位，在常住地参加本调查。

三、调查组织

住户调查由两部分组成。一是分省住户调查，以省为总体进行抽样，主要目的是准确反映全国及分省居民收支水平、结构、增长速度，收入分配格局以及政策对居民生活状况的影响。二是分市县住户调查，以市、县为总体进行抽样，主要目的是准确反映分市县居民收支水平和增长速度，满足政府对市县管理的需要。

国家统计局统一领导住户调查，负责制定调查方案，组织调查实施，监督调查过程，审核、处理、汇总调查数据，发布全国和分省城乡居民收入、消费和生活状况数据。国家统计局各调查总队按照《住户收支与生活状况调查方案》规定，负责组织分省住户调查工作。

四、调查内容

分省住户调查内容主要包括居民现金和实物收支情况、住户成员及劳动力从业情况、居民家庭食品和能源消费情况、住房和耐用消费品拥有情况、家庭经营和生产投资情况、社区基本情况以及其他民生状况等。

五、样本抽选

样本抽选包括抽样方法设计、县级调查网点代表性评估、调查小区抽选以及摸底调查、调查住宅抽选、调查户落实等现场抽样工作。

国家局使用统一的抽样框，以省为总体，采用多层、多阶段随机抽样方法抽选调查住宅，确定调查户。

六、数据采集与处理

住户调查采用日记账和问卷调查相结合的方式采集基础数据。其中，居民现金收入与支出、实物收入与支出等内容主要使用记账方式采集。住户成员及劳动力从业情况、住房和耐用消费品拥有情况、家庭经营和生产投资情况、社区基本情况及其他民生状况等资料使用问卷调查方式采集。

七、数据发布

住户调查结果数据按年度和季度发布。全国和分省数据由国家统计局发布。

八、数据质量控制

住户调查实行全程质量控制。国家统计局建立全程质量控制制度，规范方案设计，科学抽选样本，认真组织培训，严格流程管理，加强监督检查。每个季度随机抽选6000个调查户进行电话回访，检查核实各地上报的数据。同时，也采用现场抽查等多种控制办法。

城乡住户调查一体化改革有关情况说明

城乡住户调查一体化改革就是将独立开展的城镇住户调查和农村住户调查合而为一，建立城乡一体化的住户调查。

一、城乡住户调查一体化改革背景

我国城乡居民收入数据过去一直由城镇住户调查和农村住户调查分别独立采集。城乡居民收入统计指标不尽一致，在城镇务工的农民工归类不明确，无法加总得到全国居民收入，难以精确测算全国居民收入差距。为满足城乡统筹发展需要，更加全面准确地反映居民收入分配格局，经国务院同意，国家统计局对长期分开进行的城镇住户调查和农村住户调查实施了一体化改革。按照统一调查指标、统一抽样方法、统一调查过程、统一数据处理和统一数据发布的原则，建立了城乡一体化住户收支调查制度，并于2013年起在全国统一实施。国家统计局根据调查结果，汇总计算出城乡可比的全国居民可支配收入，以及按地区、城乡等多种特征分组的居民可支配收入数据。

二、城乡住户调查一体化改革的主要内容

（一）统一了城乡居民收入统计指标。将原有的城镇居民可支配收入和农村居民纯收入指标统一为城乡可比的可支配收入指标，并按照国际标准进一步规范了收入分类以及财产净收入与转移净收入的统计方法。

（二）统一在常住地对居民开展抽样调查。按常住地和居住时间进行调查，尤其是对家在农村又常年外出的农民工，其收支情况由原来在农村户籍地向其家人调查，改为在常住地向其本人直接调查，以减少漏报。

（三）调查范围实现了全覆盖。抽样框采用第六次人口普查资料编制，加强了对流动人口、城乡结合部人群的覆盖，从抽样上做到不重不漏，覆盖完整。

三、城乡住户调查一体化改革后的居民收入数据变化

根据城乡一体化住户收支调查，2013年，城乡可比的新口径全国居民人均可支配收入为18311元，其中新口径城镇居民人均可支配收入为26467元，农村居民人均可支配收入为9430元。

由于指标和抽样方法的改变，新老口径居民收入统计数据有所差别。2013年，新口径城镇居民人均可支配收入数据比同期老口径数据低1.8%；新口径农村居民人均可支配收入数据比同期老口径数据高6.0%；新口径全国居民人均可支配收入与同期老口径城乡居民综合收入水平 基本一致。

与老口径数据相比，新口径城镇居民人均收入数据略低的主要原因是：在城镇常住的农民工收入要低于城镇其他人口，这部分人口按城镇常住人口统计收入后，略微拉低了当年城镇居民收入水平数据。新口径农村居民人均收入数据略高的主要原因是：原来农民工按农村常住人口统计时，其人数已计入计算农村居民人均收入的分母，但由于相关资料是由仍在原籍的家人代报，作为分子的收入可能会漏报，故相对新口径而言，老口径数据稍低。

主要统计指标解释

一、2013 年以来城乡住户一体化调查主要收支指标解释

从 2012 年四季度起，国家统计局对分别进行的城乡住户调查实施了一体化改革，统一了城乡居民收入指标名称、分类和统计标准，建立了城乡统一的一体化住户调查，并据此获得了全国居民有关数据。

居民可支配收入　指居民可用于最终消费支出和储蓄的总和，即居民可用于自由支配的收入。既包括现金收入，也包括实物收入。按照收入的来源，可支配收入包含四项，分别为：工资性收入、经营性净收入、转移性净收入和财产性净收入。

居民消费支出　是指居民用于满足家庭日常生活消费需要的全部支出，既包括现金消费支出，也包括实物消费支出。消费支出可划分为食品烟酒、衣着、居住、生活用品及服务、交通和通信、教育文化和娱乐、医疗保健以及其他用品及服务八大类。

二、2012 年及以前的分城乡住户调查收支指标解释

（一）城镇住户调查主要收支指标解释

城镇居民家庭总收入　指调查户中生活一起的所有家庭成员在调查期得到的工薪收入、经营净收入、财产性收入、转移性收入的总和，不包括出售财物和借贷收入。

城镇居民可支配收入　指居民可用于最终消费支出和其它非义务性支出以及储蓄的总和，即居民家庭可以用来自由支配的收入。它是家庭总收入扣除交纳的所得税、个人交纳的社会保障费以及调查户的记帐补贴后的收入。计算公式为：

可支配收入=家庭总收入—交纳所得税—个人交纳的社会保障支出—记帐补贴

这一指标从 1997 年起作为主要指标代替生活费收入指标。

工资性收入　指就业人员通过各种途径得到的全部劳动报酬，包括所从事的主要职业的工资以及从事第二职业、其他兼职和零星劳动得到的其它劳动收入。

工资及补贴收入　指劳动者从工作单位得到的全部劳动报酬。既包括单位支付的计时计件劳动报酬，也包括根据国家的有关政策、法令规定，因病、工伤、产假、计划生育假、婚丧假、事假、探亲假、定期休假、停工学习、执行国家或社会等原因按计时工资标准或计时工资标准的一定比例支付的工资。其他劳动收入指家庭成员从事第二职业、兼职、零星劳动所得的劳动报酬。

经营净收入　指家庭成员从事生产经营活动所获得的净收入。是全部生产经营收入中扣除生产成本和税金后所得的收入。

财产性收入　指家庭拥有的动产（如银行存款、有价证券）、不动产（如房屋、车辆、土地、收藏品等）所获得的收入。包括出让财产使用权所获得的利息、租金、专利收入；财产营运所获得的红利收入、财产增值收益等。

转移性收入　指国家、单位、社会团体对居民家庭的各种转移支付和居民家庭间的收入转移。包括政府对个人收入转移的离退休金、失业救济金、赔偿等；单位对个人收入转移的辞退金、保险索赔、住房公积金、家庭间的赠送和赡养等。

城镇居民家庭消费性支出　指居民用于本家庭日常生活的全部支出，包括食品、衣着、家庭设备用品及服务、医疗保健、交通和通信、教育文化娱乐服务、居住、杂项商品和服务等八大类支出，包括用于赠送的商品或服务。消费支出按商品（服务）的用途分类。

服务性消费支出 指调查户用于本家庭支付社会提供的各种文化和生活方面的非商品性服务费用。应包括为别人付款的服务。服务消费与商品消费不同，其特点在于其劳动过程和消费过程在时间与空间上的统一。

服务性消费支出=食品加工服务费用+在外饮食业×50%+衣着加工服务费+家庭服务+医疗费+交通工具服务支出+交通费+通信服务+文化娱乐服务费+教育费用+房租+自有房租折算+住房装潢支出×40%+居住服务费+杂项服务费。

社会保障支出 指调查户家庭成员参加国家法律、法规规定的社会保障项目中由个人交纳的保障支出。不包括职工所在单位交纳的那部分社会保障金。

城镇居民家庭住房建筑面积 指居民家庭现有住房的总建筑面积，以房屋产权证或租赁为准，包括房屋建筑物的有效面积和结构面积。

城镇居民家庭住房使用面积 指居民家庭住房的有效面积扣除公摊面积（如楼道、垃极道、电梯井等）以后，可供使用的按内墙线计算的房屋面积。

城镇居民家庭居住面积 指居民家庭成员在调查时点实际居住的住房面积，不包括厨房、厕所、门厅、过道等，也不包括公用楼道和院子。

（二）农村住户调查主要收支指标解释

人均纯收入 指农村住户常住人口当年从各个来源得到的总收入相应地扣除所发生的费用后的收入总和。反映的是一个地区或一个农户农村居民的平均收入水平。计算方法:

纯收入＝总收入-家庭经营费用支出-税费支出-生产性固定资产折旧-赠送农村内部亲友。

人均现金收入 是指农村住户和常住人口在调查期内得到以现金形态表现的收入。按来源分成工资性收入、家庭经营收入、财产性收入、转移性收入。

工资性收入 是指农村常住人口受雇于单位或个人，靠出卖劳动而获得的收入。

家庭经营收入 是指农村住户以家庭为生产经营单位进行生产筹划和管理而获得的收入。农村住户家庭经营活动按行业划分为农业、林业、牧业、渔业、工业、建筑业、交通运输业邮电业、批发和零贸易餐饮业、社会服务业、文教卫生业和其他家庭经营。

财产性收入 是指金融资产或有形非生产性资产的所有者向其他机构单位提供资金或将有形非生产性资产供其支配，作为回报而从中获得的收入。

转移性收入 指农村住户和常住人口无须付出任何对应物而获得的货物、服务、资金或资产所有权等，不包括无偿提供的用于固定资本形成的资金。一般情况下，指农村住户在二次分配中的所有收入。包括亲友赠送、养老金等。

三 价格调查

3-1 居民消费、商品零售、农业生产资料价格总指数(1985-2016年)

(上年=100)

年份	居民消费价格指数			商品零售价格指数			农业生产资料价格指数		
	全省	城市	农村	全省	城市	农村	全省	城市	农村
1985	107.6	109.5	105.3	106.8	109.6	104.9	111.9	-	111.9
1986	104.8	104.8	104.7	103.9	104.6	103.5	100.6	-	100.6
1987	107.6	110.1	105.6	107.5	110.6	105.7	106.3	-	106.3
1988	119.9	122.9	118.5	120.0	123.7	118.7	120.5	-	120.5
1989	119.8	117.8	121.3	118.3	116.8	119.2	116.2	-	116.2
1990	103.8	101.5	105.0	103.1	100.4	104.2	104.7	-	104.7
1991	103.0	104.3	102.1	102.3	103.7	101.4	100.8	-	100.8
1992	107.4	109.8	104.6	106.4	108.4	104.4	106.2	-	106.2
1993	116.8	116.9	116.7	113.9	114.7	113.7	115.0	-	115.0
1994	124.6	127.9	122.5	123.9	124.1	122.2	117.4	-	117.4
1995	118.5	119.0	118.3	117.0	115.7	118.2	130.8	-	130.8
1996	109.3	109.8	109.1	107.7	106.4	108.8	114.0	-	114.0
1997	105.1	105.1	105.0	102.9	102.8	102.9	100.9	-	100.9
1998	99.6	99.8	99.5	97.7	97.7	97.6	92.9	-	92.9
1999	98.5	98.1	99.0	97.3	96.9	97.6	95.2	-	95.2
2000	100.1	99.7	100.6	97.7	97.5	97.8	96.2	-	96.2
2001	102.1	101.8	102.7	100.8	100.5	101.2	97.8	-	97.8
2002	99.7	99.5	100.0	99.4	99.0	99.8	104.1	-	104.1
2003	101.7	101.9	100.9	100.1	100.1	100.1	100.8	-	100.8
2004	104.9	104.6	105.2	103.7	102.8	104.6	110.9	-	110.9
2005	101.7	101.7	101.6	100.6	100.1	101.0	107.2	-	107.2
2006	102.3	102.4	102.3	101.7	101.5	101.9	103.3	-	103.3
2007	105.9	105.9	106.0	105.3	105.1	105.5	109.0	-	109.0
2008	105.1	104.7	105.5	105.3	105.1	105.4	116.6	-	116.6
2009	100.8	100.7	101.0	100.1	99.8	100.4	101.2	-	101.2
2010	103.2	103.3	103.1	103.0	102.7	103.3	103.6	-	103.6
2011	105.3	105.1	105.8	104.6	104.4	105.2	112.4	-	112.4
2012	102.5	102.8	102.0	101.6	101.7	101.4	104.7	-	104.7
2013	102.8	102.8	102.8	101.7	101.7	101.6	101.5	-	101.5
2014	101.6	101.7	101.3	100.6	100.7	100.4	98.8	-	98.8
2015	101.5	101.4	101.6	100.2	99.9	101.0	101.5		101.5
2016	101.9	102.0	101.7	100.8	100.8	100.9	103.7		103.7

3-2 居民消费价格分类指数(2016年)

(上年＝100)

指　　标	全　省	城　市	农　村
居民消费价格总指数	101.9	102.0	101.7
一、食品烟酒	104.1	103.9	104.4
1.食品	105.0	104.9	105.1
(1)粮食	101.1	101.0	101.2
大　米	100.8	100.9	100.7
面　粉	101.9	101.4	102.1
(2)薯类	110.8	113.0	106.8
(3)豆类	101.3	101.2	101.6
(4)食用油	103.3	102.4	104.7
(5)菜	107.4	107.9	106.4
鲜　菜	107.9	108.5	106.8
(6)畜肉类	113.4	112.7	114.5
猪　肉	118.6	117.6	120.2
(7)禽肉类	99.2	100.1	97.5
鸡	98.7	99.7	96.8
鸭	98.0	98.6	96.7
(8)水产品	102.8	102.4	103.7
(9)蛋类	96.7	96.6	96.8
鸡　蛋	95.9	95.6	96.3
(10)奶类	99.5	99.6	99.4
(11)干鲜瓜果类	98.0	96.9	99.8
鲜 瓜 果	97.7	96.4	100.0
(12)糖果糕点类	100.4	100.4	100.6
(13)调味品	103.3	103.9	102.5
(14)其他食品类	101.7	102.2	101.0
2.茶及饮料	100.2	100.4	99.8
3.烟酒	101.2	101.1	101.3
(1)烟草	101.9	101.7	102.1
(2)酒类	100.2	100.1	100.2
4.在外餐饮	103.2	102.7	104.6
二、衣着	100.6	100.3	101.5
1.服装	100.5	100.2	101.4
2.服装材料	99.8	100.0	99.4
3.其他衣着及配件	99.6	99.6	99.8
4.衣着加工服务费	103.1	103.2	102.9
5.鞋类	101.1	100.7	102.0
三、居住	101.2	101.6	100.4
1.租赁房房租	101.5	102.2	99.9
2.住房保养维修及管理	100.0	100.1	99.9
3.水电燃料	101.4	101.8	100.4
4.自有住房	101.5	101.9	100.7
四、生活用品及服务	100.3	100.3	100.1

3-2 续表

(上年＝100)

指　标	全　省	城　市	农　村
1.家具及室内装饰品	99.7	99.5	100.1
2.家用器具	99.2	99.7	98.3
3.家用纺织品	99.7	99.1	100.6
4.家庭日用杂品	100.3	100.3	100.3
5.个人护理用品	100.8	101.0	100.1
6.家庭服务	107.0	105.8	111.0
五、交通和通信	98.6	98.7	98.2
1.交通	98.2	98.4	97.9
(1)交通工具	97.3	97.5	96.8
(2)交通工具用燃料	95.3	95.1	95.6
(3)交通工具使用和维修	101.0	101.7	99.7
(4)交通费	101.8	102.7	100.6
2.通信	99.2	99.3	98.8
(1)通信工具	95.3	95.5	94.8
(2)通信服务	100.3	100.5	100.1
(3)邮递服务	99.9	99.8	100.0
六、教育文化和娱乐	102.5	103.0	101.6
1.教育	101.9	101.8	102.0
(1)教育用品	102.4	102.1	102.8
(2)教育服务	101.8	101.8	102.0
2.文化娱乐	103.2	104.0	101.1
(1)文娱耐用消费品	96.4	96.6	96.0
(2)其他文娱用品	100.8	100.7	100.9
(3)文化娱乐服务	100.8	100.7	101.0
(4)旅游	108.6	109.3	105.8
七、医疗保健	101.6	101.9	101.2
1.药品及医疗器具	103.1	103.3	102.8
(1)中药	102.9	102.0	104.0
(2)西药	103.1	103.1	103.2
(3)滋补保健品	106.1	108.5	100.5
(4)医疗卫生器具	100.6	100.7	100.3
(5)保健器具	100.1	100.0	100.1
2.医疗服务	100.6	100.9	100.2
八、其他用品和服务	102.9	103.1	102.2
1.其他用品类	102.0	102.3	101.3
(1)首饰手表	104.4	105.1	102.5
2.其他服务类	103.5	103.7	103.0
(1)旅馆住宿	100.4	100.2	101.2
(2)美容美发洗浴	103.1	103.3	102.6
(3)养老服务	100.5	100.5	100.5
(4)金融保险	105.4	105.4	105.4

3-3 分月居民消费价格指数(2016年)

(上年同月=100)

指　　标	1月	2月	3月	4月	5月	6月
居民消费价格总指数	**101.4**	**102.2**	**102.3**	**102.3**	**101.9**	**101.7**
非食品烟酒价格指数	**100.3**	**100.3**	**100.2**	**100.2**	**100.1**	**100.5**
服务价格指数	**101.6**	**101.4**	**101.3**	**101.1**	**101.0**	**101.6**
工业品价格指数	**99.0**	**99.1**	**99.0**	**99.2**	**99.1**	**99.3**
消费品价格指数	**101.3**	**102.6**	**102.9**	**103.0**	**102.4**	**101.7**
一、食品烟酒	**103.8**	**106.4**	**107.2**	**107.2**	**106.1**	**104.4**
1.食品	104.2	108.3	109.6	109.4	107.9	105.6
(1)粮食	101.4	101.2	101.2	101.0	101.2	101.1
大　　米	101.5	101.2	101.1	100.8	101.0	100.7
面　　粉	100.9	100.7	101.1	101.5	101.8	102.3
其他粮食	100.7	101.1	100.8	99.7	99.3	100.1
粮食制品	101.3	101.5	101.4	101.6	102.1	102.1
(2)薯类	100.3	108.5	108.7	119.1	123.5	120.5
薯　　类	100.3	108.5	108.7	119.1	123.5	120.5
(3)豆类	101.9	102.1	101.6	101.8	101.8	102.0
干　　豆	99.9	100.2	100.1	100.3	100.4	100.8
豆 制 品	102.4	102.6	102.0	102.2	102.1	102.3
(4)食用油	101.8	102.2	103.1	105.0	105.6	105.1
食用植物油	99.5	99.6	99.9	100.7	101.1	100.7
食用动物油	119.4	122.9	128.4	140.9	142.1	140.8
(5)菜	103.2	119.4	127.1	117.5	103.7	92.7
鲜　　菜	103.2	120.8	129.4	118.9	103.8	91.7
干菜及菜制品	102.4	102.9	102.8	102.5	102.2	102.0
(6)畜肉类	114.7	120.2	122.8	125.9	125.8	122.2
猪　　肉	122.3	131.2	135.6	140.0	138.5	131.9
牛　　肉	99.2	99.2	100.3	100.6	100.8	100.8
羊　　肉	90.1	92.5	91.3	91.0	90.5	90.6
畜肉副产品	109.7	111.8	114.2	117.8	121.0	120.2
其他畜肉及制品	105.2	105.6	105.1	106.2	106.3	106.8
(7)禽肉类	101.7	99.8	98.2	99.2	100.4	100.3
鸡	100.8	99.5	97.3	98.2	99.9	100.0
鸭	102.4	98.2	96.8	98.5	99.7	99.6
其他禽肉及制品	103.4	103.1	102.7	102.9	102.5	102.2
(8)水产品	101.3	100.8	100.3	101.4	102.9	103.6
淡 水 鱼	101.3	100.7	100.2	101.3	103.5	104.8
海 水 鱼	99.7	98.9	99.0	98.9	99.8	100.0
虾 蟹 类	101.0	99.9	101.5	103.0	102.5	100.9
其他水产品及制品	103.2	103.3	101.6	104.0	103.4	102.7
(9)蛋类	95.7	96.9	94.9	98.9	99.0	98.1
鸡　　蛋	94.9	96.1	93.7	98.3	98.4	97.5
其他蛋及制品	99.8	101.4	101.3	101.9	101.9	101.3
(10)奶类	98.7	99.5	99.7	99.3	100.1	99.6
鲜　　奶	96.7	99.3	99.8	99.1	100.9	100.3
酸　　奶	99.5	100.2	100.3	99.8	100.0	99.7
奶　　粉	100.4	99.3	99.7	99.5	99.7	99.0
其他奶制品	99.7	99.6	99.1	98.8	98.9	99.0
(11)干鲜瓜果类	94.9	94.9	94.2	95.8	97.8	99.4

3-3 续表 1

(上年同月=100)

指　　标	7月	8月	9月	10月	11月	12月
居民消费价格总指数	**101.4**	**100.9**	**101.8**	**102.0**	**102.5**	**102.5**
非食品烟酒价格指数	**100.8**	**100.8**	**101.6**	**101.6**	**102.2**	**102.5**
服务价格指数	**101.8**	**101.6**	**102.5**	**102.6**	**103.1**	**103.4**
工业品价格指数	**99.7**	**100.0**	**100.6**	**100.6**	**101.2**	**101.6**
消费品价格指数	**101.1**	**100.5**	**101.4**	**101.7**	**102.1**	**102.0**
一、食品烟酒	**102.7**	**101.0**	**102.3**	**102.8**	**103.1**	**102.4**
1.食品	103.0	100.5	102.4	103.2	103.6	102.6
(1)粮食	101.0	100.9	100.9	100.9	100.9	101.2
大　　米	100.6	100.4	100.4	100.6	100.4	100.7
面　　粉	102.0	101.8	102.1	102.4	102.8	102.8
其他粮食	99.2	98.6	98.5	98.8	99.2	99.7
粮食制品	102.2	102.2	102.1	101.7	102.1	102.4
(2)薯类	115.3	111.6	107.8	103.4	104.4	105.2
薯　　类	115.3	111.6	107.8	103.4	104.4	105.2
(3)豆类	102.0	101.5	100.8	100.5	100.3	100.0
干　　豆	100.6	99.9	98.4	98.6	98.5	98.5
豆 制 品	102.3	101.9	101.4	100.9	100.7	100.4
(4)食用油	104.1	102.8	102.4	102.6	102.6	102.8
食用植物油	100.7	100.4	100.2	100.7	101.1	101.5
食用动物油	130.7	120.7	118.3	116.3	113.2	111.3
(5)菜	92.4	93.9	105.0	111.2	114.0	104.9
鲜　　菜	91.6	93.2	105.4	112.2	115.2	105.3
干菜及菜制品	101.1	100.8	100.9	100.8	101.2	101.1
(6)畜肉类	112.3	104.2	104.7	104.3	104.8	105.6
猪　　肉	115.8	103.9	104.9	104.6	105.0	106.6
牛　　肉	100.7	100.7	101.0	100.8	100.8	100.6
羊　　肉	90.3	90.2	90.3	88.7	89.6	92.4
畜肉副产品	115.3	108.9	108.5	108.0	109.7	108.5
其他畜肉及制品	106.5	106.8	106.2	105.1	104.5	104.4
(7)禽肉类	99.9	97.5	97.4	98.0	98.6	99.2
鸡	100.0	97.3	96.6	97.5	98.3	98.9
鸭	97.7	94.8	95.9	96.9	97.6	97.7
其他禽肉及制品	102.3	101.5	101.4	101.0	100.9	101.8
(8)水产品	103.8	104.4	104.9	104.4	103.4	102.7
淡 水 鱼	105.3	105.4	105.9	104.8	103.3	103.0
海 水 鱼	98.4	102.0	102.5	103.6	104.1	102.5
虾 蟹 类	101.9	101.1	102.5	106.6	104.7	103.5
其他水产品及制品	103.2	103.2	104.0	102.5	102.6	101.3
(9)蛋类	98.2	92.9	97.2	95.8	97.1	96.4
鸡　　蛋	97.7	91.4	96.5	94.8	96.4	95.6
其他蛋及制品	101.0	100.9	101.0	100.9	100.9	100.9
(10)奶类	99.3	99.6	99.4	99.6	99.9	99.7
鲜　　奶	99.9	101.3	100.3	100.9	101.1	100.8
酸　　奶	99.7	99.2	99.5	99.8	99.9	100.6
奶　　粉	98.6	98.1	98.7	98.5	98.8	98.4
其他奶制品	98.9	98.4	98.7	98.7	98.8	98.3
(11)干鲜瓜果类	99.5	98.9	100.0	101.1	100.4	100.2

3-3 续表 2

(上年同月=100)

指　　标	1月	2月	3月	4月	5月	6月
鲜瓜果	93.4	93.5	92.9	95.0	97.5	99.4
坚　　果	99.2	99.0	98.0	98.1	98.2	98.6
瓜果制品	102.6	102.5	102.3	102.5	101.8	101.8
(12)糖果糕点类	100.6	100.6	100.4	100.3	100.5	100.4
食　　糖	100.8	101.0	100.6	100.4	99.7	99.9
糖　　果	100.7	100.6	100.3	100.4	100.4	99.9
糕　　点	100.6	100.5	100.3	100.4	100.9	100.9
其他糖果糕点	100.4	100.6	100.5	100.1	100.1	100.0
(13)调味品	104.6	104.7	104.6	104.3	103.9	103.9
食用盐	117.5	117.4	115.8	110.7	109.5	108.9
酱　　油	103.7	103.9	103.9	104.9	104.8	104.4
食　　醋	101.2	100.7	100.8	101.4	101.5	101.7
调味酱	102.0	101.9	102.9	102.9	103.0	102.4
味　　精	100.1	100.5	100.0	100.1	100.0	100.2
其他调味品	105.6	105.6	105.4	105.1	103.3	105.0
(14)其他食品类	101.9	101.5	102.1	102.1	102.3	102.4
方便食品	103.3	103.0	103.6	103.7	103.8	103.8
淀粉及制品	101.4	101.0	100.9	100.8	100.5	100.6
膨化食品	100.3	100.0	100.7	100.8	101.2	101.5
2.茶及饮料	100.2	99.8	99.7	99.8	100.4	100.3
茶　　叶	101.0	100.4	100.5	100.8	101.9	101.6
固体咖啡	99.3	99.4	99.5	99.3	99.1	99.2
其他固体饮料	100.2	99.9	100.3	100.0	100.3	99.9
饮用水	99.8	99.2	98.6	98.5	98.4	98.2
果汁饮料	98.6	98.6	98.6	98.8	99.0	99.8
其他液体饮料	99.4	99.1	99.1	99.0	99.1	99.0
3.烟酒	102.9	102.8	103.0	102.9	101.8	100.2
(1)烟草	105.6	105.5	105.6	105.3	103.0	100.4
烟　　草	105.6	105.5	105.6	105.3	103.0	100.4
(2)酒类	98.9	98.8	99.2	99.4	100.0	100.0
白　　酒	98.2	98.0	98.7	98.8	99.5	99.6
葡萄酒	99.5	99.2	98.9	100.2	100.9	101.0
啤　　酒	100.0	100.3	100.3	100.3	100.8	100.5
其他酒类	100.2	100.3	100.6	100.5	100.4	100.3
4.在外餐饮	103.4	103.1	102.8	103.2	103.4	103.3
正　　餐	102.4	102.5	102.2	102.6	102.9	102.8
快　　餐	105.3	104.0	103.8	105.1	105.0	105.0
地方小吃	106.1	106.0	104.4	104.3	104.2	104.1
其他在外餐饮	104.0	102.9	103.1	102.2	102.2	101.9
二、衣着	**100.1**	**100.1**	**100.3**	**100.2**	**100.1**	**99.9**
1.服装	100.0	100.0	100.0	99.8	99.9	99.9
(1)男式服装	100.1	100.1	99.9	99.8	100.0	100.0
男式西服	100.6	100.6	100.3	100.1	100.1	99.9
男式冬衣	98.0	97.8	97.8	97.7	97.7	97.7
男式夹克衫	101.8	101.9	100.8	101.0	101.1	101.1
男式毛线衣	99.8	99.5	98.8	99.1	99.2	99.2
男式运动装	100.8	100.8	101.1	100.4	100.0	100.2

3-3 续表 3

(上年同月=100)

指　　标	7月	8月	9月	10月	11月	12月
鲜瓜果	99.6	98.8	100.4	101.9	101.0	100.9
坚　果	98.7	98.7	98.4	98.3	98.4	97.9
瓜果制品	101.2	101.2	101.1	100.9	100.6	100.6
(12)糖果糕点类	100.4	100.4	100.3	100.4	100.6	100.6
食　糖	100.4	100.7	100.6	100.9	101.5	102.8
糖　果	100.1	99.9	99.8	99.9	99.9	99.8
糕　点	100.8	100.5	100.4	100.5	100.6	100.2
其他糖果糕点	100.0	100.4	100.6	100.1	100.4	100.3
(13)调味品	103.4	102.6	102.2	101.9	101.8	102.0
食用盐	106.9	107.2	107.3	107.3	107.3	107.3
酱　油	103.8	102.3	100.8	100.2	100.2	100.3
食　醋	101.6	101.4	101.3	101.4	101.4	101.3
调味酱	102.5	102.3	103.0	102.1	101.2	101.3
味　精	100.1	100.0	100.7	100.6	100.7	100.9
其他调味品	105.0	102.0	100.8	101.2	101.3	102.3
(14)其他食品类	102.0	101.7	101.8	101.5	100.8	100.7
方便食品	103.5	102.9	103.0	102.4	100.7	100.5
淀粉及制品	100.5	101.0	101.6	101.7	101.7	101.6
膨化食品	100.9	100.5	100.3	100.3	100.5	100.4
2.茶及饮料	100.2	100.2	100.2	100.3	100.5	100.7
茶　叶	101.7	101.6	101.9	102.0	102.1	102.2
固体咖啡	99.1	98.8	99.1	99.5	99.2	99.2
其他固体饮料	100.2	100.0	100.2	101.1	101.3	101.1
饮用水	96.9	96.1	95.8	95.7	96.2	97.5
果汁饮料	100.3	100.7	100.6	100.7	100.5	100.3
其他液体饮料	98.9	99.6	99.1	98.9	99.5	99.6
3.烟酒	100.0	99.8	100.2	100.3	100.4	100.3
(1)烟草	100.0	99.7	99.6	99.6	99.5	99.5
烟　草	100.0	99.7	99.6	99.6	99.5	99.5
(2)酒类	100.1	99.9	101.1	101.5	101.7	101.6
白　酒	99.8	99.8	101.8	102.4	102.5	102.8
葡萄酒	100.9	101.0	100.8	100.7	101.5	100.4
啤　酒	100.5	99.6	99.6	99.8	99.8	99.2
其他酒类	99.8	100.3	100.4	99.0	100.2	101.1
4.在外餐饮	103.4	103.5	103.2	103.2	103.1	103.1
正　餐	102.9	102.7	102.4	102.4	102.3	102.3
快　餐	105.4	106.2	105.3	105.4	105.5	105.8
地方小吃	103.7	103.7	104.0	103.7	103.4	103.4
其他在外餐饮	102.5	103.7	103.7	103.6	103.7	103.8
二、衣着	**100.0**	**100.1**	**100.9**	**101.5**	**102.4**	**102.2**
1.服装	99.8	100.0	100.6	101.3	102.5	102.3
(1)男式服装	100.0	100.0	100.8	101.3	102.4	102.4
男式西服	99.8	99.8	100.0	100.0	100.1	100.3
男式冬衣	97.8	97.8	97.7	99.2	102.3	102.2
男式夹克衫	101.1	101.0	101.7	103.1	104.4	104.3
男式毛线衣	99.2	99.0	99.2	100.7	102.9	103.3
男式运动装	99.7	99.5	101.8	102.5	102.1	101.9

3-3 续表 4

(上年同月=100)

指　　标	1月	2月	3月	4月	5月	6月
男式衬衫T恤	100.9	100.6	100.6	99.9	101.9	102.0
男式裤子	99.7	99.9	99.6	100.5	99.6	99.6
男式内衣	101.0	101.4	101.5	101.1	101.1	101.1
(2)女式服装	99.8	99.8	100.1	99.9	100.0	99.9
女式外套	100.7	100.6	100.9	101.1	101.0	100.6
女式冬衣	97.4	96.7	97.2	97.1	97.1	97.2
女式毛线衣	100.2	100.4	99.8	100.0	100.1	100.1
女式运动装	101.1	101.4	101.3	101.1	100.6	101.1
女式衬衫T恤	101.8	102.4	103.0	101.8	102.5	102.7
女式裤子	99.3	99.9	100.1	102.0	102.6	101.9
女式裙子	99.9	100.2	100.4	98.6	98.5	98.5
女式内衣	100.1	100.5	100.3	100.2	100.0	100.2
(3)儿童服装	100.9	100.2	100.1	99.5	99.3	99.3
婴幼服装	101.3	100.2	101.0	100.0	100.0	99.9
儿童上衣	100.8	100.1	99.5	99.3	99.0	99.0
儿童裤子	101.3	100.4	100.5	100.6	100.0	99.9
儿童裙子	100.3	100.2	99.8	97.9	98.3	98.0
2.服装材料	99.3	99.4	99.7	100.0	100.1	99.9
服装材料	99.3	99.4	99.7	100.0	100.1	99.9
3.其他衣着及配件	100.1	100.0	100.0	99.7	99.6	99.5
袜　　子	100.2	100.2	100.2	99.9	99.9	99.8
帽　　子	100.3	100.1	100.1	99.3	99.3	99.3
其他衣着配件	99.6	99.5	99.4	99.3	99.2	99.2
4.衣着加工服务费	103.7	103.8	104.0	104.1	103.7	103.3
衣着洗涤保养	102.4	102.6	102.6	102.5	102.5	102.3
衣着加工	106.9	106.9	107.4	107.9	106.9	105.9
5.鞋类	100.1	100.4	101.0	101.2	100.5	99.8
(1)鞋	100.0	100.1	100.9	101.1	100.4	99.6
男　　鞋	100.0	100.0	100.4	101.4	100.2	99.2
女　　鞋	99.7	100.1	101.2	101.0	100.3	99.6
童　　鞋	100.8	100.6	100.6	100.6	101.0	101.0
(2)鞋类加工服务	104.4	106.8	104.0	103.7	103.7	103.7
鞋类加工服务	104.4	106.8	104.0	103.7	103.7	103.7
三、居住	**101.0**	**101.1**	**100.9**	**100.8**	**100.8**	**100.9**
1.租赁房房租	101.5	102.3	101.1	101.2	101.0	101.2
公房房租	100.6	100.6	100.6	100.6	100.6	100.6
私房房租	101.6	102.5	101.2	101.2	101.1	101.3
2.住房保养维修及管理	99.7	99.8	99.7	99.8	99.8	99.8
(1)住房装潢材料	99.2	99.3	99.2	99.3	99.2	99.3
木 地 板	99.5	99.5	99.5	99.7	99.9	100.0
瓷　　砖	98.1	98.2	97.9	98.1	98.4	98.8
水　　泥	96.5	96.6	97.1	97.3	95.4	95.1
涂　　料	99.3	99.3	99.2	99.0	98.9	99.3
板　　材	99.3	99.3	98.9	98.9	98.8	98.8
管　　材	100.3	100.1	100.1	100.2	100.2	100.0
厨卫设备	100.2	100.3	100.2	100.1	100.1	100.0
门　　窗	99.8	99.9	99.8	99.9	99.9	99.8
其他住房装潢材料	99.2	99.4	99.4	99.6	99.7	99.8

3-3 续表 5

(上年同月=100)

指　　标	7月	8月	9月	10月	11月	12月
男式衬衫T恤	101.9	102.1	103.5	103.5	103.5	103.5
男式裤子	100.1	100.2	101.5	100.5	101.7	101.8
男式内衣	101.1	100.7	100.8	101.7	101.2	100.4
(2)女式服装	99.8	99.9	100.2	101.0	102.4	102.2
女式外套	100.7	100.8	101.3	102.5	103.9	104.0
女式冬衣	97.2	97.2	96.9	98.5	101.5	100.9
女式毛线衣	100.1	99.7	99.5	100.8	104.2	103.7
女式运动装	100.8	100.5	102.5	102.2	101.7	101.7
女式衬衫T恤	102.1	102.3	103.7	104.5	105.0	105.0
女式裤子	101.3	101.3	102.2	102.3	102.6	102.6
女式裙子	99.0	99.2	98.8	99.1	99.3	99.3
女式内衣	100.1	100.2	100.3	100.4	101.5	101.3
(3)儿童服装	99.4	100.3	102.0	102.4	102.7	102.3
婴幼服装	99.7	100.3	99.9	100.6	102.4	102.4
儿童上衣	99.0	99.9	101.4	102.2	102.4	102.0
儿童裤子	100.5	101.2	105.1	104.9	104.2	103.6
儿童裙子	98.2	99.6	101.0	100.9	101.2	100.9
2.服装材料	99.9	99.8	100.1	99.9	100.0	100.2
服装材料	99.9	99.8	100.1	99.9	100.0	100.2
3.其他衣着及配件	99.4	99.3	99.4	99.4	99.5	99.6
袜　　子	99.5	99.2	99.2	99.2	99.2	99.2
帽　　子	99.4	99.6	99.9	100.1	100.3	100.2
其他衣着配件	99.2	99.3	99.3	99.4	99.8	99.8
4.衣着加工服务费	102.8	102.5	102.9	102.3	102.4	102.3
衣着洗涤保养	102.4	102.5	102.5	101.6	101.9	101.8
衣着加工	103.9	102.5	103.7	103.9	103.8	103.7
5.鞋类	100.2	100.6	101.9	102.4	102.5	102.3
(1)鞋	100.1	100.5	101.9	102.4	102.6	102.4
男　　鞋	99.6	99.6	101.4	103.1	102.8	102.6
女　　鞋	100.2	100.8	102.0	102.0	102.4	102.2
童　　鞋	101.1	101.6	102.8	102.7	102.8	102.7
(2)鞋类加工服务	103.7	103.7	102.8	100.6	100.7	100.9
鞋类加工服务	103.7	103.7	102.8	100.6	100.7	100.9
三、居住	**101.1**	**101.3**	**101.5**	**101.4**	**101.7**	**101.8**
1.租赁房房租	101.2	101.6	101.5	101.4	101.8	101.8
公房房租	100.6	100.6	100.6	100.6	100.6	100.6
私房房租	101.3	101.7	101.6	101.5	102.0	102.0
2.住房保养维修及管理	99.9	99.9	100.2	100.3	100.5	100.8
(1)住房装潢材料	99.5	99.4	99.5	99.7	100.1	100.5
木 地 板	100.8	100.7	100.8	100.9	101.2	101.1
瓷　　砖	99.0	99.2	99.0	99.8	99.9	100.2
水　　泥	95.4	96.1	97.4	98.4	101.1	103.9
涂　　料	99.9	99.1	99.2	99.1	99.2	99.4
板　　材	98.8	98.7	98.8	99.2	99.3	99.5
管　　材	100.1	100.1	100.1	100.1	100.1	100.6
厨卫设备	100.1	99.7	99.8	99.5	99.7	99.9
门　　窗	99.6	99.7	99.8	99.8	100.3	100.4
其他住房装潢材料	100.0	100.0	100.2	100.4	100.7	101.1

3-3 续表 6

(上年同月=100)

指　　标	1月	2月	3月	4月	5月	6月
(2)物业管理费	100.1	100.1	100.1	100.1	100.1	100.1
物业管理费	100.1	100.1	100.1	100.1	100.1	100.1
(3)住房装潢维修	100.2	100.4	100.4	100.5	100.5	100.5
装潢维修费	100.3	100.3	100.3	100.5	100.5	100.5
其他住房费用	100.0	100.6	100.6	100.6	100.6	100.6
3.水电燃料	101.0	101.1	101.2	101.2	101.3	101.2
(1)水	103.2	103.2	104.1	104.1	104.2	104.2
水	103.2	103.2	104.1	104.1	104.2	104.2
(2)电	100.1	100.1	100.1	100.1	100.1	100.1
电	100.1	100.1	100.1	100.1	100.1	100.1
(3)燃气	101.8	102.3	102.4	102.4	102.5	102.4
管道燃气	103.1	103.7	103.7	103.7	103.7	103.7
液化石油气	98.6	98.7	99.0	99.1	99.4	99.0
(4)取暖费	100.0	100.0	100.0	100.0	100.0	100.0
取 暖 费	100.0	100.0	100.0	100.0	100.0	100.0
(5)其他燃料	96.8	96.6	94.3	93.0	94.1	94.4
其他燃料	96.8	96.6	94.3	93.0	94.1	94.4
4.自有住房	101.4	101.4	101.1	101.0	100.9	101.0
自有住房	101.4	101.4	101.1	101.0	100.9	101.0
四、生活用品及服务	**100.0**	**100.0**	**100.1**	**100.2**	**100.1**	**100.2**
1.家具及室内装饰品	99.8	100.0	99.9	99.7	99.4	99.5
(1)家具	100.0	100.1	100.0	99.8	99.5	99.4
柜	100.1	100.1	99.8	99.7	99.3	99.2
床	100.7	100.9	100.5	100.2	99.7	99.6
桌	99.4	99.6	99.5	99.4	99.0	99.2
椅	99.9	100.1	99.5	99.4	99.2	99.2
沙　　发	99.5	99.5	99.1	99.0	98.7	98.8
其他家具	100.6	100.7	102.3	102.1	101.8	101.8
(2)室内装饰品	98.9	99.2	99.2	99.4	99.4	99.5
灯　　具	98.1	98.6	98.6	98.8	98.8	98.9
其他室内装饰品	100.1	100.4	100.4	100.3	100.4	100.5
2.家用器具	98.5	98.4	98.6	98.8	98.9	99.3
(1)大型家用器具	98.4	98.3	98.5	98.7	98.9	99.3
洗 衣 机	96.9	96.6	96.6	96.9	97.3	97.1
电冰箱(柜)	97.7	97.6	97.9	97.5	98.0	98.0
抽油烟机	99.7	99.8	99.2	99.4	99.1	98.9
空 调 器	98.6	98.2	98.5	99.8	99.8	101.3
热 水 器	99.1	99.0	98.7	98.4	98.5	99.1
炉具灶具	99.4	100.2	100.3	99.0	99.3	99.5
微 波 炉	98.8	98.9	99.0	99.1	98.6	98.0
其他大型家用器具	99.1	99.3	99.9	100.0	100.1	100.0
(2)小家电	99.2	99.2	99.1	99.0	99.0	99.1
厨房小家电	99.3	99.0	98.8	98.4	98.3	98.5
生活小家电	99.1	99.4	99.5	99.7	99.7	99.8
3.家用纺织品	99.5	99.9	99.8	99.5	99.5	99.7
(1)床上用品	99.5	99.9	99.9	99.6	99.5	99.8

3-3 续表 7

(上年同月=100)

指　　标	7月	8月	9月	10月	11月	12月
(2)物业管理费	100.0	100.0	100.0	100.0	100.0	100.1
物业管理费	100.0	100.0	100.0	100.0	100.0	100.1
(3)住房装潢维修	100.5	100.7	101.2	101.3	101.4	101.7
装潢维修费	100.3	100.4	100.4	100.5	100.5	101.0
其他住房费用	101.1	101.6	103.6	103.9	103.9	103.9
3.水电燃料	101.3	101.4	101.5	101.6	101.8	101.9
(1)水	104.6	104.6	104.6	104.6	104.6	104.3
水	104.6	104.6	104.6	104.6	104.6	104.3
(2)电	100.1	100.1	100.1	100.1	100.1	100.0
电	100.1	100.1	100.1	100.1	100.1	100.0
(3)燃气	102.5	102.5	102.5	102.4	102.4	102.6
管道燃气	103.7	103.7	103.7	103.7	103.7	103.9
液化石油气	99.2	99.3	99.2	99.1	99.1	99.4
(4)取暖费	100.0	100.0	100.0	100.0	100.0	100.0
取 暖 费	100.0	100.0	100.0	100.0	100.0	100.0
(5)其他燃料	93.9	96.5	99.2	101.4	107.1	112.0
其他燃料	93.9	96.5	99.2	101.4	107.1	112.0
4.自有住房	101.4	101.7	101.9	101.6	102.1	102.1
自有住房	101.4	101.7	101.9	101.6	102.1	102.1
四、生活用品及服务	**100.3**	**100.3**	**100.3**	**100.3**	**100.5**	**100.6**
1.家具及室内装饰品	99.4	99.3	99.1	99.4	100.2	100.9
(1)家具	99.5	99.5	99.3	99.6	100.6	101.3
柜	99.3	99.2	99.2	99.7	100.4	101.1
床	99.7	99.6	99.3	99.4	100.6	101.2
桌	99.2	99.4	99.5	100.1	100.9	101.8
椅	99.2	99.3	98.6	98.9	99.7	100.6
沙　　发	98.8	98.7	98.6	99.1	100.1	101.0
其他家具	101.9	101.7	101.4	101.0	102.7	102.8
(2)室内装饰品	99.1	98.2	98.1	98.1	98.2	98.4
灯　　具	98.5	97.5	97.7	97.8	97.9	98.3
其他室内装饰品	100.2	99.4	99.0	98.8	98.6	98.6
2.家用器具	99.5	99.6	99.7	99.7	99.6	99.7
(1)大型家用器具	99.7	99.8	99.9	99.8	99.8	99.8
洗 衣 机	96.8	95.9	96.1	96.5	96.0	96.2
电冰箱(柜)	98.9	99.3	99.4	99.5	99.1	99.3
抽油烟机	99.7	99.4	98.4	98.4	99.3	99.7
空 调 器	101.7	102.1	102.4	101.7	101.4	101.2
热 水 器	99.2	99.9	100.4	100.6	100.6	100.5
炉具灶具	100.1	101.2	101.3	101.2	101.8	102.7
微 波 炉	97.9	97.4	97.8	98.0	98.1	98.2
其他大型家用器具	100.4	100.4	100.0	100.0	100.6	100.8
(2)小家电	98.8	98.6	98.9	98.9	98.9	99.1
厨房小家电	97.9	97.8	98.0	98.1	97.8	98.1
生活小家电	99.9	99.5	99.9	99.9	100.1	100.3
3.家用纺织品	99.6	99.6	99.7	99.8	99.8	99.8
(1)床上用品	99.7	99.8	99.8	100.0	99.9	99.8

3-3　续表 8

(上年同月=100)

指　　标	1月	2月	3月	4月	5月	6月
被　　子	99.5	99.8	99.7	99.6	99.5	99.5
床单被套	99.5	100.0	99.8	99.3	99.3	99.8
其他床上用品	99.8	100.2	100.3	100.4	100.4	100.5
(2)窗帘门帘	99.1	99.1	99.0	99.1	99.2	99.4
窗帘门帘	99.1	99.1	99.0	99.1	99.2	99.4
(3)其他家用纺织品	100.1	100.2	100.2	99.6	99.5	99.5
其他家用纺织品	100.1	100.2	100.2	99.6	99.5	99.5
4.家庭日用杂品	100.6	100.7	100.3	100.4	100.3	100.1
(1)洗涤卫生用品	101.1	101.2	100.7	100.7	100.5	100.4
清洗用品	101.3	101.5	101.2	101.1	100.9	101.0
清洁用具	100.3	100.4	100.3	100.4	100.4	100.5
清洁用纸	101.3	101.3	100.1	100.3	100.0	99.3
(2)厨具餐具茶具	100.5	100.5	100.4	100.7	100.7	100.0
厨　　具	100.1	100.0	100.0	100.1	100.0	99.8
餐　　具	101.0	101.0	100.9	101.6	101.6	100.0
茶　　具	100.6	100.5	100.4	100.4	100.6	100.6
(3)家用手工工具	100.7	100.5	100.7	100.9	100.9	100.9
家用手工工具	100.7	100.5	100.7	100.9	100.9	100.9
(4)其他家庭日用杂品	100.0	100.0	99.7	99.6	99.6	99.6
配电附件	100.2	100.2	100.4	100.6	100.5	100.3
雨　　具	100.6	100.8	100.3	99.4	99.3	99.2
其他日用杂品	99.7	99.6	99.2	99.2	99.3	99.5
5.个人护理用品	100.2	100.3	100.4	100.8	100.8	100.8
(1)化妆品	100.1	100.3	100.2	100.9	100.9	101.2
清洁化妆品	100.4	100.4	100.4	100.4	100.7	100.7
护肤化妆品	100.0	100.2	100.1	100.6	100.2	100.2
彩妆化妆品	100.2	100.2	100.2	102.5	103.2	104.7
化妆器具	100.4	100.3	100.3	100.4	100.2	100.0
(2)其他护理用品类	100.3	100.4	100.7	100.7	100.6	100.5
清洁类护理用品	100.5	100.9	101.4	101.4	101.4	101.3
护发美发用品	100.4	100.3	100.5	100.7	100.5	100.1
护理器具	99.4	99.5	99.7	99.7	99.8	100.0
其他护理用品	100.0	100.0	100.2	99.9	99.7	99.6
6.家庭服务	104.6	104.4	107.4	107.4	107.5	107.9
家政服务	108.9	108.7	109.0	109.0	109.0	109.4
家庭维修服务	100.7	100.5	105.9	105.9	106.0	106.4
五、交通和通信	**97.8**	**98.2**	**96.9**	**97.5**	**97.2**	**98.0**
1.交通	97.2	97.8	95.8	96.6	96.1	97.3
(1)交通工具	96.4	96.4	96.5	98.0	98.0	98.0
小型汽车	95.0	95.1	95.5	97.6	97.6	97.5
电动自行车	99.6	99.6	98.6	98.0	97.8	98.0
自 行 车	99.8	100.0	100.2	99.9	99.9	100.0
其他交通工具	99.5	99.6	99.6	99.6	99.6	99.7
(2)交通工具用燃料	92.0	93.2	88.3	89.3	87.9	91.1
汽　　油	92.4	93.6	88.4	89.5	87.8	91.3
柴　　油	92.0	93.7	87.3	88.6	86.7	90.5
其他车用能源	87.0	88.0	88.2	88.6	89.7	89.4

3-3 续表 9

(上年同月=100)

指　　标	7月	8月	9月	10月	11月	12月
被　　子	99.5	99.6	99.8	100.0	100.1	100.0
床单被套	99.6	99.6	99.4	99.7	99.6	99.5
其他床上用品	100.5	100.6	100.6	100.6	100.2	100.2
(2)窗帘门帘	98.8	98.6	98.7	98.7	98.9	99.1
窗帘门帘	98.8	98.6	98.7	98.7	98.9	99.1
(3)其他家用纺织品	99.2	99.6	100.2	100.2	100.2	100.1
其他家用纺织品	99.2	99.6	100.2	100.2	100.2	100.1
4.家庭日用杂品	100.3	100.3	100.2	100.0	100.0	100.1
(1)洗涤卫生用品	100.5	100.4	100.1	99.8	99.5	99.6
清洗用品	101.2	100.7	100.0	99.8	99.7	99.7
清洁用具	100.7	100.6	100.8	99.9	99.2	99.2
清洁用纸	99.1	99.5	99.7	99.8	99.5	99.7
(2)厨具餐具茶具	100.3	100.3	100.1	100.1	100.4	100.7
厨　　具	100.1	100.6	100.6	100.6	101.4	101.5
餐　　具	100.6	99.6	99.5	99.5	99.5	99.9
茶　　具	100.6	100.7	100.3	100.0	100.0	100.1
(3)家用手工工具	100.7	100.7	100.8	100.6	100.3	100.3
家用手工工具	100.7	100.7	100.8	100.6	100.3	100.3
(4)其他家庭日用杂品	100.0	100.2	100.3	100.4	100.6	100.6
配电附件	100.2	100.1	100.1	100.1	100.8	101.2
雨　　具	99.1	99.0	99.5	99.5	99.5	99.5
其他日用杂品	100.2	100.7	100.7	100.8	100.8	100.8
5.个人护理用品	100.8	100.8	100.7	100.8	101.4	101.4
(1)化妆品	101.2	101.3	101.4	101.8	102.4	102.5
清洁化妆品	100.7	100.9	101.2	101.3	101.2	101.4
护肤化妆品	100.3	100.4	100.4	101.3	102.6	102.6
彩妆化妆品	104.8	104.7	104.8	104.2	104.2	104.3
化妆器具	99.8	100.1	100.1	100.3	100.5	100.5
(2)其他护理用品类	100.3	100.2	100.0	99.8	100.4	100.3
清洁类护理用品	101.3	101.2	100.5	100.4	101.3	101.4
护发美发用品	100.4	100.3	100.1	100.0	100.4	100.2
护理器具	100.0	100.1	100.4	100.7	101.7	101.7
其他护理用品	98.3	98.5	98.5	98.2	98.1	97.6
6.家庭服务	108.3	108.2	108.0	107.0	107.0	107.0
家政服务	109.8	109.7	109.4	107.4	107.4	107.3
家庭维修服务	106.9	106.9	106.6	106.6	106.6	106.6
五、交通和通信	**98.4**	**99.0**	**99.8**	**99.2**	**99.8**	**101.0**
1.交通	97.8	98.8	100.1	99.2	100.0	102.0
(1)交通工具	98.0	98.2	98.0	96.2	96.6	97.0
小型汽车	97.5	97.8	97.6	95.1	95.6	95.6
电动自行车	98.4	98.4	98.5	98.5	98.9	100.8
自 行 车	99.7	99.8	99.7	99.7	99.5	99.8
其他交通工具	99.8	99.8	99.1	99.1	99.1	100.0
(2)交通工具用燃料	92.8	95.6	101.1	101.3	103.7	109.7
汽　　油	93.1	96.0	101.8	101.8	104.1	110.2
柴　　油	92.7	95.6	102.1	101.8	104.4	111.3
其他车用能源	89.4	89.6	89.9	94.2	98.1	101.3

3-3 续表 10

(上年同月=100)

指　　标	1月	2月	3月	4月	5月	6月
(3)交通工具使用和维修	101.5	101.5	101.4	101.3	101.4	101.3
停 车 费	109.5	109.4	109.8	109.7	109.7	109.7
车辆使用费	100.0	99.9	99.9	99.9	99.9	99.9
交通工具零配件	97.8	97.9	97.9	97.9	98.2	97.6
车辆修理与保养	102.6	102.4	102.0	101.9	101.8	102.1
(4)交通费	102.7	103.5	101.0	101.0	101.2	102.3
市内公共交通	108.5	108.8	108.8	108.3	109.1	106.7
出租汽车	100.4	100.3	100.8	100.8	100.8	100.8
飞 机 票	103.5	109.5	94.8	94.3	94.9	103.2
火 车 票	100.0	100.0	100.0	100.0	100.0	100.0
长途汽车	99.6	99.6	97.7	98.1	97.3	98.5
其他交通费	106.5	104.2	107.9	108.0	108.0	108.0
2.通信	98.8	98.8	98.8	98.9	99.0	99.2
(1)通信工具	93.4	93.4	93.2	93.8	94.2	95.2
固定电话机	99.8	99.8	99.8	99.8	99.8	99.8
移动电话机	92.8	92.8	92.6	93.2	93.6	94.7
通信工具零配件	99.4	99.0	98.8	99.5	99.5	99.8
(2)通信服务	100.5	100.5	100.5	100.5	100.5	100.4
固定电话费	100.0	100.0	100.0	100.0	100.0	100.0
移动通信费	100.0	100.0	100.0	100.0	100.0	100.0
上 网 费	102.1	102.1	102.1	102.1	102.1	102.0
其他通信服务	100.0	100.0	100.0	100.0	100.0	100.0
(3)邮递服务	99.9	99.8	99.8	99.8	99.8	99.8
邮政邮寄	100.1	100.0	100.0	100.0	100.0	100.0
快递服务	99.8	99.8	99.8	99.8	99.8	99.8
六、教育文化和娱乐	**101.8**	**101.1**	**101.4**	**100.9**	**100.6**	**101.9**
1.教育	101.2	101.2	101.3	101.3	101.3	101.3
(1)教育用品	101.0	101.1	101.0	100.7	100.6	100.6
工 具 书	100.6	100.7	100.8	100.8	100.5	100.5
教　　材	100.7	100.7	100.8	100.8	100.8	100.8
参考资料	101.7	102.0	101.6	100.9	100.8	100.8
其他教育用品	99.5	99.5	99.4	99.4	99.4	99.4
(2)教育服务	101.2	101.2	101.3	101.3	101.4	101.3
学前教育	104.3	104.3	103.7	103.7	103.7	103.7
小学初中教育	100.5	100.5	101.0	101.0	101.0	101.0
高中中职教育	100.3	100.3	101.1	101.1	101.1	101.1
高等教育	100.0	100.0	100.0	100.0	100.0	100.0
课外教育	101.4	101.1	101.2	101.2	101.5	101.6
专业技能培训	103.3	103.6	103.3	103.3	102.9	102.5
2.文化娱乐	102.5	101.0	101.6	100.6	99.9	102.6
(1)文娱耐用消费品	97.3	97.0	97.2	97.6	96.9	96.4
电 视 机	98.4	97.1	96.6	97.3	96.5	95.6
照 相 机	97.4	96.4	96.4	97.2	97.4	98.1
台式计算机	94.8	95.7	95.7	96.0	94.4	94.2
笔记本平板	94.2	95.1	97.4	97.6	96.9	96.1
乐　　器	100.3	99.8	100.1	100.5	100.5	100.4
音　　响	98.7	99.2	99.3	98.8	98.8	98.9
其他文娱耐用消费品	99.8	99.5	99.6	99.6	99.6	99.6

3-3 续表 11

(上年同月=100)

指　　标	7月	8月	9月	10月	11月	12月
(3)交通工具使用和维修	101.1	101.6	101.1	99.8	99.9	99.9
停 车 费	109.7	109.7	109.7	100.6	100.6	100.6
车辆使用费	99.9	99.9	99.9	99.9	99.9	99.9
交通工具零配件	97.5	98.5	98.5	98.5	98.7	98.9
车辆修理与保养	101.6	102.1	100.7	100.5	100.7	100.6
(4)交通费	102.0	102.1	101.6	101.0	101.1	102.0
市内公共交通	106.0	106.0	103.1	102.7	103.3	102.8
出租汽车	100.8	100.8	100.8	100.6	100.6	99.3
飞 机 票	102.4	103.4	104.4	102.1	101.1	109.8
火 车 票	100.0	100.0	100.0	100.0	100.0	100.0
长途汽车	98.5	98.4	98.7	98.3	98.7	98.7
其他交通费	108.0	108.0	105.8	105.8	105.8	105.8
2.通信	99.5	99.4	99.3	99.3	99.5	99.5
(1)通信工具	96.3	96.0	96.6	96.6	97.5	97.6
固定电话机	99.8	99.9	99.9	99.9	99.9	100.0
移动电话机	96.0	95.6	96.2	96.3	97.3	97.3
通信工具零配件	99.8	99.5	99.6	99.9	99.8	99.6
(2)通信服务	100.5	100.5	100.1	100.1	100.1	100.1
固定电话费	100.0	100.0	100.0	100.0	100.0	100.0
移动通信费	100.0	100.0	100.0	100.0	100.0	100.0
上 网 费	102.1	102.1	100.3	100.3	100.3	100.3
其他通信服务	100.0	100.0	100.0	100.0	100.0	100.0
(3)邮递服务	99.8	99.8	100.0	100.0	100.0	100.0
邮政邮寄	100.0	100.0	100.0	100.0	100.0	100.0
快递服务	99.8	99.8	100.0	100.0	100.0	100.0
六、教育文化和娱乐	**102.4**	**101.3**	**103.8**	**104.3**	**105.1**	**105.4**
1.教育	101.2	101.1	103.1	103.3	103.2	103.2
(1)教育用品	100.8	100.8	105.4	105.4	105.3	105.3
工 具 书	100.3	100.4	101.4	101.4	101.3	101.4
教　　材	100.8	100.8	110.2	110.2	110.2	110.2
参考资料	101.4	101.5	104.5	104.4	104.4	104.4
其他教育用品	99.4	98.8	98.9	98.8	98.5	98.5
(2)教育服务	101.2	101.1	102.9	103.1	103.1	103.0
学前教育	103.7	103.9	106.2	106.2	106.2	106.2
小学初中教育	101.0	101.0	108.4	109.9	109.9	109.9
高中中职教育	101.1	101.1	101.2	101.2	101.2	101.2
高等教育	100.0	100.0	100.1	100.1	100.1	100.1
课外教育	101.2	101.2	102.9	102.9	102.9	102.9
专业技能培训	101.5	100.1	100.6	100.9	100.8	100.2
2.文化娱乐	103.7	101.5	104.6	105.3	107.0	107.7
(1)文娱耐用消费品	96.7	96.3	95.8	95.7	95.4	94.8
电 视 机	95.9	95.9	95.9	96.0	95.3	95.1
照 相 机	98.4	99.2	99.8	100.1	100.4	100.4
台式计算机	97.1	96.2	94.7	94.6	93.9	91.2
笔记本平板	93.7	91.9	90.6	89.4	89.6	88.7
乐　　器	101.8	101.9	101.9	101.8	101.9	101.8
音　　响	99.2	99.4	99.3	99.0	99.5	99.8
其他文娱耐用消费品	99.4	99.2	99.0	98.9	99.1	99.3

3-3 续表 12

(上年同月=100)

指　　标	1月	2月	3月	4月	5月	6月
(2)其他文娱用品	100.9	100.7	100.4	100.9	100.7	100.7
书报杂志	104.4	103.3	103.3	103.2	103.2	103.2
纸张文具	100.7	100.5	100.6	100.2	100.0	100.0
体育户外用品	100.0	100.0	98.3	100.3	100.1	100.0
游戏用品和玩具	100.6	100.1	100.2	100.3	100.2	99.9
园艺花卉及用品	93.6	97.0	95.4	99.4	99.1	100.8
宠物及用品	104.9	103.2	103.1	101.8	100.3	98.9
其他文化娱乐用品	100.2	100.3	100.3	100.8	100.8	100.8
(3)文化娱乐服务	100.9	100.1	100.7	100.7	100.7	100.8
电 影 票	100.0	99.5	99.8	99.9	99.8	99.7
景点门票	100.7	93.7	100.8	101.4	101.4	102.0
有线电视	100.2	100.2	100.2	100.2	100.2	100.2
健身活动	103.1	103.2	101.9	101.8	101.4	101.4
其他文娱服务	101.7	101.8	101.7	101.4	101.4	101.6
(4)旅游	106.7	103.8	104.9	102.1	101.0	107.4
旅行社收费	109.5	105.1	107.0	102.9	101.4	104.0
其他旅游	100.1	100.6	99.9	100.1	100.0	115.8
七、医疗保健	**100.8**	**100.8**	**101.0**	**101.1**	**101.2**	**101.4**
1.药品及医疗器具	101.7	101.7	102.3	102.3	102.6	102.9
(1)中药	102.4	101.7	102.0	101.9	102.4	102.4
中 药 材	102.2	101.2	101.1	101.0	101.0	100.5
中 成 药	102.5	102.0	102.5	102.4	103.0	103.3
(2)西药	101.5	101.8	102.2	102.4	102.5	103.4
抗微生物药	95.3	95.3	95.8	95.8	96.0	97.2
消化系统用药	100.7	100.9	101.1	101.9	102.0	102.5
呼吸系统用药	103.8	103.8	103.6	105.2	105.9	106.1
解热镇痛药	100.7	100.8	101.8	102.1	102.2	103.5
抗肿瘤药	102.4	105.0	104.6	104.9	105.6	110.1
激素及影响内分泌药	106.9	106.9	106.6	106.6	106.7	105.7
心血管系统用药	109.9	110.0	112.3	110.7	111.0	110.2
血液系统用药	103.1	103.2	103.3	103.4	103.3	103.2
治疗精神障碍药	103.8	107.6	107.9	107.9	107.0	108.1
神经系统用药	104.4	104.5	105.0	105.1	105.4	107.8
消毒防腐及创伤外科用药	97.4	97.3	97.3	97.5	97.6	98.7
泌尿系统用药	100.1	100.1	100.1	99.4	99.6	101.2
维生素、矿物质类药	102.5	101.8	102.2	102.8	102.8	102.0
调节水、电解质及酸碱平衡药	98.1	98.8	98.8	98.9	97.6	100.2
(3)滋补保健品	103.1	103.1	104.8	104.5	105.6	105.0
滋补保健品	103.1	103.1	104.8	104.5	105.6	105.0
(4)医疗卫生器具	100.3	100.4	100.6	100.7	100.8	100.6
医疗卫生器具	100.3	100.4	100.6	100.7	100.8	100.6
(5)保健器具	99.9	100.0	100.2	100.3	100.2	100.1
保健器具	99.9	100.0	100.2	100.3	100.2	100.1
2.医疗服务	100.2	100.2	100.2	100.3	100.2	100.3
(1)综合医疗类	100.6	100.5	100.5	100.6	100.7	100.8
一般医疗服务	101.6	101.6	101.6	101.7	102.0	102.4

3-3 续表 13

(上年同月=100)

指　　标	7月	8月	9月	10月	11月	12月
(2)其他文娱用品	100.9	101.0	101.0	101.0	100.8	100.8
书报杂志	103.2	103.2	103.3	103.2	103.2	103.3
纸张文具	100.5	100.4	100.5	100.6	100.4	100.4
体育户外用品	99.9	100.2	100.1	100.0	100.2	100.2
游戏用品和玩具	100.1	100.1	100.1	100.3	100.1	100.1
园艺花卉及用品	101.0	102.5	103.0	102.5	100.4	100.3
宠物及用品	99.0	99.1	98.4	99.2	99.1	99.1
其他文化娱乐用品	100.8	100.6	100.5	100.5	100.6	100.6
(3)文化娱乐服务	101.1	101.0	101.1	100.8	100.8	100.6
电 影 票	100.0	100.0	99.7	99.7	100.3	99.7
景点门票	102.0	102.0	102.6	102.6	101.6	100.4
有线电视	100.3	100.3	100.3	100.3	100.3	100.3
健身活动	102.3	101.1	101.6	101.6	101.6	102.0
其他文娱服务	102.4	102.4	102.4	101.3	101.2	101.1
(4)旅游	109.1	104.5	111.7	113.6	117.9	120.3
旅行社收费	103.6	97.1	99.6	100.6	105.9	109.1
其他旅游	124.2	124.8	144.4	148.1	147.8	147.9
七、医疗保健	**101.5**	**101.7**	**101.8**	**102.1**	**102.8**	**103.3**
1.药品及医疗器具	103.1	103.7	103.9	103.6	104.9	104.4
(1)中药	102.8	103.3	103.7	103.3	104.7	104.5
中 药 材	100.4	100.8	102.0	102.0	102.5	103.5
中 成 药	103.9	104.5	104.5	104.0	105.8	104.9
(2)西药	103.6	103.5	103.8	103.4	105.3	104.3
抗微生物药	98.9	99.6	101.8	101.4	108.5	107.3
消化系统用药	101.3	101.6	101.2	100.7	100.8	99.5
呼吸系统用药	106.8	107.0	106.0	104.4	104.8	105.3
解热镇痛药	103.6	104.2	103.6	103.5	104.1	103.1
抗肿瘤药	110.1	110.6	112.9	113.9	112.0	111.2
激素及影响内分泌药	105.7	105.5	104.1	103.1	101.9	100.6
心血管系统用药	109.5	106.7	106.9	106.0	109.5	108.9
血液系统用药	101.3	102.2	102.0	101.5	101.2	100.5
治疗精神障碍药	109.7	106.3	106.3	107.2	111.2	109.3
神经系统用药	107.9	107.7	105.2	105.7	106.2	104.9
消毒防腐及创伤外科用药	98.7	98.7	99.3	98.8	98.8	97.4
泌尿系统用药	101.2	101.1	102.5	102.1	101.9	99.9
维生素、矿物质类药	103.1	103.5	104.1	103.7	103.9	102.8
调节水、电解质及酸碱平衡药	100.2	100.4	100.5	101.2	101.2	100.6
(3)滋补保健品	104.9	108.3	108.3	108.0	108.4	108.5
滋补保健品	104.9	108.3	108.3	108.0	108.4	108.5
(4)医疗卫生器具	100.6	100.7	100.6	100.4	100.5	100.5
医疗卫生器具	100.6	100.7	100.6	100.4	100.5	100.5
(5)保健器具	100.1	99.6	100.1	100.1	100.1	100.1
保健器具	100.1	99.6	100.1	100.1	100.1	100.1
2.医疗服务	100.2	100.2	100.2	101.0	101.3	102.5
(1)综合医疗类	100.8	100.8	100.8	103.3	104.7	108.6
一般医疗服务	102.4	102.4	102.4	105.2	107.7	113.3

3-3 续表 14

(上年同月=100)

指　　标	1月	2月	3月	4月	5月	6月
一般治疗操作	100.3	100.0	100.0	100.4	100.4	100.4
护　　理	100.1	100.1	100.1	100.1	100.1	100.1
其他综合医疗服务	100.0	100.0	100.0	99.7	99.7	99.7
(2)诊断类	100.1	100.1	100.1	100.1	100.1	100.1
病理学诊断	100.0	100.0	100.0	100.3	100.3	100.3
实验室诊断	100.0	100.0	100.0	100.3	100.3	100.3
影像学诊断	100.0	100.0	100.0	99.8	99.7	99.7
临床诊断	100.3	100.3	100.3	100.6	100.5	100.5
(3)治疗类	100.0	100.0	100.0	100.0	100.0	100.0
临床手术治疗	100.0	100.0	100.0	100.0	100.0	100.0
临床非手术治疗	100.1	100.1	100.1	100.1	100.1	100.1
(4)康复类	100.1	100.1	100.1	100.2	100.1	100.1
康复医疗	100.1	100.1	100.1	100.2	100.1	100.1
(5)中医医疗服务类	100.0	100.0	100.0	100.4	100.4	100.4
中医治疗	100.0	100.0	100.0	100.4	100.4	100.4
(6)其他医疗服务	100.0	100.0	100.0	100.3	100.3	100.3
其他医疗服务	100.0	100.0	100.0	100.3	100.3	100.3
八、其他用品和服务	**100.2**	**100.6**	**101.3**	**101.4**	**101.9**	**102.1**
1.其他用品类	96.2	98.2	100.3	99.9	100.5	101.3
(1)首饰手表	93.7	97.1	100.6	100.6	101.9	103.2
金 饰 品	94.5	100.6	107.2	106.9	109.2	111.4
银 饰 品	97.9	98.1	98.7	98.5	98.6	98.7
铂金饰品	87.8	88.2	88.5	88.9	89.1	89.9
手　　表	99.3	99.9	99.8	100.0	100.2	100.4
(2)其他杂项用品	99.9	99.8	99.9	99.1	98.6	98.5
箱　　包	99.1	99.0	99.3	98.8	99.1	99.0
母婴用品	100.7	100.5	100.5	98.8	97.0	97.0
眼　　镜	100.0	99.9	100.0	100.1	100.4	100.1
2.其他服务类	102.8	102.2	102.0	102.3	102.8	102.7
(1)旅馆住宿	101.9	99.8	101.3	101.9	101.7	101.9
宾馆住宿	101.6	100.9	99.3	101.9	101.9	102.3
其他住宿	102.3	98.3	104.2	101.9	101.4	101.4
(2)美容美发洗浴	104.7	103.6	102.7	103.2	103.0	102.7
美　　容	101.8	101.7	101.5	101.5	101.0	101.0
美　　发	107.6	105.2	104.0	105.0	105.0	104.9
洗　　浴	101.3	101.9	100.4	100.5	100.5	98.8
(3)养老服务	100.6	100.0	100.0	100.0	100.2	100.2
养老服务	100.6	100.0	100.0	100.0	100.2	100.2
(4)金融保险	102.7	102.7	102.7	102.7	102.7	102.7
金融服务	100.0	100.0	100.0	100.0	100.0	100.0
车辆保险	100.0	100.0	100.0	100.0	100.0	100.0
旅行保险	100.0	100.0	100.0	100.0	100.0	100.0
其他保险	107.9	108.1	108.1	108.1	108.1	108.1
(5)其他服务类	100.3	100.5	100.4	100.4	105.8	105.6
中介服务	100.2	100.8	100.6	100.6	114.6	114.0
其他服务	100.3	100.3	100.2	100.2	99.8	99.8

3-3 续表 15

(上年同月=100)

指　　标	7月	8月	9月	10月	11月	12月
一般治疗操作	100.4	100.4	100.4	100.4	100.4	102.8
护　　理	100.1	100.1	100.1	107.4	109.7	116.0
其他综合医疗服务	99.7	99.7	99.7	99.6	99.6	99.6
(2)诊断类	100.1	100.1	100.1	100.5	100.5	100.5
病理学诊断	100.0	100.0	100.0	100.0	100.0	104.1
实验室诊断	100.3	100.3	100.3	100.8	100.8	100.5
影像学诊断	99.6	99.6	99.6	100.2	100.2	100.1
临床诊断	100.5	100.5	100.5	100.5	100.5	100.7
(3)治疗类	100.0	100.0	100.0	100.0	100.1	102.0
临床手术治疗	100.0	100.0	100.0	100.0	100.0	103.1
临床非手术治疗	100.1	100.1	100.1	100.1	100.1	100.3
(4)康复类	100.1	100.1	100.1	100.1	100.1	100.3
康复医疗	100.1	100.1	100.1	100.1	100.1	100.3
(5)中医医疗服务类	100.4	100.4	100.4	100.4	100.4	101.3
中医治疗	100.4	100.4	100.4	100.4	100.4	101.3
(6)其他医疗服务	100.3	100.3	100.3	100.3	100.3	100.3
其他医疗服务	100.3	100.3	100.3	100.3	100.3	100.3
八、其他用品和服务	**103.2**	**103.6**	**105.3**	**105.0**	**105.3**	**105.0**
1.其他用品类	104.1	105.3	105.3	104.1	105.0	104.1
(1)首饰手表	108.4	110.7	110.8	108.7	110.2	108.5
金 饰 品	120.7	122.1	121.5	117.3	120.0	116.5
银 饰 品	99.2	100.1	100.1	100.4	100.6	100.8
铂金饰品	91.6	96.9	98.0	98.1	98.6	99.2
手　　表	100.6	100.5	100.5	100.5	100.5	100.5
(2)其他杂项用品	98.2	98.0	97.9	97.9	98.1	98.1
箱　　包	98.9	98.7	98.9	98.8	99.1	99.0
母婴用品	97.0	97.1	96.8	96.8	97.2	97.1
眼　　镜	98.9	98.0	98.0	98.0	98.0	98.0
2.其他服务类	102.5	102.5	105.4	105.5	105.5	105.6
(1)旅馆住宿	100.1	98.1	100.4	101.9	98.6	97.6
宾馆住宿	99.0	96.9	100.2	102.2	100.2	99.4
其他住宿	101.6	99.7	100.8	101.5	96.5	95.1
(2)美容美发洗浴	102.7	103.0	102.8	102.8	102.8	103.7
美　　容	101.0	101.8	101.4	101.4	101.7	101.7
美　　发	104.8	104.8	104.8	104.8	104.8	106.4
洗　　浴	98.8	98.6	98.6	98.6	97.8	98.7
(3)养老服务	100.8	100.8	100.8	100.8	100.8	100.8
养老服务	100.8	100.8	100.8	100.8	100.8	100.8
(4)金融保险	102.7	102.6	110.2	110.2	111.0	111.0
金融服务	100.0	100.0	100.0	100.0	100.0	99.9
车辆保险	100.0	100.0	100.0	100.0	100.0	100.0
旅行保险	100.0	100.0	100.0	100.0	100.0	100.0
其他保险	107.8	107.7	129.0	129.1	131.4	131.4
(5)其他服务类	105.6	106.5	106.5	106.5	106.5	106.5
中介服务	114.0	116.2	116.2	116.2	116.2	116.2
其他服务	99.8	99.8	99.8	99.8	99.8	99.8

3-4 居民消费价格分类指数(2011-2016年)

(上年=100)

指　　标	2011	2012	2013	2014	2015
居民消费价格总指数	105.3	102.5	102.8	101.6	101.5
非食品价格指数	102.4	101.7	101.8	101.3	100.7
服务项目价格指数	104.2	101.6	103.4	102.3	101.4
工业品价格指数	101.1	101.9	100.6	100.5	100.2
消费品价格指数	105.8	102.9	102.6	101.3	101.5
一、食品	112.0	104.2	104.8	102.1	102.9
1.粮食	112.1	104.9	103.1	102.6	102.4
2.淀粉及制品	108.8	105.5	101.8	101.7	100.6
3.干豆类及豆制品	105.8	104.6	107.5	103.0	102.4
4.油脂	112.4	105.2	101.4	95.8	96.8
5.肉禽及其制品	123.7	99.9	104.1	98.4	106.2
(1)食用畜肉及副产品	130.4	97.7	104.0	95.8	108.2
(2)禽	112.2	103.3	103.9	104.7	103.3
(3)加工肉禽	109.0	107.2	105.1	102.3	101.2
6.蛋	114.3	97.7	106.5	108.1	95.5
7.水产品	107.7	111.5	104.4	101.2	101.4
(1)鱼	108.2	111.8	103.0	100.7	101.6
(2)其他水产品	105.5	110.3	110.0	103.1	100.7
8.菜	101.0	118.1	108.6	102.9	103.0
9.调 味 品	105.0	104.6	102.4	103.2	108.6
10.糖	110.4	103.9	99.9	100.0	99.9
11.茶及饮料	104.6	105.4	103.4	102.7	101.4
(1)茶叶	105.1	104.1	104.1	104.2	103.0
(2)饮料	104.3	106.3	103.0	101.8	100.4
12.干鲜瓜果	118.3	100.1	107.9	116.1	100.1
13.糕点饼干面包	106.5	104.5	102.7	101.8	101.8
14.液体乳及乳制品	106.6	103.6	107.7	105.5	97.3
15.在外用膳食品	105.5	104.6	105.0	102.4	103.0
16.其他食品	103.6	103.9	101.0	101.0	101.3
二、烟酒	103.2	102.7	99.4	97.9	100.1
1.烟草	100.2	99.9	99.9	99.9	103.6
2.酒	108.9	107.6	98.5	94.6	94.0
三、衣着	100.0	109.7	100.8	102.5	101.4
1.服　　装	99.9	110.1	101.0	102.7	101.6
(1)男式服装	99.7	110.7	101.2	102.6	101.8
(2)女式服装	100.0	110.4	101.0	102.8	101.3
(3)儿童服装	100.0	107.2	100.4	102.5	102.5
2.衣着材料	108.0	104.4	100.9	101.2	100.0
3.鞋袜帽	99.8	109.1	100.2	101.9	100.9
(1)鞋	99.5	109.5	100.1	102.0	100.9
(2)袜子	101.7	105.8	100.7	101.0	100.5
(3)帽子	100.6	107.6	100.4	100.8	101.0
4.衣着加工服务费	106.1	109.5	106.4	106.1	103.4
四、家庭设备用品及维修服务	101.1	99.6	101.9	101.2	100.4
1.耐用消费品	99.3	96.5	100.9	100.0	99.1

3-4 续表 1

(上年＝100)

指　　标	2011	2012	2013	2014	2015
(1)家　　具	101.3	96.2	101.1	100.9	99.8
(2)家庭设备	98.2	96.8	100.8	99.5	98.7
2.室内装饰品	100.0	98.1	99.6	99.6	99.6
3.床上用品	100.6	98.8	102.0	101.1	99.5
4.家庭日用杂品	101.9	101.9	101.2	100.3	100.0
5.家庭服务及加工维修服务	108.7	109.2	107.7	107.5	106.4
五、医疗保健和个人用品	102.5	101.7	102.2	101.1	102.1
1.医疗保健	102.1	101.5	102.3	101.4	102.4
(1)医疗器具及用品	100.9	101.1	99.8	100.4	100.5
(2)中药材及中成药	111.8	105.6	102.7	103.4	105.8
(3)西药	96.7	98.6	99.8	100.2	100.4
(4)保健器具及用品	103.5	101.2	102.0	101.7	102.6
(5)医疗保健服务	101.1	101.5	104.5	101.0	101.7
2.个人用品及服务	103.4	102.2	102.0	100.3	101.2
(1)化妆美容用品	100.6	100.6	101.1	100.6	100.0
(2)清洁类化妆品	100.4	103.0	102.1	100.7	100.7
(3)个人饰品	107.4	100.6	95.5	94.2	96.4
(4)个人服务	105.1	104.2	107.3	103.8	105.1
六、交通和通信	101.0	100.3	100.0	100.3	99.3
1.交通	103.4	101.6	100.5	100.8	99.1
(1)交通工具	99.8	97.7	99.7	99.8	98.9
(2)车用燃料及零配件	110.9	102.6	99.5	99.2	85.0
(3)车辆使用及维修费	103.3	105.2	101.8	101.9	102.2
(4)市区公共交通费	105.0	103.1	101.3	101.8	103.9
(5)城市间交通费	103.4	103.0	100.5	101.5	100.0
2.通信	97.3	98.2	99.3	99.3	99.8
(1)通信工具	86.5	85.3	92.9	94.7	97.1
(2)通信服务	99.4	100.3	100.2	99.9	100.1
七、娱乐教育文化用品及服务	100.3	99.5	101.6	101.6	101.1
1.文娱用耐用消费品及服务	92.2	92.1	96.9	96.4	98.0
2.教育	101.6	101.4	102.7	102.0	102.3
(1)教材及参考书	101.8	100.7	101.3	103.3	106.1
(2)教育服务	101.6	101.5	102.9	101.8	101.7
3.文化娱乐类	100.5	101.6	101.7	100.8	102.6
(1)文化娱乐用品	100.1	99.5	100.0	99.9	100.2
(2)书报杂志	100.1	101.6	101.0	100.7	106.3
(3)文娱费	101.1	103.7	103.7	101.7	102.5
4.旅游	105.9	98.2	101.9	106.5	97.3
八、居住	106.0	100.8	103.7	101.9	100.5
1.建房及装修材料	102.5	98.0	101.8	101.4	99.0
2.住房租金	109.8	102.0	105.5	103.9	101.1
3.自有住房	107.5	100.8	104.9	102.6	101.2
4.水、电、燃料	105.2	102.7	102.1	100.2	99.9

3-4 续表 2

(上年＝100)

指　标	2016	指　标	2016	指　标	2016
居民消费价格总指数	101.9	1.租赁房房租	101.5	2.通信	99.2
非食品价格指数	101.1	2.住房保养维修及管理	100.0	(1)通信工具	95.3
服务价格指数	101.9	(1)住房装潢材料	99.5	(2)通信服务	100.3
工业品价格指数	99.9	(2)物业管理费	100.1	(3)邮递服务	99.9
消费品价格指数	101.9	(3)住房装潢维修	100.8	六、教育文化和娱乐	102.5
一、食品烟酒	104.1	3.水电燃料	101.4	1.教育	101.9
1.食品	105.0	(1)水	104.2	(1)教育用品	102.4
(1)粮食	101.1	(2)电	100.1	(2)教育服务	101.8
(2)薯类	110.8	(3)燃气	102.4	2.文化娱乐	103.2
(3)豆类	101.3	(4)取暖费	100.0	(1)文娱耐用消费品	96.4
(4)食用油	103.3	(5)其他燃料	98.2	(2)其他文娱用品	100.8
(5)菜	107.4	4.自有住房	101.5	(3)文化娱乐服务	100.8
(6)畜肉类	113.4	四、生活用品及服务	100.3	(4)旅游	108.6
(7)禽肉类	99.2	1.家具及室内装饰品	99.7	七、医疗保健	101.6
(8)水产品	102.8	(1)家具	99.9	1.药品及医疗器具	103.1
(9)蛋类	96.7	(2)室内装饰品	98.8	(1)中药	102.9
(10)奶类	99.5	2.家用器具	99.2	(2)西药	103.1
(11)干鲜瓜果类	98.0	(1)大型家用器具	99.2	(3)滋补保健品	106.1
(12)糖果糕点类	100.4	(2)小家电	99.0	(4)医疗卫生器具	100.6
(13)调味品	103.3	3.家用纺织品	99.7	(5)保健器具	100.1
(14)其他食品类	101.7	(1)床上用品	99.8	2.医疗服务	100.6
2.茶及饮料	100.2	(2)窗帘门帘	99.0	(1)综合医疗类	101.9
3.烟酒	101.2	(3)其他家用纺织品	99.9	(2)诊断类	100.2
(1)烟草	101.9	4.家庭日用杂品	100.3	(3)治疗类	100.2
(2)酒类	100.2	(1)洗涤卫生用品	100.4	(4)康复类	100.1
4.在外餐饮	103.2	(2)厨具餐具茶具	100.4	(5)中医医疗服务类	100.4
二、衣着	100.6	(3)家用手工工具	100.7	(6)其他医疗服务	100.2
1.服装	100.5	(4)其他家庭日用杂品	100.1	八、其他用品和服务	102.9
(1)男式服装	100.6	5.个人护理用品	100.8	1.其他用品类	102.0
(2)女式服装	100.4	(1)化妆品	101.2	(1)首饰手表	104.4
(3)儿童服装	100.7	(2)其他护理用品类	100.4	(2)其他杂项用品	98.7
2.服装材料	99.8	6.家庭服务	107.0	2.其他服务类	103.5
3.其他衣着及配件	99.6	五、交通和通信	98.6	(1)旅馆住宿	100.4
4.衣着加工服务费	103.1	1.交通	98.2	(2)美容美发洗浴	103.1
5.鞋类	101.1	(1)交通工具	97.3	(3)养老服务	100.5
(1)鞋	103.2	(2)交通工具用燃料	95.3	(4)金融保险	105.4
(2)鞋类加工服务		(3)交通工具使用和维修	101.0	(5)其他服务类	104.3
三、居住	101.2	(4)交通费	101.8		

3-5 主要城市居民消费价格总指数(1985-2016年)

(上年=100)

年 份	成都市	自贡市	攀枝花市	泸州市	德阳市	绵阳市	广元市	遂宁市	内江市	乐山市	南充市
1985	111.4	111.0	110.9	112.5		107.9	108.4		108.0	107.5	107.1
1986	104.8	104.4	106.6	103.8		104.8	106.9		106.6	105.8	106.9
1987	108.8	110.0	109.1	111.2		111.4	110.0		109.7	109.4	110.2
1988	124.6	121.6	121.9	123.4		118.7	123.2		119.7	124.4	126.5
1989	116.2	113.8	121.3	115.0		113.7	115.8		115.2	114.3	113.5
1990	103.5	103.1	102.4	99.3		101.4	103.4		100.6	100.9	100.1
1991	105.2	106.4	106.3	105.8		102.3	105.7		103.7	107.7	106.8
1992	110.8	108.6	111.4	110.0		113.0	106.6		110.7	110.1	108.2
1993	115.9	116.9	122.0	115.7		115.1	116.7		114.1	121.0	117.1
1994	126.5	129.7	124.0	125.7		128.8	127.0		131.4	127.5	127.6
1995	117.5	119.1	121.2	118.7		121.7	117.0		119.7	120.1	118.2
1996	109.7	108.2	115.0	107.3		108.0	107.2		108.3	109.2	109.3
1997	105.7	105.5	107.3	104.7		105.5	105.0		103.1	104.3	103.1
1998	100.3	98.0	100.5	98.4		99.7	99.8		99.1	99.7	99.2
1999	98.3	96.9	98.2	99.1		98.3	97.9		99.6	98.2	96.8
2000	100.2	99.2	99.6	100.6		99.5	99.3		99.6	97.6	99.6
2001	100.8	103.2	101.4	101.5		102.6	102.0		102.0	104.4	102.0
2002	98.7	100.1	100.4	100.2		99.2	100.0		100.2	99.0	99.5
2003	102.1	102.5	101.0	100.3		101.7	101.0		102.3	101.9	101.8
2004	103.9	104.7	103.5	104.3		104.5	104.5		103.4	104.3	105.2
2005	102.3	100.9	101.0	100.7		100.6	101.2		101.3	101.1	101.5
2006	101.8	102.8	102.1	102.5		102.5	102.3		102.7	101.8	102.5
2007	105.2	105.8	105.4	106.2		106.4	106.4		106.4	105.7	107.6
2008	104.3	105.1	105.5	104.5		104.6	104.8		105.0	104.4	105.2
2009	100.3	100.9	100.7	101.2	100.5	100.6	101.4	100.9	100.8	101.2	101.4
2010	103.0	103.9	103.3	102.7	105.8	103.5	104.1	104.0	103.2	103.2	104.0
2011	105.4	105.7	104.8	105.8	106.1	105.0	105.3	106.5	105.4	105.0	106.4
2012	103.0	102.8	103.0	102.6	102.1	102.8	102.0	102.3	103.0	102.6	103.2
2013	103.1	103.5	101.3	103.2	102.3	103.2	102.9	102.9	102.3	102.4	103.2
2014	101.3	101.7	102.0	101.8	100.7	101.5	101.9	101.8	101.4	101.8	102.3
2015	101.1	101.5	101.5	101.5	100.4	101.4	101.9	101.7	101.7	101.8	101.8
2016	102.2	102.4	101.7	102.1	101.9	101.7	101.9	101.4	101.6	101.8	102.0

3-5 续表

(上年＝100)

年份	眉山市	宜宾市	广安市	达州市	雅安市	巴中市	资阳市	阿坝藏族羌族自治州	甘孜藏族自治州	凉山彝族自治州
1985										107.6
1986										104.5
1987										109.3
1988										126.8
1989										118.0
1990										104.3
1991										104.7
1992										110.9
1993										114.5
1994										121.7
1995										118.1
1996										118.1
1997										103.1
1998										101.8
1999										99.6
2000										99.2
2001										102.9
2002										99.5
2003										101.2
2004										105.0
2005										102.1
2006										102.4
2007										104.5
2008										104.9
2009	101.2	102.0	100.5	100.6	99.4	100.8	100.3	103.1	105.0	99.8
2010	103.2	103.4	103.8	102.6	102.5	103.2	103.8	104.5	106.8	102.8
2011	106.0	105.6	106.1	105.8	105.7	106.6	105.9	106.2	108.6	105.0
2012	102.7	102.4	102.4	102.9	102.8	102.1	103.2	103.1	104.2	102.8
2013	102.8	102.2	102.8	102.5	102.9	102.6	102.9	103.6	104.1	102.5
2014	101.9	101.7	102.3	102.1	102.1	102.3	101.8	101.6	102.1	102.0
2015	101.1	100.8	102.0	101.5	101.0	101.6	101.5	101.0	102.7	102.2
2016	102.0	101.1	101.5	101.6	101.7	101.4	101.3	102.2	102.2	101.9

3-6 居民消费价格累计指数(2016年)

(上年=100)

单 位	居民消费价格总指数	一、食品烟酒	二、衣着	三、居住	四、生活用品及服务	五、交通和通信	六、教育文化和娱乐	七、医疗保健	八、其他用品和服务
四 川	**101.9**	**104.1**	**100.6**	**101.2**	**100.3**	**98.6**	**102.5**	**101.6**	**102.9**
成 都	102.2	104.0	99.2	101.8	100.4	99.0	104.1	102.7	104.8
自 贡	102.4	104.4	99.2	104.0	98.4	99.6	103.3	101.5	102.1
攀枝花	101.7	103.2	101.2	97.9	100.5	103.8	102.2	101.4	102.0
泸 州	102.1	103.4	102.1	103.0	100.8	98.5	102.5	101.0	100.8
德 阳	101.9	103.4	100.9	100.1	98.9	98.8	104.2	104.8	103.2
绵 阳	101.7	104.6	102.0	100.2	101.8	96.9	100.1	101.5	103.2
广 元	101.9	103.6	100.8	102.4	99.4	97.0	103.1	101.6	104.4
遂 宁	101.4	103.9	100.4	100.1	99.8	99.1	100.2	102.5	102.1
内 江	101.6	103.3	97.9	100.7	100.4	98.5	104.8	102.0	103.4
乐 山	101.8	104.0	100.1	100.6	99.5	98.9	103.6	101.0	101.6
南 充	102.0	104.4	101.6	101.3	99.9	99.2	101.9	101.9	102.0
眉 山	102.0	103.5	100.6	101.4	99.5	98.9	104.0	102.6	102.4
宜 宾	101.1	102.0	99.5	102.2	99.9	97.5	102.4	102.0	100.8
广 安	101.5	104.8	99.7	100.2	99.3	98.1	100.3	102.4	101.5
达 州	101.6	103.6	100.6	100.9	100.5	98.9	101.5	101.4	101.9
雅 安	101.7	103.2	103.6	100.1	100.4	98.9	102.3	101.1	103.7
巴 中	101.4	103.7	102.2	101.0	100.2	97.4	100.7	100.2	103.0
资 阳	101.3	103.7	100.5	99.8	100.0	98.1	100.4	102.2	104.7
阿坝藏族羌族自治州	102.2	103.9	101.1	103.6	100.5	97.6	100.7	100.9	106.6
甘孜藏族自治州	102.2	105.8	98.0	103.1	100.9	99.4	98.2	99.1	102.8
凉山彝族自治州	101.9	104.5	100.2	103.4	99.9	97.8	100.3	100.3	99.9

3-7 主要城市居民消费价格分类指数(2016年)

(上年＝100)

指 标	成都市	自贡市	攀枝花市	泸州市	德阳市	绵阳市	广元市
居民消费价格总指数	**102.2**	**102.4**	**101.7**	**102.1**	**101.9**	**101.7**	**101.9**
一、食品烟酒	**104.0**	**104.4**	**103.2**	**103.4**	**103.4**	**104.6**	**103.6**
粮 食	101.0	101.3	100.2	101.6	100.7	99.7	103.2
鲜 菜	107.9	108.3	97.8	109.5	107.9	108.8	100.8
畜 肉	112.4	113.4	113.1	110.6	111.4	114.5	115.6
水 产 品	103.5	102.3	101.3	97.0	101.6	102.4	101.9
蛋	95.9	92.8	96.3	103.0	98.4	94.5	101.8
鲜 果	100.0	88.6	94.2	95.5	98.8	96.3	89.9
二、衣着	**99.2**	**99.2**	**101.2**	**102.1**	**100.9**	**102.0**	**100.8**
三、居住	**101.8**	**104.0**	**97.9**	**103.0**	**100.1**	**100.2**	**102.4**
四、生活用品及服务	**100.4**	**98.4**	**100.5**	**100.8**	**98.9**	**101.8**	**99.4**
五、交通和通信	**99.0**	**99.6**	**103.8**	**98.5**	**98.8**	**96.9**	**97.0**
六、教育文化和娱乐	**104.1**	**103.3**	**102.2**	**102.5**	**104.2**	**100.1**	**103.1**
七、医疗保健	**102.7**	**101.5**	**101.4**	**101.0**	**104.8**	**101.5**	**101.6**
八、其他用品和服务	**104.8**	**102.1**	**102.0**	**100.8**	**103.2**	**103.2**	**104.4**

3-7 续表 1

（上年=100）

指　　标	遂宁市	内江市	乐山市	南充市	眉山市	宜宾市	广安市
居民消费价格总指数	**101.4**	**101.6**	**101.8**	**102.0**	**102.0**	**101.1**	**101.5**
一、食品烟酒	**103.9**	**103.3**	**104.0**	**104.4**	**103.5**	**102.0**	**104.8**
粮　　食	99.7	100.3	103.9	99.1	100.2	103.1	101.7
鲜　　菜	107.8	108.6	114.9	113.8	108.9	109.7	106.5
畜　　肉	110.8	112.7	112.0	109.7	112.0	111.1	116.3
水 产 品	102.3	105.0	107.7	105.6	104.2	98.9	97.0
蛋	93.7	94.1	98.2	102.8	97.8	91.5	92.7
鲜　　果	94.7	97.3	100.4	100.3	95.1	89.1	96.3
二、衣着	**100.4**	**97.9**	**100.1**	**101.6**	**100.6**	**99.5**	**99.7**
三、居住	**100.1**	**100.7**	**100.6**	**101.3**	**101.4**	**102.2**	**100.2**
四、生活用品及服务	**99.8**	**100.4**	**99.5**	**99.9**	**99.5**	**99.9**	**99.3**
五、交通和通信	**99.1**	**98.5**	**98.9**	**99.2**	**98.9**	**97.5**	**98.1**
六、教育文化和娱乐	**100.2**	**104.8**	**103.6**	**101.9**	**104.0**	**102.4**	**100.3**
七、医疗保健	**102.5**	**102.0**	**101.0**	**101.9**	**102.6**	**102.0**	**102.4**
八、其他用品和服务	**102.1**	**103.4**	**101.6**	**102.0**	**102.4**	**100.8**	**101.5**

3-7 续表 2

（上年=100）

指　　标	达州市	雅安市	巴中市	资阳市	阿坝藏族羌族自治州	甘孜藏族自治州	凉山彝族自治州
居民消费价格总指数	**101.6**	**101.7**	**101.4**	**101.3**	**102.2**	**102.2**	**101.9**
一、食品烟酒	**103.6**	**103.2**	**103.7**	**103.7**	**103.9**	**105.8**	**104.5**
粮　　食	101.6	99.7	100.5	100.2	104.1	103.3	101.2
鲜　　菜	111.9	107.2	109.1	104.5	107.6	111.1	118.0
畜　　肉	112.6	110.3	112.4	114.0	109.0	108.5	112.6
水 产 品	101.6	109.0	102.4	102.3	103.8	103.6	100.8
蛋	93.7	97.6	95.8	97.7	91.6	96.0	96.9
鲜　　果	84.0	90.7	97.1	94.7	97.4	92.8	101.4
二、衣着	**100.6**	**103.6**	**102.2**	**100.5**	**101.1**	**98.0**	**100.2**
三、居住	**100.9**	**100.1**	**101.0**	**99.8**	**103.6**	**103.1**	**103.4**
四、生活用品及服务	**100.5**	**100.4**	**100.2**	**100.0**	**100.5**	**100.9**	**99.9**
五、交通和通信	**98.9**	**98.9**	**97.4**	**98.1**	**97.6**	**99.4**	**97.8**
六、教育文化和娱乐	**101.5**	**102.3**	**100.7**	**100.4**	**100.7**	**98.2**	**100.3**
七、医疗保健	**101.4**	**101.1**	**100.2**	**102.2**	**100.9**	**99.1**	**100.3**
八、其他用品和服务	**101.9**	**103.7**	**103.0**	**104.7**	**106.6**	**102.8**	**99.9**

3-8 商品零售价格分类指数(2016年)

(上年＝100)

指　标	全　省	城　市	农　村
商品零售价格指数	**100.8**	**100.8**	**100.9**
一、食品	**104.5**	**104.4**	**105.1**
1.粮食	101.1	101.1	101.1
2.薯类	112.5	112.8	111.3
3.豆类	101.2	101.2	101.3
4.食用油	103.2	102.7	104.7
5.菜	107.3	107.6	106.1
6.畜肉类	112.8	112.4	114.1
7.禽肉类	99.7	99.9	98.8
8.水产品	103.2	102.7	104.9
9.蛋类	96.7	96.7	96.8
10.奶类	99.1	99.0	99.3
11.干鲜瓜果类	97.6	97.3	98.5
12.糖果糕点类	100.4	100.3	100.8
13.调味品	103.4	103.9	102.2
14.其他食品类	101.6	101.8	101.1
15.在外餐饮	103.3	103.1	104.1
二、饮料、烟酒	**100.8**	**100.8**	**101.0**
1.茶及饮料	100.2	100.4	99.4
2.烟草	101.6	101.5	102.0
3.酒类	100.0	99.9	100.0
三、服装、鞋帽	**100.1**	**99.9**	**101.0**
1.服装	100.2	99.9	101.1
2.鞋帽袜	99.9	99.6	100.9
四、纺织品	**99.8**	**99.6**	**100.6**
1.服装材料	100.6	100.4	100.9
2.床上用品	99.7	99.4	100.5
五、家用电器及音像器材	**98.9**	**99.0**	**98.3**
六、文化办公用品	**96.2**	**96.0**	**97.5**
七、日用品	**99.7**	**99.5**	**100.3**
1.日用百货	99.5	99.4	100.1
2.厨具餐具茶具	100.4	100.3	100.8
3.清洗用品	100.9	100.9	100.8
八、体育娱乐用品	**99.8**	**99.7**	**100.3**
九、交通、通信用品	**97.4**	**97.7**	**96.2**
十、家具	**99.3**	**99.1**	**100.2**
十一、化妆品	**101.7**	**102.0**	**100.2**
十二、金银饰品	**106.3**	**106.8**	**102.8**
十三、中西药品及医疗保健用品	**104.2**	**104.5**	**102.9**
1.医疗卫生器具	100.9	101.0	100.5
2.中药	102.6	102.1	104.2
3.西药	104.0	104.3	102.9
十四、书报杂志及电子出版物	**102.1**	**102.2**	**101.9**
十五、燃料	**98.5**	**98.7**	**97.6**
十六、建筑材料及五金电料	**99.8**	**99.9**	**99.7**

3-9 商品零售价格分类指数(2011-2016年)

(上年=100)

指　　标	2011	2012	2013	2014	2015	2016
商品零售价格总指数	**104.6**	**101.6**	**101.7**	**100.6**	**100.2**	**100.8**
一、食品	**112.2**	**104.1**	**105.0**	**102.1**	**102.9**	**104.5**
1.粮食	112.1	104.6	102.9	102.7	102.4	101.1
2.淀粉及制品	109.4	106.2	101.7	101.4	100.6	101.8
3.干豆类及豆制品	106.2	104.4	108.8	102.4	102.5	101.2
4.油脂	113.7	105.2	101.2	95.5	96.4	103.2
5.肉禽及其制品	123.7	100.0	103.9	98.7	106.2	
(1)食用畜肉及副产品	130.5	98.0	103.8	96.2	108.1	112.8
(2)禽	112.1	103.4	103.6	104.6	103.2	99.7
(3)加工肉禽	108.3	106.7	104.9	102.5	101.4	
6.蛋	115.1	96.8	106.6	109.2	94.6	96.7
7.水产品	108.0	112.2	104.0	101.2	101.4	103.2
(1)鱼	108.4	112.3	102.7	100.7	101.5	
(2)其他水产品	106.5	111.9	109.0	102.7	101.2	
8.菜	99.3	117.1	109.4	102.3	103.9	107.3
9.调味品	105.4	104.9	102.7	103.7	109.0	103.4
10.糖	110.2	104.2	100.4	100.0	99.8	
11.干鲜瓜果	117.8	100.3	108.7	115.7	99.8	97.6
12.糕点饼干面包	106.7	105.1	103.1	102.1	101.8	
13.液体乳及乳制品	109.0	104.5	109.4	105.7	96.2	99.1
14.在外用膳食品	105.6	104.4	104.7	102.1	103.1	103.3
15.其他食品	105.2	104.6	101.5	101.5	100.8	101.6
二、饮料、烟酒	**104.2**	**103.7**	**100.0**	**98.7**	**100.2**	**100.8**
1.茶及饮料	105.1	105.9	103.5	103.4	101.5	100.2
(1)茶叶	106.0	103.8	103.5	104.7	102.9	101.7
(2)饮料	104.6	107.2	103.4	102.6	100.6	
2.烟草	99.9	99.8	99.9	99.9	103.7	101.6
3.酒	110.9	109.0	99.0	95.6	94.8	100.0
三、服装、鞋帽	**99.7**	**110.0**	**101.1**	**102.0**	**101.2**	**100.1**
1.服装	99.7	110.4	101.4	102.2	101.5	100.2
(1)男式服装	99.4	110.9	101.6	101.8	101.7	100.5
(2)女式服装	100.0	110.9	101.3	102.6	101.2	100.0
(3)儿童服装	99.5	106.7	100.8	102.1	102.4	100.1
2.鞋袜帽	99.9	109.4	100.2	101.4	100.5	99.9
(1)鞋	99.5	109.7	100.2	101.4	100.5	99.9
(2)袜子	103.3	107.0	100.6	101.0	100.7	100.0
(3)帽子	99.7	106.1	100.2	101.4	101.0	100.0
3.其他	94.6	98.0	100.3	99.8	100.1	99.7

3-9 续表

(上年＝100)

指　　标	2011	2012	2013	2014	2015	2016
四、纺织品	**101.6**	**100.6**	**101.6**	**101.4**	**99.8**	**99.8**
1.衣着材料	108.8	103.6	101.3	101.2	99.7	100.6
2.床上用品	99.0	99.5	101.8	101.5	99.9	99.7
五、家用电器及音像器材	**95.8**	**95.0**	**98.7**	**98.4**	**98.1**	**98.9**
1.家庭设备	98.8	96.2	100.5	99.7	98.3	99.4
2.文娱用耐用消费品	90.8	91.0	95.3	96.4	98.1	98.3
3.专业音像器材	96.5	100.0	98.8	97.1	97.8	97.9
六、文化办公用品	**96.5**	**96.8**	**98.2**	**97.4**	**98.8**	**96.2**
七、日用品	**101.7**	**100.8**	**100.7**	**100.2**	**100.1**	**99.7**
1.日用百货	102.4	100.1	99.7	100.1	100.4	99.5
2.日用杂品	101.1	100.6	100.5	100.2	100.4	100.4
3.洗涤用品	103.0	103.2	102.4	100.6	99.8	100.9
4.其他日用品	99.2	98.9	100.0	99.5	99.7	98.4
八、体育娱乐用品	**101.6**	**100.7**	**100.8**	**100.5**	**101.3**	**99.8**
1.体育用品	101.5	100.3	101.0	100.3	100.4	99.9
2.娱乐用品	101.7	100.9	100.8	100.6	101.6	99.8
九、交通、通信用品	**95.5**	**94.9**	**98.5**	**98.5**	**97.9**	**97.4**
1.交通运输机械	97.9	97.3	99.8	99.2	98.0	97.7
2.通信器材	89.3	88.2	94.7	96.3	97.7	97.0
十、家具	**101.4**	**97.3**	**101.7**	**101.3**	**100.2**	**99.3**
十一、化妆品	**101.2**	**101.3**	**101.6**	**100.9**	**100.3**	**101.7**
十二、金银珠宝	**112.6**	**101.8**	**91.8**	**90.4**	**93.6**	**106.3**
十三、中西药品及医疗保健用品	**102.3**	**101.5**	**101.0**	**101.2**	**102.1**	**104.2**
1.医疗器具及用品	102.2	101.3	100.1	100.6	100.1	100.9
2.中药材及中成药	112.6	106.0	102.1	102.5	105.7	102.6
3.西药	96.8	98.8	100.2	100.3	100.3	104.0
4.保健器具及用品	103.3	101.1	103.3	102.4	100.6	108.1
十四、书报杂志及电子出版物	**99.6**	**100.2**	**100.5**	**101.6**	**105.8**	**102.1**
1.教材及参考书	101.0	100.4	101.1	103.3	105.8	101.7
2.书报杂志	100.1	101.3	101.0	100.7	108.2	103.8
3.电子音像制品	94.9	97.4	98.0	99.3	100.0	100.1
十五、燃料	**113.2**	**102.3**	**100.4**	**99.7**	**91.1**	**98.5**
1.煤炭及制品	112.9	103.7	102.7	100.1	98.1	97.2
2.石油及制品	113.3	101.8	99.6	99.5	88.8	98.7
十六、建筑材料及五金电料	**103.6**	**97.3**	**100.3**	**100.0**	**97.2**	**99.8**
1.建筑装璜材料	104.2	96.8	100.1	100.0	96.8	99.7
2.五金电料	100.0	100.7	101.6	100.4	100.1	100.5

3-10 主要城市商品零售价格总指数(1985-2016年)

(上年=100)

年份	成都市	自贡市	攀枝花市	泸州市	德阳市	绵阳市	广元市	遂宁市	内江市	乐山市	南充市
1985	111.3	111.5	111.9	113.1		108.3	108.2		107.5	107.7	107.4
1986	104.7	104.1	106.9	101.8		105.0	106.8		106.6	105.9	106.8
1987	109.4	110.6	109.0	111.9		112.2	111.6		110.0	110.3	110.9
1988	125.7	123.2	122.8	124.7		119.8	125.0		120.6	125.1	128.1
1989	116.1	114.0	119.9	114.3		112.9	115.3		114.4	113.1	112.8
1990	102.9	101.7	100.9	98.7		100.6	102.5		99.7	100.6	99.5
1991	104.7	106.0	105.8	105.8		102.1	105.0		103.0	105.6	106.7
1992	108.5	107.1	108.7	109.3		110.3	106.1		107.7	107.7	107.6
1993	115.1	116.1	119.9	113.2		113.2	114.3		112.6	116.8	113.6
1994	123.3	124.4	119.0	122.0		122.0	122.0		125.4	123.8	126.0
1995	114.5	113.4	119.0	116.7		115.9	116.7		115.1	114.3	114.7
1996	106.5	105.5	107.0	106.3		106.2	106.1		106.6	106.7	107.4
1997	102.9	102.9	104.9	102.0		102.5	102.7		102.5	102.9	101.6
1998	98.4	97.1	99.2	96.2		97.4	96.2		98.1	96.2	96.5
1999	97.1	96.4	97.0	97.1		96.7	95.4		97.4	97.7	96.1
2000	98.2	97.0	96.7	97.8		96.3	97.1		98.4	96.7	97.2
2001	100.7	101.8	98.3	98.4		100.7	101.3		103.9	100.5	100.9
2002	98.8	100.0	99.8	98.0		98.8	99.6		101.9	98.5	99.2
2003	100.2	101.4	100.3	97.4		100.6	98.7		101.5	100.4	99.7
2004	101.4	103.7	103.1	102.7		104.0	103.1		102.7	103.0	103.8
2005	99.8	100.0	100.3	100.0		99.7	100.7		100.0	99.8	100.6
2006	101.2	102.6	102.4	101.7		102.1	101.9		101.7	101.3	102.2
2007	104.2	105.0	105.1	105.9		106.0	105.2		106.3	104.6	107.4
2008	104.5	105.3	105.0	104.9		104.8	104.8		106.4	104.8	105.9
2009	99.0	100.7	100.4	99.7	98.0	100.6	100.2	100.2	100.2	100.7	100.2
2010	102.4	103.6	103.9	102.2	102.5	102.5	103.4	104.0	102.7	103.1	103.5
2011	104.3	104.7	105.0	104.7	105.4	104.2	104.4	106.1	104.7	105.1	106.8
2012	101.4	102.0	102.0	102.0	100.7	101.4	100.2	101.6	102.3	101.3	102.4
2013	101.7	101.7	100.9	102.2	101.3	101.8	101.1	101.9	101.8	101.8	102.0
2014	100.4	100.5	101.2	100.9	99.8	100.2	100.4	101.1	100.7	101.3	101.7
2015	99.5	99.5	100.2	100.6	100.5	99.9	101.9	100.3	100.3	99.9	100.8
2016	100.8	101.2	101.0	100.4	101.1	100.0	100.2	101.7	100.1	100.8	101.8

3-10 续表

(上年=100)

年 份	眉山市	宜宾市	广安市	达州市	雅安市	巴中市	资阳市	阿坝藏族羌族自治州	甘孜藏族自治州	凉山彝族自治州
1985										108.1
1986										104.3
1987										109.9
1988										127.4
1989										117.6
1990										102.2
1991										103.9
1992										105.3
1993										113.6
1994										120.5
1995										115.8
1996										106.4
1997										101.7
1998										99.6
1999										99.2
2000										98.1
2001										98.7
2002										98.9
2003										99.8
2004										103.9
2005										101.4
2006										102.7
2007										104.0
2008										104.2
2009	100.8	100.1	99.4	98.5	98.5	100.2	99.9	102.9	105.5	99.2
2010	103.3	102.6	103.0	102.3	102.6	103.3	103.6	104.3	107.0	102.4
2011	105.3	104.4	106.6	103.6	104.2	106.6	106.2	105.6	109.1	103.9
2012	101.6	101.1	101.3	101.5	101.5	101.7	102.6	103.1	104.2	102.8
2013	101.4	100.4	101.5	101.3	101.7	101.8	101.7	102.8	103.2	101.5
2014	101.1	100.6	101.0	100.6	100.5	101.1	101.2	100.5	101.5	100.7
2015	99.9	99.3	100.1	100.4	99.4	100.3	100.6	99.5	102.0	99.9
2016	100.6	100.0	100.7	100.8	100.4	100.5	100.8	100.9	101.2	100.2

3-11　主要城市商品零售价格分类指数(2016年)

(上年＝100)

指　　标	成都市	自贡市	攀枝花市	泸州市	德阳市	绵阳市	广元市
商品零售价格总指数	**100.8**	**101.2**	**101.0**	**100.4**	**101.1**	**100.0**	**100.2**
一、食品	104.7	104.4	103.5	103.7	103.9	105.1	103.9
二、饮料、烟酒	100.5	101.4	101.9	101.5	101.8	101.6	102.5
三、服装、鞋帽	99.2	99.0	101.2	101.8	101.0	102.0	100.7
四、纺织品	100.0	92.8	100.0	100.0	111.2	100.0	100.0
五、家用电器及音像器材	98.9	98.5	100.3	100.0	97.0	97.3	96.9
六、文化办公用品	95.0	97.7	100.0	100.5	100.4	94.9	97.9
七、日用品	99.3	97.1	100.1	100.4	96.3	101.9	99.5
八、体育娱乐用品	99.5	100.1	100.0	100.0	99.2	102.0	100.0
九、交通、通信用品	98.5	97.8	100.2	95.2	98.0	93.2	94.4
十、家具	98.5	103.1	100.0	100.5	100.0	100.5	97.2
十一、化妆品	102.4	98.1	100.7	100.0	98.0	102.5	99.9
十二、金银珠宝	106.1	112.7	105.8	103.2	103.6	105.1	108.8
十三、中西药品及医疗保健用品	106.6	102.0	99.0	101.0	107.7	100.2	104.1
十四、书报杂志及电子出版物	102.0	105.9	100.8	100.0	101.3	103.9	101.9
十五、燃料	99.4	101.9	97.6	97.1	97.5	99.0	98.7
十六、建筑材料及五金电料	99.5	99.8	100.0	99.9	99.3	100.6	103.4

3-11 续表 1

(上年＝100)

指　标	遂宁市	内江市	乐山市	南充市	眉山市	宜宾市	广安市
商品零售价格总指数	**101.7**	**100.1**	**100.8**	**101.8**	**100.6**	**100.0**	**100.7**
一、食品	104.5	103.8	105.0	105.3	103.8	102.3	105.0
二、饮料、烟酒	101.8	101.0	99.3	99.5	101.8	100.9	100.5
三、服装、鞋帽	100.3	97.8	100.1	101.5	100.5	99.6	99.5
四、纺织品	100.0	99.5	101.3	98.1	100.1	99.4	101.8
五、家用电器及音像器材	99.7	100.3	98.1	99.3	98.0	95.4	99.0
六、文化办公用品	99.9	95.4	97.1	99.5	98.9	96.3	98.5
七、日用品	99.8	100.3	100.5	100.4	98.9	100.4	97.6
八、体育娱乐用品	101.5	99.6	99.8	100.9	99.2	100.1	98.9
九、交通、通信用品	99.7	95.8	98.2	100.0	95.2	95.5	94.8
十、家具	100.0	99.3	97.8	101.8	96.2	99.8	100.0
十一、化妆品	100.0	102.0	100.9	99.5	102.2	100.0	106.5
十二、金银珠宝	110.9	110.6	106.9	93.8	107.9	102.9	108.5
十三、中西药品及医疗保健用品	104.9	103.8	102.3	104.6	103.9	104.2	104.1
十四、书报杂志及电子出版物	104.4	99.9	106.0	100.0	104.9	102.1	100.9
十五、燃料	97.0	97.5	97.3	100.2	97.8	99.3	97.5
十六、建筑材料及五金电料	100.1	99.1	99.1	99.5	101.0	100.3	99.7

3-11 续表 2

(上年＝100)

指　　标	达州市	雅安市	巴中市	资阳市	阿坝藏族羌族自治州	甘孜藏族自治州	凉山彝族自治州
商品零售价格总指数	**100.8**	**100.4**	**100.5**	**100.8**	**100.9**	**101.2**	**100.2**
一、食品	104.1	103.5	104.2	104.3	104.2	106.2	105.8
二、饮料、烟酒	101.0	102.3	100.9	100.6	101.2	100.9	101.3
三、服装、鞋帽	100.5	103.4	102.0	100.4	100.9	97.8	100.2
四、纺织品	98.0	101.5	100.0	99.5	101.6	100.3	100.0
五、家用电器及音像器材	99.7	98.4	100.0	99.2	99.3	94.2	99.5
六、文化办公用品	99.6	95.8	96.9	95.4	99.0	96.9	95.9
七、日用品	99.9	100.3	100.5	99.9	100.0	101.9	99.9
八、体育娱乐用品	101.7	100.6	100.0	101.8	100.3	101.4	100.0
九、交通、通信用品	97.0	95.1	95.2	96.6	95.5	98.2	94.2
十、家具	100.9	100.0	100.0	100.6	100.9	107.9	100.0
十一、化妆品	101.8	100.3	100.0	100.3	100.2	101.2	100.0
十二、金银珠宝	103.7	103.9	97.6	111.2	113.2	101.3	99.4
十三、中西药品及医疗保健用品	102.9	102.9	99.9	103.6	101.8	97.5	100.2
十四、书报杂志及电子出版物	101.1	100.0	104.6	101.1	100.2	102.1	100.1
十五、燃料	98.4	98.7	97.2	97.6	95.5	96.9	95.7
十六、建筑材料及五金电料	100.1	99.4	99.6	100.7	100.1	102.8	100.6

3-12 农业生产资料价格分类指数(2016年)

(上年=100)

指 标	全 省	城 市	农 村
农业生产资料价格指数	**103.7**		**103.7**
一、农用手工工具	**100.1**		**100.1**
二、饲料	**95.2**		**95.2**
混合饲料	95.7		95.7
其他饲料	93.4		93.4
三、仔畜幼禽及产品畜	**139.1**		**139.1**
仔 畜	148.4		148.4
幼 禽	112.7		112.7
产 品 畜	129.6		129.6
四、半机械化农具	**98.5**		**98.5**
五、机械化农具	**98.1**		**98.1**
六、化学肥料	**98.8**		**98.8**
氮 肥	96.9		96.9
磷 肥	100.1		100.1
钾 肥	100.9		100.9
复合肥料	99.2		99.2
七、农药及农药器械	**100.0**		**100.0**
1.化学农药	100.0		100.0
杀 虫 剂	100.7		100.7
杀 菌 剂	100.1		100.1
除 草 剂	98.5		98.5
生长调节剂	99.6		99.6
2.农药器械	100.2		100.2
八、农机用油	**96.2**		**96.2**
九、其他农用生产资料	**100.9**		**100.9**
农用种子	102.2		102.2
农用薄膜	99.8		99.8
十、农业生产服务	**102.5**		**102.5**
排 灌 费	100.0		100.0
机械作业费	99.8		99.8

3-13 分月农业生产资料价格指数(2016年)

(上年同月=100)

指　　标	1月	2月	3月	4月	5月	6月	7月	8月	9月	10月	11月	12月
农业生产资料价格指数	**102.7**	**102.8**	**103.6**	**103.6**	**103.5**	**104.4**	**104.3**	**103.3**	**104.2**	**103.2**	**103.6**	**104.8**
一、农用手工工具	**100.6**	**100.6**	**100.3**	**100.2**	**99.9**	**99.9**	**99.9**	**99.8**	**99.8**	**99.8**	**99.9**	**99.9**
农用手工工具	100.6	100.6	100.3	100.2	99.9	99.9	99.9	99.8	99.8	99.8	99.9	99.9
二、饲料	**91.8**	**92.6**	**91.5**	**90.8**	**90.7**	**93.2**	**96.7**	**96.3**	**97.7**	**98.7**	**100.8**	**102.4**
混合饲料	94.3	94.5	93.4	93.2	92.8	94.0	96.7	96.6	97.5	98.1	98.3	99.5
其他饲料	84.0	86.7	85.7	83.0	84.1	90.7	96.6	95.3	98.2	100.6	109.0	112.4
三、仔畜幼禽及产品畜	**149.9**	**143.6**	**152.8**	**151.5**	**150.4**	**150.3**	**140.5**	**132.5**	**134.6**	**125.3**	**122.2**	**125.2**
仔　　畜	169.0	155.3	166.3	165.0	165.7	169.9	154.8	140.5	139.2	126.9	122.7	126.7
幼　　禽	108.4	116.0	121.9	117.8	110.3	94.8	95.1	105.4	120.3	120.5	121.3	120.8
产 品 畜	128.0	124.0	136.5	137.7	137.2	137.7	135.9	129.8	126.7	122.2	119.7	121.5
四、半机械化农具	**97.8**	**98.0**	**98.0**	**98.0**	**98.0**	**98.0**	**98.0**	**98.1**	**98.2**	**98.5**	**99.9**	**101.1**
半机械化农具	97.8	98.0	98.0	98.0	98.0	98.0	98.0	98.1	98.2	98.5	99.9	101.1
五、机械化农具	**98.7**	**98.5**	**98.5**	**97.9**	**97.7**	**97.6**	**98.0**	**97.7**	**97.7**	**98.0**	**98.2**	**98.3**
机械化农具	98.7	98.5	98.5	97.9	97.7	97.6	98.0	97.7	97.7	98.0	98.2	98.3
六、化学肥料	**99.9**	**99.7**	**99.3**	**99.6**	**98.9**	**98.3**	**97.8**	**98.2**	**98.2**	**98.1**	**98.5**	**98.7**
氮　　肥	99.1	98.4	97.5	98.3	97.1	95.7	94.7	96.0	96.2	96.0	96.9	97.2
磷　　肥	100.8	100.8	100.6	101.1	101.2	100.5	99.8	99.5	99.2	99.2	99.2	99.3
钾　　肥	100.5	100.5	100.6	101.1	100.9	100.9	100.8	100.8	100.8	100.7	101.5	101.5
复合肥料	100.1	100.2	100.0	99.6	98.8	98.9	98.9	98.9	98.8	98.7	98.7	98.8
七、农药及农药器械	**100.2**	**100.2**	**99.4**	**99.6**	**99.7**	**100.0**	**100.1**	**100.1**	**100.1**	**100.1**	**100.1**	**100.2**
1.化学农药	100.3	100.2	99.4	99.6	99.7	100.0	100.0	100.1	100.0	100.1	100.1	100.1
杀 虫 剂	100.3	100.2	100.3	100.6	100.5	100.8	100.9	100.9	100.9	100.9	100.9	100.9
杀 菌 剂	100.3	100.1	99.5	99.7	99.9	100.2	100.3	100.2	100.2	100.2	100.2	100.3
除 草 剂	100.4	100.4	97.4	97.4	98.0	98.4	98.3	98.4	98.4	98.4	98.4	98.3
生长调节剂	99.5	99.5	99.6	99.6	99.5	99.5	99.5	99.5	99.5	99.6	99.7	99.7
2.农药器械	100.0	100.0	99.9	99.9	100.0	100.1	100.1	100.1	100.1	100.5	100.5	100.8
农药器械	100.0	100.0	99.9	99.9	100.0	100.1	100.1	100.1	100.1	100.5	100.5	100.8
八、农机用油	**93.4**	**94.8**	**90.1**	**91.1**	**89.4**	**92.5**	**94.1**	**96.2**	**101.6**	**101.4**	**103.4**	**108.1**
农用柴油	91.3	93.1	87.2	88.4	86.5	90.4	92.4	95.0	102.1	101.8	104.4	110.7
润 滑 油	100.2	100.2	100.2	100.2	100.2	100.2	100.2	100.2	100.2	100.2	100.2	100.2
九、其他农用生产资料	**101.2**	**101.3**	**101.1**	**100.9**	**101.2**	**101.0**	**100.9**	**100.5**	**100.2**	**100.3**	**100.8**	**101.3**
农用种子	102.5	102.8	102.3	102.3	102.4	102.7	102.7	102.2	101.4	101.4	101.8	101.6
农用薄膜	98.8	98.7	99.2	99.4	99.9	99.4	99.4	99.0	99.6	99.9	101.0	103.2
未列名的其他农用生产资料	100.6	100.6	100.0	99.1	99.1	98.0	97.6	97.5	97.5	97.5	97.5	97.5
十、农业生产服务	**102.7**	**102.7**	**102.7**	**102.8**	**103.7**	**103.8**	**104.1**	**102.9**	**101.3**	**101.3**	**101.3**	**101.4**
排 灌 费	100.0	100.0	100.0	100.0	100.0	100.0	100.0	100.0	100.0	100.0	100.0	100.0
机械作业费	99.4	99.4	99.2	99.9	99.9	99.9	99.9	99.9	99.9	99.9	99.9	100.0
农业用电	100.0	100.0	100.0	100.0	100.0	100.0	100.0	100.0	100.0	100.0	100.0	100.0
农业用工	104.9	104.9	104.9	104.9	106.5	106.6	107.0	105.0	102.3	102.3	102.3	102.3

3-14 农业生产资料价格分类指数(2007-2016年)

(上年＝100)

指　　标	2007	2008	2009	2010	2011	2012	2013	2014	2015	2016
农业生产资料价格指数	**109.0**	**116.6**	**101.2**	**103.6**	**112.4**	**104.7**	**101.5**	**98.8**	**101.5**	**103.7**
农用手工工具	107.4	109.8	105.5	100.9	104.3	105.6	103.9	102.5	101.4	100.1
饲料	106.0	111.8	101.3	108.3	106.9	103.1	103.5	101.0	98.8	95.2
混合饲料	106.5	112.0	101.4	106.7	107.8	102.8	103.7	100.8	99.2	95.7
其他	104.9	111.3	101.2	112.5	102.1	105.1	102.2	101.7	96.7	93.4
产品畜	150.9	133.3	90.1	98.7	142.0	106.0	100.6	95.8	110.1	129.6
幼禽家畜	150.9	133.3	90.1	98.7	142.0	106.0	100.6	95.8	110.1	
半机械化农具	103.3	103.9	100.5	99.8	100.4	100.3	100.1	100.0	99.7	98.5
机械化农具	102.8	105.7	101.1	100.1	100.5	100.5	100.2	100.1	99.8	98.1
农用机械	102.8	105.7	101.1	100.1	100.5	100.5	100.2	100.1	99.8	
化学肥料	104.0	120.5	101.7	101.0	106.4	104.8	99.1	95.9	99.6	98.8
氮肥	99.3	115.8	100.0	99.2	110.4	106.4	97.7	93.3	99.5	96.9
磷肥	105.4	118.3	100.3	110.2	103.5	103.5	100.3	98.9	100.0	100.1
钾肥	106.5	131.3	107.7	101.0	106.0	102.9	100.3	99.1	99.8	100.9
复合肥料	111.8	127.9	103.7	96.7	102.1	103.5	100.5	97.0	99.5	99.2
农药及农药械	100.7	105.5	101.1	101.0	101.6	102.1	102.4	101.6	100.9	100.0
化学农药	100.0	105.3	101.6	101.1	101.5	101.2	102.2	101.8	101.0	100.0
杀虫剂	99.2	105.6	101.8	101.1	101.3	99.5	101.5	101.6	100.7	100.7
杀菌剂	98.3	103.2	103.5	102.2	103.6	101.2	103.1	101.8	101.3	100.1
除草剂	104.1	106.4	99.0	99.5	99.9	104.9	102.8	102.4	101.4	98.5
农药器械	104.5	106.7	98.1	100.5	102.5	107.2	103.5	100.3	100.2	100.2
农用机油	105.2	112.6	102.3	107.0	109.4	105.1	99.1	99.0	88.8	96.2
其他农业生产资料	102.2	104.4	103.8	108.0	110.9	103.1	101.9	101.8	102.7	100.9
农用种子	102.2	103.3	106.9	112.3	112.6	103.4	102.0	101.7	103.2	102.2
其他	102.2	106.1	99.1	101.5	101.6	101.6	101.4	101.8	99.5	
农用薄膜	102.3	105.5	97.4	102.2	101.5	101.8	101.6	102.0	98.9	99.8
其他	102.1	107.8	103.5	99.6	101.8	101.1	100.9	101.5	101.3	
农业生产服务	117.5	114.5	112.3	109.9	120.2	112.2	109.7	105.9	101.9	102.5
#排灌费	106.1	104.1	103.4	102.3	103.7	106.4	105.3	102.3	101.8	100.0
机械作业费	117.5	112.0	108.7	113.2	118.8	117.5	106.2	101.8	99.6	99.8

3-15　主要年份工业生产者价格指数(1991-2016年)

(上年同期=100)

年　份	工业生产者出厂价格指数	生产资料	生活资料	工业生产者购进价格指数
1991	105.9	107.1	103.9	108.6
1992	106.1	106.9	104.3	112.5
1993	127.4	135.0	112.4	137.2
1994	115.4	112.2	122.1	120.9
1995	112.3	108.4	120.6	115.5
1996	102.2	103.4	99.7	106.1
1997	100.9	99.9	102.9	101.5
1998	97.3	97.8	96.4	95.3
1999	97.0	96.4	98.3	96.4
2000	98.1	98.6	97.0	101.5
2001	98.5	98.5	98.5	100.4
2002	97.7	98.0	97.1	99.2
2003	100.5	101.4	98.3	101.7
2004	105.4	107.0	101.3	110.3
2005	104.0	105.5	100.1	109.3
2006	101.9	102.8	99.1	104.3
2007	103.9	103.3	105.9	105.7
2008	109.3	109.6	108.0	112.4
2009	96.5	95.7	98.8	95.3
2010	105.0	105.7	102.8	106.1
2011	107.3	107.9	105.7	112.6
2012	98.6	97.9	100.6	100.0
2013	98.7	98.2	99.9	99.2
2014	98.7	98.1	100.6	98.7
2015	96.4	95.3	99.8	96.7
2016	98.9	98.7	99.5	98.8

3-16 按轻重部类分组的工业生产者出厂价格指数(2010-2016年)

(上年同期=100)

项 目	2010年	2011年	2012年	2013年	2014年	2015年	2016年
总指数	**105.0**	**107.3**	**98.6**	**98.7**	**98.7**	**96.4**	**98.9**
按轻重工业分							
轻工业	103.3	107.7	99.9	100.2	99.9	98.7	99.2
以农产品为原料	105.9	109.7	100.5	101.7	100.6	99.0	99.6
以非农产品为原料	99.6	99.8	97.5	94.4	96.8	97.5	97.9
重工业	106.3	107.2	98.0	98.0	98.2	95.5	98.8
采掘	112.5	116.8	98.2	97.5	96.9	90.4	95.0
原料	108.8	107.8	98.4	98.5	97.9	96.4	99.1
加工	102.8	105.1	97.8	97.9	98.6	96.0	99.2
按生产生活资料分							
生产资料	105.7	107.9	97.9	98.2	98.1	95.3	98.7
采掘	112.6	116.8	98.2	97.5	96.9	90.3	95.0
原料	109.0	108.5	98.2	98.3	97.8	96.4	99.1
加工	103.0	106.1	97.7	98.3	98.4	95.7	99.0
生活资料	102.8	105.7	100.6	99.9	100.6	99.8	99.5
食品	104.4	109.6	101.6	101.1	100.4	100.2	100.2
衣着	101.2	102.5	102.2	104.6	109.3	103.5	104.7
一般日用品	102.9	102.8	98.5	99.2	99.8	98.0	98.5
耐用消费品	94.2	92.3	97.3	92.2	97.3	98.1	96.6
按工业部门分							
冶金工业	110.6	111.3	93.9	94.1	95.1	89.3	99.9
电力工业	103.1	99.8	100.2	100.5	99.1	99.9	99.9
煤炭及炼焦工业	112.1	118.3	95.8	94.3	93.1	87.9	98.1
石油工业	111.0	112.4	101.8	103.0	102.7	97.4	91.9
化学工业	105.5	109.6	99.4	97.6	98.0	97.5	99.1
机械工业	100.0	101.6	98.7	98.5	99.6	99.1	98.5
建筑材料工业	99.0	103.3	98.0	99.5	99.6	92.8	98.9
森林工业	104.7	100.0	102.8	101.3	102.1	101.0	99.6
食品工业	104.4	109.4	101.6	101.3	100.2	99.8	99.7
纺织工业	115.8	117.6	92.7	101.9	97.3	93.5	97.8
缝纫工业	101.0	103.4	107.3	101.7	103.8	104.9	101.8
皮革工业	100.7	101.5	100.5	106.6	111.8	102.8	106.8
造纸工业	102.1	108.5	99.3	97.9	99.4	98.8	100.2
文教艺术用品工业	102.1	97.9	99.2	100.0	99.3	95.0	96.9
其它工业	104.0	108.7	101.6	102.3	99.6	96.3	99.0

3-17 分月工业生产者出厂价格指数(2016年)

(上年同月＝100)

类　别	全年	1月	2月	3月	4月	5月	6月	7月	8月	9月	10月	11月	12月
工业生产者出厂价格指数	**98.9**	**96.5**	**96.6**	**97.1**	**97.7**	**98.3**	**98.5**	**98.5**	**99.0**	**99.5**	**100.2**	**102.0**	**103.6**
#轻工业	99.2	98.7	98.8	99.0	99.1	98.9	99.1	98.6	98.7	99.0	99.3	100.0	100.9
以农产品为原料	99.6	99.6	99.8	99.9	100.0	99.6	99.8	99.0	98.9	99.1	99.2	99.8	100.7
以非农产品为原料	97.9	96.1	95.8	96.3	96.5	96.9	97.1	97.5	98.1	98.6	99.6	100.5	101.5
重工业	98.8	95.6	95.6	96.2	97.1	98.0	98.3	98.5	99.1	99.7	100.6	102.9	104.8
采掘	95.0	88.8	87.9	89.7	90.5	91.5	92.5	93.6	95.8	97.9	99.8	103.9	110.6
原料	99.1	95.4	95.2	95.1	95.6	97.6	99.6	99.5	100.5	100.9	101.9	104.3	105.0
加工	99.2	96.4	96.7	97.4	98.4	98.9	98.5	98.7	99.0	99.5	100.2	102.3	104.0
#生产资料	98.7	95.4	95.5	96.1	96.9	97.7	98.1	98.3	99.0	99.7	100.6	102.9	104.8
采掘	95.0	88.8	87.9	89.7	90.5	91.5	92.5	93.6	95.8	97.9	99.8	103.9	110.6
原料	99.1	95.1	95.0	95.0	95.6	97.7	99.5	99.5	100.6	101.1	102.2	104.5	105.2
加工	99.0	96.2	96.5	97.1	98.1	98.4	98.2	98.5	98.9	99.6	100.3	102.2	104.1
生活资料	99.5	99.4	99.4	99.7	99.8	99.7	99.7	98.9	98.8	98.8	99.1	99.8	100.4
食品	100.2	100.4	100.7	101.0	101.1	100.7	100.7	99.5	99.2	99.5	99.4	99.9	100.4
衣着	104.7	107.2	104.9	106.5	106.6	108.5	106.8	105.5	105.7	103.4	102.7	99.9	100.1
一般日用品	98.5	97.4	97.4	97.3	97.3	98.1	99.4	99.2	99.3	98.8	98.9	99.5	99.9
耐用消费品	96.6	96.4	95.8	96.2	96.0	95.7	95.1	95.4	95.7	95.5	97.2	99.8	100.5
按工业部门分													
冶金工业	99.9	87.9	88.5	90.8	95.4	98.3	97.7	99.4	101.5	104.3	106.8	112.9	119.2
电力工业	99.9	99.4	99.2	98.6	97.6	99.2	101.8	102.6	102.9	101.3	101.2	100.0	96.6
煤炭及炼焦工业	98.1	89.2	88.2	89.6	90.0	91.5	93.2	93.8	98.0	100.4	104.7	116.6	127.2
石油工业	91.9	89.6	89.3	88.2	87.9	89.3	92.3	92.8	93.1	92.4	94.8	93.7	100.0
化学工业	99.1	98.0	98.0	98.6	98.5	99.1	98.8	98.3	98.6	99.0	99.1	100.9	102.1
机械工业	98.5	97.9	98.0	98.2	98.3	98.2	98.2	98.0	98.2	98.2	98.7	100.0	100.3
建筑材料工业	98.9	96.5	96.3	97.3	98.2	98.9	99.1	98.7	98.6	99.7	100.4	101.5	102.4
森林工业	99.6	100.4	100.4	100.3	99.4	99.4	99.5	99.0	99.0	99.2	99.5	99.7	99.9
食品工业	99.7	99.8	100.0	100.3	100.4	99.8	100.1	99.0	98.8	99.0	99.0	99.6	100.2
纺织工业	97.8	95.4	97.0	95.7	96.4	96.0	96.5	97.5	97.5	98.6	99.6	101.1	102.5
缝纫工业	101.8	104.3	100.4	101.4	102.1	107.3	103.4	101.1	102.8	101.7	101.3	98.6	98.2
皮革工业	106.8	109.2	108.7	110.7	110.2	107.9	109.1	109.1	107.6	104.4	103.3	101.0	101.9
造纸工业	100.2	99.3	99.4	99.2	99.4	99.2	99.2	98.9	99.5	99.8	100.4	101.6	106.2
文教艺术用品工业	96.9	92.8	93.1	91.6	92.5	92.9	98.5	98.3	99.4	100.6	100.9	102.0	102.1
其它工业	99.0	99.1	98.7	98.5	98.5	98.8	98.8	98.9	99.3	99.1	99.2	99.3	99.7

3-18　分月工业生产者出厂价格环比指数(2016年)

(上月＝100)

类　别	1月	2月	3月	4月	5月	6月	7月	8月	9月	10月	11月	12月
全部工业品	**100.0**	**99.9**	**100.2**	**100.2**	**100.1**	**99.6**	**99.5**	**100.1**	**100.2**	**100.4**	**101.7**	**101.6**
#轻工业	100.0	100.0	99.9	99.9	99.9	100.0	99.4	100.1	100.2	100.1	100.6	100.7
以农产品为原料	100.1	100.1	99.9	99.9	99.8	100.0	99.3	100.0	100.1	100.1	100.5	100.8
以非农产品为原料	99.7	99.7	99.9	100.0	100.1	100.0	99.8	100.2	100.5	100.3	100.9	100.4
重工业	100.0	99.8	100.4	100.4	100.2	99.4	99.5	100.2	100.2	100.6	102.1	102.0
采掘	98.8	98.2	100.7	100.3	100.4	100.6	100.1	100.9	101.3	101.4	103.1	104.4
原料	100.2	99.8	100.2	100.2	100.2	98.9	98.6	100.0	99.8	100.8	103.4	102.8
加工	100.0	100.0	100.4	100.4	100.1	99.4	99.8	100.2	100.2	100.4	101.6	101.4
#生产资料	99.8	99.8	100.3	100.4	100.1	99.4	99.6	100.2	100.3	100.6	102.1	102.1
采掘	98.8	98.2	100.7	100.3	100.4	100.6	100.1	100.9	101.3	101.4	103.1	104.4
原料	100.2	99.8	100.2	100.3	100.1	98.9	98.6	100.2	99.8	100.8	103.4	102.8
加工	99.7	100.0	100.3	100.4	100.1	99.5	99.9	100.1	100.4	100.4	101.7	101.6
生活资料	100.5	100.0	100.1	99.9	100.0	99.8	99.1	100.0	99.9	100.0	100.4	100.4
食品	100.2	100.2	100.3	100.0	99.9	99.9	98.9	100.0	100.1	99.9	100.5	100.5
衣着	100.3	98.2	99.5	100.3	102.5	97.6	99.5	101.2	100.1	100.6	99.7	100.6
一般日用品	99.7	100.0	99.8	100.1	100.6	99.8	99.8	99.9	99.4	100.1	100.5	100.3
耐用消费品	102.2	99.6	100.0	99.4	99.6	100.0	99.4	100.1	100.0	99.9	100.3	100.0
按工业部门分												
冶金工业	99.5	99.8	101.5	103.7	102.3	97.9	100.1	101.1	101.3	101.5	104.5	104.8
电力工业	101.9	100.3	100.0	98.7	96.7	96.2	98.0	99.3	98.6	99.9	102.8	104.4
煤炭及炼焦工业	100.1	98.7	100.6	99.2	99.9	100.9	99.4	102.6	101.3	103.4	110.2	108.8
石油工业	95.7	98.9	99.8	99.5	101.8	102.7	100.2	100.1	99.0	102.5	99.1	101.1
化学工业	99.5	99.9	100.4	99.9	100.3	99.8	99.6	99.8	100.1	100.0	101.4	101.2
机械工业	100.2	100.0	99.9	99.8	99.8	100.0	99.7	100.0	100.0	99.9	100.7	100.1
建筑材料工业	100.1	99.1	100.9	99.7	100.0	99.4	99.1	99.8	100.8	100.6	102.0	100.8
森林工业	100.7	100.1	99.9	99.0	99.9	100.2	99.6	99.8	100.1	100.4	100.1	100.1
食品工业	100.3	100.2	100.2	100.0	99.7	100.1	98.9	99.9	100.0	99.9	100.5	100.6
纺织工业	99.5	101.0	98.4	100.2	99.7	99.7	100.8	99.8	100.9	100.8	101.0	100.9
缝纫工业	100.4	96.9	99.3	101.3	104.5	95.5	98.4	101.4	99.9	100.9	99.6	100.3
皮革工业	100.2	99.6	99.9	99.2	100.0	100.2	100.8	100.8	100.4	100.2	99.9	100.7
造纸工业	99.9	100.0	100.2	100.2	99.9	100.0	99.6	100.1	100.1	100.6	101.4	104.2
文教艺术用品工业	100.5	100.3	98.1	101.0	100.4	99.1	99.8	100.5	100.8	100.4	101.3	100.1
其它工业	100.0	99.6	99.8	100.5	99.8	99.7	99.8	100.0	99.8	100.3	100.1	100.2

3-19 分行业工业生产者出厂价格指数(2016年)

(上年同月=100)

类　别	全年	1月	2月	3月	4月	5月	6月
总指数	**98.9**	**96.5**	**96.6**	**97.1**	**97.7**	**98.3**	**98.5**
煤炭开采和洗选业	**98.1**	**89.5**	**88.0**	**89.8**	**90.4**	**91.6**	**92.8**
烟煤和无烟煤的开采洗选	98.1	89.5	88.0	89.8	90.4	91.6	92.8
石油和天然气开采业	**77.6**	**76.9**	**76.9**	**76.0**	**76.0**	**76.2**	**77.3**
天然原油和天然气开采	77.6	76.9	76.9	76.0	76.0	76.2	77.3
黑色金属矿采选业	**94.5**	**88.1**	**87.7**	**91.2**	**92.3**	**94.8**	**96.3**
铁矿采选	94.5	88.1	87.7	91.2	92.3	94.8	96.3
有色金属矿采选业	**100.8**	**85.4**	**88.5**	**90.7**	**92.6**	**92.1**	**91.9**
常用有色金属矿采选	101.1	85.8	88.8	90.9	93.1	92.4	92.4
贵金属矿采选	113.3	92.4	99.0	109.9	106.7	111.1	111.9
稀有稀土金属矿采选	93.4	78.6	81.9	81.9	82.6	82.6	79.5
非金属矿采选业	**100.1**	**102.8**	**99.7**	**99.9**	**100.0**	**100.3**	**100.5**
土砂石开采	99.7	104.3	99.7	99.9	100.1	100.0	100.0
化学矿采选	99.6	98.0	98.0	97.7	97.4	99.6	101.2
采盐	102.7	98.3	101.6	102.3	102.3	102.7	102.7
石棉及其他非金属矿采选	100.5	101.2	102.0	101.2	100.5	100.7	101.0
农副食品加工业	**101.2**	**100.6**	**100.8**	**101.5**	**101.8**	**100.7**	**101.5**
谷物磨制	100.1	100.1	99.7	99.4	99.6	99.5	99.3
饲料加工	98.3	96.3	96.2	95.8	95.2	94.4	96.4
植物油加工	102.3	99.7	99.9	101.0	103.8	99.9	100.1
制糖	106.7	104.9	105.4	105.9	105.4	105.9	99.3
屠宰及肉类加工	102.4	102.6	103.1	104.7	105.2	104.4	105.2
蔬菜、水果和坚果加工	103.7	102.1	103.8	104.1	104.6	103.5	104.0
其他农副食品加工	100.9	102.7	102.7	102.4	101.7	101.1	100.4
食品制造业	**99.7**	**99.9**	**99.7**	**99.5**	**100.0**	**100.3**	**99.7**
焙烤食品制造	100.3	100.1	99.9	99.8	100.0	100.2	100.2
糖果、巧克力及蜜饯制造	102.3	100.0	100.0	99.8	99.8	99.8	99.8
方便食品制造	100.9	100.8	100.4	100.8	101.6	101.5	101.3
液体乳及乳制品制造	93.9	98.0	96.3	94.2	95.0	98.3	92.5
罐头制造	100.1	100.0	100.0	100.2	100.5	100.2	100.2
调味品、发酵制品制造	100.6	99.7	101.3	100.8	100.9	100.8	100.9
其他食品制造	98.0	99.3	97.5	97.5	98.3	98.5	98.5
饮料制造业	**97.7**	**98.9**	**99.1**	**99.2**	**98.8**	**98.3**	**98.4**
酒的制造	97.0	98.3	98.6	98.8	98.4	98.0	98.3
软饮料制造	98.5	98.9	99.5	99.0	98.1	97.2	96.1
精制茶加工	102.5	103.2	102.8	102.9	102.7	102.4	102.1
烟草制品业	**100.3**	**100.0**	**100.0**	**100.3**	**100.3**	**100.4**	**100.3**
卷烟制造	100.0	100.0	100.0	100.0	100.0	100.0	100.0
其他烟草制品加工	109.7	100.0	100.0	111.6	112.8	114.5	111.6
纺织业	**97.8**	**95.4**	**97.0**	**95.7**	**96.4**	**96.0**	**96.5**
棉、化纤纺织及印染精加工	97.9	95.5	97.4	96.7	96.8	96.3	96.7
麻纺织	101.8	101.4	102.1	105.7	104.6	104.4	104.3
丝绢纺织及精加工	96.9	91.4	91.1	91.2	91.2	91.4	95.7
纺织制成品制造	98.5	95.7	97.0	94.0	95.8	95.3	96.7
针织品、编织品及其制品制造	91.1	90.2	92.5	90.4	93.2	94.0	90.7
家用纺织制成品制造	98.4	98.0	98.1	97.6	97.5	97.0	97.0
非家用纺织制成品制造	93.8	94.0	94.0	94.3	94.4	97.9	93.0
纺织服装、鞋、帽制造业	**101.8**	**104.3**	**100.4**	**101.4**	**102.1**	**107.3**	**103.4**
纺织服装制造	102.1	104.8	100.4	101.6	102.3	108.1	103.7
针织或钩针编织服装制造	100.0	100.0	100.0	100.0	100.0	100.0	100.0
服饰制造	100.0	100.0	100.0	100.0	100.0	100.0	100.0

3-19 续表 1

(上年同月＝100)

类　别	7月	8月	9月	10月	11月	12月
总指数	**98.5**	**99.0**	**99.5**	**100.2**	**102.0**	**103.6**
煤炭开采和洗选业	**93.5**	**98.0**	**100.4**	**105.0**	**116.0**	**127.1**
烟煤和无烟煤的开采洗选	93.5	98.0	100.4	105.0	116.0	127.1
石油和天然气开采业	**77.3**	**77.3**	**77.3**	**77.3**	**77.3**	**86.2**
天然原油和天然气开采	77.3	77.3	77.3	77.3	77.3	86.2
黑色金属矿采选业	**95.8**	**95.1**	**97.7**	**98.6**	**98.7**	**99.7**
铁矿采选	95.8	95.1	97.7	98.6	98.7	99.7
有色金属矿采选业	**99.6**	**104.5**	**107.9**	**110.7**	**121.9**	**132.1**
常用有色金属矿采选	98.9	103.9	107.1	111.1	122.8	133.8
贵金属矿采选	125.7	128.3	122.4	115.6	123.1	117.6
稀有稀土金属矿采选	101.2	104.8	114.5	103.8	109.3	114.8
非金属矿采选业	**100.7**	**99.7**	**99.1**	**99.0**	**99.3**	**100.0**
土砂石开采	100.1	99.1	98.4	98.3	98.4	98.5
化学矿采选	102.1	100.8	100.1	99.5	101.3	100.0
采盐	102.7	102.7	102.7	102.8	102.8	109.5
石棉及其他非金属矿采选	100.4	99.6	100.0	100.1	99.9	100.0
农副食品加工业	**101.2**	**100.8**	**101.1**	**100.4**	**101.6**	**102.3**
谷物磨制	99.8	99.4	100.3	100.8	101.7	102.0
饲料加工	99.2	100.2	100.9	100.5	102.2	102.7
植物油加工	100.5	102.9	105.9	101.2	103.8	108.6
制糖	99.3	110.2	110.2	110.2	111.5	111.5
屠宰及肉类加工	102.8	100.6	100.1	99.6	100.3	100.2
蔬菜、水果和坚果加工	103.2	103.6	103.4	103.4	104.4	104.5
其他农副食品加工	99.8	99.6	99.6	99.1	100.2	101.5
食品制造业	**99.3**	**99.2**	**99.1**	**99.4**	**99.6**	**100.4**
焙烤食品制造	100.3	100.5	100.5	100.5	100.5	100.5
糖果、巧克力及蜜饯制造	102.3	103.5	104.3	105.1	105.9	106.7
方便食品制造	100.7	100.6	100.6	100.9	100.9	101.2
液体乳及乳制品制造	89.9	90.5	92.2	91.4	92.4	96.3
罐头制造	100.2	100.0	99.5	100.0	100.0	100.0
调味品、发酵制品制造	100.8	100.6	100.2	100.6	100.1	100.6
其他食品制造	98.3	97.4	96.4	96.7	98.1	99.9
饮料制造业	**96.0**	**96.0**	**96.2**	**96.9**	**97.1**	**97.7**
酒的制造	95.2	94.8	95.0	95.7	96.0	96.6
软饮料制造	96.9	98.4	98.4	99.3	99.7	100.7
精制茶加工	101.2	101.9	102.7	102.8	102.7	102.9
烟草制品业	**100.3**	**100.3**	**100.3**	**100.3**	**100.3**	**100.3**
卷烟制造	100.0	100.0	100.0	100.0	100.0	100.0
其他烟草制品加工	111.6	111.6	111.6	110.3	110.3	110.3
纺织业	**97.5**	**97.5**	**98.6**	**99.6**	**101.1**	**102.5**
棉、化纤纺织及印染精加工	97.7	98.2	99.0	99.2	100.0	101.2
麻纺织	108.2	90.1	101.1	99.9	100.0	99.6
丝绢纺织及精加工	101.8	102.2	103.1	102.4	102.0	102.6
纺织制成品制造	97.9	97.4	98.7	102.0	104.9	107.3
针织品、编织品及其制品制造	86.5	86.8	89.0	88.0	94.7	97.5
家用纺织制成品制造	97.0	99.4	99.6	99.6	100.4	100.2
非家用纺织制成品制造	92.3	92.4	92.5	93.4	93.6	93.6
纺织服装、鞋、帽制造业	**101.1**	**102.8**	**101.7**	**101.3**	**98.6**	**98.2**
纺织服装制造	101.3	103.1	101.9	101.5	98.4	98.0
针织或钩针编织服装制造	100.0	100.0	100.0	100.0	100.0	100.0
服饰制造	100.0	100.0	100.0	100.0	100.0	100.0

3-19 续表 2

（上年同月=100）

类　　别	全年	1月	2月	3月	4月	5月	6月
皮革、毛皮、羽毛(绒)及其制品业	**105.5**	**106.2**	**105.8**	**107.7**	**107.8**	**106.4**	**107.7**
皮革鞣制加工	99.3	100.3	99.2	99.2	99.3	99.2	99.3
皮革制品制造	100.0	100.6	100.6	99.6	100.5	101.7	99.4
羽毛(绒)加工及制品制造	95.4	79.3	79.2	81.7	87.0	95.3	99.1
制鞋业	109.0	111.7	111.6	114.2	113.5	110.4	112.1
木材加工及木、竹、藤、棕、草制品业	**100.4**	**100.6**	**100.9**	**100.8**	**100.5**	**100.6**	**100.8**
锯材、木片加工	106.8	109.1	109.2	109.4	109.3	113.2	108.3
人造板制造	100.4	101.2	101.6	101.3	100.6	100.3	100.8
木制品制造	99.5	98.4	98.2	98.3	98.8	99.1	99.5
竹、藤、棕、草制品制造	99.8	98.4	99.3	100.2	99.4	100.9	100.4
家具制造业	**99.3**	**100.0**	**100.0**	**99.9**	**98.8**	**98.6**	**98.6**
木质家具制造	99.0	100.2	100.1	99.9	98.6	98.3	98.4
竹、藤家具制造	100.4	100.0	100.0	100.0	100.0	100.0	100.0
金属家具制造	102.0	98.5	98.9	99.4	99.7	100.5	100.2
其他家具制造	100.0	99.8	99.9	100.1	100.3	99.5	99.3
造纸及纸制品业	**100.2**	**99.3**	**99.4**	**99.2**	**99.4**	**99.2**	**99.2**
纸浆制造	99.5	102.9	103.5	101.3	99.6	99.5	99.5
造纸	99.9	100.7	100.1	99.3	99.0	99.2	99.1
纸制品制造	100.4	98.1	98.7	98.9	99.6	99.2	99.2
印刷业和记录媒介的复制	**96.5**	**91.9**	**92.2**	**90.5**	**91.5**	**91.9**	**98.3**
印刷	96.0	91.4	91.6	89.7	90.7	91.0	97.9
装订及其他印刷服务活动	103.9	100.1	102.3	102.9	104.5	104.9	104.9
文教体育用品制造业	**98.9**	**99.9**	**99.8**	**99.1**	**99.0**	**98.9**	**98.9**
文教办公用品制造	100.9	100.0	100.2	100.6	101.5	101.9	101.3
乐器制造	100.0	100.0	100.0	100.0	100.0	100.0	100.0
工艺美术品制造	98.1	99.8	99.7	98.5	98.3	98.1	98.2
玩具制造	100.0	100.0	100.0	100.0	100.0	100.0	100.0
游艺器材及娱乐用品制造	99.7	100.0	100.0	100.0	100.0	100.0	97.0
石油加工、炼焦及核燃料加工业	**100.8**	**94.6**	**94.9**	**94.3**	**93.5**	**96.1**	**100.9**
精炼石油产品的制造	101.6	97.8	97.5	96.9	95.9	98.1	102.9
炼焦	98.2	85.1	86.9	86.3	86.1	89.5	94.2
化学原料及化学制品制造业	**98.5**	**97.2**	**97.1**	**97.7**	**97.8**	**98.2**	**98.2**
基础化学原料制造	100.8	97.7	97.3	97.7	98.1	99.3	99.7
肥料制造	96.0	99.2	98.6	99.1	98.2	98.3	95.8
农药制造	90.1	93.6	92.6	92.2	90.3	87.9	91.9
涂料、油墨、颜料及类似产品制造	107.9	98.4	99.0	100.5	102.1	102.7	103.8
合成材料制造	100.2	96.9	96.6	97.5	98.3	97.6	98.5
专用化学产品制造	96.3	95.8	96.8	97.3	97.6	99.2	99.2
炸药、火工及焰火产品制造	99.2	100.1	99.9	99.9	99.2	98.8	99.2
日用化学产品制造	95.0	91.8	92.4	93.1	94.8	94.6	94.1
医药制造业	**102.2**	**101.3**	**101.6**	**101.8**	**101.4**	**102.3**	**102.0**
化学药品原药制造	102.3	100.4	100.3	100.2	98.1	101.3	102.2
化学药品制剂制造	100.7	100.1	99.5	100.5	100.4	100.9	101.5
中药饮片加工	103.4	97.6	99.5	100.2	99.7	101.5	101.5
中成药制造	102.6	102.8	103.1	102.8	102.6	103.2	101.8
兽用药品制造	99.9	99.9	99.9	99.7	99.7	100.2	99.7
生物、生化制品的制造	105.1	106.1	106.6	106.4	106.0	106.3	106.1
卫生材料及医药用品制造	100.0	100.0	100.0	100.0	100.0	100.0	100.0
化学纤维制造业	**95.8**	**88.1**	**88.8**	**91.5**	**94.0**	**96.3**	**94.6**
纤维素纤维原料及纤维制造	96.2	88.5	89.2	91.9	94.5	94.7	93.6
合成纤维制造	95.2	87.6	88.2	90.8	93.3	98.9	96.3

3-19 续表 3

(上年同月＝100)

类　别	7月	8月	9月	10月	11月	12月
皮革、毛皮、羽毛(绒)及其制品业	**107.8**	**106.6**	**104.0**	**103.1**	**101.4**	**102.5**
皮革鞣制加工	99.2	99.3	99.3	98.9	99.1	99.0
皮革制品制造	99.7	99.7	99.0	99.4	99.6	100.4
羽毛(绒)加工及制品制造	99.7	101.0	104.8	104.6	109.3	116.6
制鞋业	112.1	110.1	105.8	104.6	101.7	102.7
木材加工及木、竹、藤、棕、草制品业	**99.6**	**99.7**	**99.9**	**100.5**	**100.6**	**100.8**
锯材、木片加工	104.1	104.1	103.5	104.1	104.1	104.1
人造板制造	99.3	99.3	99.3	100.6	100.3	100.4
木制品制造	99.5	99.9	100.3	100.0	101.1	101.3
竹、藤、棕、草制品制造	100.4	100.3	100.6	99.1	99.1	100.0
家具制造业	**98.7**	**99.0**	**99.1**	**99.3**	**99.5**	**99.6**
木质家具制造	98.4	98.4	98.6	98.8	99.0	99.1
竹、藤家具制造	100.0	100.0	100.0	100.0	101.8	103.5
金属家具制造	102.2	106.0	106.0	104.2	104.2	104.2
其他家具制造	99.1	99.3	98.9	101.2	101.2	101.9
造纸及纸制品业	**98.9**	**99.5**	**99.8**	**100.4**	**101.6**	**106.2**
纸浆制造	98.7	96.1	96.5	96.9	97.6	101.8
造纸	99.3	99.1	98.7	99.1	99.5	105.2
纸制品制造	98.6	99.9	100.7	101.6	103.3	107.1
印刷业和记录媒介的复制	**98.1**	**99.4**	**100.6**	**101.1**	**102.3**	**102.4**
印刷	97.6	99.1	100.4	100.8	102.1	102.1
装订及其他印刷服务活动	105.5	104.0	103.8	104.7	104.3	105.2
文教体育用品制造业	**98.7**	**98.3**	**98.4**	**98.4**	**98.5**	**98.6**
文教办公用品制造	101.1	100.3	100.0	100.2	102.1	102.0
乐器制造	100.0	100.0	100.0	100.0	100.0	100.0
工艺美术品制造	98.0	97.4	97.4	97.4	97.4	97.6
玩具制造	100.0	100.0	100.0	100.0	100.0	100.0
游艺器材及娱乐用品制造	97.0	97.0	101.5	101.3	101.3	101.3
石油加工、炼焦及核燃料加工业	**101.5**	**102.8**	**102.2**	**106.6**	**109.6**	**113.3**
精炼石油产品的制造	103.5	104.2	102.5	107.0	105.4	107.0
炼焦	94.6	98.1	101.0	105.3	124.7	135.6
化学原料及化学制品制造业	**97.1**	**97.8**	**98.1**	**98.6**	**101.5**	**103.0**
基础化学原料制造	99.5	100.8	101.7	101.7	107.3	109.4
肥料制造	93.5	92.0	92.4	94.3	95.0	95.8
农药制造	88.6	89.7	88.5	85.9	87.3	92.2
涂料、油墨、颜料及类似产品制造	104.7	107.2	113.1	115.3	123.3	125.3
合成材料制造	99.3	100.7	101.8	104.3	105.2	106.1
专用化学产品制造	96.1	97.0	93.8	92.5	94.9	95.7
炸药、火工及焰火产品制造	98.8	99.7	98.7	98.7	98.6	99.1
日用化学产品制造	94.8	95.0	96.5	97.5	97.4	97.9
医药制造业	**102.3**	**102.6**	**103.0**	**102.9**	**102.9**	**103.0**
化学药品原药制造	102.7	103.0	105.0	105.0	104.6	104.7
化学药品制剂制造	100.9	100.7	100.7	100.9	100.7	101.0
中药饮片加工	101.1	103.6	107.0	108.4	109.7	111.5
中成药制造	103.2	103.8	103.2	101.9	101.3	101.1
兽用药品制造	99.8	99.8	99.8	99.7	99.5	100.8
生物、生化制品的制造	105.6	104.2	103.8	104.2	104.4	102.1
卫生材料及医药用品制造	100.0	100.0	100.0	100.0	100.0	100.0
化学纤维制造业	**94.5**	**98.6**	**100.5**	**100.3**	**99.5**	**104.4**
纤维素纤维原料及纤维制造	96.8	101.3	102.3	102.0	99.0	101.9
合成纤维制造	90.8	94.2	97.6	97.4	100.3	108.6

3-19 续表 4

(上年同月=100)

类　别	全年	1月	2月	3月	4月	5月	6月
橡胶和塑料制品业	**97.4**	**97.5**	**97.4**	**98.3**	**98.0**	**97.9**	**97.3**
橡胶制品业	97.0	99.9	99.0	97.9	98.8	98.1	96.1
塑料制品业	97.5	97.2	97.2	98.3	97.9	97.9	97.4
非金属矿物制品业	**98.7**	**95.9**	**96.0**	**96.9**	**98.0**	**98.6**	**98.8**
水泥、石灰和石膏的制造	97.5	89.5	90.6	92.1	94.7	96.4	98.2
水泥及石膏制品制造	98.2	97.3	97.2	97.8	97.6	98.3	98.1
砖瓦、石材及其他建筑材料制造	99.2	99.2	99.1	99.7	100.0	99.9	99.4
玻璃制造	108.6	91.0	90.3	94.5	98.9	106.9	110.0
玻璃制品制造	99.5	100.1	99.1	98.5	99.6	99.2	98.8
玻璃纤维和玻璃纤维增强塑料制品制造	101.9	98.6	98.4	102.9	102.7	102.5	100.0
陶瓷制品制造	97.8	100.6	102.1	101.3	101.0	100.7	96.9
耐火材料制品制造	98.3	100.1	100.0	100.1	100.0	99.9	100.0
石墨及其他非金属矿物制品制造	95.6	94.0	93.7	93.8	95.6	95.5	95.8
黑色金属冶炼及压延加工业	**101.7**	**86.4**	**86.9**	**89.0**	**97.5**	**101.6**	**99.5**
炼铁	99.8	96.5	96.3	96.6	97.1	97.4	99.9
炼钢	102.0	84.5	85.1	83.2	98.8	110.2	110.2
黑色金属铸造	99.0	97.5	98.1	98.6	100.1	101.0	100.9
钢压延加工	102.1	83.6	84.3	87.9	97.6	100.4	96.6
铁合金冶炼	101.8	93.3	92.0	92.4	92.8	97.5	100.0
有色金属冶炼及压延加工业	**98.9**	**90.2**	**91.1**	**93.1**	**93.7**	**94.8**	**96.2**
常用有色金属冶炼	97.6	86.5	86.6	88.4	89.3	91.1	92.7
贵金属冶炼	111.7	95.6	96.3	98.0	105.7	109.4	115.9
稀有稀土金属冶炼	98.4	97.7	95.7	93.5	95.6	96.0	101.2
有色金属合金制造	93.7	92.8	89.7	93.9	94.1	96.7	96.6
有色金属压延加工	101.4	91.6	94.6	96.7	97.1	97.2	98.3
金属制品业	**96.9**	**94.4**	**94.6**	**96.1**	**95.8**	**96.7**	**96.3**
结构性金属制品制造	96.0	94.5	94.3	96.8	95.3	95.6	95.6
金属工具制造	98.4	96.5	96.9	96.7	97.1	97.9	98.4
集装箱及金属包装容器制造	96.3	94.9	96.7	95.3	95.0	95.7	95.6
金属丝绳及其制品的制造	100.3	84.8	85.7	88.2	94.9	102.8	98.3
建筑、安全用金属制品制造	95.6	98.2	98.7	97.1	94.7	96.4	94.3
金属表面处理及热处理加工	96.0	94.1	94.1	95.6	95.6	95.1	94.1
金属制日用品制造	99.6	99.9	99.5	99.5	99.6	99.5	99.5
其他金属制品制造	98.5	97.9	98.2	99.4	99.1	98.5	98.7
通用设备制造业	**99.9**	**98.8**	**98.9**	**99.7**	**98.6**	**99.2**	**99.8**
锅炉及原动机制造	100.6	100.6	99.7	100.8	97.5	98.5	100.4
金属加工机械制造	99.9	98.9	98.9	99.2	99.3	99.5	99.3
物料搬运设备制造	102.3	103.9	103.7	104.8	104.2	103.5	103.0
泵、阀门、压缩机及类似机械的制造	99.5	99.4	100.0	100.1	99.5	99.6	99.5
轴承、齿轮、传动和驱动部件的制造	97.1	97.9	97.1	97.6	97.3	97.1	95.6
烘炉、风机、衡器、包装等设备制造	105.5	100.0	104.5	105.4	104.8	101.6	104.9
通用零部件制造	97.9	93.6	94.0	95.1	96.4	98.9	98.9
其他通用设备制造业	99.9	101.8	101.1	99.8	99.8	99.4	99.3
专用设备制造业	**98.8**	**99.0**	**98.8**	**98.8**	**99.3**	**98.6**	**98.1**
矿山、冶金、建筑专用设备制造	98.3	98.7	98.5	98.4	98.5	98.1	97.4
化工、木材、非金属加工专用设备制造	98.5	98.7	98.7	98.8	99.0	99.0	98.3
食品、饮料、烟草及饲料生产专用设备制造	96.1	98.2	98.2	97.6	96.7	96.5	95.6
印刷、制药、日化生产专用设备制造	99.2	100.0	100.0	99.7	99.2	98.5	98.5
电子和电工机械专用设备制造	102.4	100.0	100.0	100.0	127.6	100.0	100.0
农、林、牧、渔专用机械制造	100.0	100.0	100.0	100.0	100.0	100.0	100.0
医疗仪器设备及器械制造	101.2	100.2	99.6	99.5	99.5	99.1	98.9
环保、社会公共安全及其他专用设备制造	100.0	100.0	99.8	99.9	100.0	99.9	100.0

3-19 续表 5

(上年同月＝100)

类 别	7月	8月	9月	10月	11月	12月
橡胶和塑料制品业	**97.2**	**96.0**	**96.5**	**96.1**	**98.1**	**99.1**
橡胶制品业	95.6	94.4	94.4	95.4	95.1	99.8
塑料制品业	97.4	96.2	96.8	96.2	98.4	99.0
非金属矿物制品业	**98.4**	**98.6**	**99.6**	**100.3**	**101.3**	**102.3**
水泥、石灰和石膏的制造	98.0	96.6	99.2	102.0	106.9	109.2
水泥及石膏制品制造	98.2	97.7	99.2	98.9	98.9	99.3
砖瓦、石材及其他建筑材料制造	98.0	98.5	98.8	99.2	99.4	99.6
玻璃制造	109.4	118.7	122.5	121.7	118.9	123.7
玻璃制品制造	98.7	100.0	100.0	100.4	100.4	99.8
玻璃纤维和玻璃纤维增强塑料制品制造	100.9	100.1	103.6	104.7	102.8	105.0
陶瓷制品制造	96.4	96.3	96.1	95.7	94.7	91.3
耐火材料制品制造	99.9	99.9	94.8	94.7	94.7	94.9
石墨及其他非金属矿物制品制造	96.0	97.7	96.4	95.6	95.4	97.8
黑色金属冶炼及压延加工业	**101.2**	**103.4**	**107.2**	**110.3**	**117.1**	**126.5**
炼铁	98.5	100.0	101.7	102.3	104.6	107.8
炼钢	102.5	103.5	113.2	111.9	114.7	113.3
黑色金属铸造	99.3	98.9	98.7	97.8	98.4	98.6
钢压延加工	101.4	104.9	108.6	113.3	121.6	135.5
铁合金冶炼	100.8	100.6	102.2	106.7	117.7	127.6
有色金属冶炼及压延加工业	**99.3**	**101.6**	**102.3**	**104.3**	**111.2**	**112.0**
常用有色金属冶炼	96.7	99.7	102.2	107.6	118.1	119.2
贵金属冶炼	122.0	119.3	119.7	119.7	119.7	119.9
稀有稀土金属冶炼	103.3	104.6	104.5	95.8	95.6	98.6
有色金属合金制造	96.7	91.2	92.5	92.1	93.7	94.5
有色金属压延加工	101.7	105.8	104.9	105.9	112.5	112.8
金属制品业	**95.9**	**96.0**	**96.7**	**97.6**	**100.0**	**102.4**
结构性金属制品制造	94.5	94.9	95.6	96.5	98.1	100.6
金属工具制造	98.8	99.2	99.1	99.6	100.2	100.9
集装箱及金属包装容器制造	96.1	95.9	96.2	97.4	98.3	98.6
金属丝绳及其制品的制造	98.0	98.9	101.8	105.5	120.1	132.0
建筑、安全用金属制品制造	96.5	94.0	94.5	94.1	94.5	94.1
金属表面处理及热处理加工	95.6	96.5	96.5	97.0	99.1	99.1
金属制日用品制造	99.7	99.6	99.6	99.5	99.9	100.0
其他金属制品制造	99.0	98.1	98.1	97.8	98.5	99.3
通用设备制造业	**99.6**	**99.9**	**101.0**	**101.0**	**101.3**	**101.2**
锅炉及原动机制造	100.2	100.6	102.2	102.3	102.4	101.7
金属加工机械制造	99.9	100.0	100.2	100.6	101.7	101.8
物料搬运设备制造	101.9	100.9	100.6	99.9	101.0	100.6
泵、阀门、压缩机及类似机械的制造	99.2	99.1	99.5	99.5	99.3	99.3
轴承、齿轮、传动和驱动部件的制造	95.0	97.3	98.0	96.8	97.0	98.0
烘炉、风机、衡器、包装等设备制造	103.2	106.0	108.6	108.6	109.1	108.9
通用零部件制造	99.1	98.5	99.7	100.0	100.8	101.1
其他通用设备制造业	99.6	99.6	99.3	99.6	99.6	100.0
专用设备制造业	**98.4**	**98.6**	**98.8**	**99.0**	**99.1**	**98.8**
矿山、冶金、建筑专用设备制造	98.0	98.1	98.4	98.7	98.9	98.4
化工、木材、非金属加工专用设备制造	98.3	98.4	98.4	98.1	98.2	98.5
食品、饮料、烟草及饲料生产专用设备制造	95.0	95.4	94.8	95.1	94.9	94.7
印刷、制药、日化生产专用设备制造	98.5	98.5	98.5	99.2	99.8	99.7
电子和电工机械专用设备制造	100.0	100.0	100.0	100.0	100.0	100.0
农、林、牧、渔专用机械制造	100.0	100.0	100.0	100.0	100.0	100.0
医疗仪器设备及器械制造	98.7	102.9	103.6	103.8	104.1	104.1
环保、社会公共安全及其他专用设备制造	99.9	100.1	100.2	100.1	100.0	100.1

3-19 续表 6

(上年同月=100)

类　　别	全年	1月	2月	3月	4月	5月	6月
汽车制造业	**98.1**	**98.3**	**97.8**	**97.7**	**97.7**	**97.8**	**97.5**
汽车整车制造	97.1	97.4	96.9	96.1	96.4	96.0	96.1
改装汽车制造	101.3	100.9	101.4	101.6	101.3	101.3	101.9
汽车车身、挂车制造	111.7	109.3	109.3	109.3	110.5	111.0	110.5
汽车零部件及配件制造	97.9	98.3	97.5	97.9	97.6	98.3	97.5
铁路、船舶、航空航天和其他运输设备制造业	**98.4**	**97.7**	**97.4**	**97.5**	**97.7**	**98.2**	**97.9**
铁路运输设备制造	98.0	96.0	95.8	96.1	96.6	98.0	97.3
城市轨道交通设备制造	100.0	100.0	100.0	100.0	100.0	100.0	100.0
船舶及相关装置制造	100.4	100.1	100.1	100.1	100.1	100.1	100.2
摩托车制造	97.6	98.8	98.0	97.9	97.8	97.0	97.0
电气机械和器材制造业	**100.2**	**98.6**	**100.1**	**100.3**	**99.5**	**99.8**	**99.8**
电机制造	95.5	94.0	94.8	96.9	95.0	95.4	95.6
输配电及控制设备制造	100.4	100.9	101.3	101.9	100.1	100.6	100.2
电线、电缆、光缆及电工器材制造	101.0	98.9	101.7	100.7	100.7	100.9	100.3
电池制造	101.0	96.4	97.6	99.7	98.8	99.1	101.2
家用电力器具制造	99.2	96.0	97.1	99.7	100.6	101.2	99.5
非电力家用器具制造	100.2	107.6	107.7	102.2	97.7	97.3	97.3
照明器具制造	99.1	97.7	97.9	97.9	98.4	98.8	99.3
计算机、通信和其他电子设备制造业	**97.4**	**97.0**	**97.1**	**97.1**	**98.0**	**97.5**	**97.0**
计算机制造	99.8	99.4	100.0	99.0	100.6	100.1	100.1
通信设备制造	89.5	97.6	97.9	97.7	98.0	93.9	91.8
广播电视设备制造	97.9	97.7	97.9	97.9	97.8	97.6	97.5
视听设备制造	92.9	92.7	90.9	92.2	92.6	93.2	91.5
电子器件制造	101.4	99.5	99.6	100.0	99.5	99.5	99.9
电子元件制造	88.9	83.9	85.4	89.2	89.3	87.9	86.8
其他电子设备制造	99.1	99.6	99.6	99.9	99.9	98.4	98.6
仪器仪表制造业	**107.6**	**100.0**	**100.0**	**100.6**	**103.4**	**103.4**	**105.7**
通用仪器仪表制造	110.4	100.3	100.3	100.9	104.7	104.7	107.8
专用仪器仪表制造	98.7	96.5	96.5	98.4	98.4	98.4	97.6
光学仪器及眼镜制造	100.0	100.0	100.0	100.0	100.0	100.0	100.0
其他仪器仪表制造业	100.0	100.0	100.0	100.0	100.0	100.0	100.0
其他制造业	**101.7**	**109.7**	**109.9**	**109.2**	**97.6**	**98.8**	**99.7**
日用杂品制造	106.8	121.7	122.3	122.1	99.4	102.8	103.5
煤制品制造	89.7	96.9	96.4	93.3	86.7	84.1	87.1
其他未列明制造业	99.7	100.0	99.8	99.7	99.8	99.7	99.7
废弃资源综合利用业	**103.0**	**88.9**	**88.3**	**93.0**	**92.9**	**98.7**	**101.2**
金属废料和碎屑加工处理	107.7	84.8	85.0	91.2	90.7	99.1	103.1
非金属废料和碎屑加工处理	95.0	96.2	94.4	96.4	96.9	98.2	97.8
金属制品、机械和设备修理业	**100.0**	**100.0**	**100.0**	**100.0**	**100.0**	**100.0**	**100.0**
铁路、船舶、航空航天等运输设备修理	100.0	100.0	100.0	100.0	100.0	100.0	100.0
电力、热力生产和供应业	**99.3**	**98.7**	**98.3**	**97.7**	**96.7**	**98.2**	**101.3**
电力生产	99.5	98.3	97.1	96.2	94.6	98.0	103.7
电力供应	99.0	99.2	99.8	99.6	99.3	98.4	98.8
燃气生产和供应业	**86.5**	**86.1**	**85.8**	**83.8**	**84.5**	**85.0**	**85.6**
水的生产和供应业	**100.0**	**99.9**	**99.7**	**99.6**	**99.2**	**100.1**	**100.1**
自来水生产和供应	100.8	100.4	100.3	100.1	99.8	100.8	100.8
污水处理及其再生利用	98.2	98.8	98.2	98.2	97.6	98.2	98.2

3-19 续表 7

(上年同月=100)

类　　别	7月	8月	9月	10月	11月	12月
汽车制造业	**97.3**	**97.4**	**97.8**	**98.5**	**100.0**	**100.0**
汽车整车制造	95.6	95.8	96.1	98.0	101.0	100.8
改装汽车制造	101.8	100.8	101.1	101.4	101.2	100.8
汽车车身、挂车制造	111.1	111.9	113.7	113.7	114.8	116.0
汽车零部件及配件制造	97.5	97.5	98.0	97.9	98.3	98.4
铁路、船舶、航空航天和其他运输设备制造业	**98.7**	**98.4**	**98.6**	**99.6**	**99.5**	**99.6**
铁路运输设备制造	98.3	99.0	98.7	100.6	100.0	99.8
城市轨道交通设备制造	100.0	100.0	100.0	100.0	100.0	100.0
船舶及相关装置制造	101.2	99.1	100.2	100.2	101.4	101.4
摩托车制造	97.9	96.1	96.9	97.0	97.6	98.5
电气机械和器材制造业	**99.8**	**99.6**	**100.1**	**100.7**	**101.5**	**101.9**
电机制造	96.1	96.0	94.6	95.5	96.1	96.7
输配电及控制设备制造	99.3	99.0	100.5	101.2	101.3	98.7
电线、电缆、光缆及电工器材制造	100.3	100.0	100.5	100.9	102.3	104.3
电池制造	101.6	101.6	102.7	103.3	104.1	105.6
家用电力器具制造	98.9	99.2	99.3	99.7	99.4	99.3
非电力家用器具制造	97.8	99.3	97.3	99.4	100.9	100.0
照明器具制造	100.0	99.9	99.9	99.9	100.0	99.9
计算机、通信和其他电子设备制造业	**96.7**	**96.9**	**95.9**	**96.4**	**99.1**	**100.1**
计算机制造	100.0	100.4	98.9	98.9	99.8	100.5
通信设备制造	86.1	83.9	81.7	81.3	81.4	81.6
广播电视设备制造	97.4	97.4	97.3	97.3	99.6	100.0
视听设备制造	92.2	92.5	92.0	94.0	94.8	96.4
电子器件制造	99.2	98.9	98.8	98.8	111.4	111.6
电子元件制造	86.3	88.0	87.5	89.6	94.9	100.7
其他电子设备制造	98.6	98.9	98.9	98.9	98.9	98.9
仪器仪表制造业	**106.8**	**110.4**	**111.9**	**115.0**	**117.3**	**117.0**
通用仪器仪表制造	109.4	114.1	115.9	120.0	123.1	123.3
专用仪器仪表制造	98.0	99.4	101.6	102.4	102.4	94.5
光学仪器及眼镜制造	100.0	100.0	100.0	100.0	100.0	100.0
其他仪器仪表制造业	100.0	100.0	100.0	100.0	100.0	100.0
其他制造业	**99.9**	**98.9**	**99.0**	**99.8**	**100.6**	**99.4**
日用杂品制造	103.6	102.2	102.4	103.4	103.9	101.5
煤制品制造	87.8	86.2	86.0	88.2	91.9	92.1
其他未列明制造业	99.7	99.7	99.7	99.7	99.5	99.4
废弃资源综合利用业	**101.5**	**106.5**	**109.5**	**112.5**	**122.3**	**126.8**
金属废料和碎屑加工处理	104.5	114.3	119.8	123.9	141.5	147.7
非金属废料和碎屑加工处理	96.4	93.2	92.2	93.3	91.3	93.4
金属制品、机械和设备修理业	**100.0**	**100.0**	**100.0**	**100.0**	**100.0**	**100.0**
铁路、船舶、航空航天等运输设备修理	100.0	100.0	100.0	100.0	100.0	100.0
电力、热力生产和供应业	**102.3**	**102.6**	**100.9**	**100.7**	**99.5**	**96.0**
电力生产	104.8	105.8	102.9	102.7	100.4	94.8
电力供应	99.7	99.4	98.9	98.7	98.5	97.3
燃气生产和供应业	**86.2**	**86.3**	**86.7**	**86.8**	**85.9**	**96.9**
水的生产和供应业	**100.2**	**100.3**	**100.3**	**100.3**	**100.3**	**100.3**
自来水生产和供应	101.1	101.1	101.1	101.1	101.1	101.2
污水处理及其再生利用	98.2	98.2	98.2	98.2	98.2	98.2

3-20 分行业工业生产者出厂价格环比指数(2016年)

(上月=100)

类 别	1月	2月	3月	4月	5月	6月
煤炭开采和洗选业	**100.0**	**98.0**	**100.9**	**99.5**	**100.0**	**100.8**
烟煤和无烟煤开采洗选	100.0	98.0	100.9	99.5	100.0	100.8
石油和天然气开采业	**87.0**	**100.0**	**98.8**	**100.0**	**100.3**	**100.0**
天然气开采	87.0	100.0	98.8	100.0	100.3	100.0
黑色金属矿采选业	**99.8**	**98.6**	**100.6**	**100.2**	**101.6**	**101.2**
铁矿采选	99.8	98.6	100.6	100.2	101.6	101.2
有色金属矿采选业	**99.4**	**100.4**	**101.9**	**103.4**	**100.4**	**99.5**
常用有色金属矿采选	99.6	100.2	102.0	103.7	100.4	99.7
贵金属矿采选	102.2	108.7	105.2	98.2	103.2	99.8
稀有稀土金属矿采选	95.4	100.0	100.0	100.9	100.0	96.2
非金属矿采选业	**102.4**	**96.7**	**100.3**	**100.1**	**99.9**	**99.8**
土砂石开采	103.0	95.6	100.4	100.1	99.6	99.8
化学矿开采	99.8	100.0	99.3	100.0	101.3	99.7
采盐	101.1	100.5	100.7	100.0	100.4	100.0
石棉及其他非金属矿采选	100.0	100.0	100.0	100.0	100.0	100.0
农副食品加工业	**100.5**	**100.2**	**100.4**	**100.2**	**99.7**	**100.8**
谷物磨制	99.7	100.0	100.7	100.1	99.9	99.8
饲料加工	100.0	99.6	98.7	99.5	99.3	101.7
植物油加工	100.1	100.3	102.3	101.4	99.5	100.2
制糖业	100.0	100.0	100.4	99.6	100.4	100.0
屠宰及肉类加工	101.0	100.4	101.1	100.4	99.8	101.2
蔬菜、水果和坚果加工	100.0	101.7	100.0	100.2	100.0	100.1
其他农副食品加工	101.5	99.9	99.8	99.3	99.7	99.6
食品制造业	**99.7**	**100.0**	**99.7**	**100.2**	**100.3**	**99.4**
焙烤食品制造	100.1	99.7	100.1	100.1	100.1	100.0
糖果、巧克力及蜜饯制造	100.0	100.0	99.8	100.0	100.0	100.0
方便食品制造	100.0	100.0	100.3	100.6	100.0	99.8
乳制品制造	95.9	99.8	97.3	100.9	103.7	94.2
罐头食品制造	100.0	100.0	100.0	100.0	100.0	100.0
调味品、发酵制品制造	100.4	100.7	99.7	100.0	100.0	100.0
其他食品制造	100.1	99.0	99.9	99.5	99.7	100.1
酒、饮料和精制茶制造业	**100.2**	**100.2**	**100.0**	**99.5**	**99.5**	**99.6**
酒的制造	100.0	100.1	100.0	99.5	99.6	99.7
饮料制造	100.1	100.9	99.5	99.6	98.6	99.0
精制茶加工	102.0	99.9	100.4	100.0	99.9	100.0
烟草制品业	**100.0**	**100.0**	**100.3**	**100.0**	**100.0**	**99.9**
卷烟制造	100.0	100.0	100.0	100.0	100.0	100.0
其他烟草制品制造	100.0	100.0	111.6	101.1	101.5	97.5
纺织业	**99.5**	**101.0**	**98.4**	**100.2**	**99.7**	**99.7**
棉纺织及印染精加工	99.1	101.0	98.9	99.9	100.1	99.9
毛纺织及染整精加工	100.7	100.0	102.9	100.0	100.0	100.0
麻纺织及染整精加工	102.1	100.0	100.0	100.0	100.0	99.8
丝绢纺织及印染精加工	100.1	101.4	96.6	101.0	98.7	99.6
化纤织造及印染精加工	100.0	100.0	97.5	100.0	99.1	97.8
家用纺织制成品制造	99.1	100.0	100.0	100.0	99.4	100.0
非家用纺织制成品制造	100.2	99.7	99.9	100.0	99.3	94.7
纺织服装、服饰业	**100.4**	**96.9**	**99.3**	**101.3**	**104.5**	**95.5**
机织服装制造	100.4	96.5	99.3	101.5	105.0	95.1
针织或钩针编织服装制造	100.0	100.0	100.0	100.0	100.0	100.0
服饰制造	100.0	100.0	100.0	100.0	100.0	100.0

3-20 续表 1

(上月=100)

类别	7月	8月	9月	10月	11月	12月
煤炭开采和洗选业	**99.5**	**103.0**	**101.4**	**103.7**	**109.0**	**109.2**
烟煤和无烟煤开采洗选	99.5	103.0	101.4	103.7	109.0	109.2
石油和天然气开采业	**100.0**	**100.0**	**100.0**	**100.0**	**100.0**	**100.0**
天然气开采	100.0	100.0	100.0	100.0	100.0	100.0
黑色金属矿采选业	**98.8**	**98.2**	**100.7**	**100.3**	**99.9**	**99.9**
铁矿采选	98.8	98.2	100.7	100.3	99.9	99.9
有色金属矿采选业	**105.1**	**100.8**	**103.4**	**101.3**	**106.0**	**107.1**
常用有色金属矿采选	103.9	101.1	103.8	102.2	106.2	107.0
贵金属矿采选	108.2	101.0	98.1	96.5	100.9	95.2
稀有稀土金属矿采选	119.8	96.6	100.0	90.7	105.3	112.1
非金属矿采选业	**100.1**	**99.2**	**99.8**	**100.4**	**100.6**	**100.8**
土砂石开采	99.9	99.1	99.8	100.5	100.8	100.0
化学矿开采	100.9	99.4	99.6	100.1	100.2	99.7
采盐	100.0	100.0	100.0	100.1	100.0	106.5
石棉及其他非金属矿采选	100.0	100.0	100.0	100.0	100.0	100.0
农副食品加工业	**99.8**	**100.0**	**99.9**	**99.3**	**100.8**	**100.6**
谷物磨制	100.3	100.3	100.7	99.5	100.7	100.3
饲料加工	102.7	100.4	100.0	99.7	100.3	100.8
植物油加工	99.7	100.6	100.9	96.7	104.2	102.6
制糖业	100.0	111.1	100.0	100.0	100.0	100.0
屠宰及肉类加工	98.2	99.1	99.3	99.5	100.3	100.0
蔬菜、水果和坚果加工	99.9	101.6	100.0	99.8	101.0	100.1
其他农副食品加工	99.5	100.2	100.2	99.6	101.1	101.1
食品制造业	**99.9**	**100.0**	**100.1**	**100.1**	**100.2**	**100.7**
焙烤食品制造	100.0	100.2	100.0	100.0	100.0	100.2
糖果、巧克力及蜜饯制造	102.5	101.2	100.7	100.7	100.8	100.8
方便食品制造	99.8	99.9	100.1	100.3	100.0	100.3
乳制品制造	98.2	100.2	101.7	99.7	100.9	104.1
罐头食品制造	100.0	100.0	100.0	100.0	100.0	100.0
调味品、发酵制品制造	100.0	100.0	99.9	100.0	100.0	100.0
其他食品制造	100.1	99.1	99.3	100.3	100.9	101.8
酒、饮料和精制茶制造业	**97.5**	**99.9**	**100.0**	**100.5**	**100.2**	**100.6**
酒的制造	96.7	99.6	100.0	100.6	100.3	100.6
饮料制造	100.4	101.0	99.8	100.6	100.3	101.0
精制茶加工	99.8	100.6	100.8	99.8	99.6	100.1
烟草制品业	**100.0**	**100.0**	**100.0**	**100.0**	**100.0**	**100.0**
卷烟制造	100.0	100.0	100.0	100.0	100.0	100.0
其他烟草制品制造	100.0	100.0	100.0	98.8	100.0	100.0
纺织业	**100.8**	**99.8**	**100.9**	**100.8**	**101.0**	**100.9**
棉纺织及印染精加工	100.6	100.3	100.4	99.9	100.3	100.5
毛纺织及染整精加工	103.2	83.0	112.5	99.6	100.0	100.0
麻纺织及染整精加工	100.0	101.1	100.0	99.4	100.0	100.1
丝绢纺织及印染精加工	101.5	99.6	101.5	103.3	102.3	101.8
化纤织造及印染精加工	99.6	97.3	100.9	98.2	106.1	101.3
家用纺织制成品制造	100.0	101.7	100.0	100.0	100.0	100.0
非家用纺织制成品制造	99.2	100.1	100.0	100.0	100.1	100.2
纺织服装、服饰业	**98.4**	**101.4**	**99.9**	**100.9**	**99.6**	**100.3**
机织服装制造	98.3	101.6	99.9	101.0	99.5	100.3
针织或钩针编织服装制造	100.0	100.0	100.0	100.0	100.0	100.0
服饰制造	100.0	100.0	100.0	100.0	100.0	100.0

3-20 续表 2

(上月＝100)

类　别	1月	2月	3月	4月	5月	6月
皮革、毛皮、羽毛及其制品和制鞋业	**100.3**	**99.7**	**99.8**	**99.1**	**100.1**	**100.3**
皮革鞣制加工	100.3	99.0	100.0	100.0	100.0	100.0
皮革制品制造	100.0	100.0	99.1	100.0	100.0	100.0
羽毛(绒)加工及制品制造	102.2	99.9	97.8	97.5	101.8	102.1
制鞋业	100.2	99.9	99.9	99.0	100.0	100.3
木材加工和木、竹、藤、棕、草制品业	**101.6**	**100.2**	**99.8**	**99.5**	**100.0**	**100.3**
木材加工	101.2	100.1	100.1	99.0	103.6	100.1
人造板制造	102.2	100.4	99.7	99.3	99.6	100.4
木制品制造	100.4	99.8	99.8	100.1	99.9	100.1
竹、藤、棕、草等制品制造	101.0	99.7	100.8	98.8	100.9	99.8
家具制造业	**100.1**	**100.0**	**100.0**	**98.8**	**99.8**	**100.0**
木质家具制造	100.0	99.9	100.0	98.6	99.8	100.1
竹、藤家具制造	100.0	100.0	100.0	100.0	100.0	100.0
金属家具制造	100.0	100.5	100.1	100.1	100.5	99.5
其他家具制造	100.5	100.0	99.8	100.2	99.2	99.8
造纸和纸制品业	**99.9**	**100.0**	**100.2**	**100.2**	**99.9**	**100.0**
纸浆制造	99.7	100.0	97.9	98.7	101.3	100.6
造纸	99.8	99.4	100.4	99.7	100.1	100.0
纸制品制造	99.9	100.5	100.1	100.6	99.6	100.0
印刷和记录媒介复制业	**100.5**	**100.3**	**97.8**	**101.1**	**100.4**	**99.1**
印刷	100.6	100.2	97.6	101.1	100.4	99.0
装订及印刷相关服务	100.0	102.2	100.8	101.2	100.4	100.0
文教、工美、体育和娱乐用品制造业	**100.0**	**100.0**	**99.3**	**100.0**	**99.9**	**99.9**
文教办公用品制造	100.0	100.2	100.4	100.9	100.4	99.4
乐器制造	100.0	100.0	100.0	100.0	100.0	100.0
工艺美术品制造	100.0	99.9	98.8	99.9	99.8	100.0
玩具制造	100.0	100.0	100.0	100.0	100.0	100.0
游艺器材及娱乐用品制造	100.0	100.0	100.0	100.0	100.0	97.0
石油加工、炼焦和核燃料加工业	**98.8**	**98.9**	**99.9**	**98.7**	**102.5**	**104.1**
精炼石油产品制造	98.4	98.1	100.1	99.0	103.3	104.8
炼焦	100.1	101.6	99.3	97.6	99.6	101.3
化学原料和化学制品制造业	**99.4**	**99.9**	**100.5**	**100.2**	**100.4**	**99.9**
基础化学原料制造	100.3	99.8	100.4	100.2	101.2	99.7
肥料制造	99.7	99.7	100.0	99.4	100.0	99.4
农药制造	97.7	99.0	99.8	98.2	98.5	100.8
涂料、油墨、颜料及类似产品制造	101.7	100.4	101.3	101.4	100.7	101.0
合成材料制造	99.4	99.3	101.0	100.7	99.5	100.9
专用化学产品制造	98.5	100.5	101.0	100.6	101.0	99.1
炸药、火工及焰火产品制造	99.9	100.0	100.1	99.3	99.4	100.7
日用化学产品制造	92.6	100.4	100.8	101.4	100.2	99.6
医药制造业	**100.2**	**100.1**	**100.2**	**99.8**	**100.6**	**99.8**
化学药品原料药制造	100.4	100.0	99.8	98.5	103.4	100.9
化学药品制剂制造	101.0	99.7	100.9	99.9	100.3	100.0
中药饮片加工	99.9	100.6	100.7	100.4	100.3	100.2
中成药生产	99.9	100.2	99.7	100.0	100.2	99.2
兽用药品制造	100.0	100.0	99.8	99.8	100.4	99.6
生物药品制造	100.4	100.4	100.5	99.7	100.5	100.3
卫生材料及医药用品制造	100.0	100.0	100.0	100.0	100.0	100.0
化学纤维制造业	**97.6**	**99.0**	**101.1**	**101.4**	**100.8**	**99.7**
纤维素纤维原料及纤维制造	97.0	99.7	100.2	103.1	99.2	100.3
合成纤维制造	98.7	98.0	102.6	98.7	103.6	98.7

3-20 续表 3

(上月＝100)

类　别	7月	8月	9月	10月	11月	12月
皮革、毛皮、羽毛及其制品和制鞋业	**100.7**	**100.8**	**100.4**	**100.1**	**100.2**	**101.0**
皮革鞣制加工	100.0	100.0	100.0	99.8	100.0	100.0
皮革制品制造	100.5	100.0	99.1	100.5	100.5	100.9
羽毛(绒)加工及制品制造	100.0	101.7	101.6	100.0	105.0	106.2
制鞋业	101.0	101.1	100.5	100.3	99.8	100.9
木材加工和木、竹、藤、棕、草制品业	**99.0**	**99.6**	**99.9**	**100.8**	**100.0**	**100.1**
木材加工	100.0	100.0	99.4	100.6	100.0	100.0
人造板制造	98.5	99.4	99.8	101.3	99.8	99.9
木制品制造	100.0	100.0	100.1	100.2	100.4	100.3
竹、藤、棕、草等制品制造	99.2	100.1	100.3	99.3	99.6	100.6
家具制造业	**100.1**	**100.3**	**100.1**	**100.2**	**100.2**	**100.1**
木质家具制造	100.0	100.0	100.2	100.2	100.2	100.1
竹、藤家具制造	100.0	100.0	100.0	100.0	101.8	101.7
金属家具制造	101.8	103.7	99.8	98.3	100.0	100.0
其他家具制造	99.8	100.0	99.5	102.3	100.2	100.7
造纸和纸制品业	**99.6**	**100.1**	**100.1**	**100.6**	**101.4**	**104.2**
纸浆制造	100.0	98.2	101.3	100.6	99.7	104.0
造纸	99.9	99.8	99.5	100.4	101.0	105.1
纸制品制造	99.3	100.4	100.5	100.7	101.7	103.6
印刷和记录媒介复制业	**99.8**	**100.6**	**100.8**	**100.4**	**101.4**	**100.2**
印刷	99.8	100.7	100.9	100.4	101.5	100.1
装订及印刷相关服务	100.0	98.8	100.0	100.4	100.4	100.8
文教、工美、体育和娱乐用品制造业	**99.9**	**99.8**	**100.0**	**99.9**	**100.0**	**100.0**
文教办公用品制造	99.8	99.2	99.7	100.2	101.9	99.9
乐器制造	100.0	100.0	100.0	100.0	100.0	100.0
工艺美术品制造	99.8	99.6	99.8	99.9	99.9	100.0
玩具制造	100.0	100.0	100.0	100.0	100.0	100.0
游艺器材及娱乐用品制造	100.0	100.0	104.6	99.8	100.0	100.0
石油加工、炼焦和核燃料加工业	**100.1**	**100.4**	**99.1**	**104.0**	**102.9**	**103.4**
精炼石油产品制造	100.4	100.2	98.4	104.3	98.5	101.5
炼焦	99.3	101.5	101.5	102.9	118.9	109.0
化学原料和化学制品制造业	**98.9**	**99.7**	**100.0**	**100.1**	**102.6**	**101.5**
基础化学原料制造	99.8	100.4	100.5	99.4	105.0	102.5
肥料制造	97.4	98.2	100.0	100.8	100.6	100.7
农药制造	98.2	98.1	97.4	98.8	102.0	103.6
涂料、油墨、颜料及类似产品制造	100.3	101.5	105.0	101.5	106.5	101.5
合成材料制造	100.0	100.3	100.7	102.7	100.8	100.8
专用化学产品制造	97.7	99.3	97.2	98.0	101.7	101.1
炸药、火工及焰火产品制造	99.6	101.0	98.9	100.0	99.8	100.5
日用化学产品制造	100.5	100.1	101.5	100.9	99.7	100.6
医药制造业	**100.5**	**100.4**	**100.4**	**100.1**	**100.1**	**100.6**
化学药品原料药制造	100.8	99.9	101.5	99.7	99.4	100.4
化学药品制剂制造	99.6	99.7	100.2	100.0	99.6	100.2
中药饮片加工	99.9	102.0	103.0	101.0	101.3	101.8
中成药生产	101.7	100.5	99.4	99.9	100.1	100.3
兽用药品制造	100.0	100.0	100.0	100.0	99.8	101.3
生物药品制造	99.6	100.3	99.6	100.5	100.2	100.0
卫生材料及医药用品制造	100.0	100.0	100.0	100.0	100.0	100.0
化学纤维制造业	**100.2**	**102.3**	**100.7**	**100.0**	**99.4**	**102.0**
纤维素纤维原料及纤维制造	100.5	103.5	100.2	100.6	98.3	99.5
合成纤维制造	99.8	100.4	101.6	99.0	101.2	106.3

3-20 续表 4

（上月＝100）

类　　别	1月	2月	3月	4月	5月	6月
橡胶和塑料制品业	**99.3**	**99.8**	**100.6**	**99.5**	**99.9**	**99.6**
橡胶制品业	100.1	99.2	98.7	100.7	99.3	98.5
塑料制品业	99.2	99.9	100.8	99.3	100.0	99.7
非金属矿物制品业	**99.8**	**99.5**	**100.8**	**99.9**	**99.9**	**99.3**
水泥、石灰和石膏制造	100.7	98.8	101.6	98.6	99.9	99.1
石膏、水泥制品及类似制品制造	99.4	99.7	100.2	99.7	100.3	99.2
砖瓦、石材等建筑材料制造	100.1	99.9	100.6	100.2	99.7	99.4
玻璃制造	97.8	99.0	100.5	103.5	104.9	101.7
玻璃制品制造	100.4	99.1	99.8	100.8	99.5	99.6
玻璃纤维和玻璃纤维增强塑料制品制造	95.9	99.8	104.9	99.8	100.0	100.3
陶瓷制品制造	100.6	101.5	99.1	99.8	99.7	96.2
耐火材料制品制造	100.0	100.0	100.0	100.0	100.0	99.9
石墨及其他非金属矿物制品制造	99.6	99.7	100.2	101.2	98.8	99.1
黑色金属冶炼和压延加工业	**99.9**	**99.8**	**101.1**	**107.2**	**102.6**	**95.9**
炼铁	100.0	99.7	99.9	100.5	100.2	101.8
炼钢	99.8	99.5	97.5	116.5	110.6	96.3
黑色金属铸造	99.1	100.3	99.7	101.9	100.7	99.5
钢压延加工	100.2	100.1	102.4	107.6	100.6	94.0
铁合金冶炼	99.4	98.2	100.2	99.9	104.6	102.0
有色金属冶炼和压延加工业	**100.1**	**100.7**	**101.9**	**100.9**	**101.7**	**100.2**
常用有色金属冶炼	99.4	100.2	101.7	102.4	102.1	100.5
贵金属冶炼	100.0	100.5	100.8	108.1	103.9	104.9
稀有稀土金属冶炼	103.3	100.0	100.0	99.7	100.4	101.3
有色金属合金制造	96.7	96.7	104.7	100.3	102.7	99.9
有色金属压延加工	101.2	102.3	101.6	100.1	101.2	99.8
金属制品业	**97.9**	**99.8**	**101.2**	**99.1**	**101.1**	**99.2**
结构性金属制品制造	96.3	99.9	102.3	98.2	100.5	99.5
金属工具制造	100.5	100.2	100.1	100.0	100.1	99.7
集装箱及金属包装容器制造	99.9	98.5	98.9	99.6	100.5	100.0
金属丝绳及其制品制造	100.4	99.0	101.9	102.4	108.9	94.6
建筑、安全用金属制品制造	99.2	100.0	97.9	99.5	99.7	99.9
金属表面处理及热处理加工	99.1	100.0	100.0	100.0	100.0	100.0
金属制日用品制造	100.0	100.0	100.0	100.0	100.0	100.0
其他金属制品制造	99.2	100.9	100.9	99.3	99.8	100.2
通用设备制造业	**100.1**	**100.0**	**100.5**	**98.9**	**100.1**	**100.7**
锅炉及原动设备制造	100.7	99.1	100.9	96.7	101.1	101.9
金属加工机械制造	100.3	100.0	100.0	100.0	100.1	100.2
物料搬运设备制造	100.0	100.2	100.1	100.1	99.8	100.2
泵、阀门、压缩机及类似机械制造	99.4	100.5	99.9	99.5	100.1	100.0
轴承、齿轮和传动部件制造	99.9	99.3	100.3	99.8	99.8	98.4
烘炉、风机、衡器、包装等设备制造	100.0	104.5	100.8	99.4	96.9	103.3
通用零部件制造	99.9	99.8	101.0	101.1	99.8	99.6
其他通用设备制造业	100.0	100.0	100.0	100.0	100.0	100.0
专用设备制造业	**99.5**	**99.8**	**99.9**	**100.3**	**99.2**	**99.9**
采矿、冶金、建筑专用设备制造	99.6	99.8	99.9	99.7	99.6	99.8
化工、木材、非金属加工专用设备制造	97.9	100.0	100.1	100.2	100.0	99.9
食品、饮料、烟草及饲料生产专用设备制造	100.0	99.6	98.9	98.9	99.2	99.0
印刷、制药、日化及日用品生产专用设备制造	100.0	100.0	99.7	99.4	99.3	100.1
电子和电工机械专用设备制造	100.0	100.0	100.0	131.3	76.2	100.0
农、林、牧、渔专用机械制造	100.0	100.0	100.0	100.0	100.0	100.0
医疗仪器设备及器械制造	100.9	99.1	99.5	100.0	100.0	99.8
环保、社会公共服务及其他专用设备制造	100.0	99.9	100.0	100.1	99.9	100.1

3-20 续表 5

(上月=100)

类　　别	7月	8月	9月	10月	11月	12月
橡胶和塑料制品业	**100.1**	**98.7**	**100.4**	**99.8**	**100.8**	**100.7**
橡胶制品业	99.6	98.9	99.9	100.9	99.9	104.4
塑料制品业	100.2	98.7	100.5	99.6	100.9	100.3
非金属矿物制品业	**99.1**	**99.9**	**100.7**	**100.6**	**101.8**	**100.9**
水泥、石灰和石膏制造	97.8	98.4	101.6	102.2	107.1	103.6
石膏、水泥制品及类似制品制造	100.0	99.6	101.4	99.8	100.7	99.3
砖瓦、石材等建筑材料制造	98.7	100.4	100.2	100.1	100.3	100.1
玻璃制造	97.7	107.1	107.3	103.1	98.4	101.1
玻璃制品制造	100.0	100.6	100.0	100.8	100.0	99.2
玻璃纤维和玻璃纤维增强塑料制品制造	100.9	101.0	100.5	99.4	100.9	101.7
陶瓷制品制造	99.5	99.9	99.8	99.6	99.0	96.3
耐火材料制品制造	100.0	100.0	94.8	99.9	100.0	100.1
石墨及其他非金属矿物制品制造	99.2	99.6	99.0	99.7	99.7	102.1
黑色金属冶炼和压延加工业	**99.8**	**101.5**	**101.5**	**102.1**	**105.6**	**107.4**
炼铁	98.2	100.5	101.8	100.6	101.9	102.6
炼钢	92.3	100.3	102.3	98.4	102.8	98.4
黑色金属铸造	99.3	99.8	99.2	99.1	100.2	99.8
钢压延加工	101.7	102.6	101.8	103.2	106.9	110.7
铁合金冶炼	100.8	99.2	101.5	103.8	107.8	107.8
有色金属冶炼和压延加工业	**101.1**	**100.8**	**99.9**	**101.2**	**103.1**	**99.9**
常用有色金属冶炼	101.5	100.2	101.3	103.6	103.7	101.0
贵金属冶炼	103.6	97.4	100.8	100.7	100.0	98.2
稀有稀土金属冶炼	98.2	98.0	99.8	96.7	99.1	102.1
有色金属合金制造	100.1	94.3	99.2	99.2	100.2	100.8
有色金属压延加工	101.3	103.2	99.0	100.3	103.7	98.5
金属制品业	**99.6**	**100.4**	**100.3**	**100.3**	**101.6**	**101.9**
结构性金属制品制造	99.3	100.7	100.5	100.5	101.1	102.0
金属工具制造	100.2	100.1	99.7	99.8	100.5	100.1
集装箱及金属包装容器制造	100.5	100.7	99.7	100.4	100.0	100.0
金属丝绳及其制品制造	99.1	100.3	100.9	100.9	111.8	109.2
建筑、安全用金属制品制造	100.8	97.9	100.0	99.6	99.9	99.5
金属表面处理及热处理加工	100.0	100.0	100.0	100.0	100.0	100.0
金属制日用品制造	100.0	100.0	100.0	100.0	100.2	99.8
其他金属制品制造	99.8	99.4	100.0	99.7	100.0	100.0
通用设备制造业	**99.7**	**100.1**	**100.9**	**99.8**	**100.2**	**100.1**
锅炉及原动设备制造	99.8	100.3	101.4	100.0	100.0	100.0
金属加工机械制造	100.2	100.1	100.0	100.0	101.0	100.1
物料搬运设备制造	99.7	100.1	100.0	99.8	100.3	100.3
泵、阀门、压缩机及类似机械制造	99.7	99.7	100.7	99.7	99.9	100.2
轴承、齿轮和传动部件制造	99.6	100.2	100.7	98.8	100.2	101.0
烘炉、风机、衡器、包装等设备制造	98.4	102.6	102.5	100.0	100.5	99.8
通用零部件制造	99.6	99.5	100.4	99.8	100.6	99.9
其他通用设备制造业	100.0	100.0	100.0	100.0	100.0	100.0
专用设备制造业	**100.0**	**100.2**	**100.1**	**100.0**	**100.0**	**99.9**
采矿、冶金、建筑专用设备制造	100.0	100.1	100.1	100.0	100.0	99.7
化工、木材、非金属加工专用设备制造	100.0	100.0	100.0	100.0	100.0	100.3
食品、饮料、烟草及饲料生产专用设备制造	99.6	100.2	99.4	99.8	99.8	100.1
印刷、制药、日化及日用品生产专用设备制造	100.0	100.0	100.0	100.7	100.6	99.9
电子和电工机械专用设备制造	100.0	100.0	100.0	100.0	100.0	100.0
农、林、牧、渔专用机械制造	100.0	100.0	100.0	100.0	100.0	100.0
医疗仪器设备及器械制造	99.8	104.2	100.7	100.2	99.9	100.0
环保、社会公共服务及其他专用设备制造	99.9	100.2	100.0	100.0	99.9	100.1

3-20 续表 6

（上月=100）

类　别	1月	2月	3月	4月	5月	6月
汽车制造业	**101.6**	**99.4**	**99.6**	**100.0**	**100.1**	**99.8**
汽车整车制造	103.7	99.5	99.3	100.3	99.5	100.5
改装汽车制造	100.0	100.1	100.2	99.9	100.1	100.6
汽车车身、挂车制造	114.1	100.0	100.0	100.0	99.6	100.0
汽车零部件及配件制造	99.5	99.2	99.7	99.7	100.6	99.1
铁路、船舶、航空航天和其他运输设备制造业	**98.8**	**99.9**	**99.9**	**99.7**	**100.5**	**99.8**
铁路运输设备制造	97.7	99.9	99.8	99.4	101.4	99.6
城市轨道交通设备制造	100.0	100.0	100.0	100.0	100.0	100.0
船舶及相关装置制造	100.1	100.0	100.0	100.0	100.0	100.1
摩托车制造	99.6	99.8	100.0	100.0	99.2	100.0
电气机械和器材制造业	**100.2**	**100.9**	**99.8**	**99.2**	**100.2**	**100.5**
电机制造	100.8	100.3	100.0	97.6	99.7	99.4
输配电及控制设备制造	99.9	100.4	100.7	98.3	100.5	99.8
电线、电缆、光缆及电工器材制造	100.9	101.9	99.1	99.9	100.0	100.6
电池制造	99.5	100.1	100.2	99.2	100.1	102.2
家用电力器具制造	98.3	101.2	99.7	99.9	100.6	100.3
非电力家用器具制造	99.8	99.9	100.1	99.8	100.2	100.0
照明器具制造	99.9	100.0	100.0	100.0	100.0	100.0
计算机、通信和其他电子设备制造业	**100.1**	**100.2**	**99.9**	**100.3**	**99.4**	**99.7**
计算机制造	100.5	100.7	99.2	101.2	99.4	99.9
通信设备制造	98.6	100.1	100.0	100.1	95.8	97.1
广播电视设备制造	100.0	100.0	100.0	100.0	100.0	100.0
视听设备制造	100.1	98.8	100.0	99.0	100.3	100.1
电子器件制造	99.7	100.1	100.4	99.2	100.1	99.9
电子元件制造	99.7	101.5	104.5	99.8	99.2	98.6
其他电子设备制造	99.9	100.0	100.3	100.0	98.5	100.2
仪器仪表制造业	**100.0**	**100.0**	**100.6**	**102.8**	**100.0**	**102.2**
通用仪器仪表制造	100.3	100.0	100.6	103.7	100.0	103.0
专用仪器仪表制造	96.5	100.0	102.0	100.0	100.0	99.2
光学仪器及眼镜制造	100.0	100.0	100.0	100.0	100.0	100.0
其他仪器仪表制造业	100.0	100.0	100.0	100.0	100.0	100.0
其他制造业	**100.4**	**100.1**	**99.5**	**98.8**	**100.0**	**100.8**
日用杂品制造	100.7	100.6	99.8	100.1	100.3	100.7
煤制品制造	100.0	98.9	97.4	91.4	98.5	103.1
其他未列明制造业	100.0	99.8	100.0	100.0	100.0	100.0
废弃资源综合利用业	**99.7**	**99.2**	**104.1**	**99.9**	**105.9**	**100.5**
金属废料和碎屑加工处理	99.6	99.9	106.6	99.6	108.9	100.9
非金属废料和碎屑加工处理	100.0	98.1	100.2	100.6	100.9	99.6
金属制品、机械和设备修理业	**100.0**	**100.0**	**100.0**	**100.0**	**100.0**	**100.0**
铁路、船舶、航空航天等运输设备修理	100.0	100.0	100.0	100.0	100.0	100.0
电力、热力生产和供应业	**101.7**	**100.2**	**100.0**	**98.6**	**96.4**	**95.9**
电力生产	103.4	99.9	99.9	97.9	94.3	93.7
电力供应	99.7	100.5	100.2	99.5	98.9	98.4
燃气生产和供应业	**97.8**	**99.8**	**99.7**	**100.1**	**99.4**	**99.7**
水的生产和供应业	**99.5**	**99.8**	**100.1**	**99.8**	**100.9**	**100.0**
自来水生产和供应	99.8	100.0	100.1	100.0	101.0	100.0
污水处理及其再生利用	98.8	99.4	100.0	99.4	100.6	100.0

3-20 续表 7

（上月＝100）

类　别	7月	8月	9月	10月	11月	12月
汽车制造业	**99.8**	**100.0**	**100.2**	**100.1**	**99.5**	**100.1**
汽车整车制造	99.7	100.0	100.0	100.2	98.4	99.9
改装汽车制造	99.7	100.0	100.2	100.3	100.3	99.4
汽车车身、挂车制造	100.0	100.0	101.1	100.0	100.9	100.0
汽车零部件及配件制造	99.9	99.9	100.4	99.9	100.2	100.3
铁路、船舶、航空航天和其他运输设备制造业	**100.7**	**99.7**	**100.2**	**100.6**	**100.0**	**100.0**
铁路运输设备制造	101.1	100.6	99.8	101.6	99.5	99.5
城市轨道交通设备制造	100.0	100.0	100.0	100.0	100.0	100.0
船舶及相关装置制造	100.9	97.9	101.2	100.0	101.2	100.0
摩托车制造	100.2	98.2	100.9	99.3	100.6	100.9
电气机械和器材制造业	**100.0**	**99.6**	**100.6**	**100.3**	**100.5**	**100.1**
电机制造	100.4	99.9	98.0	99.8	100.6	100.3
输配电及控制设备制造	99.7	99.5	101.9	100.6	100.0	97.5
电线、电缆、光缆及电工器材制造	100.1	99.3	100.4	100.0	100.8	101.2
电池制造	100.4	100.0	101.1	100.6	100.8	101.4
家用电力器具制造	99.8	99.7	100.0	99.8	100.0	100.1
非电力家用器具制造	100.0	100.5	99.5	100.9	99.1	100.2
照明器具制造	100.0	100.0	100.0	100.0	100.0	100.0
计算机、通信和其他电子设备制造业	**99.1**	**100.1**	**99.0**	**99.7**	**102.3**	**100.2**
计算机制造	99.8	100.3	99.0	99.8	100.6	100.2
通信设备制造	93.7	97.5	97.4	99.5	100.2	100.2
广播电视设备制造	100.0	100.0	100.0	100.0	100.0	100.0
视听设备制造	98.5	99.9	99.8	99.4	100.6	99.9
电子器件制造	99.4	100.1	99.8	100.0	112.8	100.1
电子元件制造	99.4	101.9	95.9	99.9	99.9	100.6
其他电子设备制造	100.1	100.0	100.0	100.0	100.0	100.0
仪器仪表制造业	**101.1**	**103.3**	**101.4**	**102.7**	**102.0**	**99.7**
通用仪器仪表制造	101.4	104.3	101.6	103.5	102.6	100.1
专用仪器仪表制造	100.4	101.4	102.2	100.8	100.0	92.3
光学仪器及眼镜制造	100.0	100.0	100.0	100.0	100.0	100.0
其他仪器仪表制造业	100.0	100.0	100.0	100.0	100.0	100.0
其他制造业	**100.1**	**98.9**	**100.0**	**100.7**	**101.0**	**99.2**
日用杂品制造	100.1	98.6	100.2	100.9	100.9	98.5
煤制品制造	100.1	97.6	99.5	101.5	104.1	100.3
其他未列明制造业	100.0	100.0	100.0	100.0	99.8	99.9
废弃资源综合利用业	**97.8**	**104.3**	**102.3**	**100.8**	**107.1**	**102.7**
金属废料和碎屑加工处理	97.4	108.4	103.9	101.3	111.3	102.9
非金属废料和碎屑加工处理	98.6	96.7	99.0	99.6	97.8	102.4
金属制品、机械和设备修理业	**100.0**	**100.0**	**100.0**	**100.0**	**100.0**	**100.0**
铁路、船舶、航空航天等运输设备修理	100.0	100.0	100.0	100.0	100.0	100.0
电力、热力生产和供应业	**97.9**	**99.3**	**98.5**	**99.9**	**103.0**	**104.6**
电力生产	96.7	99.2	97.3	100.0	105.7	107.7
电力供应	99.3	99.4	99.8	99.8	100.2	101.3
燃气生产和供应业	**99.9**	**99.8**	**99.9**	**100.0**	**100.0**	**100.7**
水的生产和供应业	**100.2**	**100.0**	**100.0**	**100.0**	**100.0**	**100.0**
自来水生产和供应	100.2	100.0	100.0	100.0	100.0	100.0
污水处理及其再生利用	100.0	100.0	100.0	100.0	100.0	100.0

3-21 分月各市(州)工业生产者出厂价格指数(2016年)

(上年同月=100)

地 区	1月	2月	3月	4月	5月	6月	7月	8月	9月	10月	11月	12月
四 川	**96.5**	**96.6**	**97.1**	**97.7**	**98.3**	**98.5**	**98.5**	**99.0**	**99.5**	**100.2**	**102.0**	**103.6**
成 都	97.1	97.4	97.7	98.3	99.1	99.5	99.6	100.3	100.1	100.9	102.2	103.5
自 贡	98.2	98.6	99.2	99.2	99.5	99.8	99.7	99.9	100.2	100.8	101.5	103.5
攀枝花	92.4	94.6	94.7	97.5	99.5	100.1	101.7	103.1	106.0	108.8	115.5	122.9
泸 州	98.9	99.6	99.7	99.7	99.1	99.0	97.9	98.5	98.5	98.9	99.2	99.9
德 阳	98.3	98.8	99.5	98.9	98.5	98.6	100.4	100.3	100.5	101.6	103.4	103.9
绵 阳	94.9	94.7	94.8	94.8	95.4	95.1	94.2	94.4	95.0	95.2	96.9	98.3
广 元	98.8	98.9	99.2	99.9	99.8	99.4	99.1	98.8	99.5	99.7	100.9	102.4
遂 宁	97.2	97.5	97.2	98.1	97.5	98.0	98.6	98.9	100.1	100.4	101.7	102.5
内 江	93.3	93.3	94.6	97.6	98.0	97.8	100.4	101.6	103.1	105.0	108.3	112.7
乐 山	93.7	94.7	96.1	96.8	97.2	96.6	97.1	96.9	98.1	99.8	104.8	109.3
南 充	100.1	100.2	99.7	98.8	99.2	99.5	99.2	99.9	100.8	102.0	103.7	105.3
眉 山	96.2	96.2	97.0	97.4	98.1	98.2	98.3	98.8	100.1	100.8	104.1	105.6
宜 宾	98.6	98.4	98.5	98.3	98.5	98.7	99.1	99.3	97.1	97.7	98.3	99.2
广 安	97.9	99.0	100.2	98.6	98.2	97.8	96.9	96.6	96.6	98.4	99.4	102.8
达 州	90.7	91.6	92.6	94.8	94.9	94.8	94.6	95.2	96.6	99.7	107.1	116.9
雅 安	97.5	97.2	97.1	96.4	91.7	90.5	93.5	93.6	93.0	94.5	99.4	102.8
巴 中	94.2	93.5	95.4	96.0	96.4	96.3	96.8	96.9	98.1	99.1	100.9	101.7
资 阳	100.6	100.9	101.3	101.9	102.5	101.9	100.0	99.6	100.1	100.0	101.1	102.3
阿 坝	93.8	92.3	92.5	89.1	90.3	92.9	94.0	95.5	97.0	98.7	101.0	102.2
甘 孜	96.5	96.9	97.9	98.3	99.0	97.2	95.4	98.5	97.5	99.2	104.0	99.8
凉 山	92.4	92.6	94.0	95.5	99.9	103.3	104.6	106.6	102.5	103.2	107.2	111.0

3-22 分月各市(州)工业生产者出厂价格环比指数(2016年)

(上月=100)

地区	1月	2月	3月	4月	5月	6月	7月	8月	9月	10月	11月	12月
四川	**100.0**	**99.9**	**100.2**	**100.2**	**100.1**	**99.6**	**99.5**	**100.1**	**100.2**	**100.4**	**101.7**	**101.6**
成都	100.1	100.3	100.1	100.3	100.4	99.9	99.6	100.4	99.9	100.5	101.0	101.1
自贡	100.6	100.4	100.4	99.8	100.3	100.1	99.7	100.1	100.1	100.2	100.4	101.4
攀枝花	101.2	101.1	100.7	102.0	101.0	98.7	100.1	100.8	101.8	101.4	105.7	106.7
泸州	99.7	99.7	99.9	99.7	99.2	99.7	99.5	100.4	100.2	100.3	100.6	101.0
德阳	100.2	99.8	100.7	99.5	100.1	99.9	101.5	99.8	100.1	100.6	101.6	100.1
绵阳	99.2	99.5	99.7	98.9	100.1	99.6	98.5	99.8	100.2	99.5	102.3	101.1
广元	100.4	100.4	99.8	100.0	99.1	99.3	99.9	100.0	100.4	99.6	101.3	102.2
遂宁	99.5	100.0	99.7	100.6	100.3	99.4	100.4	100.0	101.1	100.0	101.1	100.5
内江	99.7	99.3	100.8	102.5	99.6	98.0	101.5	101.4	100.9	101.7	103.1	103.6
乐山	100.7	100.0	100.8	100.4	99.6	97.9	99.4	99.6	99.9	101.7	104.6	104.6
南充	101.9	100.2	99.6	99.1	99.8	100.4	99.9	100.2	100.8	100.8	101.2	101.3
眉山	100.6	99.8	100.6	100.1	100.2	99.9	99.9	99.6	100.6	100.5	102.5	101.4
宜宾	98.6	99.6	100.0	100.0	99.6	99.9	100.3	100.5	98.1	100.8	100.5	101.3
广安	101.0	99.2	100.3	99.0	99.2	98.8	99.2	99.4	100.2	100.8	101.1	104.7
达州	99.2	99.6	100.2	101.7	99.3	98.9	99.2	99.8	100.7	102.7	107.5	107.6
雅安	102.1	100.6	100.1	99.3	94.8	98.3	100.7	98.6	99.0	100.1	105.4	104.1
巴中	100.3	99.2	100.6	99.5	100.0	99.7	99.3	100.1	100.9	100.5	101.9	99.7
资阳	100.2	100.4	100.3	100.0	100.3	100.2	99.8	99.9	100.1	99.9	100.9	101.3
阿坝	100.0	99.0	100.2	96.6	93.7	95.7	100.1	100.3	101.0	101.0	105.8	109.8
甘孜	102.7	100.0	100.4	101.1	88.7	89.9	95.6	101.7	99.1	100.9	111.5	110.8
凉山	101.8	98.6	100.9	101.2	99.7	97.9	99.7	100.1	101.3	100.9	104.4	105.6

3-23 工业生产者购进价格指数(2010-2016年)

(上年同期=100)

分 组	2010年	2011年	2012年	2013年	2014	2015	2016
总指数	**106.1**	**112.6**	**100.0**	**99.2**	**98.7**	**96.7**	**98.8**
燃料、动力类	107.5	109.0	102.7	100.5	100.2	97.1	99.1
黑色金属材料类	104.0	110.6	94.5	94.0	95.6	91.0	99.0
#钢材	101.9	107.4	94.8	94.1	95.2	92.7	99.8
其他	106.8	115.1	94.2	93.8	96.1	88.7	97.7
有色金属材料和电线类	115.5	127.0	98.5	95.1	96.4	95.0	99.0
化工原料类	108.0	113.6	97.3	97.1	98.4	94.7	96.5
木材及纸浆类	101.2	105.0	102.2	97.2	96.3	97.3	101.1
建筑材料及非金属矿类	98.7	104.9	99.2	100.5	101.1	97.8	97.2
其他工业原材料及半成品类	102.5	107.3	100.3	100.4	99.0	98.5	98.8
农副产品类	109.8	126.1	101.9	102.2	99.5	99.2	99.3
纺织原料类	113.1	118.3	101.5	100.7	98.4	95.7	100.0

3-24 分月工业生产者购进价格指数(2016年)

(上年同月=100)

类 别	1月	2月	3月	4月	5月	6月	7月	8月	9月	10月	11月	12月
总指数	**96.2**	**96.4**	**96.2**	**96.8**	**97.2**	**97.6**	**98.0**	**98.6**	**99.4**	**100.8**	**102.9**	**105.9**
燃料、动力类	96.9	96.2	94.7	94.9	96.1	96.6	97.8	98.5	99.5	103.0	105.7	110.9
黑色金属材料类	90.5	90.8	92.5	95.7	97.9	98.6	99.5	100.6	102.6	104.2	106.7	110.3
#钢材	90.8	91.1	92.8	96.4	98.8	99.5	100.1	101.3	102.5	104.9	108.4	112.9
其他	89.9	90.2	91.9	94.6	96.6	97.1	98.6	99.6	102.6	103.1	103.9	106.2
有色金属材料和电线类	91.7	93.0	93.3	95.8	95.6	96.0	97.6	99.9	101.4	103.6	108.1	113.7
化工原料类	94.3	95.5	94.8	95.2	94.7	94.5	94.7	96.2	96.8	98.3	100.3	103.2
木材及纸浆类	100.7	101.1	101.0	101.0	101.1	101.4	101.6	101.1	100.5	100.7	100.9	102.1
建筑材料及非金属矿类	96.7	96.7	96.6	96.1	96.1	95.9	96.2	95.7	96.3	96.8	100.5	103.1
其他工业原材料及半成品类	98.4	98.4	98.5	98.5	98.0	98.6	98.2	98.8	98.9	98.9	99.9	100.7
农副产品类	98.6	98.9	99.4	99.0	98.7	99.0	98.7	98.1	98.5	98.7	100.8	103.4
纺织原料类	97.1	97.5	97.3	97.6	98.1	98.3	99.4	99.7	100.5	104.7	104.6	105.3

3-25 分月工业生产者购进价格环比指数(2016年)

(上月=100)

类 别	1月	2月	3月	4月	5月	6月	7月	8月	9月	10月	11月	12月
总指数	**100.2**	**99.7**	**99.9**	**100.5**	**100.4**	**100.0**	**99.7**	**100.1**	**100.3**	**101.1**	**101.3**	**102.5**
燃料、动力类	101.1	99.1	99.3	100.4	101.0	99.6	99.2	100.1	100.7	103.2	101.9	104.8
黑色金属材料类	99.4	99.6	101.0	102.3	101.7	99.9	100.0	100.1	100.6	100.8	101.7	102.8
#钢材	99.4	99.6	101.0	102.9	101.7	99.9	99.7	100.3	100.5	101.3	102.5	103.6
其他	99.4	99.7	101.0	101.3	101.8	99.8	100.5	99.8	100.9	99.9	100.4	101.5
有色金属材料和电线类	98.8	100.7	100.4	101.9	100.4	99.7	100.6	101.2	100.9	101.6	103.0	103.9
化工原料类	99.2	100.0	99.2	100.5	100.2	99.8	100.1	100.4	99.7	100.8	101.5	101.9
木材及纸浆类	99.9	100.0	99.8	100.0	100.1	100.0	100.1	100.1	100.2	100.0	100.7	101.2
建筑材料及非金属矿类	99.8	99.7	99.7	99.1	99.3	99.6	99.7	99.4	100.2	100.4	103.8	102.5
其他工业原材料及半成品类	100.5	99.9	99.9	99.9	99.8	100.2	99.8	100.0	100.0	100.1	100.2	100.3
农副产品类	100.0	100.2	100.4	99.9	99.8	100.7	99.4	100.0	100.2	99.6	100.8	102.5
纺织原料类	99.9	100.1	99.6	99.8	100.4	100.3	101.2	100.1	100.8	101.9	100.0	101.1

3-26 分行业工业生产者购进价格指数(2016年)

(上年同月=100)

类　别	全年	1月	2月	3月	4月	5月	6月
总指数	**98.8**	**96.2**	**96.4**	**96.2**	**96.8**	**97.2**	**97.6**
农业	**97.4**	**95.4**	**95.6**	**96.0**	**95.3**	**95.2**	**96.3**
谷物种植	93.8	92.7	93.1	92.4	91.1	91.4	93.1
豆类、油料和薯类种植	97.0	94.3	93.8	93.6	93.9	94.3	95.7
棉、麻、糖、烟草种植	103.9	98.3	98.2	99.6	97.7	99.0	100.2
蔬菜、食用菌及园艺作物种植	101.2	103.2	103.6	104.2	103.6	103.4	101.5
水果种植	102.2	98.0	98.6	102.1	102.5	99.1	100.3
坚果、含油果、香料和饮料作物种植	101.7	97.6	97.6	103.9	105.5	105.5	100.8
中药材种植	104.7	106.5	107.5	107.0	107.9	107.4	107.3
其他农业	94.4	92.6	92.8	92.9	93.1	92.0	89.9
林业	**98.4**	**98.0**	**98.1**	**98.1**	**97.1**	**95.7**	**98.9**
木材和竹材采运	98.4	99.4	99.6	99.3	97.8	95.8	97.8
林产品采集	98.6	94.6	94.7	95.1	95.3	95.3	101.9
畜牧业	**104.7**	**108.2**	**108.7**	**109.6**	**109.8**	**108.5**	**106.4**
牲畜饲养	112.3	121.0	121.8	126.5	126.1	122.5	117.7
家禽饲养	96.9	97.2	97.6	94.5	94.7	94.9	94.8
其他畜牧业	96.6	93.3	93.4	94.3	94.6	94.6	95.5
煤炭开采和洗选业	**98.0**	**92.2**	**92.0**	**91.5**	**91.6**	**92.4**	**92.1**
烟煤和无烟煤开采洗选	98.1	92.2	92.1	91.6	91.6	92.4	92.1
其他煤炭采选	95.3	91.2	91.2	88.9	90.9	91.2	93.5
石油和天然气开采业	**102.8**	**101.9**	**100.5**	**97.4**	**96.8**	**99.5**	**101.5**
石油开采	115.1	107.1	104.0	105.8	103.8	109.5	113.2
天然气开采	91.8	97.6	97.6	90.3	90.5	90.5	90.4
黑色金属矿采选业	**98.2**	**91.3**	**91.9**	**93.9**	**94.6**	**96.1**	**97.1**
铁矿采选	98.2	91.0	91.7	93.9	94.6	96.3	97.3
锰矿、铬矿采选	97.9	95.6	95.4	95.1	94.6	93.7	94.6
有色金属矿采选业	**103.0**	**92.9**	**95.0**	**96.0**	**100.8**	**100.0**	**100.0**
常用有色金属矿采选	100.0	87.5	89.2	91.0	93.2	92.4	92.9
稀有稀土金属矿采选	107.9	101.9	104.8	104.4	113.7	112.9	112.1
非金属矿采选业	**96.7**	**98.8**	**98.8**	**98.9**	**96.9**	**95.9**	**95.9**
土砂石开采	97.9	99.2	99.3	99.3	98.6	97.0	97.1
化学矿开采	93.2	98.7	98.0	98.3	92.4	91.9	91.5
采盐	100.2	100.0	100.4	100.9	99.9	100.0	100.3
石棉及其他非金属矿采选	96.1	96.1	96.2	96.3	96.3	96.3	96.4
农副食品加工业	**98.9**	**98.2**	**98.2**	**99.0**	**99.0**	**97.7**	**99.8**
谷物磨制	100.8	100.5	100.5	99.5	99.7	100.7	101.6
饲料加工	103.1	86.3	89.5	91.3	99.5	98.8	101.7
植物油加工	101.6	98.7	98.7	101.7	107.2	98.9	106.1
制糖业	107.4	112.9	111.0	110.4	107.9	100.1	100.6
屠宰及肉类加工	95.5	95.4	95.5	96.7	95.1	95.5	97.1
水产品加工	94.2	88.2	89.9	87.3	90.8	85.5	89.4
蔬菜、水果和坚果加工	94.7	89.5	89.5	92.0	93.6	93.5	94.7
其他农副食品加工	99.2	98.2	98.4	98.4	97.5	98.0	97.5

3-26 续表 1

(上年同月＝100)

类　别	7月	8月	9月	10月	11月	12月
总指数	**98.0**	**98.6**	**99.4**	**100.8**	**102.9**	**105.9**
农业	**96.8**	**97.6**	**98.0**	**98.5**	**100.5**	**103.6**
谷物种植	93.3	93.6	94.1	94.8	97.1	98.9
豆类、油料和薯类种植	97.0	99.3	99.8	99.1	101.1	102.3
棉、麻、糖、烟草种植	102.9	105.8	106.0	107.1	109.4	122.8
蔬菜、食用菌及园艺作物种植	102.1	99.7	98.2	98.8	98.1	97.8
水果种植	100.2	101.1	103.3	102.9	106.9	111.2
坚果、含油果、香料和饮料作物种植	100.6	101.4	101.5	101.8	102.2	102.4
中药材种植	102.3	102.3	101.7	102.6	101.9	103.5
其他农业	97.8	96.6	96.7	96.9	96.0	96.3
林业	**100.1**	**99.1**	**98.8**	**98.3**	**99.5**	**99.9**
木材和竹材采运	99.0	98.2	98.5	97.8	98.6	99.1
林产品采集	103.0	101.2	99.5	99.7	101.7	101.9
畜牧业	**104.0**	**99.4**	**99.5**	**99.3**	**101.4**	**102.8**
牲畜饲养	111.3	102.6	102.0	101.3	102.4	102.0
家禽饲养	95.9	95.7	96.6	96.7	100.2	104.0
其他畜牧业	97.9	96.3	97.8	98.7	100.7	102.7
煤炭开采和洗选业	**93.4**	**95.2**	**97.8**	**103.0**	**113.9**	**123.1**
烟煤和无烟煤开采洗选	93.4	95.3	97.9	103.3	114.2	123.2
其他煤炭采选	94.3	92.4	93.7	95.2	104.5	118.9
石油和天然气开采业	**105.2**	**105.5**	**104.8**	**105.0**	**105.1**	**110.5**
石油开采	121.0	121.6	120.5	121.0	121.6	128.9
天然气开采	90.7	90.5	90.2	90.2	89.8	93.0
黑色金属矿采选业	**98.4**	**97.3**	**101.6**	**105.2**	**105.2**	**107.6**
铁矿采选	98.6	97.3	101.8	105.6	105.1	107.5
锰矿、铬矿采选	95.9	97.3	97.8	99.5	106.3	109.2
有色金属矿采选业	**101.8**	**105.1**	**106.6**	**108.4**	**112.3**	**118.5**
常用有色金属矿采选	97.5	103.3	106.1	109.2	115.5	126.3
稀有稀土金属矿采选	109.0	108.1	107.2	107.2	107.5	106.6
非金属矿采选业	**95.9**	**96.0**	**95.9**	**95.7**	**95.9**	**96.2**
土砂石开采	97.3	97.4	97.4	97.1	97.3	97.7
化学矿开采	91.6	91.7	91.5	91.0	90.8	90.7
采盐	98.8	99.4	99.5	99.7	100.8	102.4
石棉及其他非金属矿采选	96.0	95.9	95.8	95.8	96.0	95.9
农副食品加工业	**97.6**	**97.6**	**98.3**	**100.1**	**100.0**	**101.1**
谷物磨制	100.1	100.4	100.3	102.6	102.4	101.4
饲料加工	101.7	109.8	112.3	109.3	109.5	135.1
植物油加工	101.1	100.6	101.3	102.1	99.9	104.0
制糖业	102.9	105.9	107.0	107.7	109.5	114.1
屠宰及肉类加工	94.1	93.3	94.2	96.4	96.5	96.1
水产品加工	94.1	89.4	98.4	101.6	111.3	110.5
蔬菜、水果和坚果加工	95.7	95.4	95.5	98.2	99.6	100.5
其他农副食品加工	98.4	99.4	99.9	100.5	101.5	103.0

3-26 续表 2

（上年同月＝100）

类　　别	全年	1月	2月	3月	4月	5月	6月
食品制造业	**98.2**	**98.6**	**97.0**	**96.9**	**97.6**	**98.2**	**98.4**
乳制品制造	98.5	98.6	95.3	95.0	96.7	98.6	98.7
调味品、发酵制品制造	93.4	95.0	94.8	94.7	94.0	92.9	93.7
其他食品制造	100.1	100.2	100.2	100.2	100.2	100.2	100.2
酒、饮料和精制茶制造业	**97.2**	**94.6**	**96.0**	**96.1**	**96.1**	**96.0**	**96.1**
酒的制造	99.1	99.3	99.4	99.2	99.3	99.2	99.3
饮料制造	92.2	83.8	87.9	87.8	87.8	87.8	87.8
精制茶加工	102.0	101.9	101.5	103.1	103.2	103.0	102.8
烟草制品业	**112.0**	**112.0**	**112.0**	**112.0**	**112.0**	**112.0**	**112.0**
烟叶复烤	112.1	112.1	112.1	112.1	112.1	112.1	112.1
其他烟草制品制造	99.2	100.0	100.0	100.0	100.0	100.0	100.0
纺织业	**100.0**	**97.1**	**97.5**	**97.3**	**97.6**	**98.1**	**98.3**
棉纺织及印染精加工	99.4	96.4	97.0	96.7	97.2	97.7	98.0
毛纺织及染整精加工	109.7	110.4	110.7	108.6	102.4	107.0	107.0
麻纺织及染整精加工	99.2	99.3	98.8	98.9	99.0	99.4	99.1
丝绢纺织及印染精加工	102.2	99.5	99.3	99.4	99.4	99.1	99.5
非家用纺织制成品制造	98.9	98.3	98.1	98.0	98.1	98.2	98.7
皮革、毛皮、羽毛及其制品和制鞋业	**98.6**	**99.2**	**98.5**	**98.1**	**98.0**	**98.4**	**99.1**
皮革鞣制加工	98.6	99.2	98.4	98.1	97.9	98.4	99.1
羽毛(绒)加工及制品制造	98.9	99.4	99.3	98.6	98.8	98.9	98.9
木材加工和木、竹、藤、棕、草制品业	**102.4**	**102.1**	**102.3**	**102.6**	**102.4**	**102.7**	**103.0**
木材加工	102.7	102.6	102.6	103.1	103.2	103.3	103.7
人造板制造	101.8	100.7	101.9	102.1	101.1	101.8	102.0
木制品制造	101.9	101.0	101.1	100.9	100.3	100.6	100.6
竹、藤、棕、草等制品制造	101.6	100.0	100.7	101.1	100.4	101.6	101.6
造纸和纸制品业	**100.0**	**99.7**	**99.6**	**99.7**	**99.4**	**99.3**	**99.0**
纸浆制造	95.9	99.8	98.3	97.6	96.2	95.9	95.3
造纸	100.6	99.3	99.6	99.5	99.6	99.2	100.1
纸制品制造	101.5	100.3	100.3	101.4	101.1	101.7	99.8
印刷和记录媒介复制业	**102.0**	**100.6**	**102.4**	**101.5**	**102.7**	**103.7**	**104.6**
印刷	102.0	100.6	102.4	101.5	102.7	103.7	104.6
石油加工、炼焦和核燃料加工业	**96.9**	**95.5**	**94.6**	**92.9**	**93.8**	**93.7**	**94.0**
精炼石油产品制造	95.7	96.2	94.4	93.1	95.5	94.9	95.3
炼焦	98.2	94.6	94.7	92.7	91.8	92.4	92.5
化学原料和化学制品制造业	**98.2**	**96.0**	**96.6**	**96.1**	**96.7**	**96.3**	**96.1**
基础化学原料制造	97.7	96.5	97.3	96.2	96.2	95.5	95.2
肥料制造	94.7	100.7	98.9	97.6	97.2	96.3	95.4
农药制造	94.0	93.8	94.0	94.8	93.7	92.7	93.1
涂料、油墨、颜料及类似产品制造	102.0	97.9	99.7	99.6	99.9	99.8	101.5
合成材料制造	98.2	92.8	93.0	93.8	96.1	95.9	95.1
专用化学产品制造	98.4	93.8	93.6	95.6	97.8	98.6	99.6
炸药、火工及焰火产品制造	100.1	99.3	99.0	98.6	99.4	99.7	100.2
日用化学产品制造	100.7	100.4	100.2	100.3	99.6	100.1	100.2

3-26 续表 3

(上年同月=100)

类　别	7月	8月	9月	10月	11月	12月
食品制造业	**98.8**	**98.0**	**98.5**	**98.9**	**99.2**	**98.7**
乳制品制造	99.0	98.9	99.8	100.2	101.6	99.6
调味品、发酵制品制造	95.5	91.3	91.8	93.0	91.4	93.0
其他食品制造	100.0	100.0	100.0	100.0	100.0	100.0
酒、饮料和精制茶制造业	**95.7**	**98.8**	**99.9**	**99.3**	**99.7**	**98.5**
酒的制造	98.8	98.6	98.8	98.8	98.9	99.1
饮料制造	87.8	98.1	101.5	99.8	101.0	97.1
精制茶加工	102.4	103.1	102.2	100.7	100.2	99.6
烟草制品业	**112.0**	**112.0**	**112.0**	**112.0**	**112.0**	**112.0**
烟叶复烤	112.1	112.1	112.1	112.1	112.1	112.1
其他烟草制品制造	98.5	98.5	98.5	98.5	98.5	98.5
纺织业	**99.4**	**99.7**	**100.5**	**104.7**	**104.6**	**105.3**
棉纺织及印染精加工	99.0	99.1	99.7	104.3	103.9	104.8
毛纺织及染整精加工	105.8	103.8	108.0	115.6	116.5	120.9
麻纺织及染整精加工	99.1	98.2	99.4	99.3	99.4	100.0
丝绢纺织及印染精加工	101.7	103.2	104.6	106.3	107.6	107.2
非家用纺织制成品制造	99.0	99.6	99.8	99.3	100.0	100.0
皮革、毛皮、羽毛及其制品和制鞋业	**98.7**	**98.9**	**99.3**	**98.7**	**98.6**	**98.2**
皮革鞣制加工	98.7	98.9	99.4	98.6	98.6	98.1
羽毛(绒)加工及制品制造	98.9	98.9	98.9	98.9	98.9	98.8
木材加工和木、竹、藤、棕、草制品业	**102.5**	**102.4**	**101.7**	**102.2**	**102.4**	**102.6**
木材加工	103.0	102.8	101.6	101.8	102.1	102.2
人造板制造	101.9	101.2	101.7	102.2	102.4	102.7
木制品制造	100.4	101.7	101.9	104.4	104.2	105.3
竹、藤、棕、草等制品制造	101.7	102.2	102.3	102.6	102.6	102.0
造纸和纸制品业	**99.5**	**99.3**	**99.4**	**100.0**	**101.0**	**103.4**
纸浆制造	94.7	93.9	94.8	95.6	93.9	95.0
造纸	100.2	100.3	100.1	100.7	102.3	106.5
纸制品制造	101.5	101.2	101.2	101.8	103.5	104.0
印刷和记录媒介复制业	**105.1**	**103.2**	**101.3**	**100.7**	**99.2**	**99.7**
印刷	105.1	103.2	101.3	100.7	99.2	99.7
石油加工、炼焦和核燃料加工业	**93.2**	**93.9**	**96.7**	**100.3**	**104.8**	**109.4**
精炼石油产品制造	94.5	95.2	95.9	96.1	96.9	100.2
炼焦	91.6	92.4	97.6	105.4	114.3	120.5
化学原料和化学制品制造业	**97.4**	**98.0**	**98.2**	**99.7**	**102.5**	**105.0**
基础化学原料制造	96.8	97.0	97.0	98.7	102.1	104.7
肥料制造	94.5	93.2	90.7	91.2	91.7	89.8
农药制造	93.1	93.4	93.1	93.1	94.3	99.0
涂料、油墨、颜料及类似产品制造	101.4	102.6	103.0	104.5	105.9	108.6
合成材料制造	96.7	99.0	100.6	102.6	104.9	108.8
专用化学产品制造	100.5	100.0	99.8	98.5	101.6	102.1
炸药、火工及焰火产品制造	100.6	100.6	100.7	100.9	100.8	100.9
日用化学产品制造	100.6	101.0	101.1	101.3	101.5	101.7

3-26 续表 4

(上年同月＝100)

类 别	全年	1月	2月	3月	4月	5月	6月
医药制造业	**96.3**	**98.6**	**98.4**	**97.9**	**96.9**	**95.1**	**94.8**
化学药品原料药制造	95.8	98.3	98.0	97.5	96.2	94.5	94.3
中成药生产	98.4	102.3	102.3	101.9	104.6	98.7	97.0
兽用药品制造	100.9	99.6	99.6	99.6	99.6	100.4	100.4
生物药品制造	99.5	100.6	100.8	102.1	99.4	99.2	99.0
化学纤维制造业	**89.1**	**88.9**	**92.2**	**89.8**	**88.0**	**88.1**	**87.9**
纤维素纤维原料及纤维制造	100.6	96.6	96.8	100.4	100.7	97.3	97.1
合成纤维制造	88.5	88.5	91.9	89.2	87.2	87.5	87.3
橡胶和塑料制品业	**97.8**	**93.3**	**94.3**	**94.7**	**96.7**	**95.8**	**95.1**
橡胶制品业	96.3	95.3	96.3	95.3	93.8	94.5	94.5
塑料制品业	98.0	93.1	94.1	94.7	97.0	95.9	95.2
非金属矿物制品业	**97.5**	**95.6**	**95.6**	**95.3**	**95.6**	**96.2**	**95.8**
水泥、石灰和石膏制造	95.3	91.8	92.1	92.6	92.8	94.0	93.6
砖瓦、石材等建筑材料制造	98.9	101.1	100.0	100.0	100.0	100.0	99.2
玻璃制造	109.8	116.7	117.7	118.0	119.6	115.2	110.8
玻璃制品制造	103.8	106.3	106.3	102.4	102.4	102.4	102.2
玻璃纤维和玻璃纤维增强塑料制品制造	100.3	98.4	98.3	99.1	98.0	98.0	97.9
陶瓷制品制造	100.0	100.0	100.0	100.0	100.0	100.0	100.0
耐火材料制品制造	99.7	99.3	99.4	99.7	100.0	100.0	100.0
石墨及其他非金属矿物制品制造	98.7	98.5	97.9	97.5	98.2	97.1	97.0
黑色金属冶炼和压延加工业	**99.1**	**90.5**	**90.8**	**92.4**	**96.0**	**98.2**	**98.8**
炼铁	99.2	87.4	88.8	89.3	93.7	96.0	98.5
炼钢	96.7	89.6	89.3	91.1	95.0	97.1	96.6
黑色金属铸造	98.6	97.8	98.0	98.1	98.2	98.0	98.0
钢压延加工	100.1	90.7	91.2	93.2	96.9	99.4	100.0
铁合金冶炼	95.4	91.5	88.9	87.8	88.9	90.0	93.2
有色金属冶炼和压延加工业	**97.3**	**91.3**	**92.1**	**92.2**	**93.6**	**93.7**	**94.2**
常用有色金属冶炼	96.6	90.5	91.5	92.5	92.9	92.7	92.8
贵金属冶炼	129.6	105.3	107.6	112.4	115.5	119.2	122.1
稀有稀土金属冶炼	102.0	91.8	91.3	90.6	97.4	101.8	100.8
有色金属合金制造	99.4	95.0	95.0	95.7	95.2	94.9	97.5
有色金属压延加工	96.4	91.6	92.3	90.7	93.4	93.3	94.4
金属制品业	**97.3**	**96.3**	**96.8**	**96.7**	**96.7**	**96.1**	**95.4**
结构性金属制品制造	99.8	97.4	97.4	98.4	98.6	99.9	86.4
集装箱及金属包装容器制造	99.1	100.0	100.0	100.1	99.6	97.8	98.0
金属丝绳及其制品制造	96.0	93.1	94.0	93.9	94.2	94.2	93.7
建筑、安全用金属制品制造	99.5	100.0	99.7	97.2	95.8	96.2	97.2
金属制日用品制造	109.0	99.9	99.8	101.0	104.5	109.2	110.0
其他金属制品制造	97.6	99.3	99.1	98.5	98.3	98.3	96.5
通用设备制造业	**97.6**	**99.1**	**98.1**	**97.5**	**96.8**	**94.8**	**96.9**
锅炉及原动设备制造	96.3	99.0	97.9	96.8	95.7	92.2	95.1

3-26 续表 5

(上年同月＝100)

类 别	7月	8月	9月	10月	11月	12月
医药制造业	**94.9**	**95.6**	**95.2**	**95.3**	**96.1**	**96.2**
化学药品原料药制造	94.3	95.1	94.8	94.9	95.9	95.9
中成药生产	96.2	95.9	94.7	96.2	95.5	95.9
兽用药品制造	102.5	103.4	103.4	100.9	100.9	100.9
生物药品制造	98.9	98.8	98.8	98.8	98.8	98.6
化学纤维制造业	**84.0**	**88.1**	**89.3**	**91.2**	**89.2**	**93.8**
纤维素纤维原料及纤维制造	99.0	99.6	101.8	101.8	107.4	109.1
合成纤维制造	83.1	87.5	88.6	90.5	88.1	92.8
橡胶和塑料制品业	**95.9**	**97.7**	**99.7**	**101.0**	**104.0**	**106.6**
橡胶制品业	93.6	94.5	96.9	98.1	101.2	101.4
塑料制品业	96.1	98.0	99.9	101.3	104.3	107.0
非金属矿物制品业	**96.4**	**95.6**	**96.5**	**97.4**	**103.1**	**107.1**
水泥、石灰和石膏制造	94.5	93.3	94.3	95.1	103.1	107.6
砖瓦、石材等建筑材料制造	98.0	97.2	97.6	97.6	98.6	97.6
玻璃制造	106.2	104.7	105.4	103.8	102.7	102.0
玻璃制品制造	102.2	102.3	102.5	104.0	106.3	106.3
玻璃纤维和玻璃纤维增强塑料制品制造	98.6	99.9	100.1	101.6	107.1	107.0
陶瓷制品制造	100.0	100.0	100.0	100.0	100.0	100.0
耐火材料制品制造	100.0	100.0	99.7	99.2	99.2	99.5
石墨及其他非金属矿物制品制造	96.7	96.4	97.6	99.2	99.8	108.7
黑色金属冶炼和压延加工业	**99.7**	**101.2**	**102.6**	**103.9**	**106.7**	**110.4**
炼铁	101.4	103.8	105.8	107.0	109.1	112.2
炼钢	97.9	100.0	102.4	99.9	100.8	102.6
黑色金属铸造	98.1	98.4	98.7	99.1	100.5	100.6
钢压延加工	100.5	101.7	102.9	105.2	108.5	113.1
铁合金冶炼	95.3	96.5	96.7	100.7	106.6	110.1
有色金属冶炼和压延加工业	**95.8**	**97.7**	**99.2**	**101.5**	**106.3**	**111.6**
常用有色金属冶炼	93.9	95.4	97.9	100.8	106.7	113.1
贵金属冶炼	152.7	154.0	147.9	135.8	144.8	145.4
稀有稀土金属冶炼	102.6	104.8	108.4	109.3	112.9	115.5
有色金属合金制造	99.5	100.0	100.9	104.2	107.3	109.0
有色金属压延加工	96.0	98.6	98.2	100.0	103.1	107.4
金属制品业	**96.7**	**96.9**	**97.2**	**98.1**	**100.3**	**101.2**
结构性金属制品制造	98.3	98.4	98.2	99.4	110.5	114.4
集装箱及金属包装容器制造	99.1	98.0	98.0	99.9	99.9	98.8
金属丝绳及其制品制造	95.0	96.1	96.6	97.1	101.0	103.2
建筑、安全用金属制品制造	99.9	99.9	99.9	101.3	102.5	104.2
金属制日用品制造	110.7	111.6	112.1	112.3	112.3	124.8
其他金属制品制造	96.5	96.6	96.8	96.7	97.4	97.6
通用设备制造业	**97.4**	**99.7**	**98.3**	**93.5**	**98.9**	**100.1**
锅炉及原动设备制造	96.0	99.5	97.2	89.9	98.1	99.6

3-26 续表 6

（上年同月＝100）

类　　别	全年	1月	2月	3月	4月	5月	6月
泵、阀门、压缩机及类似机械制造	99.1	99.9	99.6	99.5	99.4	99.6	99.3
轴承、齿轮和传动部件制造	99.8	98.7	97.0	97.9	97.8	99.2	100.6
烘炉、风机、衡器、包装等设备制造	100.0	100.0	100.0	100.0	100.0	100.0	100.0
通用零部件制造	104.8	100.3	100.8	101.3	102.0	102.9	103.5
专用设备制造业	**98.6**	**99.8**	**100.1**	**100.0**	**98.5**	**99.3**	**98.7**
环保、社会公共服务及其他专用设备制造	98.6	99.8	100.1	100.0	98.5	99.3	98.7
汽车制造业	**98.7**	**99.3**	**99.2**	**99.1**	**99.1**	**100.0**	**99.9**
汽车整车制造	98.8	100.0	99.2	99.2	99.2	99.2	99.2
汽车车身、挂车制造	100.0	100.0	100.0	100.0	100.0	100.0	100.0
汽车零部件及配件制造	98.7	99.2	99.2	99.1	99.0	100.2	100.0
铁路、船舶、航空航天和其他运输设备制造业	**86.8**	**82.3**	**82.7**	**83.8**	**84.6**	**86.5**	**85.5**
铁路运输设备制造	100.0	100.0	100.0	100.0	100.0	100.0	100.0
摩托车制造	84.8	79.8	80.2	81.4	82.4	84.5	83.4
电气机械和器材制造业	**98.3**	**96.1**	**97.5**	**98.3**	**97.4**	**96.8**	**96.8**
电机制造	101.3	100.9	100.9	100.0	101.4	101.4	101.2
输配电及控制设备制造	100.5	100.0	100.1	100.1	100.2	100.2	100.4
电线、电缆、光缆及电工器材制造	94.1	87.9	91.4	94.7	91.6	90.4	90.1
电池制造	98.5	100.6	101.1	99.2	98.7	97.2	97.6
照明器具制造	102.6	105.1	104.5	104.1	103.9	103.4	102.2
计算机、通信和其他电子设备制造业	**96.6**	**96.7**	**96.7**	**96.4**	**95.8**	**95.3**	**96.1**
计算机制造	97.9	98.4	98.1	98.1	98.0	96.7	96.9
通信设备制造	127.8	99.3	99.1	99.1	102.9	122.2	142.8
广播电视设备制造	105.8	101.1	101.1	101.1	101.9	107.1	108.2
电子器件制造	93.7	95.3	95.1	94.8	93.7	92.6	93.6
电子元件制造	100.4	98.4	98.7	98.5	98.4	98.6	99.1
其他电子设备制造	100.0	100.0	100.0	100.0	100.0	100.0	100.0
仪器仪表制造业	**101.4**	**100.0**	**100.0**	**100.0**	**99.2**	**102.0**	**102.0**
通用仪器仪表制造	101.4	100.0	100.0	100.0	99.2	102.0	102.0
光学仪器及眼镜制造	98.1	100.0	100.0	100.0	100.7	100.7	100.7
废弃资源综合利用业	**96.6**	**89.6**	**92.0**	**91.4**	**92.6**	**95.0**	**95.2**
金属废料和碎屑加工处理	97.8	89.6	91.6	91.3	93.8	96.6	97.0
非金属废料和碎屑加工处理	92.2	89.9	93.7	92.0	88.0	89.2	88.5
金属制品、机械和设备修理业	**128.9**	**100.0**	**100.0**	**124.0**	**132.0**	**132.0**	**120.0**
专用设备修理	128.9	100.0	100.0	124.0	132.0	132.0	120.0
电力、热力生产和供应业	**99.9**	**100.3**	**99.6**	**97.8**	**98.6**	**99.5**	**100.0**
电力供应	100.6	100.5	100.3	98.4	99.2	100.2	100.8
热力生产和供应	92.1	97.9	91.5	91.5	91.5	91.5	91.5
燃气生产和供应业	**84.0**	**83.7**	**82.3**	**82.1**	**82.5**	**82.5**	**82.7**
水的生产和供应业	**118.2**	**111.6**	**111.0**	**111.5**	**119.8**	**120.1**	**120.6**
自来水生产和供应	118.3	111.7	111.1	111.6	119.9	120.2	120.8
其他水的处理、利用与分配	101.6	102.8	103.7	103.6	103.6	100.9	101.6

3-26 续表 7

（上年同月=100）

类　别	7月	8月	9月	10月	11月	12月
泵、阀门、压缩机及类似机械制造	99.2	99.0	99.0	98.1	98.1	98.1
轴承、齿轮和传动部件制造	100.0	100.8	101.0	101.1	101.2	102.6
烘炉、风机、衡器、包装等设备制造	100.0	100.0	100.0	100.0	100.0	100.0
通用零部件制造	104.1	104.7	105.0	108.8	111.8	112.5
专用设备制造业	**98.5**	**98.0**	**97.2**	**97.5**	**97.7**	**98.0**
环保、社会公共服务及其他专用设备制造	98.5	98.0	97.2	97.5	97.7	98.0
汽车制造业	**99.6**	**97.8**	**97.5**	**97.6**	**97.8**	**98.0**
汽车整车制造	99.2	99.2	97.8	97.8	97.8	97.8
汽车车身、挂车制造	100.0	100.0	100.0	100.0	100.0	100.0
汽车零部件及配件制造	99.6	97.5	97.5	97.6	97.8	98.0
铁路、船舶、航空航天和其他运输设备制造业	**86.0**	**87.2**	**87.4**	**88.3**	**88.3**	**101.3**
铁路运输设备制造	100.0	100.0	100.0	100.0	100.0	100.0
摩托车制造	83.9	85.3	85.5	86.5	86.5	101.5
电气机械和器材制造业	**96.9**	**98.4**	**98.5**	**99.1**	**100.6**	**103.8**
电机制造	101.2	101.2	101.9	101.9	101.4	101.7
输配电及控制设备制造	100.5	100.7	100.9	101.1	101.1	101.2
电线、电缆、光缆及电工器材制造	90.3	94.2	94.1	95.5	100.2	110.1
电池制造	97.7	97.7	97.8	97.9	98.1	98.4
照明器具制造	101.5	101.1	101.5	101.5	101.6	100.6
计算机、通信和其他电子设备制造业	**96.0**	**96.8**	**96.9**	**96.8**	**97.3**	**98.5**
计算机制造	97.1	97.2	98.6	98.6	98.6	98.6
通信设备制造	144.1	145.4	145.4	145.4	145.4	142.6
广播电视设备制造	108.2	108.2	108.2	108.2	108.2	108.2
电子器件制造	93.4	93.7	92.6	92.1	92.6	94.4
电子元件制造	99.3	100.9	102.6	103.0	103.7	104.0
其他电子设备制造	100.0	100.0	100.0	100.0	100.0	100.0
仪器仪表制造业	**101.9**	**101.9**	**101.9**	**101.9**	**103.9**	**101.9**
通用仪器仪表制造	102.0	102.0	102.0	102.0	104.0	102.0
光学仪器及眼镜制造	96.2	96.2	96.2	95.7	95.7	95.7
废弃资源综合利用业	**97.2**	**97.9**	**97.4**	**99.2**	**103.7**	**109.7**
金属废料和碎屑加工处理	99.0	99.6	98.7	100.8	105.9	111.5
非金属废料和碎屑加工处理	90.1	91.5	92.4	93.1	95.4	103.0
金属制品、机械和设备修理业	**124.0**	**132.0**	**132.0**	**135.2**	**144.0**	**172.0**
专用设备修理	124.0	132.0	132.0	135.2	144.0	172.0
电力、热力生产和供应业	**100.0**	**99.7**	**99.6**	**104.3**	**99.5**	**99.7**
电力供应	100.7	100.5	100.3	105.5	100.2	100.5
热力生产和供应	92.0	91.5	91.5	91.5	91.5	91.5
燃气生产和供应业	**82.8**	**83.5**	**83.5**	**83.4**	**83.7**	**96.3**
水的生产和供应业	**120.6**	**120.5**	**120.7**	**120.4**	**120.5**	**120.5**
自来水生产和供应	120.7	120.6	120.8	120.5	120.6	120.7
其他水的处理、利用与分配	100.6	100.6	100.6	100.6	100.4	100.4

3-27 分行业工业生产者购进价格环比指数(2016年)

(上月=100)

类 别	1月	2月	3月	4月	5月	6月
总指数	**96.2**	**96.4**	**96.2**	**96.8**	**97.2**	**97.6**
农业	**95.4**	**95.6**	**96.0**	**95.3**	**95.2**	**96.3**
谷物种植	92.7	93.1	92.4	91.1	91.4	93.1
豆类、油料和薯类种植	94.3	93.8	93.6	93.9	94.3	95.7
棉、麻、糖、烟草种植	98.3	98.2	99.6	97.7	99.0	100.2
蔬菜、食用菌及园艺作物种植	103.2	103.6	104.2	103.6	103.4	101.5
水果种植	98.0	98.6	102.1	102.5	99.1	100.3
坚果、含油果、香料和饮料作物种植	97.6	97.6	103.9	105.5	105.5	100.8
中药材种植	106.5	107.5	107.0	107.9	107.4	107.3
其他农业	92.6	92.8	92.9	93.1	92.0	89.9
林业	**98.0**	**98.1**	**98.1**	**97.1**	**95.7**	**98.9**
木材和竹材采运	99.4	99.6	99.3	97.8	95.8	97.8
林产品采集	94.6	94.7	95.1	95.3	95.3	101.9
畜牧业	**108.2**	**108.7**	**109.6**	**109.8**	**108.5**	**106.4**
牲畜饲养	121.0	121.8	126.5	126.1	122.5	117.7
家禽饲养	97.2	97.6	94.5	94.7	94.9	94.8
其他畜牧业	93.3	93.4	94.3	94.6	94.6	95.5
煤炭开采和洗选业	**92.2**	**92.0**	**91.5**	**91.6**	**92.4**	**92.1**
烟煤和无烟煤开采洗选	92.2	92.1	91.6	91.6	92.4	92.1
其他煤炭采选	91.2	91.2	88.9	90.9	91.2	93.5
石油和天然气开采业	**101.9**	**100.5**	**97.4**	**96.8**	**99.5**	**101.5**
石油开采	107.1	104.0	105.8	103.8	109.5	113.2
天然气开采	97.6	97.6	90.3	90.5	90.5	90.4
黑色金属矿采选业	**91.3**	**91.9**	**93.9**	**94.6**	**96.1**	**97.1**
铁矿采选	91.0	91.7	93.9	94.6	96.3	97.3
锰矿、铬矿采选	95.6	95.4	95.1	94.6	93.7	94.6
有色金属矿采选业	**92.9**	**95.0**	**96.0**	**100.8**	**100.0**	**100.0**
常用有色金属矿采选	87.5	89.2	91.0	93.2	92.4	92.9
稀有稀土金属矿采选	101.9	104.8	104.4	113.7	112.9	112.1
非金属矿采选业	**98.8**	**98.8**	**98.9**	**96.9**	**95.9**	**95.9**
土砂石开采	99.2	99.3	99.3	98.6	97.0	97.1
化学矿开采	98.7	98.0	98.3	92.4	91.9	91.5
采盐	100.0	100.4	100.9	99.9	100.0	100.3
石棉及其他非金属矿采选	96.1	96.2	96.3	96.3	96.3	96.4
农副食品加工业	**98.2**	**98.2**	**99.0**	**99.0**	**97.7**	**99.8**
谷物磨制	100.5	100.5	99.5	99.7	100.7	101.6
饲料加工	86.3	89.5	91.3	99.5	98.8	101.7
植物油加工	98.7	98.7	101.7	107.2	98.9	106.1
制糖业	112.9	111.0	110.4	107.9	100.1	100.6
屠宰及肉类加工	95.4	95.5	96.7	95.1	95.5	97.1
水产品加工	88.2	89.9	87.3	90.8	85.5	89.4
蔬菜、水果和坚果加工	89.5	89.5	92.0	93.6	93.5	94.7
其他农副食品加工	98.2	98.4	98.4	97.5	98.0	97.5

3-27 续表 1

（上月＝100）

类 别	7月	8月	9月	10月	11月	12月
总指数	**98.0**	**98.6**	**99.4**	**100.8**	**102.9**	**105.9**
农业	**96.8**	**97.6**	**98.0**	**98.5**	**100.5**	**103.6**
谷物种植	93.3	93.6	94.1	94.8	97.1	98.9
豆类、油料和薯类种植	97.0	99.3	99.8	99.1	101.1	102.3
棉、麻、糖、烟草种植	102.9	105.8	106.0	107.1	109.4	122.8
蔬菜、食用菌及园艺作物种植	102.1	99.7	98.2	98.8	98.1	97.8
水果种植	100.2	101.1	103.3	102.9	106.9	111.2
坚果、含油果、香料和饮料作物种植	100.6	101.4	101.5	101.8	102.2	102.4
中药材种植	102.3	102.3	101.7	102.6	101.9	103.5
其他农业	97.8	96.6	96.7	96.9	96.0	96.3
林业	**100.1**	**99.1**	**98.8**	**98.3**	**99.5**	**99.9**
木材和竹材采运	99.0	98.2	98.5	97.8	98.6	99.1
林产品采集	103.0	101.2	99.5	99.7	101.7	101.9
畜牧业	**104.0**	**99.4**	**99.5**	**99.3**	**101.4**	**102.8**
牲畜饲养	111.3	102.6	102.0	101.3	102.4	102.0
家禽饲养	95.9	95.7	96.6	96.7	100.2	104.0
其他畜牧业	97.9	96.3	97.8	98.7	100.7	102.7
煤炭开采和洗选业	**93.4**	**95.2**	**97.8**	**103.0**	**113.9**	**123.1**
烟煤和无烟煤开采洗选	93.4	95.3	97.9	103.3	114.2	123.2
其他煤炭采选	94.3	92.4	93.7	95.2	104.5	118.9
石油和天然气开采业	**105.2**	**105.5**	**104.8**	**105.0**	**105.1**	**110.5**
石油开采	121.0	121.6	120.5	121.0	121.6	128.9
天然气开采	90.7	90.5	90.2	90.2	89.8	93.0
黑色金属矿采选业	**98.4**	**97.3**	**101.6**	**105.2**	**105.2**	**107.6**
铁矿采选	98.6	97.3	101.8	105.6	105.1	107.5
锰矿、铬矿采选	95.9	97.3	97.8	99.5	106.3	109.2
有色金属矿采选业	**101.8**	**105.1**	**106.6**	**108.4**	**112.3**	**118.5**
常用有色金属矿采选	97.5	103.3	106.1	109.2	115.5	126.3
稀有稀土金属矿采选	109.0	108.1	107.2	107.2	107.5	106.6
非金属矿采选业	**95.9**	**96.0**	**95.9**	**95.7**	**95.9**	**96.2**
土砂石开采	97.3	97.4	97.4	97.1	97.3	97.7
化学矿开采	91.6	91.7	91.5	91.0	90.8	90.7
采盐	98.8	99.4	99.5	99.7	100.8	102.4
石棉及其他非金属矿采选	96.0	95.9	95.8	95.8	96.0	95.9
农副食品加工业	**97.6**	**97.6**	**98.3**	**100.1**	**100.0**	**101.1**
谷物磨制	100.1	100.4	100.3	102.6	102.4	101.4
饲料加工	101.7	109.8	112.3	109.3	109.5	135.1
植物油加工	101.1	100.6	101.3	102.1	99.9	104.0
制糖业	102.9	105.9	107.0	107.7	109.5	114.1
屠宰及肉类加工	94.1	93.3	94.2	96.4	96.5	96.1
水产品加工	94.1	89.4	98.4	101.6	111.3	110.5
蔬菜、水果和坚果加工	95.7	95.4	95.5	98.2	99.6	100.5
其他农副食品加工	98.4	99.4	99.9	100.5	101.5	103.0

3-27 续表 2

(上月=100)

类　　别	1月	2月	3月	4月	5月	6月
食品制造业	**98.6**	**97.0**	**96.9**	**97.6**	**98.2**	**98.4**
乳制品制造	98.6	95.3	95.0	96.7	98.6	98.7
调味品、发酵制品制造	95.0	94.8	94.7	94.0	92.9	93.7
其他食品制造	100.2	100.2	100.2	100.2	100.2	100.2
酒、饮料和精制茶制造业	**94.6**	**96.0**	**96.1**	**96.1**	**96.0**	**96.1**
酒的制造	99.3	99.4	99.2	99.3	99.2	99.3
饮料制造	83.8	87.9	87.8	87.8	87.8	87.8
精制茶加工	101.9	101.5	103.1	103.2	103.0	102.8
烟草制品业	**112.0**	**112.0**	**112.0**	**112.0**	**112.0**	**112.0**
烟叶复烤	112.1	112.1	112.1	112.1	112.1	112.1
其他烟草制品制造	100.0	100.0	100.0	100.0	100.0	100.0
纺织业	**97.1**	**97.5**	**97.3**	**97.6**	**98.1**	**98.3**
棉纺织及印染精加工	96.4	97.0	96.7	97.2	97.7	98.0
毛纺织及染整精加工	110.4	110.7	108.6	102.4	107.0	107.0
麻纺织及染整精加工	99.3	98.8	98.9	99.0	99.4	99.1
丝绢纺织及印染精加工	99.5	99.3	99.4	99.4	99.1	99.5
非家用纺织制成品制造	98.3	98.1	98.0	98.1	98.2	98.7
皮革、毛皮、羽毛及其制品和制鞋业	**99.2**	**98.5**	**98.1**	**98.0**	**98.4**	**99.1**
皮革鞣制加工	99.2	98.4	98.1	97.9	98.4	99.1
羽毛(绒)加工及制品制造	99.4	99.3	98.6	98.8	98.9	98.9
木材加工和木、竹、藤、棕、草制品业	**102.1**	**102.3**	**102.6**	**102.4**	**102.7**	**103.0**
木材加工	102.6	102.6	103.1	103.2	103.3	103.7
人造板制造	100.7	101.9	102.1	101.1	101.8	102.0
木制品制造	101.0	101.1	100.9	100.3	100.6	100.6
竹、藤、棕、草等制品制造	100.0	100.7	101.1	100.4	101.6	101.6
造纸和纸制品业	**99.7**	**99.6**	**99.7**	**99.4**	**99.3**	**99.0**
纸浆制造	99.8	98.3	97.6	96.2	95.9	95.3
造纸	99.3	99.6	99.5	99.6	99.2	100.1
纸制品制造	100.3	100.3	101.4	101.1	101.7	99.8
印刷和记录媒介复制业	**100.6**	**102.4**	**101.5**	**102.7**	**103.7**	**104.6**
印刷	100.6	102.4	101.5	102.7	103.7	104.6
石油加工、炼焦和核燃料加工业	**95.5**	**94.6**	**92.9**	**93.8**	**93.7**	**94.0**
精炼石油产品制造	96.2	94.4	93.1	95.5	94.9	95.3
炼焦	94.6	94.7	92.7	91.8	92.4	92.5
化学原料和化学制品制造业	**96.0**	**96.6**	**96.1**	**96.7**	**96.3**	**96.1**
基础化学原料制造	96.5	97.3	96.2	96.2	95.5	95.2
肥料制造	100.7	98.9	97.6	97.2	96.3	95.4
农药制造	93.8	94.0	94.8	93.7	92.7	93.1
涂料、油墨、颜料及类似产品制造	97.9	99.7	99.6	99.9	99.8	101.5
合成材料制造	92.8	93.0	93.8	96.1	95.9	95.1
专用化学产品制造	93.8	93.6	95.6	97.8	98.6	99.6
炸药、火工及焰火产品制造	99.3	99.0	98.6	99.4	99.7	100.2
日用化学产品制造	100.4	100.2	100.3	99.6	100.1	100.2

3-27 续表 3

(上月=100)

类 别	7月	8月	9月	10月	11月	12月
食品制造业	**98.8**	**98.0**	**98.5**	**98.9**	**99.2**	**98.7**
乳制品制造	99.0	98.9	99.8	100.2	101.6	99.6
调味品、发酵制品制造	95.5	91.3	91.8	93.0	91.4	93.0
其他食品制造	100.0	100.0	100.0	100.0	100.0	100.0
酒、饮料和精制茶制造业	**95.7**	**98.8**	**99.9**	**99.3**	**99.7**	**98.5**
酒的制造	98.8	98.6	98.8	98.8	98.9	99.1
饮料制造	87.8	98.1	101.5	99.8	101.0	97.1
精制茶加工	102.4	103.1	102.2	100.7	100.2	99.6
烟草制品业	**112.0**	**112.0**	**112.0**	**112.0**	**112.0**	**112.0**
烟叶复烤	112.1	112.1	112.1	112.1	112.1	112.1
其他烟草制品制造	98.5	98.5	98.5	98.5	98.5	98.5
纺织业	**99.4**	**99.7**	**100.5**	**104.7**	**104.6**	**105.3**
棉纺织及印染精加工	99.0	99.1	99.7	104.3	103.9	104.8
毛纺织及染整精加工	105.8	103.8	108.0	115.6	116.5	120.9
麻纺织及染整精加工	99.1	98.2	99.4	99.3	99.4	100.0
丝绢纺织及印染精加工	101.7	103.2	104.6	106.3	107.6	107.2
非家用纺织制成品制造	99.0	99.6	99.8	99.3	100.0	100.0
皮革、毛皮、羽毛及其制品和制鞋业	**98.7**	**98.9**	**99.3**	**98.7**	**98.6**	**98.2**
皮革鞣制加工	98.7	98.9	99.4	98.6	98.6	98.1
羽毛(绒)加工及制品制造	98.9	98.9	98.9	98.9	98.9	98.8
木材加工和木、竹、藤、棕、草制品业	**102.5**	**102.4**	**101.7**	**102.2**	**102.4**	**102.6**
木材加工	103.0	102.8	101.6	101.8	102.1	102.2
人造板制造	101.9	101.2	101.7	102.2	102.4	102.7
木制品制造	100.4	101.7	101.9	104.4	104.2	105.3
竹、藤、棕、草等制品制造	101.7	102.2	102.3	102.6	102.6	102.0
造纸和纸制品业	**99.5**	**99.3**	**99.4**	**100.0**	**101.0**	**103.4**
纸浆制造	94.7	93.9	94.8	95.6	93.9	95.0
造纸	100.2	100.3	100.1	100.7	102.3	106.5
纸制品制造	101.5	101.2	101.2	101.8	103.5	104.0
印刷和记录媒介复制业	**105.1**	**103.2**	**101.3**	**100.7**	**99.2**	**99.7**
印刷	105.1	103.2	101.3	100.7	99.2	99.7
石油加工、炼焦和核燃料加工业	**93.2**	**93.9**	**96.7**	**100.3**	**104.8**	**109.4**
精炼石油产品制造	94.5	95.2	95.9	96.1	96.9	100.2
炼焦	91.6	92.4	97.6	105.4	114.3	120.5
化学原料和化学制品制造业	**97.4**	**98.0**	**98.2**	**99.7**	**102.5**	**105.0**
基础化学原料制造	96.8	97.0	97.0	98.7	102.1	104.7
肥料制造	94.5	93.2	90.7	91.2	91.7	89.8
农药制造	93.1	93.4	93.1	93.1	94.3	99.0
涂料、油墨、颜料及类似产品制造	101.4	102.6	103.0	104.5	105.9	108.6
合成材料制造	96.7	99.0	100.6	102.6	104.9	108.8
专用化学产品制造	100.5	100.0	99.8	98.5	101.6	102.1
炸药、火工及焰火产品制造	100.6	100.6	100.7	100.9	100.8	100.9
日用化学产品制造	100.6	101.0	101.1	101.3	101.5	101.7

3-27 续表 4

(上月＝100)

类　别	1月	2月	3月	4月	5月	6月
医药制造业	**98.6**	**98.4**	**97.9**	**96.9**	**95.1**	**94.8**
化学药品原料药制造	98.3	98.0	97.5	96.2	94.5	94.3
中成药生产	102.3	102.3	101.9	104.6	98.7	97.0
兽用药品制造	99.6	99.6	99.6	99.6	100.4	100.4
生物药品制造	100.6	100.8	102.1	99.4	99.2	99.0
化学纤维制造业	**88.9**	**92.2**	**89.8**	**88.0**	**88.1**	**87.9**
纤维素纤维原料及纤维制造	96.6	96.8	100.4	100.7	97.3	97.1
合成纤维制造	88.5	91.9	89.2	87.2	87.5	87.3
橡胶和塑料制品业	**93.3**	**94.3**	**94.7**	**96.7**	**95.8**	**95.1**
橡胶制品业	95.3	96.3	95.3	93.8	94.5	94.5
塑料制品业	93.1	94.1	94.7	97.0	95.9	95.2
非金属矿物制品业	**95.6**	**95.6**	**95.3**	**95.6**	**96.2**	**95.8**
水泥、石灰和石膏制造	91.8	92.1	92.6	92.8	94.0	93.6
砖瓦、石材等建筑材料制造	101.1	100.0	100.0	100.0	100.0	99.2
玻璃制造	116.7	117.7	118.0	119.6	115.2	110.8
玻璃制品制造	106.3	106.3	102.4	102.4	102.4	102.2
玻璃纤维和玻璃纤维增强塑料制品制造	98.4	98.3	99.1	98.0	98.0	97.9
陶瓷制品制造	100.0	100.0	100.0	100.0	100.0	100.0
耐火材料制品制造	99.3	99.4	99.7	100.0	100.0	100.0
石墨及其他非金属矿物制品制造	98.5	97.9	97.5	98.2	97.1	97.0
黑色金属冶炼和压延加工业	**90.5**	**90.8**	**92.4**	**96.0**	**98.2**	**98.8**
炼铁	87.4	88.8	89.3	93.7	96.0	98.5
炼钢	89.6	89.3	91.1	95.0	97.1	96.6
黑色金属铸造	97.8	98.0	98.1	98.2	98.0	98.0
钢压延加工	90.7	91.2	93.2	96.9	99.4	100.0
铁合金冶炼	91.5	88.9	87.8	88.9	90.0	93.2
有色金属冶炼和压延加工业	**91.3**	**92.1**	**92.2**	**93.6**	**93.7**	**94.2**
常用有色金属冶炼	90.5	91.5	92.5	92.9	92.7	92.8
贵金属冶炼	105.3	107.6	112.4	115.5	119.2	122.1
稀有稀土金属冶炼	91.8	91.3	90.6	97.4	101.8	100.8
有色金属合金制造	95.0	95.0	95.7	95.2	94.9	97.5
有色金属压延加工	91.6	92.3	90.7	93.4	93.3	94.4
金属制品业	**96.3**	**96.8**	**96.7**	**96.7**	**96.1**	**95.4**
结构性金属制品制造	97.4	97.4	98.4	98.6	99.9	86.4
集装箱及金属包装容器制造	100.0	100.0	100.1	99.6	97.8	98.0
金属丝绳及其制品制造	93.1	94.0	93.9	94.2	94.2	93.7
建筑、安全用金属制品制造	100.0	99.7	97.2	95.8	96.2	97.2
金属制日用品制造	99.9	99.8	101.0	104.5	109.2	110.0
其他金属制品制造	99.3	99.1	98.5	98.3	98.3	96.5
通用设备制造业	**99.1**	**98.1**	**97.5**	**96.8**	**94.8**	**96.9**
锅炉及原动设备制造	99.0	97.9	96.8	95.7	92.2	95.1

3-27 续表 5

（上月＝100）

类 别	7月	8月	9月	10月	11月	12月
医药制造业	**94.9**	**95.6**	**95.2**	**95.3**	**96.1**	**96.2**
化学药品原料药制造	94.3	95.1	94.8	94.9	95.9	95.9
中成药生产	96.2	95.9	94.7	96.2	95.5	95.9
兽用药品制造	102.5	103.4	103.4	100.9	100.9	100.9
生物药品制造	98.9	98.8	98.8	98.8	98.8	98.6
化学纤维制造业	**84.0**	**88.1**	**89.3**	**91.2**	**89.2**	**93.8**
纤维素纤维原料及纤维制造	99.0	99.6	101.8	101.8	107.4	109.1
合成纤维制造	83.1	87.5	88.6	90.5	88.1	92.8
橡胶和塑料制品业	**95.9**	**97.7**	**99.7**	**101.0**	**104.0**	**106.6**
橡胶制品业	93.6	94.5	96.9	98.1	101.2	101.4
塑料制品业	96.1	98.0	99.9	101.3	104.3	107.0
非金属矿物制品业	**96.4**	**95.6**	**96.5**	**97.4**	**103.1**	**107.1**
水泥、石灰和石膏制造	94.5	93.3	94.3	95.1	103.1	107.6
砖瓦、石材等建筑材料制造	98.0	97.2	97.6	97.6	98.6	97.6
玻璃制造	106.2	104.7	105.4	103.8	102.7	102.0
玻璃制品制造	102.2	102.3	102.5	104.0	106.3	106.3
玻璃纤维和玻璃纤维增强塑料制品制造	98.6	99.9	100.1	101.6	107.1	107.0
陶瓷制品制造	100.0	100.0	100.0	100.0	100.0	100.0
耐火材料制品制造	100.0	100.0	99.7	99.2	99.2	99.5
石墨及其他非金属矿物制品制造	96.7	96.4	97.6	99.2	99.8	108.7
黑色金属冶炼和压延加工业	**99.7**	**101.2**	**102.6**	**103.9**	**106.7**	**110.4**
炼铁	101.4	103.8	105.8	107.0	109.1	112.2
炼钢	97.9	100.0	102.4	99.9	100.8	102.6
黑色金属铸造	98.1	98.4	98.7	99.1	100.5	100.6
钢压延加工	100.5	101.7	102.9	105.2	108.5	113.1
铁合金冶炼	95.3	96.5	96.7	100.7	106.6	110.1
有色金属冶炼和压延加工业	**95.8**	**97.7**	**99.2**	**101.5**	**106.3**	**111.6**
常用有色金属冶炼	93.9	95.4	97.9	100.8	106.7	113.1
贵金属冶炼	152.7	154.0	147.9	135.8	144.8	145.4
稀有稀土金属冶炼	102.6	104.8	108.4	109.3	112.9	115.5
有色金属合金制造	99.5	100.0	100.9	104.2	107.3	109.0
有色金属压延加工	96.0	98.6	98.2	100.0	103.1	107.4
金属制品业	**96.7**	**96.9**	**97.2**	**98.1**	**100.3**	**101.2**
结构性金属制品制造	98.3	98.4	98.2	99.4	110.5	114.4
集装箱及金属包装容器制造	99.1	98.0	98.0	99.9	99.9	98.8
金属丝绳及其制品制造	95.0	96.1	96.6	97.1	101.0	103.2
建筑、安全用金属制品制造	99.9	99.9	99.9	101.3	102.5	104.2
金属制日用品制造	110.7	111.6	112.1	112.3	112.3	124.8
其他金属制品制造	96.5	96.6	96.8	96.7	97.4	97.6
通用设备制造业	**97.4**	**99.7**	**98.3**	**93.5**	**98.9**	**100.1**
锅炉及原动设备制造	96.0	99.5	97.2	89.9	98.1	99.6

3-27 续表 6

(上月＝100)

类　　别	1月	2月	3月	4月	5月	6月
泵、阀门、压缩机及类似机械制造	99.9	99.6	99.5	99.4	99.6	99.3
轴承、齿轮和传动部件制造	98.7	97.0	97.9	97.8	99.2	100.6
烘炉、风机、衡器、包装等设备制造	100.0	100.0	100.0	100.0	100.0	100.0
通用零部件制造	100.3	100.8	101.3	102.0	102.9	103.5
专用设备制造业	**99.8**	**100.1**	**100.0**	**98.5**	**99.3**	**98.7**
环保、社会公共服务及其他专用设备制造	99.8	100.1	100.0	98.5	99.3	98.7
汽车制造业	**99.3**	**99.2**	**99.1**	**99.1**	**100.0**	**99.9**
汽车整车制造	100.0	99.2	99.2	99.2	99.2	99.2
汽车车身、挂车制造	100.0	100.0	100.0	100.0	100.0	100.0
汽车零部件及配件制造	99.2	99.2	99.1	99.0	100.2	100.0
铁路、船舶、航空航天和其他运输设备制造业	**82.3**	**82.7**	**83.8**	**84.6**	**86.5**	**85.5**
铁路运输设备制造	100.0	100.0	100.0	100.0	100.0	100.0
摩托车制造	79.8	80.2	81.4	82.4	84.5	83.4
电气机械和器材制造业	**96.1**	**97.5**	**98.3**	**97.4**	**96.8**	**96.8**
电机制造	100.9	100.9	100.0	101.4	101.4	101.2
输配电及控制设备制造	100.0	100.1	100.1	100.2	100.2	100.4
电线、电缆、光缆及电工器材制造	87.9	91.4	94.7	91.6	90.4	90.1
电池制造	100.6	101.1	99.2	98.7	97.2	97.6
照明器具制造	105.1	104.5	104.1	103.9	103.4	102.2
计算机、通信和其他电子设备制造业	**96.7**	**96.7**	**96.4**	**95.8**	**95.3**	**96.1**
计算机制造	98.4	98.1	98.1	98.0	96.7	96.9
通信设备制造	99.3	99.1	99.1	102.9	122.2	142.8
广播电视设备制造	101.1	101.1	101.1	101.9	107.1	108.2
电子器件制造	95.3	95.1	94.8	93.7	92.6	93.6
电子元件制造	98.4	98.7	98.5	98.4	98.6	99.1
其他电子设备制造	100.0	100.0	100.0	100.0	100.0	100.0
仪器仪表制造业	**100.0**	**100.0**	**100.0**	**99.2**	**102.0**	**102.0**
通用仪器仪表制造	100.0	100.0	100.0	99.2	102.0	102.0
光学仪器及眼镜制造	100.0	100.0	100.0	100.7	100.7	100.7
废弃资源综合利用业	**89.6**	**92.0**	**91.4**	**92.6**	**95.0**	**95.2**
金属废料和碎屑加工处理	89.6	91.6	91.3	93.8	96.6	97.0
非金属废料和碎屑加工处理	89.9	93.7	92.0	88.0	89.2	88.5
金属制品、机械和设备修理业	**100.0**	**100.0**	**124.0**	**132.0**	**132.0**	**120.0**
专用设备修理	100.0	100.0	124.0	132.0	132.0	120.0
电力、热力生产和供应业	**100.3**	**99.6**	**97.8**	**98.6**	**99.5**	**100.0**
电力供应	100.5	100.3	98.4	99.2	100.2	100.8
热力生产和供应	97.9	91.5	91.5	91.5	91.5	91.5
燃气生产和供应业	**83.7**	**82.3**	**82.1**	**82.5**	**82.5**	**82.7**
水的生产和供应业	**111.6**	**111.0**	**111.5**	**119.8**	**120.1**	**120.6**
自来水生产和供应	111.7	111.1	111.6	119.9	120.2	120.8
其他水的处理、利用与分配	102.8	103.7	103.6	103.6	100.9	101.6

3-27 续表 7

(上月＝100)

类　　别	7月	8月	9月	10月	11月	12月
泵、阀门、压缩机及类似机械制造	99.2	99.0	99.0	98.1	98.1	98.1
轴承、齿轮和传动部件制造	100.0	100.8	101.0	101.1	101.2	102.6
烘炉、风机、衡器、包装等设备制造	100.0	100.0	100.0	100.0	100.0	100.0
通用零部件制造	104.1	104.7	105.0	108.8	111.8	112.5
专用设备制造业	**98.5**	**98.0**	**97.2**	**97.5**	**97.7**	**98.0**
环保、社会公共服务及其他专用设备制造	98.5	98.0	97.2	97.5	97.7	98.0
汽车制造业	**99.6**	**97.8**	**97.5**	**97.6**	**97.8**	**98.0**
汽车整车制造	99.2	99.2	97.8	97.8	97.8	97.8
汽车车身、挂车制造	100.0	100.0	100.0	100.0	100.0	100.0
汽车零部件及配件制造	99.6	97.5	97.5	97.6	97.8	98.0
铁路、船舶、航空航天和其他运输设备制造业	**86.0**	**87.2**	**87.4**	**88.3**	**88.3**	**101.3**
铁路运输设备制造	100.0	100.0	100.0	100.0	100.0	100.0
摩托车制造	83.9	85.3	85.5	86.5	86.5	101.5
电气机械和器材制造业	**96.9**	**98.4**	**98.5**	**99.1**	**100.6**	**103.8**
电机制造	101.2	101.2	101.9	101.9	101.4	101.7
输配电及控制设备制造	100.5	100.7	100.9	101.1	101.1	101.2
电线、电缆、光缆及电工器材制造	90.3	94.2	94.1	95.5	100.2	110.1
电池制造	97.7	97.7	97.8	97.9	98.1	98.4
照明器具制造	101.5	101.1	101.5	101.5	101.6	100.6
计算机、通信和其他电子设备制造业	**96.0**	**96.8**	**96.9**	**96.8**	**97.3**	**98.5**
计算机制造	97.1	97.2	98.6	98.6	98.6	98.6
通信设备制造	144.1	145.4	145.4	145.4	145.4	142.6
广播电视设备制造	108.2	108.2	108.2	108.2	108.2	108.2
电子器件制造	93.4	93.7	92.6	92.1	92.6	94.4
电子元件制造	99.3	100.9	102.6	103.0	103.7	104.0
其他电子设备制造	100.0	100.0	100.0	100.0	100.0	100.0
仪器仪表制造业	**101.9**	**101.9**	**101.9**	**101.9**	**103.9**	**101.9**
通用仪器仪表制造	102.0	102.0	102.0	102.0	104.0	102.0
光学仪器及眼镜制造	96.2	96.2	96.2	95.7	95.7	95.7
废弃资源综合利用业	**97.2**	**97.9**	**97.4**	**99.2**	**103.7**	**109.7**
金属废料和碎屑加工处理	99.0	99.6	98.7	100.8	105.9	111.5
非金属废料和碎屑加工处理	90.1	91.5	92.4	93.1	95.4	103.0
金属制品、机械和设备修理业	**124.0**	**132.0**	**132.0**	**135.2**	**144.0**	**172.0**
专用设备修理	124.0	132.0	132.0	135.2	144.0	172.0
电力、热力生产和供应业	**100.0**	**99.7**	**99.6**	**104.3**	**99.5**	**99.7**
电力供应	100.7	100.5	100.3	105.5	100.2	100.5
热力生产和供应	92.0	91.5	91.5	91.5	91.5	91.5
燃气生产和供应业	**82.8**	**83.5**	**83.5**	**83.4**	**83.7**	**96.3**
水的生产和供应业	**120.6**	**120.5**	**120.7**	**120.4**	**120.5**	**120.5**
自来水生产和供应	120.7	120.6	120.8	120.5	120.6	120.7
其他水的处理、利用与分配	100.6	100.6	100.6	100.6	100.4	100.4

3-28 分月新建商品住宅销售价格指数(2016年)

城市＼月份	同比(上年同月=100)											
	1月	2月	3月	4月	5月	6月	7月	8月	9月	10月	11月	12月
成都	101.1	101.5	102.4	103.0	103.3	103.7	104.2	104.8	107.4	106.5	106.1	105.6
泸州	99.5	98.9	99.3	100.5	101.3	102.0	102.4	102.8	103.0	102.6	103.4	103.7
南充	96.6	96.7	97.9	98.8	99.7	100.4	100.5	101.4	101.5	101.2	101.5	101.8

3-28 续表

城市＼月份	环比(上月=100)											
	1月	2月	3月	4月	5月	6月	7月	8月	9月	10月	11月	12月
成都	100.2	100.0	100.2	100.6	100.3	100.6	101.0	100.9	102.5	99.2	100.0	99.8
泸州	100.4	99.3	100.3	100.5	100.4	100.3	100.3	100.2	101.1	99.7	100.6	100.4
南充	99.9	99.8	100.7	100.6	100.4	100.4	99.7	100.7	99.8	99.6	100.2	100.0

3-29 分月二手住宅销售价格指数(2016年)

城市＼月份	同比(上年同月=100)											
	1月	2月	3月	4月	5月	6月	7月	8月	9月	10月	11月	12月
成都	100.5	101.5	101.9	102.3	103.2	103.2	103.1	103.3	104.8	105.4	105.2	105.7
泸州	103.3	102.9	103.0	103.2	103.1	102.9	102.7	102.5	102.8	102.8	102.8	102.9
南充	100.4	100.4	100.7	100.9	101.1	101.3	101.7	102.0	102.5	102.4	102.6	102.8

3-29 续表

城市＼月份	环比(上月=100)											
	1月	2月	3月	4月	5月	6月	7月	8月	9月	10月	11月	12月
成都	100.6	100.7	100.3	100.2	100.3	100.4	100.3	100.3	101.7	100.5	100.0	100.2
泸州	100.6	99.7	100.3	100.5	100.2	100.1	100.2	100.1	100.5	100.2	100.3	100.1
南充	100.0	100.1	100.1	100.4	100.2	100.2	100.3	100.3	100.4	100.3	100.2	100.3

3-30　成都市新建商品住宅销售环比价格指数(2016年)

(上月=100)

	1月	2月	3月	4月	5月	6月	7月	8月	9月	10月	11月	12月
新建商品住宅	**100.2**	**100.0**	**100.2**	**100.6**	**100.3**	**100.6**	**100.9**	**100.9**	**102.5**	**99.2**	**100.0**	**99.8**
(一)90平方米以下	99.8	100.0	100.2	100.7	100.3	100.4	100.5	100.9	102.4	99.3	99.9	99.6
(二)90-144平方米	100.3	100.1	100.4	100.5	100.4	100.8	101.8	101.1	102.8	99.2	100.2	99.6
(三)144平方米以上	100.8	100.0	100.0	100.4	100.2	100.8	100.5	100.7	102.5	99.1	100.1	100.7

3-31　泸州市新建商品住宅销售环比价格指数(2016年)

(上月=100)

	1月	2月	3月	4月	5月	6月	7月	8月	9月	10月	11月	12月
新建商品住宅	**100.4**	**99.3**	**100.3**	**100.5**	**100.4**	**100.3**	**100.3**	**100.2**	**101.1**	**99.7**	**100.6**	**100.4**
(一)90平方米以下	101.0	99.5	100.3	100.7	100.4	100.3	100.5	100.3	101.5	99.4	101.6	100.6
(二)90-144平方米	100.2	99.3	100.3	100.4	100.5	100.4	100.3	100.2	100.9	99.9	100.2	100.2
(三)144平方米以上	100.6	99.4	100.6	101.0	100.1	99.8	100.2	100.3	101.3	99.8	100.4	100.6

3-32　南充市新建商品住宅销售环比价格指数(2016年)

(上月=100)

	1月	2月	3月	4月	5月	6月	7月	8月	9月	10月	11月	12月
新建商品住宅	**99.9**	**99.8**	**100.7**	**100.6**	**100.4**	**100.4**	**99.7**	**100.7**	**99.8**	**99.6**	**100.2**	**100.0**
(一)90平方米以下	99.7	99.7	100.7	100.5	100.5	100.2	99.9	100.7	99.9	99.5	100.3	99.8
(二)90-144平方米	100.0	99.8	100.7	100.7	100.4	100.5	99.5	100.6	99.8	99.6	100.3	100.2
(三)144平方米以上	99.9	100.2	100.2	100.6	100.4	100.3	99.9	101.3	100.4	99.2	99.7	97.8

3-33 固定资产投资价格指数(1996-2016年)

(上年＝100)

年 份	固定资产投资价格指数			
		建筑安装工程	设备、工器具购置	其他费用
1996	104.8	106.8	100.0	103.5
1997	102.2	104.0	96.8	103.4
1998	97.5	97.7	95.8	99.5
1999	100.5	101.8	96.5	101.9
2000	100.9	103.4	93.6	100.0
2001	101.5	103.9	94.7	100.8
2002	100.5	102.0	96.1	99.9
2003	102.2	103.8	97.7	101.8
2004	106.8	110.1	99.5	101.7
2005	103.9	105.3	99.8	103.5
2006	102.9	103.4	101.4	103.0
2007	104.7	106.4	101.0	103.4
2008	112.5	118.8	101.8	104.4
2009	98.3	97.1	98.8	101.4
2010	102.5	103.2	100.8	101.9
2011	105.2	107.1	101.9	102.5
2012	101.0	101.6	99.2	100.9
2013	100.4	100.2	99.5	101.6
2014	100.5	100.6	99.9	101.1
2015	97.9	96.4	99.7	100.2
2016	99.8	100.1	98.9	99.8

3-34 农产品生产价格总指数(2016年)

(上年同期＝100)

农产品名称	全年	1季度	2季度	3季度	4季度
全省总指数	**105.6**	**112.2**	**108.6**	**103.5**	**102.6**
农业产品	**101.3**	**102.9**	**96.9**	**98.9**	**101.9**
谷物	98.7	98.4	93.4	99.8	100.4
稻谷	101.7	101.8	100.8	101.8	102.0
晚籼稻	100.3	98.8	100.0	100.8	101.6
中籼稻	102.9	104.8	101.6	102.8	102.4
小麦	93.8	94.5	91.2	94.5	95.2
玉米	91.1	87.1	86.5	94.9	95.7
薯类	110.1	114.8	113.4	99.2	101.7
马铃薯	102.6	109.5	95.2	95.7	107.3
甘薯	112.7	115.8	135.5	100.0	99.0
油料	101.4	103.5	100.1	86.3	105.9
花生	100.4	104.4	103.0	85.3	108.0
油菜籽	101.9	101.8	99.3	102.9	103.6
豆类	97.1	100.0	103.1	94.2	91.6
大豆	95.0	99.6	100.0	90.4	91.1
绿豆	100.0	100.0	100.0		
干豌豆	103.5	101.6	106.3	103.2	102.8
干蚕豆	101.5		100.0	102.9	
生麻	95.4	97.2	99.1	85.2	100.2
糖料	99.5	101.1	98.0		
未加工烟草	100.8			101.7	100.0
未去梗烤烟叶	100.8			101.7	100.0
蔬菜及食用菌	106.3	107.6	104.2	99.1	105.1
蔬菜	107.0	109.6	104.9	98.5	105.2
叶菜类蔬菜	105.0	104.8	111.7	100.5	104.7
芹菜	107.1	107.1	111.9	106.7	103.6
油菜	98.7	93.0	109.0	89.5	106.4
菠菜	110.1	111.7	116.9		103.2
空心菜	100.7		100.5	98.2	103.5
香菜	102.5	103.0	104.7	101.7	101.9
小白菜	104.7	106.2	107.6	96.5	110.1
冬寒菜	108.7	104.8	125.0		108.5
白菜类蔬菜	102.7	106.7	102.9	96.0	105.7
大白菜	102.7	106.8	102.9	96.0	105.7
紫菜薹	104.5	103.9			105.0
芥菜类蔬菜	108.7	116.2	100.0		114.0
叶用芥菜	99.6	99.0			100.0
茎用芥菜	119.8	109.1	100.0		127.9
根用芥菜	115.7	146.3	100.0		
甘蓝类蔬菜	103.6	103.9	101.7	98.0	107.1
结球甘蓝	104.3	107.4	101.8	99.1	106.4
花椰菜	102.2	100.4	101.3	96.3	111.5
青花菜	98.7	92.5	103.0	97.2	102.0
根茎类蔬菜	103.2	106.7	113.4	95.6	101.2
白萝卜	103.3	105.2	111.6	97.5	104.4
红萝卜	121.4	144.6	112.6	120.3	109.0
胡萝卜	101.8	110.6	111.1	89.9	97.8

3-34 续表 1

(上年同期=100)

农产品名称	全年	1季度	2季度	3季度	4季度
生姜	99.2	108.3	103.6	76.1	89.5
芋头	104.3	77.7	138.2	110.2	101.5
瓜菜类蔬菜	103.0	111.4	103.1	102.6	111.2
黄瓜	103.4	92.6	107.6	104.9	128.8
冬瓜	103.5	112.0	101.2	97.6	98.6
西葫芦	102.3	113.9	95.1	94.7	100.0
苦瓜	106.6	114.3	103.7	98.8	100.0
南瓜	101.7	106.9	99.5	98.0	103.0
丝瓜	100.4		97.9	104.3	100.0
豆类蔬菜	138.4	205.9	101.3	97.7	102.9
豇豆	128.6	160.0	102.3	95.6	104.8
豌豆	98.8			95.2	100.0
四季豆	142.3	206.0	100.3	100.4	102.1
毛豆	102.6		117.9	90.2	
茄果类蔬菜	102.7	108.2	100.4	99.8	103.4
茄子	109.5	131.2	97.4	96.6	103.6
青椒	106.7	116.3	101.2	100.3	107.5
辣椒	97.7	88.1	104.8	102.0	106.1
西红柿	101.2	108.4	97.4	99.6	98.0
莴苣及菊苣类蔬菜	103.8	100.0	103.1	106.5	105.4
莴笋	103.8	100.0	103.1	106.5	105.4
葱蒜类蔬菜	101.7	103.6	110.4	90.4	96.7
洋葱	78.5		78.5		
大葱	109.1	122.3	146.0	65.4	73.1
细香葱	98.6	94.9	100.9	102.1	96.8
大蒜	103.0		104.4		101.9
蒜苗	100.6	94.1	104.9	104.1	103.4
蒜苔	100.9		100.9		
韭菜	99.1	96.9	101.5	103.0	96.6
水生蔬菜	103.4	97.5	103.1	93.1	127.8
莲藕	103.4	97.5	103.1	93.1	127.8
养植蔬菜	97.2	94.2	100.0	102.3	90.1
豌豆苗	97.2	94.2	100.0	102.3	90.1
食用菌	97.5	96.8	100.2	104.7	103.5
平菇	100.5	100.7	99.9	100.3	101.2
金针菇	101.2	101.6	100.4	100.9	101.9
双孢蘑菇	75.5	75.5			
香菇	108.8	111.4	100.9	112.3	109.7
黑木耳	100.8	96.9	98.8	103.6	104.9
水果及坚果	100.0	101.0	97.3	101.6	106.8
水果(园林水果)	99.7	100.8	97.3	101.7	108.8
梨	103.7			109.3	100.0
柑橘类水果	104.3	100.7	98.9	118.4	111.3
柑橘	108.9	102.2	100.0	124.4	112.8
橙	103.0	96.3	96.0	112.2	107.3
柚类	88.2	79.7			95.8
葡萄	90.6			87.1	97.6
瓜类水果	87.8		90.2	84.4	
其他水果	98.8	105.0	98.7	97.6	112.4

3-34 续表 2

（上年同期＝100）

农产品名称	全年	1季度	2季度	3季度	4季度
桃	98.1		98.7	97.6	
猕猴桃	103.1	105.0		98.1	112.4
食用坚果	102.9	105.0		100.1	102.1
核桃	102.9	105.0		100.1	102.1
板栗	101.0			105.1	96.8
茶及饮料原料	104.4	104.1	107.7	104.0	103.3
茶叶	104.4	104.1	107.7	104.0	103.3
绿茶	104.4	104.1	107.7	104.0	103.3
中草药材	100.2	101.1	101.7	99.8	105.4
林业产品	**99.0**	**100.0**	**99.8**	**99.2**	**97.0**
木材采伐产品	95.8	95.1	95.8	97.2	95.1
原木	95.8	95.1	95.8	97.2	95.1
针叶原木	95.8	95.1	95.8	97.2	95.1
竹材采伐产品	101.7	102.0	101.7	101.4	100.1
竹材	101.7	102.0	101.7	101.4	100.1
毛竹	101.8	102.0	102.3	101.5	101.4
其他竹材	100.5	102.9	100.0	99.9	98.9
林产品	106.2	106.1	106.3		
其他林产品	106.2	106.1	106.3		
竹笋干	106.2	106.1	106.3		
饲养动物及其产品	**109.8**	**119.0**	**117.4**	**107.4**	**103.7**
活牲畜	118.5	127.3	133.4	113.9	106.0
猪	121.4	128.3	137.1	115.8	107.8
牛	102.9	104.5	101.3	106.9	99.6
羊	94.1	91.7	100.0	88.6	91.9
山羊	93.2	91.7	101.7	88.6	91.9
活家禽	96.0	92.6	95.7	95.5	99.6
活鸡	96.4	93.0	97.7	97.9	97.4
活鸭	95.0	91.8	91.3	90.4	104.3
畜禽产品	97.4	97.7	98.5	96.0	99.8
生奶	99.7	96.9	100.5	102.4	99.1
禽蛋	97.2	94.8	98.6	95.8	99.8
动物毛类	97.0	113.8	92.6	94.3	104.3
绵羊毛	102.4	120.0	100.0	97.8	106.8
兔毛	92.3	94.7	92.1	91.4	90.6
渔业产品	**101.4**	**101.0**	**101.9**	**99.9**	**101.9**
淡水养殖产品	101.4	101.0	101.9	99.9	101.9
养殖淡水鱼	101.4	101.0	101.9	99.9	101.9
养殖淡水鲤鱼	102.8	102.9	102.4	103.8	102.0
养殖淡水草鱼	98.3	96.3	102.3	94.9	100.0
养殖淡水鳙鱼(胖头鱼)	99.9	98.6	99.0	99.8	102.4
养殖淡水青鱼	105.3	105.3			
养殖淡水鲢鱼	97.5	103.1	96.5	92.4	98.0
养殖淡水鲫鱼	113.3	105.0	117.3	118.2	112.7
养殖淡水鳊鲂	91.9	98.5	85.2	71.8	111.9
养殖淡水鲶鱼	99.8	97.4	101.3	100.2	99.1
养殖淡水鮰鱼	106.0	106.1	115.3	105.0	97.5
养殖淡水泥鳅	105.0				105.0

3-35 农产品集贸市场价格(2016年)

单位：元/公斤

指 标	1月	2月	3月	4月	5月	6月	7月	8月	9月	10月	11月	12月
粮食类												
籼稻	2.57	2.57	2.57	2.56	2.57	2.56	2.55	2.58	2.56	2.60	2.58	2.60
粳稻	2.90	3.00	3.00	3.00	3.00	3.00	2.80	3.00	3.00	3.00	3.00	3.00
小麦	2.39	2.39	2.40	2.41	2.36	2.35	2.34	2.33	2.33	2.34	2.36	2.38
玉米	2.38	2.37	2.40	2.34	2.39	2.39	2.39	2.38	2.36	2.32	2.34	2.35
大豆	6.40	6.39	6.40	6.40	6.39	6.40	6.40	6.38	6.36	6.34	6.26	6.26
籼米	4.75	4.73	4.75	4.75	4.78	4.78	4.78	4.80	4.80	4.78	4.77	4.81
粳米	5.78	5.87	5.87	5.87	5.87	5.87	5.87	5.87	5.87	5.87	5.87	5.87
经济作物类												
棉花(籽棉)												
花生仁	13.62	13.50	13.67	13.93	13.81	13.78	14.07	14.15	13.38	13.19	13.21	13.35
油菜籽	5.20	5.22	5.20	5.22	5.18	4.99	4.98	4.96	4.98	4.97	4.99	5.03
畜产品类												
活猪	17.85	18.40	19.20	19.48	19.94	19.52	18.85	18.90	18.73	17.82	18.04	18.36
仔猪	23.51	24.89	27.17	28.95	30.06	30.59	29.70	29.28	29.16	27.32	26.98	27.88
猪肉	29.22	29.86	30.82	30.83	31.53	31.33	30.58	30.57	30.45	29.26	28.72	29.01
活牛	26.75	26.79	26.92	27.12	27.22	27.22	27.32	27.28	27.29	27.69	27.60	27.42
牛肉	58.09	58.79	58.19	58.99	59.59	59.79	59.69	59.49	59.59	59.59	59.70	59.94
活羊	29.69	29.24	28.53	28.11	27.71	27.54	27.32	27.06	27.87	26.99	26.54	26.92
羊肉	57.93	57.48	56.65	56.53	57.12	56.89	56.56	56.31	55.52	54.28	53.32	54.32
活鸡	21.55	21.85	21.75	22.02	21.88	21.62	21.25	21.50	21.81	21.70	21.53	21.41
鸡蛋	11.54	11.32	10.71	10.37	10.39	10.07	10.27	10.44	11.25	10.85	10.83	10.60
水产品类												
草鱼	16.69	16.85	16.85	16.87	17.09	17.35	17.35	17.33	17.34	17.14	16.88	16.90
鲤鱼	17.28	17.24	17.33	17.37	17.51	17.57	17.72	17.65	17.67	17.58	17.57	17.57
鲢鱼	23.00	23.00	23.00	23.00	23.00	22.94	23.11	22.89	22.89	22.89	22.89	22.89
带鱼	21.00	20.50	20.50	20.50	20.50	20.50	20.50	20.50	20.50	20.50	20.50	20.50
蔬菜类												
大白菜	2.95	3.78	4.50	3.42	3.06	2.60	2.98	3.06	3.60	3.19	3.04	2.82
黄瓜	6.91	7.37	6.99	4.64	4.00	3.29	3.60	4.16	4.71	5.12	5.21	5.58
西红柿	6.87	6.75	7.07	6.57	5.50	4.62	4.17	4.29	5.79	6.44	6.29	6.79
菜椒	7.00	7.45	9.65	6.79	5.12	3.86	4.20	4.36	5.99	5.87	6.04	6.91
四季豆	7.84	8.77	9.55	7.24	4.92	4.60	5.21	5.42	7.50	6.75	6.40	7.32
水果类												
红富士苹果	11.48	11.46	11.54	11.24	11.32	11.46	11.54	11.20	11.16	10.99	10.87	10.89
香蕉	6.49	6.48	6.65	6.64	6.95	6.96	6.74	6.82	7.01	6.53	6.54	6.38
橙子	5.02	5.07	5.04	5.17	5.00	5.00	5.00	5.00	5.13	5.24	5.27	5.16

3-36 农产品集贸市场价格同比指数(2016年)

(上年同期=100)

指　标	1月	2月	3月	4月	5月	6月	7月	8月	9月	10月	11月	12月
粮食类												
籼稻	100.4	100.8	100.0	100.0	99.6	98.1	97.7	100.4	99.2	101.2	100.8	101.6
粳稻	109.4	113.2	113.2	113.2	113.2	111.1	103.7	111.1	109.1	109.1	109.1	109.1
小麦	101.3	101.7	102.1	102.1	100.4	100.0	99.6	100.0	95.9	96.7	97.9	99.2
玉米	95.6	95.2	97.6	94.7	95.2	94.5	94.1	94.8	94.4	93.9	97.1	97.9
大豆	100.3	100.2	100.3	100.6	100.8	100.6	100.5	99.7	98.9	98.8	97.4	97.8
籼米	102.2	101.3	101.5	101.3	101.9	101.3	101.1	101.7	101.7	100.6	100.4	101.3
粳米	102.7	104.3	104.3	104.3	104.3	103.0	103.0	103.0	100.0	100.0	100.0	100.0
经济作物类												
棉花(籽棉)												
花生仁	100.6	98.2	100.3	102.6	101.4	100.6	103.0	100.8	98.2	97.3	97.3	98.2
油菜籽	97.2	97.6	97.0	98.1	98.3	95.1	95.4	94.3	95.0	96.0	96.0	96.9
畜产品类												
活猪	129.6	139.9	145.1	145.3	142.1	133.7	111.8	107.4	106.6	98.8	106.5	107.9
仔猪	142.6	144.3	155.8	158.5	157.0	150.7	129.9	120.5	125.6	121.5	122.0	126.0
猪肉	127.6	128.3	139.4	140.1	135.7	130.8	113.2	108.2	107.3	108.3	103.7	104.5
活牛	100.2	100.0	100.9	101.7	102.1	102.2	102.7	101.8	101.8	104.3	103.7	102.9
牛肉	100.9	101.4	100.9	102.2	104.0	104.7	104.6	103.5	103.7	103.3	103.3	103.9
活羊	94.3	96.2	94.5	93.8	92.2	92.2	92.0	91.1	94.5	89.9	90.8	90.2
羊肉	94.6	93.8	93.2	93.7	94.5	93.9	93.4	93.0	92.4	91.5	92.6	92.4
活鸡	102.1	101.7	101.0	104.8	105.7	105.1	102.2	100.1	101.7	100.2	99.0	98.9
鸡蛋	92.0	91.1	92.0	94.7	97.7	96.0	98.0	89.5	93.8	96.5	96.0	93.3
水产品类												
草鱼	102.3	100.6	102.4	102.9	102.7	102.1	102.2	102.9	104.7	102.3	100.9	100.8
鲤鱼	106.1	101.0	102.1	101.9	101.7	99.2	100.3	99.9	98.6	102.1	103.1	102.0
鲢鱼	98.6	96.1	98.1	98.7	98.6	97.9	98.1	97.2	97.7	99.5	99.5	99.5
带鱼	105.9	100.0	100.0	100.0	100.0	101.6	101.6	101.6	101.6	101.6	100.0	100.0
蔬菜类												
大白菜	102.1	114.6	132.4	100.3	100.0	81.5	91.1	89.7	95.2	95.2	97.1	99.3
黄瓜	107.8	89.4	111.3	92.8	94.6	86.4	89.1	82.2	94.0	107.1	90.5	92.4
西红柿	112.8	84.9	106.5	105.1	109.1	104.8	86.0	71.7	92.8	96.0	93.9	100.2
菜椒	88.8	78.6	129.0	99.4	97.5	85.2	82.4	84.2	100.3	106.7	102.4	106.6
四季豆	91.3	86.1	122.3	95.5	86.5	94.9	93.5	78.0	107.8	114.0	92.2	92.3
水果类												
红富士苹果	96.6	94.2	95.2	93.6	94.3	96.2	96.6	93.6	95.9	95.2	95.3	95.8
香蕉	89.5	85.2	90.0	95.7	99.3	103.7	103.2	105.7	110.7	105.0	109.0	107.6
橙子	99.8	94.9	93.5	99.0	96.2	95.1	93.8	93.8	94.1	94.6	99.3	99.4

3-37 农产品集贸市场价格环比指数(2016年)

(上月同期=100)

指 标	1月	2月	3月	4月	5月	6月	7月	8月	9月	10月	11月	12月
粮食类												
籼稻	100.4	100.0	100.0	99.6	100.4	99.6	99.6	101.2	99.2	101.6	99.2	100.8
粳稻	105.5	103.5	100.0	100.0	100.0	100.0	93.3	107.1	100.0	100.0	100.0	100.0
小麦	99.6	100.0	100.4	100.4	97.9	99.6	99.6	99.6	100.0	100.4	100.9	100.9
玉米	99.2	99.6	101.3	97.5	102.1	100.0	100.0	99.6	99.2	98.3	100.9	100.4
大豆	100.0	99.8	100.2	100.0	99.8	100.2	100.0	99.7	99.7	99.7	98.7	100.0
籼米	100.0	99.6	100.4	100.0	100.6	100.0	100.0	100.4	100.0	99.6	99.8	100.8
粳米	98.5	101.6	100.0	100.0	100.0	100.0	100.0	100.0	100.0	100.0	100.0	100.0
经济作物类												
棉花(籽棉)												
花生仁	100.2	99.1	101.3	101.9	99.1	99.8	102.1	100.6	94.6	98.6	100.2	101.1
油菜籽	100.2	100.4	99.6	100.4	99.2	96.3	99.8	99.6	100.4	99.8	100.4	100.8
畜产品类												
活猪	104.9	103.1	104.4	101.5	102.4	97.9	96.6	100.3	99.1	95.1	101.2	101.8
仔猪	106.2	105.9	109.2	106.6	103.8	101.8	97.1	98.6	99.6	93.7	98.8	103.3
猪肉	105.3	102.2	103.2	100.0	102.3	99.4	97.6	100.0	99.6	96.1	98.2	101.0
活牛	100.4	100.2	100.5	100.7	100.4	100.0	100.4	99.9	100.0	101.5	99.7	99.4
牛肉	100.7	101.2	99.0	101.4	101.0	100.3	99.8	99.7	100.2	100.0	100.2	100.4
活羊	99.5	98.5	97.6	98.5	98.6	99.4	99.2	99.1	103.0	96.8	98.3	101.4
羊肉	98.5	99.2	98.6	99.8	101.0	99.6	99.4	99.6	98.6	97.8	98.2	101.9
活鸡	99.5	101.4	99.5	101.2	99.4	98.8	98.3	101.2	101.4	99.5	99.2	99.4
鸡蛋	101.6	98.1	94.6	96.8	100.2	96.9	102.0	101.7	107.8	96.4	99.8	97.9
水产品类												
草鱼	99.6	101.0	100.0	100.1	101.3	101.5	100.0	99.9	100.1	98.9	98.5	100.1
鲤鱼	100.4	99.8	100.5	100.2	100.8	100.3	100.9	99.6	100.1	99.5	99.9	100.0
鲢鱼	100.0	100.0	100.0	100.0	100.0	99.7	100.7	99.1	100.0	100.0	100.0	100.0
带鱼	102.4	97.6	100.0	100.0	100.0	100.0	100.0	100.0	100.0	100.0	100.0	100.0
蔬菜类												
大白菜	103.9	128.1	119.1	76.0	89.5	85.0	114.6	102.7	117.7	88.6	95.3	92.8
黄瓜	114.4	106.7	94.8	66.4	86.2	82.3	109.4	115.6	113.2	108.7	101.8	107.1
西红柿	101.3	98.3	104.7	92.9	83.7	84.0	90.3	102.9	135.0	111.2	97.7	108.0
菜椒	108.0	106.4	129.5	70.4	75.4	75.4	108.8	103.8	137.4	98.0	102.9	114.4
四季豆	98.9	111.9	108.9	75.8	68.0	93.5	113.3	104.0	138.4	90.0	94.8	114.4
水果类												
红富士苹果	101.0	99.8	100.7	97.4	100.7	101.2	100.7	97.1	99.6	98.5	98.9	100.2
香蕉	109.4	99.9	102.6	99.9	104.7	100.1	96.8	101.2	102.8	93.2	100.2	97.6
橙子	96.7	101.0	99.4	102.6	96.7	100.0	100.0	100.0	102.6	102.1	100.6	97.9

主要统计指标解释

居民消费价格指数 是度量一定时期内居民消费商品和服务价格水平变动的相对数，综合反映居民消费商品和服务价格水平的变动趋势和变动程度。

城市居民消费价格指数 是度量一定时期内城市居民消费商品和服务价格水平变动的相对数，综合反映居民消费商品和服务价格水平的变动趋势和变动程度。

农村居民消费价格指数 是度量一定时期内农村居民消费商品和服务价格水平变动的相对数，综合反映居民消费商品和服务价格水平的变动趋势和变动程度。

商品零售价格指数 是反映一定时期内城乡商品零售价格变动趋势和程度的相对数。商品零售价格的变动直接影响到城乡居民的生活支出和国家的财政收入，影响居民购买力和市场供需的平衡，影响到消费与积累的比例关系。

农业生产资料价格指数 指反映一定时期内农业生产资料价格变动趋势和程度的相对数。农业生产资料价格指数分为小农具、饲料、产品畜、役畜、半机械化农具、机械化农具、化学肥料、农药及农药械、农机用油、其他农业生产资料十大类。

代表规格品 选择用来反映某个基本分类价格变化的具有特定产地、规格、等级、牌号、花色等特征的具体商品和服务，称为代表规格品。

价格调查点 抽选一部分有代表性的商业业态、农贸市场以及服务类单位实施抽样调查。选取用来采集计算 CPI 的原始价格的地点和场所称为价格调查点。

工业生产者价格 包括工业企业产品第一次出售时的出厂价格和企业作为中间投入的原材料、燃料、动力购进价格。工业生产者价格调查的目的在于及时、准确、科学地反映全国及各地区的各工业行业产品价格水平和各种工业产品价格的变动趋势及幅度，为国民经济核算、计算工业发展速度、宏观经济分析和调控、理顺价格体系提供科学、准确的依据。

房地产价格指数 70 个大中城市的新建住宅销售价格、面积、金额等资料直接采用当地房地产管理部门的网签数据。二手住宅销售价格调查为非全面调查，采用重点调查和典型调查相结合的方法，按照房地产经纪机构上报、房地产管理部门提供与调查员实地采价相结合的方式收集基础数据。

固定资产投资价格 固定资产投资价格调查的目的在于及时、准确地反映全社会及各类工程固定资产投资中涉及的各类投资品和取费项目价格的变动趋势和变动幅度，消除按现价计算的固定资产投资指标中的价格变动因素，真实地反映全社会及各类工程固定资产投资的规模、速度、结构和效益，为国家及各部门科学地制定、检查固定资产投资计划和进行国民经济核算提供科学的、可靠的依据。

农产品生产价格 是指农产品生产者第一手(直接)出售其产品时实际获得的单位产品价格。

农产品生产价格指数 是反映一定时期内，农产品生产者出售的农产品价格水平变动趋势及幅度的相对数。

农产品集贸市场价格 是指全国农产品主产区集贸市场主要农产品的成交价格。

四 农业调查

4-1 四川粮食生产情况(2016年)

单位：千公顷、公斤/公顷、万吨

指　标	播种面积	单位面积产量	总产量
粮食	**6453.9**	**5397.5**	**3483.5**
其中：夏收粮食	1747	3440.8	601.1
秋收粮食	4706.9	6124	2882.4
一、谷物	4649.5	6122.4	2846.6
1.稻谷	1990	7830	1558.2
2.小麦	1088	3799.6	413.4
3.玉米	1399	5670	793.2
4.谷子			
5.高粱	75.6	5396.8	40.8
6.其它谷物	96.9	4231.2	41
其中：大麦	34	3705.9	12.6
二、豆类	520.6	2032.3	105.8
其中：大　豆	232.4	2293.5	53.3
三、薯类(折粮)	1283.8	4136.9	531.1
马铃薯	807	3993.8	322.3
红　苕	476.8	4379.2	208.8

4-2 四川粮食作物播种面积(2015-2016年)

单位：千公顷

指　标	2016年	2015年	增长%
粮食	**6453.9**	**6453.9**	**0.0**
其中：夏收粮食	1747.0	1754.1	-0.4
秋收粮食	4706.9	4699.8	0.2
一、谷物	4649.5	4685.4	-0.8
1.稻谷	1990.0	1990.8	0.0
2.小麦	1088.0	1119.0	-2.8
3.玉米	1399.0	1402.0	-0.2
4.谷子			
5.高粱	75.6	75.5	0.1
6.其它谷物	96.9	98.1	-1.2
其中：大麦	34.0	35.1	-3.1
二、豆类	520.6	494.8	5.2
其中：大　豆	232.4	226.5	2.6
三、薯类(折粮)	1283.8	1273.7	0.8
马铃薯	807.0	797.2	1.2
红　苕	476.8	476.5	0.1

4-3 四川粮食作物单位面积产量(2015-2016年)

单位：公斤/公顷

指　　标	2016年	2015年	增长%
粮食	**5398**	**5334**	**1.2**
其中：夏收粮食	3441	3430	0.3
秋收粮食	6124	6045	1.3
一、谷物	6122	6033	1.5
1.稻谷	7830	7799	0.4
2.小麦	3800	3810	-0.3
3.玉米	5670	5461	3.8
4.谷子			
5.高粱	5397	5325	1.4
6.其它谷物	4231	4261	-0.7
其中：大麦	3706	3533	4.9
二、豆类	2032	2019	0.7
其中：大　豆	2294	2327	-1.4
三、薯类(折粮)	4137	4054	2.1
马铃薯	3994	3859	3.5
红　苕	4379	4380	0.0

4-4 四川粮食作物产量(2015-2016年)

单位：万吨

指 标	2016年	2015年	增长%
粮食	**3483.5**	**3442.8**	**1.2**
其中：夏收粮食	601.1	601.7	-0.1
秋收粮食	2882.4	2841.1	1.5
一、谷物	2846.6	2826.6	0.7
1.稻谷	1558.2	1552.6	0.4
2.小麦	413.4	426.3	-3.0
3.玉米	793.2	765.7	3.6
4.谷子			
5.高粱	40.8	40.2	1.5
6.其它谷物	41.0	41.8	-1.9
其中：大麦	12.6	12.4	1.6
二、豆类	105.8	99.9	5.9
其中：大 豆	53.3	52.7	1.1
三、薯类(折粮)	531.1	516.3	2.9
马铃薯	322.3	307.6	4.8
红 苕	208.8	208.7	0.0

4-5 四川粮食生产情况(1985-2016年)

单位：千公顷、公斤/公顷、万吨

年份	全年粮食			夏收粮食			小麦		
	播种面积	单位面积产量	总产量	播种面积	单位面积产量	总产量	播种面积	单位面积产量	总产量
1985	6636.0	4392	2914.6	2069.7	3077	636.8	1516.0	3344	507.0
1986	6678.0	4411	2945.5	2056.1	3113	640.1	1511.0	3319	501.5
1987	6715.0	4331	2908.6	2078.1	3105	645.2	1545.0	3367	520.2
1988	6798.0	4219	2868.0	2046.9	2767	566.3	1597.0	2948	470.8
1989	6887.0	4442	3058.9	2078.9	2861	594.7	1638.0	3059	501.1
1990	6985.0	4717	3294.8	2176.9	3154	686.7	1680.0	3349	562.7
1991	7048.0	4727	3331.5	2146.6	3244	696.4	1716.0	3433	589.1
1992	7029.0	4791	3367.4	2163.3	3248	702.7	1734.0	3443	597.0
1993	7050.3	4411	3110.1	2228.5	2839	632.6	1779.0	3023	537.8
1994	7015.0	4319	3029.9	2187.1	3202	700.4	1768.0	3394	600.0
1995	7055.0	4659	3286.8	2198.8	3283	721.8	1780.0	3490	621.3
1996	7138.0	4760	3398.0	2225.6	3131	696.8	1810.0	3310	599.1
1997	7214.0	4798	3461.3	2272.7	3186	724.1	1826.0	3347	611.1
1998	7337.7	4797	3519.7	2315.5	3064	709.5	1864.6	3224	601.2
1999	7296.7	4867	3551.4	2264.4	2853	646.0	1818.3	2986	543.0
2000	6854.5	4920	3372.4	2060.3	3101	638.8	1604.9	3315	532.0
2001	6702.4	4354	2918.5	1968.8	2776	546.6	1499.3	2971	445.5
2002	6645.9	4713	3132.4	1937.6	2961	573.8	1456.9	3151	459.0
2003	6387.2	4782	3054.1	1772.9	3009	533.5	1319.1	3231	426.2
2004	6476.5	4859	3146.7	1798.7	3048	548.2	1255.8	3310	415.7
2005	6564.9	4891	3211.1	1803.1	3134	565.0	1262.3	3386	427.4
2006	6455.5	4430	2859.7	1803.0	3206	578.0	1287.2	3446	443.6
2007	6450.0	4693	3027.0	1845.2	3197	590.0	1316.8	3430	451.7
2008	6430.9	4883	3140.0	1799.1	3088	555.6	1286.5	3317	426.8
2009	6419.4	4977	3195.0	1796.9	3076	552.8	1277.5	3313	423.3
2010	6401.7	5034	3222.9	1787.3	3127	558.9	1265.7	3379	427.7
2011	6440.5	5111	3291.6	1804.0	3198	577.0	1259.3	3462	436.0
2012	6468.2	5125	3315.0	1813.0	3241	587.6	1234.1	3523	434.8
2013	6469.9	5235	3387.1	1811.0	3178	575.5	1216.0	3465	421.3
2014	6467.4	5218	3374.9	1795.3	3290	590.6	1170.7	3615	423.2
2015	6453.9	5334	3442.8	1754.1	3430	601.7	1119.0	3810	426.3
2016	6453.9	5398	3483.5	1747.0	3441	601.1	1088.0	3800	413.4

4-5 续表

单位：千公顷、公斤/公顷、万吨

年份	秋收粮食			稻谷(2005年前为中稻)			玉米		
	播种面积	单位面积产量	总产量	播种面积	单位面积产量	总产量	播种面积	单位面积产量	总产量
1985	4566.3	4988	2277.8	2308.0	6609	1525.3	1072.0	3894	417.4
1986	4621.9	4988	2305.3	2292.0	6639	1521.7	1120.0	3970	444.6
1987	4636.9	4881	2263.4	2222.0	6688	1486.1	1154.0	3362	388.0
1988	4751.1	4845	2301.7	2255.0	6698	1510.4	1158.0	3565	412.8
1989	4808.1	5125	2464.2	2292.0	7014	1607.6	1166.0	3682	429.3
1990	4808.1	5424	2608.1	2300.0	6688	1538.3	1199.0	4150	497.6
1991	4901.4	5376	2635.1	2293.0	7158	1641.4	1228.0	4023	494.0
1992	4865.7	5476	2664.7	2298.0	7435	1708.6	1211.0	3902	472.5
1993	4821.8	5138	2477.5	2237.0	6889	1541.0	1200.0	3688	442.5
1994	4827.9	4825	2329.5	2184.0	6751	1474.4	1198.0	3336	399.6
1995	4856.2	5282	2565.0	2203.0	7330	1614.9	1202.0	3759	451.8
1996	4912.4	5499	2701.2	2218.0	7596	1684.9	1247.0	4260	531.2
1997	4941.3	5539	2737.2	2185.5	7559	1651.9	1288.3	4508	580.7
1998	5022.3	5595	2810.1	2150.0	7599	1633.8	1364.8	4566	623.1
1999	5032.3	5773	2905.4	2163.5	7769	1680.7	1359.2	4709	640.0
2000	4789.1	5700	2729.8	2115.9	7661	1620.9	1235.5	4413	545.2
2001	4737.2	5007	2371.9	2087.0	6828	1425.0	1200.8	3767	452.3
2002	4708.3	5434	2558.7	2070.7	7246	1500.5	1207.9	4347	525.1
2003	4614.4	5462	2520.6	2036.4	7214	1469.1	1161.3	4454	517.3
2004	4677.8	5555	2598.5	2059.1	7367	1516.9	1172.6	4750	557.0
2005	4761.8	5557	2646.1	2083.1	7215	1503.0	1196.6	4854	580.8
2006	4652.5	4904	2281.7	2081.9	6421	1336.7	1291.7	4282	553.1
2007	4604.8	5292	2437.0	2036.2	6973	1419.7	1330.5	4531	602.8
2008	4631.8	5580	2584.5	2035.9	7356	1497.6	1323.8	4812	637.0
2009	4622.5	5715	2642.0	2027.1	7499	1520.2	1334.4	4819	643.0
2010	4614.4	5773	2664.0	2004.5	7544	1512.1	1355.3	4936	669.0
2011	4636.5	5855	2714.6	2007.9	7605	1527.1	1363.1	5147	701.6
2012	4655.2	5859	2727.4	1997.8	7689	1536.1	1371.1	5115	701.3
2013	4658.9	6035	2811.6	1990.7	7784	1549.5	1387.0	5533	762.4
2014	4672.1	5959	2784.3	1991.8	7664	1526.5	1381.2	5444	751.9
2015	4699.8	6045	2841.1	1990.8	7799	1552.6	1402.0	5461	765.7
2016	4706.9	6124	2882.4	1990.0	7830	1558.2	1399.0	5670	793.2

4-6 产粮大县粮食产量抽样调查数据（2016年）

单位：千公顷、公斤/公顷、万吨

地 区	全年粮食			夏收粮食			秋收粮食		
	播种面积	单位面积产量	总产量	播种面积	单位面积产量	总产量	播种面积	单位面积产量	总产量
新都区	27.3	7220	19.7	7.3	4858	3.5	20.0	8079	16.2
金堂县	60.1	5178	31.1	20.1	4237	8.5	39.9	5653	22.6
双流县	32.6	6488	21.1	8.4	4452	3.8	24.1	7168	17.3
郫县	11.1	7240	8.1	2.1	4796	1.0	9.0	7827	7.1
大邑县	31.3	6438	20.1	7.3	4439	3.2	24.0	7038	16.9
都江堰市	21.3	7022	15.0	5.5	4758	2.6	15.8	7810	12.4
彭州市	39.8	6910	27.5	7.5	4017	3.0	32.3	7579	24.5
邛崃市	42.2	6381	26.9	5.4	3977	2.2	36.8	6737	24.8
崇州市	43.4	6752	29.3	13.2	4545	6.0	30.2	7717	23.3
简阳市	155.9	4361	68.0	52.6	2774	14.6	103.3	5170	53.4
沿滩区	27.3	6185	16.9	6.7	3297	2.2	20.6	7130	14.7
荣县	71.5	6032	43.1	17.3	3277	5.7	54.1	6916	37.3
富顺县	68.6	7294	50.0	14.5	2828	4.1	54.0	8496	45.9
江阳区	30.4	6809	20.7	4.5	2843	1.3	25.9	7492	19.4
纳溪区	33.8	6305	21.3	4.9	3243	1.6	28.9	6832	19.7
泸县	77.2	6800	52.5	14.9	3197	4.8	62.3	7665	47.8
合江县	78.5	6588	51.7	13.3	2490	3.3	65.2	7426	48.4
叙永县	56.4	4465	25.2	15.4	2461	3.8	41.0	5217	21.4
古蔺县	69.4	3816	26.5	24.7	2305	5.7	44.7	4649	20.8
旌阳区	33.1	6763	22.4	10.9	5046	5.5	22.2	7602	16.9
中江县	133.9	5947	79.6	46.3	4780	22.2	87.5	6564	57.5
广汉市	45.2	7065	32.0	13.6	5296	7.2	31.6	7827	24.7
什邡市	26.5	7291	19.3	6.2	4835	3.0	20.3	8047	16.3
绵竹市	44.9	6283	28.2	16.9	4284	7.2	28.0	7487	20.9
游仙区	35.3	6228	22.0	11.1	4425	4.9	24.2	7052	17.1
三台县	129.4	5726	74.1	41.1	4464	18.3	88.3	6313	55.8
盐亭县	56.7	5320	30.2	19.3	4345	8.4	37.4	5821	21.8
安县	40.1	6359	25.5	11.3	4034	4.5	28.9	7265	21.0
梓潼县	38.6	5486	21.2	14.1	4079	5.7	24.5	6294	15.4
江油市	51.0	5941	30.3	15.6	4237	6.6	35.4	6692	23.7
旺苍县	37.8	5510	20.8	15.4	4183	6.4	22.4	6415	14.4
剑阁县	73.3	5762	42.2	24.5	4020	9.9	48.8	6640	32.4
苍溪县	62.2	5999	37.3	20.4	4392	9.0	41.8	6782	28.4
安居区	83.3	5056	42.1	24.7	3718	9.2	58.6	5621	32.9
蓬溪县	63.6	5419	34.4	17.6	3913	6.9	46.0	5993	27.5
射洪县	84.5	5180	43.8	28.8	4113	11.9	55.7	5733	31.9
大英县	47.5	5263	25.0	12.3	4095	5.1	35.2	5672	19.9
东兴区	63.5	5248	33.3	13.5	2841	3.8	50.0	5896	29.5
威远县	61.7	4979	30.7	18.1	2950	5.3	43.6	5820	25.4
资中县	103.4	5109	52.8	25.3	2770	7.0	78.1	5866	45.8
隆昌县	46.3	6047	28.0	8.8	2761	2.4	37.5	6816	25.6
犍为县	36.8	6476	23.9	2.4	2542	0.6	34.5	6746	23.3

4-6 续表

单位：千公顷、公斤/公顷、万吨

地 区	全年粮食			夏收粮食			秋收粮食		
	播种面积	单位面积产量	总产量	播种面积	单位面积产量	总产量	播种面积	单位面积产量	总产量
井研县	38.0	6023	22.9	2.7	2956	0.8	35.3	6261	22.1
高坪区	36.0	5807	20.9	10.8	4018	4.4	25.2	6575	16.6
嘉陵区	65.2	5234	34.2	22.5	3592	8.1	42.8	6098	26.1
南部县	103.7	5034	52.2	36.6	4044	14.8	67.1	5573	37.4
营山县	64.8	5701	37.0	20.5	4080	8.4	44.3	6449	28.6
蓬安县	58.2	5709	33.2	17.0	3984	6.8	41.2	6419	26.5
仪陇县	83.1	5626	46.8	24.7	4132	10.2	58.4	6259	36.6
西充县	68.9	5377	37.1	21.2	4222	9.0	47.7	5891	28.1
阆中市	66.8	5523	36.9	21.4	4372	9.4	45.3	6068	27.5
东坡区	58.5	7169	42.0	11.6	4189	4.8	47.0	7904	37.1
仁寿县	158.9	5154	81.9	52.3	3539	18.5	106.6	5947	63.4
彭山县	23.9	6393	15.3	7.8	4226	3.3	16.1	7456	12.0
翠屏区	32.3	6569	21.2	6.1	2987	1.8	26.2	7407	19.4
南溪区	26.6	6325	16.8	5.2	3077	1.6	21.4	7119	15.2
宜宾县	86.3	6036	52.1	18.1	2658	4.8	68.2	6935	47.3
江安县	34.5	6582	22.7	5.0	2800	1.4	29.5	7223	21.3
长宁县	34.9	6208	21.7	5.1	2236	1.1	29.8	6881	20.5
高县	44.0	5395	23.7	11.6	2433	2.8	32.4	6457	20.9
兴文县	36.5	5855	21.4	8.1	2621	2.1	28.4	6781	19.2
广安区	56.1	6001	33.7	14.4	3333	4.8	41.7	6923	28.9
岳池县	90.1	5903	53.2	25.0	3334	8.3	65.1	6893	44.8
武胜县	63.1	5426	34.2	18.8	3016	5.7	44.3	6451	28.6
邻水县	88.8	5197	46.2	24.1	2481	6.0	64.7	6209	40.2
达川区	85.6	5879	50.3	22.8	3461	7.9	62.8	6757	42.5
宣汉县	108.2	5552	60.1	30.2	3427	10.4	78.0	6375	49.7
开江县	48.0	5461	26.2	10.8	3111	3.4	37.2	6148	22.9
大竹县	103.4	5406	55.9	27.7	2798	7.8	75.7	6362	48.1
渠县	108.5	5111	55.5	31.5	3238	10.2	77.0	5876	45.3
万源市	57.4	4974	28.5	17.9	3574	6.4	39.4	5611	22.1
巴州区	50.1	5789	29.0	17.2	4174	7.2	32.9	6634	21.8
恩阳区	52.8	5773	30.5	18.6	4088	7.6	34.3	6686	22.9
通江县	73.7	5349	39.4	25.1	3581	9.0	48.6	6264	30.4
南江县	67.9	5339	36.2	23.4	3695	8.6	44.5	6202	27.6
平昌县	74.6	5234	39.1	24.5	3768	9.2	50.2	5949	29.9
雁江区	124.7	4215	52.6	35.1	2618	9.2	89.6	4839	43.4
安岳县	142.4	5104	72.7	29.7	3081	9.2	112.6	5638	63.5
乐至县	82.7	4485	37.1	22.2	2716	6.0	60.5	5132	31.1
西昌市	50.1	5844	29.3	18.3	3491	6.4	31.9	7189	22.9
会理县	52.6	5454	28.7	21.1	3341	7.1	31.4	6875	21.6
会东县	47.8	5205	24.9	16.2	3309	5.3	31.7	6171	19.5
冕宁县	33.7	5178	17.5	9.7	3569	3.5	24.0	5825	14.0

4-7　四川畜牧业生产情况(2016年)

指标名称	计量单位	2016年	2015年	增长%
一、畜禽存栏	—	—	—	—
1.猪	万头	4675.9	4815.6	-2.9
其中：能繁殖母猪	万头	458.9	483.1	-5.0
2.牛	万头	969.5	985.3	-1.6
其中：肉牛	万头	552.8	561.8	-1.6
奶牛	万头	17.6	17.8	-1.6
役用牛	万头	399.2	405.6	-1.6
3.羊	万只	1761.3	1782.3	-1.2
其中：山羊	万只	1571.1	1566.6	0.3
绵羊	万只	190.2	215.7	-11.8
4.活家禽	万只	38350.7	39496.1	-2.9
其中：活鸡	万只	23682.3	24369.1	-2.8
其中：肉鸡	万只	13238.4	13622.3	-2.8
蛋鸡	万只	10443.9	10746.8	-2.8
二、畜禽出栏	—	—	—	—
1.猪	万头	6925.4	7236.5	-4.3
2.牛	万头	305.2	295.5	3.3
3.羊	万只	1755.8	1698.0	3.4
其中：山羊	万只	1526.9	1475.1	3.5
绵羊	万只	228.9	222.9	2.7
4.活家禽	万只	67776.9	66154.9	2.5
其中：活鸡	万只	41841.4	40817.6	2.5
三、畜禽产品产量	—	—	—	—
1.猪肉	万吨	494.5	512.4	-3.5
2.牛肉	万吨	36.9	35.4	4.2
3.羊肉	万吨	26.9	26.3	2.2
其中：山羊肉	万吨	22.9	22.3	2.7
绵羊肉	万吨	4.0	4.0	-1.4
4.禽肉	万吨	102.0	99.7	2.4
其中：鸡肉	万吨	63.2	61.7	2.4
5.禽蛋	万吨	148.1	146.7	1.0
其中：鸡蛋	万吨	92.1	91.2	0.9
6.生牛奶	万吨	62.8	67.5	-7.0

4-7 续表

指标名称	计量单位	2016年	2015年	增长%
一、大牲畜存栏	万头	96.8	97.5	-0.7
1.马	万头	79.2	79.4	-0.3
2.驴	万头	7.7	7.9	-2.5
3.骡	万头	9.8	10.1	-2.7
二、兔存栏	万只	7631.3	7611.9	0.3
三、大牲畜出栏	万头	3.5	3.4	3.4
1.马	万头	1.9	1.8	4.6
2.驴	万头	0.9	0.9	1.9
3.骡	万头	0.7	0.6	2.1
四、兔出栏	万只	23490.4	21452.4	9.5
五、大牲畜肉产量	吨	2785.0	2999.8	-7.2
1.马	吨	1607.0	1702.9	-5.6
2.驴	吨	609.0	685.1	-11.1
3.骡	吨	569.0	611.8	-7.0
六、其它畜产品产量	—	—	—	—
1.兔肉产量	吨	342865.9	311979.9	9.9
2.其它肉类产量	吨	14699.0	14730.0	-0.2
3.其他奶产量	吨	86.0	94.0	-8.5
4.蜂蜜产量	吨	48791.0	48030.0	1.6
5.其它禽蛋产量	吨	16278.0	18669.0	-12.8
6.蚕茧产量	吨	110710.0	111780.0	-1.0
7.山羊毛产量	吨	737.0	726.0	1.5
8.山羊绒产量	吨	144.0	143.0	0.7
9.绵羊绒产量	吨	6422.0	6375.0	0.7
10.绵羊细毛产量	吨	1938.0	1854.0	4.5

4-8 四川及各市(州)生猪生产情况(2009-2016年)

计量单位：万头、万吨

地区	2016年				2015年			
	出栏头数	存栏头数	#能繁母猪	猪肉产量	出栏头数	存栏头数	#能繁母猪	猪肉产量
四川省	**6925.4**	**4675.9**	**458.9**	**494.5**	**7236.5**	**4815.6**	**483.1**	**512.4**
成都市	811.5	458.0	47.3	57.1	720.6	418.6	41.3	50.6
自贡市	216.6	129.4	11.5	15.1	226.3	133.2	12.2	15.7
攀枝花市	59.4	46.3	3.3	3.9	61.3	47.2	3.3	4.0
泸州市	351.1	254.0	24.7	25.1	366.1	261.1	28.0	26.0
德阳市	333.3	214.8	21.3	23.3	347.5	220.2	22.0	24.3
绵阳市	361.5	235.2	25.9	25.9	377.0	241.0	27.2	26.8
广元市	349.2	230.3	22.2	24.5	364.3	236.4	23.3	25.3
遂宁市	359.7	212.2	19.3	25.1	373.5	218.3	20.3	26.1
内江市	300.5	220.2	20.4	21.1	313.2	226.3	21.5	22.0
乐山市	332.2	186.3	17.5	22.7	345.8	191.9	18.3	23.6
南充市	589.1	408.3	40.3	41.4	614.1	418.2	42.0	43.1
眉山市	281.7	192.5	18.2	20.1	293.8	200.7	19.1	20.9
宜宾市	439.6	311.5	30.1	30.9	457.6	320.6	31.7	32.2
广安市	393.3	284.7	29.7	27.6	414.5	308.5	32.2	29.1
达州市	465.0	347.6	32.9	32.8	484.1	356.8	34.6	34.2
雅安市	117.7	85.3	6.1	8.9	122.6	87.8	6.4	9.3
巴中市	352.6	224.5	22.5	24.9	368.6	231.2	23.6	26.0
资阳市	331.4	192.5	20.3	23.4	470.2	272.1	29.7	33.3
阿坝州	43.6	33.2	3.9	3.1	41.0	33.7	3.6	2.9
甘孜州	23.3	28.3	3.0	1.4	22.8	28.8	3.5	1.4
凉山州	468.8	377.7	45.5	33.8	486.1	380.8	46.9	34.1

注：全省数据为国家统计局核定数据，分市州数据系四川省统计局农经处提供。

4-8 续表 1

计量单位：万头、万吨

地　区	2014年				2013年			
	出栏头数	存栏头数	#能繁母猪	猪肉产量	出栏头数	存栏头数	#能繁母猪	猪肉产量
四川省	**7445.0**	**5006.60**	**512.30**	**527.20**	**7314.1**	**5004.1**	**513.9**	**510.8**
成都市	740.3	434.1	43.4	51.6	730.1	454.4	46.5	50.7
自贡市	232.6	138.3	12.8	16.1	228.1	137.7	12.3	15.7
攀枝花市	62.6	48.8	3.4	4.0	61.1	48.4	3.2	3.9
泸州市	375.2	271.6	29.4	26.6	367.4	270.2	29.3	25.8
德阳市	356.9	228.4	23.1	24.9	350.5	227.5	23.0	24.4
绵阳市	387.1	249.8	28.5	27.5	379.9	248.7	28.4	26.6
广元市	374.1	245.2	24.4	25.9	367.1	244.2	24.3	25.4
遂宁市	383.9	226.3	21.3	26.8	376.4	225.2	21.2	26.1
内江市	321.7	235.0	22.6	22.6	316.0	233.9	22.6	22.2
乐山市	353.8	198.6	19.2	24.2	339.5	191.1	18.5	23.2
南充市	631.5	434.2	43.8	44.3	620.1	432.2	43.7	43.4
眉山市	302.1	207.8	20.0	21.4	296.2	207.1	19.9	20.4
宜宾市	469.6	333.0	33.2	33.0	459.9	331.6	33.1	32.3
广安市	425.8	320.4	33.7	29.9	417.6	318.9	33.6	29.3
达州市	497.7	370.7	36.2	35.1	488.2	369.0	36.0	34.5
雅安市	125.7	91.0	6.7	9.5	123.0	90.3	6.6	9.3
巴中市	378.7	240.0	24.7	26.7	371.5	239.2	24.7	26.2
资阳市	482.9	282.0	31.1	34.1	473.0	280.4	31.0	33.5
阿坝州	38.9	33.7	3.5	2.8	36.0	32.5	3.3	2.5
甘孜州	22.7	28.7	3.4	1.3	22.5	28.4	3.4	1.3
凉山州	499.7	394.8	49.2	34.6	489.9	393.2	49.2	33.9

4-8 续表 2

计量单位：万头、万吨

地区	2012年				2011年			
	出栏头数	存栏头数	#能繁母猪	猪肉产量	出栏头数	存栏头数	#能繁母猪	猪肉产量
四川省	**7170.7**	**5132.4**	**505.3**	**496.4**	**7000.4**	**5101.9**	**500.3**	**484.7**
成都市	725.1	466.0	47.2	50.1	712.9	467.6	47.0	48.9
自贡市	223.5	138.4	11.6	15.0	218.4	137.4	11.5	14.6
攀枝花市	59.7	50.0	3.1	3.6	58.0	49.6	3.2	3.5
泸州市	358.3	278.1	29.2	25.2	350.4	275.8	28.9	24.7
德阳市	342.8	231.6	22.9	23.7	335.0	229.9	22.6	23.2
绵阳市	370.7	255.0	28.4	25.8	362.3	253.5	28.0	25.3
广元市	360.7	250.6	23.8	24.4	346.7	247.0	23.3	23.5
遂宁市	368.2	231.0	20.6	25.2	360.2	229.7	20.3	24.8
内江市	309.0	240.9	22.2	21.6	301.4	240.5	22.3	21.1
乐山市	332.9	194.3	17.7	21.9	325.2	192.0	17.4	21.4
南充市	608.8	444.8	43.0	42.9	594.7	441.7	42.5	42.0
眉山市	290.4	213.6	19.3	19.4	283.4	211.7	19.0	19.0
宜宾市	450.3	342.3	32.4	31.7	440.4	339.7	32.2	31.0
广安市	408.5	328.8	33.3	28.5	397.9	326.2	32.9	27.8
达州市	478.0	383.2	33.5	33.9	467.4	380.6	33.1	32.8
雅安市	120.0	93.1	6.1	9.2	117.2	92.2	6.1	9.0
巴中市	364.1	243.1	24.3	25.7	355.6	241.1	23.9	25.2
资阳市	463.1	285.0	31.7	32.8	453.0	287.5	31.4	32.1
阿坝州	33.1	31.9	3.0	2.4	30.5	30.3	3.0	2.2
甘孜州	22.3	29.0	3.3	1.3	21.0	30.1	3.3	1.2
凉山州	481.0	401.5	48.6	32.1	469.0	397.6	48.2	31.2

4-8 续表 3

计量单位：万头、万吨

地　区	2010年				2009年			
	出栏头数	存栏头数	#能繁母猪	猪肉产量	出栏头数	存栏头数	#能繁母猪	猪肉产量
四川省	**7174.9**	**5162.0**	**501.6**	**492.3**	**6914.9**	**5122.7**	**522.0**	**472.4**
成都市	731.3	493.1	49.9	49.3	707.9	492.5	51.5	47.5
自贡市	223.8	141.1	11.9	14.8	217.9	143.6	12.1	14.3
攀枝花市	58.6	49.4	3.2	3.5	57.0	50.3	3.4	3.4
泸州市	359.9	283.0	28.9	25.3	349.6	275.1	32.6	24.4
德阳市	342.4	229.9	22.1	23.7	332.6	228.3	21.7	23.0
绵阳市	371.5	256.1	27.9	25.5	358.8	257.0	28.4	24.5
广元市	352.6	259.1	23.1	23.8	343.3	259.7	23.6	22.9
遂宁市	368.8	226.3	19.8	25.4	356.1	230.5	20.4	24.4
内江市	310.5	239.6	22.1	21.7	300.5	241.6	22.6	21.0
乐山市	335.0	198.2	17.7	22.0	323.3	197.2	17.9	21.2
南充市	608.6	434.6	41.6	42.9	591.6	430.4	48.1	41.3
眉山市	290.5	217.4	19.0	19.5	281.1	212.8	18.9	18.8
宜宾市	453.2	338.2	32.0	31.8	439.1	336.9	32.4	30.6
广安市	408.2	333.5	33.2	28.5	394.4	328.0	34.7	27.3
达州市	481.1	379.3	32.4	31.6	466.9	383.5	33.2	30.6
雅安市	120.0	94.1	6.0	9.2	115.8	94.0	6.3	8.8
巴中市	365.3	247.0	24.2	25.8	353.8	243.0	24.8	25.0
资阳市	463.3	287.8	32.4	32.8	445.2	287.6	34.0	31.4
阿坝州	29.2	29.8	3.0	2.1	28.2	30.0	3.3	2.0
甘孜州	20.1	30.6	3.2	1.2	18.4	29.5	3.2	1.1
凉山州	481.2	394.6	47.9	31.9	433.9	371.5	48.7	28.8

4-9 四川及各市(州)牛生产情况(2009-2016年)

计量单位：万头、万吨

地　区	2016年			2015年		
	出栏头数	存栏头数	牛肉产量	出栏头数	存栏头数	牛肉产量
四川省	**305.20**	**969.53**	**36.86**	**295.45**	**985.30**	**35.37**
成都市	8.18	11.06	1.19	6.99	10.32	1.04
自贡市	4.52	7.01	0.56	4.38	7.12	0.54
攀枝花市	2.73	10.41	0.33	2.65	10.57	0.32
泸州市	8.05	30.59	0.95	7.81	31.02	0.92
德阳市	9.70	17.56	1.16	9.39	17.83	1.10
绵阳市	15.64	40.75	1.90	15.12	41.39	1.83
广元市	7.25	27.62	0.85	7.03	28.02	0.83
遂宁市	6.62	10.33	1.06	6.38	10.53	1.02
内江市	4.23	7.81	0.50	4.11	7.94	0.48
乐山市	6.87	9.88	0.87	6.78	10.00	0.87
南充市	14.37	35.43	1.70	13.89	36.01	1.64
眉山市	6.20	12.16	0.74	6.13	12.30	0.73
宜宾市	13.46	31.54	1.61	12.64	32.08	1.51
广安市	4.98	14.11	0.59	4.83	14.86	0.57
达州市	35.99	73.97	4.42	34.69	75.17	4.26
雅安市	6.34	13.66	0.84	6.24	13.88	0.82
巴中市	22.53	48.99	2.67	21.78	49.61	2.58
资阳市	2.71	5.82	0.33	3.68	6.83	0.44
阿坝州	43.15	173.99	4.76	41.45	176.50	4.56
甘孜州	50.62	232.39	5.04	49.09	235.88	4.88
凉山州	31.51	137.21	3.59	30.61	139.60	3.49

注：全省数据为国家统计局核定数据，分市州数据系四川省统计局农经处提供。

4-9 续表 1

计量单位：万头、万吨

地 区	2014年			2013年		
	出栏头数	存栏头数	牛肉产量	出栏头数	存栏头数	牛肉产量
四川省	**278.70**	**983.90**	**33.40**	**264.70**	**949.70**	**31.10**
成都市	6.92	10.79	1.02	6.95	11.07	1.03
自贡市	4.04	7.09	0.49	3.68	6.66	0.45
攀枝花市	2.57	10.48	0.30	2.51	10.22	0.30
泸州市	7.21	30.99	0.79	6.97	29.08	0.77
德阳市	8.78	17.70	1.03	8.13	16.34	0.95
绵阳市	14.13	41.32	1.71	13.44	41.74	1.62
广元市	6.60	27.99	0.77	6.26	27.25	0.74
遂宁市	5.98	10.52	0.96	5.69	10.22	0.92
内江市	3.94	7.88	0.46	3.71	7.49	0.44
乐山市	6.68	10.21	0.85	6.46	10.60	0.83
南充市	13.13	35.99	1.55	12.51	34.02	1.49
眉山市	5.83	12.49	0.69	5.38	12.31	0.65
宜宾市	11.67	31.85	1.39	10.80	29.44	1.29
广安市	4.68	14.77	0.56	4.50	14.39	0.54
达州市	32.60	74.78	4.00	31.06	72.54	3.84
雅安市	6.11	13.83	0.81	5.95	13.70	0.79
巴中市	20.85	49.25	2.47	20.17	47.90	2.41
资阳市	3.59	6.81	0.43	3.44	6.72	0.42
阿坝州	38.10	175.64	4.22	35.89	178.73	4.05
甘孜州	46.00	235.47	4.61	43.38	235.63	4.40
凉山州	29.26	138.75	3.33	27.82	133.67	3.18

4-9 续表 2

计量单位：万头、万吨

地 区	2012年			2011年		
	出栏头数	存栏头数	牛肉产量	出栏头数	存栏头数	牛肉产量
四川省	**254.00**	**940.20**	**29.30**	**250.86**	**988.62**	**28.90**
成都市	7.00	11.09	1.03	7.05	11.60	1.04
自贡市	3.58	5.88	0.44	3.54	5.85	0.44
攀枝花市	2.43	10.05	0.28	2.40	10.31	0.28
泸州市	6.84	28.57	0.70	6.81	28.42	0.70
德阳市	8.06	15.31	0.85	8.04	15.54	0.85
绵阳市	13.03	41.05	1.60	12.97	42.78	1.61
广元市	6.09	26.88	0.71	5.98	27.15	0.69
遂宁市	5.67	9.49	1.05	5.64	9.60	1.05
内江市	3.59	7.04	0.42	3.56	7.12	0.42
乐山市	6.44	9.59	0.90	6.35	10.04	0.89
南充市	12.13	34.63	1.42	12.11	34.75	1.41
眉山市	5.29	12.23	0.60	5.11	12.53	0.58
宜宾市	10.50	26.11	1.16	10.45	26.36	1.15
广安市	4.37	14.14	0.53	4.35	14.21	0.53
达州市	30.15	70.55	3.80	29.93	70.93	3.74
雅安市	5.95	13.18	0.84	5.94	13.51	0.83
巴中市	19.87	46.93	2.25	19.82	47.59	2.24
资阳市	3.39	6.23	0.43	3.38	6.45	0.43
阿坝州	32.68	182.05	3.26	31.75	196.44	3.15
甘孜州	40.31	240.17	4.07	39.20	267.65	3.94
凉山州	26.65	129.06	2.95	26.48	129.78	2.92

4-9 续表 3

计量单位：万头、万吨

地 区	2010年			2009年		
	出栏头数	存栏头数	牛肉产量	出栏头数	存栏头数	牛肉产量
四川省	**252.03**	**968.55**	**29.41**	**250.40**	**968.16**	**28.91**
成都市	7.16	11.47	1.07	7.04	11.34	1.04
自贡市	3.56	5.53	0.45	3.35	4.94	0.42
攀枝花市	2.41	9.91	0.29	2.48	9.90	0.30
泸州市	6.87	27.94	0.72	6.65	27.40	0.69
德阳市	8.13	15.01	0.87	7.95	15.11	0.85
绵阳市	13.13	41.51	1.64	13.15	41.75	1.63
广元市	6.04	26.63	0.71	5.89	26.04	0.69
遂宁市	5.70	9.04	1.07	5.54	8.65	1.04
内江市	3.60	6.86	0.43	3.59	6.64	0.42
乐山市	6.41	9.98	0.91	6.39	9.50	0.87
南充市	12.25	33.66	1.45	12.01	32.77	1.41
眉山市	5.17	11.98	0.60	5.08	11.55	0.58
宜宾市	10.04	23.77	1.12	9.74	22.41	1.08
广安市	4.39	13.63	0.54	4.26	13.30	0.53
达州市	30.19	68.58	3.80	29.81	67.83	3.73
雅安市	6.02	13.23	0.86	6.06	13.03	0.86
巴中市	20.05	46.18	2.30	20.00	45.51	2.28
资阳市	3.42	6.36	0.44	3.45	6.45	0.44
阿坝州	31.95	194.18	3.21	32.04	198.73	3.11
甘孜州	38.84	270.55	3.97	39.57	274.93	4.02
凉山州	26.71	122.57	2.98	26.34	120.37	2.93

4-10 四川及各市(州)羊生产情况(2009-2016年)

计量单位：万只、万吨

地　区	2016年			2015年		
	出栏只数	存栏只数	羊肉产量	出栏只数	存栏只数	羊肉产量
四川省	**1755.80**	**1761.30**	**26.89**	**1698.00**	**1782.26**	**26.32**
成都市	131.43	67.76	2.00	39.43	26.65	0.70
自贡市	115.01	60.41	1.59	111.34	61.12	1.56
攀枝花市	28.12	39.09	0.49	27.18	39.54	0.47
泸州市	49.64	37.73	0.77	48.00	38.20	0.75
德阳市	25.41	26.36	0.36	24.58	26.68	0.35
绵阳市	130.94	90.27	2.35	126.64	91.42	2.25
广元市	33.73	39.22	0.55	32.44	39.73	0.53
遂宁市	49.23	31.77	1.18	47.61	32.16	1.14
内江市	60.51	52.10	0.79	59.04	52.67	0.77
乐山市	31.22	25.72	0.51	30.35	26.08	0.50
南充市	194.25	149.91	2.88	187.66	151.68	2.78
眉山市	58.28	39.36	0.76	56.35	39.79	0.73
宜宾市	57.08	38.94	0.72	55.08	39.36	0.69
广安市	37.83	23.09	0.60	37.03	23.49	0.59
达州市	116.39	99.42	1.76	111.79	100.61	1.69
雅安市	23.52	21.96	0.37	23.05	22.24	0.36
巴中市	82.39	74.23	1.24	79.58	75.14	1.20
资阳市	149.06	83.24	2.04	238.42	126.76	3.27
阿坝州	35.55	102.49	0.72	34.33	103.62	0.62
甘孜州	27.29	101.11	0.43	26.01	102.32	0.41
凉山州	314.51	556.94	5.40	299.35	563.25	5.13

注：全省数据为国家统计局核定数据，分市州数据系四川省统计局农经处提供。

4-10 续表 1

计量单位：万只、万吨

地　区	2014年			2013年		
	出栏只数	存栏只数	羊肉产量	出栏只数	存栏只数	羊肉产量
四川省	**1632.70**	**1750.70**	**25.30**	**1583.60**	**1689.20**	**24.52**
成都市	38.76	25.91	0.68	38.62	25.87	0.67
自贡市	106.36	59.51	1.49	103.42	57.50	1.44
攀枝花市	25.88	38.69	0.44	25.02	37.12	0.42
泸州市	45.65	37.31	0.71	44.16	35.20	0.68
德阳市	23.98	26.12	0.34	23.12	25.26	0.33
绵阳市	120.86	89.45	2.14	113.56	88.28	2.00
广元市	30.93	38.86	0.50	30.10	36.67	0.48
遂宁市	45.64	31.58	1.09	44.33	30.32	1.06
内江市	56.72	51.48	0.74	55.23	48.82	0.72
乐山市	29.48	25.54	0.48	28.68	25.14	0.47
南充市	178.52	148.26	2.66	174.01	141.25	2.58
眉山市	53.73	38.86	0.70	52.33	37.37	0.66
宜宾市	52.00	38.48	0.65	50.65	36.72	0.63
广安市	35.74	22.91	0.56	34.71	22.28	0.55
达州市	106.22	98.71	1.61	103.51	95.11	1.56
雅安市	22.38	21.84	0.35	22.07	21.43	0.35
巴中市	76.57	73.14	1.15	74.19	70.01	1.11
资阳市	232.80	124.51	3.19	227.47	118.15	3.10
阿坝州	32.82	101.44	0.59	31.91	96.29	0.56
甘孜州	26.47	104.50	0.42	24.96	108.31	0.39
凉山州	288.43	553.28	4.94	281.55	532.12	4.77

4-10 续表 2

计量单位：万只、万吨

地 区	2012年			2011年		
	出栏只数	存栏只数	羊肉产量	出栏只数	存栏只数	羊肉产量
四川省	**1562.70**	**1671.90**	**24.00**	**1550.84**	**1660.78**	**23.90**
成都市	40.40	27.34	0.70	41.75	27.99	0.73
自贡市	103.11	54.21	1.34	102.57	53.62	1.34
攀枝花市	24.22	37.06	0.41	23.93	36.69	0.41
泸州市	43.60	34.10	0.65	43.37	33.72	0.65
德阳市	21.94	24.81	0.31	21.80	24.46	0.31
绵阳市	111.13	83.07	1.96	108.37	80.16	1.95
广元市	28.88	37.78	0.47	28.35	36.76	0.46
遂宁市	44.17	28.94	1.11	43.97	28.42	1.11
内江市	55.03	47.25	0.68	54.64	46.58	0.67
乐山市	28.46	24.68	0.46	28.36	24.31	0.45
南充市	172.76	134.53	2.42	172.23	132.54	2.42
眉山市	52.09	35.77	0.66	51.75	35.06	0.65
宜宾市	49.56	36.33	0.62	49.28	35.92	0.62
广安市	34.55	22.07	0.53	34.42	21.58	0.53
达州市	101.65	94.16	1.48	100.86	91.89	1.48
雅安市	21.73	21.27	0.34	21.62	20.96	0.34
巴中市	72.77	69.28	1.09	72.59	67.75	1.09
资阳市	228.09	117.24	3.08	226.71	116.05	3.07
阿坝州	27.09	102.86	0.52	26.19	106.19	0.50
甘孜州	24.51	112.74	0.39	23.20	124.16	0.38
凉山州	276.96	526.40	4.77	274.88	515.99	4.74

4-10 续表 3

计量单位：万只、万吨

地 区	2010年			2009年		
	出栏只数	存栏只数	羊肉产量	出栏只数	存栏只数	羊肉产量
四川省	**1609.48**	**1658.95**	**24.80**	**1576.80**	**1723.64**	**24.31**
成都市	43.69	29.89	0.77	44.43	29.99	0.79
自贡市	106.67	53.00	1.40	105.39	55.27	1.37
攀枝花市	24.81	36.34	0.42	24.36	36.73	0.42
泸州市	45.19	34.04	0.68	43.58	33.35	0.65
德阳市	22.62	24.93	0.32	22.21	26.73	0.32
绵阳市	110.76	80.27	2.02	108.51	84.17	1.99
广元市	29.28	36.15	0.48	27.78	34.85	0.46
遂宁市	45.58	28.11	1.15	44.34	27.79	1.12
内江市	56.76	45.74	0.70	55.20	46.68	0.68
乐山市	29.81	25.62	0.47	29.86	25.30	0.49
南充市	178.77	130.69	2.51	173.86	136.74	2.44
眉山市	53.87	33.57	0.68	51.24	33.58	0.65
宜宾市	51.24	35.59	0.64	50.33	35.41	0.63
广安市	35.77	21.26	0.55	33.91	21.28	0.52
达州市	104.89	91.02	1.46	102.95	95.12	1.43
雅安市	22.60	21.21	0.36	22.74	22.81	0.36
巴中市	75.86	67.96	1.15	75.89	72.30	1.14
资阳市	235.49	119.56	3.20	233.18	133.67	3.16
阿坝州	27.18	111.79	0.52	25.45	115.71	0.49
甘孜州	23.67	125.16	0.38	24.74	134.23	0.41
凉山州	284.94	507.06	4.93	276.84	521.92	4.80

4-11 四川及各市(州) 家禽生产情况(2009-2016年)

计量单位:

地　区	2016年			2015年		
	出栏只数	存栏只数	禽肉产量	出栏只数	存栏只数	禽肉产量
四川省	**67776.89**	**38350.71**	**102.03**	**66154.91**	**39496.12**	**99.69**
成都市	9043.12	3875.55	15.20	7990.97	3438.27	13.47
自贡市	2707.98	1125.88	4.06	2641.93	1158.88	3.96
攀枝花市	399.54	297.62	0.60	389.88	306.60	0.58
泸州市	3662.70	2165.75	5.35	3564.89	2231.43	5.20
德阳市	6525.92	2958.04	9.90	6351.85	3043.24	9.64
绵阳市	6302.27	3314.73	9.47	6212.75	3415.00	9.31
广元市	1816.70	1692.36	2.52	1762.30	1742.17	2.45
遂宁市	2152.10	1443.82	3.45	2092.66	1487.62	3.36
内江市	2787.26	1772.43	4.06	2733.72	1824.13	3.98
乐山市	3664.56	1774.85	5.55	3619.63	1823.51	5.46
南充市	5906.84	4361.48	8.29	5750.59	4474.89	8.07
眉山市	3093.12	1327.51	4.85	3004.10	1365.64	4.70
宜宾市	4080.58	2152.43	5.99	3948.98	2215.49	5.79
广安市	3021.71	2237.75	4.25	2955.47	2300.37	4.15
达州市	6228.79	2889.09	9.53	6013.21	2963.34	9.20
雅安市	1070.14	559.42	1.60	1028.77	527.32	1.54
巴中市	1107.28	765.30	1.72	1070.75	787.45	1.66
资阳市	2177.15	1524.53	3.30	3066.22	2111.46	4.65
阿坝州	64.68	53.09	0.09	59.84	53.19	0.08
甘孜州	19.02	27.63	0.03	18.29	27.05	0.02
凉山州	1793.18	1357.85	2.71	1734.26	1394.00	2.62

注：全省数据为国家统计局核定数据，分市州数据系四川省统计局农经处提供。

4-11 续表 1

计量单位：万只、万吨

地 区	2014年			2013年		
	出栏只数	存栏只数	禽肉产量	出栏只数	存栏只数	禽肉产量
四川省	**64667.60**	**37042.10**	**97.40**	**63774.70**	**35789.50**	**95.60**
成都市	7901.92	3461.27	13.31	8100.06	3644.38	13.52
自贡市	2572.43	1114.31	3.85	2538.22	1020.80	3.77
攀枝花市	371.44	295.82	0.56	359.34	283.61	0.53
泸州市	3482.78	2170.59	5.05	3428.83	2105.57	4.89
德阳市	6200.15	3138.36	9.41	6114.07	2924.68	9.20
绵阳市	6069.08	3323.07	9.09	5979.04	3162.39	8.85
广元市	1711.49	1638.77	2.39	1603.41	1362.43	2.24
遂宁市	2045.51	1471.03	3.31	2012.86	1374.37	3.25
内江市	2675.04	1784.98	3.89	2632.88	1687.57	3.80
乐山市	3538.10	1785.28	5.36	3510.18	1705.06	5.27
南充市	5621.64	4331.76	7.90	5550.00	4069.64	7.73
眉山市	2936.09	1307.56	4.58	2888.80	1207.35	4.35
宜宾市	3854.97	2143.30	5.65	3804.99	2000.40	5.52
广安市	2887.46	2248.10	4.06	2839.14	2049.77	3.96
达州市	5860.07	2839.47	8.97	5784.82	2622.09	8.78
雅安市	1005.64	505.30	1.50	984.63	483.39	1.46
巴中市	1045.67	764.12	1.61	1022.43	717.10	1.56
资阳市	2999.59	2162.30	4.54	2951.62	2020.70	4.43
阿坝州	53.50	50.47	0.08	42.19	45.40	0.06
甘孜州	17.63	25.61	0.02	16.11	23.67	0.02
凉山州	1676.69	1370.23	2.53	1611.08	1279.14	2.40

4-11 续表 2

计量单位：万只、万吨

地　区	2012年			2011年		
	出栏只数	存栏只数	禽肉产量	出栏只数	存栏只数	禽肉产量
四川省	**61999.60**	**36019.00**	**93.00**	**57942.73**	**37517.76**	**86.73**
成都市	8393.75	4011.98	14.12	8260.88	4569.92	13.69
自贡市	2457.76	1024.42	3.56	2275.50	1048.41	3.29
攀枝花市	341.92	276.36	0.51	315.18	315.24	0.47
泸州市	3306.41	2088.24	4.48	3065.03	2226.58	4.16
德阳市	5905.28	2815.85	9.14	5468.65	1902.53	8.46
绵阳市	5780.45	3320.25	8.51	5435.56	3578.77	8.02
广元市	1559.18	1328.16	1.98	1435.88	1414.34	1.82
遂宁市	1931.70	1401.72	3.63	1790.04	1474.33	3.36
内江市	2534.58	1684.45	3.42	2344.58	1815.65	3.16
乐山市	3373.06	1748.02	5.23	3127.58	1894.81	4.84
南充市	5343.81	3995.89	6.93	4948.08	4219.72	6.42
眉山市	2759.95	1197.77	4.28	2547.32	1266.89	3.95
宜宾市	3679.01	1955.69	5.32	3418.13	2048.31	4.94
广安市	2750.11	2045.95	3.55	2573.56	2163.22	3.32
达州市	5538.61	2544.76	8.56	5103.43	2656.30	7.79
雅安市	944.56	483.18	1.40	870.46	524.60	1.29
巴中市	983.10	717.15	1.56	910.15	760.82	1.45
资阳市	2843.49	2028.57	4.43	2633.37	2198.31	4.15
阿坝州	23.49	29.73	0.04	20.34	29.74	0.03
甘孜州	15.40	22.82	0.02	14.00	24.94	0.02
凉山州	1533.97	1298.05	2.32	1385.03	1384.33	2.09

4-11　续表 3

计量单位：万只、万吨

地　区	2010年			2009年		
	出栏只数	存栏只数	禽肉产量	出栏只数	存栏只数	禽肉产量
四川省	**56423.74**	**39579.37**	**84.11**	**54565.33**	**39772.78**	**81.49**
成都市	8100.58	5264.84	13.37	7933.04	5720.01	13.13
自贡市	2214.88	1060.39	3.17	2106.03	1038.38	3.02
攀枝花市	306.13	328.64	0.45	291.15	311.58	0.43
泸州市	2979.26	2259.33	3.99	2834.80	2225.77	3.77
德阳市	5328.85	3120.64	8.24	5045.95	3067.22	7.80
绵阳市	5291.63	3635.26	7.79	5108.93	3624.84	7.55
广元市	1395.48	1416.17	1.76	1312.84	1399.94	1.64
遂宁市	1741.60	1382.45	3.27	1697.46	1324.56	3.19
内江市	2268.36	1735.89	3.06	2140.59	1697.38	2.89
乐山市	3050.67	2031.06	4.73	2964.96	2020.73	4.64
南充市	4816.11	4232.76	6.25	4735.39	4243.11	6.14
眉山市	2477.24	1261.01	3.84	2395.10	1243.45	3.76
宜宾市	3324.51	2057.62	4.79	3169.52	2043.00	4.55
广安市	2496.76	2145.29	3.22	2389.41	2149.22	3.08
达州市	4960.71	2621.43	7.38	4906.40	2634.80	7.32
雅安市	843.20	541.79	1.25	830.71	538.44	1.23
巴中市	885.36	782.48	1.41	863.42	774.13	1.38
资阳市	2563.34	2262.95	4.07	2493.36	2285.82	3.96
阿坝州	19.18	30.29	0.03	13.28	28.45	0.02
甘孜州	14.00	23.70	0.02	14.00	26.77	0.02
凉山州	1345.90	1385.36	2.03	1319.00	1375.17	1.96

4-12 四川及各市(州)蛋奶生产情况(2009-2016年)

计量单位：万吨

地 区	2016年		2015年		2014年		2013年	
	牛奶	禽蛋	牛奶	禽蛋	牛奶	禽蛋	牛奶	禽蛋
四川省	**62.76**	**148.12**	**67.50**	**146.65**	**70.80**	**145.30**	**70.60**	**145.20**
成都市	10.45	19.96	10.21	16.58	11.34	16.53	11.68	16.74
自贡市	1.67	5.08	1.73	5.03	1.67	4.93	1.61	4.84
攀枝花市	0.02	1.01	0.02	0.99	0.02	0.97	0.04	0.96
泸州市	0.17	4.32	0.96	4.27	1.12	4.18	1.12	4.12
德阳市	1.09	11.91	1.06	11.79	0.98	11.56	0.95	11.41
绵阳市	2.12	14.36	2.40	14.22	2.45	12.07	2.49	11.91
广元市		3.63		3.59		3.45		3.35
遂宁市	0.16	9.55	0.30	9.44	0.39	9.14	0.39	9.01
内江市	0.86	4.90	0.85	4.84	0.84	4.72	0.82	4.68
乐山市	0.23	12.48	0.27	12.35	0.29	12.26	0.30	12.26
南充市	2.64	20.04	2.82	19.83	3.07	19.45	3.26	19.29
眉山市	13.81	5.54	14.53	5.49	14.50	5.35	14.19	5.24
宜宾市	0.80	4.12	0.79	4.06	0.77	3.92	0.73	3.83
广安市	0.28	7.02	0.28	6.93	0.28	6.78	0.28	6.68
达州市	1.83	10.02	1.97	9.92	1.92	9.57	1.79	9.43
雅安市	2.91	2.35	2.97	1.95	2.92	1.86	2.93	1.82
巴中市		6.55		6.45		6.32		6.26
资阳市	1.17	7.58	1.60	10.73	1.29	10.66	1.23	10.58
阿坝州	12.12	0.17	11.88	0.17	11.80	0.16	11.62	0.12
甘孜州	10.33	0.04	10.17	0.03	10.37	0.03	10.71	0.03
凉山州	4.78	2.75	4.72	2.70	4.59	2.65	4.42	2.62

注：全省数据为国家统计局核定数据，分市州数据系四川省统计局农经处提供。

4-12 续表

计量单位：万吨

地 区	2012年		2011年		2010年		2009年	
	牛奶	禽蛋	牛奶	禽蛋	牛奶	禽蛋	牛奶	禽蛋
四川省	**71.71**	**146.40**	**71.91**	**145.02**	**70.75**	**144.81**	**68.40**	**143.97**
成都市	12.52	17.94	12.58	19.13	13.39	20.13	13.08	21.31
自贡市	1.47	4.79	1.39	4.65	1.35	4.60	1.21	4.49
攀枝花市	0.21	0.94	0.65	0.90	0.68	0.83	0.50	0.58
泸州市	1.11	4.04	1.15	3.98	1.13	3.97	1.04	3.88
德阳市	0.90	11.33	0.89	11.10	0.84	10.78	0.85	10.70
绵阳市	2.62	13.21	2.62	12.92	2.65	13.11	2.60	13.29
广元市	0.11	3.30		3.15		3.18		2.98
遂宁市	0.38	8.78	0.37	8.56	0.35	8.36	0.33	7.88
内江市	0.77	4.66	0.74	4.58	0.69	4.57	0.66	4.57
乐山市	0.35	12.16	0.35	11.91	0.35	11.89	0.35	11.30
南充市	3.30	19.14	3.32	18.82	3.33	18.53	3.32	18.83
眉山市	13.61	5.15	13.21	4.94	12.65	4.81	11.81	4.76
宜宾市	0.70	3.77	0.69	3.64	0.64	3.56	0.61	3.42
广安市	0.28	6.59	0.28	6.55	0.27	6.41	0.25	6.24
达州市	1.68	9.36	1.43	9.04	1.17	8.82	1.05	8.98
雅安市	2.95	1.81	2.94	1.82	3.01	1.85	2.92	1.91
巴中市	0.07	6.22		6.13		6.11		6.06
资阳市	1.24	10.52	1.22	10.65	1.21	10.92	1.57	10.55
阿坝州	11.31	0.08	11.06	0.05	10.53	0.04	10.19	0.04
甘孜州	12.06	0.03	13.26	0.03	12.90	0.03	12.54	0.03
凉山州	4.08	2.57	3.77	2.48	3.63	2.32	3.51	2.17

4-13 四川生猪生产情况(2009-2016年)

计量单位：万头、万吨

年 份	出栏头数	存栏头数	#能繁母猪	猪肉产量
2009	6914.93	5122.68	521.97	472.38
2010	7174.95	5162.03	501.58	492.25
2011	7000.41	5101.91	500.28	484.73
2012	7170.70	5132.40	505.30	496.40
2013	7314.10	5004.10	513.90	510.80
2014	7445.00	5006.60	512.30	527.20
2015	7236.54	4815.57	483.10	512.42
2016	6925.37	4675.90	458.94	494.48

说明：本图表所列数据系衔接2009-2016年全省与市、县级的历史数据，与国家核定数据存在0.5%以内的小数收舍差异。

4-14 四川牛生产情况(2009-2016年)

计量单位：万头、万吨

年 份	出栏头数	存栏头数	牛肉产量
2009	250.40	968.16	28.91
2010	252.03	968.55	29.41
2011	250.86	988.62	28.90
2012	254.00	940.20	29.30
2013	264.70	949.70	31.10
2014	278.70	983.90	33.40
2015	295.45	985.30	35.37
2016	305.20	969.53	36.86

说明：本图表所列数据系衔接2009-2016年全省与市、县级的历史数据，与国家核定数据存在0.5%以内的小数收舍差异。

4-15 四川羊生产情况(2009-2016年)

计量单位：万只、万吨

年 份	出栏只数	存栏只数	羊肉产量
2009	1576.80	1723.64	24.31
2010	1609.48	1658.95	24.80
2011	1550.84	1660.78	23.90
2012	1562.70	1671.90	24.00
2013	1583.60	1689.20	24.50
2014	1632.70	1750.70	25.30
2015	1698.00	1782.26	26.32
2016	1755.80	1761.30	26.89

说明：本图表所列数据系衔接2009-2016年全省与市、县级的历史数据，与国家核定数据存在0.5%以内的小数收舍差异。

4-16 四川家禽生产情况(2009-2016年)

计量单位：万只、万吨

年 份	出栏只数	存栏只数	禽肉产量
2009	54565.33	39772.78	81.49
2010	56423.74	39579.37	84.11
2011	57942.73	37517.76	86.73
2012	61999.60	36019.00	93.00
2013	63774.70	35789.50	95.60
2014	64667.60	37042.10	97.40
2015	66154.91	39496.12	99.69
2016	67776.89	38350.71	102.03

说明：本图表所列数据系衔接2009-2016年全省与市、县级的历史数据，与国家核定数据存在0.5%以内的小数收舍差异。

4-17 四川蛋奶生产情况(2009-2016年)

计量单位：万吨

年 份	牛奶	禽蛋
2009	68.40	143.97
2010	70.75	144.81
2011	71.91	145.02
2012	71.71	146.40
2013	70.60	145.20
2014	70.80	145.30
2015	67.48	146.65
2016	62.76	148.12

说明：本图表所列数据系衔接2009-2016年全省与市、县级的历史数据，与国家核定数据存在0.5%以内的小数收舍差异。

4-18 各生猪调出大县生猪生产情况(2016年)

计量单位：万头、万吨

县 名	生猪存栏	能繁母猪	生猪出栏	猪肉产量
金堂县	41.8	4.9	62.5	4.5
大邑县	46.7	4.9	73.9	5.3
蒲江县	41.8	6.3	63.1	4.5
新津县	29.7	3.0	42.8	3.5
都江堰市	24.5	2.4	36.4	2.6
彭州市	33.2	2.9	52.8	3.8
邛崃市	84.0	8.4	123.8	9.3
崇州市	49.6	4.5	65.0	4.7
荣 县	42.5	3.9	67.0	4.9
富顺县	42.3	4.3	64.5	4.6
江阳区	26.1	2.1	40.2	2.9
纳溪区	34.8	2.9	49.5	3.6
泸 县	79.2	10.4	109.3	7.9
合江县	52.3	5.3	77.8	5.6
叙永县	36.3	4.4	56.5	4.0
古蔺县	36.2	4.3	55.7	4.0
旌阳区	26.4	1.9	42.0	2.9
中江县	64.8	9.3	110.3	7.7
罗江县	29.1	2.4	45.2	3.2
广汉市	23.3	2.0	41.3	2.9
绵竹市	32.1	4.6	54.5	3.8
游仙区	21.7	2.3	33.2	2.3
三台县	73.8	8.0	123.0	8.8
盐亭县	30.4	2.7	46.9	3.4
安 县	24.0	3.0	38.8	2.8
梓潼县	24.1	2.9	39.3	2.9
江油市	30.1	3.8	42.6	3.1
昭化区	41.0	4.7	57.0	3.5
旺苍县	40.6	3.7	61.8	4.5
剑阁县	63.9	5.9	95.0	6.8
苍溪县	62.2	5.6	92.7	6.7
船山区	39.2	4.1	59.4	4.3
安居区	73.2	6.6	112.4	8.1
蓬溪县	52.6	4.9	74.9	5.5
射洪县	60.8	6.1	96.8	7.0
大英县	36.1	3.2	56.5	4.1
东兴区	41.9	4.5	65.9	4.8
威远县	35.9	3.1	54.8	3.8
资中县	57.8	7.8	93.9	6.8
隆昌县	29.6	3.3	43.9	3.2
乐山市中区	33.9	3.9	51.0	3.6
犍为县	43.1	3.9	64.7	4.6
井研县	50.5	4.6	75.0	5.4

4-18 续表

计量单位：万头、万吨

县 名	生猪存栏	能繁母猪	生猪出栏	猪肉产量
高坪区	35.8	4.2	57.3	4.1
嘉陵区	39.0	3.9	58.6	4.2
南部县	59.3	5.3	90.3	6.6
营山县	50.2	5.3	74.6	5.4
蓬安县	37.0	4.1	53.2	3.9
仪陇县	55.3	6.1	84.1	6.1
西充县	51.1	5.3	76.2	5.5
阆中市	53.5	4.9	78.7	5.7
东坡区	39.9	5.0	62.1	4.5
仁寿县	84.2	7.8	120.3	8.7
翠屏区	30.3	3.5	46.5	3.5
南溪区	27.9	2.6	40.9	3.2
宜宾县	66.0	7.8	95.8	7.1
江安县	37.1	3.6	48.4	3.6
长宁县	34.2	3.0	46.1	3.5
高 县	33.6	3.9	42.8	3.3
珙 县	33.7	3.6	44.1	3.4
筠连县	30.9	3.2	43.2	3.3
兴文县	37.4	4.4	48.3	3.7
广安区	59.9	7.9	89.7	6.5
岳池县	61.5	5.7	92.2	6.7
武胜县	68.4	9.1	102.0	7.4
邻水县	55.8	6.0	83.3	6.1
达川区	48.1	5.0	69.9	5.0
宣汉县	55.2	6.5	79.2	5.7
开江县	28.6	2.5	39.9	2.9
大竹县	54.3	5.0	76.3	5.5
渠 县	62.6	6.0	96.3	6.9
万源市	30.8	2.5	41.6	3.0
名山区	35.5	3.5	53.4	3.8
巴州区	68.0	6.8	105.3	7.6
通江县	51.9	5.3	79.6	5.7
南江县	49.4	4.9	74.4	5.3
平昌县	55.4	4.9	85.0	6.1
雁江区	66.6	6.3	98.6	7.1
安岳县	95.0	9.0	138.3	9.9
乐至县	56.9	5.4	82.8	6.0
简阳市	74.9	8.0	111.8	8.0
西昌市	36.4	4.0	54.5	4.0
会理县	52.5	6.3	77.1	5.6
会东县	31.5	4.0	46.6	3.4
冕宁县	29.2	3.0	43.8	3.2

主要统计指标解释

粮食 按收获季节分包括夏粮、早稻、秋粮；按作物品种分包括谷物、薯类、豆类。

夏收粮食 指上年秋、冬季和本年春季播种、夏季收获的全部粮食作物，如冬小麦、夏收春小麦、大麦、元麦、蚕豆、豌豆、夏收马铃薯等。

早稻 指早籼稻。

秋收粮食 指本年春、夏季播种，秋季收获的粮食作物。如：中稻、晚稻、玉米、高粱、谷子、甘薯、大豆等。

谷物 指禾本科和蓼科粮食作物。这类作物具体包括稻谷、小麦、玉米、谷子、高粱和其他谷物。其他谷物包括大麦、燕麦、荞麦等，其中西藏、青海、甘肃等地种植的青稞是大麦中的裸麦，按大麦统计。

薯类 包括甘薯和马铃薯。不包括芋头、木薯等。芋头作为蔬菜统计，木薯作为其他作物统计。

豆类 是以食用种籽及其制成品为主的一类豆科植物，包括大豆、绿豆、红小豆、杂豆等。

粮食播种面积 指农业生产经营者应在日历年度内收获的粮食作物在全部土地（耕地或非耕地）上的播种或移植面积。凡是本年内收获的粮食作物，无论是本年还是上年播种，都算为当年播种面积，但不包括本年播种，下年收获的粮食作物面积。移植的粮食作物面积按移植后的面积计算，不计算移植前的秧田面积。如果因灾害等原因，应该收获却未能收获，也要按原播种面积计算，新补或改种，并在本年收获的，也要按复种作物计算面积。间种、混种的作物面积按比例折算各个作物的面积，如果完全混合、同步生长、收获的作物，按混合面积平均分配。复种、套种的作物，按次数计算面积，每种一次计算一次。再生稻、再生高粱等，因其没有经过播种或移植，不计入播种面积。

粮食产量 指稻谷、小麦、玉米、高粱等谷物及薯类和豆类的全社会的产量。包括国有经济经营的、集体统一经营的和农民家庭经营的粮食产量，还包括工矿企业办的农场和其他生产单位的产量。其产量计算方法，豆类按去荚后的干豆计算；薯类（包括甘薯和马铃薯，不包括芋头和木薯），按每5公斤鲜薯折1公斤粮食计算。城市效区作为蔬菜的薯类（如马铃薯等）不作粮食统计。其他粮食一律按脱粒后的原粮计算。

生猪期（年）末存栏 指本调查期末饲养生猪的总量，包括15公斤以下仔猪、待育肥猪（架子猪）和种猪等数量之和。

能繁母猪 是指猪龄约在9个月（包括9个月）以上的、具备繁殖能力的母猪。

生猪期内增加头数 指本调查期内以各种形式增加的生猪总量。增加的方式主要有自繁、购进、他人赠送等。

生猪期内减少头数 指本调查期内以各种形式减少的生猪总量。减少方式主要有自宰活肥猪、出售活肥猪、出售仔猪、待育肥猪（架子猪）、种猪等，以及赠送、丢失、死亡、疫病捕杀等。

猪肉产量 指本调查期内出栏肥猪头数折算出的鲜、冷鲜、冷冻猪肉总量，按胴体重计算。

牛总量 指肉牛、奶牛、役用牛的合计数量。

牛期（年）末存栏 指本调查期末饲养各类型的牛总量，包括牛犊、待育肥牛（架子牛）、奶牛和种牛等数量之和。

牛期内增加头数 指本调查期内以各种形式增加的牛犊、架子牛、成年牛等数量。增加的方式主要有自行繁殖、购进、他人赠送等.

牛期内减少头数 指本调查期内以各种形式减少的牛数量。减少的方式主要有自宰育肥肉牛、出售育肥肉牛、出售牛犊、架子牛、奶牛、种牛，赠送他人、丢失、死亡、疫病捕杀等。

牛肉产量 指本调查期内出栏肉牛头数折算出的鲜、冷鲜、冷冻牛肉产量，按胴体重计算。

生牛奶产量 指本调查期内奶牛所生产的牛奶总产量。

羊期末存栏 指本调查期末饲养各种羊只总量。包括羊羔、待育肥羊（架子羊）、奶羊和种羊等数量之和。

羊期内增加头数 指本调查期内以各种形式增加的羊只总量，增加的方式主要有自行繁殖、购进、他人赠送等。

羊期内减少头数 指本调查期内因各种原因减少的羊只数量。减少的方式主要有自宰肥羊、出售肥羊、出售羊羔或待育肥羊、出售种羊，赠送他人、丢失、死亡、疫病捕杀等。

羊肉产量 指本调查期内出栏肥羊头数折算出的鲜、冷鲜、冷冻羊肉产量，按胴体重计算。

绵羊毛产量 指本调查期内绵羊所生产的羊毛总量。

山羊绒产量 指本调查期内山羊所生产的羊绒总量。

家禽种类 主要包括鸡、鸭、鹅三个种类。

家禽期末存栏 指本调查期末饲养家禽的总量，包括幼禽、肉用家禽、蛋用家禽和种家禽等。

家禽期内减少只数 指本调查期内以各种形式减少的家禽总量。减少的方式主要有自宰活家禽、出售活家禽、出售幼禽、赠送他人、丢失、死亡、疫病捕杀等。

禽肉产量 指本调查期内出栏肉用家禽产出的禽肉总量。

禽蛋产量 指本调查期内饲养的蛋用家禽生产的禽蛋总重量。包括出售的和农民自产自用的部分。品种主要为鸡鸭鹅。

肉类总产量 指调查期内各种牲畜及家禽、兔等动物肉产量总计。猪、牛、羊、马、驴、骡、骆驼肉产量按去掉头蹄下水后带骨肉的胴体重量计算，兔禽肉产量按屠宰后去毛和内脏后的重量计算。猪牛羊禽四个品种肉产量由主要畜禽监测抽样调查获得，马、驴、骡、骆驼、兔肉产量由全面统计获得，其它特种养殖肉产量可用住户调查资料推算获得。

五 企业调查

5-1 全国及四川制造业采购经理指数(2012-2016年)

单位：%

年份、月份	四川	中国	年份、月份	四川	中国
2012.01	50.1	50.5	2014.07	50.7	51.7
2012.02	50.6	51.0	2014.08	50.3	51.1
2012.03	51.0	53.1	2014.09	49.7	51.1
2012.04	51.9	53.3	2014.10	49.5	50.8
2012.05	49.0	50.4	2014.11	49.1	50.3
2012.06	48.5	50.2	2014.12	48.7	50.1
2012.07	47.1	50.1	2015.01	48.5	49.8
2012.08	46.8	49.2	2015.02	49.5	49.9
2012.09	47.1	49.8	2015.03	49.8	50.1
2012.10	48.1	50.2	2015.04	49.0	50.1
2012.11	49.6	50.6	2015.05	49.2	50.2
2012.12	50.1	50.6	2015.06	48.7	50.2
2013.01	50.9	50.4	2015.07	48.2	50.0
2013.02	50.3	50.1	2015.08	47.4	49.7
2013.03	50.5	50.9	2015.09	48.3	49.8
2013.04	49.6	50.6	2015.10	48.7	49.8
2013.05	49.8	50.8	2015.11	49.0	49.6
2013.06	49.4	50.1	2015.12	49.0	49.7
2013.07	48.8	50.3	2016.01	48.7	49.4
2013.08	49.6	51.0	2016.02	48.5	49.0
2013.09	50.1	51.1	2016.03	49.5	50.2
2013.10	51.3	51.4	2016.04	49.7	50.1
2013.11	50.8	51.4	2016.05	48.9	50.1
2013.12	51.5	51.0	2016.06	48.2	50.0
2014.01	51.2	50.5	2016.07	48.0	49.9
2014.02	50.2	50.2	2016.08	48.6	50.4
2014.03	50.1	50.3	2016.09	50.1	50.4
2014.04	50.3	50.4	2016.10	51.6	51.2
2014.05	50.5	50.8	2016.11	52.3	51.7
2014.06	50.5	51.0	2016.12	51.7	51.4

5-2 制造业采购经理指数(2016年)

单位：%

项目	全年	1月	2月	3月	4月	5月	6月
全　省	**49.7**	**48.7**	**48.5**	**49.5**	**49.7**	**48.9**	**48.2**
一、按行业大类分							
农副食品加工业	51.3	55.7	42.9	46.4	47.4	48.7	46.1
食品制造业	53.8	57.7	52.0	51.9	52.5	47.0	51.7
酒饮料和精制茶制造业	49.3	59.1	57.9	42.7	44.8	44.2	46.2
纺织业	48.7	44.2	46.0	53.2	49.5	52.0	50.4
纺织服装/皮革毛皮其制品业和制鞋业	49.3	49.7	41.2	50.5	43.6	49.8	53.0
木材加工/家具制造业	47.7	44.8	45.4	51.7	51.8	46.9	41.3
造纸/印刷/文教工美体育用品制造业	48.5	52.2	47.5	45.6	39.6	44.7	51.7
石油加工、炼焦及核燃料加工业	47.3	51.9	57.5	36.5	44.8	48.1	49.6
化学原料和化学制品制造业	48.8	47.0	52.9	49.9	49.0	49.4	45.2
医药制造业	55.7	55.2	59.2	55.2	53.1	53.7	55.3
化学纤维制造业/橡胶和塑料制品业	50.7	44.5	38.1	59.0	52.2	50.1	44.4
非金属矿物制品业	47.4	44.8	45.4	51.4	50.8	47.5	47.1
黑色金属冶炼及压延加工业	48.0	41.6	51.9	43.3	53.7	47.3	48.7
有色金属冶炼及压延加工业	49.5	40.4	44.9	52.3	52.9	53.2	51.1
金属制品业	47.6	39.2	40.0	49.9	49.6	48.4	52.7
通用设备制造业	48.5	43.0	45.5	50.2	50.3	48.1	49.1
专用设备制造业	46.2	47.0	45.8	47.6	49.7	46.4	46.7
交通运输设备制造业	52.7	52.4	52.7	53.8	54.1	48.9	49.7
电气机械及器材制造业	47.3	43.0	35.9	55.0	47.6	49.0	48.7
计算机、通信和其他电子设备制造业	51.9	53.1	51.6	51.6	51.0	48.6	48.5
二、按企业规模分							
大型企业	52.2	49.1	52.0	53.7	48.7	50.2	51.0
中型企业	51.5	50.8	49.5	52.9	52.1	50.4	50.3
小微型企业	47.7	47.1	46.7	46.2	48.4	46.6	46.1
三、按特殊类型分							
出口企业	50.9	51.1	49.4	51.7	50.8	49.4	48.9
上市公司	53.1	51.3	50.9	53.4	50.9	50.5	55.6
国有控股企业	50.5	48.6	51.9	51.9	50.5	47.5	51.5
四、按重点产业分							
装备制造产业	49.8	47.8	47.2	51.4	50.7	48.3	49.0
高新技术产业	52.7	51.9	53.2	52.6	52.3	50.5	50.8
高耗能产业	48.3	44.8	48.4	49.4	50.1	48.8	47.4
消费品产业	51.5	55.9	51.9	48.6	48.6	47.3	47.7

5-2 续表

单位：%

项　　目	7月	8月	9月	10月	11月	12月
全　　省	**48.0**	**48.6**	**50.1**	**51.6**	**52.3**	**51.7**
一、按行业大类分						
农副食品加工业	46.7	53.7	59.6	54.1	57.8	55.9
食品制造业	50.9	55.7	61.9	57.8	54.5	51.4
酒饮料和精制茶制造业	45.6	46.7	50.1	49.9	51.0	53.7
纺织业	49.9	38.6	49.2	49.8	49.7	51.6
纺织服装/皮革毛皮其制品业和制鞋业	52.2	54.4	42.7	52.8	51.8	50.1
木材加工/家具制造业	53.0	44.5	47.1	49.8	50.9	45.3
造纸/印刷/文教工美体育用品制造业	47.5	47.2	49.3	49.2	54.5	52.4
石油加工、炼焦及核燃料加工业	46.9	41.8	42.0	52.6	44.7	50.6
化学原料和化学制品制造业	46.3	45.5	47.5	49.0	52.3	51.0
医药制造业	54.3	55.7	52.5	57.8	59.3	57.0
化学纤维制造业/橡胶和塑料制品业	51.4	55.6	53.2	56.2	51.7	52.2
非金属矿物制品业	42.5	43.8	43.5	51.2	49.6	50.7
黑色金属冶炼及压延加工业	48.5	46.1	47.3	49.1	50.3	47.9
有色金属冶炼及压延加工业	49.9	51.3	46.6	50.9	49.6	51.1
金属制品业	51.6	48.7	42.1	48.9	53.3	47.3
通用设备制造业	49.6	47.5	48.7	47.5	52.1	50.3
专用设备制造业	39.8	42.9	46.3	46.2	46.4	49.4
交通运输设备制造业	48.6	48.7	56.4	57.8	56.3	52.7
电气机械及器材制造业	43.6	51.8	44.7	49.3	46.2	52.6
计算机、通信和其他电子设备制造业	51.7	53.7	53.5	53.4	53.1	53.5
二、按企业规模分						
大型企业	48.7	53.5	54.5	53.8	57.4	54.1
中型企业	50.3	49.6	50.6	53.5	54.6	53.1
小微型企业	46.4	46.6	48.6	49.8	49.4	50.2
三、按特殊类型分						
出口企业	48.7	49.2	51.3	52.7	53.4	54.0
上市公司	48.1	55.0	57.8	53.6	56.1	54.2
国有控股企业	46.9	51.1	50.9	52.3	52.4	51.1
四、按重点产业分						
装备制造产业	48.4	49.5	50.4	51.6	52.1	51.4
高新技术产业	52.8	54.0	53.1	54.1	54.2	53.0
高耗能产业	46.5	45.6	46.7	50.5	50.7	50.5
消费品产业	48.3	51.0	54.1	54.7	55.3	54.3

5-3 制造业生产指数(2016年)

单位：%

项　　目	全年	1月	2月	3月	4月	5月	6月
全　　省	**51.9**	**50.0**	**49.8**	**51.8**	**52.1**	**51.1**	**49.6**
一、按行业大类分							
农副食品加工业	53.9	58.8	39.6	47.3	47.8	51.2	44.4
食品制造业	55.8	61.0	64.0	55.1	53.2	43.2	50.2
酒饮料和精制茶制造业	51.8	65.2	68.5	41.1	46.0	44.4	48.5
纺织业	51.0	47.1	42.9	60.1	51.8	57.9	51.6
纺织服装/皮革毛皮其制品业和制鞋业	51.6	53.4	32.0	56.1	45.4	53.2	61.2
木材加工/家具制造业	48.2	46.5	35.3	52.0	54.6	48.2	34.7
造纸/印刷/文教工美体育用品制造业	48.1	56.9	48.2	44.1	35.2	45.1	50.2
石油加工、炼焦及核燃料加工业	49.4	58.0	69.3	31.1	47.0	49.8	53.8
化学原料和化学制品制造业	50.5	45.9	59.3	51.5	51.5	50.3	45.3
医药制造业	61.0	57.7	78.0	59.4	56.4	57.3	60.5
化学纤维制造业/橡胶和塑料制品业	52.1	45.2	25.5	64.1	55.6	51.1	41.4
非金属矿物制品业	48.7	44.7	44.7	56.8	55.4	51.3	52.2
黑色金属冶炼及压延加工业	48.6	35.8	60.6	41.2	56.6	48.1	47.0
有色金属冶炼及压延加工业	51.4	33.0	45.3	52.0	56.1	53.0	59.0
金属制品业	49.4	38.9	33.2	53.4	55.2	48.6	56.5
通用设备制造业	51.9	42.2	44.2	53.7	56.6	53.2	50.8
专用设备制造业	49.2	45.6	49.8	50.2	53.0	48.8	53.8
交通运输设备制造业	56.2	57.2	55.7	57.6	55.4	50.4	48.7
电气机械及器材制造业	49.3	36.8	26.5	59.6	54.1	56.4	47.8
计算机、通信和其他电子设备制造业	54.5	57.5	51.1	55.0	50.9	50.2	51.5
二、按企业规模分							
大型企业	55.8	47.6	58.7	57.7	50.8	51.0	55.8
中型企业	54.8	53.1	51.9	56.0	55.4	54.8	52.9
小微型企业	48.7	48.3	45.7	47.5	50.2	47.3	45.7
三、按特殊类型分							
出口企业	54.2	53.9	53.6	54.5	53.5	52.1	51.5
上市公司	56.0	51.3	56.9	56.1	53.2	53.2	63.2
国有控股企业	55.1	47.4	58.1	57.1	56.1	51.8	59.9
四、按重点产业分							
装备制造产业	52.5	49.5	45.9	55.2	53.5	50.5	51.0
高新技术产业	56.4	55.6	57.1	56.9	54.2	53.5	55.3
高耗能产业	49.6	43.7	50.6	51.4	52.6	50.8	48.7
消费品产业	54.4	60.7	57.6	50.0	49.7	48.1	47.6

5-3 续表

单位：%

项　　目	7月	8月	9月	10月	11月	12月
全　　省	**49.5**	**50.3**	**52.3**	**54.3**	**56.3**	**55.4**
一、按行业大类分						
农副食品加工业	46.8	60.3	69.6	59.3	60.8	60.9
食品制造业	48.0	57.0	68.6	61.9	56.6	51.3
酒饮料和精制茶制造业	47.0	49.0	49.8	50.2	53.0	59.0
纺织业	50.9	33.8	50.8	53.2	54.4	57.1
纺织服装/皮革毛皮其制品业和制鞋业	55.4	55.3	39.6	55.6	55.2	56.4
木材加工/家具制造业	55.4	41.0	49.4	53.5	56.6	51.3
造纸/印刷/文教工美体育用品制造业	44.7	46.5	47.8	46.9	56.1	55.6
石油加工、炼焦及核燃料加工业	52.8	43.3	41.0	57.3	41.2	48.1
化学原料和化学制品制造业	47.3	46.7	47.3	52.3	54.3	53.8
医药制造业	56.9	60.3	56.2	61.5	66.7	61.3
化学纤维制造业/橡胶和塑料制品业	56.8	61.6	56.4	61.8	53.5	51.8
非金属矿物制品业	38.8	42.2	41.6	50.2	52.9	53.5
黑色金属冶炼及压延加工业	49.7	44.8	46.2	50.8	56.3	45.9
有色金属冶炼及压延加工业	51.9	63.8	43.2	48.6	56.3	54.3
金属制品业	55.4	49.3	41.7	56.6	59.7	44.3
通用设备制造业	53.9	51.2	53.1	48.1	58.5	57.4
专用设备制造业	42.7	44.5	54.0	45.9	47.5	55.3
交通运输设备制造业	50.1	47.1	62.7	64.5	65.2	59.6
电气机械及器材制造业	48.0	57.0	46.8	50.2	52.8	55.6
计算机、通信和其他电子设备制造业	54.5	56.6	55.6	57.0	55.5	58.7
二、按企业规模分						
大型企业	48.2	60.8	59.5	57.1	64.3	58.7
中型企业	54.2	50.9	53.1	57.5	60.0	57.3
小微型企业	46.6	47.2	49.9	51.3	51.6	53.3
三、按特殊类型分						
出口企业	50.1	52.0	54.2	56.4	58.5	59.7
上市公司	46.4	57.0	63.4	54.9	59.0	57.2
国有控股企业	46.3	56.4	56.2	57.4	58.2	56.5
四、按重点产业分						
装备制造产业	51.0	51.4	54.0	54.8	57.0	56.5
高新技术产业	56.4	57.8	56.3	56.8	58.3	58.6
高耗能产业	46.8	45.9	46.0	52.0	54.2	52.1
消费品产业	49.3	53.7	58.4	58.8	59.2	59.2

5-4 制造业新订单指数(2016年)

单位：%

项　目	全年	1月	2月	3月	4月	5月	6月
全　省	**50.2**	**48.3**	**47.6**	**49.9**	**50.2**	**49.5**	**48.0**
一、按行业大类分							
农副食品加工业	53.1	60.6	36.7	46.4	47.0	49.8	45.4
食品制造业	56.4	66.1	52.6	52.5	53.8	49.9	54.4
酒饮料和精制茶制造业	50.0	66.8	67.1	37.3	40.4	42.4	43.0
纺织业	48.7	38.4	46.9	54.5	52.3	57.0	53.2
纺织服装/皮革毛皮其制品业和制鞋业	50.1	49.2	39.5	51.8	37.6	48.1	56.2
木材加工/家具制造业	46.7	37.5	47.5	52.2	53.6	45.0	36.8
造纸/印刷/文教工美体育用品制造业	49.0	52.9	44.6	46.6	34.1	42.1	56.2
石油加工、炼焦及核燃料加工业	46.4	48.3	64.1	26.4	43.1	47.5	49.2
化学原料和化学制品制造业	48.6	45.5	58.8	49.6	48.5	50.9	42.3
医药制造业	57.9	58.6	64.7	57.8	53.4	54.8	57.1
化学纤维制造业/橡胶和塑料制品业	52.0	40.7	23.6	63.8	57.4	53.7	41.8
非金属矿物制品业	45.2	39.9	36.6	50.6	50.8	46.9	44.6
黑色金属冶炼及压延加工业	48.4	39.1	57.1	40.0	58.2	45.9	50.0
有色金属冶炼及压延加工业	47.6	31.1	36.3	54.8	55.1	59.5	49.1
金属制品业	48.0	32.9	30.7	50.8	54.6	53.6	57.1
通用设备制造业	49.2	41.9	46.0	53.5	47.5	49.2	49.9
专用设备制造业	44.6	46.3	36.5	48.2	50.5	46.7	45.3
交通运输设备制造业	54.4	54.8	54.8	57.7	58.2	45.7	50.5
电气机械及器材制造业	48.1	37.6	28.7	58.6	49.5	51.0	49.5
计算机、通信和其他电子设备制造业	53.8	52.9	51.9	53.4	52.6	49.4	48.9
二、按企业规模分							
大型企业	54.1	51.3	56.5	57.5	46.6	52.3	51.0
中型企业	53.1	51.4	49.3	54.6	54.3	52.6	52.0
小微型企业	47.0	45.0	43.8	44.8	48.4	45.5	44.5
三、按特殊类型分							
出口企业	52.6	53.0	51.4	54.8	51.9	51.3	49.9
上市公司	55.2	53.6	52.6	57.7	51.9	50.5	55.8
国有控股企业	51.4	48.3	53.3	52.7	51.2	45.9	51.9
四、按重点产业分							
装备制造产业	50.8	47.4	44.8	54.2	52.3	48.5	50.0
高新技术产业	54.7	52.2	54.9	54.6	54.7	51.3	51.6
高耗能产业	47.7	41.0	46.8	48.7	51.4	49.8	46.1
消费品产业	53.2	60.8	54.7	48.6	48.2	46.7	47.0

5-4 续表

单位：%

项　　目	7月	8月	9月	10月	11月	12月
全　　省	**47.0**	**48.0**	**51.6**	**54.1**	**54.2**	**53.6**
一、按行业大类分						
农副食品加工业	43.6	57.9	67.1	57.9	64.0	60.4
食品制造业	49.8	58.4	68.0	61.9	58.3	51.6
酒饮料和精制茶制造业	44.7	45.9	53.0	51.2	51.0	56.9
纺织业	48.5	31.4	51.5	51.2	45.6	54.5
纺织服装/皮革毛皮其制品业和制鞋业	55.3	62.2	41.8	55.6	56.9	46.8
木材加工/家具制造业	51.6	44.2	48.5	50.2	51.8	42.0
造纸/印刷/文教工美体育用品制造业	46.4	46.2	53.2	50.2	57.6	57.5
石油加工、炼焦及核燃料加工业	39.5	37.9	41.6	59.7	43.7	55.7
化学原料和化学制品制造业	43.1	39.7	48.5	49.6	55.9	50.5
医药制造业	58.2	57.2	53.4	59.0	60.7	60.5
化学纤维制造业/橡胶和塑料制品业	52.5	55.8	59.7	59.2	56.0	59.6
非金属矿物制品业	40.4	38.8	39.7	54.2	48.5	50.9
黑色金属冶炼及压延加工业	47.0	45.2	46.3	49.6	51.3	50.7
有色金属冶炼及压延加工业	44.6	47.9	43.8	51.8	47.0	50.0
金属制品业	56.7	49.0	39.8	46.3	56.0	48.4
通用设备制造业	50.8	48.7	48.5	49.5	53.2	51.7
专用设备制造业	35.7	38.7	42.3	44.8	46.5	53.6
交通运输设备制造业	46.8	47.4	60.1	65.1	59.5	52.5
电气机械及器材制造业	44.2	55.5	43.1	51.3	48.5	59.2
计算机、通信和其他电子设备制造业	53.9	56.7	58.0	58.3	57.2	52.9
二、按企业规模分						
大型企业	47.4	55.4	58.5	56.5	60.4	56.0
中型企业	50.4	50.0	53.2	57.3	57.5	55.0
小微型企业	44.6	44.8	48.8	51.2	50.4	52.0
三、按特殊类型分						
出口企业	49.7	48.7	53.6	55.4	56.0	55.6
上市公司	49.3	58.1	62.3	55.6	58.4	56.9
国有控股企业	46.5	52.3	51.4	54.7	54.8	53.2
四、按重点产业分						
装备制造产业	48.4	50.3	51.7	54.9	54.6	52.9
高新技术产业	54.7	56.2	56.3	58.2	57.7	53.4
高耗能产业	44.0	41.7	46.6	52.3	51.5	52.5
消费品产业	47.3	52.5	57.8	58.4	58.8	57.1

5-5 制造业新出口订单指数(2016年)

单位：%

项　　目	全年	1月	2月	3月	4月	5月	6月
全　　省	**48.4**	**44.0**	**49.8**	**48.7**	**48.0**	**50.3**	**46.4**
一、按行业大类分							
农副食品加工业	41.7	47.0	46.6	46.0	33.6	45.9	34.7
食品制造业	53.1	32.6	58.9	65.7	47.0	31.1	61.3
酒饮料和精制茶制造业	47.3	61.5	55.0	28.7	43.1	54.3	39.0
纺织业	45.1	39.5	34.4	60.1	57.5	49.7	36.5
纺织服装/皮革毛皮其制品业和制鞋业	48.8	38.0	30.3	50.6	42.3	45.2	41.0
木材加工/家具制造业	42.4	32.6	37.8	46.0	47.0	49.7	33.4
造纸/印刷/文教工美体育用品制造业	21.3	36.2		18.4	23.5	21.3	25.1
石油加工、炼焦及核燃料加工业	52.1	54.3	75.7	46.0	47.0	49.7	50.1
化学原料和化学制品制造业	51.2	33.6	63.1	51.3	49.1	55.7	52.1
医药制造业	56.5	47.5	66.2	51.7	41.2	68.4	64.5
化学纤维制造业/橡胶和塑料制品业	49.4	46.5	12.6	59.1	60.5	56.0	33.4
非金属矿物制品业	45.0	44.4	45.4	41.8	51.7	49.7	54.7
黑色金属冶炼及压延加工业	35.1	21.7	75.7	36.8	33.6	33.2	40.1
有色金属冶炼及压延加工业	50.7	47.5	56.8	72.3	47.0	49.7	50.1
金属制品业	48.7	47.5	54.1	39.4	52.3	43.5	44.6
通用设备制造业	48.0	38.8	41.6	43.8	49.4	63.6	45.4
专用设备制造业	48.1	30.1	45.4	46.0	55.3	46.2	33.4
交通运输设备制造业	48.4	48.2	52.4	47.5	50.1	46.6	43.4
电气机械及器材制造业	45.8	36.2	41.3	38.9	40.3	36.2	45.6
计算机、通信和其他电子设备制造业	52.2	52.6	56.1	52.8	52.3	56.1	53.2
二、按企业规模分							
大型企业	50.2	44.4	50.5	50.3	47.6	54.9	48.4
中型企业	50.1	43.9	53.2	50.8	48.2	46.2	46.2
小微型企业	43.9	43.8	44.2	43.5	48.2	51.0	44.1
三、按特殊类型分							
出口企业	48.3	43.6	48.2	49.8	48.4	49.9	46.2
上市公司	52.7	46.9	54.1	52.4	53.4	54.0	50.1
国有控股企业	46.4	38.9	52.0	49.0	48.8	44.2	49.5
四、按重点产业分							
装备制造产业	49.6	45.6	50.8	47.9	50.4	51.8	46.8
高新技术产业	52.8	50.8	57.5	52.7	51.3	56.3	52.1
高耗能产业	47.2	38.9	50.1	52.4	48.4	49.7	47.3
消费品产业	47.0	48.3	51.8	44.7	42.0	45.3	45.3

5-5 续表

单位：%

项　　目	7月	8月	9月	10月	11月	12月
全　　省	**45.5**	**49.9**	**49.5**	**49.0**	**49.2**	**50.3**
一、按行业大类分						
农副食品加工业	38.8	55.7	41.4	35.8	34.1	40.6
食品制造业	64.7	57.1	74.5	51.1	49.2	44.6
酒饮料和精制茶制造业	34.5	51.4	49.7	63.9	49.2	37.2
纺织业	41.4	41.1	33.1	59.6	49.2	38.6
纺织服装/皮革毛皮其制品业和制鞋业	47.0	60.7	29.8	60.4	68.9	71.6
木材加工/家具制造业	34.5	85.6	37.3	51.1	36.9	16.5
造纸/印刷/文教工美体育用品制造业	22.2	29.4	29.8	8.5	24.6	16.5
石油加工、炼焦及核燃料加工业	51.7	51.4	49.7	51.1	49.2	49.6
化学原料和化学制品制造业	51.7	45.5	51.8	51.1	49.2	60.2
医药制造业	51.7	45.7	49.7	58.4	71.0	62.0
化学纤维制造业/橡胶和塑料制品业	51.7	42.8	41.4	51.1	82.0	55.1
非金属矿物制品业	39.8	38.5	33.1	45.4	54.1	41.3
黑色金属冶炼及压延加工业	41.4	51.4	24.8	38.3		24.8
有色金属冶炼及压延加工业	58.2	36.7	41.4	57.5	42.2	49.6
金属制品业	46.6	32.1	58.0	68.1	41.0	57.8
通用设备制造业	56.4	49.2	49.7	34.8	51.8	52.1
专用设备制造业	40.7	51.4	55.9	51.1	49.2	72.1
交通运输设备制造业	34.0	49.6	61.3	51.1	45.7	51.1
电气机械及器材制造业	47.4	59.9	54.2	51.1	32.8	66.1
计算机、通信和其他电子设备制造业	48.6	54.7	51.3	47.8	54.0	47.2
二、按企业规模分						
大型企业	46.6	55.6	50.3	48.1	51.5	53.7
中型企业	48.9	48.2	52.0	55.8	53.7	53.5
小微型企业	40.1	46.2	44.4	39.7	38.9	42.0
三、按特殊类型分						
出口企业	44.7	49.7	49.1	49.6	49.8	51.0
上市公司	57.2	47.1	53.8	58.2	49.2	56.5
国有控股企业	42.6	47.5	43.9	50.4	43.0	47.1
四、按重点产业分						
装备制造产业	45.5	51.7	54.1	47.9	49.2	53.0
高新技术产业	49.7	54.1	52.3	51.1	55.8	49.6
高耗能产业	47.7	42.7	41.7	50.4	48.4	48.2
消费品产业	40.6	51.4	50.4	48.0	47.8	48.2

5-6 制造业积压订单指数(2016年)

单位：%

项目	全年	1月	2月	3月	4月	5月	6月
全省	**42.8**	**41.0**	**41.2**	**42.3**	**42.2**	**42.0**	**41.8**
一、按行业大类分							
农副食品加工业	42.1	45.6	38.6	35.0	37.1	39.0	43.7
食品制造业	43.6	52.9	46.4	38.2	44.2	38.4	45.6
酒饮料和精制茶制造业	38.3	48.9	39.6	39.1	37.3	33.2	29.0
纺织业	39.0	40.0	40.1	45.3	44.5	40.4	32.4
纺织服装/皮革毛皮其制品业和制鞋业	46.0	44.5	31.7	42.6	43.9	41.9	46.8
木材加工/家具制造业	39.9	30.9	31.6	46.4	44.4	47.9	29.3
造纸/印刷/文教工美体育用品制造业	42.3	52.8	42.1	38.4	29.7	35.1	41.4
石油加工、炼焦及核燃料加工业	39.2	36.3	36.6	28.6	34.2	38.3	47.8
化学原料和化学制品制造业	42.4	40.6	43.6	43.1	38.0	40.0	45.8
医药制造业	46.8	41.8	44.7	40.3	46.4	51.4	54.4
化学纤维制造业/橡胶和塑料制品业	44.1	39.8	32.4	47.9	47.9	33.2	38.4
非金属矿物制品业	41.9	35.5	43.2	43.2	42.5	48.6	40.1
黑色金属冶炼及压延加工业	39.7	35.4	34.7	38.6	41.7	35.3	39.1
有色金属冶炼及压延加工业	44.4	34.5	37.0	53.1	51.1	48.1	40.6
金属制品业	43.8	36.9	37.0	43.7	47.9	46.8	49.5
通用设备制造业	41.5	36.8	41.0	39.9	41.9	41.1	41.0
专用设备制造业	44.4	44.0	33.1	36.7	46.8	45.1	47.5
交通运输设备制造业	46.7	42.5	51.0	47.1	47.2	42.6	49.9
电气机械及器材制造业	40.9	32.6	39.6	48.7	35.9	45.1	40.7
计算机、通信和其他电子设备制造业	47.0	42.0	50.0	46.9	45.7	48.0	41.8
二、按企业规模分							
大型企业	44.3	42.5	45.4	47.1	42.1	44.3	44.1
中型企业	44.1	42.5	43.0	43.9	43.0	42.8	43.0
小微型企业	41.3	39.2	38.4	39.8	41.7	40.8	40.3
三、按特殊类型分							
出口企业	43.7	42.3	44.0	42.7	44.3	41.9	42.6
上市公司	44.5	44.0	40.1	43.1	46.5	43.2	42.4
国有控股企业	43.8	46.4	47.5	45.1	43.5	43.3	44.0
四、按重点产业分							
装备制造产业	44.7	40.3	44.4	44.5	44.5	44.7	44.4
高新技术产业	46.7	41.6	49.4	45.9	46.4	48.6	45.4
高耗能产业	41.4	37.9	39.6	43.1	41.4	40.3	39.9
消费品产业	43.0	46.1	42.1	40.7	40.8	40.2	42.5

5-6 续表

单位：%

项　　目	7月	8月	9月	10月	11月	12月
全　　省	**42.0**	**41.8**	**44.9**	**44.7**	**45.2**	**44.4**
一、按行业大类分						
农副食品加工业	37.7	44.7	45.5	45.8	48.4	43.7
食品制造业	44.2	43.9	46.0	40.8	39.9	42.5
酒饮料和精制茶制造业	36.2	31.4	36.5	44.3	40.1	43.5
纺织业	30.8	37.8	43.1	39.8	29.9	44.2
纺织服装/皮革毛皮其制品业和制鞋业	47.7	49.0	39.4	52.1	61.3	51.6
木材加工/家具制造业	42.2	41.0	46.3	40.8	45.6	32.4
造纸/印刷/文教工美体育用品制造业	40.6	47.3	40.2	40.8	57.3	42.0
石油加工、炼焦及核燃料加工业	48.5	41.0	39.1	44.2	39.5	36.4
化学原料和化学制品制造业	45.1	37.3	48.5	41.9	40.5	45.1
医药制造业	47.0	48.0	48.3	45.4	46.6	46.8
化学纤维制造业/橡胶和塑料制品业	50.6	49.4	56.5	41.2	42.8	49.6
非金属矿物制品业	38.9	38.4	42.4	40.5	45.4	43.9
黑色金属冶炼及压延加工业	41.2	40.0	37.4	43.3	46.6	42.6
有色金属冶炼及压延加工业	42.9	40.7	39.1	48.3	51.3	46.3
金属制品业	50.7	39.2	41.0	41.5	45.2	46.3
通用设备制造业	43.8	41.3	42.8	42.6	43.2	42.0
专用设备制造业	34.0	44.4	61.4	47.7	46.0	46.2
交通运输设备制造业	46.0	49.2	48.4	43.4	44.3	48.3
电气机械及器材制造业	42.9	39.1	36.7	46.3	41.4	41.8
计算机、通信和其他电子设备制造业	44.1	44.3	51.2	53.8	50.4	45.4
二、按企业规模分						
大型企业	44.9	44.5	43.2	44.9	44.7	43.6
中型企业	43.3	44.1	45.1	46.1	46.6	46.4
小微型企业	40.3	39.4	45.2	43.6	44.3	43.1
三、按特殊类型分						
出口企业	41.8	42.6	43.9	46.2	46.9	45.8
上市公司	43.2	46.8	48.3	48.6	44.5	42.6
国有控股企业	41.3	43.3	44.7	42.9	42.6	40.8
四、按重点产业分						
装备制造产业	43.6	43.6	48.0	46.9	45.8	45.2
高新技术产业	44.2	45.4	49.5	51.1	48.5	44.5
高耗能产业	41.3	39.7	43.7	42.5	43.8	44.0
消费品产业	41.6	42.8	43.6	45.1	45.7	45.4

5-7 制造业产成品库存指数(2016年)

单位：%

项目	全年	1月	2月	3月	4月	5月	6月
全省	**45.3**	**45.2**	**43.3**	**44.9**	**47.4**	**45.9**	**47.4**
一、按行业大类分							
农副食品加工业	45.4	50.6	40.9	45.4	42.8	45.9	43.9
食品制造业	41.8	34.7	26.0	46.9	38.4	38.3	35.6
酒饮料和精制茶制造业	48.7	48.4	49.2	54.3	58.5	49.0	45.3
纺织业	46.4	57.1	47.8	40.9	42.9	41.8	46.7
纺织服装/皮革毛皮其制品业和制鞋业	43.7	44.0	29.7	46.7	46.6	46.5	47.4
木材加工/家具制造业	42.0	46.1	35.2	39.1	54.9	48.4	42.7
造纸/印刷/文教工美体育用品制造业	43.5	40.9	41.9	45.4	34.4	51.5	52.6
石油加工、炼焦及核燃料加工业	42.9	55.5	51.9	41.9	45.5	40.5	41.2
化学原料和化学制品制造业	46.5	47.8	48.0	41.0	47.4	46.3	50.9
医药制造业	53.4	55.2	44.9	49.7	53.8	56.2	58.5
化学纤维制造业/橡胶和塑料制品业	44.4	48.5	43.9	36.0	48.7	47.4	50.9
非金属矿物制品业	47.8	44.3	48.2	49.9	52.1	49.5	50.4
黑色金属冶炼及压延加工业	40.5	34.2	36.4	38.0	44.9	36.9	47.4
有色金属冶炼及压延加工业	44.2	42.1	36.2	42.2	50.1	54.8	50.9
金属制品业	41.1	35.9	37.5	37.6	46.3	35.0	44.4
通用设备制造业	42.6	39.7	38.2	37.0	45.3	45.9	49.5
专用设备制造业	44.1	51.1	42.2	43.5	46.9	37.5	42.4
交通运输设备制造业	47.1	43.2	49.4	46.7	48.9	48.2	48.5
电气机械及器材制造业	43.0	44.3	41.5	44.3	41.4	51.1	47.5
计算机、通信和其他电子设备制造业	46.2	43.7	47.5	51.8	46.7	45.8	46.2
二、按企业规模分							
大型企业	46.3	45.0	50.4	44.5	48.2	46.9	50.3
中型企业	46.3	46.6	43.1	47.1	47.0	47.4	48.1
小微型企业	44.2	44.3	41.4	43.5	47.5	44.7	46.1
三、按特殊类型分							
出口企业	44.2	44.0	44.2	43.9	44.5	43.6	47.1
上市公司	47.3	48.4	43.1	45.2	46.1	50.7	52.9
国有控股企业	45.4	48.2	48.7	48.7	47.1	46.8	45.6
四、按重点产业分							
装备制造产业	44.6	43.3	44.2	44.7	46.1	44.5	46.6
高新技术产业	47.4	45.4	46.7	51.3	47.8	47.7	48.9
高耗能产业	44.8	45.1	44.3	42.5	46.7	45.5	49.0
消费品产业	47.2	47.2	43.9	49.2	49.3	47.5	46.2

5-7 续表

单位：%

项　　目	7月	8月	9月	10月	11月	12月
全　　省	**46.6**	**46.4**	**45.8**	**43.6**	**43.4**	**43.1**
一、按行业大类分						
农副食品加工业	45.4	45.4	48.2	45.5	44.0	46.8
食品制造业	55.6	51.0	50.0	41.7	43.2	40.0
酒饮料和精制茶制造业	43.4	45.7	42.2	51.0	47.3	49.5
纺织业	47.5	50.0	42.8	42.9	47.9	48.9
纺织服装/皮革毛皮其制品业和制鞋业	38.4	42.2	43.1	44.7	43.0	51.7
木材加工/家具制造业	48.9	42.5	35.0	31.7	41.6	38.3
造纸/印刷/文教工美体育用品制造业	45.7	47.7	38.7	35.5	42.1	45.3
石油加工、炼焦及核燃料加工业	50.6	43.7	38.1	38.1	32.4	35.0
化学原料和化学制品制造业	52.2	47.3	44.1	44.6	42.8	45.7
医药制造业	59.9	55.0	51.2	55.0	54.9	46.2
化学纤维制造业/橡胶和塑料制品业	42.8	47.1	47.4	38.5	37.1	44.8
非金属矿物制品业	48.0	52.1	51.0	43.5	41.3	42.9
黑色金属冶炼及压延加工业	43.0	48.1	39.6	40.3	39.6	37.3
有色金属冶炼及压延加工业	48.9	46.1	50.0	38.7	35.4	35.5
金属制品业	41.5	43.2	37.2	44.9	44.8	44.7
通用设备制造业	47.1	42.0	43.1	38.4	43.0	41.8
专用设备制造业	45.3	41.5	54.2	44.7	41.4	38.3
交通运输设备制造业	48.8	49.2	54.1	42.9	46.9	38.1
电气机械及器材制造业	40.5	36.3	44.4	40.0	43.2	41.1
计算机、通信和其他电子设备制造业	45.5	45.8	47.0	48.3	44.0	42.4
二、按企业规模分						
大型企业	48.4	43.7	44.7	47.8	45.8	40.2
中型企业	48.4	49.0	47.2	42.8	44.3	44.8
小微型企业	45.0	45.3	45.0	43.1	42.1	42.7
三、按特殊类型分						
出口企业	46.4	43.1	43.6	43.8	45.2	40.9
上市公司	49.2	49.7	49.3	44.6	41.1	47.3
国有控股企业	45.0	45.7	47.0	42.1	41.9	37.8
四、按重点产业分						
装备制造产业	45.5	44.0	47.4	43.5	44.0	40.9
高新技术产业	47.9	48.4	48.3	48.9	45.9	42.3
高耗能产业	47.2	48.3	44.9	41.4	40.6	42.2
消费品产业	47.5	48.1	47.9	47.2	46.7	45.7

5-8 制造业采购量指数(2016年)

单位：%

项目	全年	1月	2月	3月	4月	5月	6月
全 省	**50.1**	**48.8**	**45.2**	**47.3**	**50.2**	**49.2**	**48.6**
一、按行业大类分							
农副食品加工业	52.4	60.1	38.3	39.2	44.7	50.5	50.3
食品制造业	52.0	59.4	44.6	41.0	45.3	47.9	47.0
酒饮料和精制茶制造业	50.3	59.1	61.8	42.7	44.5	46.1	48.6
纺织业	50.5	45.9	44.4	48.3	49.7	53.6	53.3
纺织服装/皮革毛皮其制品业和制鞋业	49.7	55.5	39.0	45.4	42.0	53.0	55.8
木材加工/家具制造业	45.5	36.9	25.2	52.9	46.9	44.8	38.7
造纸/印刷/文教工美体育用品制造业	47.7	53.7	50.4	35.9	41.0	40.3	48.7
石油加工、炼焦及核燃料加工业	44.9	31.6	54.3	31.7	49.0	44.8	47.2
化学原料和化学制品制造业	48.5	47.5	49.0	51.6	47.4	45.4	46.7
医药制造业	57.1	61.8	54.9	57.2	55.1	57.0	48.3
化学纤维制造业/橡胶和塑料制品业	49.6	45.3	26.0	50.5	54.3	45.8	46.8
非金属矿物制品业	48.9	46.1	42.2	50.1	51.6	52.0	52.2
黑色金属冶炼及压延加工业	48.2	39.6	50.2	41.5	55.4	43.9	46.8
有色金属冶炼及压延加工业	50.6	35.1	47.3	47.7	57.4	60.7	50.5
金属制品业	49.3	37.9	34.7	48.2	57.4	55.8	60.2
通用设备制造业	49.1	42.6	40.1	49.0	48.8	47.5	45.8
专用设备制造业	44.0	43.3	34.1	44.4	52.9	43.4	42.4
交通运输设备制造业	53.7	56.3	53.0	50.3	59.7	48.4	47.2
电气机械及器材制造业	48.3	37.0	36.4	55.3	48.9	49.6	52.2
计算机、通信和其他电子设备制造业	53.2	52.4	49.4	53.2	50.4	54.6	46.5
二、按企业规模分							
大型企业	54.0	51.0	51.6	53.8	48.6	49.9	52.8
中型企业	52.2	50.4	46.1	50.7	53.7	51.9	50.1
小微型企业	47.7	47.0	42.8	43.4	48.3	47.3	46.5
三、按特殊类型分							
出口企业	51.1	51.0	46.3	49.3	49.3	51.0	47.8
上市公司	55.0	49.2	39.5	53.8	48.1	53.6	57.1
国有控股企业	51.6	50.1	51.1	50.6	52.7	47.1	53.7
四、按重点产业分							
装备制造产业	50.4	47.5	43.3	50.5	52.6	50.1	47.7
高新技术产业	54.5	54.1	52.1	54.5	53.5	55.8	48.6
高耗能产业	48.5	43.5	45.2	47.0	51.2	48.2	48.6
消费品产业	52.3	59.2	50.4	45.4	47.8	48.4	47.4

5-8 续表

单位：%

项 目	7月	8月	9月	10月	11月	12月
全 省	**49.9**	**48.2**	**49.8**	**54.2**	**54.2**	**55.8**
一、按行业大类分						
农副食品加工业	43.9	57.4	63.7	54.9	60.7	65.3
食品制造业	55.0	54.3	58.8	53.7	58.5	58.1
酒饮料和精制茶制造业	43.9	43.3	46.7	54.5	54.2	58.0
纺织业	55.0	42.9	47.7	56.5	50.7	58.1
纺织服装/皮革毛皮其制品业和制鞋业	56.9	45.3	42.7	52.2	57.1	51.5
木材加工/家具制造业	60.5	42.1	44.5	55.4	53.6	44.8
造纸/印刷/文教工美体育用品制造业	58.6	47.5	43.0	43.9	53.3	56.0
石油加工、炼焦及核燃料加工业	52.4	47.6	40.9	50.4	39.0	49.8
化学原料和化学制品制造业	42.9	44.3	43.6	51.4	57.2	55.1
医药制造业	57.9	56.6	56.0	65.5	59.7	54.8
化学纤维制造业/橡胶和塑料制品业	56.4	52.6	59.9	52.9	50.0	54.9
非金属矿物制品业	46.8	42.1	43.3	53.4	52.2	54.3
黑色金属冶炼及压延加工业	48.7	46.5	48.8	52.7	53.2	51.5
有色金属冶炼及压延加工业	58.6	64.4	38.4	52.0	45.6	49.8
金属制品业	49.4	47.2	42.8	50.4	58.7	48.5
通用设备制造业	56.5	47.5	45.1	52.4	53.4	60.7
专用设备制造业	40.1	47.1	41.6	43.9	45.6	48.7
交通运输设备制造业	50.5	42.6	60.2	60.5	58.6	57.5
电气机械及器材制造业	52.6	49.1	43.4	54.8	45.5	55.3
计算机、通信和其他电子设备制造业	50.9	53.5	57.0	58.5	55.3	57.4
二、按企业规模分						
大型企业	53.7	50.9	54.2	60.4	60.0	61.1
中型企业	53.1	49.7	52.3	54.8	56.8	56.8
小微型企业	46.8	46.5	47.0	52.1	50.9	53.8
三、按特殊类型分						
出口企业	52.0	47.4	49.7	54.5	56.4	58.6
上市公司	55.0	57.5	59.9	56.5	65.2	63.9
国有控股企业	50.1	50.0	51.5	55.6	53.3	54.0
四、按重点产业分						
装备制造产业	50.3	48.2	51.0	54.9	53.4	56.0
高新技术产业	54.1	54.7	56.7	58.7	55.7	55.2
高耗能产业	48.8	46.4	45.4	52.1	52.1	54.1
消费品产业	48.0	50.2	55.2	57.5	57.6	59.9

5-9 制造业进口指数(2016年)

单位：%

项目	全年	1月	2月	3月	4月	5月	6月
全省	**50.4**	**49.4**	**49.4**	**49.0**	**47.4**	**50.6**	**49.0**
一、按行业大类分							
农副食品加工业	56.5	57.9	56.8	33.8	44.2	65.0	50.7
食品制造业	44.9	39.5	47.4		72.9	49.7	33.8
酒饮料和精制茶制造业	49.6	71.2	66.3	33.8	27.3	43.1	54.1
纺织业	45.8	52.6	23.7	52.6	81.0	49.7	50.7
纺织服装/皮革毛皮其制品业和制鞋业	58.7	65.8	35.5	67.7	56.7	59.6	50.7
木材加工/家具制造业	39.0	26.3	23.7	67.7	48.6	49.7	50.7
造纸/印刷/文教工美体育用品制造业	36.7	52.6	23.7	22.6	40.5	35.5	57.9
石油加工、炼焦及核燃料加工业	53.7	52.6	71.0	45.1	48.6	49.7	76.0
化学原料和化学制品制造业	51.7	46.0	77.5	45.1	53.0	57.3	50.7
医药制造业	50.3	35.1	59.2	55.2	54.7	43.5	50.7
化学纤维制造业/橡胶和塑料制品业	56.5	60.1	40.6	64.5	55.5	56.8	50.7
非金属矿物制品业	50.2	47.8	58.1	54.2	41.1	37.3	60.8
黑色金属冶炼及压延加工业	49.2	43.8	62.2	60.2	48.6	49.7	44.3
有色金属冶炼及压延加工业	40.2	42.1	35.5	45.1	36.5	37.3	50.7
金属制品业	49.9	39.5	71.0	33.8	36.5	66.3	50.7
通用设备制造业	49.9	35.1	40.6	62.1	55.6	55.9	57.0
专用设备制造业	44.4	31.6	21.3	58.7	48.6	44.7	15.2
交通运输设备制造业	53.4	52.6	49.2	48.5	52.1	47.9	54.4
电气机械及器材制造业	47.6	40.9	55.3	35.1	42.5	49.7	61.9
计算机、通信和其他电子设备制造业	50.7	48.4	44.6	55.7	44.5	52.8	42.7
二、按企业规模分							
大型企业	49.3	46.2	51.5	52.1	45.9	49.0	51.4
中型企业	52.0	52.0	44.4	50.5	48.6	50.8	45.1
小微型企业	48.5	48.8	56.2	41.1	47.6	52.7	53.0
三、按特殊类型分							
出口企业	48.7	44.7	42.3	51.0	47.5	48.6	45.7
上市公司	54.4	44.2	50.7	50.4	51.9	55.9	50.7
国有控股企业	48.8	48.8	54.8	49.6	45.6	43.4	54.1
四、按重点产业分							
装备制造产业	50.1	46.0	43.3	52.1	46.2	50.6	45.0
高新技术产业	50.8	46.9	48.1	54.4	47.0	52.1	43.7
高耗能产业	50.2	50.2	54.8	52.8	51.3	49.7	53.8
消费品产业	52.7	56.9	56.3	42.3	47.1	48.9	52.4

5-9 续表

单位：%

项　　目	7月	8月	9月	10月	11月	12月
全　　省	**50.2**	**51.4**	**50.8**	**49.9**	**55.6**	**51.9**
一、按行业大类分						
农副食品加工业	55.7	63.9	67.9	58.4	64.5	58.9
食品制造业	51.4	62.7	49.8	40.5	49.3	41.5
酒饮料和精制茶制造业	44.1	68.1	35.6	36.8	59.9	54.4
纺织业	51.4	33.4	37.3	33.8	16.5	66.5
纺织服装/皮革毛皮其制品业和制鞋业	68.5	62.7	62.2	63.3	86.4	24.9
木材加工/家具制造业	51.41	50.2	24.9	50.6	24.7	
造纸/印刷/文教工美体育用品制造业	44.1	21.5	35.6	21.7	56.4	28.5
石油加工、炼焦及核燃料加工业	51.4	25.1	74.7	50.6	49.3	49.8
化学原料和化学制品制造业	36.7	50.2	46.2	47.0	53.1	57.5
医药制造业	51.4	50.2	49.8	40.5	56.4	57.0
化学纤维制造业/橡胶和塑料制品业	51.4	62.7	49.8	65.1	63.4	57.0
非金属矿物制品业	46.7	50.2	39.8	61.9	49.3	54.8
黑色金属冶炼及压延加工业	51.4	43.9	56.0	44.3	43.2	42.7
有色金属冶炼及压延加工业	64.3	50.2	24.9	12.7	32.9	49.8
金属制品业	64.3	50.2	37.3	50.6	49.3	49.8
通用设备制造业	62.8	31.4	43.6	61.9	49.3	43.6
专用设备制造业	32.1	50.2	44.3	56.2	61.7	68.5
交通运输设备制造业	46.1	50.2	68.2	52.5	58.8	60.5
电气机械及器材制造业	62.8	50.2	24.9	43.4	54.8	49.8
计算机、通信和其他电子设备制造业	51.4	53.3	56.8	52.8	56.5	48.8
二、按企业规模分						
大型企业	47.0	50.9	48.4	51.3	52.8	45.6
中型企业	52.0	54.1	55.7	52.4	60.3	58.4
小微型企业	51.4	46.1	43.6	42.0	50.5	48.6
三、按特殊类型分						
出口企业	48.3	49.8	50.6	51.8	54.1	50.2
上市公司	56.7	57.3	51.6	57.9	65.3	60.5
国有控股企业	47.3	51.8	45.8	46.3	55.8	41.8
四、按重点产业分						
装备制造产业	50.5	50.2	55.5	53.1	55.8	53.2
高新技术产业	51.4	51.8	55.2	52.3	58.1	49.1
高耗能产业	46.6	48.1	44.1	46.6	50.4	54.1
消费品产业	48.1	56.9	56.3	49.8	59.5	57.3

5-10 制造业购进价格指数(2016年)

单位：%

项　　目	全年	1月	2月	3月	4月	5月	6月
全　　省	**55.5**	**49.8**	**50.6**	**52.7**	**53.5**	**55.2**	**52.4**
一、按行业大类分							
农副食品加工业	57.9	62.0	55.4	53.7	55.1	69.0	63.6
食品制造业	56.1	51.2	53.5	46.7	54.1	58.1	59.0
酒饮料和精制茶制造业	51.5	50.1	50.4	49.3	48.7	46.9	50.1
纺织业	59.5	46.2	49.9	48.3	52.6	58.0	59.9
纺织服装/皮革毛皮其制品业和制鞋业	53.3	53.0	48.1	50.1	51.0	51.5	52.3
木材加工/家具制造业	52.1	47.9	51.5	46.8	50.8	49.8	44.1
造纸/印刷/文教工美体育用品制造业	56.1	47.8	46.7	54.4	46.3	54.5	57.3
石油加工、炼焦及核燃料加工业	55.8	46.8	52.1	46.2	49.9	54.6	57.8
化学原料和化学制品制造业	54.0	51.2	49.9	50.8	51.3	54.0	49.0
医药制造业	54.1	60.9	52.6	48.3	48.9	49.8	50.6
化学纤维制造业/橡胶和塑料制品业	60.1	40.7	49.9	59.5	60.3	51.1	55.8
非金属矿物制品业	55.6	49.6	49.9	51.2	49.2	49.3	49.1
黑色金属冶炼及压延加工业	58.3	46.0	48.7	58.2	59.7	55.5	50.0
有色金属冶炼及压延加工业	57.1	42.2	49.9	60.8	60.1	64.3	55.5
金属制品业	60.0	47.1	54.0	59.2	70.4	57.3	51.9
通用设备制造业	57.2	50.5	49.2	56.4	57.6	63.5	49.9
专用设备制造业	55.5	50.2	50.9	53.3	51.8	56.1	51.6
交通运输设备制造业	54.7	48.2	52.3	54.7	55.7	57.5	49.4
电气机械及器材制造业	53.9	44.4	47.7	51.5	52.9	48.7	49.5
计算机、通信和其他电子设备制造业	52.5	47.7	49.0	51.2	49.7	51.9	50.6
二、按企业规模分							
大型企业	54.9	46.3	49.3	51.4	54.0	55.7	48.1
中型企业	57.3	51.1	51.0	53.4	54.6	55.1	54.0
小微型企业	54.5	49.9	50.7	52.6	52.6	55.2	52.5
三、按特殊类型分							
出口企业	55.1	49.7	50.5	52.6	53.8	56.2	51.1
上市公司	56.6	53.2	50.5	51.6	50.9	55.2	52.6
国有控股企业	55.1	47.5	50.7	51.9	52.0	55.5	52.3
四、按重点产业分							
装备制造产业	55.0	48.4	50.1	54.0	55.0	55.9	50.2
高新技术产业	53.0	51.2	50.2	50.6	50.2	51.5	50.9
高耗能产业	56.9	47.3	49.7	53.5	53.9	54.4	52.3
消费品产业	54.7	54.1	52.3	51.3	52.2	56.7	54.2

5-10 续表

单位：%

项　　目	7月	8月	9月	10月	11月	12月
全　　省	**52.1**	**53.4**	**55.0**	**58.4**	**66.6**	**66.3**
一、按行业大类分						
农副食品加工业	48.3	48.9	53.9	51.0	67.0	67.1
食品制造业	52.3	49.8	54.8	56.8	66.1	71.3
酒饮料和精制茶制造业	51.1	50.4	52.9	51.7	58.2	58.4
纺织业	67.1	62.0	65.0	64.4	72.6	67.3
纺织服装/皮革毛皮其制品业和制鞋业	52.3	53.3	51.5	55.5	63.1	58.3
木材加工/家具制造业	50.6	49.8	48.1	58.5	62.7	64.6
造纸/印刷/文教工美体育用品制造业	55.5	53.1	54.6	56.6	73.1	73.0
石油加工、炼焦及核燃料加工业	45.8	54.6	52.2	69.2	66.1	74.6
化学原料和化学制品制造业	46.9	50.4	51.4	59.3	65.8	67.9
医药制造业	54.6	52.4	54.8	55.1	57.2	63.4
化学纤维制造业/橡胶和塑料制品业	64.9	58.8	63.8	66.8	76.9	72.7
非金属矿物制品业	51.1	54.3	58.8	66.3	70.9	67.8
黑色金属冶炼及压延加工业	53.5	60.7	60.1	65.7	72.5	69.2
有色金属冶炼及压延加工业	53.8	51.4	48.2	63.1	72.2	64.2
金属制品业	51.9	58.8	61.3	59.1	73.0	75.9
通用设备制造业	50.6	54.6	53.9	61.1	69.7	69.5
专用设备制造业	51.6	50.9	55.1	56.5	67.1	70.9
交通运输设备制造业	48.2	52.2	51.6	55.5	64.2	66.9
电气机械及器材制造业	57.3	54.3	53.1	53.5	67.8	66.3
计算机、通信和其他电子设备制造业	51.4	52.8	54.0	55.6	59.0	56.9
二、按企业规模分						
大型企业	50.9	53.3	53.8	60.2	68.0	68.2
中型企业	54.5	55.8	56.3	61.7	70.5	69.2
小微型企业	50.7	51.9	54.5	55.8	63.6	63.8
三、按特殊类型分						
出口企业	50.9	52.8	55.0	57.2	65.8	65.9
上市公司	52.6	57.2	57.9	59.6	70.1	67.9
国有控股企业	51.1	53.3	54.2	60.9	66.0	65.8
四、按重点产业分						
装备制造产业	51.2	53.4	54.1	56.7	65.3	65.8
高新技术产业	52.3	52.7	53.8	55.6	58.2	58.5
高耗能产业	53.8	55.8	57.4	64.2	71.3	69.1
消费品产业	50.2	50.6	53.1	53.4	63.0	64.6

5-11 制造业原材料库存指数(2016年)

单位：%

项 目	全年	1月	2月	3月	4月	5月	6月
全 省	**46.3**	**45.4**	**46.1**	**47.7**	**45.5**	**44.2**	**46.3**
一、按行业大类分							
农副食品加工业	46.7	52.7	42.3	43.5	41.4	41.7	51.6
食品制造业	46.1	48.6	34.2	44.7	38.4	38.3	38.6
酒饮料和精制茶制造业	46.4	48.8	50.5	50.5	44.6	42.5	44.2
纺织业	45.6	42.5	45.3	44.5	40.9	48.9	47.2
纺织服装/皮革毛皮其制品业和制鞋业	44.6	39.9	36.2	47.8	43.2	37.9	48.9
木材加工/家具制造业	42.6	39.0	45.5	46.5	46.8	38.6	44.1
造纸/印刷/文教工美体育用品制造业	43.6	43.7	43.6	43.5	39.1	37.4	49.1
石油加工、炼焦及核燃料加工业	41.3	41.6	49.0	39.8	38.7	42.8	47.6
化学原料和化学制品制造业	47.5	47.7	46.2	51.5	43.1	47.3	50.4
医药制造业	53.1	57.2	54.8	51.5	50.1	56.1	44.7
化学纤维制造业/橡胶和塑料制品业	44.3	42.6	50.6	52.8	40.8	39.7	43.1
非金属矿物制品业	47.1	48.3	47.2	48.9	49.6	44.4	45.7
黑色金属冶炼及压延加工业	45.7	40.7	44.7	46.8	47.2	42.5	45.3
有色金属冶炼及压延加工业	49.8	47.4	39.3	48.2	51.7	51.5	47.5
金属制品业	42.4	36.8	42.3	45.1	45.1	36.2	43.1
通用设备制造业	44.5	41.3	39.1	44.4	46.6	43.1	46.1
专用设备制造业	42.9	44.1	47.0	41.0	44.7	41.6	41.6
交通运输设备制造业	49.0	47.4	49.7	51.5	50.1	51.1	48.2
电气机械及器材制造业	45.8	38.1	43.8	48.2	46.8	46.6	49.1
计算机、通信和其他电子设备制造业	47.9	43.9	52.5	50.6	48.0	44.9	43.3
二、按企业规模分							
大型企业	47.5	44.1	47.0	47.9	43.9	47.7	48.6
中型企业	47.8	47.2	46.0	52.8	48.0	46.1	47.4
小微型企业	45.0	44.5	45.9	44.3	44.1	41.9	44.9
三、按特殊类型分							
出口企业	46.0	43.7	45.8	47.3	43.8	45.5	45.7
上市公司	48.0	48.4	43.9	47.3	40.7	47.9	54.7
国有控股企业	46.6	47.8	47.2	50.3	45.8	45.4	46.1
四、按重点产业分							
装备制造产业	46.0	43.0	46.7	47.6	47.1	44.6	44.9
高新技术产业	49.5	48.0	54.1	50.9	48.6	47.6	45.1
高耗能产业	46.3	45.1	46.2	48.4	45.1	44.8	47.1
消费品产业	47.4	49.4	46.5	48.3	44.1	44.2	46.8

5-11 续表

单位：%

项　目	7月	8月	9月	10月	11月	12月
全　省	**48.4**	**47.6**	**45.0**	**46.8**	**46.7**	**46.4**
一、按行业大类分						
农副食品加工业	52.3	48.9	45.0	45.5	46.8	48.7
食品制造业	61.5	56.8	48.9	47.2	47.1	49.2
酒饮料和精制茶制造业	38.9	43.3	45.9	49.0	49.4	48.7
纺织业	50.9	46.8	45.4	48.5	45.3	41.0
纺织服装/皮革毛皮其制品业和制鞋业	50.5	49.6	41.8	47.0	46.9	45.8
木材加工/家具制造业	56.1	37.3	38.8	38.8	47.1	32.8
造纸/印刷/文教工美体育用品制造业	45.5	43.0	40.8	44.0	50.4	43.1
石油加工、炼焦及核燃料加工业	41.3	33.0	36.1	40.9	32.8	51.7
化学原料和化学制品制造业	50.3	49.4	43.5	41.9	49.3	49.7
医药制造业	54.2	56.0	53.1	59.4	50.4	49.2
化学纤维制造业/橡胶和塑料制品业	47.3	54.7	42.8	42.8	33.6	40.4
非金属矿物制品业	46.1	49.0	40.3	49.5	46.3	50.2
黑色金属冶炼及压延加工业	50.5	46.6	47.6	43.0	46.9	46.9
有色金属冶炼及压延加工业	61.2	46.4	47.3	53.8	50.4	52.4
金属制品业	48.7	42.3	37.6	42.8	44.0	45.3
通用设备制造业	50.5	43.8	45.7	49.9	42.8	41.1
专用设备制造业	37.3	40.0	44.1	44.1	46.1	42.9
交通运输设备制造业	47.1	55.8	49.3	46.4	48.0	42.7
电气机械及器材制造业	43.4	43.8	44.9	48.3	47.1	49.2
计算机、通信和其他电子设备制造业	48.3	50.1	48.4	49.3	49.1	46.7
二、按企业规模分						
大型企业	49.2	44.0	45.2	49.9	53.3	49.2
中型企业	51.3	49.1	45.5	46.5	46.6	47.4
小微型企业	46.3	47.6	44.7	46.3	45.2	44.9
三、按特殊类型分						
出口企业	48.2	45.4	44.4	45.5	48.0	48.1
上市公司	48.4	45.4	50.6	47.2	52.5	49.2
国有控股企业	47.5	46.7	44.5	46.6	45.4	45.5
四、按重点产业分						
装备制造产业	46.6	47.6	46.1	47.4	46.4	44.3
高新技术产业	51.1	52.4	48.8	51.7	49.3	46.4
高耗能产业	48.6	48.1	43.4	45.4	45.5	47.4
消费品产业	48.5	49.9	46.8	48.2	48.3	47.6

5-12 制造业从业人员指数(2016年)

单位：%

项目	全年	1月	2月	3月	4月	5月	6月
全省	**47.9**	**48.8**	**48.5**	**47.6**	**47.7**	**47.5**	**46.7**
一、按行业大类分							
农副食品加工业	48.6	54.3	47.5	45.5	47.3	45.4	43.5
食品制造业	54.3	57.2	51.5	51.1	54.4	48.3	54.4
酒饮料和精制茶制造业	48.7	53.4	54.1	49.0	46.0	44.5	46.5
纺织业	47.1	46.0	44.1	51.1	48.9	43.8	48.9
纺织服装/皮革毛皮其制品业和制鞋业	45.6	47.8	43.2	43.8	45.7	49.9	44.0
木材加工/家具制造业	48.0	53.4	39.1	56.0	51.0	49.9	44.4
造纸/印刷/文教工美体育用品制造业	50.3	55.1	52.1	47.9	46.2	46.8	49.3
石油加工、炼焦及核燃料加工业	47.7	51.0	52.6	48.8	41.7	49.9	43.7
化学原料和化学制品制造业	46.6	46.5	49.7	46.9	47.8	46.8	43.5
医药制造业	52.4	51.9	54.5	51.1	51.0	49.9	56.1
化学纤维制造业/橡胶和塑料制品业	49.5	46.5	47.3	52.4	48.3	48.7	48.4
非金属矿物制品业	46.6	46.3	47.7	48.0	45.9	45.4	43.9
黑色金属冶炼及压延加工业	46.8	43.1	44.4	47.0	49.3	48.2	48.7
有色金属冶炼及压延加工业	49.2	48.7	50.7	51.1	46.1	48.3	49.4
金属制品业	44.5	44.7	44.9	44.7	38.3	46.2	47.1
通用设备制造业	43.6	40.8	44.0	43.3	47.5	41.1	44.7
专用设备制造业	44.7	48.9	48.0	44.8	46.7	45.8	41.4
交通运输设备制造业	50.6	48.3	50.1	49.2	51.0	48.8	49.8
电气机械及器材制造业	48.6	52.2	48.7	47.7	47.7	51.1	49.9
计算机、通信和其他电子设备制造业	48.3	49.7	51.7	45.4	49.3	47.4	46.7
二、按企业规模分							
大型企业	49.4	49.2	48.7	48.8	49.8	47.8	47.2
中型企业	48.4	49.5	49.4	49.4	47.9	46.1	46.6
小微型企业	47.1	48.2	47.8	46.2	47.1	46.9	46.6
三、按特殊类型分							
出口企业	47.3	49.1	46.9	45.9	48.7	45.2	44.8
上市公司	51.6	51.3	50.9	47.6	51.0	48.6	51.0
国有控股企业	46.8	49.3	50.6	46.0	44.2	44.2	46.0
四、按重点产业分							
装备制造产业	47.1	47.5	48.5	45.9	47.7	46.6	46.8
高新技术产业	49.6	50.2	52.9	47.2	50.1	48.2	49.6
高耗能产业	47.3	46.3	47.9	48.6	47.1	46.9	46.2
消费品产业	49.5	52.5	50.5	48.4	48.2	46.3	46.9

5-12 续表

单位：%

项　　目	7月	8月	9月	10月	11月	12月
全　省	**46.6**	**47.1**	**48.1**	**48.9**	**49.2**	**48.2**
一、按行业大类分						
农副食品加工业	44.8	47.6	50.8	49.0	53.7	53.2
食品制造业	52.5	54.1	59.9	60.5	53.8	53.3
酒饮料和精制茶制造业	47.3	44.7	49.9	49.9	51.5	47.9
纺织业	49.8	40.6	44.8	46.3	51.5	49.0
纺织服装/皮革毛皮其制品业和制鞋业	43.8	43.4	41.3	50.4	45.2	48.3
木材加工/家具制造业	54.2	41.9	44.9	48.7	45.4	46.7
造纸/印刷/文教工美体育用品制造业	50.9	50.7	49.9	53.6	53.6	46.9
石油加工、炼焦及核燃料加工业	48.4	47.4	40.4	45.6	53.0	50.0
化学原料和化学制品制造业	43.9	46.3	46.7	46.1	47.2	47.3
医药制造业	48.2	52.4	48.7	55.4	56.8	52.5
化学纤维制造业/橡胶和塑料制品业	49.5	53.7	46.1	53.0	50.5	50.0
非金属矿物制品业	42.2	46.1	48.9	49.4	46.9	48.5
黑色金属冶炼及压延加工业	46.8	47.0	47.1	48.7	46.4	45.4
有色金属冶炼及压延加工业	49.2	45.6	53.2	50.4	47.2	50.0
金属制品业	45.6	44.3	42.3	46.5	46.6	43.4
通用设备制造业	42.5	40.9	43.8	42.1	48.4	44.5
专用设备制造业	37.1	44.7	41.4	49.3	46.2	41.5
交通运输设备制造业	51.4	50.5	52.9	51.6	52.9	50.6
电气机械及器材制造业	52.0	52.4	45.5	47.0	44.9	44.5
计算机、通信和其他电子设备制造业	47.0	49.7	50.8	47.0	46.2	48.3
二、按企业规模分						
大型企业	50.8	49.8	48.1	50.7	52.0	49.7
中型企业	46.6	47.9	48.0	49.7	50.6	49.4
小微型企业	45.5	45.9	48.2	47.9	47.6	46.9
三、按特殊类型分						
出口企业	45.0	47.2	48.0	49.6	48.1	49.5
上市公司	48.8	55.9	52.0	55.2	54.5	52.7
国有控股企业	46.3	46.9	47.7	47.9	47.5	45.3
四、按重点产业分						
装备制造产业	46.1	47.3	47.4	47.2	47.8	46.4
高新技术产业	49.1	50.6	49.9	49.2	49.0	48.9
高耗能产业	45.9	46.6	47.2	48.6	48.2	47.8
消费品产业	47.6	47.6	50.9	51.5	52.5	50.7

5-13 制造业供应商配送时间指数(2016年)

单位：%

项目	全年	1月	2月	3月	4月	5月	6月
全省	**50.6**	**50.5**	**50.2**	**51.5**	**50.0**	**50.7**	**50.4**
一、按行业大类分							
农副食品加工业	50.9	54.7	52.8	51.5	48.1	48.6	50.0
食品制造业	49.9	56.7	47.1	49.7	44.5	48.3	46.2
酒饮料和精制茶制造业	51.7	51.2	51.7	53.7	49.4	51.9	51.0
纺织业	51.6	50.6	49.7	54.6	53.4	55.1	52.6
纺织服装/皮革毛皮其制品业和制鞋业	48.6	46.2	49.0	53.3	49.4	44.8	51.2
木材加工/家具制造业	48.9	51.2	40.9	51.3	52.6	50.0	46.3
造纸/印刷/文教工美体育用品制造业	51.1	54.6	52.8	54.4	49.4	48.4	49.5
石油加工、炼焦及核燃料加工业	49.4	43.2	48.2	45.2	47.2	52.3	47.2
化学原料和化学制品制造业	49.2	48.6	50.6	48.7	48.4	50.5	50.6
医药制造业	49.9	52.3	54.2	51.0	48.2	51.2	50.8
化学纤维制造业/橡胶和塑料制品业	50.5	50.9	54.1	49.7	52.0	50.0	50.8
非金属矿物制品业	50.1	50.2	48.0	50.7	49.9	53.0	51.0
黑色金属冶炼及压延加工业	49.8	45.7	48.0	50.8	51.1	49.4	49.0
有色金属冶炼及压延加工业	50.1	45.3	49.6	48.1	47.8	51.6	52.7
金属制品业	49.6	53.7	51.3	48.5	53.1	51.2	48.3
通用设备制造业	49.9	49.7	48.4	51.8	48.7	50.0	47.5
专用设备制造业	52.0	49.6	50.6	50.7	50.5	54.1	51.6
交通运输设备制造业	51.3	51.4	46.5	55.0	50.0	48.2	49.5
电气机械及器材制造业	54.4	54.1	55.2	54.0	54.8	52.2	55.0
计算机、通信和其他电子设备制造业	50.6	50.1	51.9	51.8	51.5	51.6	52.4
二、按企业规模分							
大型企业	50.1	49.9	51.2	52.2	48.5	50.3	49.8
中型企业	50.8	50.3	49.8	52.1	50.4	52.5	50.5
小微型企业	50.5	50.8	50.2	51.0	50.2	49.6	50.5
三、按特殊类型分							
出口企业	49.8	49.3	50.9	50.2	48.8	50.5	50.0
上市公司	50.2	51.0	51.4	50.4	48.8	50.0	50.2
国有控股企业	50.8	49.4	50.4	51.2	49.4	51.0	51.7
四、按重点产业分							
装备制造产业	51.0	50.9	50.1	52.3	51.0	50.8	50.5
高新技术产业	50.7	50.2	51.6	52.0	50.5	51.4	52.3
高耗能产业	50.0	48.3	49.7	50.3	49.9	51.2	50.6
消费品产业	50.8	52.7	50.9	52.7	49.0	49.6	49.4

5-13 续表

单位：%

项　目	7月	8月	9月	10月	11月	12月
全　省	**50.8**	**50.6**	**50.9**	**50.8**	**50.4**	**49.9**
一、按行业大类分						
农副食品加工业	49.0	53.6	52.2	50.0	47.1	53.1
食品制造业	51.6	50.0	51.1	53.4	50.3	50.0
酒饮料和精制茶制造业	52.9	51.0	52.5	52.6	51.8	51.0
纺织业	49.9	47.9	49.5	53.1	49.2	53.1
纺织服装/皮革毛皮其制品业和制鞋业	46.5	44.8	47.8	50.0	52.0	48.2
木材加工/家具制造业	51.6	41.6	51.1	48.4	50.3	51.6
造纸/印刷/文教工美体育用品制造业	49.9	51.6	51.1	51.6	50.3	50.0
石油加工、炼焦及核燃料加工业	47.5	54.7	49.5	52.4	50.3	54.9
化学原料和化学制品制造业	48.9	48.9	50.5	49.0	49.7	46.7
医药制造业	48.6	50.0	50.7	48.8	46.5	46.2
化学纤维制造业/橡胶和塑料制品业	53.8	51.2	49.5	46.2	46.4	51.2
非金属矿物制品业	49.9	50.5	50.5	49.5	47.7	51.0
黑色金属冶炼及压延加工业	49.9	51.7	48.3	50.0	54.3	50.0
有色金属冶炼及压延加工业	49.9	51.6	51.1	48.4	53.5	51.6
金属制品业	53.8	43.5	49.5	51.3	47.7	43.4
通用设备制造业	50.6	50.0	50.1	52.1	49.6	50.6
专用设备制造业	52.0	52.0	50.5	53.2	54.6	54.2
交通运输设备制造业	53.5	52.9	52.4	51.8	55.1	48.8
电气机械及器材制造业	55.5	56.6	53.9	54.5	57.0	49.9
计算机、通信和其他电子设备制造业	50.3	50.4	51.6	50.9	48.6	46.6
二、按企业规模分						
大型企业	51.5	50.9	47.6	50.3	50.0	48.7
中型企业	51.6	50.8	52.2	50.8	49.9	49.3
小微型企业	50.1	50.4	50.8	51.0	50.9	50.6
三、按特殊类型分						
出口企业	50.1	49.5	49.8	49.9	49.8	49.0
上市公司	52.6	49.3	48.8	50.0	48.9	51.3
国有控股企业	51.4	51.2	50.7	51.3	51.0	50.7
四、按重点产业分						
装备制造产业	51.9	50.9	51.4	52.0	51.6	48.7
高新技术产业	50.5	50.8	51.7	50.6	49.4	47.1
高耗能产业	50.0	50.5	49.9	49.7	50.2	50.2
消费品产业	51.0	51.1	51.8	51.0	50.1	50.6

5-14　制造业生产经营活动预期指数(2016年)

单位：%

项　　目	全年	1月	2月	3月	4月	5月	6月
全　　省	**53.7**	**42.5**	**53.1**	**58.4**	**55.8**	**52.6**	**49.5**
一、按行业大类分							
农副食品加工业	57.1	39.0	49.1	57.8	55.5	52.8	52.8
食品制造业	60.7	48.2	44.7	58.3	63.3	58.3	56.7
酒饮料和精制茶制造业	54.9	57.4	53.1	49.0	49.5	49.5	48.0
纺织业	50.2	37.3	49.0	58.8	54.1	51.0	48.0
纺织服装/皮革毛皮其制品业和制鞋业	51.5	39.7	50.0	62.5	53.5	48.3	50.0
木材加工/家具制造业	51.7	32.3	58.1	56.5	51.6	46.8	46.8
造纸/印刷/文教工美体育用品制造业	49.2	40.0	45.2	53.1	43.8	51.6	55.0
石油加工、炼焦及核燃料加工业	44.5	34.8	39.1	43.2	47.7	45.2	50.0
化学原料和化学制品制造业	54.2	45.7	59.6	58.8	54.8	55.3	51.1
医药制造业	61.4	58.1	70.3	72.4	62.5	55.0	52.5
化学纤维制造业/橡胶和塑料制品业	54.2	35.9	52.6	66.7	57.9	53.9	48.7
非金属矿物制品业	47.8	31.6	51.5	56.0	52.0	46.0	44.0
黑色金属冶炼及压延加工业	49.5	36.4	46.6	53.4	58.5	48.3	42.0
有色金属冶炼及压延加工业	56.1	45.6	51.5	67.7	69.4	64.5	53.2
金属制品业	53.8	40.5	58.3	53.8	65.0	56.3	55.1
通用设备制造业	50.4	40.3	50.7	54.2	54.1	50.7	48.0
专用设备制造业	50.4	43.8	46.9	64.3	54.3	55.2	44.8
交通运输设备制造业	56.9	47.0	59.5	61.9	56.0	48.8	47.0
电气机械及器材制造业	55.5	40.0	57.8	67.4	60.9	62.2	53.3
计算机、通信和其他电子设备制造业	57.7	46.6	57.3	61.9	58.8	58.8	53.4
二、按企业规模分							
大型企业	57.7	46.7	55.7	62.7	59.9	55.6	52.5
中型企业	55.3	43.3	55.7	61.4	58.3	56.8	51.9
小微型企业	51.6	40.7	50.4	55.3	53.0	49.1	47.0
三、按特殊类型分							
出口企业	54.7	43.7	54.8	60.9	58.4	52.9	50.2
上市公司	59.2	47.4	56.5	68.9	60.0	58.8	59.5
国有控股企业	55.2	39.8	55.1	62.1	57.7	56.7	54.2
四、按重点产业分							
装备制造产业	54.6	43.9	55.0	60.3	57.3	54.8	50.0
高新技术产业	59.3	49.1	61.7	65.3	60.8	58.8	54.6
高耗能产业	50.8	37.9	51.2	57.4	55.2	51.4	47.2
消费品产业	56.8	49.2	54.2	57.9	54.4	50.7	49.5

5-14 续表

单位：%

项　目	7月	8月	9月	10月	11月	12月
全　省	**51.5**	**55.0**	**58.3**	**59.2**	**57.9**	**50.8**
一、按行业大类分						
农副食品加工业	56.9	64.7	68.2	68.6	70.9	49.1
食品制造业	60.0	68.3	76.7	66.7	71.7	55.0
酒饮料和精制茶制造业	48.5	52.6	61.3	58.8	63.4	67.5
纺织业	46.9	52.0	58.2	56.1	41.8	49.0
纺织服装/皮革毛皮其制品业和制鞋业	55.2	56.9	55.2	53.6	51.7	41.4
木材加工/家具制造业	56.7	58.3	65.0	65.0	51.7	31.7
造纸/印刷/文教工美体育用品制造业	54.8	45.2	50.0	50.0	54.7	46.9
石油加工、炼焦及核燃料加工业	45.2	38.1	33.3	52.4	50.0	55.0
化学原料和化学制品制造业	50.0	56.9	55.9	57.0	59.2	46.8
医药制造业	59.2	62.8	60.0	60.0	66.3	57.5
化学纤维制造业/橡胶和塑料制品业	53.9	61.6	65.4	60.3	48.7	44.9
非金属矿物制品业	45.0	46.5	49.5	59.1	49.5	43.4
黑色金属冶炼及压延加工业	43.1	46.6	50.0	55.2	59.2	54.6
有色金属冶炼及压延加工业	56.5	46.8	48.4	59.7	56.5	53.2
金属制品业	47.4	57.7	51.3	52.6	53.9	54.0
通用设备制造业	48.0	50.0	54.1	51.4	54.1	49.3
专用设备制造业	47.9	41.7	48.9	53.2	50.0	54.3
交通运输设备制造业	52.4	61.9	69.1	66.1	61.3	52.4
电气机械及器材制造业	57.8	55.6	56.7	57.8	56.7	40.0
计算机、通信和其他电子设备制造业	56.3	61.5	64.0	61.9	59.7	52.5
二、按企业规模分						
大型企业	57.8	60.6	61.0	63.1	61.3	56.0
中型企业	51.9	54.8	59.5	61.2	59.5	49.5
小微型企业	49.5	53.7	56.9	56.8	55.9	50.3
三、按特殊类型分						
出口企业	52.0	57.1	58.7	57.2	58.7	51.7
上市公司	59.5	61.5	62.2	61.5	62.2	52.0
国有控股企业	53.5	55.5	58.2	61.2	57.7	50.8
四、按重点产业分						
装备制造产业	52.1	56.0	59.5	58.4	57.1	51.0
高新技术产业	58.6	62.1	63.1	62.6	61.2	53.7
高耗能产业	47.7	50.2	52.2	56.8	53.5	48.5
消费品产业	54.5	60.9	65.6	63.8	65.6	55.3

5-15 非制造业商务活动指数(2016年)

单位：%

行　业	全年	1月	2月	3月	4月	5月	6月
全　省	**49.8**	**55.3**	**45.3**	**46.6**	**49.4**	**48.7**	**47.8**
一、按行业大类分							
建筑业	50.2	37.6	21.5	56.9	56.9	53.3	56.3
批发业	47.7	59.0	25.5	52.6	52.1	43.3	45.9
零售业	49.8	59.4	45.8	39.3	46.3	49.5	47.2
交通运输、仓储和邮政业	52.4	63.0	58.0	51.3	42.1	51.3	46.6
住宿业	48.8	53.6	62.5	34.5	40.9	47.6	44.4
餐饮业	46.5	65.8	66.8	29.7	31.3	46.2	39.5
信息传输、软件和信息技术服务业	54.8	61.4	53.1	51.9	53.7	47.0	51.2
房地产业	42.9	44.8	33.3	44.8	44.3	42.0	40.7
社会服务业	47.2	47.6	44.7	48.6	52.4	52.6	42.3
二、按企业规模分							
大型	54.1	61.0	38.4	53.9	53.9	49.0	53.3
中型	49.3	53.4	44.5	45.5	49.6	48.1	47.3
小型	48.8	53.9	50.1	45.2	47.6	49.2	46.4
三、服务业性质分							
生产性服务业	53.3	57.4	44.5	56.0	53.5	48.1	49.0
消费性服务业	47.1	57.4	50.5	39.6	42.5	46.9	43.0
物流业	60.0	63.7	51.6	61.7	56.6	54.2	55.0

5-15 续表

单位：%

行　业	7月	8月	9月	10月	11月	12月
全　省	**48.7**	**50.0**	**51.3**	**55.0**	**47.1**	**52.4**
一、按行业大类分						
建筑业	52.3	50.3	52.0	57.7	53.7	54.0
批发业	37.1	42.8	51.0	49.5	56.8	56.3
零售业	42.9	48.6	59.9	54.3	51.0	53.3
交通运输、仓储和邮政业	59.4	44.0	52.6	57.3	47.4	55.6
住宿业	46.5	61.1	48.6	66.9	35.9	43.5
餐饮业	43.6	56.4	39.3	63.8	29.8	46.1
信息传输、软件和信息技术服务业	56.1	58.5	51.8	53.7	54.9	64.6
房地产业	40.7	44.4	53.7	44.4	43.8	37.4
社会服务业	49.0	43.8	45.8	50.5	40.6	48.5
二、按企业规模分						
大型	52.3	55.3	55.3	61.2	54.6	60.8
中型	46.6	48.8	53.4	54.6	47.5	51.9
小型	49.4	49.3	47.9	53.1	44.1	49.9
三、服务业性质分						
生产性服务业	54.6	49.5	53.2	55.6	56.8	62.0
消费性服务业	43.9	48.9	49.9	54.6	41.3	46.8
物流业	66.7	46.7	66.7	63.3	63.3	70.8

5-16 非制造业新订单指数(2016年)

单位：%

行　业	全年	1月	2月	3月	4月	5月	6月
全　省	**45.7**	**49.8**	**44.5**	**43.2**	**44.1**	**44.3**	**43.3**
一、按行业大类分							
建筑业	41.8	34.6	25.2	46.4	44.7	45.4	49.0
批发业	44.5	47.3	31.9	49.0	50.0	44.3	40.2
零售业	46.1	54.2	43.5	38.3	43.8	49.5	42.9
交通运输、仓储和邮政业	46.8	52.9	54.6	45.3	38.4	46.6	40.6
住宿业	45.9	50.6	56.6	34.5	37.5	39.3	38.9
餐饮业	43.6	62.4	58.6	30.9	30.6	37.2	37.4
信息传输、软件和信息技术服务业	53.4	60.1	52.5	51.2	46.3	45.1	50.6
房地产业	38.0	39.1	39.1	39.1	32.8	35.1	34.0
社会服务业	44.8	43.3	42.8	44.3	51.0	47.4	41.2
二、按企业规模分							
大型	47.8	52.6	41.5	49.7	46.7	44.7	47.0
中型	45.6	49.8	43.5	42.0	42.7	44.6	42.7
小型	45.0	48.2	47.4	42.3	44.4	43.9	42.5
三、服务业性质分							
生产性服务业	48.7	47.6	43.8	50.5	48.9	46.1	43.0
消费性服务业	44.0	53.1	48.7	37.9	38.5	41.7	39.7
物流业	52.3	49.2	47.6	53.3	51.3	50.8	43.3

5-16 续表

单位：%

行　业	7月	8月	9月	10月	11月	12月
全　省	**44.4**	**46.8**	**47.0**	**49.6**	**43.9**	**47.1**
一、按行业大类分						
建筑业	40.8	44.7	43.7	43.0	41.7	42.7
批发业	38.1	40.2	46.4	49.0	50.5	47.4
零售业	39.6	43.8	56.1	45.8	47.6	48.6
交通运输、仓储和邮政业	50.9	44.0	43.1	51.3	47.0	47.4
住宿业	47.9	57.6	48.6	62.7	36.6	39.9
餐饮业	38.8	51.1	41.9	58.0	33.0	43.9
信息传输、软件和信息技术服务业	55.5	57.3	51.2	53.7	53.7	64.0
房地产业	33.3	38.9	49.4	44.4	37.7	33.3
社会服务业	47.9	44.3	41.2	50.0	40.1	44.1
二、按企业规模分						
大型	44.1	51.3	45.7	51.6	49.3	49.0
中型	41.7	45.8	52.1	51.6	43.3	47.7
小型	47.2	46.2	42.5	46.9	42.5	45.8
三、服务业性质分						
生产性服务业	48.8	47.1	46.3	54.4	52.9	54.8
消费性服务业	41.6	45.9	47.7	50.1	40.2	43.0
物流业	54.2	47.5	52.5	62.5	60.0	55.0

5-17 非制造业国外新订单指数(2016年)

单位：%

行业	全年	1月	2月	3月	4月	5月	6月
全省	**48.0**	**40.4**	**37.3**	**48.8**	**57.3**	**55.4**	**54.3**
一、按行业大类分							
建筑业	**52.5**	34.6	27.8	50.0	66.7	61.1	68.8
批发业	**41.2**	31.3	33.3	40.0	50.0	50.0	43.8
零售业	**40.3**	50.0			50.0	50.0	50.0
交通运输、仓储和邮政业	**57.5**	37.5	37.5	66.7	87.5	75.0	50.0
住宿业	**45.0**	42.9	50.0	50.0	50.0	25.0	33.3
餐饮业	**38.8**	60.0	42.9	25.0	50.0	50.0	33.3
信息传输、软件和信息技术服务业	**48.5**	43.8	37.5	50.0	50.0	50.0	64.3
房地产业	**14.6**	50.0	25.0				
社会服务业	**52.3**	44.4	50.0	60.0	62.5	50.0	62.5
二、按企业规模分							
大型	**53.1**	38.9	34.4	50.0	70.0	62.5	68.2
中型	**49.6**	41.3	35.0	46.4	53.6	52.9	63.2
小型	**43.2**	41.7	42.1	50.0	50.0	52.9	35.3
三、服务业性质分							
生产性服务业	**46.7**	40.0	34.4	53.6	56.7	59.4	50.0
消费性服务业	**47.3**	44.2	41.7	46.9	52.9	46.4	50.0
物流业	**58.1**	35.7	37.5	75.0	87.5	75.0	50.0

5-17 续表

单位：%

行业	7月	8月	9月	10月	11月	12月
全省	**48.9**	**42.1**	**45.2**	**57.5**	**44.1**	**44.4**
一、按行业大类分						
建筑业	55.0	50.0	42.9	63.6	50.0	59.1
批发业	31.3	27.8	50.0	43.8	43.8	50.0
零售业	50.0	33.3	50.0	50.0	50.0	50.0
交通运输、仓储和邮政业	30.0	40.0	75.0	83.3	50.0	57.1
住宿业	50.0	50.0	50.0	66.7	50.0	22.2
餐饮业	50.0			66.7	37.5	50.0
信息传输、软件和信息技术服务业	43.8	42.9	50.0	50.0	50.0	50.0
房地产业				50.0		50.0
社会服务业	90.0	60.0	30.0	62.5	25.0	30.8
二、按企业规模分						
大型	55.0	31.8	50.0	63.6	50.0	62.5
中型	55.6	43.8	47.1	57.5	53.1	45.7
小型	38.2	47.1	40.0	53.1	31.3	36.4
三、服务业性质分						
生产性服务业	38.2	37.5	53.6	50.0	39.3	47.8
消费性服务业	50.0	40.6	46.4	61.8	46.7	40.5
物流业	30.0	40.0	75.0	83.3	50.0	58.3

5-18 非制造业积压订单指数(2016年)

单位：%

行　业	全年	1月	2月	3月	4月	5月	6月
全　省	**39.6**	**39.8**	**36.6**	**40.2**	**40.1**	**38.1**	**40.5**
一、按行业大类分							
建筑业	38.8	36.3	35.2	40.3	41.0	38.5	41.9
批发业	41.1	38.8	36.2	52.2	42.2	43.4	43.5
零售业	37.9	40.7	29.7	41.4	35.1	34.4	41.8
交通运输、仓储和邮政业	36.9	38.5	37.9	32.5	37.2	36.3	33.6
住宿业	39.4	41.7	36.3	33.0	38.1	38.5	37.1
餐饮业	40.9	57.9	36.0	31.1	43.4	34.3	39.4
信息传输、软件和信息技术服务业	43.4	41.7	37.9	43.9	38.7	41.9	44.6
房地产业	34.0	27.4	31.5	35.3	33.0	31.3	33.3
社会服务业	41.1	33.9	45.4	43.1	45.2	37.8	42.7
二、按企业规模分							
大型	42.3	43.2	38.2	51.2	45.0	44.1	47.6
中型	39.4	39.9	36.7	39.2	38.9	37.6	38.5
小型	38.9	37.6	35.7	37.8	39.4	36.8	40.2
三、服务业性质分							
生产性服务业	40.0	37.8	39.2	41.7	40.7	39.4	40.0
消费性服务业	39.1	41.3	35.0	37.2	38.6	36.2	39.6
物流业	34.9	35.9	34.2	32.4	34.2	33.3	31.4

5-18 续表

单位：%

行　业	7月	8月	9月	10月	11月	12月
全　省	**40.7**	**39.8**	**39.9**	**41.5**	**39.0**	**39.5**
一、按行业大类分						
建筑业	44.3	37.4	36.0	41.6	36.3	36.6
批发业	35.4	39.6	39.2	38.5	38.5	46.0
零售业	30.2	39.7	43.9	37.9	39.7	40.7
交通运输、仓储和邮政业	43.9	34.8	38.8	36.7	39.1	33.3
住宿业	41.9	41.0	42.1	47.2	40.2	35.2
餐饮业	34.0	47.1	35.1	48.9	38.7	45.6
信息传输、软件和信息技术服务业	44.0	43.7	44.9	45.1	46.8	47.6
房地产业	36.1	43.8	38.6	37.2	33.0	27.7
社会服务业	49.0	34.3	40.4	43.4	39.8	38.3
二、按企业规模分						
大型	38.2	44.2	39.5	37.8	39.4	38.9
中型	39.5	39.7	43.1	41.9	39.1	39.2
小型	42.7	38.4	36.6	42.4	38.9	40.1
三、服务业性质分						
生产性服务业	41.8	39.5	38.4	41.1	42.2	38.6
消费性服务业	38.3	41.0	41.8	41.7	38.6	40.1
物流业	39.2	31.4	34.2	39.5	37.5	35.1

5-19 非制造业存货指数(2016年)

单位：%

行业	全年	1月	2月	3月	4月	5月	6月
全省	**43.6**	**47.6**	**43.1**	**40.1**	**43.5**	**42.8**	**43.0**
一、按行业大类分							
建筑业	40.2	32.9	32.5	45.3	42.9	40.4	41.4
批发业	47.9	51.8	45.2	42.5	48.3	56.3	45.9
零售业	49.0	61.8	45.6	43.2	48.7	49.0	47.1
交通运输、仓储和邮政业	44.8	46.0	46.6	42.2	47.8	42.1	45.6
住宿业	45.1	53.7	47.5	37.2	40.5	37.7	41.8
餐饮业	42.1	57.5	54.5	25.7	33.3	37.5	40.1
信息传输、软件和信息技术服务业	45.1	46.8	47.5	43.0	43.0	42.4	44.4
房地产业	31.9	34.4	28.9	32.9	32.9	30.8	31.0
社会服务业	43.9	43.2	40.5	44.9	49.4	43.8	43.8
二、按企业规模分							
大型	48.3	49.7	43.1	42.4	52.5	53.2	46.5
中型	43.2	47.2	42.7	39.2	41.5	41.9	41.9
小型	42.0	46.9	43.7	40.1	41.2	39.4	42.8
三、服务业性质分							
生产性服务业	44.5	45.1	47.3	43.0	47.6	43.0	45.1
消费性服务业	43.9	52.3	44.3	36.9	41.5	42.5	41.8
物流业	43.4	43.1	42.5	43.0	53.6	37.5	43.0

5-19 续表

单位：%

行业	7月	8月	9月	10月	11月	12月
全省	**43.3**	**44.9**	**43.9**	**44.0**	**42.5**	**44.7**
一、按行业大类分						
建筑业	42.0	42.2	41.8	39.6	44.0	37.5
批发业	50.0	43.6	44.8	46.6	48.9	51.2
零售业	48.1	50.5	55.9	47.1	41.6	50.0
交通运输、仓储和邮政业	45.3	45.7	47.7	41.5	43.3	43.6
住宿业	44.7	47.8	42.4	53.1	44.1	50.6
餐饮业	41.2	42.3	38.3	47.9	36.8	49.6
信息传输、软件和信息技术服务业	40.4	51.9	42.3	44.3	49.4	46.2
房地产业	26.9	32.4	34.8	33.1	32.4	32.7
社会服务业	45.8	45.7	41.5	46.5	41.2	40.3
二、按企业规模分						
大型	46.5	48.9	51.1	47.5	47.1	51.4
中型	43.7	44.6	44.1	43.4	42.8	45.5
小型	41.4	43.3	40.4	43.0	40.2	41.1
三、服务业性质分						
生产性服务业	41.8	47.3	42.2	43.5	45.3	42.4
消费性服务业	43.9	44.4	44.7	45.4	41.2	47.3
物流业	44.2	43.1	42.7	42.3	41.7	44.1

5-20 非制造业投入价格指数(2016年)

单位：%

行　　业	全年	1月	2月	3月	4月	5月	6月
全　　省	**52.9**	**52.5**	**54.6**	**52.8**	**53.8**	**53.0**	**51.0**
一、按行业大类分							
建筑业	54.7	47.7	50.0	57.6	60.5	54.3	49.3
批发业	53.6	44.2	51.1	52.6	54.1	60.3	53.6
零售业	51.7	54.2	54.2	49.5	51.3	51.9	54.3
交通运输、仓储和邮政业	51.6	50.8	50.8	50.4	51.1	51.7	52.1
住宿业	54.9	57.7	65.5	53.0	52.3	51.8	48.6
餐饮业	57.4	70.1	74.1	57.2	56.9	56.0	50.5
信息传输、软件和信息技术服务业	50.2	51.9	49.4	50.6	51.2	50.6	49.4
房地产业	51.0	47.7	49.4	51.7	54.0	51.2	48.8
社会服务业	52.8	51.4	54.8	52.9	52.4	52.6	53.6
二、按企业规模分							
大型	53.3	46.3	49.6	53.6	56.5	57.0	51.6
中型	53.5	53.3	56.1	54.4	54.4	52.7	51.0
小型	52.3	55.4	55.8	51.1	52.3	52.0	50.8
三、服务业性质分							
生产性服务业	51.8	47.9	49.5	51.9	52.9	54.2	51.9
消费性服务业	53.4	56.2	59.0	52.4	52.8	53.1	51.4
物流业	51.0	51.6	50.0	50.0	52.6	49.2	50.0

5-20 续表

单位：%

行　　业	7月	8月	9月	10月	11月	12月
全　　省	**51.6**	**51.6**	**51.2**	**54.0**	**53.0**	**55.3**
一、按行业大类分						
建筑业	54.9	52.0	53.7	56.3	59.7	60.7
批发业	48.5	54.6	51.6	60.4	53.1	59.4
零售业	50.9	50.5	47.6	55.2	49.1	51.9
交通运输、仓储和邮政业	51.3	52.1	50.0	53.9	50.4	54.7
住宿业	51.4	54.9	54.2	59.2	54.9	56.0
餐饮业	53.7	53.2	55.4	51.6	52.1	58.3
信息传输、软件和信息技术服务业	50.0	48.2	50.0	50.0	51.2	50.0
房地产业	50.6	51.2	50.6	53.1	52.5	51.2
社会服务业	53.1	53.1	51.0	52.1	52.1	54.9
二、按企业规模分						
大型	47.0	55.6	48.0	61.5	51.0	61.8
中型	52.9	50.9	53.6	53.1	54.9	55.0
小型	52.0	50.9	50.0	52.1	51.9	53.2
三、服务业性质分						
生产性服务业	49.0	51.5	49.3	55.4	52.2	56.5
消费性服务业	52.2	52.6	52.0	54.0	51.6	54.1
物流业	51.7	50.0	50.0	53.3	50.8	53.3

5-21 非制造业收费价格指数(2016年)

单位：%

行　　业	全年	1月	2月	3月	4月	5月	6月
全　　省	**49.0**	**48.0**	**50.5**	**47.4**	**48.5**	**49.2**	**48.4**
一、按行业大类分							
建筑业	50.5	48.4	49.0	50.7	50.3	49.0	49.0
批发业	52.2	45.2	50.0	51.0	51.0	58.8	52.1
零售业	48.1	47.2	51.9	46.3	48.8	48.1	48.1
交通运输、仓储和邮政业	49.5	50.4	52.1	48.3	49.5	49.2	49.6
住宿业	47.9	48.8	54.8	41.7	48.9	47.0	44.4
餐饮业	48.2	49.6	52.6	43.2	43.1	48.3	48.4
信息传输、软件和信息技术服务业	48.4	47.5	50.6	49.4	48.2	48.8	50.0
房地产业	48.8	47.7	43.7	50.0	50.6	47.1	50.0
社会服务业	49.3	48.1	52.4	46.7	49.0	48.1	46.9
二、按企业规模分							
大型	51.0	45.0	49.8	48.7	51.0	54.6	52.6
中型	49.3	49.3	50.4	48.5	49.6	48.3	47.8
小型	48.2	48.3	51.0	45.9	46.6	48.1	47.5
三、服务业性质分							
生产性服务业	49.7	45.2	50.0	49.5	49.2	52.7	50.0
消费性服务业	48.9	49.2	51.5	46.2	48.6	48.2	48.4
物流业	49.1	48.4	50.0	51.7	48.7	48.3	48.3

5-21 续表

单位：%

行　　业	7月	8月	9月	10月	11月	12月
全　　省	**47.9**	**48.9**	**48.8**	**51.9**	**48.9**	**50.2**
一、按行业大类分						
建筑业	49.7	51.7	50.7	53.3	51.7	52.7
批发业	45.9	52.1	47.9	61.5	52.6	58.3
零售业	44.8	46.2	47.2	51.4	47.1	50.0
交通运输、仓储和邮政业	50.4	49.2	48.3	50.4	48.3	48.7
住宿业	47.9	50.0	48.6	53.5	43.0	45.8
餐饮业	46.3	48.9	47.9	51.6	50.0	48.7
信息传输、软件和信息技术服务业	46.3	45.7	49.4	47.6	48.8	48.8
房地产业	46.3	47.5	51.2	49.4	50.0	52.3
社会服务业	53.1	50.5	47.9	50.0	49.5	50.0
二、按企业规模分						
大型	46.7	52.0	48.7	58.9	49.0	55.2
中型	48.4	48.9	50.4	50.6	49.1	50.2
小型	47.8	47.9	47.4	50.5	48.7	48.3
三、服务业性质分						
生产性服务业	46.4	49.5	47.8	54.4	49.0	52.6
消费性服务业	48.1	48.3	48.7	51.0	48.8	49.8
物流业	50.0	50.0	47.5	50.8	46.7	49.2

5-22 非制造业从业人员指数(2016年)

单位：%

行　业	全年	1月	2月	3月	4月	5月	6月
全　省	**46.9**	**45.7**	**44.6**	**46.7**	**46.9**	**46.2**	**46.1**
一、按行业大类分							
建筑业	47.1	36.6	28.8	54.0	51.0	50.7	49.0
批发业	47.9	45.2	46.8	46.4	50.5	48.5	46.4
零售业	47.4	52.3	47.7	45.3	44.4	44.3	47.6
交通运输、仓储和邮政业	48.5	48.7	49.6	49.6	44.7	47.4	48.7
住宿业	43.6	40.5	42.3	38.1	44.3	44.1	43.8
餐饮业	43.6	50.4	51.3	33.1	35.4	41.0	40.0
信息传输、软件和信息技术服务业	48.2	47.5	49.4	49.4	50.0	45.7	49.4
房地产业	43.4	40.2	40.8	46.0	42.5	42.0	42.6
社会服务业	47.8	45.7	45.7	50.0	51.0	46.8	45.4
二、按企业规模分							
大型	49.4	46.5	45.2	53.3	50.3	50.0	50.0
中型	46.4	45.5	42.4	44.8	46.5	46.0	45.9
小型	46.6	45.5	46.5	46.3	46.0	45.0	45.0
三、服务业性质分							
生产性服务业	48.2	46.7	47.4	49.8	49.7	48.1	48.3
消费性服务业	45.6	46.6	46.5	42.6	43.8	43.6	44.5
物流业	49.2	50.0	48.4	51.7	44.7	49.2	50.8

5-22 续表

单位：%

行　业	7月	8月	9月	10月	11月	12月
全　省	**48.7**	**49.1**	**47.2**	**47.8**	**47.4**	**46.6**
一、按行业大类分						
建筑业	53.6	51.7	50.0	46.3	47.7	46.0
批发业	49.5	48.5	44.8	49.0	50.0	49.5
零售业	45.8	47.1	51.4	47.2	49.1	46.7
交通运输、仓储和邮政业	48.3	50.4	49.1	48.3	50.0	47.0
住宿业	45.8	46.5	39.6	48.6	45.1	44.1
餐饮业	43.1	45.7	44.1	51.1	42.0	45.6
信息传输、软件和信息技术服务业	52.4	54.9	45.7	43.3	43.3	47.0
房地产业	43.2	42.6	42.6	45.7	48.8	43.7
社会服务业	47.4	48.5	49.5	50.0	45.3	48.0
二、按企业规模分						
大型	51.6	51.0	49.3	47.4	51.0	47.1
中型	49.3	48.1	46.9	47.4	46.9	46.6
小型	47.1	49.4	46.8	48.5	46.6	46.4
三、服务业性质分						
生产性服务业	49.8	50.5	46.1	47.1	47.3	47.6
消费性服务业	45.7	47.1	46.2	48.2	46.8	46.1
物流业	48.3	49.2	48.3	49.2	50.8	50.0

5-23 非制造业供应商配送时间指数(2016年)

单位：%

行　　业	全年	1月	2月	3月	4月	5月	6月
全　　省	**51.8**	**51.5**	**49.5**	**52.5**	**52.6**	**52.0**	**51.7**
一、按行业大类分							
建筑业	51.9	49.0	44.4	54.4	53.2	53.2	54.4
批发业	50.7	52.4	53.6	51.7	50.0	51.2	51.7
零售业	52.2	53.5	55.5	49.0	50.7	49.0	51.5
交通运输、仓储和邮政业	51.8	50.0	49.5	52.1	53.3	52.1	52.1
住宿业	50.7	47.5	48.1	50.0	51.2	51.3	52.9
餐饮业	51.0	53.1	51.4	50.0	52.4	50.9	51.1
信息传输、软件和信息技术服务业	50.7	48.7	43.1	55.7	51.3	53.7	48.8
房地产业	52.7	54.2	52.1	53.6	53.0	51.6	52.4
社会服务业	52.0	54.0	48.2	53.9	53.6	55.7	48.1
二、按企业规模分							
大型	50.8	52.4	50.6	52.8	50.0	48.9	51.1
中型	52.0	51.0	49.3	52.9	52.0	53.2	52.3
小型	52.0	51.6	49.1	51.9	54.4	52.0	51.3
三、服务业性质分							
生产性服务业	51.3	49.7	48.2	53.7	51.5	52.4	51.6
消费性服务业	51.5	52.3	51.1	51.1	52.0	51.5	50.9
物流业	52.7	50.9	50.9	52.7	54.4	50.0	53.7

5-23 续表

单位：%

行　　业	7月	8月	9月	10月	11月	12月
全　　省	**51.6**	**51.8**	**52.4**	**52.6**	**51.4**	**51.7**
一、按行业大类分						
建筑业	51.5	51.1	55.1	52.6	51.9	51.8
批发业	47.1	50.6	50.6	50.6	49.4	50.0
零售业	54.1	54.8	53.6	51.5	49.5	53.6
交通运输、仓储和邮政业	52.7	51.6	52.2	51.7	53.2	51.6
住宿业	51.4	50.7	50.7	51.5	52.1	51.2
餐饮业	50.6	48.9	50.0	51.7	52.3	49.5
信息传输、软件和信息技术服务业	50.6	51.2	50.0	54.9	47.5	52.5
房地产业	52.3	54.2	52.4	53.0	52.5	51.6
社会服务业	50.6	51.3	52.6	54.6	50.6	51.2
二、按企业规模分						
大型	49.3	51.4	50.0	48.9	50.7	53.1
中型	52.3	51.7	52.1	54.5	51.1	51.4
小型	51.8	52.1	53.6	52.2	51.9	51.5
三、服务业性质分						
生产性服务业	50.5	50.8	51.9	52.4	50.3	52.4
消费性服务业	51.5	51.7	51.4	52.3	51.1	51.0
物流业	52.9	52.9	54.6	50.9	54.7	53.6

5-24　非制造业业务活动预期指数(2016年)

单位：%

行　　业	全年	1月	2月	3月	4月	5月	6月
全　　省	**54.9**	**54.4**	**48.7**	**49.2**	**55.3**	**52.5**	**53.1**
一、按行业大类分							
建筑业	55.2	44.4	58.0	58.6	59.2	57.6	58.6
批发业	53.1	44.2	55.3	47.4	50.0	50.0	47.9
零售业	55.8	55.6	42.1	47.2	59.4	51.9	52.4
交通运输、仓储和邮政业	56.1	59.2	50.4	48.7	53.7	52.6	51.7
住宿业	51.1	55.4	28.6	35.1	47.7	43.5	49.3
餐饮业	52.4	62.4	31.9	33.5	45.8	44.0	46.8
信息传输、软件和信息技术服务业	60.3	61.4	54.4	55.6	59.9	57.9	61.0
房地产业	48.3	48.9	50.6	49.4	48.9	46.0	45.7
社会服务业	51.0	50.5	51.0	52.9	56.3	54.6	53.1
二、按企业规模分							
大型	58.6	58.3	59.2	53.3	58.8	58.3	54.9
中型	55.0	53.1	47.2	47.6	54.7	51.2	53.1
小型	53.2	53.6	44.0	49.3	54.5	51.6	52.4
三、服务业性质分							
生产性服务业	56.8	49.5	56.2	56.2	57.5	52.7	54.6
消费性服务业	52.2	56.4	40.7	41.7	50.8	48.4	49.0
物流业	60.1	48.4	58.1	56.7	60.5	50.8	55.8

5-24　续表

单位：%

行　　业	7月	8月	9月	10月	11月	12月
全　　省	**57.9**	**56.0**	**60.1**	**57.3**	**57.5**	**56.9**
一、按行业大类分						
建筑业	58.9	56.6	58.7	54.3	48.3	49.3
批发业	53.1	56.7	64.1	57.8	57.3	53.7
零售业	59.0	59.1	66.0	59.4	60.5	57.1
交通运输、仓储和邮政业	58.1	56.8	58.2	57.7	62.8	62.8
住宿业	61.1	57.6	62.5	53.5	58.5	60.1
餐饮业	60.1	48.4	63.4	65.4	60.1	66.7
信息传输、软件和信息技术服务业	62.2	62.2	58.5	57.3	68.3	64.6
房地产业	46.9	51.9	52.5	50.6	46.9	42.0
社会服务业	51.0	45.9	50.0	49.0	47.4	50.5
二、按企业规模分						
大型	61.8	58.6	63.3	58.2	59.3	59.8
中型	59.5	58.5	61.9	58.0	58.4	57.4
小型	54.9	52.8	57.2	56.3	56.1	55.5
三、服务业性质分						
生产性服务业	56.1	59.2	59.0	58.8	62.2	59.1
消费性服务业	56.2	53.4	60.0	56.4	56.6	56.9
物流业	62.5	62.5	66.7	68.3	67.5	63.3

主要统计指标解释

采购经理指数 又称采购经理人指数，英文缩写为 PMI (Purchasing Managers’ Index)，它是通过对采购经理的月度问卷调查结果统计汇总、编制而成的指数。PMI 涉及生产与流通、制造业与非制造业等领域，是世界通行的宏观经济监测指标体系之一，对国家和地区经济活动的监测和预测具有重要作用。从国际上看，PMI 指标体系包括制造业 PMI、非制造业 PMI，服务业 PMI，也有一些国家建立了建筑业 PMI。PMI 以 50%作为经济强弱的分界点，PMI 高于 50%时，预示总体经济扩张；低于 50%时，则预示总体经济处于收缩状态。其中，指数为 50-53%,表示经济缓慢增长；53-56%,表示经济较快增长；56%以上，表示经济加速增长；47-50%,表示经济缓慢下降；44-47%,表示经济下降较快；44%以下，表示经济加速下降。

生产量 是指企业报告期内生产的符合产品质量要求的主要产品的实物数量。

订货量 指本企业报告期内接到的订货数量，即报告期内签订的生产订、供货合同或接到的其他形式的需求总量，不考虑是否完成。

出口订货量 是指企业报告期内主要产品订货数量中用于出口的部分。

剩余订货量 指本企业报告期末止尚未兑现的订货数量，即企业现存的订货数量。

产成品库存 指企业报告期末尚存在企业产成品仓库中而暂未售出的产品的实物数量。

采购量 是指企业报告期内购进的主要原材料（包括零部件）的实物数量。

进口 是指企业报告期内进口的主要原材料（包括零部件）的实物数量。

购进价格 是指企业报告期内购进的主要原材料（包括零部件）价格的简单平均水平。

出厂价格 是指企业报告期内生产的符合产品质量要求的主要产品出厂价格的加权平均水平。

主要原材料库存 是指企业报告期末已经购进并登记入库但尚未使用的主要原材料的实物数量。

生产经营人员 是指企业报告期末主要生产经营人员的数量。

供应商配送时间 是指企业报告期内收到的主要供应商的交货时间。

生产经营活动预期 是指对本企业未来 3 个月内生产经营活动整体水平的预测。

六 专项调查

6-1 全国及贫困地区农村贫困人口(2016年)

地 区	全国农村		贫困地区	
	贫困人口(万人)	贫困发生率(%)	贫困人口(万人)	贫困发生率(%)
全 国	**4335.0**	**4.5**	**2654.0**	**10.1**
北 京	.	.		
天 津	.	.		
河 北	188.0	3.3	147.0	10.6
山 西	186.0	7.7	67.0	11.9
内蒙古	53.0	3.9	46.0	6.6
辽 宁	59.0	2.6		
吉 林	57.0	3.8	10.0	9.0
黑龙江	69.0	3.7	53.0	10.0
上 海	.	.		
江 苏	.	.		
浙 江	.	.		
安 徽	237.0	4.4	155.0	7.9
福 建	23.0	0.8		
江 西	155.0	4.3	103.0	8.5
山 东	140.0	1.9		
河 南	371.0	4.6	221.0	7.3
湖 北	176.0	4.3	117.0	9.6
湖 南	343.0	6.0	205.0	10.3
广 东				
广 西	341.0	7.9	100.0	9.7
海 南	32.0	5.5	9.0	11.2
重 庆	45.0	2.0	35.0	4.0
四 川	306.0	4.4	150.0	9.0
贵 州	402.0	11.6	346.0	11.9
云 南	373.0	10.1	352.0	13.7
西 藏	34.0	13.2	34.0	13.2
陕 西	226.0	8.4	140.0	10.6
甘 肃	262.0	12.6	235.0	14.5
青 海	31.0	8.1	31.0	8.1
宁 夏	30.0	7.1	18.0	8.7
新 疆	147.0	12.8	80.0	12.8

6-2 全国及贫困地区农村居民收入对比(2016年)

地区	全国农村		贫困地区	
	人均可支配收入(元)	增长(%)	人均可支配收入(元)	增长(%)
全 国	**12363**	**8.2**	**8452**	**10.4**
北 京				
天 津				
河 北	11919	7.9	8382	10.6
山 西	10082	6.6	6623	9.0
内蒙古	11609	7.7	9005	9.8
辽 宁				
吉 林	12123	7.0	7669	8.9
黑龙江	11832	6.6	7828	9.1
上 海				
江 苏				
浙 江				
安 徽	11720	8.3	9890	10.5
福 建				
江 西	12138	9.0	8643	11.4
山 东				
河 南	11697	7.8	9735	9.8
湖 北	12725	7.4	9502	9.4
湖 南	11930	8.5	8029	11.2
广 东				
广 西	10359	9.4	8800	11
海 南	11843	9.1	9163	10.6
重 庆	11549	9.9	10244	12.3
四 川	11203	9.3	8799	10.5
贵 州	8090	9.5	7894	10.1
云 南	9020	9.4	7847	11.0
西 藏	9094	10.3	9094	10.3
陕 西	9396	8.1	8424	9.5
甘 肃	7457	7.5	6323	9.3
青 海	8664	9.2	8664	9.2
宁 夏	9852	8.0	7937	9.4
新 疆	10183	8.0	8055	9.7

6-3 全国及贫困地区农村居民消费支出对比(2016年)

地 区	全国农村居民消费支出 (元)	贫困地区农村居民消费支出 (元)
全 国	**10130**	**7331**
北 京	17329	
天 津	15912	
河 北	9798	7171
山 西	8029	5841
内蒙古	11463	8377
辽 宁	9953	
吉 林	9521	7272
黑龙江	9424	6471
上 海	17071	
江 苏	14428	
浙 江	17359	
安 徽	10287	9178
福 建	12911	
江 西	9128	7330
山 东	9519	
河 南	8587	7157
湖 北	10938	8499
湖 南	10630	7825
广 东	12415	
广 西	8351	7755
海 南	8921	7697
重 庆	9954	9119
四 川	10192	7757
贵 州	7533	7327
云 南	7331	6275
西 藏	6070	6070
陕 西	8568	7615
甘 肃	7487	5857
青 海	9222	9222
宁 夏	9138	7728
新 疆	8277	5633

6-4 扶贫重点县农村居民人均收入及增长情况(2016年)

地 区	人均可支配收入 (元)	名义增长 (%)
全 国	**8355**	**10.8**
北 京		
天 津		
河 北	8344	10.8
山 西	6748	6.3
内蒙古	9005	9.8
辽 宁		
吉 林	7669	8.9
黑龙江	6767	12.6
上 海		
江 苏		
浙 江		
安 徽	9892	10.6
福 建		
江 西	8593	11.4
山 东		
河 南	9653	10.4
湖 北	9357	10.3
湖 南	7671	12.5
广 东		
广 西	8741	14.1
海 南	9163	10.6
重 庆	10244	12.3
四 川	8664	8.9
贵 州	7693	10.5
云 南	7635	11.5
西 藏		
陕 西	8406	10.3
甘 肃	5936	9.6
青 海	7676	10.4
宁 夏	7937	9.4
新 疆	8039	8.8

6-5 扶贫重点县农村居民人均消费及增长情况(2016年)

地 区	人均消费 (元)	名义增长 (%)
全 国	**7260**	**9.7**
北 京		
天 津		
河 北	7152	6.0
山 西	5868	4.6
内蒙古	8377	6.2
辽 宁		
吉 林	7272	10.1
黑龙江	5730	15.7
上 海		
江 苏		
浙 江		
安 徽	9148	11.7
福 建		
江 西	7284	7.8
山 东		
河 南	7057	9.0
湖 北	8441	9.4
湖 南	7553	10.2
广 东		
广 西	7707	12.8
海 南	7697	8.5
重 庆	9119	11.6
四 川	7520	11.6
贵 州	7110	10.8
云 南	6105	9.5
西 藏		
陕 西	7523	8.3
甘 肃	5716	8.8
青 海	8308	13.2
宁 夏	7728	9.5
新 疆	5665	3.9

七　附　录

7-1　全国粮食生产情况(2016年)

单位：千公顷、公斤/公顷、万吨

指　　标	播种面积	单位面积产量	总产量
粮食	**113034.5**	**5452**	**61625.0**
其中：夏收粮食	27632.5	5038	13920.3
一、谷物	94394.0	5990	56538.1
1.稻谷	30178.2	6862	20707.5
(1)早稻	5619.9	5832	3277.6
(2)中稻和一季晚稻	18412.3	7473	13760.4
(3)双季晚稻	6145.0	5971	3669.4
2.小麦	24186.8	5327	12884.5
(1)冬小麦	22636.7	5402	12227.8
(2)春小麦	1550.1	4237	656.7
3.玉米	36767.7	5971	21955.2
4.谷子	857.3	2669	228.8
5.高粱	625.2	4775	298.5
6.其它谷物	1778.7	2607	463.6
其中：大麦	428.6	4089	175.2
二、豆类	9699.9	1784	1730.8
其中：大豆	7202.3	1796	1293.7
绿豆	615.5	1450	89.3
红小豆	228.4	1523	34.8
三、薯类	8940.6	3754	3356.2
其中：马铃薯	5626.0	3462	1947.7

7-2　全国粮食播种面积(2015-2016年)

单位：千公顷

指　　标	2016年	2015年	2016年比2015年增减%
粮食	**113034.5**	**113342.9**	**-0.3**
其中：夏收粮食	27632.5	27625.3	0.0
一、谷物	94394.0	95635.9	-1.3
1.稻谷	30178.2	30215.7	-0.1
(1)早稻	5619.9	5714.8	-1.7
(2)中稻和一季晚稻	18412.3	18191.9	1.2
(3)双季晚稻	6145.0	6309.0	-2.6
2.小麦	24186.8	24141.4	0.2
(1)冬小麦	22636.7	22616.7	0.1
(2)春小麦	1550.1	1524.6	1.7
3.玉米	36767.7	38119.3	-3.5
4.谷子	857.3	839.4	2.1
5.高粱	625.2	574.0	8.9
6.其它谷物	1778.7	1746.1	1.9
其中：大麦	428.6	446.6	-4.0
二、豆类	9699.9	8868.3	9.4
其中：大豆	7202.3	6506.1	10.7
绿豆	615.5	565.3	8.9
红小豆	228.4	172.5	32.4
三、薯类	8940.6	8838.8	1.2
其中：马铃薯	5626.0	5518.2	2.0

7-3 全国粮食单位面积产量(2015-2016年)

单位：公斤/公顷

指　　标	2016年	2015年	2016年比2015年增减%
粮食	**5452**	**5483**	**-0.6**
其中：夏收粮食	5038	5100	-1.2
一、谷物	5990	5984	0.1
1.稻谷	6862	6891	-0.4
(1)早稻	5832	5895	-1.1
(2)中稻和一季晚稻	7473	7520	-0.6
(3)双季晚稻	5971	5980	-0.1
2.小麦	5327	5393	-1.2
(1)冬小麦	5402	5471	-1.3
(2)春小麦	4237	4223	0.3
3.玉米	5971	5893	1.3
4.谷子	2669	2343	13.9
5.高粱	4775	4794	-0.4
6.其它谷物	2607	2589	0.7
其中：大麦	4089	4184	-2.3
二、豆类	1784	1793	-0.5
其中：大豆	1796	1811	-0.8
绿豆	1450	1248	16.3
红小豆	1523	1371	11.1
三、薯类	3754	3763	-0.2
其中：马铃薯	3462	3438	0.7

7-4 全国粮食产量(2015-2016年)

单位：万吨

指　　标	2016年	2015年	2016年比2015年增减%
粮食	**61625.0**	**62143.9**	**-0.8**
其中：夏收粮食	13920.3	14088.1	-1.2
一、谷物	56538.1	57228.1	-1.2
1.稻谷	20707.5	20822.5	-0.6
(1)早稻	3277.6	3368.7	-2.7
(2)中稻和一季晚稻	13760.4	13681.1	0.6
(3)双季晚稻	3669.4	3772.7	-2.7
2.小麦	12884.5	13018.5	-1.0
(1)冬小麦	12227.8	12374.7	-1.2
(2)春小麦	656.7	643.8	2.0
3.玉米	21955.2	22463.2	-2.3
4.谷子	228.8	196.6	16.4
5.高粱	298.5	275.2	8.5
6.其它谷物	463.6	452.0	2.6
其中：大麦	175.2	186.8	-6.2
二、豆类	1730.8	1589.8	8.9
其中：大豆	1293.7	1178.5	9.8
绿豆	89.3	70.5	26.6
红小豆	34.8	23.6	47.1
三、薯类	3356.2	3326.1	0.9
其中：马铃薯	1947.7	1897.2	2.7

7-5 全国粮食生产情况(1980-2016年)

单位：千公顷、公斤/公顷、万吨

年 份	播种面积	单位面积产量	总产量
1980	117234.0	2734	32056.0
1981	114958.0	2827	32502.0
1982	113462.0	3124	35450.0
1983	114047.0	3396	38728.0
1984	112884.0	3608	40731.0
1985	108845.0	3483	37911.0
1986	110933.0	3529	39151.0
1987	111268.0	3622	40298.0
1988	110123.0	3579	39408.0
1989	112205.0	3632	40755.0
1990	113466.0	3933	44624.0
1991	112314.0	3876	43529.0
1992	110560.0	4004	44266.0
1993	110509.0	4131	45649.0
1994	109544.0	4063	44510.0
1995	110060.0	4240	46662.0
1996	112548.0	4483	50454.0
1997	112912.0	4377	49417.0
1998	113787.0	4502	51230.0
1999	113161.0	4493	50839.0
2000	108463.0	4261	46218.0
2001	106080.0	4267	45264.0
2002	103891.0	4399	45706.0
2003	99410.0	4333	43070.0
2004	101606.0	4620	46947.0
2005	104278.0	4642	48402.0
2006	105068.0	4740	49804.0
2007	105748.0	4743	50160.0
2008	106793.0	4951	52871.0
2009	108986.0	4871	53082.0
2010	109876.0	4974	54648.0
2011	110573.0	5166	57120.9
2012	111204.6	5302	58958.0
2013	111956.0	5377	60193.5
2014	112722.6	5385	60702.6
2015	113342.9	5483	62143.9
2016	113028.2	5452	61623.9

7-6 全国及各省(市、区)小麦生产情况(2015-2016年)

单位：千公顷 公斤/公顷 万吨

地区	播种面积		单位面积产量		总产量	
	2016年	2015年	2016年	2015年	2016年	2015年
全国总计	**24186.8**	**24141.4**	**5327**	**5393**	**12884.5**	**13018.5**
北京	15.9	20.8	5374	5353	8.5	11.1
天津	110.9	109.2	5490	5480	60.9	59.8
河北	2313.9	2318.9	6194	6188	1433.3	1435.0
山西	672.9	675.1	4063	4021	273.4	271.4
内蒙古	593.4	564.1	2863	2806	169.9	158.3
辽宁	5.8	5.6	3793	4829	2.2	2.7
吉林	0.3	0.3	3704	4030	0.1	0.1
黑龙江	79.7	71.1	3639	3065	29.0	21.8
上海	32.6	45.5	3710	4381	12.1	19.9
江苏	2189.9	2178.8	5112	5388	1119.6	1174.0
浙江	76.6	89.8	3315	3912	25.4	35.1
安徽	2446.9	2457.0	5664	5743	1385.9	1411.0
福建	1.9	2.1	2827	2919	0.6	0.6
江西	12.3	12.2	2114	2148	2.6	2.6
山东	3830.3	3799.8	6121	6176	2344.6	2346.6
河南	5465.7	5425.7	6341	6453	3466.0	3501.0
湖北	1108.3	1093.4	3864	3850	428.2	420.9
湖南	19.2	29.4	3073	3185	5.9	9.4
广东	0.9	0.9	3297	3297	0.3	0.3
广西	6.4	5.1	1654	1729	1.1	0.9
海南						
重庆	59.8	69.7	3283	3279	19.6	22.9
四川	1088.0	1119.0	3800	3810	413.4	426.3
贵州	241.7	248.7	2472	2480	59.7	61.7
云南	430.3	432.7	2078	2094	89.4	90.6
西藏	36.6	36.3	6307	6438	23.1	23.4
陕西	1082.6	1085.6	4111	4220	445.0	458.1
甘肃	762.3	794.8	3513	3535	267.8	281.0
青海	86.3	88.2	3832	3868	33.1	34.1
宁夏	126.2	122.5	3240	3237	40.9	39.6
新疆	1289.4	1239.3	5608	5634	723.1	698.3

7-7 全国及各省(市、区)稻谷生产情况(2015-2016年)

单位：千公顷 公斤/公顷 万吨

地 区	播种面积		单位面积产量		总产量	
	2016年	2015年	2016年	2015年	2016年	2015年
全国总计	**30178.2**	**30215.7**	**6862**	**6891**	**20707.5**	**20822.5**
北 京	0.2	0.2	6721	6971	0.1	0.1
天 津	17.7	15.4	7557	7378	13.4	11.3
河 北	81.5	84.8	6712	6431	54.7	54.5
山 西	0.7	0.7	7000	6714	0.5	0.5
内蒙古	98.4	78.9	6415	6737	63.2	53.2
辽 宁	562.5	544.9	8615	8583	484.6	467.7
吉 林	780.7	761.7	8379	8272	654.1	630.1
黑龙江	3203.3	3147.8	7040	6988	2255.3	2199.7
上 海	95.1	97.8	8600	8598	81.8	84.1
江 苏	2294.8	2291.6	8416	8520	1931.4	1952.5
浙 江	818.3	822.5	7256	7029	593.8	578.1
安 徽	2265.5	2234.9	6188	6530	1401.8	1459.3
福 建	769.4	789.0	6128	6148	471.5	485.0
江 西	3316.3	3342.4	6069	6065	2012.6	2027.2
山 东	105.8	116.3	8328	8179	88.1	95.1
河 南	655.0	656.0	8277	8102	542.2	531.5
湖 北	2131.0	2188.5	7947	8274	1693.5	1810.7
湖 南	4085.5	4114.1	6370	6429	2602.3	2644.8
广 东	1888.6	1887.3	5756	5767	1087.1	1088.4
广 西	1959.8	1983.9	5803	5735	1137.3	1137.8
海 南	289.1	299.3	5158	5121	149.1	153.3
重 庆	692.1	688.3	7377	7356	510.6	506.4
四 川	1990.0	1990.8	7830	7799	1558.2	1552.6
贵 州	674.3	675.1	6384	6184	430.5	417.5
云 南	1130.0	1134.8	5946	5813	671.9	659.7
西 藏	1.0	0.9	4936	4787	0.5	0.5
陕 西	122.7	122.8	7491	7480	91.9	91.9
甘 肃	4.7	4.5	6710	6980	3.1	3.1
青 海						
宁 夏	75.1	74.3	8394	8172	63.0	60.8
新 疆	69.2	66.2	8627	9835	59.7	65.1

7-8 全国及各省(市、区)玉米生产情况(2015-2016年)

单位：千公顷 公斤/公顷 万吨

地 区	播种面积		单位面积产量		总 产 量	
	2016年	2015年	2016年	2015年	2016年	2015年
全国总计	**36767.7**	**38119.3**	**5971**	**5893**	**21955.2**	**22463.2**
北 京	65.2	76.3	6621	6482	43.2	49.4
天 津	218.4	214.7	5406	4998	118.1	107.3
河 北	3191.1	3248.1	5495	5143	1753.6	1670.4
山 西	1624.8	1676.9	5471	5145	888.9	862.7
内蒙古	3208.8	3407.2	6669	6606	2139.8	2250.8
辽 宁	2258.9	2416.8	6488	5807	1465.6	1403.5
吉 林	3656.9	3800.0	7747	7384	2833.0	2805.7
黑龙江	5217.4	5821.1	5994	6088	3127.4	3544.1
上 海	3.1	3.4	6843	6118	2.1	2.1
江 苏	444.2	451.7	5266	5583	233.9	252.2
浙 江	69.5	69.5	4382	4470	30.5	31.1
安 徽	876.2	881.6	5273	5630	462.0	496.3
福 建	52.0	51.5	4183	4170	21.8	21.5
江 西	30.3	30.3	4290	4227	13.0	12.8
山 东	3206.9	3173.8	6439	6462	2065.0	2050.9
河 南	3316.9	3343.9	5264	5543	1745.9	1853.7
湖 北	661.7	687.8	4483	4840	296.6	332.9
湖 南	349.5	348.4	5399	5421	188.7	188.8
广 东	180.9	179.0	4475	4350	81.0	77.9
广 西	609.3	622.6	4572	4508	278.6	280.7
海 南						
重 庆	475.3	470.8	5569	5516	264.7	259.7
四 川	1399.0	1402.0	5670	5461	793.2	765.7
贵 州	740.3	763.2	4382	4246	324.4	324.1
云 南	1513.2	1517.3	4999	4925	756.5	747.3
西 藏	4.7	4.5	5843	1854	2.7	0.8
陕 西	1150.2	1151.7	4742	4716	545.4	543.1
甘 肃	1000.8	1014.2	5601	5691	560.6	577.2
青 海	26.6	27.5	6788	6775	18.1	18.6
宁 夏	296.9	301.8	7281	7518	216.2	226.9
新 疆	918.7	961.9	7455	7330	684.9	705.1

7-9　全国及各省(市、区)粮食播种面积(2006-2016年)

单位：千公顷

地　区	2006	2007	2008	2009	2010	2011	2012	2013	2014	2015	2016
全　国	**105067.7**	**105748.4**	**106792.6**	**108985.8**	**109876.1**	**110573.0**	**111204.6**	**111955.6**	**112722.6**	**113342.9**	**113034.5**
北　京	219.6	197.5	226.3	226.3	223.5	209.4	193.9	158.9	120.2	104.5	87.3
天　津	284.3	292.0	293.5	306.6	311.8	310.8	322.9	332.8	345.8	350.0	357.3
河　北	6271.7	6168.2	6158.1	6216.5	6282.2	6286.1	6302.4	6315.9	6332.0	6392.5	6327.4
山　西	2833.3	3028.2	3111.3	3146.7	3239.2	3287.9	3291.5	3274.3	3286.4	3287.2	3241.4
内蒙古	4936.8	5119.9	5254.5	5424.0	5498.7	5561.5	5589.4	5617.3	5651.0	5726.7	5784.8
辽　宁	3089.7	3127.2	3035.9	3124.1	3179.3	3169.8	3217.3	3226.4	3235.1	3297.4	3231.4
吉　林	4236.6	4334.7	4391.2	4427.7	4492.2	4545.1	4610.3	4789.9	5000.7	5078.0	5021.7
黑龙江	10525.7	10820.5	10988.9	11391.0	11454.7	11502.9	11519.5	11564.4	11696.4	11765.2	11804.7
上　海	165.5	169.6	174.5	193.3	179.2	186.3	187.6	168.5	164.9	161.9	140.1
江　苏	5110.8	5215.6	5267.1	5272.0	5282.4	5319.2	5336.6	5360.8	5376.1	5424.6	5432.7
浙　江	1253.2	1219.6	1271.6	1290.1	1275.8	1254.1	1251.6	1253.7	1266.8	1277.8	1255.4
安　徽	6443.4	6477.8	6561.1	6605.6	6616.4	6621.5	6622.0	6625.3	6628.9	6632.9	6644.5
福　建	1226.9	1201.0	1210.3	1231.0	1232.3	1226.8	1201.1	1202.1	1197.7	1193.2	1176.7
江　西	3547.1	3525.3	3578.1	3604.6	3639.1	3650.1	3675.9	3690.9	3697.3	3705.6	3686.2
山　东	7109.1	7046.5	6955.6	7030.1	7084.8	7145.8	7202.3	7294.6	7440.0	7492.1	7511.5
河　南	9455.9	9468.0	9600.0	9683.6	9740.2	9859.9	9985.2	10081.8	10209.8	10267.2	10286.2
湖　北	3902.3	3981.4	3906.7	4012.5	4068.4	4122.1	4180.1	4258.4	4370.4	4466.0	4436.9
湖　南	4545.4	4531.3	4588.8	4799.1	4809.1	4879.6	4908.0	4936.6	4975.1	4944.7	4890.6
广　东	2466.7	2479.5	2499.9	2538.5	2531.9	2530.4	2540.2	2507.6	2507.0	2505.8	2509.3
广　西	3133.2	2984.0	2973.1	3067.5	3061.1	3072.8	3069.1	3076.0	3067.7	3059.3	3023.6
海　南	379.1	402.6	421.3	430.4	437.2	430.6	438.6	421.8	394.0	375.6	360.4
重　庆	2155.5	2195.8	2215.4	2229.5	2243.9	2259.4	2259.6	2253.9	2242.5	2234.0	2250.1
四　川	6455.5	6450.0	6430.9	6419.4	6401.7	6440.5	6468.2	6469.9	6467.4	6453.9	6453.9
贵　州	2836.0	2821.8	2919.6	2984.7	3039.5	3055.6	3054.3	3118.4	3138.4	3114.9	3113.3
云　南	4022.1	3994.5	4095.9	4200.1	4274.4	4326.9	4399.6	4499.4	4508.2	4487.3	4481.2
西　藏	171.7	171.8	170.6	169.4	170.2	170.2	170.9	175.9	176.4	178.9	182.9
陕　西	3081.3	3099.8	3126.0	3134.0	3159.7	3134.9	3127.5	3105.1	3076.5	3073.5	3068.7
甘　肃	2598.8	2687.0	2683.0	2740.0	2799.8	2833.7	2839.4	2858.7	2842.5	2849.6	2814.0
青　海	301.6	301.8	272.0	275.7	274.5	279.4	280.2	280.0	280.1	277.1	281.1
宁　夏	793.5	856.3	826.2	826.9	844.1	852.4	828.3	801.6	771.3	770.4	778.3
新　疆	1515.4	1379.1	1585.2	1984.7	2028.6	2047.5	2131.2	2234.8	2255.9	2395.0	2401.1

7-10　全国及各省(市、区)粮食单位面积产量(2006-2016年)

单位：公斤/公顷

地　区	2006	2007	2008	2009	2010	2011	2012	2013	2014	2015	2016
全　国	**4740**	**4743**	**4951**	**4871**	**4974**	**5166**	**5302**	**5377**	**5385**	**5483**	**5452**
北　京	4972	5168	5543	5514	5177	5816	5868	6049	5320	5997	6148
天　津	4991	5039	5074	5097	5123	5207	5009	5250	5088	5192	5497
河　北	4434	4607	4719	4681	4737	5047	5151	5328	5307	5262	5469
山　西	3616	3326	3304	2994	3350	3629	3871	4009	4049	3832	4068
内蒙古	3660	3537	4056	3654	3925	4293	4524	4937	4872	4937	4806
辽　宁	5816	5868	6128	5093	5553	6422	6435	6805	5421	6073	6501
吉　林	6434	5661	6467	5556	6328	6977	7251	7414	7065	7182	7402
黑龙江	3652	3200	3845	3821	4376	4843	5001	5192	5337	5375	5132
上　海	6725	6439	6628	6296	6608	6544	6524	6774	6826	6921	7079
江　苏	6058	6006	6029	6127	6124	6219	6320	6385	6493	6565	6380
浙　江	6141	5975	6099	6117	6041	6232	6151	5854	5979	5887	5992
安　徽	4429	4479	4608	4647	4656	4735	4967	4950	5153	5334	5143
福　建	5158	5288	5390	5417	5371	5484	5489	5527	5569	5540	5531
江　西	5347	5401	5473	5556	5371	5624	5671	5733	5797	5799	5800
山　东	5757	5888	6125	6140	6120	6194	6264	6208	6178	6290	6258
河　南	5406	5540	5589	5565	5582	5621	5647	5667	5654	5909	5781
湖　北	5379	5489	5701	5755	5692	5794	5842	5874	5913	6053	5757
湖　南	5839	5941	6113	6048	5921	6024	6126	5927	6033	6073	6039
广　东	5037	5181	4974	5178	5200	5378	5497	5248	5414	5420	5421
广　西	4556	4680	4691	4770	4614	4653	4838	4947	5002	4984	5031
海　南	4271	4408	4355	4358	4126	4367	4548	4526	4736	4898	4936
重　庆	3750	4955	5205	5101	5152	4988	5039	5094	5104	5170	5182
四　川	4430	4693	4883	4977	5034	5111	5125	5235	5218	5334	5398
贵　州	3660	3901	3966	3914	3659	2870	3534	3303	3628	3788	3830
云　南	3624	3657	3708	3754	3582	3868	3976	4054	4127	4181	4246
西　藏	5381	5464	5570	5343	5360	5509	5554	5467	5554	5625	5571
陕　西	3381	3445	3554	3610	3687	3811	3981	3915	3893	3991	4003
甘　肃	3109	3067	3312	3307	3423	3581	3908	3984	4076	4110	4053
青　海	3305	3518	3743	3724	3716	3699	3623	3656	3742	3708	3681
宁　夏	4063	3778	3985	4120	4224	4211	4527	4658	4899	4836	4762
新　疆	5915	6287	5870	5804	5771	5981	5973	6162	6270	6352	6298

7-11 全国及各省(市、区)粮食产量(2006-2016年)

单位：万吨

地 区	2006	2007	2008	2009	2010	2011	2012	2013	2014	2015	2016
全 国	**49804.2**	**50160.3**	**52870.9**	**53082.1**	**54647.7**	**57120.9**	**58958.0**	**60193.8**	**60702.6**	**62143.9**	**61625.0**
北 京	109.2	102.1	125.5	124.8	115.7	121.8	113.8	96.1	63.9	62.6	53.7
天 津	141.9	147.2	148.9	156.3	159.7	161.8	161.8	174.7	176.0	181.7	196.4
河 北	2780.6	2841.6	2905.8	2910.2	2975.9	3172.6	3246.6	3365.0	3360.2	3363.8	3460.2
山 西	1024.5	1007.1	1028.0	942.0	1085.1	1193.0	1274.1	1312.8	1330.8	1259.6	1318.5
内蒙古	1806.8	1810.7	2131.3	1981.7	2158.2	2387.5	2528.5	2773.0	2753.0	2827.0	2780.3
辽 宁	1797.0	1835.0	1860.3	1591.0	1765.4	2035.5	2070.5	2195.6	1753.9	2002.5	2100.6
吉 林	2725.8	2453.8	2840.0	2460.0	2842.5	3171.0	3343.0	3551.0	3532.8	3647.0	3717.2
黑龙江	3843.5	3462.9	4225.0	4353.0	5012.8	5570.7	5761.5	6004.1	6242.2	6324.0	6058.5
上 海	111.3	109.2	115.7	121.7	118.4	122.0	122.4	114.2	112.5	112.1	99.2
江 苏	3096.0	3132.2	3175.5	3230.1	3235.1	3307.8	3372.5	3423.0	3490.6	3561.3	3466.0
浙 江	769.5	728.6	775.6	789.2	770.7	781.6	769.8	734.0	757.4	752.2	752.2
安 徽	2853.7	2901.4	3023.3	3069.9	3080.5	3135.5	3289.1	3279.6	3415.8	3538.1	3417.4
福 建	632.9	635.1	652.3	666.9	661.9	672.8	659.3	664.4	667.0	661.1	650.9
江 西	1896.5	1904.0	1958.1	2002.6	1954.7	2052.8	2084.8	2116.1	2143.5	2148.7	2138.1
山 东	4093.0	4148.8	4260.5	4316.3	4335.7	4426.3	4511.4	4528.2	4596.6	4712.7	4700.7
河 南	5112.3	5245.2	5365.5	5389.0	5437.1	5542.5	5638.6	5713.7	5772.3	6067.1	5946.6
湖 北	2099.1	2185.4	2227.2	2309.1	2315.8	2388.5	2441.8	2501.3	2584.2	2703.3	2554.1
湖 南	2654.2	2692.2	2805.0	2902.7	2847.5	2939.4	3006.5	2925.7	3001.3	3002.9	2953.2
广 东	1242.4	1284.7	1243.4	1314.5	1316.5	1361.0	1396.3	1315.9	1357.3	1358.1	1360.2
广 西	1427.6	1396.6	1394.7	1463.2	1412.3	1429.9	1484.9	1521.8	1534.4	1524.8	1521.3
海 南	161.9	177.5	183.5	187.6	180.4	188.0	199.5	190.9	186.6	184.0	177.9
重 庆	808.4	1088.0	1153.2	1137.2	1156.1	1126.9	1138.5	1148.1	1144.5	1154.9	1166.0
四 川	2859.7	3027.0	3140.0	3195.0	3222.9	3291.6	3315.0	3387.1	3374.9	3442.8	3483.5
贵 州	1038.0	1100.9	1158.0	1168.3	1112.3	876.9	1079.5	1030.0	1138.5	1180.0	1192.4
云 南	1457.6	1460.7	1518.6	1576.9	1531.0	1673.6	1749.1	1824.0	1860.7	1876.4	1902.9
西 藏	92.4	93.9	95.0	90.5	91.2	93.7	94.9	96.2	98.0	100.6	101.9
陕 西	1041.9	1067.9	1111.0	1131.4	1164.9	1194.7	1245.1	1215.8	1197.8	1226.8	1228.3
甘 肃	808.1	824.0	888.5	906.2	958.3	1014.6	1109.7	1138.9	1158.7	1171.1	1140.6
青 海	99.7	106.2	101.8	102.7	102.0	103.4	101.5	102.4	104.8	102.7	103.5
宁 夏	322.4	323.5	329.2	340.7	356.5	358.9	375.0	373.4	377.9	372.6	370.6
新 疆	896.4	867.0	930.5	1152.0	1170.7	1224.7	1273.0	1377.0	1414.5	1521.3	1512.3

7-12 全国及各省(市、区)生猪生产情况(2016年)

单位：万头、万吨

单位	出栏头数	存栏头数	能繁母猪头数	猪肉产量
全国	**68502.0**	**43503.7**	**4456.2**	**5299.1**
北京	275.3	165.3	19.9	21.8
天津	374.8	190.6	23.1	29.2
河北	3433.9	1819.0	175.3	265.4
山西	748.9	449.7	49.6	57.5
内蒙古	909.2	640.0	76.3	72.1
辽宁	2608.8	1406.5	185.6	219.2
吉林	1619.3	948.1	110.3	130.6
黑龙江	1844.7	1276.0	126.4	138.2
上海	171.1	100.1	8.4	13.5
江苏	2847.3	1690.6	136.0	216.4
浙江	1169.2	573.8	50.1	90.7
安徽	2874.9	1468.6	127.6	244.9
福建	1720.5	983.2	102.5	136.0
江西	3103.1	1617.1	153.5	242.9
山东	4662.0	2764.1	299.2	383.5
河南	6004.6	4284.1	433.6	450.6
湖北	4223.6	2432.2	239.6	322.2
湖南	5920.9	3936.6	394.0	434.8
广东	3531.9	2076.1	220.3	264.4
广西	3280.1	2216.1	257.0	249.8
海南	529.6	385.5	52.8	42.9
重庆	2047.8	1395.6	137.5	151.3
四川	6925.4	4675.9	458.9	494.5
贵州	1759.4	1498.2	135.4	155.0
云南	3378.6	2575.4	271.3	283.7
西藏	18.3	37.4	11.6	1.5
陕西	1142.9	827.9	79.0	85.9
甘肃	670.3	580.2	67.2	49.0
青海	138.3	123.6	12.7	10.5
宁夏	96.2	69.0	7.9	7.5
新疆	471.0	297.4	33.5	33.9

7-13 全国及各省(市、区)农产品生产价格总指数(2016年)

(上年同期=100)

地 区	全年	1季度	2季度	3季度	4季度
全国总计	**103.4**	**106.7**	**107.7**	**100.4**	**101.5**
北 京	99.7	106.9	103.5	96.1	99.0
天 津	103.0	110.2	106.3	97.2	101.6
河 北	96.8	100.0	95.1	94.1	94.1
山 西	95.2	95.2	92.1	95.4	96.0
内蒙古	95.1	95.1	95.5	93.3	94.5
辽 宁	100.7	103.2	104.7	98.7	94.7
吉 林	93.1	97.3	95.5	92.5	91.5
黑龙江	93.6	92.5	95.0	98.1	93.4
上 海	106.6	116.2	108.4	104.8	104.8
江 苏	104.0	104.5	101.8	102.6	104.4
浙 江	104.5	105.2	108.9	102.5	104.5
安 徽	101.0	111.2	100.0	98.0	102.4
福 建	108.3	110.8	111.7	104.3	105.9
江 西	104.1	109.5	109.7	98.8	101.3
山 东	102.8	104.9	102.3	98.8	105.4
河 南	103.2	113.0	112.4	97.2	98.3
湖 北	106.2	112.2	109.4	103.5	106.6
湖 南	104.7	109.4	112.1	103.9	103.8
广 东	106.5	107.2	110.6	105.6	102.7
广 西	106.1	107.6	113.9	104.5	101.4
海 南	106.7	113.3	107.3	104.9	108.8
重 庆	109.8	116.3	110.3	107.8	106.5
四 川	105.6	112.2	108.6	103.5	102.6
贵 州	108.7	112.8	111.9	110.3	100.9
云 南	103.9	110.4	115.2	107.0	98.5
西 藏					
陕 西	98.0	98.5	96.6	98.7	104.4
甘 肃	99.2	104.4	107.2	93.5	100.6
青 海	104.5	104.5	121.1	103.1	107.0
宁 夏	98.7	98.0	101.3	94.8	97.5
新 疆	107.6	100.0	97.2	97.3	105.2

7-14　全国与四川主要价格分类指数(2016年)

(上年=100)

指　　标	2016	
	全国平均	四川
居民消费价格总指数	**102.0**	**101.9**
一、食品烟酒	103.8	104.1
粮　　食	100.5	101.1
鲜　　菜	111.7	107.9
畜　　肉	111.0	113.4
水 产 品	104.6	102.8
蛋	96.8	96.7
鲜　　果	97.4	97.7
二、衣着	101.4	100.6
三、居住	101.6	101.2
四、生活用品及服务	100.5	100.3
五、交通和通信	98.7	98.6
六、教育文化和娱乐	101.6	102.5
七、医疗保健	103.8	101.6
八、其他用品和服务	102.8	102.9
商品零售价格总指数	**100.7**	**100.8**
一、食品	103.9	104.5
二、饮料、烟酒	101.2	100.8
三、服装、鞋帽	101.3	100.1
四、纺织品	100.5	99.8
五、家用电器及音像器材	98.2	98.9
六、文化办公用品	98.9	96.2
七、日用品	100.2	99.7
八、体育娱乐用品	100.4	99.8
九、交通、通信用品	97.8	97.4
十、家具	100.7	99.3
十一、化妆品	101.1	101.7
十二、金银珠宝	106.8	106.3
十三、中西药品及医疗保健用品	104.1	104.2
十四、书报杂志及电子出版物	101.3	102.1
十五、燃料	97.0	98.5
十六、建筑材料及五金电料	100.3	99.8
农业生产资料价格指数	**100.1**	**103.7**

7-15　全国及各省(市、区)居民消费价格指数(2007-2016年)

(上年=100)

地　区	2007	2008	2009	2010	2011	2012	2013	2014	2015	2016
全国平均	**104.8**	**105.9**	**99.3**	**103.3**	**105.4**	**102.6**	**102.6**	**102.0**	**101.4**	**102.0**
北　京	102.4	105.1	98.5	102.4	105.6	103.3	103.3	101.6	101.8	101.4
天　津	104.2	105.4	99.0	103.5	104.9	102.7	103.1	101.9	101.7	102.1
河　北	104.7	106.2	99.3	103.1	105.7	102.6	103.0	101.7	100.9	101.5
山　西	104.6	107.2	99.6	103.0	105.2	102.5	103.1	101.7	100.6	101.1
内蒙古	104.6	105.7	99.7	103.2	105.6	103.1	103.2	101.6	101.1	101.2
辽　宁	105.1	104.6	100.0	103.0	105.2	102.8	102.4	101.7	101.4	101.6
吉　林	104.8	105.1	100.1	103.7	105.2	102.5	102.9	102.0	101.7	101.6
黑龙江	105.4	105.6	100.2	103.9	105.8	103.2	102.2	101.5	101.1	101.5
上　海	103.2	105.8	99.6	103.1	105.2	102.8	102.3	102.7	102.4	103.2
江　苏	104.3	105.4	99.6	103.8	105.3	102.6	102.3	102.2	101.7	102.3
浙　江	104.2	105.0	98.5	103.8	105.4	102.2	102.3	102.1	101.4	101.9
安　徽	105.3	106.2	99.1	103.1	105.6	102.3	102.4	101.6	101.3	101.8
福　建	105.2	104.6	98.2	103.2	105.3	102.4	102.5	102.0	101.7	101.7
江　西	104.8	106.0	99.3	103.0	105.2	102.7	102.5	102.3	101.5	102.0
山　东	104.4	105.3	100.0	102.9	105.0	102.1	102.2	101.9	101.2	102.1
河　南	105.4	107.0	99.4	103.5	105.6	102.5	102.9	101.9	101.3	101.9
湖　北	104.8	106.3	99.6	102.9	105.8	102.9	102.8	102.0	101.5	102.2
湖　南	105.6	106.0	99.6	103.1	105.5	102.0	102.5	101.9	101.4	101.9
广　东	103.7	105.6	97.7	103.1	105.3	102.8	102.5	102.3	101.5	102.3
广　西	106.1	107.8	97.9	103.0	105.9	103.2	102.2	102.1	101.5	101.6
海　南	105.0	106.9	99.3	104.8	106.1	103.2	102.8	102.4	101.0	102.8
重　庆	104.7	105.6	98.4	103.2	105.3	102.6	102.7	101.8	101.3	101.8
四　川	105.9	105.1	100.8	103.2	105.3	102.5	102.8	101.6	101.5	101.9
贵　州	106.4	107.6	98.7	102.9	105.1	102.7	102.5	102.4	101.8	101.4
云　南	105.9	105.7	100.4	103.7	104.9	102.7	103.1	102.4	101.9	101.5
西　藏	103.4	105.7	101.4	102.2	105.0	103.5	103.6	102.9	102.0	102.5
陕　西	105.1	106.4	100.5	104.0	105.7	102.8	103.0	101.6	101.0	101.3
甘　肃	105.5	108.2	101.3	104.1	105.9	102.7	103.2	102.1	101.6	101.3
青　海	106.6	110.1	102.6	105.4	106.1	103.1	103.9	102.8	102.6	101.8
宁　夏	105.4	108.5	100.7	104.1	106.3	102.0	103.4	101.9	101.1	101.5
新　疆	105.5	108.1	100.7	104.3	105.9	103.8	103.9	102.1	100.6	101.4

7-16 全国及各省(市、区)商品零售价格指数(2007-2016年)

(上年=100)

地 区	2007	2008	2009	2010	2011	2012	2013	2014	2015	2016
全国平均	**103.8**	**105.9**	**98.8**	**103.1**	**104.9**	**102.0**	**101.4**	**101.0**	**100.1**	**100.7**
北 京	100.8	104.4	97.8	100.4	103.2	100.6	99.8	99.1	98.5	98.1
天 津	103.2	105.1	98.9	103.4	104.7	103.0	101.7	100.9	100.3	100.5
河 北	104.1	106.7	99.0	103.1	105.0	102.2	102.2	101.0	100.2	101.2
山 西	104.2	107.2	99.1	102.3	104.9	101.8	101.8	100.6	99.3	100.5
内蒙古	103.6	104.7	99.5	103.0	104.9	102.5	102.6	100.7	100.5	100.6
辽 宁	104.4	105.3	99.8	103.2	105.0	102.2	101.6	101.0	100.5	101.0
吉 林	103.3	106.2	99.3	104.1	104.9	101.7	101.6	101.2	99.8	101.3
黑龙江	105.6	105.8	98.9	103.1	104.9	102.2	101.1	100.8	100.1	101.1
上 海	102.4	105.3	99.4	101.7	104.1	101.2	100.2	100.9	101.1	100.8
江 苏	102.9	104.9	98.9	103.2	104.6	102.1	101.4	101.6	100.6	100.8
浙 江	103.8	106.3	98.8	103.9	105.5	101.9	101.0	100.9	99.9	101.0
安 徽	104.5	106.3	99.0	103.2	105.3	102.1	101.3	100.4	99.7	100.8
福 建	104.3	105.7	97.9	103.4	104.8	101.8	101.1	101.1	99.9	100.7
江 西	104.0	106.1	99.1	102.7	104.8	102.1	101.5	101.2	100.5	100.6
山 东	103.6	104.9	99.4	102.7	104.7	101.6	101.4	101.0	100.2	101.3
河 南	104.4	107.5	99.4	103.7	105.7	102.3	101.9	101.0	99.8	100.3
湖 北	104.2	106.3	98.6	103.1	105.6	102.6	101.8	100.9	100.5	100.8
湖 南	104.3	105.6	98.5	103.1	105.5	101.7	101.7	101.2	99.9	101.0
广 东	103.4	106.0	96.8	103.3	105.1	102.2	101.0	101.4	99.6	100.8
广 西	104.8	107.6	98.0	103.0	106.0	102.3	101.2	101.4	100.1	100.4
海 南	103.8	106.7	98.5	104.6	105.4	102.7	101.5	101.2	99.8	101.0
重 庆	103.7	105.0	97.3	101.7	104.7	101.6	101.8	100.9	100.2	101.3
四 川	105.3	105.3	100.1	103.0	104.6	101.6	101.7	100.6	100.2	100.8
贵 州	104.2	107.2	97.6	103.0	105.5	102.0	101.5	101.2	100.1	100.2
云 南	104.4	106.1	100.1	103.6	105.1	102.4	102.6	101.6	100.8	100.7
西 藏	101.7	103.9	99.5	101.0	103.7	102.9	103.0	102.2	101.4	102.1
陕 西	105.0	106.9	99.9	103.6	104.8	102.3	101.8	100.7	99.8	100.3
甘 肃	104.4	107.9	101.8	104.6	105.4	102.6	102.6	101.7	101.0	100.9
青 海	106.0	110.6	101.6	104.3	105.4	102.1	102.7	101.5	101.0	100.4
宁 夏	104.1	108.5	99.5	103.2	105.3	101.0	102.4	100.9	100.1	100.7
新 疆	105.1	108.5	100.4	104.6	105.1	103.3	103.3	101.7	99.6	100.5

7-17 全国及36个大中城市居民消费价格指数(2007-2016年)

(上年=100)

地 区	2007	2008	2009	2010	2011	2012	2013	2014	2015	2016
全国平均	**103.9**	**105.7**	**99.2**	**103.1**	**105.3**	**102.8**	**102.7**	**102.1**	**101.7**	**102.2**
北 京	102.4	105.1	98.5	102.4	105.6	103.3	103.3	101.6	101.8	101.4
天 津	104.2	105.4	99.0	103.5	104.9	102.7	103.1	101.9	101.7	102.1
石家庄	104.3	106.7	100.3	103.0	105.7	102.8	102.9	102.0	101.0	101.6
太 原	104.1	107.4	99.9	103.0	105.4	102.1	103.1	102.2	100.4	101.2
呼和浩特	103.7	104.6	100.1	102.6	105.5	103.1	103.8	101.2	101.8	101.4
沈 阳	104.5	104.4	99.9	102.9	105.4	103.0	102.5	102.2	101.2	101.7
大 连	104.0	104.4	100.2	102.7	105.4	103.4	102.5	102.0	101.6	101.9
长 春	103.7	104.4	99.8	103.6	105.5	102.3	103.0	102.2	101.3	101.4
哈尔滨	104.1	104.7	100.2	103.7	105.6	103.2	102.1	102.0	101.4	101.8
上 海	103.2	105.8	99.6	103.1	105.2	102.8	102.3	102.7	102.4	103.2
南 京	103.7	106.2	100.1	104.2	105.4	102.7	102.7	102.6	102.0	102.7
杭 州	103.5	104.9	98.6	103.9	104.8	102.5	102.5	102.0	101.8	102.6
宁 波	103.9	105.0	99.4	103.7	105.3	101.7	102.2	101.9	101.8	102.1
合 肥	105.6	106.4	99.1	102.7	105.7	102.2	102.7	102.0	101.6	102.6
福 州	104.1	104.2	98.7	103.5	104.9	102.0	102.6	101.7	101.4	102.5
厦 门	104.6	104.9	97.3	103.0	105.2	102.1	102.3	102.2	101.7	101.7
南 昌	104.3	106.1	99.7	103.3	105.0	102.9	102.3	102.5	101.6	102.1
济 南	103.9	105.7	100.3	102.1	105.4	102.4	102.8	102.2	101.9	102.7
青 岛	104.5	104.7	100.5	102.2	105.0	102.7	102.5	102.6	101.2	102.5
郑 州	105.6	106.1	99.8	103.0	104.9	102.7	102.8	102.0	101.1	102.3
武 汉	104.1	105.7	99.4	103.0	105.2	102.8	102.4	101.9	101.4	102.4
长 沙	104.9	105.2	99.4	102.9	105.5	102.3	102.8	102.7	101.1	101.9
广 州	103.4	105.9	97.5	103.2	105.5	103.0	102.6	102.3	101.7	102.7
深 圳	104.1	105.9	98.7	103.5	105.4	102.8	102.7	102.0	102.2	102.4
南 宁	104.4	108.4	98.2	102.5	105.7	102.9	102.1	101.6	101.9	101.4
海 口	104.4	105.8	99.9	104.2	105.4	103.3	102.9	102.2	101.2	103.0
重 庆	104.7	105.6	98.4	103.2	105.3	102.6	102.7	101.8	101.3	101.8
成 都	105.2	104.3	100.3	103.0	105.4	103.0	103.1	101.3	101.1	102.2
贵 阳	105.1	107.0	97.7	102.9	105.5	102.6	103.2	102.7	102.3	101.1
昆 明	105.8	105.8	100.8	104.2	104.9	103.1	103.9	103.1	102.4	101.7
拉 萨	103.2	106.4	101.7	102.2	105.0	103.2	103.4	103.0	102.2	102.6
西 安	104.7	106.0	99.7	103.5	105.6	102.8	102.7	101.4	100.7	100.9
兰 州	105.3	107.2	99.6	103.8	105.4	102.4	103.5	102.2	101.3	100.8
西 宁	106.4	108.2	102.2	104.5	105.7	102.7	103.8	102.8	102.5	102.1
银 川	105.3	107.6	99.7	103.8	105.5	102.6	103.5	102.1	101.6	101.7
乌鲁木齐	104.6	107.0	100.4	102.7	104.5	103.4	103.5	102.8	100.7	101.5

7-18 全国及36个大中城市商品零售价格指数(2007-2016年)

(上年=100)

地　区	2007	2008	2009	2010	2011	2012	2013	2014	2015	2016
全国平均	**102.6**	**105.3**	**98.6**	**102.5**	**104.5**	**101.8**	**101.0**	**100.8**	**99.8**	**100.7**
北　京	100.8	104.4	97.8	100.4	103.2	100.6	99.8	99.1	98.5	98.1
天　津	103.2	105.1	98.9	103.4	104.7	103.0	101.7	100.9	100.3	100.5
石家庄	104.4	107.7	100.1	103.4	104.9	101.9	102.1	101.2	100.2	101.7
太　原	102.9	107.9	99.1	102.6	104.8	101.2	101.3	100.7	98.6	100.8
呼和浩特	102.7	105.4	99.9	102.6	104.7	101.5	101.9	98.6	99.5	101.1
沈　阳	103.2	105.0	97.9	102.6	105.2	102.4	101.6	101.3	100.0	100.6
大　连	101.9	106.0	99.4	104.0	104.4	102.5	101.0	101.0	99.5	102.0
长　春	102.1	105.6	99.6	104.6	104.8	101.8	101.3	101.2	99.1	101.2
哈尔滨	103.7	105.3	98.5	101.9	104.4	102.5	101.2	101.5	100.2	101.6
上　海	102.4	105.3	99.4	101.7	104.1	101.2	100.2	100.9	101.1	100.8
南　京	99.9	103.7	98.7	103.5	104.2	101.4	101.2	102.0	100.6	100.5
杭　州	103.1	106.0	98.6	103.7	104.4	101.9	101.5	100.8	100.2	101.5
宁　波	103.3	107.1	98.8	103.9	105.7	101.8	101.0	100.3	100.4	101.8
合　肥	104.6	106.3	99.8	102.1	105.1	101.9	101.2	100.3	99.5	100.8
福　州	103.1	104.4	99.1	102.9	104.0	101.1	101.0	100.6	99.4	100.7
厦　门	103.9	104.5	97.8	102.8	104.7	101.6	100.4	100.7	100.0	100.0
南　昌	103.5	106.2	99.4	103.0	105.2	102.4	101.3	101.1	100.5	100.4
济　南	102.2	104.5	98.7	101.3	104.6	101.8	101.3	101.2	100.3	100.8
青　岛	102.7	103.9	98.6	101.4	104.5	101.7	101.4	102.3	100.0	102.0
郑　州	102.7	106.0	100.3	102.7	104.9	102.4	101.4	101.1	99.0	100.2
武　汉	103.0	105.1	98.4	103.1	104.7	102.3	100.9	100.5	100.0	101.3
长　沙	102.3	103.9	97.7	103.8	105.4	101.5	101.2	101.7	99.6	100.9
广　州	102.9	105.7	96.8	103.2	105.1	101.9	100.5	101.5	99.1	101.2
深　圳	103.5	106.5	97.5	103.2	105.3	102.4	100.7	101.0	99.7	100.3
南　宁	103.1	107.9	98.5	102.3	104.9	101.7	100.8	100.7	100.4	99.8
海　口	103.4	105.6	99.2	103.7	105.0	102.8	101.6	101.2	100.2	100.9
重　庆	103.7	105.0	97.3	101.7	104.7	101.6	101.8	100.9	100.2	101.3
成　都	104.2	104.5	99.0	102.4	104.3	101.4	101.7	100.4	99.5	100.8
贵　阳	102.8	105.4	98.2	103.2	105.0	102.0	101.9	101.2	99.7	99.5
昆　明	103.4	105.4	100.0	103.6	104.9	102.0	102.5	101.8	100.7	100.8
拉　萨	101.2	104.6	100.1	101.2	103.9	102.9	103.5	102.3	101.5	102.4
西　安	103.7	105.4	99.5	102.7	104.4	102.3	101.7	100.7	99.7	100.1
兰　州	103.1	107.2	100.5	103.9	105.4	102.4	102.7	101.8	100.6	100.7
西　宁	105.7	110.1	102.3	104.6	106.0	102.3	102.5	101.2	100.2	100.6
银　川	103.6	105.9	98.5	102.5	104.2	100.6	102.3	100.8	100.2	100.8
乌鲁木齐	104.6	108.7	100.1	103.4	104.1	102.9	103.5	102.4	99.4	100.6

7-19 全国及各省(市、区)城镇居民人均可支配收入(2011-2016年)

单位：元/人

地 区	2011年	2012年	2013年	2014年	2015年	2016年
全 国	**21810**	**24565**	**26467**	**28844**	**31195**	**33616**
北 京	32903	36469	44564	48532	52859	57275
天 津	26921	29626	28980	31506	34101	37110
河 北	18292	20543	22227	24141	26152	28249
山 西	18124	20412	22258	24069	25828	27352
内蒙古	20408	23150	26004	28350	30594	32975
辽 宁	20467	23223	26697	29082	31126	32876
吉 林	17797	20208	21331	23218	24901	26530
黑龙江	15696	17760	20848	22609	24203	25736
上 海	36230	40188	44878	48841	52962	57692
江 苏	26341	29677	31585	34346	37173	40152
浙 江	30971	34550	37080	40393	43714	47237
安 徽	18606	21024	22789	24839	26936	29156
福 建	24907	28055	28174	30722	33275	36014
江 西	17495	19860	22120	24309	26500	28673
山 东	22792	25755	26882	29222	31545	34012
河 南	18195	20443	21741	23672	25576	27233
湖 北	18374	20840	22668	24852	27051	29386
湖 南	18844	21319	24352	26570	28838	31284
广 东	26897	30227	29537	32148	34757	37684
广 西	18854	21243	22689	24669	26416	28324
海 南	18369	20918	22411	24487	26356	28453
重 庆	20250	22968	23058	25147	27239	29610
四 川	17899	20307	22228	24234	26205	28335
贵 州	16495	18701	20565	22548	24580	26743
云 南	18576	21075	22460	24299	26373	28611
西 藏	16196	18028	20394	22016	25457	27802
陕 西	18245	20734	22346	24366	26420	28440
甘 肃	14989	17157	19873	21804	23767	25693
青 海	15603	17566	20352	22307	24542	26757
宁 夏	17579	19831	21476	23285	25186	27153
新 疆	15514	17921	21091	23214	26275	28463

注：从2013年起，国家统计局开展了城乡一体化住户收支和生活状况调查，与2012年前的分城镇和农村住户调查的调查范围、调查方法、指标口径有所不同。

7-20 全国及各省(市、区)农村居民人均可支配收入(2011-2016年)

单位：元/人

地区	2011年	2012年	2013年	2014年	2015年	2016年
全国	**6977**	**7917**	**9430**	**10489**	**11422**	**12363**
北京	14736	16476	17101	18867	20569	22310
天津	12321	14026	15353	17014	18482	20076
河北	7120	8081	9188	10186	11051	11919
山西	5601	6357	7949	8809	9454	10082
内蒙古	6642	7611	8985	9976	10776	11609
辽宁	8297	9384	10161	11191	12057	12881
吉林	7510	8598	9781	10780	11326	12123
黑龙江	7591	8604	9369	10453	11095	11832
上海	16054	17804	19208	21192	23205	25520
江苏	10805	12202	13521	14958	16257	17606
浙江	13071	14552	17494	19373	21125	22866
安徽	6232	7161	8850	9916	10821	11720
福建	8779	9967	11405	12650	13793	14999
江西	6892	7829	9089	10117	11139	12138
山东	8342	9447	10687	11882	12930	13954
河南	6604	7525	8969	9966	10853	11697
湖北	6898	7852	9692	10849	11844	12725
湖南	6567	7440	9029	10060	10993	11930
广东	9372	10543	11068	12246	13360	14512
广西	5231	6008	7793	8683	9467	10359
海南	6446	7408	8802	9913	10858	11843
重庆	6480	7383	8493	9490	10505	11549
四川	6129	7001	8381	9348	10247	11203
贵州	4145	4753	5898	6671	7387	8090
云南	4722	5417	6724	7456	8242	9020
西藏	4904	5719	6553	7359	8244	9094
陕西	5028	5763	7092	7932	8689	9396
甘肃	3909	4507	5589	6277	6936	7457
青海	4609	5364	6462	7283	7933	8664
宁夏	5410	6180	7599	8410	9119	9852
新疆	5442	6394	7847	8724	9425	10183

注：从2013年起，国家统计局开展了城乡一体化住户收支和生活状况调查，与2012年前的分城镇和农村住户调查的调查范围、调查方法、指标口径有所不同，2013年以前为农民人均纯收入。

7-21 全国及各省(市、区)工业生产者出厂价格指数(2009-2016年)

(上年＝100)

地 区	2009	2010	2011	2012	2013	2014	2015	2016
全 国	**94.6**	**105.5**	**106.0**	**98.3**	**98.1**	**98.1**	**94.8**	**98.6**
北 京	94.4	102.2	102.3	98.4	97.4	99.1	96.9	98.1
天 津	92.5	105.1	103.8	97.0	97.0	96.3	90.3	97.9
河 北	89.1	109.0	107.7	94.7	96.6	95.2	89.1	99.9
山 西	92.0	109.5	107.5	94.5	90.7	91.4	87.7	96.8
内蒙古	96.2	106.7	107.8	100.2	97.0	97.3	94.0	98.9
辽 宁	94.0	107.4	106.5	99.9	99.0	98.2	93.9	98.8
吉 林	96.1	105.2	105.4	99.1	98.7	99.1	95.3	98.4
黑龙江	87.4	115.0	112.0	100.0	98.0	97.1	86.0	95.1
上 海	93.8	102.3	102.9	98.4	98.2	98.9	96.1	98.8
江 苏	95.2	107.3	106.2	97.1	98.0	98.3	95.3	98.1
浙 江	94.9	106.2	105.0	97.3	98.2	98.8	96.4	98.3
安 徽	92.8	109.0	108.3	98.3	98.2	97.4	93.9	98.5
福 建	95.5	103.2	103.9	98.7	98.4	98.6	97.0	99.1
江 西	93.0	115.3	111.3	96.5	98.5	97.8	93.7	98.6
山 东	94.1	107.2	106.0	98.4	98.4	98.4	95.2	98.5
河 南	94.9	107.8	107.2	99.4	98.5	98.1	95.4	99.0
湖 北	95.6	104.9	106.6	100.3	99.2	98.4	96.7	99.0
湖 南	94.3	106.9	108.5	99.1	98.5	98.4	96.3	98.9
广 东	95.8	103.2	103.7	99.5	98.8	98.9	96.8	99.4
广 西	93.5	112.0	108.5	97.8	98.2	98.4	97.0	99.1
海 南	90.6	107.7	108.8	100.8	99.5	97.6	89.8	96.0
重 庆	95.5	103.1	103.8	99.9	98.0	98.3	97.2	98.6
四 川	96.5	105.0	107.3	98.6	98.7	98.7	96.4	98.9
贵 州	95.1	104.7	105.4	101.0	97.4	98.7	96.1	97.9
云 南	91.5	108.8	104.7	97.9	97.5	97.8	94.9	97.6
西 藏	98.2	105.8	104.3	99.7	99.8	99.0	93.2	102.9
陕 西	96.1	108.7	107.2	100.7	97.3	97.1	90.8	97.6
甘 肃	91.0	115.0	111.0	96.8	96.9	96.7	87.0	94.9
青 海	91.3	109.4	107.4	96.9	97.0	96.1	93.1	98.5
宁 夏	93.9	109.1	109.5	97.4	96.0	96.3	93.7	99.1
新 疆	85.5	125.3	114.8	96.9	96.5	96.2	82.4	94.5

7-22 全国及各省(市、区)工业生产者出厂价格指数(2016年)

(上年同期=100)

地区	全年	1月	2月	3月	4月	5月	6月	7月	8月	9月	10月	11月	12月
全国	**98.6**	**94.7**	**95.1**	**95.7**	**96.6**	**97.2**	**97.4**	**98.3**	**99.2**	**100.1**	**101.2**	**103.3**	**105.5**
北京	98.1	96.7	96.6	96.6	97.0	97.2	97.7	98.2	98.6	98.9	99.1	99.8	100.7
天津	97.9	92.0	92.2	93.4	95.0	95.8	95.9	97.2	98.6	100.5	102.3	100.9	108.6
河北	99.9	89.3	90.6	92.8	97.1	98.1	97.1	99.4	101.6	104.0	105.7	100.9	116.3
山西	96.8	83.9	84.4	86.2	89.6	92.2	92.9	94.4	97.3	101.8	107.7	101.1	120.9
内蒙古	98.9	92.6	92.5	94.1	95.0	96.5	96.4	97.5	99.4	101.5	104.1	101.3	110.8
辽宁	98.8	94.1	94.3	95.2	96.6	97.4	97.8	98.4	99.8	100.9	101.8	101.6	106.2
吉林	98.4	95.1	95.9	96.2	96.7	97.7	97.9	98.0	98.7	99.5	100.7	101.6	103.6
黑龙江	95.1	88.4	90.6	90.0	91.2	92.3	92.7	93.9	94.4	99.0	101.2	101.7	106.4
上海	98.8	96.7	97.0	97.1	97.3	97.5	97.9	98.4	99.3	99.8	100.7	101.8	102.8
江苏	98.1	95.0	95.4	95.8	96.5	96.9	97.0	97.7	98.6	99.3	100.0	101.8	103.9
浙江	98.3	96.1	96.3	96.6	97.1	97.1	97.2	98.0	98.8	99.0	99.7	102.0	103.1
安徽	98.5	93.2	93.9	94.8	96.0	96.6	96.9	97.7	99.1	100.1	102.0	102.4	107.8
福建	99.1	96.7	97.2	97.3	97.7	98.0	98.3	99.1	99.8	100.1	100.6	102.6	103.3
江西	98.6	93.6	94.7	95.4	96.3	96.7	97.1	98.6	99.8	100.2	100.8	102.9	107.0
山东	98.5	95.1	95.1	95.8	96.5	97.0	97.2	98.1	99.0	99.8	100.8	103.1	104.8
河南	99.0	94.6	94.9	95.6	96.4	97.6	98.1	98.9	99.9	100.6	101.8	103.4	106.3
湖北	99.0	96.9	96.8	97.0	97.6	98.0	98.2	98.8	99.3	99.8	100.5	103.8	103.3
湖南	98.9	95.5	96.1	96.4	97.0	97.3	97.6	98.7	99.4	100.0	100.9	104.2	105.1
广东	99.4	97.5	97.6	97.7	98.0	98.4	98.7	99.4	100.0	100.3	100.7	104.4	103.0
广西	99.1	95.4	95.8	96.1	96.9	97.1	97.4	98.3	99.0	100.3	101.6	104.4	107.6
海南	96.0	94.4	95.5	92.8	94.9	92.9	92.6	93.5	95.6	96.9	98.2	104.6	104.2
重庆	98.6	96.4	96.3	96.8	97.2	97.6	98.2	98.7	99.0	99.4	100.2	104.7	102.4
四川	98.9	96.5	96.6	97.1	97.7	98.3	98.5	98.5	99.0	99.5	100.2	105.0	103.6
贵州	97.9	94.2	94.0	94.3	94.5	95.8	96.6	97.4	98.1	99.3	100.6	105.5	107.3
云南	97.6	92.9	93.3	94.2	95.1	96.5	97.1	97.8	98.8	99.5	100.4	108.2	104.2
西藏	102.9	97.8	97.4	96.8	98.5	99.2	100.0	102.4	103.6	105.0	107.1	108.2	116.2
陕西	97.6	90.2	90.7	90.9	93.4	94.4	96.2	97.1	97.9	99.5	103.3	108.6	111.1
甘肃	94.9	85.9	87.4	87.8	91.4	91.2	91.7	94.0	96.4	98.8	101.0	108.8	111.4
青海	98.5	91.5	91.6	92.7	93.3	95.6	96.4	97.9	99.0	99.7	103.8	110.3	113.7
宁夏	99.1	94.5	94.3	94.9	95.8	96.2	96.3	97.2	98.5	100.1	103.9	111.8	110.0
新疆	94.5	83.9	87.1	87.6	89.8	91.5	92.1	94.6	96.1	99.8	101.8	117.4	108.7

7-23　全国及各省(市、区)工业生产者购进价格指数(2016年)

(上年同期=100)

地区	全年	1月	2月	3月	4月	5月	6月	7月	8月	9月	10月	11月	12月
全　国	**98.0**	**93.7**	**94.2**	**94.8**	**95.6**	**96.2**	**96.6**	**97.4**	**98.3**	**99.4**	**100.9**	**103.5**	**106.3**
北　京	98.5	95.7	96.8	96.5	97.2	97.4	97.5	97.5	98.3	99.6	100.3	102.4	103.7
天　津	98.3	92.0	93.2	93.6	95.3	95.9	96.4	97.9	99.4	100.9	102.3	105.2	108.9
河　北	98.3	90.2	90.6	91.7	93.5	95.2	95.9	97.1	98.4	100.7	104.3	109.7	113.9
山　西	98.1	91.3	91.0	91.8	93.2	94.5	95.4	96.2	97.6	99.7	104.3	110.3	114.2
内蒙古	97.4	95.3	95.1	95.3	95.6	95.5	95.9	96.4	96.7	98.3	99.9	101.9	103.8
辽　宁	97.9	93.4	93.1	94.2	95.1	96.1	96.8	98.0	98.7	99.7	101.1	103.3	105.7
吉　林	97.8	96.2	96.7	96.5	96.8	96.9	96.9	97.3	97.6	98.3	99.2	100.3	101.5
黑龙江	96.0	89.7	90.6	91.0	92.4	94.5	94.9	95.7	95.8	98.6	100.6	102.4	106.5
上　海	97.7	91.4	91.8	92.7	94.6	94.9	96.0	98.4	99.5	100.0	101.0	105.5	108.2
江　苏	98.0	92.4	93.1	94.2	95.6	96.0	96.1	97.3	98.6	99.9	101.3	104.5	108.2
浙　江	97.8	93.3	93.4	94.1	95.2	95.8	96.3	97.3	98.4	99.5	100.8	103.4	106.9
安　徽	98.4	92.9	93.9	94.9	95.5	95.9	96.5	97.7	98.8	100.1	101.7	105.4	108.6
福　建	98.0	94.1	95.1	95.1	95.8	96.8	97.1	97.8	98.4	99.4	100.3	102.1	103.9
江　西	97.7	94.3	94.9	95.1	95.4	96.0	96.2	97.2	98.5	98.5	99.7	102.4	105.1
山　东	98.0	94.4	94.7	95.0	95.6	96.0	96.6	97.3	98.3	99.3	100.8	103.0	105.5
河　南	99.2	94.9	95.9	97.1	97.4	97.9	98.1	98.2	98.8	99.9	101.8	104.4	106.7
湖　北	98.3	94.6	94.7	95.4	96.4	96.8	96.8	97.2	98.1	99.3	101.1	103.6	106.5
湖　南	98.0	93.9	94.4	95.1	95.6	96.1	96.3	97.2	98.2	99.4	100.7	103.3	106.0
广　东	98.0	95.3	95.6	95.8	96.1	96.4	96.8	97.5	98.2	98.9	100.2	102.0	103.6
广　西	98.3	95.0	95.1	95.9	96.4	96.6	97.1	97.8	98.6	99.6	100.9	102.7	104.5
海　南	94.8	91.1	90.5	87.8	89.9	89.6	93.9	97.6	96.9	95.5	98.9	100.6	106.2
重　庆	98.4	96.3	96.2	96.7	97.0	97.4	97.9	98.2	98.6	98.9	99.7	100.9	102.5
四　川	98.8	96.2	96.4	96.2	96.8	97.2	97.6	98.0	98.6	99.4	100.8	102.9	105.9
贵　州	98.5	96.0	95.8	96.0	96.5	96.7	97.5	97.4	97.6	98.1	100.2	103.4	107.2
云　南	95.9	92.0	93.0	93.4	93.4	93.8	93.6	94.8	96.1	96.8	98.2	101.4	105.4
西　藏													
陕　西	95.9	94.4	93.9	93.7	93.8	94.6	94.6	94.9	94.9	96.2	97.8	99.8	102.1
甘　肃	94.6	85.3	88.1	89.1	88.8	91.5	93.0	93.8	95.8	99.3	101.7	103.3	108.4
青　海	96.2	92.4	91.4	92.9	93.4	94.4	95.8	96.3	95.9	96.7	98.8	101.1	105.8
宁　夏	96.9	90.8	90.7	91.3	92.8	94.0	94.4	95.9	96.1	97.9	101.6	107.3	112.1
新　疆	95.5	86.9	88.6	90.8	92.0	93.4	94.9	95.6	96.3	98.4	101.4	103.3	106.3

7-24 全国70个大中城市二手住宅同比价格指数(2016年)

(上年同月=100)

城　市	1月	2月	3月	4月	5月	6月	7月	8月	9月	10月	11月	12月
北　京	123.7	127.7	135.1	137.2	134.5	133.4	132.2	134.8	140.5	140.4	138.7	136.7
天　津	104.3	106.1	108.6	111.2	112.8	113.2	115.0	118.7	123.0	124.1	124.2	124.0
石家庄	101.0	101.2	103.1	105.5	107.4	109.4	111.4	115.4	120.3	119.9	118.8	117.6
太　原	101.8	101.9	102.3	102.3	101.9	102.1	102.5	102.8	103.0	103.7	104.0	103.9
呼和浩特	99.8	100.0	100.0	100.1	100.1	99.7	99.7	99.4	99.5	99.2	98.9	98.9
沈　阳	101.3	101.3	101.4	101.9	101.6	101.2	101.2	101.2	101.0	101.0	100.9	100.7
大　连	99.9	99.9	100.1	100.4	100.2	100.1	99.9	100.1	100.3	100.6	100.9	101.4
长　春	100.2	100.0	100.5	100.8	100.8	100.1	99.4	99.5	99.6	100.0	100.3	100.2
哈尔滨	101.3	101.8	102.8	103.3	103.2	102.2	101.0	100.7	101.0	100.9	100.4	100.3
上　海	114.4	120.3	127.8	130.2	129.2	130.5	131.0	134.4	137.4	136.7	135.1	132.8
南　京	107.7	109.2	112.0	115.3	118.3	119.8	122.6	126.4	129.4	131.6	132.8	133.7
杭　州	104.4	105.9	108.2	109.9	111.1	111.7	113.6	116.2	121.0	123.9	123.1	121.7
宁　波	103.6	104.4	105.0	105.7	106.2	106.1	106.2	106.5	108.2	108.8	108.4	108.0
合　肥	105.6	113.2	123.6	130.4	135.9	139.7	144.1	146.9	150.1	151.9	150.4	148.9
福　州	103.5	104.8	105.8	107.3	107.5	107.6	108.2	111.2	115.6	116.9	116.5	116.6
厦　门	105.2	108.1	113.9	118.4	125.5	130.6	133.2	135.4	137.0	135.9	133.9	132.4
南　昌	102.5	103.7	104.9	105.4	106.5	107.6	108.5	109.5	111.7	112.4	112.0	112.1
济　南	101.5	102.0	103.0	103.4	103.8	104.1	104.1	106.2	111.6	114.4	115.3	115.5
青　岛	100.4	101.1	101.5	101.8	101.8	101.7	101.7	102.6	107.6	108.8	109.4	109.7
郑　州	103.3	104.2	105.5	106.6	107.9	109.2	110.3	115.3	123.5	126.7	126.9	127.4
武　汉	104.4	105.0	106.3	107.4	108.6	110.2	111.9	113.8	117.6	120.1	121.9	122.1
长　沙	100.9	101.2	101.7	102.7	102.6	102.9	102.8	103.5	107.2	109.6	111.0	112.3
广　州	113.1	114.7	118.5	120.3	120.0	119.7	119.9	122.1	124.7	125.4	125.5	125.9
深　圳	149.7	154.2	160.5	156.1	146.8	138.5	133.9	130.8	128.8	126.8	123.5	119.3
南　宁	104.5	105.1	104.1	104.5	103.6	102.9	102.4	102.8	103.6	104.6	104.5	105.0
海　口	96.6	97.5	98.7	99.4	100.4	101.1	101.5	101.9	102.3	102.8	103.2	103.5
重　庆	103.0	103.3	103.5	103.8	104.0	103.7	103.6	103.6	104.0	104.4	104.8	105.5
成　都	100.5	101.5	101.9	102.3	103.2	103.2	103.1	103.3	104.8	105.4	105.2	105.7
贵　阳	100.7	101.0	101.3	101.4	101.5	101.5	101.5	101.6	101.8	102.0	101.9	101.9
昆　明	99.9	101.0	101.3	102.3	102.7	101.3	101.9	102.0	102.0	102.3	101.8	101.4
西　安	95.5	96.0	96.3	96.5	96.4	96.7	97.0	97.4	97.4	97.8	97.9	98.5
兰　州	99.6	99.8	99.8	100.2	100.2	100.4	100.7	101.2	101.2	101.1	101.3	101.3
西　宁	100.7	100.4	99.7	99.8	99.7	99.5	99.1	99.0	99.1	99.1	98.9	98.9
银　川	98.2	98.5	99.1	99.3	99.5	99.5	99.7	99.8	99.9	99.9	100.1	100.2
乌鲁木齐	102.5	101.8	101.2	100.7	99.9	98.9	98.1	97.9	97.7	97.2	96.5	96.3

7-24　续表

(上年同月=100)

城　　市	1月	2月	3月	4月	5月	6月	7月	8月	9月	10月	11月	12月
唐　　山	98.8	99.1	99.6	99.8	100.0	99.9	99.8	99.9	100.0	100.4	101.1	101.4
秦 皇 岛	97.3	97.4	97.9	98.3	99.2	99.7	99.8	100.0	100.3	101.5	102.9	103.5
包　　头	97.8	98.1	98.2	97.9	97.2	97.0	96.9	96.6	96.2	96.5	97.4	98.2
丹　　东	97.7	97.9	98.0	98.2	98.2	98.1	98.2	98.2	98.5	98.6	98.4	98.5
锦　　州	91.9	92.6	92.7	92.8	93.5	94.1	94.7	95.6	96.2	96.4	96.9	97.4
吉　　林	99.4	99.9	100.1	100.4	100.4	100.5	100.6	100.6	100.6	100.8	101.0	101.4
牡 丹 江	100.1	100.5	101.0	99.7	100.5	100.4	100.2	99.9	99.7	99.5	99.4	99.8
无　　锡	99.4	99.4	100.9	102.2	102.3	103.1	103.9	108.0	117.0	119.6	119.2	119.2
扬　　州	100.2	100.5	100.6	100.5	100.7	100.5	101.0	101.1	101.9	103.1	104.6	105.6
徐　　州	99.4	99.8	100.3	100.9	101.2	101.3	101.4	102.4	103.1	104.0	104.8	104.9
温　　州	102.4	103.6	104.6	104.5	104.0	103.5	103.4	102.9	103.4	103.5	103.2	103.1
金　　华	100.7	101.2	101.7	102.1	102.2	102.1	102.0	102.5	103.5	103.8	104.3	104.7
蚌　　埠	97.2	98.0	98.6	99.3	99.8	100.1	100.9	101.7	102.9	103.5	104.3	105.6
安　　庆	98.8	99.1	99.1	99.6	100.2	100.8	101.5	102.1	103.4	103.9	105.0	106.6
泉　　州	99.2	99.2	99.1	99.5	99.5	99.4	99.7	100.1	101.6	102.4	104.5	105.8
九　　江	101.9	101.9	102.4	103.0	102.5	103.6	104.3	105.4	105.9	106.7	106.5	107.9
赣　　州	100.7	100.7	100.7	101.5	102.1	102.3	102.6	102.8	105.9	108.6	109.7	109.7
烟　　台	98.9	99.1	99.6	100.0	100.3	100.5	100.6	101.2	101.4	101.7	102.0	102.3
济　　宁	98.6	99.2	99.6	99.8	99.9	100.0	100.2	100.3	100.5	100.8	101.0	100.9
洛　　阳	98.2	98.5	98.9	99.3	99.7	100.1	100.3	100.7	100.9	101.2	102.1	102.5
平 顶 山	98.8	99.3	99.7	99.8	99.9	100.0	100.1	100.3	100.9	100.9	100.9	100.7
宜　　昌	101.1	101.4	102.1	102.2	102.3	102.1	102.0	102.1	101.9	102.4	102.9	103.0
襄　　阳	99.4	99.9	99.7	99.8	99.4	99.2	99.7	100.3	100.2	100.5	100.6	100.5
岳　　阳	98.9	99.3	99.6	99.9	100.0	100.1	100.4	100.7	101.1	101.7	101.8	102.2
常　　德	100.0	100.0	100.1	100.4	100.4	100.7	101.1	101.0	101.9	102.2	102.3	102.1
惠　　州	99.7	100.8	102.2	103.6	105.7	106.6	107.7	108.5	112.2	113.0	114.4	114.4
湛　　江	96.1	96.8	97.1	97.5	97.9	98.4	99.1	99.6	100.3	100.7	101.1	102.2
韶　　关	100.1	101.2	101.6	101.1	101.2	100.3	99.6	99.0	100.2	100.4	100.4	101.3
桂　　林	96.9	97.6	98.1	98.3	98.3	98.4	98.4	98.5	98.6	98.4	98.2	98.3
北　　海	103.1	103.4	103.5	103.0	103.1	102.6	102.2	102.1	101.7	101.6	101.5	101.7
三　　亚	100.7	100.9	101.5	101.5	101.4	101.5	101.3	100.9	101.1	100.9	101.3	102.0
泸　　州	103.3	102.9	103.0	103.2	103.1	102.9	102.7	102.5	102.8	102.8	102.8	102.9
南　　充	100.4	100.4	100.7	100.9	101.1	101.3	101.7	102.0	102.5	102.4	102.6	102.8
遵　　义	97.4	97.6	98.0	98.1	98.3	98.5	98.4	98.8	99.3	100.6	101.3	102.0
大　　理	96.4	97.3	98.2	99.3	99.8	99.8	100.1	99.8	100.3	100.2	100.7	100.3

7-25 全国70个大中城市二手住宅环比价格指数(2016年)

（上月=100）

城　市	1月	2月	3月	4月	5月	6月	7月	8月	9月	10月	11月	12月
北　京	102.3	103.2	106.3	103.7	102.3	101.4	101.6	103.9	105.7	101.1	100.2	100.2
天　津	100.3	101.4	102.5	102.7	101.9	101.0	102.0	103.8	104.1	101.2	100.7	100.3
石家庄	100.0	100.2	101.9	102.4	101.9	102.2	102.0	103.5	104.0	99.8	99.4	99.2
太　原	100.2	99.8	100.4	99.9	99.8	100.7	100.7	100.6	100.2	100.9	100.5	100.2
呼和浩特	99.8	100.0	100.0	99.9	100.0	99.7	100.0	99.9	100.0	99.7	99.8	100.0
沈　阳	100.0	99.7	100.1	100.5	100.2	100.1	100.1	100.0	99.8	99.9	100.0	100.2
大　连	100.2	99.8	100.2	100.5	100.1	100.5	99.7	100.1	100.1	100.2	100.1	100.0
长　春	99.6	99.3	100.1	100.2	100.2	100.0	99.9	100.2	100.3	100.4	100.2	99.9
哈尔滨	100.1	99.9	100.4	100.1	100.0	99.9	99.8	99.9	100.2	100.0	99.7	100.0
上　海	102.7	105.3	106.2	102.5	101.4	102.2	102.0	103.7	103.4	100.3	99.8	99.5
南　京	101.2	101.5	103.0	103.5	102.8	101.9	103.1	103.6	103.5	102.0	101.8	101.6
杭　州	100.5	101.1	102.0	101.8	101.3	101.2	102.3	102.8	104.5	102.5	100.0	99.9
宁　波	100.5	100.3	100.5	100.6	100.8	100.3	100.6	100.7	101.9	100.9	100.4	100.3
合　肥	101.3	106.7	109.3	106.8	104.4	103.4	103.2	102.3	102.8	101.7	99.4	99.6
福　州	100.7	100.8	100.9	101.8	100.7	100.4	101.0	102.8	104.2	101.4	100.3	100.5
厦　门	100.8	102.0	104.9	104.2	106.3	104.3	102.4	102.4	102.0	100.0	99.5	100.0
南　昌	99.8	100.2	101.4	101.1	101.4	101.5	101.3	101.4	102.2	100.5	100.2	100.3
济　南	100.1	100.1	100.8	100.4	100.4	100.6	100.5	102.2	105.1	102.7	101.1	100.6
青　岛	100.1	100.2	100.2	100.3	100.2	100.1	100.4	101.1	104.9	101.2	100.5	100.4
郑　州	100.6	100.8	101.3	101.2	101.3	101.4	101.3	104.5	107.3	103.1	100.7	101.0
武　汉	100.6	100.5	101.1	101.1	101.4	101.9	102.1	102.4	103.7	102.5	102.0	100.9
长　沙	100.1	100.1	100.2	100.9	100.1	100.4	100.2	100.8	103.6	102.4	101.5	101.4
广　州	101.3	101.2	103.5	102.6	101.9	101.6	101.4	102.8	103.3	101.6	100.8	101.3
深　圳	105.7	103.3	104.7	99.6	100.0	100.8	101.8	102.0	101.8	99.4	99.3	99.8
南　宁	100.1	100.2	100.0	100.6	100.3	100.0	100.1	100.6	100.8	101.4	100.4	100.5
海　口	100.1	100.1	100.8	100.2	100.2	100.1	100.2	100.3	100.3	100.4	100.5	100.4
重　庆	101.9	100.0	100.2	100.4	100.4	100.1	100.3	100.2	100.5	100.2	100.4	100.7
成　都	100.6	100.7	100.3	100.2	100.3	100.4	100.3	100.3	101.7	100.5	100.0	100.2
贵　阳	100.1	100.2	100.3	100.1	100.0	100.1	100.2	100.2	100.3	100.4	100.1	100.0
昆　明	100.2	100.1	100.2	100.5	100.6	99.7	100.0	99.8	100.1	100.3	100.0	99.8
西　安	99.6	99.7	99.8	99.8	99.6	100.1	99.9	100.3	99.7	100.2	99.7	100.1
兰　州	100.2	100.2	99.9	100.3	100.1	100.1	100.2	100.3	100.2	99.9	100.2	99.9
西　宁	100.1	99.6	99.5	100.0	99.8	99.9	99.8	100.0	100.2	100.1	99.8	99.9
银　川	99.9	99.9	100.3	100.0	100.1	99.9	100.0	100.1	100.1	100.0	99.9	100.0
乌鲁木齐	99.5	98.9	99.3	99.8	99.9	99.8	99.8	100.0	99.9	99.8	99.6	99.9

7-25　续表

（上月=100）

城　市	1月	2月	3月	4月	5月	6月	7月	8月	9月	10月	11月	12月
唐　山	99.9	99.8	100.1	100.0	100.1	100.0	99.9	100.2	100.0	100.5	100.6	100.3
秦皇岛	99.7	99.8	100.1	100.2	100.5	100.2	100.0	100.1	100.2	101.0	101.2	100.4
包　头	99.7	99.5	99.6	99.7	99.5	100.0	99.8	99.7	99.4	100.3	100.2	100.7
丹　东	99.5	99.7	99.8	99.9	99.9	99.8	100.1	99.9	100.1	100.0	99.8	99.9
锦　州	99.9	99.6	99.5	99.7	99.9	99.8	99.6	99.7	100.0	99.7	99.9	100.0
吉　林	99.7	99.9	100.1	100.2	100.1	100.2	100.1	100.1	100.2	100.3	100.2	100.2
牡丹江	99.8	99.9	100.2	100.1	99.8	99.9	99.5	100.0	100.2	99.8	100.2	100.4
无　锡	99.9	100.0	100.9	101.2	100.4	100.6	100.9	103.9	108.4	102.4	99.7	99.8
扬　州	99.9	99.9	100.0	100.0	100.2	100.0	100.5	100.4	100.7	101.4	101.4	100.9
徐　州	100.0	99.9	100.4	100.5	100.1	100.2	100.1	100.7	100.8	101.0	100.9	100.2
温　州	100.1	100.4	100.6	100.3	100.0	100.2	100.2	100.1	100.9	100.2	100.0	100.1
金　华	100.0	100.1	100.4	100.3	100.3	100.1	100.2	100.6	101.2	100.4	100.8	100.3
蚌　埠	100.3	100.2	100.1	100.4	100.2	100.2	100.7	100.6	101.0	100.3	100.7	100.8
安　庆	99.9	100.1	99.9	100.3	100.2	100.1	100.8	100.7	101.3	100.5	101.2	101.3
泉　州	99.8	99.9	99.8	100.3	99.8	99.9	100.3	100.5	101.5	100.8	101.9	101.1
九　江	100.1	99.9	100.5	100.8	100.0	101.3	100.6	101.3	100.7	100.9	100.0	101.5
赣　州	100.1	100.2	99.8	100.7	100.4	100.2	100.6	100.7	103.1	102.3	100.8	100.4
烟　台	100.0	99.9	100.1	100.2	100.3	100.2	100.1	100.5	100.4	100.3	100.3	100.2
济　宁	99.9	100.0	100.1	100.0	99.9	100.0	100.1	100.3	100.2	100.1	100.2	100.0
洛　阳	99.8	99.9	100.1	100.2	100.3	100.2	100.2	100.4	100.3	100.2	100.8	100.2
平顶山	100.1	100.0	100.2	100.0	99.9	99.9	100.0	100.3	100.5	100.1	99.9	99.8
宜　昌	100.1	100.0	100.6	100.1	100.2	100.0	100.1	100.2	100.3	100.6	100.5	100.4
襄　阳	100.0	99.7	99.9	100.0	100.0	100.1	100.0	100.4	100.1	100.0	100.2	100.0
岳　阳	99.8	100.1	100.1	100.2	100.1	100.1	100.2	100.2	100.4	100.5	100.1	100.3
常　德	99.7	99.7	100.1	100.2	100.1	100.4	100.3	100.1	100.9	100.3	100.2	100.0
惠　州	100.3	100.4	100.9	101.1	101.8	100.8	101.2	100.8	103.6	100.9	101.6	100.4
湛　江	99.9	100.0	99.7	100.0	100.1	100.1	100.2	100.1	100.5	100.3	100.4	101.0
韶　关	99.5	100.7	100.3	100.2	100.0	99.5	99.7	99.8	101.0	100.1	99.9	100.5
桂　林	99.9	99.9	99.8	99.8	99.7	100.0	100.0	99.9	99.9	99.7	99.8	99.9
北　海	100.1	99.8	100.2	100.0	100.4	99.8	100.1	100.2	100.2	100.3	100.2	100.4
三　亚	99.8	100.0	100.5	99.8	99.7	100.1	99.9	100.1	100.5	100.4	100.5	100.7
泸　州	100.6	99.7	100.3	100.5	100.2	100.1	100.2	100.1	100.5	100.2	100.3	100.1
南　充	100.0	100.1	100.1	100.4	100.2	100.2	100.3	100.3	100.4	100.3	100.2	100.3
遵　义	100.0	99.8	100.2	100.1	100.2	100.2	100.3	100.2	99.8	100.4	100.4	100.5
大　理	100.1	100.4	100.2	100.1	100.3	99.8	100.2	99.6	99.9	99.8	100.3	99.6

7-26 全国70个大中城市新建商品住宅同比价格指数(2016年)

(上年同月=100)

城市	1月	2月	3月	4月	5月	6月	7月	8月	9月	10月	11月	12月
北京	111.3	114.2	117.6	120.2	121.4	122.3	122.7	125.8	130.4	130.2	128.9	128.4
天津	104.1	105.0	107.2	110.0	112.5	114.6	117.0	121.0	125.4	126.6	126.6	125.4
石家庄	102.1	103.1	103.2	103.8	104.8	105.8	108.1	111.6	116.2	118.5	118.9	119.0
太原	101.8	102.2	102.3	102.1	101.8	102.3	101.9	102.1	102.3	102.4	102.3	102.6
呼和浩特	97.7	98.7	99.2	99.9	100.2	100.4	100.5	100.7	100.4	101.3	101.1	101.1
沈阳	99.5	99.6	100.1	101.0	101.8	101.5	101.4	101.2	101.6	102.4	102.6	103.3
大连	98.9	98.9	99.4	100.1	100.6	100.5	99.7	100.0	100.4	101.7	102.4	102.6
长春	98.2	98.8	99.5	100.3	101.0	101.3	101.2	101.2	101.9	102.9	103.5	103.9
哈尔滨	100.1	100.5	101.4	101.1	101.5	101.7	101.3	101.8	101.6	101.6	101.6	102.2
上海	121.4	125.1	130.5	134.2	133.8	133.7	133.1	137.8	139.5	137.4	134.8	131.7
南京	110.8	114.1	117.8	122.6	127.1	131.5	134.9	138.8	143.0	144.4	142.8	141.0
杭州	107.1	108.9	111.9	114.8	117.0	117.4	119.1	122.2	128.2	131.5	130.1	128.6
宁波	104.6	105.5	107.2	108.3	108.9	108.9	109.0	109.6	111.3	112.5	112.6	112.2
合肥	103.3	106.0	111.2	117.6	123.3	129.1	134.0	140.5	147.0	148.6	147.6	146.5
福州	103.3	105.5	107.7	111.1	112.9	113.9	115.5	120.4	126.2	129.1	129.2	127.6
厦门	108.7	110.2	115.9	121.7	128.3	134.0	139.6	144.3	147.0	145.9	143.9	141.9
南昌	101.8	103.7	105.5	107.1	108.5	109.6	111.5	113.0	115.1	115.9	115.7	114.4
济南	101.5	102.2	103.3	104.3	105.1	105.8	106.9	110.0	115.5	119.0	120.0	119.4
青岛	98.6	99.5	101.2	102.7	103.7	104.1	104.5	106.6	111.8	113.5	113.8	113.4
郑州	103.4	104.0	105.3	106.8	108.2	109.4	111.2	116.7	124.9	128.6	129.0	128.4
武汉	105.6	106.5	107.7	109.6	111.9	113.8	115.8	118.6	122.5	125.7	126.8	125.5
长沙	100.4	101.2	101.8	103.5	104.4	104.9	105.7	107.4	112.0	116.9	118.7	118.2
广州	110.0	111.9	115.3	117.6	119.0	119.4	119.5	121.2	123.2	123.8	124.2	124.3
深圳	152.7	157.8	162.5	163.4	154.0	147.4	141.4	137.3	134.5	132.1	128.2	123.8
南宁	102.7	103.6	104.2	105.2	106.1	106.3	107.1	107.8	110.0	111.1	110.7	111.2
海口	99.6	100.4	100.6	101.4	102.3	102.6	103.4	103.5	104.1	105.0	105.8	106.2
重庆	100.3	101.4	102.3	102.9	103.5	103.4	103.3	103.4	104.5	105.1	106.5	107.2
成都	101.1	101.5	102.4	103.0	103.3	103.7	104.2	104.8	107.4	106.5	106.1	105.6
贵阳	99.6	100.3	100.5	101.5	102.2	102.0	102.4	102.4	103.0	104.0	104.5	105.2
昆明	97.7	98.1	98.2	99.3	100.0	100.1	100.8	101.5	102.1	103.2	103.9	104.2
西安	100.2	100.6	100.9	101.8	102.4	103.0	103.1	103.5	103.6	105.0	106.6	107.2
兰州	99.2	99.7	100.2	101.1	101.9	102.5	103.0	103.9	103.9	103.8	103.7	103.2
西宁	96.9	97.2	97.6	98.3	98.9	99.5	100.2	101.0	101.3	102.1	102.1	102.5
银川	96.4	96.9	97.7	98.8	99.9	100.0	100.7	101.0	101.1	101.4	101.5	102.1
乌鲁木齐	97.8	97.5	97.9	98.3	99.0	98.9	98.9	98.8	98.5	98.4	98.1	98.6

7-26 续表

(上年同月=100)

城　市	1月	2月	3月	4月	5月	6月	7月	8月	9月	10月	11月	12月
唐　山	97.9	98.3	98.6	98.7	99.7	99.3	99.7	100.3	100.6	101.3	102.4	103.0
秦皇岛	96.9	97.7	98.3	99.3	99.8	100.4	100.7	100.6	102.3	104.8	106.2	106.5
包　头	97.1	97.8	98.0	98.5	98.7	98.8	98.7	100.1	99.2	99.2	99.7	99.4
丹　东	96.2	96.1	96.2	96.9	97.5	98.0	97.6	99.9	97.8	98.3	98.8	99.3
锦　州	96.5	97.2	96.9	96.8	96.8	96.5	96.2	99.8	96.2	96.1	96.7	97.1
吉　林	97.5	98.4	98.8	99.6	100.0	100.4	100.2	100.2	101.1	101.6	101.8	102.6
牡丹江	98.3	98.1	98.0	98.4	98.0	97.6	97.2	100.7	98.7	98.4	98.2	98.8
无　锡	99.6	100.2	102.4	105.3	106.9	109.7	112.9	104.9	128.1	134.5	135.3	135.7
扬　州	99.8	100.4	101.0	101.5	102.3	102.8	103.7	100.7	105.5	107.1	109.2	109.7
徐　州	99.9	100.7	101.2	102.0	102.9	103.3	104.0	100.5	105.4	107.2	108.9	109.6
温　州	102.8	103.5	104.2	103.7	103.6	103.2	103.2	100.2	104.6	105.0	104.7	104.7
金　华	102.0	102.6	103.2	103.1	103.1	103.1	103.1	100.8	105.1	105.6	106.8	106.6
蚌　埠	96.0	96.5	98.2	99.2	100.2	100.7	102.2	101.1	105.8	106.8	108.3	109.2
安　庆	99.3	99.2	100.0	100.7	101.0	101.6	101.9	101.2	104.4	105.2	106.7	107.6
泉　州	99.0	100.0	100.7	101.9	101.9	101.8	102.5	101.3	105.4	106.2	108.4	109.1
九　江	98.8	99.5	100.3	101.6	102.1	103.0	104.0	101.2	107.4	109.9	110.8	111.3
赣　州	99.4	99.4	100.5	101.8	102.7	103.1	103.8	101.4	108.2	112.0	113.4	113.5
烟　台	99.0	99.6	100.2	100.8	101.5	102.1	102.7	100.5	103.9	104.9	105.2	105.4
济　宁	96.7	97.2	97.9	98.3	98.7	98.9	99.1	100.2	99.9	100.7	101.2	101.7
洛　阳	97.6	98.2	98.7	99.7	100.1	100.3	100.6	100.3	101.7	102.1	103.8	104.7
平顶山	99.8	100.1	100.6	100.9	101.3	101.6	101.6	100.4	102.3	102.9	103.4	103.7
宜　昌	98.6	98.9	99.4	100.2	100.7	101.5	102.1	100.5	103.0	103.8	104.1	105.1
襄　阳	96.2	97.2	97.5	98.1	98.8	99.0	99.5	100.5	100.9	101.7	102.4	102.7
岳　阳	96.5	97.3	97.7	98.4	98.8	99.3	100.0	100.3	102.4	104.6	104.9	105.4
常　德	97.1	98.1	98.0	98.8	99.0	99.3	99.7	100.1	101.5	102.2	102.5	103.0
惠　州	98.9	100.4	102.3	106.4	110.2	113.5	115.5	101.3	120.3	122.9	124.4	125.0
湛　江	95.1	96.4	97.2	98.1	99.1	100.9	102.4	100.0	104.2	105.9	107.2	108.3
韶　关	96.6	98.3	99.6	101.0	102.0	102.3	101.6	99.7	104.1	105.4	106.8	107.4
桂　林	97.3	98.1	98.5	99.2	99.5	99.8	99.8	100.4	102.2	103.2	103.1	103.2
北　海	99.1	99.7	100.3	101.1	101.3	101.2	101.5	100.2	101.8	102.7	103.7	103.9
三　亚	99.7	99.9	99.9	100.0	100.7	100.5	100.1	100.7	101.8	102.7	103.8	104.5
泸　州	99.5	98.9	99.3	100.5	101.3	102.0	102.4	100.2	103.0	102.6	103.4	103.7
南　充	96.6	96.7	97.9	98.8	99.7	100.4	100.5	100.7	101.5	101.2	101.5	101.8
遵　义	97.8	98.4	99.0	99.5	99.8	100.2	100.1	100.9	100.6	100.9	101.5	101.7
大　理	98.2	98.7	98.2	98.9	99.7	100.4	100.8	100.0	101.4	102.1	102.6	103.1

7-27 全国70个大中城市新建商品住宅环比价格指数(2016年)

(上月=100)

城　市	1月	2月	3月	4月	5月	6月	7月	8月	9月	10月	11月	12月
北　京	101.1	102.3	103.3	103.0	102.4	102.3	101.7	103.8	104.9	100.6	100.0	99.9
天　津	100.5	100.8	102.2	102.8	102.5	102.3	102.4	103.6	104.2	101.3	100.5	100.0
石家庄	100.2	100.6	100.5	100.9	101.0	101.1	102.7	103.7	104.4	101.8	100.6	100.2
太　原	100.0	100.1	100.3	99.9	100.0	100.6	99.9	100.3	100.5	100.3	100.2	100.3
呼和浩特	99.9	100.2	100.3	100.2	100.1	100.2	99.9	100.2	99.8	100.3	99.9	100.1
沈　阳	100.1	99.7	100.2	100.9	100.5	100.2	100.1	100.1	100.2	100.4	100.1	100.6
大　连	100.0	99.7	100.2	100.8	100.5	100.3	99.4	100.3	100.1	100.6	100.5	100.1
长　春	99.7	100.3	100.6	100.2	100.4	100.2	100.1	100.3	100.6	100.8	100.4	100.3
哈尔滨	99.9	100.0	100.6	99.8	100.3	100.5	99.8	100.2	100.0	100.4	99.8	100.8
上　海	102.6	102.9	104.3	103.6	102.3	102.4	101.4	105.2	103.2	100.5	99.9	99.8
南　京	102.5	102.7	103.5	104.4	104.1	104.0	103.6	104.1	103.7	102.4	100.2	99.9
杭　州	100.9	101.3	102.3	103.0	102.5	101.6	102.4	103.3	105.5	103.2	99.6	100.0
宁　波	100.5	100.6	101.6	101.1	101.2	100.6	100.8	101.2	102.0	101.4	100.6	99.9
合　肥	101.5	102.3	104.6	105.8	105.1	104.9	104.2	104.8	104.6	101.5	99.9	99.8
福　州	101.1	101.4	102.0	103.0	101.7	101.2	101.7	104.3	105.1	102.6	100.9	99.6
厦　门	102.0	101.3	105.4	105.3	105.5	104.7	104.6	103.9	102.9	100.5	99.8	99.9
南　昌	100.0	101.2	101.5	101.4	101.5	101.2	101.8	101.6	102.4	101.1	100.3	99.6
济　南	100.2	100.6	100.9	101.1	101.0	100.8	100.9	103.2	105.2	103.4	101.1	99.7
青　岛	100.3	100.1	101.1	101.2	100.8	100.5	100.7	102.1	104.7	101.3	100.2	99.8
郑　州	100.3	100.4	101.5	101.3	101.4	101.6	102.0	105.6	107.6	103.5	100.5	99.9
武　汉	101.0	100.9	101.3	102.1	102.3	102.0	102.2	103.2	103.9	103.0	101.6	99.7
长　沙	100.4	100.3	100.5	101.6	100.7	100.5	100.9	101.5	104.4	104.5	101.5	100.1
广　州	100.8	101.6	102.9	102.4	102.7	101.8	101.3	102.4	103.1	101.3	100.9	100.7
深　圳	104.1	103.6	103.7	102.3	100.5	102.6	102.0	102.1	101.9	99.5	99.7	99.6
南　宁	100.7	100.4	100.8	101.3	100.8	100.6	100.7	101.0	102.2	101.5	100.0	100.8
海　口	100.1	100.2	100.3	100.4	100.7	100.2	100.8	100.6	100.8	100.9	100.6	100.6
重　庆	100.8	100.4	100.6	100.4	100.5	100.0	100.1	100.3	101.0	100.6	101.2	101.1
成　都	100.2	100.0	100.2	100.6	100.3	100.6	101.0	100.9	102.5	99.2	100.0	99.8
贵　阳	100.3	100.3	100.4	100.7	100.5	100.0	100.5	100.4	100.7	100.6	100.3	100.4
昆　明	100.3	100.0	99.9	100.8	100.4	100.0	100.3	100.1	100.4	101.1	100.5	100.3
西　安	99.8	99.9	100.1	100.4	100.6	100.5	100.4	100.6	100.3	101.8	101.7	100.7
兰　州	100.2	100.1	100.4	100.4	100.5	100.3	100.3	100.9	100.5	100.0	99.9	99.8
西　宁	100.2	99.9	100.2	100.6	100.3	100.1	100.0	100.5	100.3	100.4	100.1	100.0
银　川	99.7	100.0	100.2	100.7	100.6	99.9	100.2	100.1	100.2	100.1	100.2	100.3
乌鲁木齐	99.2	99.4	100.1	100.2	100.5	99.8	100.0	99.7	99.8	99.6	100.0	100.3

7-27 续表

(上月=100)

城 市	1月	2月	3月	4月	5月	6月	7月	8月	9月	10月	11月	12月
唐 山	99.9	100.1	99.9	99.9	100.3	99.7	100.5	100.3	100.4	100.6	101.1	100.3
秦皇岛	99.5	100.3	100.2	100.3	100.1	100.5	100.1	100.6	100.5	102.4	101.6	100.3
包 头	99.5	99.6	100.2	100.3	100.1	99.8	99.5	100.1	100.3	99.9	100.4	99.8
丹 东	99.8	99.3	99.8	100.4	100.3	100.2	99.6	99.9	99.8	100.2	100.5	99.6
锦 州	99.5	99.7	99.6	99.5	99.6	99.5	99.3	99.8	99.9	100.3	100.2	100.1
吉 林	99.8	100.3	100.2	100.7	100.0	100.4	99.9	100.2	100.3	100.4	99.9	100.4
牡丹江	99.8	99.6	99.8	100.2	99.5	99.7	99.4	100.7	100.5	99.5	99.8	100.3
无 锡	100.3	100.3	102.0	102.8	101.7	102.6	102.7	104.9	108.2	104.9	100.8	99.9
扬 州	100.2	100.2	100.4	100.4	100.5	100.3	100.9	100.7	101.1	101.6	101.9	100.9
徐 州	100.0	100.3	100.6	101.0	100.8	100.2	100.7	100.5	101.3	101.7	101.6	100.6
温 州	100.0	100.1	100.5	100.4	100.3	100.1	100.3	100.2	101.6	100.6	100.1	100.4
金 华	100.1	100.0	100.4	100.4	100.3	100.1	100.0	100.8	101.9	100.9	101.4	100.2
蚌 埠	99.7	99.8	100.9	100.8	100.7	100.3	100.9	101.1	101.6	101.3	101.2	100.6
安 庆	100.1	99.5	100.9	100.5	100.3	100.5	100.9	101.2	100.8	100.6	101.3	100.7
泉 州	99.8	100.3	100.6	101.0	99.9	99.8	100.6	101.3	101.6	101.1	102.1	100.8
九 江	100.1	100.3	100.7	101.1	100.9	100.6	101.0	101.2	101.5	101.9	100.8	100.7
赣 州	100.3	100.1	100.9	101.2	100.5	100.2	100.8	101.4	102.8	103.1	101.0	100.5
烟 台	100.2	100.1	100.5	100.4	100.5	100.5	100.4	100.5	100.6	100.7	100.5	100.4
济 宁	99.9	100.2	100.2	100.1	100.0	100.1	99.7	100.2	100.3	100.5	100.3	100.3
洛 阳	99.9	99.9	100.2	100.6	100.3	100.1	100.3	100.3	100.5	100.4	101.6	100.6
平顶山	100.1	100.0	100.3	100.1	100.1	100.2	99.9	100.4	101.1	100.6	100.4	100.5
宜 昌	100.0	100.2	100.2	100.3	100.3	100.5	100.3	100.5	100.7	100.8	100.7	100.6
襄 阳	99.9	100.2	100.1	100.1	100.5	99.9	100.2	100.5	100.3	100.1	100.5	100.3
岳 阳	100.1	100.1	100.4	100.5	100.0	100.2	100.4	100.3	101.4	101.3	100.3	100.4
常 德	99.9	100.3	99.9	100.1	99.8	100.1	100.2	100.1	101.7	100.5	100.5	99.8
惠 州	100.6	100.7	101.1	103.3	103.2	102.5	101.6	101.3	103.9	102.2	101.5	100.5
湛 江	99.9	100.0	100.3	100.4	100.7	101.3	100.9	100.0	101.2	101.3	101.2	100.8
韶 关	99.3	100.9	101.1	100.6	100.5	100.0	98.9	99.7	102.3	101.1	101.9	100.9
桂 林	99.7	100.0	100.1	100.5	100.0	100.3	99.9	100.4	101.5	101.0	99.8	99.9
北 海	99.8	100.4	100.4	100.3	100.0	99.8	100.2	100.2	101.0	100.5	100.7	100.5
三 亚	100.0	100.1	99.8	99.9	100.4	99.8	99.7	100.7	101.2	100.9	100.8	101.2
泸 州	100.4	99.3	100.3	100.5	100.4	100.3	100.3	100.2	101.1	99.7	100.6	100.4
南 充	99.9	99.8	100.7	100.6	100.4	100.4	99.7	100.7	99.8	99.6	100.2	100.0
遵 义	100.0	100.1	100.2	100.1	100.3	100.0	99.8	100.9	99.7	100.2	100.3	100.2
大 理	100.6	99.9	99.3	100.2	100.6	100.6	100.3	100.0	100.2	100.3	100.5	100.3

7-28 全国及各省(市、区)固定资产投资价格指数(2012-2016年)

(上年=100)

地区	2012	2013	2014	2015	2016
全国	**101.1**	**100.3**	**100.5**	**98.2**	**99.4**
北京	101.3	99.9	100.0	97.6	99.7
天津	100.0	99.5	100.5	99.9	99.4
河北	100.3	99.9	100.2	98.0	99.4
山西	101.2	100.5	99.6	98.2	100.0
内蒙古	101.6	99.6	99.8	98.0	99.5
辽宁	101.0	100.0	99.7	97.9	99.2
吉林	100.4	100.0	100.2	97.6	98.7
黑龙江	100.8	100.1	100.0	99.0	99.4
上海	99.4	100.2	100.5	97.0	99.6
江苏	98.6	100.5	101.1	96.2	98.8
浙江	99.2	100.0	100.6	97.4	99.5
安徽	101.0	100.2	100.3	96.9	99.2
福建	100.3	100.1	100.4	98.3	100.0
江西	101.0	100.4	100.1	96.8	100.0
山东	100.8	100.4	100.3	97.7	99.1
河南	101.0	99.9	100.0	97.6	99.2
湖北	101.8	100.5	101.0	99.4	100.1
湖南	101.7	101.3	101.5	100.4	100.4
广东	101.5	101.4	101.5	99.0	100.3
广西	100.6	100.1	101.6	98.8	99.5
海南	102.0	99.3	100.6	99.4	100.1
重庆	101.8	100.5	100.3	98.2	98.9
四川	101.0	100.4	100.5	97.9	99.8
贵州	101.5	100.9	101.1	98.4	98.6
云南	101.4	101.1	101.0	99.1	100.1
西藏					
陕西	102.6	102.0	101.1	98.8	99.9
甘肃	102.1	100.4	100.1	97.7	98.7
青海	102.2	101.5	100.9	98.2	99.6
宁夏	101.5	99.8	100.8	97.5	99.6
新疆	100.6	100.5	100.3	98.3	99.9

7-29 全国及各省(市、区)固定资产投资价格指数(2016年)

(上年=100)

地区	固定资产投资			
		建安工程	设备、工器具购置	其他费用
全国	**99.4**	**99.4**	**98.9**	**100.5**
北京	99.7	98.8	99.0	100.7
天津	99.4	98.9	98.8	101.2
河北	99.4	99.4	98.7	100.8
山西	100.0	100.5	98.9	99.9
内蒙古	99.5	99.6	98.9	100.6
辽宁	99.2	99.1	98.8	100.9
吉林	98.7	98.6	98.7	100.0
黑龙江	99.4	99.4	99.0	100.7
上海	99.6	99.3	99.7	100.2
江苏	98.8	98.3	98.7	102.1
浙江	99.5	99.3	98.9	100.5
安徽	99.2	99.3	98.5	100.2
福建	100.0	99.8	100.0	100.7
江西	100.0	100.3	98.7	100.5
山东	99.1	99.1	98.7	100.0
河南	99.2	99.1	98.6	100.7
湖北	100.1	100.2	99.1	100.7
湖南	100.4	100.7	99.4	100.7
广东	100.3	100.4	99.3	100.7
广西	99.5	99.4	99.4	100.0
海南	100.1	100.4	98.9	99.6
重庆	98.9	98.5	98.8	100.6
四川	99.8	100.1	98.9	99.8
贵州	98.6	98.3	99.2	100.9
云南	100.1	100.1	98.6	101.0
西藏				
陕西	99.9	99.8	98.9	101.3
甘肃	98.7	98.5	99.4	100.4
青海	99.6	99.6	99.1	101.0
宁夏	99.6	99.5	99.0	100.8
新疆	99.9	99.9	99.3	

7-30 全国及各省(市、区)全体居民人均可支配收入(2013-2016年)

单位：元/人

地区	2013年	2014年	2015年	2016年
全　国	**18311**	**20167**	**21966**	**23821**
北　京	40830	44489	48458	52530
天　津	26359	28832	31291	34074
河　北	15190	16647	18118	19725
山　西	15120	16538	17854	19049
内蒙古	18693	20559	22310	24127
辽　宁	20818	22820	24576	26040
吉　林	15998	17520	18684	19967
黑龙江	15903	17404	18593	19838
上　海	42174	45966	49867	54305
江　苏	24776	27173	29539	32070
浙　江	29775	32658	35537	38529
安　徽	15154	16796	18363	19998
福　建	21218	23331	25404	27608
江　西	15100	16734	18437	20110
山　东	19008	20864	22703	24685
河　南	14204	15695	17125	18443
湖　北	16472	18283	20026	21787
湖　南	16005	17622	19317	21115
广　东	23421	25685	27859	30296
广　西	14082	15557	16873	18305
海　南	15733	17476	18979	20653
重　庆	16569	18352	20110	22034
四　川	14231	15749	17221	18808
贵　州	11083	12371	13697	15121
云　南	12578	13772	15223	16720
西　藏	9740	10730	12254	13639
陕　西	14372	15837	17395	18874
甘　肃	10954	12185	13467	14670
青　海	12948	14374	15813	17302
宁　夏	14566	15907	17329	18832
新　疆	13670	15097	16859	18355